GWRANDO AR Y LLOER

michael morpurgo

Gwrando ar y Lloer

Addasiad Emily Huws

Gwasg Carreg Gwalch

Argraffiad cyntaf: 2015

© testun: Michael Morpurgo 2014

Cyhoeddwyd yn gyntaf dan y teitl Saesneg *Listen to the Moon*
gan Harper Collins Children's Books, 77–85 Fulham Palace Road,
Hammersmith, Llundain W66 8JB.

ⓗ addasiad Cymraeg: Emily Huws 2015

Rhif Llyfr Safonol Rhyngwladol:
978-1-84527-522-8

Cyhoeddwyd gyda chymorth ariannol Cyngor Llyfrau Cymru

Cyhoeddwyd gan Wasg Carreg Gwalch,
12 Iard yr Orsaf, Llanrwst, Dyffryn Conwy, Cymru LL26 0EH.
Ffôn: 01492 642031
Ffacs: 01492 642502
e-bost: llyfrau@carreg-gwalch.com
lle ar y we: www.carreg-gwalch.com

Argraffwyd a chyhoeddwyd yng Nghymru

I Philip a Jake

Rhagair

Rydan ni i gyd yn dod o rywle. Ond mewn ffordd, rydw i'n dod o unman. Gadewch i mi egluro. Erstalwm iawn, daeth fy nain allan o'r môr, fel môr-forwyn, ond fod ganddi ddwy goes yn lle cynffon pysgodyn. I bob golwg roedd hi tua deuddeg oed ar y pryd, ond doedd gan neb ddim syniad pwy oedd hi, nac o ble roedd hi wedi dod. Doedd hi'n ddim ond croen am yr asgwrn ac yn lloerig gan wres. Un gair yn unig fedrai hi'i ddweud, sef 'Liwsi'.

Ei stori hi ydi hon, fel y clywais hi gan y rhai oedd yn ei hadnabod hi orau – fy nhaid, perthnasau eraill, ac yn bwysicach fyth, ganddi hi'i hun. Dros y blynyddoedd rhoddais y cyfan at ei gilydd gystal ag y medrwn i, gan ddefnyddio tystiolaeth y rhai a welodd y cyfan, y rhai oedd yno.

Hoffwn ddiolch i Amgueddfa Ynysoedd Sili am eu help: am gael gweld llyfrau lòg yr ysgol a ffynonellau eraill, ac yn arbennig i deulu'r diweddar Dr Crow, meddyg teulu o Ynys Fair, am adael i mi ddyfynnu'n helaeth o'i ddyddiadur. Hefyd, i'm teulu a llawer o rai eraill rhy niferus i'w henwi – ar Ynysoedd Sili, yn Efrog Newydd, ac mewn llefydd eraill – fu'n fy helpu'n amyneddgar gyda'r ymchwil i ddod â phopeth i fwcwl.

Mae'r stori hon wedi fy nghyfareddu erioed, wedi bod yn obsesiwn, bron. Yn sicr, bûm yn gweithio arni bob hyn a hyn drwy'r rhan fwyaf o'm hoes. Fedrwn i yn fy myw ei chael o'm meddwl. Mae'n debyg nad ydi hynny'n syndod yn y byd gan mai hanes fy nain ydi o – y rhan fwyaf yn cael ei ddweud, fel y gwelwch chi, yn ei geiriau hi'i hun, fel y dywedodd hi o wrthyf. Felly, yn hyn o beth, fy stori i ydi hi hefyd, stori fy nheulu i.

Nain wnaeth ni yr hyn ydan ni – gydag ychydig o help gan Taid, wrth gwrs. Rydw i'n pwy ydw i o'i herwydd hi, o'i herwydd o. Rydw i wedi gwneud yr hyn rydw i wedi'i wneud, wedi bod yn pwy ydw i, byw ble rydw i wedi byw, gwneud beth wnes i, ysgrifennu beth rydw i wedi'i ysgrifennu, o'u herwydd nhw. Felly ysgrifennais y stori hon iddyn nhw, a hefyd oherwydd mai hi ydi'r stori fwyaf annhebygol ac anghredadwy a glywais i erioed.

PENNOD 1

Ynysoedd Sili, Mai 1915

Brathwch wir, bysgod!

Chwilio am fecryll roedden nhw'r diwrnod hwnnw, gan ei bod hi'n ddydd Gwener a byddai Mari bob amser yn hoffi eu ffrio i swper ar nos Wener. Ond gwyddai Alfie a Jim, ei dad, na wnâi hi ddim, ac na chaen nhw ddim, oni bai eu bod yn dod â digon o fecryll adref i wneud pryd iawn ar gyfer y pedwar ohonyn nhw. Byddai Jim ac Alfie'n claddu bwyta bob amser, a Mari wrth ei bodd yn darparu ar eu cyfer, er ei bod yn cwyno mai pwll diwaelod oedd eu stumogau. "Mi faswn yn taeru fod gynnoch chi'ch dau goesau gwag," fyddai'n ei ddweud yn falch wrth wylio'r ddau'n llowcio'u mecryll. Hoffai roi tair ar bob plât, os bydden nhw wedi dal digon.

Roedd angen bwydo Yncl Wil hefyd. Yn y cwt cychod ar y Bae Gwyrdd roedd o'n byw, ar ei ben ei hun, gan mai felly roedd o eisiau bod. Dim ond tafliad carreg oedd o ar draws y cae o ffermdy Veronica lle roedden nhw'n byw, a Mari'n mynd â'i swper iddo bob gyda'r nos. Ond yn wahanol iawn i Alfie, arferai gwyno os mai mecryll oedd ganddi ar ei gyfer eto. "Cranc dwi'n ei hoffi," fyddai'n ei ddweud. Ond, os mai cranc oedd gan Mari, byddai'n tynnu'n groes ac yn dweud, "Ble mae fy macrell i?" Tynnai'n groes yn aml. Un felly oedd Yncl Wil – yn wahanol i bawb arall. Dyna oedd yn ei wneud yn arbennig, meddai Mari.

Roedd yn anodd cael hyd i'r pysgod y bore hwnnw ac roedd sôn am amser swper a meddwl am y bwyd yn help i godi'u calonnau. Sut y byddai Mari'n coginio'r mecryll iddyn nhw'r noson honno: yn eu trochi mewn wy wedi'i guro, wedyn eu rholio mewn ceirch gyda phupur a halen cyn eu ffrio'n grimp mewn menyn. Byddai'r ffermdy'n llawn o'r arogl a hwythau'n eistedd wrth fwrdd y gegin yn aros, y dŵr yn dod o'u dannedd, yn sawru'r sŵn ac arogl y pysgod yn hisian yn y badell ffrio.

"Wrth gwrs, wedi iddi hi sylweddoli be wyt ti a fi wedi'i wneud, Alfie," meddai Jim, yn tynnu'n galed ar y rhwyfau, "allen ni fod yn byw ar fara a dŵr am wythnos. Fydd hi ddim yn ddynes hapus, 'sti, na fydd wir. Am fy mlingo i. Tithau hefyd, 'swn i'n meddwl."

"Ddylen ni fynd yn nes at Ynys Helen, Dad," meddai Alfie, ei feddwl ar y mecryll, nid ar ddialedd ei fam. "Mae 'na bysgod yno bron bob amser, wrth ymyl y traeth. Ddalion ni hanner dwsin yn tro dwytha roedden ni yno, yn do?"

"Gas gen i fynd yn agos at y lle," meddai Jim. "Felly fûm i erioed. Ond ella dy fod ti'n iawn. Ella y dylen ni roi cynnig arni. Hen dro na fyddai'n codi'n wynt i ni gael hwylio tipyn. Mae'r holl rwyfo yma'n ddigon â'm lladd i. Ty'd, Alfie. Dy dro di." Newidiodd y ddau eu lle.

Wrth gydio yn y rhwyfau, roedd Alfie'n meddwl am swper o hyd: am sŵn ac arogl y mecryll yn ffrio, yn rhyfeddu mor anodd oedd hi i gofio arogleuon ac i'w disgrifio, sut roedd synau a golygfeydd gymaint haws eu cofio rywsut. Unwaith roedd y mecryll ar y platiau o'u blaenau, roedd yn rhaid aros nes roedden nhw wedi dweud gras bwyd. Roedd ei dad ac yntau'n dueddol o'i ddweud yn rhy frysiog i blesio'i fam. Arferai hi gymryd ei hamser i'w ddweud. Iddi hi, roedd gras bwyd yn weddi a olygai rywbeth, a'r geiriau'n wahanol bob pryd bwyd –

nid defod i ruthro drwyddi. Byddai hi wedi hoffi saib gywir, barchus ar ôl yr Amen, ond cythrai Alfie a'i dad i'w mecryll ar unwaith, fel gwylanod mawr. I gyd-fynd â'r pysgod byddai te cryf, melys a bara newydd ei grasu, a gyda thipyn o lwc, pwdin bara menyn hefyd. Dyna wledd yr wythnos bob amser.

Bellach roedd hi'n hwyr yn y pnawn ac ychydig iawn oedd ganddyn nhw i'w ddangos ar ôl bod yn pysgota bron drwy'r dydd. Gan nad oedd Jim yn rhwyfo erbyn hyn, roedd y gwynt eisoes yn rhewi at fêr ei esgyrn. Cododd goler ei gôt. Roedd yn oer, o ystyried ei bod hi'n fis Mai, ac yn debycach i fis Mawrth, meddyliodd Jim. Edrychodd ar ei fab yn plygu'n gyson gyda'r rhwyfau, yn eiddigeddus o'i nerth a'i ystwythder, ond ar yr un pryd yn llawn balchder tad. Bu yntau, unwaith, yn ifanc ac yn gryf fel ei fab.

Edrychodd Jim ar ei ddwylo, yn greithiau i gyd, a'r croen caled wedi cracio drostynt, yn dangos ôl blynyddoedd o bysgota a thyfu tatws a blodau. Rhoddodd abwyd ar y lein eto, ei fysedd yn gweithio'n reddfol, yn beiriannol. Diolchai na fedrai eu teimlo. Doedden nhw ddim yn teimlo'r oerfel a halen dŵr y môr na'r gwynt, ac roedd rhai o'r hen graciau yng nghymalau ei fysedd wedi agor eto. Ni theimlai ei draed chwaith, na'i wyneb. Diolchodd i'r drefn eu bod wedi fferru neu bydden nhw'n boenus ddifrifol erbyn hyn. Methai ddeall pam roedd ei glustiau'n brifo, pam nad oedden nhw wedi fferru hefyd? Byddai'n dda ganddo petai hynny wedi digwydd.

Gwenodd Jim wrtho'i hun wrth gofio sut y dechreuodd y diwrnod, amser brecwast. Syniad Alfie oedd o. Doedd o ddim eisiau mynd i'r ysgol – roedd o eisiau mynd i bysgota. Rhoddodd sawl cynnig arni cyn hyn, ond heb unrhyw lwc. Doedd hynny ddim yn ei rwystro rhag rhoi cynnig arall arni. Roedd Alfie wedi dweud wrth Jim: "Dwedwch wrth Mam eich bod chi f'angen i. Na fedrwch chi wneud hebdda i. Mae hi'n siŵr o wrando arnoch chi. Fydda i ddim yn niwsans, Dad, dwi'n addo." Gwyddai Jim yn iawn na fyddai Alfie'n broblem o gwbl. Hwyliai'r bachgen y cwch yn dda. Rhwyfai'n gryf ac roedd yn adnabod y dŵr. Byddai'n pysgota'n eiddgar gyda holl frwdfrydedd a hyder plentyn, yn berffaith sicr y byddai'n dal rhywbeth. Roedd y pysgod fel petaen nhw'n ei hoffi, a Jim yn aml yn gwneud yn well pan oedd Alfie yn y cwch. A physgota'r dyfroedd o amgylch Ynysoedd Sili wedi bod mor siomedig yn ddiweddar, gobeithio yn hytrach na disgwyl fyddai Jim wrth fynd i'r môr y dyddiau hyn. Nid fo oedd yr unig un – dyna oedd hanes pob pysgotwr. Beth bynnag, byddai Alfie'n gwmni yn y cwch, yn gwmni da, felly cytunodd Jim i wneud beth fedrai i berswadio Mari i adael i Alfie golli'r ysgol am ddiwrnod a dod i bysgota efo fo.

Ond fel roedd Jim wedi rhybuddio Alfie, doedd y crefu a'r rhesymu'n dda i ddim. Roedd Mari'n benderfynol fod yn rhaid i Alfie fynd i'r ysgol, ei fod wedi colli gormod o ddyddiau o lawer yn barod, ei fod bob amser yn ceisio cael hyd i ffyrdd o beidio mynd i'r ysgol. Gwnâi unrhyw esgus y tro: gweithio ar y fferm neu fynd i bysgota gyda'i dad. Digon oedd digon. Pan fynnai Mari gyda thinc arbennig yn ei llais, gwyddai Jim nad oedd fawr o bwrpas dadlau, nad oedd troi arni. Daliodd ati yn unig am ei fod am i Alfie wybod fod arno wir eisiau iddo ddod i bysgota efo fo, ac i ddangos ei gefnogaeth iddo. Pan welodd Alfie nad oedd y ddadl yn mynd o'i blaid, rhoddodd ei big i mewn, a rhoi cynnig ar bopeth y gallai feddwl amdano allai newid meddwl ei fam.

"Be ydi'r ots am golli un diwrnod o ysgol, Mam – *un* diwrnod? Rydan ni bob amser yn dal mwy o bysgod pan fydd dau ohonon ni wrthi. Glywais i chi'n deud droeon ei bod yn fwy diogel i ddau, nid un, fod allan mewn cwch. Mae'n gas gen i Beagley Bigog yn yr ysgol. Mae pawb yn gwybod ei fod yn athro anobeithiol. Gwastraff amser ydi mynd yno. Gadewch i mi aros gartre, Mam! Pan ddo' i'n ôl wedi bod yn pysgota efo Dad, mi wna i garthu'r cwt ieir i chi. A nôl llwyth o wymon i wrteithio'r cae isaf. Wna i beth bynnag dach chi eisio!"

"Be ydw i eisio, Alfie, ydi i ti fynd i'r ysgol," meddai Mari'n bendant. Doedd dim yn tycio. Doedd dim ildio. Doedd dim rhagor i'w ddweud, dim byd arall ellid ei wneud. Felly roedd Alfie wedi llusgo cerdded i'r ysgol gyda geiriau Mari'n atseinio yn ei glustiau. "Mae mwy na physgota a chychod mewn bywyd, Alfie! Chlywais i 'rioed am bysgodyn yn dysgu neb i ddarllen na sgwennu! A dwyt ti fawr o giamstar ar sgwennu chwaith, o ran hynny."

Ar ôl iddo fynd roedd hi wedi troi at Jim. "Cofia 'mod i angen digon o fecryll da ar gyfer te, Jimbo," meddai. "A chofia wisgo digon amdanat. Ella fod y gwanwyn wedi dod, ond roedd yna wynt digon main pan es i allan i fwydo'r ieir. Anghofiodd dy fab di wneud eto."

"Fy mab *i* ydi o bob tro pan fydd o'n anghofio'u bwydo," chwarddodd Jim, yn gwisgo'i gôt ac yn camu i'w esgidiau mawr.

"Tynnu ar ôl pwy arall mae o?" atebodd hithau gan gau botymau'i gôt. Rhoddodd gusan sydyn ar ei foch a thynnu ei llaw dros ei ysgwydd fel y gwnâi bob amser, fel yr hoffai o iddi'i wneud. "Gyda llaw, Jimbo, addewais i Yncl Wil y byddai'n cael cranc fory – mae'n hoffi cranc, fel y gwyddost ti. Un iawn, cofia di – ddim yn rhy fawr nac yn rhy fach. Dydi o ddim yn hoffi cranc gwydn, anodd ei gnoi. Mae o'n byticlar iawn. Paid ag anghofio."

"Wna i ddim," meddai Jim yn rwgnachlyd o dan ei wynt wrth fynd allan drwy'r drws. "Does dim byd yn ddigon da i Wil, y brawd mawr, nac oes? Rwyt ti'n difetha'r hen fôr-leidr yna'n rhacs. Dyna'r gwir amdani."

"Ddim mwy nag ydw i'n dy ddifetha di, Jim Wheatcroft," oedd ei hateb parod.

"Beth bynnag," ychwanegodd Jim, "'swn i'n meddwl y byddai 'hen' a 'gwydn' ac 'anodd ei gnoi' yn siwtio hen fôr-leidr tebyg i Long John Silver yn iawn."

Dyma'r math o dynnu coes direidus fyddai rhyngddyn nhw wrth drafod Yncl Wil. Roedd yn rhaid iddyn nhw chwerthin wrth sôn amdano weithiau, oherwydd roedd cymaint o'i hanes yn rhy ddifrifol i feddwl amdano, hyd yn oed.

"Jim Wheatcroft!" galwodd Mari ar ei ôl. "Sôn am fy mrawd mawr i wyt ti! Paid ag anghofio hynny. Dydi o ddim yn hen nac yn wydn, dim ond ei fod yn ei fyd ei hun. Dydi o ddim 'run fath â'r gweddill ohonon ni, ac mae hynny'n fy siwtio i'n iawn."

"Os wyt ti'n deud, Mari-mw, os wyt ti'n deud!" atebodd, yn codi'i gap ac yn ei chwifio'n llawen. I ffwrdd ag o i lawr y cae tuag at y Bae Gwyrdd, yn dynwared Yncl Wil yn canu'i hoff gân yn ddigon uchel iddi hi glywed: "Io-ho-ho! Io-ho-ho!"

"Glywais i hynna, Jim Wheatcroft!" chwarddodd hithau. Atebodd Jim drwy chwifio'i gap eto. "Cymer di ofal ar y môr 'na, Jimbo! Wyt ti'n clywed?" gwaeddodd ar ei ôl.

Wrth fynd at y cwch rhyfeddai Jim at deyrngarwch Mari i'w brawd, a'i hamynedd di-ben-draw. Ond ar yr un pryd, fel y gwnâi bob amser, teimlai braidd yn flin oherwydd nad oedd Yncl Wil yn gwerthfawrogi popeth roedd hi'n ei wneud ar ei ran. Clywai o rŵan yn morio canu ar ei gwch, "yr *Hispaniola* – llong dda," fel y dywedai'n aml.

Ar y dechrau doedd hi ddim yn 'llong dda' o gwbl. Doedd hi'n ddim ond gweddillion sgerbwd hen lygar o Gernyw wedi'i gadael erstalwm byd ar y traeth yn y bae. Roedd yn bum mlynedd bellach er pan ddaeth Mari â Wil adref o'r ysbyty a gwneud cartref iddo i fyny yn llofft hwyliau'r cwt cychod. Bu Yncl Wil allan ym mhob tywydd yn adfer yr hen lygar byth ers hynny. Mari oedd wedi sôn wrtho am y llong pan oedd yn yr ysbyty a chyn gynted ag y daeth ag o adref bu'n ei swcro a'i annog i ddechrau adeiladu cychod unwaith eto. Gwyddai hi ei fod yn ddyn medrus a chrefftus iawn, a'i fod wedi cael cymaint o bleser wrth ei waith pan oedd yn ddyn ifanc. Roedd hi'n argyhoeddedig fod angen iddo gadw'n brysur, meddai hi wrth Jim. Angen iddo ddefnyddio'i ddwylo, bod yn grefftwr unwaith eto.

Tasg amhosib oedd hynny ym marn pawb, yn cynnwys Jim. Roedd y lygar a fu allan ym mhob tywydd wedi dirywio'n fawr. A beth bynnag, fedrai 'Wil Wirion', fel y galwai pawb ar yr ynys o, byth wneud y gwaith. Mynnai Mari y medrai. Yn fuan iawn sylweddolodd pawb mai hi oedd yn iawn. Pan oedd hi'n fater o adeiladu cwch roedd 'Wil Wirion' – beth bynnag roeddech chi'n ei feddwl ohono – yn gwybod yn iawn beth roedd yn ei wneud. O ddydd i ddydd, roedd yr hen lygar wedi dod yn ifanc eto, yn llyfn ac yn hardd.

Arhosai'r llong yno wedi'i hangori, yn ysblennydd yn ei phaent gwyrdd, a'r enw *Hispaniola* wedi'i beintio'n ddu ar ei hochr. Efallai nad oedd y gwaith arni wedi'i orffen eto, ond roedd amlinell hardd ei hochrau'n amlwg i unrhyw un a gerddai heibio. Erbyn hyn, ac Yncl Wil wedi rhoi'r prif hwylbren yn ei le ychydig wythnosau yn ôl, edrychai bron iawn yn barod, a hynny heb unrhyw help gan neb. Ar ei ben ei hun yr hoffai Yncl Wil fod, yn gweithio ar ei ben ei hun. Roedd y llong wedi'i hadfywio. Efallai fod Yncl Wil yn ddigon od – wedi ffwndro'n lân – dyna oedd y farn gyffredinol, ond gyda'r gwaith roedd wedi'i wneud ar yr hen lygar dros y blynyddoedd yn ddigon amlwg i bawb, roedd Wil wedi ennill parch yr ynys i gyd. Er hynny, 'Wil Wirion' oedd o o hyd, oherwydd gwyddai pawb ble roedd o wedi bod, o ble roedd o wedi dod, oherwydd ei fod fel roedd o.

Wrth gerdded ar draws y tywod, gwelai Jim Yncl Wil ar y dec yn codi'r faner ddu a gwyn, a'r benglog a'r esgyrn croes arni, i fyny'r hwylbren. Dyna wnâi bob bore ers pan aeth y mast i'w le. Gwisgai'r het Long John Silver roedd Mari wedi'i gwneud iddo ac roedd yn canu. Câi Yncl Wil ddyddiau da a dyddiau drwg. Bore heddiw roedd yn gwisgo'i het ac yn canu, felly mae'n rhaid bod hwn yn ddiwrnod da, a gwyddai Jim y byddai bywyd yn haws i Mari. Pan oedd Wil yn ddrwg ei hwyl, gallai fod yn hen gingron cas, annifyr, yn enwedig efo Mari, er mai hi oedd yr un oedd wedi'i achub, wedi dod ag o adref, yr un a garai'n fwy na neb arall yn y byd. Ni allai Jim ddeall y peth o gwbl.

Oherwydd bod Jim mor brysur yn edmygu'r *Hispaniola*, wedi ymgolli wrth feddwl am Yncl Wil, nid oedd wedi sylwi bod Alfie wrth ochr *Pengwin*, cwch pysgota'r teulu, ac yn ei baratoi at y daith. Roedd wedi'i ddatod oddi wrth y bwi ac wrthi'n ei rwyfo tuag ato drwy'r dŵr bas. "Be wyt ti'n ei feddwl wyt ti'n neud, Alfie?" protestiodd Jim, yn edrych dros ei ysgwydd yn bryderus. "Os gwêl dy fam di ..."

"Wn i, Dad. Bydd yn fy mlingo i!" chwarddodd Alfie, yn codi'i ysgwyddau ac yn wên i gyd. "Bechod! Gollais i'r cwch ysgol. Hen dro ofnadwy! Roeddech chi yno. Welsoch chi o'n mynd hebdda i, yn do, Dad?"

Methodd Jim guddio'i lawenydd mawr. "Hen hogyn drwg wyt ti, Alfie Wheatcroft," meddai gan ddringo i mewn i'r cwch. "Tebyg i bwy wyt ti, tybed? Wn i ddim, wir. Well i ni ddal digon o bysgod ... neu fydd fy mywyd i, na d'un dithau chwaith, ddim yn werth ei fyw."

Allan ar y môr ryw awr neu ddwy'n ddiweddarach, roedden nhw'n pysgota oddi ar Graig Fforman. Bu'n anodd i Alfie rwyfo yn erbyn y llanw yr holl ffordd ar hyd Bae Pentyl a sylwodd Jim fod arno angen seibiant. Cymerodd y rhwyfau oddi wrtho a rhwyfo draw i edrych ar ei gewyll cimychiaid. Rhyngddyn nhw, cododd y ddau dri cranc da o'r cewyll oddi ar Graig Fforman – felly cranc i Yncl Wil a dau i'w werthu. Yn un o'r cewyll roedd sgwid – byddai hwnnw'n abwyd iawn. Llwyddodd Alfie i ddal dau forlas hefyd. "Iawn i wneud cacennau pysgod," cwynodd Jim, "ond fawr ddim arall. Ddim at ddant dy fam o gwbl. Fiw i ni fynd adref efo dim byd ond morlas. Rhaid i ni gael hyd i dipyn o fecryll."

"Ynys Helen," meddai Alfie, yn ymestyn am y rhwyfau ac yn dechrau rhwyfo eto. "Yno byddan nhw, Dad, dwsinau ohonyn nhw, yn aros amdanon ni. Gewch chi weld."

Roedd hi'n hollol dawel erbyn hyn, heb yr un crych ar y môr a'r llanw'n mynd â nhw'n gyflym tuag at Ynys Helen. Yn araf a gofalus iawn i osgoi'r creigiau, rhwyfodd Alfie tua'r lan, at yr unig draeth tywodlyd ar yr ynys. Gollyngodd Jim yr angor. Dyma ble roedden nhw wedi dal mecryll rai wythnosau'n ôl, dwsin neu fwy, pysgod mawr braf hefyd, a hynny mewn ychydig funudau. Hei lwc y caen nhw rai eto.

Gwyddai'r ddau fod yn rhaid cael lwc. Gwaith felly oedd pysgota am fecryll. Allech chi fod ar y dŵr drwy'r nos yn pysgota uwch eu pennau nhw a'r lein yn dod i fyny'n wag bob tro. Neu fe fydden nhw yn y dŵr, i bob golwg yn crefu am gael eu dal, yn neidio ar eich bachau, yn dod i fyny'n sgleinio'n arian ac yn gwingo ar y lein. Cofiai Jim mor falch o'u cael nhw oedd Mari, pan ddaethon nhw adref ar ôl dalfa dda, a'u dangos iddi. Cofiai fel roedd hi wedi cofleidio'r ddau a dweud mai nhw oedd y pysgotwyr gorau yn y byd crwn cyfan, nad oedd neb arall tebyg iddyn nhw.

Gollyngodd Jim ei lein i'r môr. "Dowch 'laen!" meddai. "Byddwch yn bysgod da! Brathwch, wir! Wedyn bydd Mari-mw yn ein cofleidio ni eto a gawn ni swper gwerth chweil. Macrell wedi'i ffrio a'i grimpio. Dyna ydan ni eisio. Dowch! Dydw i ddim yn mynd o 'ma nes cawn ni fflyd ohonoch chi!"

"Dyna nhw, i lawr yn fan'na," meddai Alfie, gan bwyso dros ochr arall y cwch a chraffu i'r dŵr. "Dwi'n eu gweld nhw. Fetia i y dalia i un o'ch blaen chi, Dad!"

Gryn amser wedyn, doedd yr un o'r ddau wedi dal pysgodyn, dim hyd yn oed plwc ar y lein. Roedd y ddau'n ddistaw, yn canolbwyntio. Eisteddai Alfie yn ei gwman uwchben ei lein yn syllu ac yn syllu i'r dŵr glaswyrdd clir islaw, y gwymon yn chwifio'n wawdlyd arno. Dyna pryd y clywodd y sŵn gyntaf. Swniai'n od yn syth. Ddim yn iawn. Cododd Alfie ei ben o'i bysgota. Roedd y sŵn yn dod o'r ynys, ganllath neu fwy draw, o rywle wrth y traeth – rhyw grio meddal, swnian neu gwyno. Morlo bach, efallai. Ond roedd yn debycach i sŵn person.

PENNOD 2
Lle i eneidiau coll

"Glywch chi hynna, Dad?" gofynnodd.

"Dim ond gwylan, Alfie," atebodd Jim. Ac yn wir, roedd gwylan ifanc ar y traeth yn sgrialu ar ôl ei mam, ei gwddw wedi'i ymestyn, yn mewian ac yn crefu am gael ei bwydo. Ond sylweddolodd Alfie'n fuan iawn nad dyna'r sŵn roedd o wedi'i glywed. Gwyddai am wylanod yn well nag unrhyw adar eraill, ond doedd o erioed o'r blaen wedi clywed gwylan ifanc yn crio fel yna. Roedd y crio a glywodd yn wahanol, yn ddim byd tebyg i aderyn o gwbl, nac fel morlo bach chwaith. Swniai fel person. Rhai da am ddynwared oedd gwylanod – ddim cystal â brain, ond yn ddigon da er hynny. Yn ei benbleth, anghofiodd Alfie bopeth am bysgota. Cododd y ddwy wylan – mam a'i chyw – oddi ar y traeth a hedfan ymaith, y cyw yn dal i swnian am gael ei fwydo, gan adael y traeth yn wag, ond nid yn ddistaw. Dyna fo eto, yr un sŵn.

"Nid gwylan, Dad. Amhosib," meddai Alfie. "Rhywbeth arall. Gwrandewch!"

Deuai o rywle y tu hwnt i fin y traeth, o gyfeiriad yr hen Glafdy, neu o'r graig fawr yng nghanol yr ynys. Erbyn hyn roedd Alfie'n berffaith siŵr na fedrai'r un wylan, waeth pa mor glyfar am ddynwared, grio fel yna. Yna sylweddolodd beth oedd o. Plentyn! Sŵn plentyn sy'n crio. Ac yna, clywai Alfie sŵn pesychu yn glir iawn – fyddai gwylan ddim yn pesychu.

"Mae rhywun yna, Dad!" sibrydodd. "Ar yr ynys."

"Glywa i'r sŵn," meddai Jim. "Glywa i o'n glir, ond go brin fod hynny'n bosib. Wela i ddim byd yna, dim ond gwylanod. Cannoedd ohonyn nhw, i gyd yn ein gwylio ni. Fel y dywedais i, Alfie, gas gen i'r lle yma 'rioed." Oedodd i wrando wedyn. "Chlywa i ddim byd. Ein clustiau'n chwarae triciau arnon ni, dyna beth oedd o, mae'n rhaid. Does bosib fod neb yma beth bynnag. Welais i 'run cwch wedi'i angori wrth i ni hwylio heibio, a does unman arall i lanio ar Ynys Helen ond yn y fan hyn, ar y traeth yma. Does neb yn byw ar yr ynys – does neb wedi byw yma ers canrifoedd."

Wrth graffu am unrhyw arwydd o fywyd – ôl traed ar y tywod, mwg yn dangos bod tân yn rhywle, efallai – cofiodd Jim yr holl straeon am Ynys Helen. Cofiai lanio yno o'r blaen, droeon. Roedd wedi cerdded ei hyd a'i lled. Doedd hi fawr mwy na hanner milltir o'r naill ben i'r llall, ychydig gannoedd o lathenni ar draws y canol, yn ynys o redyn, drain a grug. O'i chwmpas roedd rhimyn o feini llwydion anferth a cherrig mân. Gwelodd ddarn o dywod serth a'r graig enfawr yn codi i'r entrychion y tu ôl i'r Clafdy, a hwnnw bellach wedi hen droi'n adfail, y to a'r ffenestri'n dyllog, y waliau'n syrthio, ond roedd y simnai yno o hyd.

Hogyn bach oedd Jim pan aeth yno gyntaf, efo'i dad, i gasglu broc môr i wneud tân, yn ei bentyrru ar y traeth i fynd ag o adref, neu'n chwilota am gregyn Mair. Roedd o wedi dringo'r graig unwaith efo'i dad, wedi gorfodi'i hun i'w dringo wedyn ar ei ben ei hun, wedi cyrraedd y copa, ond wedi cael ffrae gan ei dad a'i siarsio i beidio gwneud byth eto.

Fu gan Jim ddim i'w ddweud wrth y lle erioed – hyd yn oed pan oedd yn hogyn bach, doedd o ddim wedi teimlo'n hapus yno. Bryd hynny roedd Ynys Helen yn hen le gwag, wedi'i adael, lle i eneidiau coll, ysbrydion. Roedd rhywbeth tywyll a thrist ynghylch yr ynys, ac yntau wedi meddwl hynny ymhell cyn clywed y straeon. O dipyn i beth dros y blynyddoedd roedd wedi clywed ei hanes didrugaredd. Ei bod, erstalwm iawn, yn ynys sanctaidd, lle gallai'r mynachod fyw bywyd unig, myfyriol. Roedd adfeilion eu capel yno o hyd. Gwyddai Jim fod ffynnon sanctaidd y tu hwnt i'r Clafdy – roedd ei fam wedi dweud gymaint â hynny wrtho. Bu gyda hi'n chwilio amdani ymysg y drain a'r rhedyn, ond chawson nhw byth hyd iddi.

Ond hanes y Clafdy ei hun, pam y codwyd o, a sut y câi ei ddefnyddio, oedd wedi'i boeni fwyaf – cymaint fel nad oedd erioed wedi sôn am y peth wrth Alfie, gan feddwl bod rhai hanesion yn rhy ddychrynllyd i'w hailadrodd. Flynyddoedd yn ôl, yn amser y llongau hwyliau mawr, bu Ynys Helen yn ynys gwarantîn ar un adeg. I atal clefydau rhag lledu, byddai unrhyw longwr neu deithiwr a fu'n wael ar fordaith, yn dioddef o'r dwymyn felen, neu deiffoid, neu unrhyw glefyd heintus arall, yn cael ei adael ar Ynys Helen – i wella, os medrai, ond yn fwy tebygol i dreulio'i ddyddiau olaf truenus yn y Clafdy. Gadawyd y cleifion a'r rhai oedd ar farw yno ar eu pennau eu hunain, gydag ychydig iawn o obaith am wellhad. Drwy gydol ei oes roedd Jim wedi arswydo wrth feddwl am y peth. Byth ers pan ddywedwyd wrtho am y Clafdy, roedd o bob amser wedi meddwl am Ynys Helen fel lle cywilyddus, ynys dioddefaint a marwolaeth, lle i'w osgoi ar bob cyfri.

Bellach doedd dim amheuaeth o gwbl. Yn bendant, clywai Jim sŵn plentyn yn crio, ac roedd Alfie'n sicr hefyd. Ddywedodd yr un o'r ddau 'run gair. Meddyliodd y ddau yr un peth yn union y munud hwnnw. Roedden nhw, fel pawb arall, wedi clywed straeon fod ysbrydion ar Ynys Helen. Roedd Ynysoedd Sili yn berwi o straeon o'r fath – ysbrydion ar Ynys Samson; ysbryd y Brenin Arthur ar yr Ynysoedd Dwyreiniol, ac ar hyd a lled yr ynysoedd roedd straeon am ysbrydion llongwyr coll, môr-ladron, llongwyr wedi boddi. Straeon, meddai Jim ac Alfie wrthyn nhw'u hunain, dim ond straeon.

Torrodd pesychu ar draws y griddfan. Nid ysbryd oedd hwn. Roedd rhywun ar yr ynys. Plentyn, plentyn yn llefain, yn cwynfan, ac yn pesychu o hyd. Cri am help na fedren nhw mo'i hanwybyddu. Wrth iddyn nhw halio'u leiniau i'r cwch, ar frys mawr erbyn hyn, gwelodd Alfie fod tair macrell yn hongian ar ei fachau. Doedd o ddim hyd yn oed wedi teimlo eu bod yno. Ond doedd dim ots am y pysgod bellach. Cododd Jim yr angor, a rhwyfodd Alfie'n galed tua'r lan. Tynnu'n gryf ddwywaith neu dair a dyna deimlo'r cwch yn crafu'r traeth. Neidiodd y ddau dros yr ochr i'r dŵr bas a thynnu'r cwch yn uwch ar y tywod.

Safodd y ddau ar y traeth, yn gwrando am sŵn y plentyn eto. Am ryw reswm sylweddolodd y ddau eu bod yn sibrwd siarad. Chlywen nhw ddim byd ond y môr yn llepian yn dawel y tu ôl iddyn nhw a chri pâr o biod y môr yn hedfan ymaith yn isel a chyflym, a blaen eu hadenydd bron â chyffwrdd y môr.

"Chlywa i ddim byd," meddai Jim. "Glywi di? Wela i ddim byd chwaith." Roedd o'n dechrau meddwl erbyn hyn iddo ddychmygu'r cyfan. Oedd ei glustiau wedi'i dwyllo? Ond y gwir plaen oedd, a gwyddai Jim hynny'n iawn, nad oedd o eisiau mentro un cam ymhellach. Y munud hwnnw ysai am gael y cwch yn ôl ar y dŵr a rhwyfo adref. Ond eisoes rhedai Alfie i fyny'r traeth tua'r twyni tywod. Meddyliodd Jim am alw arno i ddod yn ôl, ond doedd o ddim eisiau gweiddi. Ni fedrai adael iddo grwydro ar ei ben ei hun. Tynnodd ei gôt a'i gosod dros y pysgod ar waelod y cwch, i'w cuddio rhag unrhyw wylanod llygadog, ysbeilgar. Yna, yn gyndyn, dilynodd Alfie dros y twyni tywod, tuag at y Clafdy.

Daeth ias o gryndod dros Alfie wrth sefyll ar ben y twyni, yn edrych i fyny ar y Clafdy. Gwyddai nad yr oerfel yn unig oedd o. Roedd gwylanod, cannoedd ohonyn nhw, gwylwyr distaw'r ynys, yn ei wylio o'r creigiau ym mhobman. O waliau'r Clafdy. O'r simnai. O'r awyr uwchben. Cyn bo hir roedd Jim wrth ei ochr yn fyr o wynt.

Galwodd Alfie, "Oes 'na rywun yna?" Dim ateb. "Pwy sy 'na?" Yna plymiodd dwy wylan i lawr arnyn nhw, yn troelli ac yn sgrechian, un i ddechrau ac wedyn y llall. Rhythodd y gweddill arnyn nhw'n gas. Roedd y neges yn berffaith glir. Does dim croeso i chi yma. Ewch o'n hynys ni. "Does neb yma, Alfie," sibrydodd Jim. "Ty'd adref."

"Ond glywon ni rywun, Dad," meddai Alfie. "Wn i'n iawn."

Gan deimlo'n fwy ofnus bob munud âi heibio, Jim alwodd y tro hwn. Ei reddf oedd troi draw, dychwelyd i'r cwch a mynd o'r lle yma ar unwaith. Ond ar yr un pryd roedd rhaid iddo wybod i sicrwydd nad oedd plentyn ar yr ynys, nad oedd Alfie'n iawn ac mai dychmygu'r cyfan wnaethon nhw. Galwodd y ddau wedyn, fel atsain i'w gilydd. Yn nes, ac yn berffaith glir bellach, daeth yr un sŵn cwyno ag o'r blaen, ond yn fwy aneglur, fel petai'n cael ei fygu. Doedd dim amheuaeth. Llais plentyn oedd o, plentyn wedi'i ddychryn yn ofnadwy, ac roedd y llais yn dod o'r tu mewn i'r Clafdy.

Ar y dechrau, meddyliodd Jim mae'n rhaid mai rhyw

blentyn lleol oedd wedi mynd i bysgota ac wedi cael rhyw fath o ddamwain. Wedi colli rhwyf, efallai, neu wedi syrthio oddi ar gwch. Doedd fawr o dro, wedi'r cyfan, ers pan oedd o wedi codi bachgen ifanc o'r dŵr ar ôl iddo fynd i helynt mewn cwch yn Sianel Tresco. Wedi baglu a syrthio dros yr ochr roedd hwnnw a'r llanw wedi'i sgubo i'r môr. Golchwyd y plentyn hwn i'r lan ar Ynys Helen – ni fedrai Jim feddwl am eglurhad arall. Ond petai unrhyw blentyn ar goll, yna doedd bosib na fyddai wedi clywed amdano? Byddai'r ynysoedd i gyd wedi cael rhybudd a phawb allan yn chwilio. Ni fedrai Jim ddeall y peth.

Roedd Alfie eisoes wedi mynd o'i flaen i fyny'r llwybr tuag at y Clafdy. Galwai ar bwy bynnag oedd yno, yn dawel, mor gysurlon ag y medrai. "Helô. Dim ond fi sy 'ma. Alfie Wheatcroft. Mae fy nhad efo fi. Wyt ti'n iawn?" Doedd dim ateb. Stopiodd y ddau tu allan i'r drws, yn ansicr beth i'w ddweud na'i wneud.

"O Ynys y Bryniau rydan ni," ychwanegodd Jim. "Rwyt ti'n siŵr o fod yn ein nabod. Tad Alfie ydw i. Syrthio allan o gwch wnest ti? Hawdd gwneud, hawdd iawn gwneud. Mae'n rhaid dy fod ti bron â rhewi. Gawn ni chdi allan o'r fan yma mewn chwinc. Mynd â chdi'n ôl adre, paned o de cynnes, cacen datws a bath poeth. Bydd hynny'n dy gynhesu'n braf, yn bydd?"

Wrth i Alfie gamu'n betrus drwy'r drws i ganol adfeilion y Clafdy, tawodd y cwynfan. Doedd dim golwg o neb y tu mewn, dim byd ond rhedyn a drain. Ym mhen draw'r adeilad, i mewn o dan y simnai, roedd lle tân bron o'r golwg dan redyn sych, carped trwchus ohono, fel petai rhywun wedi bod yn gwneud gwely yno.

Hedfanodd aderyn i fyny'n sydyn o gilfach yn y wal, yn

ffrwydrad o ysgwyd adenydd a wnaeth i galon Alfie ddyrnu. Gwthiodd drwy'r tyfiant trwchus islaw oedd wedi hen feddiannu'r adfeilion, y drain yn rhwygo'i grys a'i drowsus wrth iddo fynd heibio. Arhosodd Jim wrth y drws. "Does 'na neb yna, Alfie," sibrydodd. "Mae'r lle'n wag." Pwyntiodd Alfie at gornel y lle tân. Chwifiodd ei law i ddweud wrth ei dad am fod yn ddistaw.

"Paid ti â phoeni dim," meddai Alfie gan gamu ymlaen yn araf ac yn dawel. "Gawn ni chdi allan o fan hyn ac adref mewn dau funud. Mae gynnon ni gwch. Wnawn ni mo dy frifo di. Dwi'n addo. Mae popeth yn iawn, wir. Gei di ddod allan rŵan."

Roedd o wedi gweld wyneb, wyneb claerwyn, yn sbecian drwy'r rhedyn. Plentyn. Geneth, a'i bochau'n bantiau mawr a'i gwallt tywyll yn hongian yn llipa at ei hysgwyddau. Swatiai yno yng nghornel yr adeilad yn crynu gan ofn, ei dwrn yn ei cheg, ei llygaid yn rhythu arno'n llawn arswyd. O'i hamgylch roedd blanced lwyd ond roedd ei chorff yn gryndod i gyd. Ar ei hwyneb roedd ôl dagrau.

Aeth Alfie yn ei gwrcwd, gan gadw'i bellter – doedd o ddim eisiau'i dychryn. Doedd o ddim yn ei hadnabod. Petai hi'n dod o'r ynysoedd byddai'n sicr o fod yn ei hadnabod – roedd o'n adnabod plant yr ynysoedd i gyd. Roedd pawb yn adnabod pawb, o ba ynys bynnag roedden nhw'n dod. "Helô?" meddai Alfie. "Oes gen ti enw?" Ciliodd yr eneth oddi wrtho, yn anadlu'n ddwfn, yn pesychu eto, ac yn crynu, crynu o dan y flanced. "Alfie ydw i. Does dim raid i ti fod ag ofn, 'ngeneth i." Rhythai ar Jim yn arw, a'i llygaid yn llawn braw. "Dad ydi hwnna. Wnaiff yntau, na mi, mo dy frifo di. Wyt ti eisio bwyd? Wyt ti wedi bod yma'n hir? Mae gen ti andros o beswch. O ble ddest ti, felly? Sut ddest ti yma?" Ddywedodd hi ddim byd. Dim ond aros yno yn ei chwrcwd, wedi rhewi gan ofn, a'i llygaid yn gwibio'n wyllt o Jim at Alfie, o Alfie at Jim. Ymestynnodd Alfie ei law ati'n araf a chyffwrdd ei blanced. "Mae'n wlyb socian," meddai.

Roedd ei thraed noeth yn dywod a mwd drostynt a'r hyn oedd yn y golwg o'i gwisg yn rhacs gyrbibion. O gwmpas ei thraed ym mhobman roedd cregyn meheryn gwag a phlisgyn wyau gwylanod. Ychwanegodd Alfie: "Mae gynnon ni fecryll i de adre. Mae Mam yn eu coginio nhw'n fendigedig, yn eu rholio mewn wy wedi'i guro a cheirch. Gawn ni bwdin bara menyn wedyn. Gei di flas arno. Mae'n cwch ni ar y traeth. Wyt ti eisio dod efo ni?" Symudodd fesul modfedd tuag ati, yn estyn ei law. "Fedri di gerdded, hogan?"

Neidiodd honno i fyny'n sydyn, ac fel ewig wedi dychryn, llamodd heibio iddo a rhedeg drwy'r rhedyn tuag at y drws. Mae'n rhaid ei bod wedi baglu oherwydd yn sydyn, diflannodd i ganol y tyfiant. Daeth Jim o hyd iddi eiliadau'n ddiweddarach yn gorwedd ar ei hwyneb, yn anymwybodol. Plygodd uwch ei phen. Trodd hi ar ei chefn. Pistyllai'r gwaed o'i thalcen. Roedd cleisiau a chrafiadau dros ei choesau i gyd ac un ffêr wedi chwyddo ac yn ddu-las. Doedd hi ddim yn anadlu. Roedd Alfie yno ar ei liniau wrth ei hochr.

"Ydi hi wedi marw, Dad?" gofynnodd yn ddistaw. "Ydi hi wedi marw?" Teimlodd Jim ei gwddw. Ni theimlai guriad calon o gwbl. Gyda'r cynnwrf yn chwyddo drwy'i frest, cofiodd wedyn sut roedd Alfie, pan oedd yn fychan, wedi syrthio ar y creigiau un tro. Cofiodd iddo redeg yr holl ffordd adref gydag Alfie yn ei freichiau, yn meddwl yn siŵr ei fod wedi marw. Cofiodd mor bwyllog fu Mari'n cymryd yr awenau ar unwaith, yn rhoi Alfie i orwedd ar fwrdd y gegin, gosod ei chlust ar ei geg a theimlo'i anadl ar ei chroen. Gwnaeth Jim yr un fath y tro hwn. Rhoddodd ei glust ar geg yr eneth a theimlodd yr anadl gynnes. Gwyddai ei bod hi'n dal yn fyw. Y cyfan roedd raid iddo'i wneud oedd mynd â hi adref yn gyflym. Byddai Mari'n gwybod beth i'w wneud.

"Dos di at y cwch, Alfie," meddai. "Ar unwaith. Ddo' i â hi."

Cododd Jim hi yn ei freichiau a rhedeg o'r Clafdy ar hyd y llwybr at y twyni tywod. Roedd hi'n ysgafn, yn llipa ac yn llaith yn ei freichiau. Teimlai nad oedd ei chorff yn ddim ond croen am yr esgyrn. Erbyn iddo gyrraedd roedd Alfie wedi cael y cwch i'r dŵr. Safai yno yn y tonnau mân yn cydio ynddo. "Dos i mewn, 'ngwas i," meddai Jim. "Drycha di ar ei hôl hi. Mi rwyfa i." Lapiodd y ddau hi yng nghôt Jim a'i rhoi i orwedd â'i phen ar lin Alfie. "Swatia hi yn dy gesail," meddai Jim wrtho. "Mae'n rhaid i ni ei chadw hi mor gynnes ag y gallwn ni." Gwthiodd y cwch o'r traeth, neidiodd i mewn a chydio yn y rhwyfau bron mewn un symudiad.

Rhwyfodd Jim fel dyn gwallgo i ganol ymchwydd y môr agored heibio'r goleudy ar Ynys Wen, ac o'r diwedd i lonyddwch tawel Sianel Tresco. Wrth rwyfo edrychai bob hyn a hyn ar yr eneth yn gorwedd yno ym mreichiau Alfie, ei phen yn gwaedu, ei llygaid ynghau. Ni allai Alfie deimlo bywyd ynddi hi. Welai Jim ddim bywyd ynddi chwaith. Cysgai fel petai hi ddim am ddeffro byth. Siaradai Alfie â hi drwy'r adeg, heb dewi bron, gan ei chadw'n glòs yn ei freichiau wrth i'r cwch godi a rholio drwy'r tonnau. Daliai ati i alw arni, yn ewyllysio iddi ddeffro ac agor ei llygaid, yn dweud wrthi na fydden nhw'n hir cyn cyrraedd y lan, y byddai hi'n iawn. Bob hyn a hyn roedd Jim yn helpu hefyd, pryd bynnag y medrai gael anadl i wneud hynny, yn crefu arni hi i fyw, yn ymbil arni, yn gweiddi hyd yn oed. "Deffra, eneth! Bendith i ti, deffra! Paid ti â meiddio marw. Wyt ti'n clywed? Paid ti â meiddio!"

PENNOD 3

Yn union fel môr-forwyn

Drwy'r adeg, wrth i Jim rwyfo â'i holl nerth, gan dynnu pob gewyn yn dynn â phob symudiad, gorweddai'r eneth yno'n ddifywyd, ei phen ar lin Alfie, yn welw fel angau. Doedd o ddim eisiau dal ati i holi Alfie sut roedd hi ac a oedd hi'n dal yn fyw, gan ei fod yn gwybod yn barod pa mor bryderus a chynhyrfus roedd Alfie. Ysai Jim am gael rhoi'r gorau i rwyfo, dim ond am funud bach, i gael gweld drosto'i hun a oedd hi'n dal i anadlu. Ond gwyddai fod yn rhaid iddo ddal ati, i fynd â'r eneth yn ôl i Ynys y Bryniau, at Mari, cyn gyflymed fyth ag y gallai. *Bydd Mari'n gwybod beth i'w wneud*, meddai wrtho'i hun. *Bydd Mari'n ei hachub hi.*

Chymerodd hi erioed gymaint o amser i rwyfo i fyny Sianel Tresco, meddyliodd Alfie. Roedd yn sicr erbyn hyn fod yr eneth wedi marw, mor sicr fel mai prin y gallai edrych arni. Ac yntau'n agos iawn at grio drwy'r adeg, ni feiddiai siarad. Bob tro y byddai'n dal llygaid ei dad, byddai'n troi ei ben yn gyflym. Ni fedrai ddweud wrtho mor oer oedd hi yn ei freichiau, mor llonydd, ei bod hi wedi mynd.

Roedd y gwynt, y llanw a'r blinder yn arafu Jim bob modfedd o'r daith. Wrth iddo rwyfo i'r Bae Gwyrdd gwaeddai am help gyda'r ychydig anadl oedd ganddo ar ôl. Brysiai dwsinau o bobl yr ynys ar hyd y traeth, Mari yn eu mysg, ynghyd â haid o blant cyffrous, yn ôl o'r ysgol erbyn hyn ac yn rhedeg ar eu holau. Peg, caseg waith yr ynys, oedd yr unig un nad oedd yn cymryd dim sylw ohonyn nhw'n cyrraedd wrth iddi bori'n ddifater ymysg y twyni tywod.

Wrth i Jim ddod â'r cwch i'r lan, cerddodd pawb drwy'r dŵr bas i'w cyfarfod, i dynnu'r cwch o'r dŵr. Cyn i Jim gael cyfle i dynnu'r rhwyfau i'r cwch, hyd yn oed, roedd Mari wedi codi'r eneth o freichiau Alfie ac yn ei chario i fyny'r traeth. Arhosodd Alfie i roi help llaw i'w dad ddod allan o'r cwch. Roedd fel petai'n ansad ar ei draed, felly cydiodd Alfie yn ei freichiau am funud bach. Ond baglodd Jim a syrthio ar ei ddwylo, ei bengliniau ar y tywod gwlyb, wedi colli ei nerth i gyd ac yn ymladd am ei wynt. Roedd ei ben yn troi, ei ysgwyddau ar dân. Brifai drosto.

Yn uwch i fyny ar y traeth roedd Mari wedi rhoi'r eneth i orwedd ar dywod sych, yn penlinio drosti ac yn galw arnyn nhw. "Pwy ydi hi, Jimbo?" gofynnodd iddo. "Pwy ydi hi? Ble cawsoch chi hyd iddi?" Y cyfan fedrai Jim ei wneud oedd ysgwyd ei ben. Ni fedrai ddweud yr un gair. Erbyn hyn roedd tyrfa wedi ymgasglu, yn gwthio i gael gwell golwg arni, yn plygu drosti, a phawb yn llawn cwestiynau. "Er mwyn y nefoedd, gadewch iddi gael tipyn o aer," gwaeddodd Mari arnyn nhw gan chwifio'i dwylo. "Mae'r plentyn angen anadlu. Welwch chi ddim ei bod hi'n hanner marw? Ewch yn ôl, a gyrrwch am Dr Crow o Ynys Fair. Brysiwch wir! Awn ni â hi adref, ei chynhesu hi o flaen y stof." Cyffyrddodd wyneb yr eneth â chefn ei llaw, teimlodd ei gwddf. "Mae hi'n crynu'n ddifrifol. Mae ganddi hi wres uchel iawn. Mi ddefnyddiwn ni'r drol. Ewch i nôl Peg i'w thynnu – brysiwch, wnewch chi?"

Llwyddodd Jim ac Alfie i wthio drwy'r dorf. Ar hynny, agorodd yr eneth ei llygaid. Edrychodd i fyny'n ddryslyd ar yr holl wynebau'n syllu arni. Roedd hi'n ceisio eistedd, yn ceisio dweud rhywbeth. Plygodd Mari yn nes, "Be sy, 'mach i? Be sy?"

Dim ond sibrwd oedd o a chlywodd fawr neb. Neb ond Mari ac Alfie. "Liwsi," meddai'r eneth. Yna wrth i Mari ei rhoi i orwedd, caeodd ei llygaid ac roedd hi'n anymwybodol eto.

Fe ruthron nhw hi adref i Fferm Veronica yn y drol, gydag Alfie'n tywys Peg, a Mari yn y cefn yn dal yr eneth yn ei breichiau. Edrychai fel petai hanner yr ynys yn eu dilyn, er bod Mari'n dweud a dweud wrthyn nhw nad oedd dim byd allen nhw ei wneud, ac y dylen nhw i gyd fynd adref. Aeth neb. "Fedri di wneud i'r gaseg yna frysio, Alfie?" gofynnodd.

"Aiff hi ddim yn gyflymach, Mam," meddai Alfie wrthi. "Dach chi'n nabod Peg."

"A dwi'n dy nabod di hefyd, Alfie Wheatcroft," aeth Mari yn ei blaen gyda thinc o wawd yn ei llais. "Gest ti ddiwrnod braf yn yr ysgol, do?" Wyddai Alfie ddim beth i'w ddweud, felly ddywedodd o ddim byd. Bu'r ddau'n gwbl dawel am dipyn. "Roedd Dad yn deud mai chdi gafodd hyd iddi," ychwanegodd Mari.

"Ie, am wn i," atebodd Alfie.

"Felly wir," meddai Mari. "Wel, mae'n debyg ei fod yn dda o beth dy fod ti yno. Ddywedwn ni ddim mwy am y peth, o'r gorau? Rŵan, gwna i'r ferlen yna fynd ar drot, os ydi hi eisio ai peidio."

"Iawn, Mam," atebodd Alfie, yn teimlo'n well ond hefyd yn edifar.

Ryw awr ar ôl i bawb gyrraedd y ffermdy, roedd Jim ac Alfie gyda'r dynion a'r bechgyn yn yr ardd, yn aros i glywed beth oedd yn digwydd. Roedd haid o ferched wedi gwasgu i mewn i'r gegin

– roedd hynny'n cythruddo Mari, a doedd hithau ddim yn trafferthu cuddio'i thymer, chwaith. Roedden nhw i gyd yn uchel eu cloch ac yn llawn cynghorion, a Mari'n gwneud ei gorau i'w hanwybyddu, yn brysur yn gwisgo'r plentyn mewn dillad glân, yn ei rhwbio'n sych ac yn ei gwneud mor gynnes a chyfforddus ag y gallai o flaen y stof. Allan yn yr ardd, gydag Alfie wrth ei ochr, roedd Jim wedi dod ato'i hun ddigon i ateb cwestiynau pawb am yr eneth roedden nhw wedi'i darganfod ar Ynys Helen. Roedden nhw i gyd eisiau gwybod rhagor, ond ychydig oedd yna i'w ddweud, ac unwaith roedd o wedi'i ddweud, doedd dim rhagor i'w ddatgelu. Ni fedrai Jim wneud dim ond ailadrodd yr hanes, ond llifai'r cwestiynau o hyd.

Cyrhaeddodd Doctor Crow o Ynys Fair o'r diwedd. Edrychodd ar y criw o bobl oedd wedi ymgasglu oddi allan i'r tŷ a chymryd yr awenau ar unwaith. Safodd yn nrws y ffermdy, ei getyn yn ei law fel arfer, gan ddweud: "Nid syrcas sydd yma. Ac nid clown ydw i. Doctor ydw i a dwi wedi dod i weld claf. Felly gwadnwch chi o 'ma neu gwae chi!"

Yn flêr, a'i wallt am ben ei ddannedd fel arfer, olion bresych yn ei locsyn ar ôl cinio (doedd ryfedd fod ambell un yn ei alw'n Dr Bwgan Brain), roedd Dr Crow yn uchel iawn ei barch ar hyd a lled yr ynysoedd. Roedd gan y rhan fwyaf o bobl achos i fod yn ddiolchgar i Dr Crow ar ryw adeg neu'i gilydd. Am flynyddoedd bu'n gynghorwr doeth i bobl yr ynys, a theimlai pawb yn well dim ond iddo gamu i mewn i'w cartref. Ond roedd ar bawb hefyd ryw ychydig bach o'i ofn. Fyddai neb yn dadlau efo Dr Crow. Cerddodd rhai o'r dynion o'r ardd heb ddweud fawr ddim. Efallai i rai o'r merched yn y gegin rwgnach tipyn wrth fynd oddi yno, ond mynd wnaethon nhw i gyd yn y diwedd. "Hei, dal fy nghetyn i, 'ngwas i," meddai wrth Alfie wrth iddo ddod i'r tŷ, "ond paid â'i roi yn dy geg, cofia. Rŵan, ble mae'r claf?"

Eisteddai Liwsi yng nghadair Jim wrth y stof, wedi'i lapio mewn blancedi, ei llygaid yn llawn dychryn ac yn crynu, crynu. "Liwsi ydi ei henw hi, doctor," meddai Mari wrtho. "Dyna'r cyfan wyddon ni amdani, y cyfan ddywedodd hi. Dim ond ei henw. Dwi'n methu'n glir â'i chael i gynhesu, doctor. Dwi wedi trio pob dim. Dwi'n methu'i hatal hi rhag crynu." Plygodd y doctor ar unwaith, codi traed yr eneth a'u rhoi'n nes at y stof. "Yn fy mhrofiad i, Mrs Wheatcroft, rydan ni'n cynhesu o'n traed i fyny," eglurodd. "Fyddwn ni fawr o dro'n ei chael ati'i hun. Golwg gas ar ei ffêr hi – mae hi'n amlwg wedi'i throi hi'n ddrwg."

"Driais i roi llefrith poeth a mêl iddi," ychwanegodd Mari, "ond gwrthod wnaeth hi."

"Roeddech chi'n iawn yn trio, ond dŵr mae hi'i angen fwyaf, dwi'n meddwl – digon o ddŵr," meddai'r doctor, yn estyn ei stethosgop o'i fag. Plygodd y blancedi o amgylch gwddw'r eneth er mwyn ei harchwilio, ond cododd honno'r blancedi at ei gên yn syth. Dechreuodd besychu a'i chorff i gyd yn ysgwyd.

"Ara deg, 'ngeneth i," meddai'r doctor. "Liwsi wyt ti, yntê? Does neb yn mynd i dy frifo di." Estynnodd ei law allan eto, yn arafach y tro hwn, a theimlo'i thalcen. Cydiodd yn ei garddwrn a theimlo'i phyls. "Wel, mae ei gwres hi'n uchel iawn," meddai'n bryderus, "a dydi hynny ddim yn beth da. Synnwn i ddim nad ydi rhai o'r briwiau yma ar ei choesau wedi'u heintio. Maen nhw wedi bod yna ers tipyn o amser yn ôl eu golwg." Yna trodd at Jim. "Chi gafodd hyd iddi, medden nhw i mi, Mr Wheatcroft.

Ar Ynys Helen, yntê? Hen le dychrynllyd."

"Alfie a fi, doctor," atebodd Jim.

"Be oedd hi'n ei wneud yn fan'na?" aeth y doctor yn ei flaen. "Ar ei phen ei hun oedd hi pan gawsoch chi hyd iddi?"

"Ie, dwi'n meddwl," atebodd Jim. "Welson ni ddim golwg o neb arall. Ond a dweud y gwir, chawson ni fawr o gyfle i chwilio. Feddylion ni ddim am wneud. Ddim bryd hynny. Ond feddyliais i am hynny wedyn – y gallai hi beidio bod ar ei phen ei hun, felly anfonais i Dei, fy nghefnder, yn ei gwch a deud wrtho am chwilota rownd yr ynys, er mwyn gwneud yn siŵr. Ddaw o'n ôl toc. Ddylai o ddim bod yn hir."

"Pysgota oeddech chi, Mr Wheatcroft?"

"Mecryll," meddai Jim.

"Mecryll go fawr, mae hynny'n siŵr!" gwenodd y meddyg. "Dalfa'r flwyddyn, ddwedwn i. Ond mae'n beth da iawn eich bod chi wedi dod o hyd iddi pan wnaethoch chi. Mae'r eneth yma'n symol iawn, Mrs Wheatcroft. Gwres wedi sychu'i chorff. Dydi hi ddim yn edrych i mi fel petai hi wedi bwyta'n iawn ers dyddiau, wythnosau efallai. Mae hi wedi hanner llwgu."

Roedd Dr Crow yn bodio gwddw'r eneth â'i ddwy law. Cododd ei gên ac edrychodd i mewn i'w cheg ac i lawr ei gwddw. Pwysodd hi ymlaen yn ei chadair, curo'i chefn yn ysgafn, yna rhoddodd y stethosgop ar ei brest a gwrando arni'n anadlu am dipyn. "Mae ei brest hi'n gaeth iawn. Dydw i ddim yn hoffi clywed hynna," meddai. "Ac mae hi'n wan fel cath fach. Mae'r peswch yna'n ddwfn ar ei brest lle na ddylai fod. Ofni niwmonia ydw i fwyaf. Cadwch hi'n gynnes, Mrs Wheatcroft, yn union fel dach chi wedi gwneud yn barod. Cadwch y briwiau a'r sgriffiadau yna'n lân. Potes llysiau, Bovril poeth, tipyn o fara, ella, ond dim gormod ar y dechrau, cofiwch. Ychydig o fwyd, a hynny'n aml – dyna'r ffordd orau. Mae te melys bob amser yn llesol, os medrwch chi'i chael hi i'w yfed. Ac fel y dywedais i, digon o ddŵr. Mae'n rhaid iddi yfed, ac mae'n rhaid i ni ostwng ei gwres hi. Dydw i ddim yn hoffi'r cryndod yna, ddim o gwbl. Os cawn ni wared â'r crynu, aiff y peswch yn ddigon buan. Oes gen ti gyfenw, 'ngeneth i?" Syllodd Liwsi i fyny arno'n ddistaw, yn ddifynegiant. "Does gen ti fawr i'w ddeud, nac oes? O ble rwyt ti'n dod, Liwsi? Mae pawb yn dod o rywle."

"Dydi hi ddim fel petai hi'n siarad rhyw lawer, doctor – dim ond deud ei henw," meddai Mari.

"Wedi dod allan o'r môr – dyna glywais i," meddai'r meddyg wedyn, yn codi ei hamrannau fesul un. "Fel môr-forwyn, yntê. Wel, be nesa?" Cododd Dr Crow waelod y flanced, croesi'i choesau ac yna curo'i phengliniau, y naill ar ôl y llall. I bob golwg roedd o'n fodlon â hyn. "Peidiwch â phoeni, Mrs Wheatcroft. Unwaith y bydd hi'n well fe siaradith hi'n ddigon buan, a gawn ni wybod rhagor. Yn fy marn i mae hi wedi cael sioc fawr iawn. Ond wyddoch chi be? Dwi'n ddigon siŵr nad môr-forwyn ydi hi – oherwydd mae ganddi goesau! Ella eu bod nhw wedi'u crafu, ond mae ganddi hi ddwy ohonyn nhw. Edrychwch!" Gwenodd pawb o glywed hynny. "Dyna welliant. Mae'n rhaid i ni fod yn siriol o'i chwmpas hi, wyddoch chi. Bydd yn gwneud iddi hi deimlo'n well. Mae sirioldeb bob amser yn gwneud hynny. Ond dyma'r cwestiwn rŵan: pwy sy'n mynd i edrych ar ei hôl hi? A beth fydd yn digwydd pan fydd hi'n well? Cyn belled ag y gwyddon ni, dydi hi ddim fel petai hi'n perthyn i neb, nac ydi?"

Ni phetrusodd Mari o gwbl cyn ateb. "Ni, wrth gwrs,"

meddai hi. "Yntê, Jimbo? Iawn gen ti, Alfie?" Ddywedodd Alfie ddim byd. Prin roedd o'n gwrando. Fedrai o ddim tynnu'i lygaid oddi ar y ferch. Roedd o mor falch ei bod hi'n fyw, ond roedd ei feddwl yn llawn cwestiynau: Pwy oedd yr eneth fach ryfedd yma? Sut roedd hi wedi ei chael ei hun ar Ynys Helen yn y lle cyntaf? Sut roedd hi wedi medru byw yno ar ei phen ei hun?

"Mae'n rhaid ei bod hi'n perthyn i rywun, Mari," meddai Jim. "Mae gan bob plentyn fam neu dad yn rhywle. Mae'n rhaid eu bod nhw'n ei cholli hi."

"Ond pwy ydi hi?" gofynnodd Alfie.

"Liwsi ydi ei henw hi," meddai Mari, "a dyna'r cyfan sydd angen i ni ei wybod. Fel dwi'n gweld pethau, daeth Duw â hi aton ni, o'r cefnfor. Anfonodd o chdi a Dad draw i Ynys Helen i gael hyd iddi, felly fe edrychwn ni ar ei hôl hi cyhyd ag y bydd hi ein hangen ni. Un o'n teulu ni fydd hi nes daw ei mam neu ei thad i'w nôl. Yn y cyfamser, dyma ei chartref hi. Gei di chwaer dros dro, Alfie, a gaiff dy dad a finnau ferch. Dwi wedi bod eisio un erioed, yn do, Jimbo? Lwyddon ni ddim tan rŵan, naddo? Gyda gofal a bwyd llwy fe ddaw hi'n well, doctor, gewch chi weld. Ei bwydo hi. Rhoi tipyn o liw ar ei bochau hi." Brwsiodd y gwallt oddi ar dalcen yr eneth. "Fyddi di'n berffaith iawn efo ni, cariad. Paid â phoeni."

Aeth y doctor oddi yno'n fuan wedyn, yn dweud y byddai'n ôl ymhen rhyw wythnos i weld sut roedd Liwsi'n dod yn ei blaen. Dywedodd yn bendant iawn wrth Mari fod yn rhaid iddi anfon amdano ar unwaith petai'r dwymyn yn gwaethygu. Cymerodd ei getyn yn ôl gan Alfie cyn mynd. "Hen arferiad cas, 'ngwas i," meddai. "Mae'n ddrwg iawn i dy iechyd. Paid ti byth â smocio, wyt ti'n clywed, neu bydd y doctor yn galw byth a hefyd a dwyt ti ddim eisio hynny, nac wyt?"

Prin ei fod o wedi mynd o'r tŷ fwy na rhyw awr neu ddwy cyn i'r ymwelydd nesaf alw. Dei Fawr, cefnder Jim. Daeth at y drws a churo'n uchel. "Jim! Wyt ti yna, Jim?" Arhosodd o ddim i gael gwadd i mewn. Ffrwydrodd drwy'r drws, yn llenwi'r gegin, ei lais yn llawn cyffro. Yn ei freichiau roedd bwndel blêr. "Dwi wedi bod draw yna, Jim. I'r ynys, fel y dywedaist ti," meddai. "Doedd neb arall ar gyfyl y lle, ddim cyn belled ag y gwelwn i. Es i bob twll a chornel. Digon o biod y môr a gwylanod, a morlo neu ddau ar y creigiau. Welais i neb arall ond ges i hyd i hon." Blanced oedd hi, blanced lwyd yn edrych fel petai'n wlyb domen. Yna agorodd hi. "Roedd hwn yno hefyd, Jim, yn gorwedd yno yng nghornel y Clafdy. Un o'r tedi bêrs yna ydi o, yntê? Hi bia fo, mae'n rhaid." Cymerodd Mari o oddi arno. Fel y flanced, roedd y tedi'n rhacslyd a blêr ac yn wlyb socian. Am ei wddw roedd rhuban pinc, budr ac roedd un llygad yn eisiau. Roedd yn gwenu. Sylwodd Alfie ar hynny.

Yn sydyn roedd Liwsi ar ei heistedd ac yn ymestyn amdano. "Chdi bia fo, Liwsi fach?" gofynnodd Mari. Cipiodd yr eneth y tedi oddi arni a chydio ynddo'n chwyrn yn ei breichiau, fel petai hi byth am ei ollwng.

"Hi bia fo'n ddigon siŵr," meddai Jim, "does dim amheuaeth o gwbl am hynny."

"Ac mae 'na rywbeth arall hefyd," ychwanegodd Dei. "Y flanced yma, mae 'na ryw sgwennu rhyfedd, tramor yr olwg wedi'i wnïo arni – fel enw neu rywbeth." Cododd hi i'w dangos iddyn nhw. "Alla i ddim ei ddarllen. Jim, be mae o'n ei ddeud?"

Sillafodd Jim y gair allan yn uchel ac yna ceisiodd ei ynganu. "Wil . . . helm. Wilhelm. Dyna enw'r Kaiser, yntê? Dwi'n siŵr 'mod i'n iawn. Swnio fel William. Kaiser Bill maen nhw'n ei alw fo, yntê?"

"Y Kaiser!" gwaeddodd Dai. "Yna Almaeneg ydi o, yntê? Ac os mai Almaeneg ydi o mae'n rhaid bod yr eneth yna'n dod o'r Almaen. Mae'n gwneud synnwyr, yn tydi? Un ohonyn nhw ydi hi. Hen Jeri felltith. Allai hi fod yn ferch i'r sglyfaeth Kaiser."

"Paid â siarad drwy dy het, Dei," wfftiodd Mari, yn cipio'r flanced oddi arno. "Dim ots gen i pwy ydi hi, os ydi hi'n dod o Timbyctŵ. Plant Duw ydan ni i gyd, o ble bynnag rydan ni'n dod, beth bynnag 'dan ni'n cael ein galw, pa iaith bynnag rydan ni'n siarad. A phaid ti â meiddio anghofio hynny."

Cerddodd Mari'n syth ato. Yna, gan edrych i fyw ei lygad, siaradodd yn dawel, dawel. "Gwranda di arna i, Dei. Dwi'm eisio dy glywed di'n sôn gair am yr enw ar y flanced yma. Wyt ti'n clywed? Dim un gair. Wyddost ti sut mae pethau'r dyddiau yma, efo'r holl gyboli ynghylch sbiwyr o'r Almaen. Dim ond rwtsh llawn gwenwyn ydi o. Os bydd sôn am hyn yn mynd ar led, bydd pobl yn dechrau siarad. Dim un gair, felly. Gadwn ni o rhwng y pedair wal yma. Addo i mi, addo i mi'r munud yma."

Edrychodd Dei draw, ar Jim i ddechrau ac wedyn ar Alfie, yn gobeithio am rywfaint o help. Yn amlwg roedd yn nerfus. Wyddai o ddim ble i edrych na beth i'w ddweud. Cydiodd Mari yn ei wyneb yn gadarn â'i dwy law a'i orfodi i edrych arni. "Addo i mi? Llaw ar dy galon?"

Cymerodd dipyn o amser i Dei ateb. "Iawn, Anti Mari," meddai o'r diwedd. "Sonia i ddim gair amdano. Addo. Cris croes, tân poeth."

Ond doedd gan Jim ddim ffydd ynddo. Gwyddai pawb fod Dei yn llac iawn ei dafod ar ôl peint neu ddau. "Soniwn ni'r un gair, na wnawn, Dei?" meddai Jim, gyda thinc digon bygythiol yn ei lais i wneud i Dei ddeall ei fod o ddifri. "Est ti drosodd i Ynys Helen a gest ti hyd i'r tedi bêr, a gest ti hyd i'r flanced, dim ond blanced lwyd gyffredin. Dyna'r cyfan rwyt ti'n mynd i'w ddeud, fel y dywedodd dy Anti Mari. A dwyt ti ddim eisio tynnu dy Anti Mari i dy ben, nac wyt? Achos os wyt ti'n tynnu blewyn o'i thrwyn hi, yna dwi'n troi'n gas. A dwyt ti ddim eisio hynny, nac wyt?"

"Go brin," atebodd Dei, wedi cywilyddio tipyn.

Roedd Alfie wedi bod yn syllu ar Liwsi drwy'r adeg. "Welais i neb o'r Almaen o'r blaen," meddai. "Dim syndod nad ydi hi'n deud dim byd. Fedar hi ddim siarad Saesneg. A fedar hi ddim deall 'run gair rydan ni'n ei ddeud, na fedar? Ddim os mai Almaenes ydi hi."

Wrth iddo siarad, edrychodd Liwsi i fyny arno a dal ei lygad – dim ond am eiliad. Ond roedd yn ddigon hir i Alfie wybod i sicrwydd ei bod hi wedi deall rhywbeth. Efallai nid pob gair roedd o wedi'i ddweud, ond rhywbeth o leiaf.

PENNOD 4

Mehefin 1915

Liwsi Goll

Erbyn hyn, roedd ymddangosiad anesboniadwy Liwsi'n destun siarad ar hyd a lled yr ynysoedd, yn fwy o bwnc na'r newyddion am y rhyfel draw yn Ffrainc a Gwlad Belg, hyd yn oed. Dyna oedd prif ddiddordeb a gofid mwyaf pawb ers dechrau'r rhyfel bron flwyddyn yn ôl – pawb ar yr ynys heblaw Yncl Wil. Roedd o'n byw mewn byd hollol wahanol, byd ar ei ben ei hun, fel petai'n gwbl anymwybodol o'r byd go iawn o'i gwmpas.

Roedd yr holl newyddion roedden nhw'n ei ddarllen yn y papurau, neu'n ei glywed gan longwyr oedd yn dod i'r porthladd ar Ynys Fair, yn dryllio unrhyw obaith am heddwch buan ac yn cadarnhau eu hofnau mwyaf. Ar y dechrau, roedd y papurau'n llawn brwdfrydedd gwladgarol a gobaith llawen a'r penawdau'n galw am gefnogaeth y genedl. Ond dros y misoedd diwethaf, roedd llawer o hynny wedi diflannu, wrth i bobl yr ynys ddarllen dro ar ôl tro am y colledion, am "wrthsefyll arwrol", "brwydro dewr" yng Ngwlad Belg, neu "gilio strategol" yn Ffrainc. Doedd byddinoedd oedd yn cilio, gan golli dynion wrth y miloedd, yn amlwg ddim yn ennill – er bod rhai o'r papurau newydd yn dal i fynnu eu bod nhw – a gwyddai'r rhan fwyaf o bobl hynny bellach. Fyddai 'run o'r bechgyn yn dod adref erbyn y Nadolig fel roedd pawb wedi gobeithio – roedd hynny'n siŵr.

Ymdrechai pobl yr ynys i wneud y gorau o'r gwaethaf, a chadw fflam eu gobaith ynghyn. Ond bellach fedrai dim guddio'r gwirionedd y tu ôl i'r adroddiadau beunyddiol am fwy a mwy o golledion, y rhestrau diddiwedd o enwau'r rhai oedd wedi'u lladd, eu brifo, neu ar goll a neb yn gwybod eu hanes. Yn ystod y misoedd diwethaf cafwyd hyd i bedwar llongwr o'r Llynges Frenhinol wedi boddi ar draethau Ynysoedd Sili, pob un yn dyst nad oedd y rhyfel ar y môr yn mynd o'u plaid.

Roedd yr ynysoedd hyn wedi hen arfer â thrallod. Roedd "Ar goll ar y môr" bob amser wedi bod yn ymadrodd digon cyffredin er mwyn esbonio diflaniad sydyn neu farwolaeth, fel y tystiai cofadeiladau mewn eglwysi ar hyd a lled yr ynysoedd. Ond pan ddaeth y newydd fod yr ynysoedd wedi dioddef eu colledion cyntaf yn y rhyfel – dau lanc ifanc roedd pawb yn eu hadnabod, Martin Dowd a Henry Hibbert – syrthiodd ton o dristwch dros bawb. Roedd y ddau wedi rhwyfo cwch rasio Ynys Fair, a'r ddau wedi'u lladd ym Mons yr un diwrnod. Siloniaid oedden nhw. O'r un teulu. Roedd cysgod y rhyfel, yn wir, dros bob cartref.

Ond yr hyn ddigwyddodd i Jack Brody oedd yn fwyaf anodd ei ddioddef, yn arbennig i bobl Ynys y Bryniau. Roedd pawb ar yr ynysoedd yn ei adnabod fel hen hogyn clên, braidd yn ddigywilydd, efallai. Tipyn o un am ddangos ei hun, y clown ym mhob parti, bob amser yn llawn hwyl. Ymunodd â'r fyddin yn un ar bymtheg – dan oed – yr hogyn cyntaf o'r ynysoedd i wirfoddoli, yn llawn ymffrost a thynnu coes. Broliai sut y byddai, unwaith y cyrhaeddai Ffrainc, yn sodro Fritz yn ei le. Ychydig flynyddoedd yn hŷn nag Alfie oedd o ac yn arwr iddo bob cam drwy'r ysgol. Bob amser mewn helynt, pencampwr bocsio'r ysgol, a'r pêl-droediwr gorau yn yr ysgol heb amheuaeth – popeth roedd Alfie'n ei edmygu, popeth roedd o eisiau bod ar ôl tyfu'n hŷn.

Ond rŵan, chwe mis yn unig wedi iddo fynd i ffwrdd i'r rhyfel, roedd Jack yn ei ôl eto. Bob hyn a hyn gwelai Alfie o ar yr ynys, weithiau'n cael ei wthio ar hyd y llwybr yn ei gadair olwyn gan ei fam. Dro arall byddai'n hercian ar faglau, ambell fedal wedi'i sodro ar ei siaced, ei goes chwith ar goll. Gallai Jack fod yn wrol o hyd. Codai ei law yn wyllt ar bawb a welai. Yn wyrthiol, er gwaethaf ei feddwl chwilfriw a'i gorff clwyfedig, roedd ei galon fel petai yno o hyd. Pryd bynnag y gwelai Alfie, galwai arno, ond wyddai o ddim bellach pwy oedd Alfie. Arswydai Alfie rhag ei gyfarfod – ei leferydd yn garbwl, ei ben yn rholio'n ddireol, ei geg yn llac ac yn glafoerio, un llygad yn bwl ac yn ddall. Ond y peth na fedrai Alfie ei ddioddef oedd gweld coes ei drowsus wedi'i phletio a'i gwthio o'r golwg.

Casâi Alfie ei hun am wneud, ond unwaith neu ddwy roedd o wedi cuddio y tu ôl i ryw wrych ar ôl gweld Jack yn dod, dim ond er mwyn peidio'i gyfarfod. Ond weithiau doedd dim modd ei osgoi, a byddai'n rhaid iddo fynd i ddweud helô wrtho. Gorfodai ei hun i wynebu'r goes oedd ddim yno, y graith ddulas, gleisiog ar draws ei dalcen lle roedd y shrapnel wedi mynd i'w ben, a lle roedd o, fel y dywedai ei fam wrth Alfie bob tro roedden nhw'n cyfarfod, wedi aros yn sownd yn ei ymennydd. Byddai'n dweud: "S'mai heddiw, Jack?" Ymdrechai Jack i'w ateb, ond byddai'r geiriau'n dod allan mor gymysglyd â'i feddwl. Daliai ati i geisio siarad, yn ysu am gyfathrebu. Wedi cywilyddio, yn rhwystredig ac yn ddig, yn aml byddai'n rhaid i Jack droi ymaith i guddio'i ddagrau. Ni fedrai wneud dim byd arall, felly roedd yn rhaid ei adael. Roedd gan Alfie gywilydd bob tro y byddai hyn yn digwydd.

Felly, yn ystod yr haf, i Alfie, fel i lawer un arall, roedd darganfod 'Liwsi Goll' – fel roedden nhw'n ei galw ar hyd a lled yr ynysoedd – yn destun trafod i'w groesawu. Symudai feddwl pawb oddi wrth Jack Brody druan, a cholli Martin a Henry. Ciliodd cysgod llethol y rhyfel. Daeth Liwsi Goll yn destun sgwrs newydd. Roedd y tybio a'r damcaniaethu yn rhemp. Aeth dychymyg pobl dros ben llestri. Roedd sibrydion ym mhob twll a chornel, rhai credadwy ac anghredadwy. Roedd yr ynysoedd yn gyforiog o storïau a damcaniaethau – unrhyw beth allai esbonio sut roedd Liwsi Goll wedi cyrraedd ar ei phen ei hun, wedi'i gadael ar Ynys Helen, heb ddim ond hen flanced lwyd a thedi bêr rhacslyd a wenai'n glên, gydag un llygad yn eisiau.

Sut y daeth hi yno? Pa mor hir y bu hi yno? Pwy ar wyneb y ddaear oedd hi beth bynnag? Roedd pawb eisiau gwybod rhagor amdani, a chael cip arni. Roedd rhai o'r rhai mwyaf busneslyd wedi mynd mor bell â chynnal taith i chwilota drwy'r Clafdy a'r ynys am unrhyw beth fyddai'n rhywfaint o help i egluro'r dirgelwch. Ni chafwyd hyd i ddim byd. Y cyfan wyddai neb i sicrwydd oedd mai Liwsi oedd ei henw, mai dyma'r unig air a ynganodd yr eneth fach ryfedd yma byth, a bod Dei Fawr wedi cael hyd i'r tedi bêr a'r flanced yn y Clafdy. Hi oedd piau nhw yn ôl pob golwg. Roedd Dei Fawr wedi sôn digon am eu darganfod, ond wedi cadw'i air a heb sôn am yr enw oedd wedi'i bwytho ar y flanced. Ond er mai ychydig iawn a wyddai pobl yr ynys am Liwsi, doedd hyn yn ddim rhwystr i'w dychymyg.

Tyfodd y straeon yn fwy o ffantasi bob dydd. Dywedid fod Liwsi'n fud a byddar, ac felly bod colled arni, fel Yncl Wil. Yn union fel roedd o'n 'Wil Wirion' i rai, felly roedd Liwsi Goll yn 'Liwsi Loerig' i rai hefyd. Credai rhai fod ei mam wedi marw pan gafodd hi'i geni, iddi gael ei gadael ar yr ynys yn fwriadol gan dad creulon oedd wedi blino ar ei chadw. Hoff stori arall oedd ei bod hi'n blentyn i un o'r anffodusion adawyd yn y Clafdy ganrifoedd yn ôl. Ei bod hi wedi marw yno erstalwm iawn, ac wedi crwydro o gwmpas yr ynys byth wedyn. Enaid coll, ysbryd. Neu efallai, medden nhw, fod Liwsi Loerig wedi syrthio oddi ar fwrdd llong yn yr Iwerydd ac wedi'i hachub rhag boddi gan forfil oedd wedi'i chario i'r lan. Gallai hyn fod wedi digwydd, dadleuai rhai. Onid oedd Jona ei hun wedi'i achub felly yn y Beibl? Onid oedd y Parchedig Morrison wedi pregethu ar Jona yn eglwys Ynys y Bryniau'n ddiweddar ac wedi dweud wrth bawb nad straeon yn unig oedd y rhain o'r Beibl? Eu bod yn wir. Gair Duw ei hun?

Ond yn fwy rhyfeddol fyth, efallai, ac yn sicr y ddamcaniaeth fwyaf poblogaidd o'r cyfan, oedd chwedl y fôr-forwyn. Roedd Alfie wedi'i chlywed yn ddigon aml ar iard yr ysgol. Môr-forwyn oedd 'Liwsi Loerig' go iawn. Nid unrhyw fôr-forwyn ond môr-forwyn enwog Zennor, wedi nofio i Ynysoedd Sili o arfordir Cernyw flynyddoedd lawer yn ôl a glanio ar Ynys Helen. Yno roedd hi wedi eistedd ar y lan yn cribo'i gwallt yn araf a synhwyrus, fel y bydd môr-forynion yn ei wneud, gan ddenu llongwyr a physgotwyr at y creigiau â'i chanu swynol. Ac roedd hi wedi tyfu coesau – gall môr–forynion wneud hynny, fel penbyliaid, meddai rhai. Wedi'r cyfan, onid yw coesau penbyliaid yn tyfu o'u cynffonnau bob gwanwyn? Roedd yr holl straeon hyn yn hurt o annhebygol, yn chwerthinllyd, ac yn gwbl amhosib. Ond doedd dim ots. Roedden nhw i gyd yn gyfareddol ac yn ddiddorol. Dyna pam, mae'n debyg, y bu dirgelwch Liwsi Goll yn destun siarad am wythnosau a misoedd yr haf hwnnw.

Sylweddolai'r rhan fwyaf, wrth gwrs, o feddwl am y peth o

ddifri, fod rhyw eglurhad mwy rhesymol, mwy synhwyrol, ynghylch pam a sut roedd Liwsi Goll ar yr ynys, a sut roedd un mor ifanc wedi byw yno. Petai gan unrhyw un syniad beth oedd y gwir, meddai pawb, Jim Wheatcroft neu Alfie fyddai'n gwybod. Nhw oedd wedi cael hyd iddi yn y lle cyntaf. Nhw, neu Mari Wheatcroft, oedd yn gofalu amdani ar Fferm Veronica ar Ynys y Bryniau. Doedd bosib na fydden nhw'n gwybod? Efallai eu bod nhw'n gwybod. Yn sicr, roedden nhw'n rhy gyfrinachol yn ei chylch, ac yn amddiffynnol. Felly roedden nhw ynghylch Wil Wirion byth ers pan ddaeth Mari ag o adref o'r ysbyty. Gwyddai pawb nad oedd wiw iddyn nhw holi ynghylch Wil Wirion – roedd o'n un o'r teulu beth bynnag – ac y byddai Mari'n neidio i lawr eu corn gwddw petai unrhyw un yn meiddio. Ond doedd Liwsi Goll ddim yn un o'r teulu, nac oedd? Doedd hi'n ddim ond dirgelwch. Oherwydd hynny, ble bynnag yr âi'r teulu, roedden nhw'n dueddol o gael eu holi'n dwll gan bwy bynnag fydden nhw'n ei gyfarfod.

Y rhan fwyaf o'r amser, llwyddai Mari i gadw ar ei phen ei hun, ac osgoi llawer o'r ymyrraeth hon â'u bywydau. Arhosai yn y ffermdy ac ar dir y fferm gymaint ag y gallai. Ond roedd yn rhaid iddi fynd o'r fferm gan adael Liwsi yn y tŷ ar ei phen ei hun o leiaf ddwywaith y diwrnod, er mwyn mynd â bwyd i Yncl Wil a thacluso o'i amgylch gystal ag y gallai. Byddai'n cael hyd iddo yn y cwt cychod, yn y llofft hwyliau uwchben, neu'n amlach y dyddiau yma ar y Bae Gwyrdd, yn gweithio drwy'r adeg ar ar yr *Hispaniola*.

Bu'n mynd â bwyd iddo, yn golchi'i ddillad, yn glanhau o'i gwmpas ac yn gofalu amdano bob dydd yn ddi-feth ers pum mlynedd bellach – er pan ddaeth ag o adref o'r ysbyty yn

Bodmin – y seilam, fel y galwai pawb y lle. Ar ei ffordd yn ôl ac ymlaen i'r Bae Gwyrdd i weld Yncl Wil, byddai Mari'n amlach na pheidio yn cyfarfod un neu ddau o'i chymdogion ar y traeth. Gwyddai fod rhai wedi bod yn loetran yno'n disgwyl amdani, ac y byddai pwy bynnag oedd yno, yn hwyr neu'n hwyrach, yn pledu cwestiynau ati ynghylch Liwsi. Doedd hi ddim wedi anghofio mai prin y byddai'n dod ar draws neb ar ei theithiau at Yncl Wil cyn i Liwsi ddod, ond cadwai Mari bawb hyd braich.

"Mae hi'n iawn," byddai hi'n dweud, "yn cryfhau bob dydd," neu "Iawn".

Ond doedd Liwsi ddim yn iawn. Efallai nad oedd hi'n pesychu mor gras, nac mor aml ag o'r blaen, ond gefn nos yn arbennig, poenai'r peswch hi o hyd. Weithiau, clywai'r teulu hi'n griddfan wrthi'i hun. Dywedai Alfie ei fod yn debycach i diwn roedd hi'n ei hymian. Ond beth bynnag oedd o, hymian neu riddfan, roedd yn sŵn llawn tristwch. Gorweddai Mari yno'n effro yn gwrando arni ac yn poeni. Roedd colli cwsg noson ar ôl noson yn dweud ar Mari. Roedd hi wedi ymlâdd. Byddai'n cael gwared yn ddigon buan â'r rheini oedd yn dod at y drws yn esgus "dim ond galw" ond yn amlwg yn ceisio cael cip ar Liwsi. Llwyddodd ei hymddygiad oeraidd i gadw hyd yn oed y rhai mwyaf busneslyd draw o'r diwedd.

Roedd yn rhaid i Jim wynebu'r busnesu diddiwedd ynghylch Liwsi Goll yn amlach o lawer. Doedd ganddo ddim dewis ond trwsio'i rwydau a'i gewyll cimychiaid ar y Bae Gwyrdd. Yno y byddai pysgotwyr yr ynys i gyd yn hel at ei gilydd i wneud yr un peth pan oedd y tywydd yn caniatáu. Roedd yn rhaid iddo ofalu am ei datws a'i flodau yn y caeau, nôl gwymon o'r traethau'n wrtaith a chasglu broc môr ar gyfer tân yn y gaeaf. Ble bynnag yr âi, beth bynnag a wnâi, roedd pobl yn mynd a dod drwy'r adeg. Ffrindiau a pherthasau, i gyd yn holi a stilio ynghylch Liwsi Goll bob cyfle y caen nhw.

A bod yn onest, roedd Jim wedi eithaf mwynhau'r sylw ar y dechrau. Roedd o yno gydag Alfie pan gawson nhw hyd i Liwsi. Nhw ddaeth â hi adref. Doedd yr holl sylw a'r edmygu ddim wedi bod yn annerbyniol bryd hynny, ond ar ôl wythnos neu ddwy roedd yn dechrau blino arno. Yr holl gwestiynau, yr un rhai o hyd. Yr un hen dynnu coes a'r un jôcs yn cael eu gweiddi ar draws y caeau neu dros y dŵr o gychod pysgota wrth iddyn nhw fynd heibio. "Wedi dal rhagor o fôr-forynion, Jim?" Ymdrechai i chwerthin, i gadw mewn hwyliau da ynghylch y cyfan. Ond âi hynny'n fwy anodd o ddydd i ddydd. Poenai fwyfwy ynghylch Mari. Edrychai'n sobor o flinedig y dyddiau hyn. Doedd hi ddim yn hi'i hun o gwbl. Roedd o wedi ceisio awgrymu ei bod hi'n cymryd gormod o faich wrth ofalu am Liwsi. Fod ganddi hen ddigon i'w wneud yn gofalu am Yncl Wil. Y dylen nhw, efallai, ailfeddwl ynghylch Liwsi a chael hyd i rywun arall i ofalu amdani. Ond doedd wiw iddo sôn am y peth.

Fel yr âi'r amser heibio, roedd Alfie hefyd yn cael ei boenydio fwy a mwy. Bob dydd yn yr ysgol, roedd yn cael ei holi'n dwll a'i bryfocio ynghylch Liwsi gan y plant a'r athrawon fel ei gilydd.

"Faint ydi'i hoed hi, Alfie?"

"Sut olwg sydd arni?"

"Oes gan dy fôr-forwyn di gen yn lle croen? Wyneb 'sgodyn sy ganddi hi? Ydi hi'n wyrdd drosti, Alfie?"

Gwyddai Zebediah Bishop, mab Dei Fawr, oedd yn debyg iawn i'w dad ac yn geg fawr gyda chloch ar bob dant, yn well na'r rhan fwyaf sut i godi gwrychyn Alfie. "Ydi dy fôr-forwyn di'n ddel, Alfie bach? Ai hi ydi dy gariad di? Fyddi di'n ei swsio hi? Sut deimlad ydi cusanu môr-forwyn? Llithrig 'swn i'n meddwl!" Gwnâi Alfie ei orau glas i'w anwybyddu, ond roedd yn haws dweud na gwneud.

Un bore pan oedden nhw'n sefyll yn rhesi ar yr iard yn aros i fynd i mewn i'r ysgol ar Ynys Tresco, dechreuodd Zeb arni hi eto. Cydiodd yn ei drwyn a thynnu stumiau. "Ych!" cwynodd. "Mae 'na rywbeth yn drewi'n ddychrynllyd yn y lle 'ma. Arogl pysgod. Allai fod yn fôr-forwyn, dwi'n meddwl – maen nhw'n drewi fel pysgod. Dyna glywais i."

Cafodd Alfie lond bol. Aeth amdano. Bu'r ddau'n rholio ar y ddaear, eu breichiau a'u coesau'n chwifio, yn cicio ac yn dyrnu'i gilydd nes daeth Mr Beagley y prifathro i'r iard. Cododd nhw ar eu traed gerfydd eu coleri a'u llusgo i'r ysgol. Bu'n rhaid i'r ddau aros i mewn drwy amser chwarae'r pnawn hwnnw ac ysgrifennu "Gair i gall, dyrnau ffôl" gant o weithiau.

Doedden nhw ddim i fod i siarad – pren mesur ar eich bysedd oedd hi petai Mr Beagley yn eich dal – ond siaradodd Zeb. Plygodd drosodd a sibrwd yng nghlust Alfie. "Mae fy nhad i'n deud bod gan dy fôr-forwyn di dedi bêr bach. Del, yntê? Mae gan Alfie gariad sy'n rhy hurt i siarad! Cariad efo tedi bêr! Dydi hi ddim hyd yn oed yn gwybod pwy ydi hi, nac ydi? Lloerig. Honco. Gwallgo, fel dy hen ewyrth hurt. Fel Wil Wirion. Dyna glywais i. Ddylai o fod wedi aros yn y seilam. Dyna'i le o, meddai Mam. A dyna lle dylai dy gariad bach di fynd hefyd a'i thedi bêr efo hi. Ddim yna i gyd, nac ydi? Colled arni. A glywais i rywbeth arall hefyd. Cyfrinach fach ddywedodd Dad wrtha i. Yngylch ei blanced hi, yr un gafodd fy nhad hyd iddi ar yr ynys. Wn i bopeth am hynny. Almaenes ydi hi. Fritzy. Dyna ydi dy gariad ddrewllyd di, yntê?"

Neidiodd Alfie ar ei draed. Cydiodd yn Zeb a'i hyrddio yn erbyn y wal, yn gweiddi yn ei wyneb, drwyn wrth drwyn. "Addawodd dy dad na fyddai'n deud. Addawodd o. Os sonni di rywbeth am y flanced yna, bydd hynny'n gwneud dy dad yn hen gelwyddgi mawr tew, ac fe ..." Orffennodd Alfie ddim oherwydd dyna pryd y rhuthrodd Mr Beagley i'r dosbarth a'u tynnu oddi ar ei gilydd. Trawodd y ddau ohonyn nhw ar eu migyrnau gydag ymyl pren mesur chwe gwaith. Doedd dim yn y byd yn brifo mwy na hynny. Ni fedrai'r un o'r ddau atal eu hunain rhag crio. Bu'n rhaid iddyn nhw sefyll yn y gornel drwy'r wers olaf. Syllodd Alfie'n sorllyd ar y ceinciau yn y panel pren o flaen ei lygaid, yn ymdrechu i geisio anghofio'r boen oedd yn saethu drwy'i figyrnau, yn ymladd i gadw'r dagrau rhag llifo. Edrychai'r ddau ddarn tywyll o bren yn ôl arno, fel pâr o lygaid brown, dwfn.

Fel llygaid Liwsi, meddyliodd. *Llygaid sy'n rhythu i mewn i chi. Llygaid sy'n dweud dim byd wrthoch chi. Llygaid gwag.*

PENNOD 5
Dim ond syniad

Wrth sefyll yno yn y gornel, gorfododd Alfie ei hun i ddal ati i feddwl am Liwsi – unrhyw beth i symud ei feddwl oddi ar y boen ofnadwy yn ei figyrnau. Penderfynodd ei fod rhwng dau feddwl yn ei chylch. Hoffai ei chael hi yno yn y tŷ. Doedd o ddim yn siŵr ynghylch hynny ar y dechrau, yn bennaf oherwydd ei bod hi'n mynd â chymaint o sylw ei fam, ac felly roedd ganddi lai o amser iddo fo a phawb arall. Roedd Alfie wedi'i gweld fel hyn o'r blaen. Dyna sut roedd hi efo Yncl Wil, pan oedd hi'n chwilio amdano ac wedyn drwy'i hymgyrch benderfynol, gyda help Dr Crow, i'w gael o seilam Bodmin, i ddod ag o adref iddi gael gofalu amdano. Bryd hynny deallai Alfie'n iawn pam roedd yn rhaid iddi wneud – fel y deallai rŵan mai'r peth iawn i'w wneud oedd rhoi cartref i Liwsi. Roedd o'n gwneud ei orau glas i berswadio'i hun i beidio malio gormod. Ond roedd o'n malio. Gwyddai fod ei dad yn teimlo'r un fath, er na ddywedwyd yr un gair. Yna cofiodd beth fyddai ei dad bob amser yn ei ddweud wrtho, pan fyddai angen codi'i galon: "Cofia edrych ar yr ochr orau bob amser, Alfie." Doedd hynny ddim yn hawdd. Ond wrth sefyll yno yn y gornel yn teimlo'n ddiflas, ei figyrnau'n brifo, ymdrechodd i wneud hynny.

O leiaf, meddyliodd, roedd ganddo gwmni yn y tŷ erbyn hyn. Rhyw fath o chwaer, waeth pa mor od, waeth pa mor ddistaw. Hoffai fynd i fyny'r grisiau i'w gweld hi. Byddai hyd yn oed yn darllen iddi weithiau os gofynnai ei fam iddo wneud.

Doedd o erioed wedi darllen yn uchel i neb arall. Doedd o ddim yn hoffi darllen yn uchel yn yr ysgol – rhag iddo wneud camgymeriad. Doedd Mr Beagley ddim yn hoffi camgymeriadau. Ond efo Liwsi, byddai'n darllen y stori gan wrando arno'i hun yn gwneud. Hoffai fynd â llefrith a darn o deisen datws i fyny'r grisiau iddi i de ar ôl dod adref o'r ysgol, a chael ei adael i edrych ar ei hôl yn y tŷ pan âi ei fam i'r Bae Gwyrdd i weld Yncl Wil. Ond poenai fwy a mwy am ei distawrwydd a'i ffordd ddifynegiant o edrych arno. Byddai'n dyheu am iddi ddweud rhywbeth bach wrtho. Unrhyw beth. Er iddo ofyn cwestiynau iddi i geisio'i chael i siarad, wnâi hi ddim byd ond gorwedd yno'n edrych yn syn ar y nenfwd. Doedd gofyn cwestiynau ddim yn gweithio, oherwydd fyddai hi byth yn ateb. Doedd siarad efo hi ddim yn gweithio chwaith, oherwydd naill ai doedd hi ddim yn deall neu doedd hi ddim yn gwrando. Fyddai hi byth yn ymateb o gwbl.

Ond er gwaethaf hyn, edrychai Alfie ymlaen at fod efo hi. Wyddai o ddim pam. Meddyliodd ei fod dipyn bach yn debyg i fynd i weld Yncl Wil yn y Bae Gwyrdd. Efo Yncl Wil, byddai Alfie'n sgwrsio'n braf am oriau. Y cyfan a gâi'n ateb oedd rhoch neu ddwy. Ond eto gwyddai bob amser fod Yncl Wil yn falch ei fod yno, hyd yn oed os oedd o yn y felan go iawn ac yn drist. Gwelai fod Liwsi'n drist fel Yncl Wil. Ei bod hi angen cwmni fel yntau. Roedd hynny'n ddigon i Alfie. Hoffai gadw cwmni iddi, er mor ddistaw ac od oedd hi. Y gwir plaen oedd ei fod yntau'n hoffi cael ei chwmni hithau.

Roedd migyrnau Alfie'n tincian o hyd. Ceisiodd beidio meddwl amdanyn nhw a meddwl am Yncl Wil. Gwyddai Alfie, fel pawb yn y teulu, mai'r unig ffordd i ddod ag Yncl Wil at ei goed oedd siarad a dal ati i siarad efo fo. Weithiau roedd hynny'n gweithio, dro arall ddim. Roedd yn rhaid i chi fod yn amyneddgar. Gallai Yncl Wil aros yn y felan am ddyddiau weithiau. Petai'n wirioneddol ddrwg byddai hyd yn oed yn rhoi'r gorau i weithio ar ei *Hispaniola*. Wnâi o ddim byd ond eistedd yno yn llofft hwyliau'r cwt cychod, yn rhythu i wagle, yn dweud dim byd, yn bwyta dim o'r hyn roedd rhywun yn ddod iddo. Ond yn hwyr neu'n hwyrach, byddai'n dod ato'i hun. Byddai'n Long John Silver am ddyddiau, wythnosau, yn gwisgo'i het fôr-leidr gan weithio'n fodlon braf ar ei gwch drwy'r dydd, yn siarad a chanu dan ei wynt.

Pan âi Alfie i'w weld ar ddyddiau felly, byddai Yncl Wil yn aml yn dal ati i glebran ynghylch *Treasure Island*, wrth weithio ar yr *Hispaniola*, ac yn dyfynnu talpiau hir o'r llyfr. Rhyfeddai Alfie ei fod yn gallu gwneud hynny, ei fod yn gwybod pob gair o'r llyfr ac yn sôn am y cymeriadau fel petaen nhw'n bobl o gig a gwaed. "Jim Hawkins – hen hogyn iawn. Yn debyg iawn i ti, Alfie." Rhywbeth tebyg fyddai'n ei ddweud am Ben Gunn wallgo, neu Capten Flint, ei boli parot, ac wrth gwrs, "yr *Hispaniola* – llong dda".

Pan fyddai'n sôn am y llyfr, gwyddai Alfie'n iawn nad stori'n unig oedd hi iddo fo, ond rhywbeth ddigwyddodd go iawn, ac oedd yn dal i ddigwydd wrth iddo sôn amdano. Weithiau byddai hyd yn oed yn galw Alfie yn Jim. Gwyddai Alfie'n iawn nad llithriad tafod oedd hynny. Roedd adegau pan oedd Alfie'n wir yn Jim Hawkins i Yncl Wil. Fo'i hun oedd Long John Silver, yn adeiladu cwch, *Hispaniola* newydd. Ac un diwrnod, pan fyddai'n barod, fe hwyliai ymaith i ynys y trysor eto. Ar ddyddiau felly, byddai Wil wrthi'n brysur drwy'r dydd crwn, yn llifio neu'n plaenio neu'n morthwylio ar yr *Hispaniola*, yn morio canu ei gân fôr-ladron nerth ei ben. "Io-ho-ho! Io-ho-ho!"

Safodd Alfie, yn wynebu'r gornel, yn hymian cân Yncl Wil o dan ei wynt, rhag i Mr Beagley glywed: cân i herio yn ogystal â chysuro. Ymateb Mr Beagley i ganu neu symud fyddai ergyd ar ochr pen. Syllai llygaid Liwsi – y ddwy gainc yn y panel coed o'i flaen – yn ôl arno. Doedd siarad, meddyliodd Alfie, erioed wedi gweithio efo Liwsi fel y gallai wneud weithiau efo Yncl Wil. Arhosai hi dan glo yn ei chragen, waeth beth ddywedai, waeth pa mor hir yr arhosai efo hi. Doedd dim byd yn tycio. Yn ei farn o, doedd fawr o obaith i hyn newid. Agorodd Alfie ei ddyrnau, a'u cau. Roedd ei figyrnau wedi cyffio, yn anystwyth gan boen. Byddai'n dal ati i siarad efo hi. Dal ati i drio. Os oedd hyn yn gweithio weithiau efo Yncl Wil, yna gallai weithio efo Liwsi. "Edrych ar yr ochr orau," sibrydodd wrtho'i hun, yn uwch nag roedd o wedi bwriadu.

"Distawrwydd!" rhuodd Mr Beagley.

Ymwrolodd Alfie i dderbyn yr ergyd ar ochr ei ben. Yn sicr ddigon, fe ddaeth yr ergyd. Roedd yn brifo, ond nid gymaint â'i figyrnau.

Bu adegau yn ystod yr wythnosau nesaf pan deimlai Alfie ei fod yn siarad efo Liwsi dim ond er mwyn siarad. Unrhyw beth i lenwi'r tawelwch rhyngddyn nhw. Gwyddai ei fod yn siarad efo fo'i hun, ond byddai'n dweud y newyddion i gyd wrthi yr un fath. Soniai am beth oedd wedi digwydd yn yr ysgol y diwrnod hwnnw: pwy oedd Mr Beagley wedi bod yn ei biwsio'n arbennig, pwy oedd wedi cael y gansen, pwy oedd wedi cael y pren mesur a phwy oedd wedi gorfod sefyll yn y gornel. Disgrifiai'r cudyll glas a welsai'n hofran uwch Pen y Gwylwyr neu'r morlo'n cysgu yn yr haul ar greigiau Bae Brwynog. Ymdrechai i wneud ei ddiwrnod yn ddifyr iddi, ac yn ddigri hefyd, pan fedrai, waeth pa mor ddiflas ac undonog oedd o wedi bod. Ac roedd rhai diwrnodau felly i'w cael.

Efallai fod Alfie wedi hen arfer gwneud hyn efo Yncl Wil, ond roedd Liwsi'n wahanol. Doedd ganddo ddim syniad efo pwy oedd o'n siarad. Roedd yn adnabod Yncl Wil, yn gwybod popeth oedd i'w wybod amdano, ei holl hanes trist. Bod ei fam ac yntau'n efeilliaid. Sut roedd o wedi'i eni a'i fagu efo hi ar Ynys y Bryniau, ond wedi rhedeg i ffwrdd i'r môr ar ôl dadl efo'i dad pan oedd yn bymtheg oed heb hyd yn oed ddweud wrthi hi. Doedd gan ei fam ddim syniad i ble roedd o wedi mynd, na beth oedd wedi digwydd iddo am flynyddoedd. Ugain mlynedd neu fwy yn ddiweddarach, roedd hi wedi clywed ei hanes. Ei fod yn adeiladu llongau yn Penzance, ei wraig wedi marw ar enedigaeth plentyn, a'r babi wedi marw hefyd ac euogrwydd a thristwch wedi'i yrru'n wallgof. Diflannodd i grwydro cefn gwlad Cernyw. Ar ôl holi a chwilio amdano am flynyddoedd, roedd Mari wedi dod o hyd iddo o'r diwedd yn seilam Bodmin. Gyda help Doctor Crow, daeth ag o adref. Dim ond un peth oedd ganddo efo fo, meddai ei fam. Copi o *Treasure Island*. Drwy'i adeg yn y seilam bu'n ei ddarllen a'i ddarllen. Wrth siarad efo Yncl Wil, roedd y stori yma i gyd ym mhen Alfie. Roedden nhw'n adnabod ei gilydd. Yn ymddiried yn ei gilydd.

Ond doedd Alfie ddim yn adnabod Liwsi fel roedd o'n adnabod ei Yncl Wil. Roedd yn siarad efo wyneb, efo rhywun o unman. Roedd o eisiau dod i'w hadnabod, yn dyheu am iddi siarad a sôn wrtho amdani'i hun, pwy oedd hi ac o ble roedd hi wedi dod. Felly, daliodd Alfie ati, ddydd ar ôl dydd, yn dweud ei hanes wrthi – ei fod wedi gweld llamhidyddion yn nofio allan yn Sianel Tresco, fod Yncl Wil yn dal ati i weithio ar yr *Hispaniola*, pa bysgod roedd ei dad wedi'u dal, fod llong danfor Almaenig wedi suddo llong arall a phawb ar ei bwrdd wedi boddi.

Ond beth bynnag ddywedai wrthi, sut bynnag y byddai'n ei ddweud, waeth pa mor fywiog, dyfeisgar a hwyliog fyddai wrth ddweud, arhosai wyneb Liwsi'n hollol ddifynegiant. Ond beth oedd mor rhwystredig i Alfie, ac yn ei anesmwytho, oedd ei fod yn sicr ei bod hi o bryd i'w gilydd, wir yn gwrando. Ei bod hi'n deall rhywfaint o'r hyn roedd yn ei ddweud wrthi. Synhwyrai hefyd – a byddai hyn bob amser yn rhoi rhyw obaith iddo ddal ati – ei bod hi'n falch ei fod yno efo hi, yn hoffi gwrando ar ei straeon. Ond er hynny, ni fyddai, neu ni fedrai, ddangos hynny. Wnâi hi ddim, neu fedrai hi ddim, ymateb.

Yna, yn annisgwyl, daeth llygedyn o obaith. Digwyddodd un pnawn wedi cwffas arall efo Zeb yn yr ysgol. Pan gyrhaeddodd adref roedd Doctor Crow yn y tŷ, yn siarad yn ddifrifol efo'i fam a'i dad wrth fwrdd y gegin. Synhwyrodd Alfie ei fod yn torri ar draws rhywbeth pwysig y munud y cerddodd i'r ystafell. Pan ofynnodd ei fam iddo fynd â chacen a llefrith Liwsi iddi ac aros efo hi am ychydig, gwyddai fod ganddyn nhw bethau i'w trafod, pethau nad oedden nhw am iddo fo'u clywed. Doedd dim ots ganddo fo beth bynnag. Roedd o eisiau gweld Liwsi. Roedd ganddo ddigon i'w ddweud wrthi.

Eisteddai hi yn y gwely, yn edrych allan drwy'r ffenest ac yn hymian yn dawel wrthi'i hun. Nid dyma'r tro cyntaf iddi fod yn hymian pan gerddodd Alfie i'w llofft. Yr un diwn oedd hi bob amser – roedd wedi sylwi ar hynny. Edrychai ychydig yn fwy llon nag arfer. Doedd dim gwên ar ei hwyneb, ond meddyliodd Alfie ei bod hi wedi codi ar ei heistedd oherwydd iddi ei glywed yn dod, a'i bod yn edrych ymlaen at ei weld, hyd yn oed. Gwelai ei bod wedi sylwi ar yr hollt yn ei wefus a theimlo gobaith sydyn y gallai hi holi yn ei chylch. Wnaeth hi ddim, ond rhythodd ar ei wefus. Yn well fyth, ymestynnodd ei llaw allan a chyffwrdd ei wefus.

Clywai Alfie y doctor yn siarad efo'i rieni i lawr y grisiau. Roedd yn demtasiwn ceisio clustfeinio ar beth roedden nhw'n ei ddweud, ond doedd y geiriau'n ddim ond sŵn aneglur – rhy aneglur i'w clywed yn iawn. Beth bynnag, roedd o eisiau dweud pethau wrth Liwsi. Bwytaodd Liwsi ei chacen yn araf. Felly y byddai'n bwyta bob amser. Dywedodd Alfie hanes ei gwffas efo Zebediah Bishop gam wrth gam, a soniodd am y gosb roddwyd iddo hefyd. Dywedodd wrthi am Beagley Bigog a'i bren mesur. Dangosodd ei figyrnau cleisiog a disgrifio sut y byddai'n cydio fel feis yn eich braich gan daro eich migyrnau mor galed gydag ymyl y pren mesur rhag i chi fedru symud eich bysedd. Dywedodd wrthi fel roedd Zeb unwaith yn rhagor wedi bygwth dweud wrth bawb am flanced Liwsi efo Wilhelm arni, ond fel na fyddai'n meiddio gwneud hynny gan fod Alfie'n gwybod bod Zeb a'i ffrindiau wedi dwyn yr arian o'r bocs yn yr eglwys ac wedi bygwth dweud wrth y Parchedig Morrison petai Zeb byth yn sôn gair am yr enw ar y flanced.

A dyna'r tro cyntaf erioed i Liwsi ymateb o gwbl i unrhyw beth ddywedwyd wrthi. Edrychodd arno am eiliad. Yna, cododd ymyl y flanced i ddangos iddo. Daeth y gair allan yn araf, a dim ond wrth ganolbwyntio'n arw a gydag ymdrech fawr. "W ...Wil

...helm," meddai'n ddistaw. Ddywedodd hi ddim byd arall. Ond roedd hi wedi siarad! Roedd Liwsi wedi siarad! Yn aneglur ... ond gair wedi'i ddweud, gair y gellid ei adnabod, yn bendant, gair.

Roedd yn rhaid i Alfie ddweud wrth rywun, unrhyw un, ar unwaith. Rhedodd i lawr y grisiau a rhuthro i'r gegin. "Mae Liwsi wedi siarad!" gwaeddodd. "Ddywedodd hi rywbeth! Do! Do wir!"

"Dyna chi, doctor! Glywsoch chi? Mae hi'n gwella. Ydi, mae hi!" meddai Mari. Cydiodd yn nwylo Alfie. "Ardderchog, Alfie! Ardderchog! Beth ddwedodd hi?"

Roedd "Wilhelm" ar flaen tafod Alfie. Ond, yn sydyn, dyna fo'n ailfeddwl. *Na*, meddyliodd. *Fiw i neb wybod, ddim hyd yn oed y doctor.* Ac yntau bron wedi gollwng y gath o'r cwd. Ceisiodd hel ei feddyliau at ei gilydd. Meddai, "Dwi ... dwi ... ddim yn siŵr. Fedrwn i ddim deud yn iawn. Ond roedd yn air, wir rŵan. Gair go iawn. Wir!"

Gwenodd y doctor arno wrth brocio baco yn ddwfn i'w getyn â'i fawd. "Dim ots beth oedd o," meddai. "Roedd hi'n ymdrechu i siarad. Dyna sy'n bwysig. Da iawn chdi, Alfie. Wnest ti'n dda iawn. Newydd da iawn. Ond fel dwi wedi bod yn deud wrth dy fam a dy dad, dwi'n dal i boeni ynghylch dyfodol Liwsi. Dwi wedi'i harchwilio hi eto pnawn 'ma, ac mae'n rhaid i mi ddeud bod yna lawer nad ydw i'n ei ddeall yn iawn. Mi faswn i wedi disgwyl iddi ddod ati'i hun yn llawer cynt na hyn. Mae hi wedi cryfhau a'i hiechyd cyffredinol yn llawer gwell, ei ffêr bellach gystal â'r llall – yn bennaf oherwydd gofal dy fam. Ond beth sy'n fy mhoeni fi ydi nid yn unig nad ydi Liwsi'n gallu siarad, ond hefyd ei bod hi mor gyndyn o godi o'r gwely. Dydi hyn ddim yn beth corfforol yn unig. Mae rhywbeth arall o'i le yn fan'ma, rhywbeth yn ei meddwl."

"Yn ei meddwl?" gofynnodd Alfie.

Ochneidiodd y meddyg. Taniodd ei getyn a phwyso'n ôl yn ei gadair. "Gwrandewch," ychwanegodd. "Dyma sut dwi'n ei gweld hi. Dim ond ychydig wythnosau'n ôl – faint sy 'na, wyth neu naw wythnos, Mr Wheatcroft? – gawsoch chi hyd i'r plentyn, druan, yn hanner marw o oerfel a newyn ar Ynys Helen. Ryw ddiwrnod neu ddau arall yn y fan yna ar ei phen ei hun, a choeliwch chi fi, byddai wedi marw. Cael a chael oedd hi i chi'i darganfod mewn pryd. Dach chi wedi gwneud gwyrthiau efo hi, wedi dod â hi'n ôl o borth y bedd. Mae hi'n bwyta'n well erbyn hyn a'r peswch dychrynllyd yna oedd ganddi bron â mynd. Mae hi'n gryfach bob tro y gwela i hi. Dydi hi ddim mewn peryg bellach. Mi fydd hi byw, does gen i ddim amheuaeth o hynny – yn ei chorff beth bynnag. Ond am ei meddwl, fel dwi'n deud mae gen i beth pryder. Mae'n arwydd da ei bod hi wedi siarad, Alfie. Arwydd da iawn. Ond 'run fath, dwi yn poeni am ei meddwl hi. Mae'n rhaid i mi ddeud na wela i ddim gwelliant yn y cyfeiriad yna hyd yn hyn."

Petrusodd a thynnu'n hir ar ei getyn cyn ailddechrau. "Mae'n edrych i mi fel petai hi ar goll yn ddwfn ynddi'i hun. Ar goll fel roedd hi ar yr ynys. Mae'n rhaid i chi sylweddoli bod y plentyn wedi cael rhyw fath o sioc ddifrifol iawn. Sut y digwyddodd hi a pham, wyddon ni ddim, gan na fedr hi ddeud wrthon ni. Mae ei chlyw hi'n iawn – mae'r profion wnes i'n dangos hynny. Ond am ryw reswm neu'i gilydd, dydi hi ddim yn medru siarad, neu mae'n gwrthod siarad. Be ydi o? Dau air mewn bron i ddau fis erbyn hyn – prin fod hynna'n siarad.

Efallai mai fel hyn y ganwyd hi – wyddon ni ddim. Mae'r ymennydd mor fregus â'r corff, a ninnau'n gwybod llawer llai am yr ymennydd. Ond fe wn i gymaint â hyn – a dwi'n berffaith sicr gan i mi weld hynny'n ddigon aml ymysg llongwyr a milwyr dwi wedi'u trin – fod y corff yn gallu helpu i wella'r meddwl. Mae'r corff a'r meddwl yn gweithio orau gyda'i gilydd. Y cam cyntaf, a dwi'n sicr o hyn, ydi ei pherswadio i godi o'i gwely. Mae'n rhaid i ni ei chael hi i symud, i gymryd diddordeb yn y byd o'i chwmpas. Dyna'r unig ffordd."

"Fel y dwedais i, dwi wedi trio. Mae hi'n gwrthod symud, doctor," meddai Mari. "Dwi wedi trio popeth fedra i feddwl amdano. Wnaiff hi ddim byd ond gorwedd yna. Wn i ddim be arall fedra i ei wneud."

"Credwch fi, dwi'n deall yn iawn, Mrs Wheatcroft," ychwanegodd y meddyg. "Fedrai neb fod wedi gwneud mwy. Ond dyna ydi 'mhwynt i. Yn hwyr neu'n hwyrach, os na fydd hi'n gwella, mae arna i ofn y bydd hi angen . . . wel, dowch i ni ei alw fo'n gymorth arbenigol. A'r unig le y caiff hi hynny ydi mewn ysbyty ar y tir mawr."

Neidiodd Mari ar ei thraed, ei llygaid yn llawn dagrau. "Y seilam dach chi'n ei feddwl, doctor? Am hwnnw dach chi'n sôn, yntê? Fel seilam Bodmin lle roedd Wil. Dros fy nghrogi! Dwi wedi bod yn y lle yna. Roedden ni'n dau yno efo'n gilydd, doctor, neu ydach chi wedi anghofio? Uffern ar y ddaear. Dach chi'n gwybod hynny. Chaiff hynny ddim digwydd. Ddim eto. Welais i beth wnaethon nhw i Wil ni yn y lle yna. Er mwyn y nefoedd, doctor, chi ddaru fy helpu i gael Wil allan o'r fan yna! Wyddoch chi'n iawn sut maen nhw'n byw, sut maen nhw cael eu trin. Nid byw mae'r creaduriaid bach, dim ond bodoli.

Carchar ydi o, doctor, nid ysbyty. Maen nhw'n eu rhoi dan glo ac yn lluchio'r goriad. Does dim gofal yn y lle 'na, dim gobaith. Na. Nes daw ei mam neu'i thad i'w nôl hi, ni sy'n mynd i ofalu amdani. Dach chi'n clywed, doctor? Chaiff hi ddim mynd ar gyfyl yr un o'r llefydd dychrynllyd yna byth bythoedd. Wnawn ni hi'n iach o gorff a meddwl, gewch chi weld. Bydd Duw yn ein helpu. Cofiwch fod Liwsi newydd siarad efo Alfie. Arwydd da ydi hynny, yntê?"

"Ie, wrth gwrs. Ond eisio i chi wynebu'r posibilrwydd ydw i, Mrs Wheatcroft, dyna'r cyfan," meddai Doctor Crow.

"Dydi o ddim yn mynd i ddigwydd, doctor," sibrydodd Mari'n ffyrnig drwy'i dagrau.

"Does neb ohonon ni eisio iddo ddigwydd," meddai'r meddyg. "Y cyfan fedra i ei ddeud wrthoch chi ydi mai'r unig obaith o wella'i meddwl ydi ei chael hi i godi ac i gerdded. Mae'n rhaid ei bod hi'n ddigon cryf i gerdded erbyn hyn. Mae'n rhaid ei chael hi i fynd allan o'r tŷ."

"Dwi wedi trio, doctor," meddai Mari wrtho'n ddiobaith. "Ydach chi'n meddwl nad ydw i wedi trio?"

Trodd y meddyg at Alfie. "Beth amdanat ti, Alfie? Gest ti hi i siarad gynnau. Dos â hi o gwmpas yr ynys. Cer â hi allan ar y cwch. Draw i Ynys Samson i weld y bythynnod, neu i Fae Brwynog i weld y morloi. Mae'n rhaid i ni ei chael hi i gymryd diddordeb yn rhywbeth heblaw hi'i hun. A Mrs Wheatcroft, daliwch ati i wneud yn union be dach chi wedi bod yn ei wneud. Siarad efo hi, darllen iddi. Gofalu amdani. Ond ceisiwch ddod â hi i lawr y grisiau fwy. Ei chael hi i helpu yn y gegin neu ar y fferm."

"Mae hi fel petai wedi'i niweidio'n arw, mor fregus," meddai Mari. "Fedra i mo'i gorfodi hi, na fedraf? Sut medra i ei gorfodi i neud rhywbeth nad ydi hi eisio'i neud?"

"Mari fach," meddai Jim gan ymestyn i gydio yn ei llaw. "Fedri di ddim gwneud y cyfan ar dy ben dy hun."

"Mae'n rhaid i Liwsi ddysgu byw eto, Mrs Wheatcroft," meddai'r meddyg, yn codi ar ei draed. "Hyd yn oed wedyn fedrwn ni ddim bod yn siŵr y bydd hi'n gwella. Ond dyna'i gobaith gorau. Y cyngor gorau y galla i ei roi. Ei chael hi i godi, i symud, p'un a fydd hi eisiau ai peidio."

Arhosodd wrth y drws wrth iddo adael. "Dim ond syniad ydi hyn," meddai. "Miwsig. Ella y gallai miwsig ei helpu. Mae gen i un o'r dyfeisiadau gwych yna gartref ar Ynys Fair – gramoffon, a recordiau i fynd efo fo. Ddo' i â nhw efo fi'r tro nesa y bydda i'n dod yma. Mae o'n ddigon hawdd i'w weithio – dim ond ei weindio, rhoi'r nodwydd ar y record ac mae'r miwsig yn dod. Hud a lledrith. Dyfais anhygoel. Ddylai pawb gael un. Fasai neb angen doctor wedyn. Faswn i'n ddi-waith, ond fyddai dim ots gen i. Stwff da i fendio rhywun, miwsig."

Drwy'r wythnos honno ymdrechodd Alfie a'i fam i gael Liwsi i godi o'i gwely. Ond methu wnaethon nhw. Fedren nhw mo'i pherswadio. Doedd dim tywysu na thagu arni. Yna'r tro nesaf y daeth Doctor Crow ryw wythnos neu fwy'n ddiweddarach, yn ôl ei addewid, daeth â'r gramoffon efo fo. Weindiodd o cyn gynted ag y cyrhaeddodd, a chwarae record arno. Yn wyrthiol, llifai miwsig piano gan lenwi'r ystafell, llenwi'r holl dŷ. Safodd Jim, Mari, Alfie a'r doctor yno'n gwylio'r record yn troi, yn gwrando mewn rhyfeddod ac wedi ymgolli'n lân yn y miwsig.

"Miwsig gan Chopin ydi o," meddai'r meddyg, yn arwain efo'i getyn.

Agorodd y drws y tu ôl iddyn nhw. Safai Liwsi yno'n droednoeth, ei blanced wedi'i lapio amdani, y tedi bêr yn ei llaw. Cerddodd ar draws yr ystafell tuag atyn nhw, tuag at y gramoffon. Wnaeth hi ddim byd am dipyn ond syllu i lawr arno. "Piano," sibrydodd, ac yna eto, "Piano."

PENNOD 6

Efrog Newydd, Mawrth 1915

Ar ein ffordd, Tada

Cofiaf fy mod yn chwarae hoff ddarn Tada ar y piano pan ddaeth Yncl Mac â'r llythyr i'r ystafell. Ewythr Tada oedd Yncl Mac ac roedd o ac Anti Cwac wedi byw efo ni yn y tŷ erioed. Hi oedd fy nani i, wedi edrych ar fy ôl ar hyd fy oes. Hi ddysgodd fi i wnïo, i bobi bara ac i ddweud fy mhader bob nos. Hi oedd yn edrych ar ôl Mami pan oedd hi'n fach hefyd. Yn ôl y sôn, fi oedd yn ei galw hi'n Anti Cwac oherwydd byddai'n fy ngwthio yn y pram at y llyn yn Central Park i fwydo'r hwyaid bob dydd. Dyna roedd pawb arall yn ei galw hi wedyn. Dysgodd Yncl Mac i mi sut i hedfan barcud yn y parc, i sglentio cerrig ar draws y dŵr, a sut i ofalu am y ceffylau a'r cyfrwyau. Nhw'u dau oedd yn edrych ar ôl popeth arall hefyd: y tŷ a'r stablau, yr ardd a phopeth roedden ni ei angen. Fyddai bywyd ddim wedi mynd yn ei flaen hebddyn nhw.

Roeddwn i'n casáu ymarfer y piano bob dydd, yn arbennig chwarae graddfeydd. Ond roedd gan Mami ffyrdd o 'mherswadio i bob tro. Bygwth: "Mae'n rhaid i ti ymarfer neu chei di ddim mynd allan i farchogaeth." Llwgrwobrwyo: "Os byddi di'n chwarae'n ddigon da, Meri, gei di fynd am reid wedyn." Neu flacmel. Ers pan oedd Tada wedi mynd i ffwrdd i'r rhyfel, Tada roedd hi'n ei ddefnyddio'n aml i'm blacmelio i ymarfer y piano bob dydd. "Byddi'n siomi Tada'n fawr iawn, Meri, os na fyddi di wedi dysgu dy ddarnau i gyd erbyn y daw o adref. Cofia, Meri, addewaist ti iddo fo y byddet ti'n ymarfer graddfeydd bob dydd."

Y drwg oedd fod hynny'n wir. Roeddwn i wedi addo iddo. Ond doeddwn i ddim yn hoffi Mami'n fy atgoffa o hynny, ac yn ddigon siŵr, doeddwn i ddim yn hoffi iddi eistedd yno yn fy ngwylio chwaith. Dyna pam roeddwn i wedi pwdu'r bore hwnnw wrth chwarae graddfeydd, gyda chyn lleied o ymroddiad â phosib a heb bwt o frwdrydedd o gwbl, dim ond er mwyn iddi wybod sut roeddwn i'n teimlo.

Yr un oedd y drefn bob tro gan Mami. Arhosai yn yr ystafell fyw efo fi nes byddwn wedi chwarae'r graddfeydd dair gwaith heb betruso na gwneud camgymeriad. Dim ond wedyn y gadawai i mi chwarae beth roeddwn i eisiau'i chwarae. Anaml iawn y byddwn i'n chwarae'r darnau roedd fy athrawes biano, Miss Phelps, wedi'u gosod i mi. Ar y dechrau, doeddwn i ddim yn ei hoffi hi gan ei bod mor surbwch. Edrychai'n guchiog bob amser, ei gwefusau'n denau ac amryw o wisgars brown, hir yn tyfu allan o ddwy ddafad ar ei gên. Roedd y darnau fyddai hi'n dweud wrthyf am eu hymarfer naill ai'n rhy anodd i mi eu chwarae, neu doeddwn i ddim yn eu hoffi. Un neu'r llall, neu fel arfer y ddau. A dyna pam, gynted ag roeddwn i wedi gorffen y graddfeydd yn ddigon da i blesio Mami y bore hwnnw, y penderfynais i beidio â chwarae'r darnau ymarfer o gwbl. Yn lle hynny dechreuais chwarae fy hoff ddarn gan Mozart, 'Andante Grazioso'.

Roedd Tada'n hoff iawn ohono. A finnau hefyd, oherwydd roeddwn yn meddwl mai dyna'r diwn fwyaf swynol roeddwn i wedi'i chlywed erioed ac am fy mod i'n gallu ei chwarae'n dda, ac oherwydd bod Tada'n ei hoffi gymaint â fi. Safai y tu ôl i mi weithiau'n hymian wrth i mi chwarae. 'Tiwn Meri' fyddai'n ei galw bob amser, a dyna pam roedd yn fy atgoffa ohono bob tro roeddwn i'n ei chwarae. Bron na theimlwn ei fod yno efo ni yn yr ystafell y bore hwnnw, ei law yn pwyso ar fy ysgwydd, er fy mod yn gwybod ei fod ymhell i ffwrdd yn y rhyfel. Roedd gen i hiraeth mawr amdano. Rhedeg ar hyd y llwybr i'w gyfarfod pan fyddai'n dod adref o'r gwaith. Neidio arno. Gwneud iddo fy nal a chydio ynof. Ei lais dwfn yn y tŷ. Eistedd ar ei lin i wrando ar y gramoffon efo fo. Chwarae gwyddbwyll efo'n gilydd o flaen y tân gyda'r nos. Sŵn ei draed yn dod i fyny'r grisiau i ddweud nos da, i ddarllen stori'r Hwyaden Fach Hyll i mi yn y gwely. Wrth chwarae ein tiwn ni, ei diwn o, teimlwn ei fod yn ôl gartref efo fi eto.

Wrth chwarae, anghofiais 'mod i wedi pwdu, fod Mami yno. Ymgollais yn gyfan gwbl yn y diwn a chofio am Tada. Roeddwn yn ymwybodol o Yncl Mac yn dod i mewn efo llythyr i Mami ac yn mynd allan funudau'n ddiweddarach. Chymerais i fawr o sylw tra oedd Mami'n ei ddarllen. Ond yna neidiodd ar ei thraed o'r gadair, llaw ar ei cheg, yn ceisio atal ei dagrau. Dychmygais y gwaethaf y munud hwnnw.

"Be sy, Mami?" gwaeddais, yn rhuthro ati. "Be sy'n bod?"

"Gan Tada mae o," meddai hi, yn dod ati'i hun. "Mae popeth yn iawn. Mi fydd o'n iawn. Mae wedi'i glwyfo ac yn yr ysbyty yn Lloegr. Rhywle yng nghefn gwlad, meddai fo."

"Ydi o'n ddrwg? Fydd o'n marw, Mami? Wnaiff o ddim marw, na wnaiff?" gofynnais.

"Mae'n dweud wrthon ni am beidio poeni. Y bydd o ar ei draed mewn fawr o dro." Darllenai hi'n gyflym, yn troi'r dudalen, ond yn dweud dim.

"Be mae o'n ddeud, Mami? Ga i ei ddarllen? Os gwelwch yn dda?" crefais. Ond prin y clywodd fi.

"Mae o i ti hefyd," atebodd, gan roi'r llythyr i mi o'r diwedd. Wrth i mi ddarllen, clywn lais Tada ym mhob gair.

F'annwyl Martha, F'annwyl Meri,

Ers y tro diwethaf i mi ysgrifennu, mae arnaf ofn na fu pethau'n rhy dda i'r gatrawd na minnau. Roedden ni'n ymladd yn eithaf da, yn llwyddo i ddal yr Almaenwyr yn ôl o gwmpas Mons gystal ag y medren ni. Ond drwy'r adeg edrychai'n debyg fod gormod ohonyn nhw a rhy ychydig ohonon ni. Y peth gwaethaf oedd fod ganddyn nhw drwy'r adeg fwy o ddynion, mwy o geffylau a mwy o ynnau. Gynnau mawr. Doedd dim dewis. Roedd yn rhaid i ni dynnu'n ôl. Does 'run fyddin yn hoffi cilio, ond fe wnaethon ni'n ddigon trefnus. Gwn fod y dynion yn llawn penderfyniad o hyd ac yn galonogol iawn er yr holl droi'n ôl a'r colledion enbyd rydyn wedi'u dioddef. Maen nhw'n sicr o ddal eu tir rŵan, rydw i'n siŵr o hynny.

Ond yn anffodus, dydw i ddim efo nhw bellach. Bûm yn fwy lwcus na llawer iawn o'r milwyr. Rydyn wedi colli cymaint o ddynion ifanc ardderchog, dewr, rhai ohonyn nhw'n fawr hŷn na bechgyn. Ychydig wythnosau'n ôl cefais fy mrifo yn fysgwydd gan shrapnel. Torrodd f'asgwrn. Fe dynnon nhw fi allan o'r frwydr. Wedi ychydig ddyddiau mewn ysbyty maes yn Ffrainc, maen nhw wedi f'anfon yn ôl ar long i Loegr. Erbyn hyn, rydw i mewn plasty mawr eithaf crand, fel llawer sydd i'w gweld ar Long Island, ond yn grandiach fyth. Fe'i trowyd yn ysbyty milwrol ar gyfer swyddogion o Ganada. Dydi o ddim yn rhy bell o Lundain a'i enw ydi Bearwood House. Dyna i chi gyd-ddigwyddiad rhyfedd, yntê? Rwy'n gorwedd mewn ysbyty yn Lloegr o'r un enw yn union â'n bwthyn ni ym Maine. Mewn sawl ffordd mae'r lle yma'n f'atgoffa o'n gwyliau ym Maine. Drwy'r ffenest gwelaf goed anferth. Gefn nos yn aml gwelaf y lloer yn symud yn uchel drwy gymylau tywyll. Byddaf yn canu i'r lloer ac yn gwrando ar y lloer, fel yr addewais. Gobeithio dy fod tithau'n gwneud hefyd, Meri.

Mae yma barc lle byddwn yn eistedd pan fydd hi'n heulog – sydd ddim yn aml, mae'n rhaid i mi gyfaddef, a llyn gyda hwyaid yn nofio'n braf arno fel petaen nhw biau'r lle, yn debyg iawn i fel maen nhw'n gwneud gartre ar ein llyn ni yn Central Park. Felly, gyda'm llygaid ar gau neu ar agor, gallaf ddychmygu fy mod yn ôl gartref yn Efrog Newydd neu Maine. Mae llawer o swyddogion o Ganada yma, felly rydw i ymysg ffrindiau. Mae'n rhaid i mi ystyried fy hun yn ddyn lwcus iawn.

Rydw i'n ddigon cyfforddus erbyn hyn, yn cael gofal da, er na fedraf ddefnyddio fy mraich chwith o gwbl. Dyna lwcus ydw i nad f'ysgwydd dde oedd hi. O leiaf gallaf ysgrifennu atoch. Maen nhw'n dweud y byddaf, ymhen amser, pan fydd y briw wedi gwella a'r asgwrn wedi trwsio, yn berffaith iawn. Felly gydag ychydig o lwc byddaf yn ôl ar y Ffrynt gyda'r dynion ymhen rhyw fis neu ddau, ond mae'n braf bod allan ohoni am dipyn. Mae'n dawel a heddychlon yma, yn heddychlon braf. Tybed oes yna unrhyw beth mor brydferth â heddwch?

Rydw i'n dyheu am eich gweld eich dwy eto, yn cofio eich wynebau annwyl. Byddaf yn cofio'n aml am Mac ac Anti Cwac, ein cartref yn Efrog Newydd, y coed a'r hwyaid yn y parc a'r creigiau roedden ni'n eu dringo, fel roedden ni'n marchogaeth yno ar gefn Bess a Bynti, a'r gwiwerod bach du. Llwyd ydyn nhw i gyd yma yn Lloegr. Byddaf yn meddwl hefyd am ein bwthyn ym Maine a'r traeth.

Y pysgota a'r hwylio yno efo'n gilydd, yr holl hen bethau arferol.
Mor hapus oedden ni cyn hyn i gyd. Ond mae'n rhaid i mi fod yma
– fe wyddoch chi hynny.

Meri, cofia ddal ati i ymarfer y piano, a dim y darn Mozart yn
unig, er mai dyna, fel y gwyddost, ydi fy hoff ddarn i. Cofia baratoi
Bess a Bynti yn iawn bob bore – gofalu bod graen da ar eu cotiau a
glanhau eu carnau cyn mynd allan i farchogaeth. Cofia dynhau
cengl Bynti yn iawn –wyddost ti'n iawn mai un chwareus yw hi.
Mae'n braf meddwl amdanat ti'n marchogaeth efo Mami yn y parc,
y ddwy ohonoch chi'n edrych mor wych ar gefn ceffyl. Wela i chi
rŵan yn cerdded ar lan y llyn, ac yn aros wrth ein hoff gerflun o
Hans Christian Andersen. Wyt ti'n cofio, Meri? Dyna lle roedden
ni'r tro cyntaf y darllenais stori'r Hwyaden Fach Hyll i ti, gyda'r
hwyaid yn hel o gwmpas ein traed, yn gwrando ac yn cwacian.

Martha annwyl, Meri annwyl, peidiwch â phoeni amdanaf i.
Bydd popeth yn iawn. Yn sicr, fe enillwn y rhyfel yma ymhen amser.
Yna byddaf gartref, a byddwn gyda'n gilydd eto.

Cariad mawr atoch eich dwy ac at Mac ac Anti Cwac hefyd.
Fyddwch chi byth yn gwybod mor annwyl ydych chi i gyd i mi.

Tada

"O, Meri," meddai Mami, yn ddagreuol eto erbyn hyn.
"Pam wnes i wrando arno? Ddywedais i wrtho pan aeth o i
Loegr y dylen ni fynd efo fo, i fod yn agos ato. Ond o, na.
Doedd wiw sôn am hynny. Mae o'n medru bod mor bengaled
weithiau, dy dad di. 'Mae'n rhaid i chi aros gartre yn Efrog
Newydd, lle mae'n ddiogel,' meddai. 'Mae'r rhyfel yn cael ei
ymladd ar y môr hefyd,' meddai. 'Mae'n llawer rhy beryglus i

chi groesi'r Iwerydd. Mae llongau rhyfel a llongau tanfor y gelyn allan yn fan'na. Ac mae'n rhaid i Meri fynd i'r ysgol, a chael ei gwersi piano. O ystyried popeth, mae'n well i chi aros yn Efrog Newydd a bod yn ddiogel.' O, pam gwnes i wrando arno fo, Meri?"

Rydw i'n cofio'r dadleuon cyn i Tada fynd yn iawn. Bu cymaint ohonyn nhw. Cymaint o grefu ac ymbilio arno. At y dechrau, dadlau na ddylai fynd o gwbl. Yna, os oedd wir raid iddo, dylai o leiaf fynd â ni efo fo. Ond roedd o'n benderfynol o fynd, a'r un mor benderfynol y dylen ni aros. Aeth Mami a finnau at y dociau y diwrnod hwnnw i'w weld yn gadael. Efallai nad oeddwn eisiau iddo fynd, ond yn fy nghalon roeddwn mor falch. Yn falch ei fod yn edrych yn wych ac yn smart a thaclus yn ei iwnifform. Edrychai ei fwstásh yn daclusach, hyd yn oed. Edrychai'n dalach hefyd, rywsut. Cofiaf sut y cydiodd ynof am y tro olaf yno ar y doc, a'r geiriau sibrydodd yn fy nghlust.

"Bydd yn hogan dda i Mami, Meri. Paid â bod yn nincompoop iddi hi." Dyna fyddai'n ei ddweud bob tro y byddai'n ceisio dwrdio, ond gwenai bob amser wrth ei ddweud. Roeddwn i wrth fy modd pan fyddai Tada'n ceisio dwrdio. Hoffwn gael fy ngalw'n nincompoop, neu ninny. Hoffwn y swˆn a'r wên oedd yn cyd-fynd â'r geiriau. "Pan fyddi'n gweld y lloer, Meri," aeth yn ei flaen, "byddaf yn meddwl amdanat ti ac yn canu ein tiwn Mozart. Gwna dithau'r un peth. Felly pan fyddwn ni'n edrych i fyny ar y lloer, ble bynnag rydan ni, byddwn yn gwrando ar y lloer, ac yn clywed ein gilydd, ac yn meddwl am ein gilydd. Addo i mi." Addewais. Cedwais yr addewid hwnnw hefyd.

Yn aml, aml ar ôl hynny edrychais i fyny ar y lleuad gan

hymian ein tiwn ni. Yn aml, aml gwrandewais ar y lloer a meddwl am Tada.

Penliniais o flaen Mami gan gydio yn ei dwylo. "Hen ysgol hurt! Hen wersi piano hurt!" meddwn i. "Wfft iddyn nhw! Chi oedd yn iawn, Mami. Fe awn ni. Mae yna ysgolion yn Lloegr, siŵr iawn! Ac athrawon piano hefyd – a'r rheini efo llawer llai o wisgars na Miss Phelps. Awn ni, Mami. Mae'n rhaid i ni fynd. Fedrwn ni ddim gadael Tada ar ei ben ei hun mewn ysbyty. Mae ei lythyr yn deud gymaint mae o eisio'n gweld ni! Dyna'i ffordd o ddeud wrthon ni am ddod, yn siŵr i chi."

"Wyt ti'n meddwl, Meri? Wyt ti wir yn meddwl hynny? Beth am y tŷ, a'r ceffylau? Pwy fydd yn edrych ar ôl popeth?"

"Yr un bobl ag sy'n edrych ar ôl popeth drwy'r adeg, Mami," meddwn wrthi. "Pan fyddwn ni'n mynd i'r bwthyn yn yr haf, Yncl Mac sy'n gofalu am yr ardd a'r ceffylau, yntê? Mae ganddo feddwl y byd o'r ardd ac mae o'n caru Bynti a Bess. Dach chi'n gwybod ei fod o. Ac maen nhw'n ei garu o hefyd. Tra ydan ni i fyny yn y bwthyn ym Maine yn cael amser gwych yn hwylio a physgota ac yn cael picnic a phopeth arall, mae Anti Cwac yn cadw'r tŷ fel pìn mewn papur, yn tydi? Mae'n rhaid i ni fynd, Mami. Mae Tada ein hangen ni."

"Rwyt ti'n iawn, Meri," meddai Mami, yn estyn ei breichiau ataf ac yn fy nghofleidio'n dynn. "Dyna'r penderfyniad wedi'i neud, felly. Fe awn ni i Loegr i weld Tada gynted ag y medrwn ni."

Y noson honno fe eisteddon ni gyda'n gilydd ac ysgrifennu llythyr at Tada, gan ysgrifennu brawddeg bob yn ail yn ôl ein harfer. Cefais orffen y llythyr drwy ysgrifennu mewn llythrennau breision,

RYDAN NI AR EIN FFORDD, TADA ANNWYL.

Cymerodd sawl wythnos i drefnu'r daith ar draws yr Iwerydd. Yn yr ysgol, ar ôl iddyn nhw ddod i ddeall y byddwn i'n gadael cyn bo hir ac yn mynd i Loegr, roedd y rhan fwyaf o'm ffrindiau a'm hathrawon fel petaen nhw'n dangos mwy o syndod nag o dristwch. Rhybuddiodd yr athrawon fi mor annoeth oedd mynd i unman yn agos i Ewrop, "efo'r rhyfel erchyll yna'n digwydd ar hyn o bryd". Rhywbeth tebyg oedden nhw wedi'i ddweud y llynedd pan glywson nhw fod Tada wedi ymuno â'r fyddin ac wedi mynd i Ffrainc.

"Does bosib fod angen iddo fynd," meddai fy athrawes Miss Winters, oedd fel petai wedi cynhyrfu mwy na neb pan glywodd ei fod yn mynd. "Roeddwn i'n meddwl, Meri, mai un o Ganada ac nid o Brydain ydi dy dad. Felly does dim angen iddo fynd. Ffrae rhwng Prydain a'r Almaen ydi hon. Be sy a wnelo Canada ag o, er mwyn y nefoedd? Dydw i ddim yn deall y peth o gwbl."

Ceisiais egluro penderfyniad Tada fel roedd o wedi esbonio i mi. Fod ei ffrindiau ysgol a'i ffrindiau coleg o Ganada i gyd yn mynd. Er ei fod o wedi byw a gweithio yn America ers tro byd, Canadiad oedd o, ac yn ymfalchïo yn hynny. Efo'i ffrindiau roedd ei le, meddai. Gyda'r bechgyn roedd o wedi'i fagu efo nhw. Os oedden nhw'n ymladd, dylai yntau wneud hefyd. Roedd yn rhaid iddo fynd i'r ffosydd. Doedd ganddo ddim dewis.

Un huawdl, bendant ei barn fu Miss Winters erioed a Meri bob amser wedi'i hedmygu am hynny. Meddai hi pan ddywedodd Meri y byddai'n gadael yr ysgol ac yn mynd draw i Loegr: "Wel, Meri, mae'n rhaid i mi ddeud beth sydd yn fy nghalon. Mae'n drueni mawr. Ydi wir – dy fod yn mynd a'n gadael ni mor sydyn fel hyn, a chditha'n cael cystal hwyl yn dy wersi. Mae dy ddarllen di a'r ysgrifennu yn dod ymlaen yn dda hefyd, ac mi wn i'n iawn na fu'r naill na'r llall yn hawdd i ti. Hen dro ofnadwy dy fod ti'n mynd fel hyn! Paid â chamddeall, Meri. Wn i pam rwyt ti a dy fam yn gwneud·be dach chi'n feddwl mae'n rhaid i chi'i neud. Mae pawb yn deall, cred ti fi. Ac mae'n ddrwg iawn gynnon ni i gyd fod dy dad wedi'i glwyfo. Ond y gwir ydi – ac mae yna adegau y mae'n rhaid i rywun ddeud y gwir fel mae rhywun yn ei weld, yn ei deimlo – nad ydw i'n meddwl y dylai dy dad fod wedi mynd i ymladd. Be ydw i'n feddwl ydi, be mae'r holl ymladd yma'n ei gyflawni? Nid dyna'r ffordd i bobl wâr ymddwyn o gwbl. Fu o ddim erioed a fydd o byth chwaith. A ddyweda i un peth yn sicr wrthat ti, Meri, wnawn ni ddim anfon ein hogiau ni o America draw i Ffrainc i ymladd yn y rhyfel yna. Nid os bydd gen i rywbeth i'w wneud â'r peth. Mae hynny'n berffaith sicr a siŵr." Roedd yn berffaith sicr a siŵr yn un o hoff ymadroddion Miss Winters. "Rydw i eisio i ti addo un peth i mi, Meri," aeth yn ei blaen. "Unwaith y bydd dy dad wedi gwella, y dôi di'n ôl yma i Efrog Newydd efo fo i orffen dy addysg efo fi. Yma mae dy le di. Wyt ti'n deall?"

Roedd hi bron yn ei dagrau erbyn iddi orffen. Roeddwn i'n hoff iawn o Miss Winters. Doedd dysgu ysgrifennu a darllen ddim wedi dod yn hawdd i mi, ac roedd pob athrawes arall fu gen i, yn hwyr neu'n hwyrach, wedi colli amynedd efo fi. Ni fedrwn ddarllen beth oedd ar y bwrdd du neu mewn llyfrau fel y plant eraill. Cymerwn hydoedd i ysgrifennu pob llythyren a phob gair, a hyd yn oed wedyn, doedden nhw ddim yn gywir. Roedd hyn i gyd yn gwneud pethau'n waeth. Cymysgai popeth yn un cawdel yn fy mhen. Neidiai llythrennau a geiriau dros ei gilydd yn ddryswch mawr a byddwn yn dychryn. Cawn fy nghyhuddo'n aml o beidio canolbwyntio, o fod yn ddiog ac yn dwp.

Ond roedd Miss Winters bob amser wedi egluro pethau'n ofalus. Wedi fy helpu gyda phethau oedd yn anodd i mi. Wedi rhoi amser i mi feddwl, i ddatrys pethau, yn gefnogol bob amser. "Ella nad wyt ti'n fawr o giamstar am ddarllen a sgwennu, Meri," meddai unwaith, "ond rwyt ti'n chwarae'r piano'n ardderchog ac yn tynnu lluniau fel arlunydd. Fel gwir arlunydd." Roedd ganddi ffordd o wneud i mi deimlo'n braf, ynghylch fy lluniau a'm gwaith peintio'n arbennig. Hi oedd yr unig un o'r athrawon yn yr ysgol oedd wir yn meddwl beth roedd hi'n ei ddweud. Doedd arni ddim ofn dangos beth roedd hi'n ei deimlo. Crynai ei llais a thorri dan deimlad yn aml, yn arbennig pan ddarllenai farddoniaeth Longfellow i ni. Hoffai ei farddoniaeth yn fawr iawn. Dyna pam, mae'n debyg, roedd y rhan fwyaf ohonom ninnau'n ei hoffi hefyd. O'i gymharu â hi, roedd gweddill f'athrawon yn sidêt ac yn sych fel crystyn, a ffarweliais â nhw'n ffurfiol iawn. Ond cofleidiodd Miss Winters fi'n dynn ac yn hir, yn gyndyn o adael i mi fynd. "Pob bendith, Meri," sibrydodd yn fy nghlust. "Bydd yn ofalus."

Yr unig un o'm ffrindiau fyddwn i'n ei cholli go iawn oedd Pippa. Pippa Mallory. Hi oedd fy ffrind gorau ers fy niwrnod cyntaf yn yr ysgol bum mlynedd yn ôl – yr unig ffrind, mae'n debyg. Yr unig un i beidio tynnu fy nghoes na'm pryfocio ynghylch darllen a sgwennu. Wnaeth hi erioed wneud i mi deimlo'n hurt. Buom gyda'n gilydd drwy'r adeg, bron: yn yr un dosbarth yn yr ysgol, yn eistedd efo'n gilydd ac yn cerdded adref efo'n gilydd. Yn sgipio drwy'r dail ac yn trampio drwy'r eira. Yn bwydo'r hwyaid yn y parc, yn marchogaeth ac yn mynd allan ar y cwch. Byddai'n dod efo ni i Maine yn yr haf yn aml. Y peth anoddaf roedd raid i mi ei wneud cyn mynd oedd torri'r newydd i Pippa fy mod yn gadael, fod yn rhaid i mi fynd i Loegr i weld Tada yn yr ysbyty. Na fyddwn yn dod yn ôl am dipyn, nes byddai'r rhyfel ar ben. Yn wahanol i bawb arall, hi oedd yr unig un nad oedd erioed wedi ceisio fy mherswadio i beidio mynd. Roedd hi'n deall fod yn rhaid i mi fynd, nad oedd gen i ddewis. Gadawyd pethau felly.

Ar y diwrnod olaf wnaeth hi ddim hyd yn oed ffarwelio. Pan ddaeth yr amser, ni fedrai ddweud yr un gair. Fedrwn innau ddim chwaith. Safodd y ddwy ohonom gyda'n gilydd yn dawel fach wrth giatiau'r ysgol, dwy ffrind gorau wedi hen arfer rhannu'n cyfrinachau dyfnaf, ein gobeithion pennaf a'n hofnau gwaethaf. Rŵan fedren ni ddim hyd yn oed gael hyd i'r geiriau i ffarwelio. Safodd y ddwy ohonon ni mewn tawelwch am rai munudau. Yn y diwedd rhoddodd amlen i mi. Yna, trodd ar ei sawdl a rhedeg i ffwrdd.

Agorais y llythyr a'i ddarllen:

Annwylaf Meri,
Tyrd yn ôl. Tyrd yn ôl, os gweli'n dda. Sgwenna ata i.
Dwi'n dy garu di.
Dy ffrind gorau am oes,
Pippa.

Galwais arni: "Mi ddo i'n ôl, Pippa! Dwi'n addo, wir!" Ond roedd hi wedi mynd. Dydw i ddim yn meddwl iddi 'nghlywed i o gwbl.

PENNOD 7

Efrog Newydd, Mai 1915

Amser a ddengys

Wrth gerdded adref y diwrnod olaf hwnnw, teimlwn mor ddigalon. Nid oherwydd fy mod yn hoffi'r ysgol yn arbennig – doeddwn i ddim, ond roeddwn wedi arfer efo'r lle. Fy myd i oedd o, rhan ohonof. Yn fy nghalon ofnwn efallai na fyddwn yn dod yn ôl, na welwn Pippa na Miss Winters byth eto. Cofiaf i mi deimlo fel petai ffyrdd yn gwahanu, yn mynd o un bywyd i un arall, o'r cyfarwydd i'r dieithr. Wrth gerdded roeddwn yn llawn o dristwch poenus, ond wnes i ddim crio. Teimlwn fod hynny'n od, oherwydd arferwn grio ar ddim. Efallai fy mod yn rhy ddigalon i ddagrau. Wrth grwydro drwy'r strydoedd gyda'r drafnidiaeth a phobl o'm cwmpas ym mhobman, teimlwn yn hollol unig, fel petawn i eisoes wedi mynd a ddim yn perthyn yma mwyach. Sylwodd neb arna i. Roeddwn yn anweledig, yn ddieithryn yn fy ninas fy hun, wedi mynd, yn ddim ond ysbryd.

Gartref roedd Yncl Mac ac Anti Cwac yn brysur yn pacio. Teimlai fel petaen nhw wedi bod wrthi ers wythnosau, ond rŵan, roedd llawer o'r cistiau a'r bagiau wrth y drws ffrynt. Roedden ni'n mynd go iawn. Cawson ni ein swper olaf gyda'n gilydd – Mami ac Yncl Mac, Anti Cwac a minnau, yn y lle roedden ni bob amser yn ei fwyta, wrth y bwrdd hir, sgleiniog gâi ei rwbio'n ddeddfol bob dydd yn yr ystafell fwyta gan Anti Cwac. Ar ganol y bwrdd roedd dau ffesant arian yn disgleirio yng ngolau'r canhwyllau o'r pedair canhwyllbren arian y byddai Anti Cwac yn eu cadw yr un mor loyw â'r bwrdd. Goleuai nhw ar gyfer swper bob amser. Roedd lle wedi'i osod ar gyfer Tada, fel arfer. Dyna roedd Mami ei eisiau, meddai hi, er mwyn i'w le fod yn barod iddo erbyn y diwrnod y deuai adref.

Prin y dywedodd neb yr un gair. Roedd Anti Cwac yn snwffian ac yn sychu'i thrwyn a'i llygaid efo'i napcyn. Gwelwn fod hynny'n blino Mami. Cliriodd Yncl Mac ei wddw bob hyn o hyn, dim ond i dorri ar draws y tawelwch, dwi'n meddwl. Yn wahanol i'r gweddill ohonon ni, ceisiodd wneud rhyw fath o sgwrs. "Glywais i ei bod hi'n llong ardderchog, Martha," meddai, "un o'r rhai mwyaf sy'n bod, ac yn gyflym hefyd. Dywedodd rhywun ei bod hi wedi cael y Rhuban Glas – dyna'r wobr sy'n cael ei rhoi i'r llong sy'n croesi'r Iwerydd gyflymaf. Pedair simnai goch a'u hymylon yn ddu. Mi welais i hi. Mae hi'n smart iawn, yn odidog. Anferthol. Enfawr. Does 'run llong arall yn debyg iddi. Cysurus hefyd. Moethus yn ôl pob sôn."

Roedd gan Mami ormod ar ei meddwl i wrando. Poenai o hyd ynghylch beth allen nhw fod wedi anghofio'i bacio. Doedd hi ddim yn bwyta chwaith. "Cwac, ydach chi'n siŵr eich bod chi wedi rhoi fy nghôt lwyd i efo'r gwregys? Ddywedais i wrthoch chi. Byddaf ei hangen yn yr hydref. A fy nghôt nos patrwm paun. Mae'n rhaid i mi gael honno efo fi. A beth am yr albwm lluniau? Rydan ni wedi anghofio'r albwm lluniau, wn i ein bod ni!"

"Mae o yno, Martha," meddai Anti Cwac wrthi. "Lapiais i o a'i roi o yno fy hun. Mae o yn y gist leiaf. Mae popeth yno, Martha. Rhoddais dy gôt nos patrwm paun ar y top efo dy slipars i ti gael eu gweld nhw'n syth pan agori di'r gist. Paid â phoeni, wir."

"Ydach chi'n berffaith siŵr, Cwac? Rydach chi'n dueddol o anghofio pethau'r dyddiau yma, cofiwch."

"Yn berffaith siŵr, Martha," atebodd Anti Cwac, wedi hen arfer efo pryderon a natur ddrwg Mami, ac yn amyneddgar tu hwnt efo hi. Ond roedd yn hawdd gweld nad oedd Anti Cwac yn ymdopi'n dda o gwbl efo'r ffaith ein bod yn gadael fore trannoeth. Dyna pam y gadawodd hi'r ystafell fwyta yn ei dagrau rai munudau'n ddiweddarach.

"Be sy'n bod efo Cwac?" holodd Mami'n gwbl ddi-hid, fel y byddai'n aml, o deimladau Anti Cwac. Roedd gan Anti Cwac feddwl y byd o Mami. Roedd yn gwneud popeth iddi, ac wedi gwneud erioed, ond prin y sylwai Mami arni. Roedd hi'n dueddol o gymryd Yncl Mac ac Anti Cwac yn ganiataol. Doedd hi byth yn gas efo nhw – nid un felly oedd Mami. Ond gallai fod yn ddifeddwl, braidd yn anghwrtais weithiau, hyd yn oed, a gwyddwn yn iawn fod hynny'n eu brifo, Anti Cwac yn arbennig.

Es allan ar ôl Anti Cwac. Eisteddai ar waelod y grisiau, ei phen yn ei dwylo. Eisteddais wrth ei hochr. "Rhaid i chi beidio poeni," meddwn wrthi. "Fyddwn ni'n ôl cyn i chi droi rownd. Pawb ohonon ni – Mami a fi. Tada hefyd. Chewch chi ddim gwared â ni mor hawdd â hynny." Torrodd i lawr a beichio crio. Pwysodd ei phen ar f'ysgwydd. Roedd yn funud rhyfedd. Meddyliais mor aml roeddwn i wedi teimlo'n ddigalon ynghylch hyn ac arall ac wedi eistedd ar yr union risiau yma, a'r holl droeon roedd Anti Cwac wedi dod i eistedd wrth f'ochr i gan roi ei breichiau o'm hamgylch a'm cofleidio nes i'r dagrau beidio. A dyma lle roeddwn i, yn gwneud yr un peth iddi hi.

"Mi fyddi di'n eneth dda, Meri, byddi?" meddai hi drwy'i snwffian. "Paid ti â gwneud helynt i dy fam. A chofia gadw dy draed yn sych. Glywais i ei bod hi'n bwrw glaw bron drwy'r adeg yn Lloegr, yn y lle Llundain yna. Wnei di ddim gwlychu at dy groen a dal annwyd, na wnei?"

"Na wnaf, Cwac," meddwn wrthi. "Wna i ddim. Dwi'n addo."

Ychydig ddyddiau'n ddiweddarach, mewn amgylchiadau nad oedd modd i mi fod wedi'u rhagweld na'u dychmygu yn fy hunllefau gwaethaf, byddwn yn cofio'r munudau olaf hynny ar y grisiau efo Anti Cwac. Sut roeddwn i'n methu cadw'r addewid hwnnw, fel cymaint o rai eraill roeddwn i wedi methu'u cadw ar hyd y blynyddoedd, ond o leiaf, nid fy mai i oedd o y tro hwnnw. Ar adegau, mae'n amhosib cadw'r addewidion rydan ni'n eu gwneud.

Pan ddaethon ni'n ôl i'r ystafell fwyta rai munudau'n ddiweddarach, gwelais fod Yncl Mac yn darllen yn uchel o'r papur newydd. Tawodd y munud y gwelodd ni'n dod drwy'r drws. Yn amlwg, roedd o ar hanner darllen rhywbeth nad oedd eisiau i mi ei glywed, ond clywais y darn olaf o'r hyn roedd Mami'n ei ddweud. "Bydd popeth yn iawn, Mac. Pobl yn hel clecs, dyna i gyd. Rydan ni'n hwylio bore fory, beth bynnag mae'r papurau'n ei ddeud. Mae'n rhaid i ni. Bydd popeth yn iawn."

"Be sy'n bod, Mami?" gofynnais.

"Dim byd, cariad," atebodd, yn chwifio'i llaw fel petai'n fy hel o'r neilltu. "Dim byd i'w neud efo ti, na fi chwaith o ran hynny. Rŵan, Cwac, dowch i ni gael y plentyn yma i'w gwely.

Rydan ni'n cychwyn yn gynnar yn y bore."

Chysgais i fawr y noson honno. Hwyliai'r lleuad drwy frigau'r coed y tu allan i'm ffenest. Cenais fy nhiwn Mozart, fy 'Adante Grazioso', a'i hymian eto ac eto. Gwrandewais. Roedd Tada yna. Clywn yntau'n canu hefyd.

Roedd Yncl Mac yn iawn. Nid mawr oedd y llong ond anferthol, ddwywaith gymaint â maint y llong roedd Tada wedi hwylio arni, a deg gwaith yn fwy godidog hefyd. Dyna uchel oedd hi! Gwnâi i'r dociau a phob llong arall edrych yn fach iawn. Hi oedd y llong harddaf, fwyaf urddasol roeddwn i wedi'i gweld erioed a'r craeniau fel petaen nhw'n moesymgrymu iddi mewn parchedig ofn.

Cafodd Yncl Mac ac Anti Cwac hyd i borthorion i ni a hebrwng Mami a fi i fyny'r bont ac i mewn i'r llong. Roedd hi'n ysblennydd, yn debycach i balas fy mreuddwydion na llong. Roedd pawb ar ei bwrdd yn rhuthro o gwmpas yn llawn cyffro, yn mynd i rywle, ond ddim yn siŵr i ble. Cofiaf feddwl eu bod braidd yn debyg i ieir wedi'u cyffroi'n lân. O'm cwmpas roedd gweiddi a chwerthin a chrio, sŵn cras pobl ddryslyd.

Roedd gan bob llongwr, porthor a morwyn ei iwnifform. Welais i erioed gymaint o saliwtio smart na gostwng pen a moesymgrymu o'r blaen, a'r staff yn cyfarch "Croeso i'r llong" wrth bawb. Roedd yno siandeliriau a drychau ym mhobman, paent aur, grisiau wedi'u carpedu, pren yn sgleinio a chanllawiau pres disglair.

Heb Yncl Mac ac Anti Cwac yno i'n helpu, dwi'n meddwl y bydden ni wedi bod ar goll yn llwyr. Fydden ni byth wedi cael hyd i'n caban. Roedden ni'n colli golwg o'n porthorion a'n bagiau o hyd yn y dorf o deithwyr a lenwai'r coridorau diddiwedd. Brysiai'r porthorion o'n blaenau ac Yncl Mac yn gorfod galw arnyn nhw i ddod yn ôl. Cydiai Anti Cwac yn dynn yn fy llaw drwy'r adeg. Felly byddai'n gwneud pan oedden ni'n croesi'r ffyrdd yn Efrog Newydd. Gwnâi rŵan yn rhannol rhag i mi fynd ar goll, cael fy ngadael ar ôl, neu gael fy ngwthio i'r llawr. Ond hefyd, dwi'n siŵr, oherwydd ei bod yn gwybod mai buan iawn y dôi'n amser i ni wahanu. Doedd Anti Cwac ddim eisiau i'r amser hwnnw ddod, ddim eisiau fy ngollwng. Dyna pam y cydiwn i ynddi hi mor dynn.

Rywfodd, fe lwyddon ni i beidio colli golwg ar ein porthorion a chyrraedd atyn nhw o'r diwedd. Ar ôl iddyn nhw fynd â ni i'n caban, cawson ni wybod bod awr neu ddwy cyn i ni hwylio. Unwaith roedden ni yn ein caban, a'r drws wedi cau, roedd hi'n llawer llonyddach a thawelach. Ond doedd 'run ohonom fel petaen ni'n gwybod beth i'w ddweud. Roedd hyd yn oed Yncl Mac yn dawedog. Brysiodd Anti Cwac a Mami i ddadbacio'n cistiau a'n bagiau a llenwi'r cwpwrdd dillad a'r droriau. Eisteddodd Yncl Mac ar gadair, yn clirio'i lwnc ac yn darllen papur newydd, yn edrych ar ei oriawr ym mhoced ei wasgod braidd yn rhy aml. Y cyfan roeddwn i ei eisiau oedd i'r gwahanu ddod i ben, i'r crio ddigwydd, fel y gwyddwn y gwnâi. Teimlwn y dagrau'n chwyddo y tu mewn i mi. Roeddwn eisiau i'r cyfan fod drosodd, iddyn nhw fod wedi mynd. Roedd Anti Cwac wrthi'n rhoi côt nos patrwm paun Mami ar droed y gwely, yn rhoi ei slipars wrth ei hymyl. Dyna'r munud pan fethodd gadw rheolaeth ar ei dagrau. Eisteddais wrth ei hochr a rhoi fy mhen ar ei hysgwydd. Cyffyrddodd fy llaw. Roedd ganddi hi ddwylo caredig ag ôl gwaith arnyn nhw. Dwylo cyfarwydd.

Roedd y caban yn llawer mwy nag roeddwn i wedi'i ddisgwyl, ac yn balasaidd fel gweddill y llong. Roedd gennym ffenest gron i ni'n hunain a'm gwely i yn union oddi tani. Gallwn benlinio arno ac edrych allan. Gwelwn y doc islaw yn llawn teithwyr yn dal i ddod i'r llong. Yn eu mysg roedd milwyr mewn iwnifform – milwyr o Ganada, meddai Yncl Mac. Roedd yn iawn. Roedd iwnifform rhai yn union fel un Tada. Yno hefyd roedd amryw o deuluoedd efo plant yn dod ar fwrdd y llong. Edrychai rhai o'r plant tua'r un oed â fi, a chododd hynny fy nghalon. Heidiai teithwyr wrth y cannoedd at y rheiliau, yn chwifio a chwerthin, rhai ohonyn nhw'n crio hefyd. Clywais fand yn chwarae a drwm mawr yn dyrnu. Teimlais beiriannau'r llong yn curo. Fyddai hi ddim yn hir rŵan. Erbyn hyn penliniai Anti Cwac wrth f'ochr ar y gwely, yn edrych allan, ei braich amdanaf. "Faswn i'n rhoi'r byd am gael dod efo ti, Meri," sibrydodd.

"Fi hefyd, Cwac," meddwn wrthi. "Fi hefyd."

Yna sylweddolais fod Yncl Mac yn sibrwd yn frysiog wrth Mami y tu ôl i mi. Troais atyn nhw. Roedd y ddau ohonyn nhw'n swatio'n glòs ger drws y caban. Gwrandewais yn astud oherwydd gallwn ddweud wrth y ffordd gyfrinachol roedden nhw'n siarad nad oedden nhw eisiau i mi eu clywed. Dangosai'r papur newydd y bu'n ei ddarllen iddi. "Mae yn y papur yma hefyd," meddai. "Martha, dydw i ddim yn hoffi'r peth o gwbl – dyna'r cyfan dwi'n ddeud. Fyddai'r papurau ddim yn ei ddweud petaen nhw ddim yn ei feddwl. Pam dylen nhw?"

"Tewch, Mac," sibrydodd Mami. "Bydd Meri'n clywed. Ddwedais i o'r blaen. Dydw i ddim yn gwrando ar ryw hel clecs hurt. A dyna ydi o, dim ond straeon. Nage. Mae'n waeth, propaganda ydi o. Ie, dyna be ydi o, propaganda o'r Almaen. Yr Almaen yn bygwth. Fedrwch chi ddim coelio popeth dach chi'n ei ddarllen yn y papurau newydd. Beth bynnag, does dim ots gen i os ydi o'n wir. Mae'n rhaid i mi fynd i Loegr. Mae'n rhaid i mi fod efo fo, a dyna ddiwedd arni, Mac. Mae'r llong yma'n hwylio i Loegr, a rydan ni'n hwylio efo hi. Dach chi wedi deud eich hun, does 'run llong ar y dŵr fedr fynd â ni yno'n gynt na hon."

Dyna pryd y clywon ni'r seiren. Funudau'n ddiweddarach curodd rhywun yn uchel ar ddrws y caban. "Esgusodwch fi," meddai llais. "Pawb oddi ar y llong! Oddi ar y llong rŵan, os gwelwch yn dda! Os nad ydych chi'n hwylio arni. Ymwelwyr i gyd i'r lan!" Edrychodd y pedwar ohonom ar ein gilydd a chydio'n dynn, dynn yn ein gilydd. Doeddwn i erioed wedi gweld Yncl Mac yn crio o'r blaen. Fe wnaeth o'r adeg honno. Fe wnaethon ni i gyd. Mami hefyd. Cydiodd Anti Cwac ynddi a'i chusanu. Am funud gwelais fy mam yn eneth fach eto yn ei breichiau hi, yn blentyn oedd angen cysur.

Ymhen dim, roedden ni i gyd i fyny ar y dec, yn pwyso ar y rheiliau wrth i'r llong baratoi i adael. Roeddwn i'n chwifio, yn gweiddi fy ffarwél olaf ar Yncl Mac ac Anti Cwac eto ac eto, nes roedd fy mraich yn brifo, nes roedd fy ngwddw'n brifo. Yna, yn sydyn, sylwais ar gynnwrf cyffrous islaw i ni ar y doc. Clywais donfeydd o chwerthin a churo dwylo gan y dyrfa i lawr ar y cei ac o'n cwmpas ar y dec. Bu'n funud neu ddau nes i mi weld beth oedd y rheswm am y strach. Teulu ifanc oedd yno. Cariai'r tad ddau blentyn dagreuol ac roedd babi ym mreichiau'r fam. Roedden nhw'n straffaglu i wthio drwy'r dorf ar y cei, gan gyrraedd y bont ar y munud olaf wrth i honno gael ei chodi. Yng nghanol cymeradwyaeth fyddarol gan bawb o'u cwmpas, fe'u helpwyd drwy'r dyrfa ac i fyny'r bont.

Ond yna daeth newid awyrgylch annisgwyl. Yn sydyn, doedd dim mwy o weiddi. Yn hytrach, lledodd murmur drwy'r dorf, fel gwynt oer, gwynt cas, cyn troi'n ddistawrwydd. I mi, teimlai fel petai ofn ar bawb a hwnnw'n troi'n dawelwch annaturiol. Doeddwn i ddim yn deall y rheswm amdano o gwbl, nes i mi gael cip ar yr hyn oedd wedi tynnu sylw'r dorf. Wrth i'r teulu gyrraedd gwaelod y bont, a'r porthorion yn eu helpu efo'u bagiau, rhuthrodd cath ddu heibio iddyn nhw. Ar yr eiliad olaf un, wrth i'r bont gael ei thynnu'n ôl, neidiodd y gath dros y bwlch rhwng y llong a'r doc a diflannu i ganol y dorf. Daeth ton o chwerthin, a hwnnw'n chwerthin nerfus. Dechreuodd y band chwarae eto, ond difethwyd y teimlad o ddathlu. Hedfanodd gwylanod o amgylch y llong, yn crio, yn sgrechian. Edrychais i fyny ar Mami. Ymdrechodd i wenu arna i, i'm cysuro. Ond fedrai hi ddim.

Gyda sŵn y seiren, symudodd y llong yn araf oddi wrth y doc, y dec yn dyrnu o dan ein traed. Daliwn i chwifio, ond doedd Yncl Mac nac Anti Cwac ddim yn chwifio'n ôl mwyach. Prin y gallai Anti Cwac ddioddef edrych arnon ni. Trodd a chuddio'i phen ar ysgwydd Yncl Mac. Ond roedd Yncl Mac yn edrych. Thynnodd o mo'i lygaid oddi arnon ni, ddim am eiliad, fel petai'n gwybod ei fod yn edrych arnom am y tro olaf. Roeddwn innau'n meddwl yr un peth amdano fo, amdanyn nhw, am Efrog Newydd a phawb roeddwn i wedi'u hadnabod yno. O dan fy ngwynt ffarweliais â Pippa a Miss Winters. Roedd y gweiddi a'r chwifio, o'r llong i'r tir, o'r tir i'r llong, wedi ailddechrau erbyn hyn. Ond dim ond yn ysbeidiol, heb fawr o sbonc. Fe arhoson ni yno nes roedd Yncl Mac ac Anti Cwac ar goll yn y dyrfa, o'r golwg bellach.

Roedd Mami eisiau mynd i'r caban ar unwaith, ond mynnais innau aros ar y dec. "Os gwelwch chi'n dda, Mami. Dim ond nes byddwn ni wedi mynd heibio'r Statue of Liberty." Felly fe arhoson ni. Rhyfeddais wrth weld y cerflun yn edrych gymaint llai wrth i ni hwylio heibio ar ein llong anferthol. Roedd rhai o'r teithwyr eraill yn chwifio i ffarwelio â hi, fel petai hithau'n aelod o'r teulu roedden nhw'n ei adael ar ôl. Felly fe wnes innau hefyd. Wnaeth Mami ddim. Roedd hi wedi troi draw ac yn edrych ar y papur newydd wedi'i blygu yn ei llaw. Gwelwn ei bod hi'n poeni. "Chi ac Yncl Mac," meddwn i. "Roeddech chi'n siarad am rywbeth, rhywbeth yn y papur newydd yna, yntê? Ac yn gwneud 'run fath gartre, ac yn y caban gynnau. Beth oedd o, Mami?"

"Ddwedais i o'r blaen, Meri. Dim byd," atebodd yn bendant, yn ddig bron. "Dim byd o gwbl. Mae popeth yn iawn. Yn berffaith iawn. Ty'd 'laen, Meri. Ty'd i lawr i'r caban. Mae'n oer ar y dec. Dwi'n crynu."

Sylweddolais wedyn fy mod innau'n crynu hefyd. Edrychais ar y Statue of Liberty am y tro olaf, ar Efrog Newydd ar y gorwel, yna trois a mynd i'r caban.

Wrth i mi orwedd yn fy ngwely'r noson honno, doeddwn i ddim yn meddwl am Yncl Mac nac Anti Cwac, na Pippa, na hyd yn oed am Tada wedi'i glwyfo mewn ysbyty yn Lloegr, fel y dylwn i fod yn gwneud. Y cyfan fedrwn i feddwl amdano oedd y gath ddu honno'n rhedeg i lawr y bont ac yn neidio dros y dŵr i'r cei. Cath ddu yn gadael llong fel yna. Mae'n rhaid bod hynny'n golygu rhywbeth, ond wyddwn i ddim ai lwc neu anlwc oedd hynny. *Amser a ddengys*, meddyliais. *Amser a ddengys.*

PENNOD 8

Ynysoedd Sili, Gorffennaf 1915

Llygedyn o obaith

Roedd pawb wedi gobeithio bod greddf Dr Crow yn iawn, y gallai cerddoriaeth, rywfodd, ddod â Liwsi ati'i hun, deffro rhywbeth ynddi, datgloi ei chof a'i llais hefyd, efallai. Ond o'r cychwyn cyntaf roedd Jim yn amau hynny'n fawr. Doedd ganddo fawr i'w ddweud chwaith wrth yr holl gerddoriaeth a lenwai'r tŷ'n aml y dyddiau hyn. Ond gallai weld bod unrhyw obaith yn well na dim i Mari. Ei bod hi'n dibynnu cymaint ar iddi wella, bod y plentyn rhyfedd, tawedog yma o unman wedi dod i olygu'r byd yn grwn iddi. Felly ymdrechodd Jim i gadw'i amheuon iddo'i hun a dioddef, gan amlaf yn ddirwgnach, y sŵn oedd yn llenwi'r tŷ drwy'r dydd, bob dydd, ac yn ei gyfarch bob tro y deuai adref.

Ond cyn bo hir, roedd yn rhaid i hyd yn oed Jim gyfaddef fod ambell arwydd nad oedd ffydd Dr Crow yng ngallu'r gerddoriaeth wedi bod yn hollol ofer. Byddai Liwsi'n dod i lawr y grisiau weithiau, dim ond yn anaml iawn, ond roedd hyn yn newid, yn welliant. Doedden nhw byth yn ei chlywed yn dod. Dim gwich ar y grisiau, dim sŵn codi clicied. Byddai'n ymddangos, yn bresenoldeb sydyn, distaw yn y gegin. Fe fydden nhw'n troi ac yn ei gweld yn sefyll yno, yn llonydd – fel ysbryd, meddyliai Alfie weithiau. Drychiolaeth ar waelod y grisiau, ei blanced wedi'i lapio amdani, yn cydio yn ei thedi bêr. Edrych ar y gramoffon fyddai hi, nid arnyn nhw, yn gwrando'n astud ar y miwsig, fel petai wedi'i chyfareddu gan y record wrth iddi droi. Wrth sylweddoli mai miwsig oedd, o'r diwedd, yn cael Liwsi i godi a chrwydro, byddai Mari neu Alfie, neu hyd yn oed Jim weithiau – pan fyddai Mari'n ei atgoffa – yn weindio'r gramoffon wrth fynd heibio iddo, neu pan glywen nhw'r miwsig yn arafu, gan geisio cadw'r gramoffon i chwarae mor aml â phosib.

Ond er hyn, roedd Liwsi'n dal i dreulio'r rhan fwyaf o'i dyddiau i fyny'r grisiau yn y gwely, y gobenyddion yn ei chynnal ar ei heistedd, a hithau'n byw y tu mewn i'w distawrwydd, yn syllu allan drwy'r ffenest neu'n amlach ar y nenfwd. Ond bob hyn a hyn câi Mari hyd iddi allan o'i gwely, yn y nos yn aml, a phan nad oedd miwsig i'w glywed. Roedden nhw'n ei chlywed yn hymian yn ei hystafell – yn sicr erbyn hyn mai hymian oedd o, nid griddfan. Ar sawl achlysur, pan oedd Mari wedi mynd i weld Liwsi ar ei ffordd i'w gwely, roedd wedi cael hyd iddi'n sefyll wrth y ffenest ac yn syllu ar y lloer ac yn hymian y diwn yna wedyn, yn dawel ac yn drist. Nid iddi'i hun yn unig, meddyliodd Mari. Ond i'r lleuad. Fel petai wedi'i chyfareddu gan y lleuad.

Fe sylwon nhw, fel yr âi'r amser heibio, fod Liwsi'n dod i lawr y grisiau'n amlach, ac yn dod erbyn amser bwyd. Safai wrth ymyl y gramoffon, yn cadw'i phellter oddi wrthyn nhw, ond yn eu gwylio'n bwyta. Bob tro y byddai'n dod, gwnâi Mari ffŷs fawr ohoni, gan ei chofleidio'n gynnes a chydio yn ei llaw, a gwneud popeth fedrai hi i geisio'i swcro i ddod at y bwrdd, i fod yn un ohonyn nhw.

"Rwyt ti'n un o'r teulu, rŵan, Liwsi, 'nghariad i," byddai'n ddweud. "Chdi ac Yncl Wil, Alfie, Jim a fi – rydan ni i gyd yn deulu i ti rŵan." Soniai am Yncl Wil wrthi. Fel roedd yntau'n un o'r teulu hefyd. Addawodd y byddai, unwaith y byddai Liwsi'n codi allan fwy, yn mynd â hi i lawr i'r cwt i'w gyfarfod, ac i weld yr *Hispaniola*. "Mae Wil wedi gwneud gwyrthiau efo'r llong yna, Liwsi. Mae hi'n ddigon o ryfeddod. Gei di weld mor hardd ydi hi."

Ond wnâi Liwsi ddim eistedd efo nhw, waeth faint fyddai Mari'n ei chymell. Syniad Alfie oedd gosod cadair iddi yn erbyn y wal wrth ochr y gramoffon. Yn fuan iawn daeth yn lle iddi hi. Eisteddai yno bob amser, yn bwyta'i bwyd yno hefyd. Roedd hi fel petai'n bwyta'n well o lawer efo nhw i lawr yn y gegin nag i fyny'r grisiau ar ei phen ei hun yn ei llofft. Roedd hi'n bwyta'n iawn erbyn hyn, ddim yn pigo'n ffyslyd fel roedd hi cynt.

Un noson, cyn i Liwsi ddod i lawr y grisiau, penderfynodd Alfie roi cynnig ar rywbeth. Symudodd y gadair oddi wrth y wal ger y gramoffon draw at fwrdd y gegin. Pan welodd Liwsi'r gadair yno, petrusodd yn hir, ei thalcen wedi crychu, yn amlwg yn ansicr ohono'i hun. Roedden nhw i gyd yn meddwl y byddai'n troi ar ei sawdl ac yn mynd yn ôl i fyny'r grisiau. Ond er mawr lawenydd a syndod iddyn nhw, cerddodd yn araf ar draws y gegin a dod i eistedd efo nhw wrth y bwrdd.

Wrth eistedd yno efo hi, sylweddolodd pawb eu bod nhw newydd weld digwyddiad pwysig iawn. Doedd 'run gair wedi'i ddweud na neb wedi edrych ar ei gilydd. Ond teimlodd y tri ias sydyn o obaith. Teimlo bod cornel wedi'i throi, y gallai hyn fod yn addewid o bethau gwell i ddod. Dyma'r arwydd cyntaf fod Liwsi o'r diwedd yn fodlon meddwl amdani'i hun fel un ohonyn nhw, un o'r teulu.

Drannoeth dangosodd Alfie iddi sut i weindio'r gramoffon. Sut i chwythu'r llwch oddi ar y nodwydd a sychu'r record efo cadach tamp cyn ei rhoi ar ar y gramoffon, sut i osod y nodwydd ar y record yn ofalus i wneud iddi chwarae – yn wir, popeth roedd Doctor Crow wedi'i ddysgu iddyn nhw ychydig wythnosau yn ôl, a'r cyfan wedi dod yn ail natur iddyn nhw erbyn hyn. Roedd Alfie wedi rhoi cynnig ar ei dysgu unwaith neu ddwy o'r blaen, ond doedd hi ddim wedi dangos fawr o ddiddordeb bryd hynny. Ond rŵan, yn sydyn, nid yn unig roedd hi'n gwrando'n astud, ond roedd yn amlwg yn ysu am wneud ei hun. Pan wnaeth hi, roedd yn amlwg i Alfie nad oedd angen iddo fod wedi trafferthu i'w dysgu o gwbl. Roedd hi wedi llwyddo i'w wneud yn rhwydd, fel petai wedi gwneud hynny erioed. Roedd Alfie'n sicr ei bod wedi gwneud droeon o'r blaen.

O'r diwrnod hwnnw rhoddai Liwsi'r recordiau ar y gramoffon ei hun. Doedd dim rhaid i neb arall drafferthu rhagor. Hawliodd y gramoffon iddi'i hun. Bellach, yn gwisgo'r dillad roedd Mari wedi'u gwneud iddi, byddai yn y gegin drwy'r dydd, bob dydd, yn chwarae recordiau. Ar ôl i un record orffen, byddai'n ei chwarae eto neu'n rhoi un arall yn ei lle. Gofalai weindio'r gramoffon hefyd.

Efallai nad oedd hi'n cyfathrebu mwy efo nhw nag roedd hi o'r blaen, ond roedd hi yno, yn byw yn eu mysg. Weithiau byddai hyd yn oed yn helpu Mari i bobi bara, fel petai'n hoffi tylino'r toes. Ond y rhan amlaf, eisteddai yno o awr i awr, wedi'i lapio yn ei blanced, un droed oddi tani, yn siglo'n ôl ac ymlaen, ei thedi bêr yn eistedd yn wên i gyd wrth y gramoffon. Weithiau byddai Liwsi'n hymian efo'r miwsig. Roedd hymian fel petai'n rhoi cysur mawr iddi, hyd yn oed os oedd y diwn weithiau'n drist. Roedd pob darn fel petai'n hwiangerdd iddi hi. Roedd hi'n amlwg yn gyfarwydd â llawer ohonyn nhw'n barod – naill ai hynny neu roedd hi'n eu dysgu'n gyflym. Rhoddodd yr hymian a'r pobi bara hefyd fwy o obaith i'r teulu i gyd y byddai'n gwella. Wedi'r cyfan, os gallai hi hymian, doedd bosib na fyddai hi'n siarad ryw ddiwrnod, ac nid gair neu ddau, ond yn huawdl.

Cyn bo hir iawn, meddai Alfie wrth ei fam o hyd, byddai Liwsi'n siarad am ei hatgofion, yn gwybod pwy oedd hi eto, ac o'r diwedd yn dweud wrthyn nhw sut roedd hi wedi dod i'r ynys. A dyna stori fyddai ganddi i'w dweud.

Bob tro y byddai'n ymweld, deuai Doctor Crow â record newydd efo fo. Ond doedd Liwsi ddim yn hoffi pob un. Gwrthodai chwarae unrhyw beth rhy uchel. Roedd yn well ganddi wrando ar fiwsig piano na dim arall. Ei ffefryn oedd un record arbennig gan Mozart. Chwaraeai record y doctor o sonata piano 'Andante Grazioso' gan Mozart drosodd a throsodd. Roedd hi'n dechrau ac yn gorffen pob dydd drwy chwarae'r darn hwnnw ar y gramoffon, yn aml â'i llygaid yn llawn dagrau wrth wrando, wrth hymian. Yn amlwg, roedd hi'n dotio ati. Ymhen amser daeth y teulu i gyd i'w hoffi hefyd, hyd yn oed os oedd Jim yn ei chael hi'n anodd dioddef y miwsig cyson. Ond daeth yntau hefyd i hoffi 'tiwn Liwsi', fel roedden nhw'n ei galw hi.

"Mae hi'n ei chanu'n hyfryd, yn tydi?" meddai wrth Mari un noson, ar ôl i Alfie a Liwsi fynd i'w gwelyau. "Fel angel."

"Oherwydd bod Liwsi wedi dod o'r nefoedd," meddai Mari wrtho, "fel pob plentyn. Dwi'n credu hyn yn fwy na dim byd arall dwi wedi'i gredu erioed, Jimbo. Anrheg i ni o'r nefoedd ydi'r plentyn yna – yn union fel roedd Alfie. Nid lwc yn unig oedd hi i ti ac Alfie gael hyd iddi ar Ynys Helen a dod â hi adref. Dyna oedd i fod i ddigwydd."

Ond er gwaethaf popeth, pob cynnydd a phob gobaith, roedd yn amlwg i Jim ac Alfie fod Mari bron ag anobeithio ar brydiau. Roedd yr wythnosau a'r misoedd wedi mynd heibio, a Liwsi'n gwrthod neu'n methu siarad â nhw, felly roedd yn amhosib gwybod beth roedd hi'n ei ddeall a beth doedd hi ddim. Doedd dim ateb i'r un cwestiwn. Prin roedden nhw'n cael eu cydnabod gydag edrychiad. Osgoi edrych i fyw eu llygaid wnâi Liwsi bob amser, heblaw yn achlysurol iawn ag Alfie. Bryd hynny, hyd yn oed, petai eu llygaid yn cyfarfod, byddai hi'n edrych draw ar ei hunion.

Bob tro y byddai'r doctor yn dod i'r ynys, byddai Mari ac yntau'n trafod cyflwr Liwsi, yn ddwys ac yn hir. Beth oedd y rheswm neu'r rhesymau am amharodrwydd neu anallu Liwsi i gyfathrebu, a beth ellid ei wneud yn ei gylch. Roedd Doctor Crow yn cael ei gyfareddu a'i gynhyrfu gan y plentyn rhyfedd, anesboniadwy yn nhŷ'r teulu Wheatcroft, a chadwai gofnodion manwl yn ei ddyddiadur. Ysgrifennai yn hwnnw bob dydd yn ddi-ffael.

O ddyddiadur Dr Crow, 28 Gorffennaf 1915

Newydd ddychwelyd o Ynys y Bryniau heno, wedi ymweld â phedwar claf, yn cynnwys Jack Brody a Liwsi Goll. Wedi blino braidd. Mae Mrs Cartwright wedi gwneud pastai bysgod i mi eto. Gas gen i'r bastai honno, ond dydw ddim yn meiddio dweud wrthi. Bu efo fi fel howsgipar am un mlynedd ar ddeg erbyn hyn, ac am un mlynedd ar ddeg bûm yn awgrymu iddi nad yw pastai bysgod at fy nant. Waeth beth ddyweda i, nid yw'n gwneud unrhyw wahaniaeth. Mae hi'n wraig benigamp, ac yn help mawr i mi yn y tŷ, yn gofalu amdanaf fi a'r cleifion yn gydwybodol iawn. Ond ei phastai bysgod ... mae ei phastai bysgod yn felltigedig.

Mae Liwsi Goll yng nghartre'r teulu Wheatcroft yn ddirgelwch i mi, yn ddryswch pur, ond yn rhyfeddod hefyd. Yn gorfforol, does dim dwywaith nad ydi hi wedi gwella'n arw. Mae'r peswch fu'n ei phoeni gyhyd, byth ers pan ddarganfuwyd hi ar Ynys Helen, bron â diflannu. Mae ei brest hi'n glir, tymheredd ei chorff yn iach, ei ffêr wedi gwella'n iawn. Ond ychydig iawn o bwysau mae hi wedi'u hennill. Mae hi, yn fy marn i, yn llawer rhy denau ac eiddil o hyd. Ond mae Mrs Wheatcroft yn gofalu amdani'n ardderchog, does gen i ddim amheuaeth am hynny.

Gwraig sy'n gwybod yn iawn beth mae hi'i eisiau ydi hi. Wn i'n iawn mor hir a chaled y brwydrodd hi i ddod â'i brawd druan, Wil, adref o'r seilam rai blynyddoedd yn ôl. Roeddwn i efo hi yn y frwydr, yn dyst i'w dewrder chwyrn a'i phenderfyniad drwy'r cyfan. Roedd hi fel teigres. Mae hi wedi gofalu amdano drwy'r dydd, bob dydd byth ers hynny. Mae hi'n rhyfeddod. Heb fodloni ar hynny, mae hi rŵan wedi cymryd Liwsi dan ei hadain, gyda'r un penderfyniad chwyrn hefyd. Mae hi fel mam i'r plentyn yna. Allwn i hyd yn oed ddweud, ond nid wrthi hi, wrth gwrs, ei bod hi'n ei difetha hi, gymaint ydi ei hoffter ohoni. Yn wir, mae'r teulu i gyd wedi'i chroesawu i'w mysg â'u holl galon. Does 'run ohonyn nhw fel petaen nhw'n poeni ynghylch ffyrdd rhyfedd Liwsi. Mae Jim Wheatcroft yn cyfaddef wrthyf fod y gerddoriaeth mae hi'n ei chwarae bron yn ddiddiwedd ar fy ngramoffon yn gwneud iddo fod eisiau sgrechian weithiau. Yn aml bydd yn fy nwrdio – fel y gwnaeth o heddiw, a'i dafod yn ei foch, gobeithio – am ddod â'r "peiriant felltith yna" i'r tŷ yn y lle cyntaf.

Ond maen nhw'n gwybod, ac fe wn i erbyn hyn, fod y miwsig mae hi'n gwrando arno wedi deffro rhywbeth ynddi, rhyw atgof pell. Heb amheuaeth, mae wedi rhoi rhyw ddiddordeb iddi eto. Mae Liwsi'n ei darganfod ei hun drwy'r miwsig – rwyf yn argyhoeddedig o hynny. Yn sicr mae hi'n llawer hapusach ynddi'i hun, er nad yw byth yn gwenu – a gwn yn iawn fod hyn yn poeni Mrs Wheatcroft yn arw. Rydw i'n amau mai'r rheswm am hyn ydi mai ychydig sydd ganddi i wenu yn ei gylch, ond o leiaf mae'r plentyn yn edrych fel petai'n gyfforddus efo'i theulu o'i chwmpas.

Gallaf weld ei bod hi'n hoffi gwisgo'r dillad mae Mrs Wheatcroft wedi'u gwneud iddi. Mae'n hoffi pobi bara a chael ei gwallt wedi'i frwsio ganddi o flaen y tân. Dydi hi byth yn siarad, wrth gwrs, ond mae hi'n hymian i'r miwsig. Rydw i'n meddwl ei bod hi'n cael gwir lawenydd wrth wrando ar gerddoriaeth, fel finnau. Dydw i ddim yn meddwl mai dychmygu ydw i, ond weithiau byddaf yn meddwl fy mod yn gweld goleuni dealltwriaeth yn ei llygaid wrth iddi wrando ar y gramoffon, yn arbennig pan fydd hi'n chwarae'r record ddiweddara roddais iddi, y darn gan Mozart. Dydw i ddim yn cofio'i enw, ond mae'n fendigedig, yn ogoneddus o fendigedig, ac mae hi'n dotio ato.

Does wybod byth, wrth gwrs, o ble y daeth hi, na phwy allai hi fod. Tri gair yn unig glywyd hi'n eu dweud: 'Liwsi', 'piano' a 'William'. Dydi hi ddim wedi ailadrodd 'run ohonyn nhw, medden nhw. I mi, dydi hi ddim fel petai hi hyd yn oed eisiau siarad, felly dydi hi ddim yn trio. Wrth ei gwylio, caf y teimlad bod tristwch mawr y tu mewn iddi sy'n llyffetheirio'i chof a'i lleferydd. Bu'r miwsig yn help i leddfu rhyw ychydig ar y tristwch, ond dim ond ychydig. (Fedra i ddim dychmygu pam yn union mae hi'n ymddangos fel petai ganddi gymaint o obsesiwn gyda miwsig piano'n arbennig. Yn anffodus, mae pob un o'm recordiau miwsig piano ganddi hi.)

Rydw i'n sylwi ei bod yn hoffi bod efo Alfie'n arbennig. Cadarnhaodd Mrs Wheatcroft yr argraff hon. Bore heddiw, meddai Mrs Wheatcroft wrthyf, cyn i Alfie fynd i'r ysgol, dilynodd Liwsi o o'r tŷ i fwydo'r ieir. Tra oedd Mrs Wheatcroft yn falch iawn o hyn, cyfaddefodd i mi ei fod yn codi'i gwrychyn braidd fod Liwsi mor barod i fynd efo Alfie – heb i neb ofyn iddi – a hithau mor aml, yn gwbl aflwyddiannus, wedi ceisio'i pherswadio i fynd efo hi o gwmpas y fferm, i weld Yncl Wil i lawr yn ei gwt cychod, neu ar yr Hispaniola, i ddal berdys, neu fynd am dro o gwmpas yr ynys.

(Gwelais Yncl Wil wrthi'n ddyfal yn gweithio ar ei gwch annwyl fel roeddwn yn gadael y tŷ. Cododd ei law yn llon, ac roedd yn canu. Yn amlwg mae mewn hwyliau da, a hynny, mae'n sicr, oherwydd dyfalbarhad Mrs Wheatcroft yn gofalu amdano.) Fe ddaw'r felan yn ôl, wrth gwrs, fel pob amser. Ond bu'n dda iawn ers tro byd bellach – neu gystal ag y gall un sy'n dioddef iselder difrifol fod.

Bore heddiw, medden nhw i mi, oedd y tro cyntaf un i Liwsi Goll fentro o'r tŷ ers pan gafwyd hyd iddi. Mae'n rhaid gobeithio bod hyn yn arwydd ei bod yn gwella ac yn dod ei blaen. Pwysleisiais eto wrth Mrs Wheatcroft mor bwysig oedd hi rŵan i annog Liwsi i fynd allan yn amlach, i'w wneud yn arferiad os oes modd. Dywedais wrthi y bydd cerdded yn ei gwneud yn gryfach ac yn gwella'i chwant bwyd, y bydd y byd naturiol o'i chwmpas yn ei gwneud yn hapusach, fel y mae'n gwneud i bawb ohonon ni, wrth gwrs – rwy'n gredwr cryf yn hyn. Dywedodd Mrs Wheatcroft wrthyf eto ei bod hi'n gyndyn o'i gorfodi i wneud unrhyw beth, mai troi draw wnaiff Liwsi os bydd yn rhoi cynnig arni. Ond mae hi wedi fy sicrhau y bydd yn gwneud ei gorau glas i'w swcro gystal ag y medr hi. Rhagor o awyr iach, rhagor o gerdded, rhagor o fwydo'r ieir, dyna'r ffisig gorau iddi, meddwn wrthi.

Ar ôl i mi adael y tŷ, cyfarfûm ag Alfie ar y cei ar ei ffordd adref o'r ysgol. Manteisiais ar y cyfle i gymeradwyo'i ymdrechion ar ran Liwsi, ac i ddweud wrtho mor bwysig oedd hi y dylai fynd â Liwsi o'r tŷ bob cyfle gaiff o. Addawodd y byddai'n gwneud ei orau. Hen hogyn iawn ydi o. Yn wir, maen nhw'n hen deulu iawn, ond mae gen i beth cydymdeimlad â Jim. Gwraig ardderchog ydi Mrs Wheatcroft, yn gryf ac yn hardd. Ond mae hi hefyd yn ddraig o ddynes, yn benderfynol, yn dweud ei dweud yn blwmp ac yn blaen, yn ffyrnig ar brydiau. Mewn rhai ffyrdd, nid yn annhebyg i Mrs Cartwright. 'Run o'r ddwy yn rhai i'w croesi, ddwedwn i. Mae'r fath ferched yn gwneud i mi fod yn falch mai hen lanc ydw i, ac yn fy ngwneud yn benderfynol o aros felly hefyd.

Ond eto, mae'n rhaid i mi gydnabod fy mod yn cenfigennu wrth Jim. Er bod ei wraig yn storm o ddynes, mae hi hefyd yn ddynes ddeniadol a dymunol, ac, alla i ddychmygu, yn gwmni ardderchog. Mae dyn fel Jim Wheatcroft yn haeddu'r fath wraig. Dydw i ddim yn meddwl bod neb ar yr ynysoedd hyn yn uwch ei barch nag o, er bod amryw o'i gyd-bysgotwyr yn dweud wrthyf ei fod yn llawer gwell am dyfu tatws a blodau na dal pysgod. Ond wedyn mae pysgotwyr yn dueddol, rydw i wedi darganfod, i fod braidd yn feirniadol o alluoedd y naill a'r llall – hyd yn oed yn angharedig weithiau.

Wrth i mi groesi'n ôl i Ynys Fair heno, a chymylau stormus yn casglu, meddyliais am y bachgen ifanc, Jack Brody druan. Ei goes, yr hyn sydd ar ôl ohoni, yn gwrthod mendio o hyd, yn dal i'w boenydio ddydd a nos. Felly y bydd hi hefyd, mae arna i ofn, er gwaethaf unrhyw beth fedraf i ei wneud. Fedr o ddim siarad mewn geiriau sy'n gwneud unrhyw synnwyr. Gwelaf yn ei lygaid ei fod eisiau dod â phopeth i ben, fod pob munud o bob dydd yn artaith iddo a bod ei gyflwr yn codi cywilydd arno. Y byddai'n rhoi diwedd arno'i hun pe medrai. Prin ei fod yn fwy na hogyn. Gwnaeth ei gyflwr i mi gofio am y miloedd o ddynion ifanc wedi'u hanafu'n ddifrifol sy'n byw bywydau tebyg ar hyd y wlad, a'r miloedd yn rhagor fydd yna cyn i'r rhyfel erchyll yma ddod i ben.

Sefais ar flaen y cwch yn anadlu'n ddwfn, yn gobeithio y byddai gwynt hallt y môr yn codi'r trymder yn fy nghalon. Ond doedd dim cysur yno. Wrth edrych allan dros ymchwydd llwyd y môr, y cyfan fedrwn i feddwl amdano oedd ein llongau dewr draw ymhell dros y gorwel, a llongau tanfor yr Almaen yn llercian dan yr wyneb, a'r colledion dychrynllyd, y dioddefaint a'r loes maen nhw wedi'u hachosi i ni. Meddyliais am yr holl fechgyn druan a foddwyd, am eu mamau trallodus, am Jack Brody, wedi'i gondemnio i fyw bywyd o boen am weddill ei oes. Tristaodd fy nghalon fwy nag y gallaf ddweud. Mae Liwsi Goll yn llygedyn o obaith i mi, fel mae hi i sawl un arall ar yr ynysoedd hyn.

Yn aml iawn y dyddiau hyn safai Liwsi yn y gegin yn syllu allan drwy'r ffenest, yn arbennig pan fyddai'n disgwyl i Alfie ddod adref o'r ysgol. Byddai'n loetran wrth y drws, a Mari'n meddwl ei bod yn dyheu am fynd allan, ond byth yn mentro mynd ar ei phen ei hun. Waeth faint fyddai Mari'n ei hannog, âi hi byth yn bellach na rhiniog y drws ffrynt heblaw bod Alfie yno. Gofalu am yr ieir efo Alfie, casglu'r wyau efo Alfie, a'u bwydo nos a bore oedd uchafbwynt pob diwrnod iddi erbyn hyn.

Y peth cyntaf yn y bore gwrandawai Liwsi ar ei darn Mozart ar y gramoffon, yna âi allan efo Alfie i agor cwt yr ieir, a byddai'n ei helpu i'w hel i'r cwt y peth olaf yn y nos. Hyd yn oed cyn y byddai'n barod, byddai'n aros yno wrth y drws cefn wrth i Alfie wisgo'i gap. "Wyt ti'n dod, Liwsi?" fyddai o'n ddweud, yn ysgwyd y bwced ceirch. Gwelai ei bod hi'n llawn pryder bob tro y camai allan o'r tŷ, ond er hynny ei bod hi eisiau dod. Dilynai o, yn symud fel ewig ofnus, yn edrych o'i chwmpas yn nerfus, yn aros yn agos ato, yn cydio yn ei fraich weithiau, yr holl ffordd ar draws yr ardd i'r cwt ieir. Gwnâi Alfie bopeth y gallai i geisio'i pherswadio i gario'r bwced ceirch iddo, neu i agor drws y cwt ieir. Ond sefyll yn ôl wnâi hi, yn ei wylio, yn cnoi ei migwrn yn bryderus, yn cydio yn ei thedi bêr, y flanced wedi'i lapio amdani drwy'r adeg.

Bu'n ddyddiau lawer cyn i Alfie lwyddo i'w chael i ddod yn agos at y cwt ieir pan fyddai'n ei agor, i luchio dyrnaid o geirch i'r ieir, i nôl dŵr iddyn nhw neu i gasglu'r wyau. Gwelai fod lluchio'r ceirch yn ei gwneud yn arbennig o ofnus. Rhedai'r ieir tuag ati gan glwcian o amgylch ei thraed. Pan wnaen nhw hynny, cydiai'n dynnach ym mraich Alfie neu cuddiai y tu ôl iddo.

Hoffai gasglu'r wyau dim ond i'r ieir fod yn ddigon pell i ffwrdd ac yn brysur yn pigo. Edrychai pob wy fel petai'n rhyfeddod iddi wrth ei godi. Daliai o at ei boch i deimlo'i gynhesrwydd.

Wedyn, amser brecwast, byddai Mari'n ei chael i ddewis wy iddi'i hun ac yn fuan roedd Liwsi'n ei ferwi, yn taenu menyn ar ei bara, yn torri tafell gul, yna'n trochi'r tost yn y melynwy. Roedd pob wy yn wledd iddi hi a dim ond y dechrau oedd hynny. Doedd dim gwên o hyd, na geiriau, ond doedd hynny ddim yn poeni gymaint ar Mari erbyn hyn gan ei bod yn awchu am fwyd bron gymaint ag Alfie. Ymhen wythnos neu ddwy diflannodd y nerfusrwydd ynghylch bwydo'r ieir. Roedd hi wedi cymryd y cyfrifoldeb am bopeth i'w wneud â'r ieir – dim ond i Alfie ddod efo hi.

Yn y cyfamser roedd Alfie'n dechrau teimlo'n hoff o Liwsi, anwyldeb nad oedd erioed wedi'i deimlo efo neb arall o'r blaen. Fedrai hi ddim siarad, ond er hynny teimlai eu bod, rywfodd, yn deall ei gilydd i'r dim, yn gyfforddus yng nghwmni'i gilydd, yn ymddiried yn y naill a'r llall. Daeth noswaith pan seliwyd y cyfeillgarwch hwn yn y ffordd fwyaf annisgwyl. Eisteddai Liwsi ger ffenest y gegin yn edrych allan ar yr awyr yn tywyllu. Roedd hi'n hymian yn ddistaw i'r miwsig ar y gramoffon, pan gododd, dod ato a chydio yn ei law. Synnwyd Mari a Jim gymaint ag Alfie. Mynnai iddo godi ar ei draed, gan ei dynnu i fyny. Aeth allan efo hi i'r ardd olau leuad. Clywai'r ddau sŵn y môr yn llepian yn llipa ar y Bae Gwyrdd ac roedd golau'r lamp yn ffenest llofft hwyliau Yncl Wil i'w weld. Doedd dim chwa o awel. Roedden nhw'n clywed sŵn canu.

"Yncl Wil ydi hwnna, Liwsi," meddai Alfie. "Soniais i wrthat ti amdano fo'n canu, do? Roedd Mam yn deud ei fod yn y felan heddiw pan aeth hi â'i ginio iddo. Mae'n swnio'n well erbyn hyn. Dim ond pan fydd o'n hapus mae o'n canu. Af i â chdi i lawr yna i'w gyfarfod o un diwrnod. Iawn? Rydw i wedi deud dy hanes di wrtho. Dim ond os wyt ti awydd mynd, wrth gwrs."

Ond doedd Liwsi ddim yn gwrando. Roedd hi'n tapio'i ysgwydd yn daer, yna'n pwyntio i fyny at y lleuad. Edrychodd Alfie. Roedd yn llawn ac yn edrych yn agos atyn nhw, yn ddigon agos iddo weld y mynyddoedd ar ei hwyneb, yn nes nag roedd o wedi'i gweld erioed. Teimlodd Alfie law Liwsi'n sleifio i'w law o. Gwyddai rywfodd na ddylai siarad, ei bod hi eisiau iddo ymuno â hi yn ei distawrwydd, a gwneud dim ond gwrando. Meddyliodd ei bod fel petaen nhw'n rhannu'r un gyfrinach, cyfrinach roedden nhw'n ei rhannu efo'r lleuad yn unig, cyfrinach na fedrid ei dweud.

Safodd y ddau yno am funudau hir, yn gwrando ar y môr. Yna dechreuodd Liwsi hymian – yr un diwn, ei hoff diwn. Hymiodd Alfie efo hi, am ei fod yn teimlo ei bod hi eisiau iddo wneud. Ar ôl gorffen, safodd y ddau yno'n gwrando am ychydig wedyn, yn gwrando ar y lleuad, tybiai Alfie, ac ar y môr yn anadlu. Cafodd Alfie ei hun yn meddwl am y munudau hynny am ddyddiau wedyn. Ni fedrai wneud synnwyr o'r hyn oedd wedi digwydd, ond gwyddai i'r profiad fod mor werthfawr iddi hi ag roedd iddo yntau. Adeg na fyddai byth yn ei hanghofio.

Agor cwt yr ieir roedden nhw un bore niwlog ryw wythnos neu ddwy'n ddiweddarach, ychydig cyn i Alfie fynd i'r ysgol, pan ddigwyddodd Liwsi godi'i phen a gweld y gaseg. Crwydrodd Peg allan o'r niwl drwy'r cae tuag at y tŷ, yn pori wrth ddod, yn plycio'r glaswellt ac yn chwipio'i chynffon racslyd. Pan orweddodd y gaseg ar y ddaear a rholio a rholio, yn mwynhau pob eiliad, gan chwythu a rhechen wrth wneud, edrychodd Liwsi i fyny ar Alfie, a gwenu. Dyna'r tro cyntaf erioed i Alfie ei gweld yn gwenu.

"Felly rwyt ti'n hoffi ceffylau, wyt ti?" gofynnodd. "Ond gwylia di'r Peg yna, Liwsi. Mae hi'n gallu bod yn hen jaden. Mae'n gwneud ei gwaith yn iawn, ond dydi hi ddim yn hoffi pobl – bydd hi'n brathu dy ben-ôl di os caiff hi gyfle. Rhoi cic iawn i ti hefyd. A beth bynnag wnei di, Liwsi, paid ti byth â thrio mynd ar ei chefn hi."

Safai Liwsi fel delw yn rhythu ar y gaseg. Yn amlwg, doedd hi ddim yn gwrando ar 'run gair roedd Alfie'n ei ddweud. "Rydw i'n gobeithio i'r drefn dy fod ti'n deall be dwi'n ddeud, Liwsi. Rydw i wedi bod yn siarad efo ti am hydoedd erbyn hyn. Faint sydd? Tri mis? Ond dwi byth yn gwybod yn iawn wyt ti wedi deall 'run gair. Dwi'n meddwl dy fod ti, ond dwi byth yn siŵr. Does dim rhaid i ti siarad efo fi, ddim byth, os nad wyt ti eisio. Ond nodia os wyt ti'n fy neall i, iawn?"

Nodiodd hithau, heb droi rownd, ei sylw wedi'i hoelio ar y gaseg. "Iawn, felly," aeth Alfie yn ei flaen, wedi synnu cymaint roedd o wedi'i gyffroi. "Ddalia i ati i neud y siarad i gyd? A gei dithau wneud y gwrando i gyd a'r nodio. Ydi hynna'n dy siwtio di? Ac fe wnei di siarad pan fyddi di'n barod, ie?" Nodiodd Liwsi eto.

Aeth Alfie i'r ysgol yn sionc â chân yn ei galon y diwrnod hwnnw. Liwsi wedi gwenu! Liwsi wedi nodio! Roedd Liwsi wedi deall. Yn bendant, roedd hi wedi deall.

Ymhell ar ôl i Alfie fynd i'r ysgol roedd hi'n dal yno yn yr ardd, yn dal i syllu ar Peg. Daeth Jim allan yn ddiweddarach a chael hyd iddi yno ar ei ffordd at y cwch. Galwodd ar Mari i ddod i weld. Siaradodd yn ddistaw rhag i Mari glywed. "Mari-mw," sibrydodd. "Dwi'n meddwl mai dyma'r tro cyntaf iddi aros allan o'r tŷ ar ei phen ei hun, heb Alfie."

"Felly pam na siaradith hi efo ni, Jimbo?" gofynnodd Mari. "Mae ganddi hi gymaint i'w ddeud. Wn i hynny'n iawn. Pam na adewith iddo ddod allan? Mae cymaint allai hi fod yn ei ddeud wrthon ni. Wyddon ni fawr ddim amdani."

"A thipyn bach o hwnnw rydan ni'n ei wybod hefyd," meddai Jim wrthi. "Fe wyddon ni ei bod hi'n hoffi miwsig – does dim amheuaeth am hynny, nac oes? Mae'n hymian ambell diwn. Mae'r gramoffon felltith ymlaen drwy'r adeg, yn tydi? Mae hynny'n rhywbeth, does bosib. Ac edrych arni. Mae hi'n hoffi ceffylau hefyd, hyd yn oed Peg, a does neb yn hoffi Peg. Ddaw hi ati'i hun. Mae'n rhaid i ni roi amser iddi, Mari-mw. Be dwi'n feddwl ydi, edrycha sut mae hi wedi dod yn ei blaen. Mae hi wedi codi ac yn crwydro o gwmpas drwy'r adeg erbyn hyn. Mae hi hyd yn oed yn bwyta fel ceffyl y dyddiau yma, ac wrth ei bodd yn bwydo'r ieir. Mae hi wedi cymryd at Alfie hefyd, ac mae o wedi gwneud gwyrthiau efo hi, Mari-mw, gwyrthiau. A chdithau hefyd. A chdithau."

"Wyt ti'n meddwl, Jim?" meddai Mari, yn troi ato, braidd yn ddagreuol. "Wyt ti wir yn meddwl hynny?"

"Glywaist ti beth ddywedodd Alfie wrthon ni cyn mynd i'r ysgol," ychwanegodd Jim. "Pan welodd hi Peg, gwenodd arno, yn do? Y wên gyntaf! Ac mae o'n berffaith siŵr ei bod hi'n deall llawer mwy nag roedden ni'n ei feddwl. Wir Dduw, feddyliais i erioed fod yr eneth yna'n deall gair roedd neb yn ei ddeud. Er mwyn Duw, feddyliaist ti y byddai hi'n gwenu byth? Wel, mae hi wedi gwneud. Felly cod dy galon, 'ngeneth i."

"Paid â chymryd enw'r Arglwydd yn ofer, Jim Wheatcroft," dwrdiodd Mari, yn dod ati'i hun yn sydyn. "Ddylet ti olchi dy geg efo dŵr a sebon." Gwthiodd o draw oddi wrthi yn chwareus. "Dos i bysgota. Gwna rywbeth defnyddiol, wir. A phaid â mynd yn rhy bell allan yn y niwl yma. Dydw i ddim yn hoffi'i olwg o gwbl."

"O, rho'r gorau i boeni, Mari-mw. Bydd yn codi," meddai Jim wrthi. "Dim ond tipyn o niwl môr ydi o."

PENNOD 9
Drwy niwl trwchus

Yn hwyrach y bore hwnnw, pan oedd Jim yn pysgota yn y niwl ger Ynys Samson, a thra oedd Alfie yn yr ysgol o hyd, aeth Liwsi ar goll. Roedd Mari wedi mynd allan am ychydig funudau i godi tatws i swper gan ei gadael yn eistedd wrth y gramoffon yn gwrando ar ei miwsig fel arfer. Ond pan ddaeth hi'n ôl roedd Liwsi wedi mynd, a'r miwsig wedi darfod. Roedd y record yn dal i droi ar y gramoffon, y nodwydd yn clician yn rheolaidd, yn fygythiol, yn nhawelwch y tŷ. Daeth ton o ofn dychrynllyd dros Mari. Ni fyddai Liwsi byth wedi'i adael fel yna, nid os oedd hi gartref. Rhedodd i fyny'r grisiau i lofft Liwsi, yn galw arni drwy'r adeg, ond yn gwybod yn iawn yn ei chalon ei bod hi wedi mynd. I lawr y grisiau eto, gwelodd flanced Liwsi wedi'i phlygu'n daclus ar gadair Jim wrth ochr y tân, y tedi bêr â'i fraich yn gorwedd arni. Doedd hi erioed wedi mentro i unman, i mewn nac allan o'r tŷ, heb fynd â nhw efo hi. Ni chofiai Mari iddi fod heb yr un o'r ddau cyn hyn, ddim am funud.

A hithau bron â drysu gan bryder erbyn hyn, rhedodd Mari o'r tŷ a sefyll yno, yn galw arni, yn gweiddi amdani. Ni fedrai ddychmygu i ble gallai hi fod wedi mynd, felly doedd ganddi ddim syniad ble i ddechrau chwilio. Roedd yr ynys yn ddigon bychan, dim ond rhyw filltir neu ddwy o'r naill ben i'r llall, ond gallai hi fod yn unrhyw le. Er mai bach oedd hi, byddai Liwsi ar goll yn llwyr arni, yn arbennig gan fod yr ynys dan dopen o niwl. Wedi'r cyfan, fu hi erioed yn bellach na'r cwt ieir ar waelod yr ardd. Ble bynnag roedd hi wedi crwydro, fyddai ganddi ddim syniad sut i ddod yn ôl. Roedd clogwyni uchel, gannoedd o droedfeddi o uchder ym Mae Uffern. Petai hi'n mynd yn rhy agos at ymyl llwybr y clogwyn ... doedd wiw meddwl am y peth. Yna cofiodd Mari fod y llanw ar drai. Os oedd Liwsi wedi crwydro'n rhy bell ar y twyni tywod, gallai gael ei dal yn hawdd wrth i'r llanw ddod i mewn. Digwyddodd hynny i Daisy Fellows fach, y llynedd. Roedd y dŵr eisoes i fyny at ei gwddw pan gawson nhw hyd iddi, a fedrai hi ddim nofio. Cael a chael fu hi iddyn nhw gyrraedd ati mewn pryd. A beth am gi gwallgo'r hen Mr Jenkins, fyddai byth yn cael ei roi ar gadwyn? Roedd hwnnw wedi ymosod ar blant cyn hyn. Roedd tarw efo'r gwartheg yn y cae islaw Pen y Gwylwyr, a phawb yn gwybod bod elfen annifyr iawn ynddo. Gallai Liwsi fod yn unrhyw le. Gallai unrhyw beth fod wedi digwydd iddi.

Ffrydiodd braw ac arswyd drwy gorff Mari. Ni fedrai ei reoli. Sylweddolodd nad gweiddi am Liwsi roedd hi bellach ond sgrechian. A rhedeg. Ble bynnag y rhedai – i fyny Pen y Gwylwyr a Gallt Samson, i'r dref, o amgylch yr eglwys a'r fynwent, ar hyd Bae Bwrlwm ac allan ar Fryn y Grug – ble bynnag yr âi, pwy bynnag roedd hi'n ei gyfarfod, gofynnai eto ac eto a oedd rhywun wedi gweld Liwsi Goll. Ond doedd neb. Unwaith y clywodd pobl beth oedd wedi digwydd, roedd pawb, bron, allan yn cribinio'r ynys. Ond erbyn hyn roedd blanced drwchus o niwl wedi gorchuddio'r ynys a phobman yn wyn. Ni fedrai Mari weld mwy nag ychydig lathenni o flaen ei llygaid.

Roedd Liwsi'n dal ar goll pan ddaeth Alfie a phlant eraill Ynys y Bryniau yn ôl o Tresco ar y cwch ysgol yn hwyrach y pnawn hwnnw. Unwaith y clywson nhw beth oedd wedi digwydd, ymunodd pob un ohonyn nhw yn y chwilio. Dywedodd rhywun wrth Alfie fod ei fam yn yr eglwys. Cafodd hyd iddi yno, ar ei gliniau, yn gweddïo'n ddistaw. Edrychodd i fyny arno, ei llygaid yn llawn dagrau. "Da yw Duw," sibrydodd. "Bydd yn ei hamddiffyn hi, yn bydd, Alfie?" Cydiodd y ddau yn ei gilydd yn nhawelwch tywyll yr eglwys, nes i'r dagrau beidio llifo, nes roedd hi'n ddigon tawel i hel ei hun at ei gilydd eto. "Ty'd 'laen, Mari," meddai wrthi hi'i hun wedyn. "Ddaw dim lles o nadu a chrio, yn teimlo trueni drosot dy hun. Dydi hynny'n ddim help i neb. Mae Duw yn helpu'r rhai sy'n helpu eu hunain. Ty'd, Alfie. Awn ni i chwilio amdani."

Chwiliodd y ddau efo'i gilydd, yn cysuro ac yn cefnogi'i gilydd gystal ag y medren nhw, yn cuddio'u hofnau gwaethaf drwy'r adeg. A'r ynys dan y flanced drom o niwl, a dim golwg o Liwsi ar ôl oriau hir o chwilio, roedd pobl yn dechrau anobeithio. Niwl neu beidio, fel yr âi'r amser heibio, gwyddai pawb yn iawn ei bod yn llai a llai tebygol y bydden nhw'n dod o hyd iddi'n fyw ac yn iach. Nid yn unig roedd hi ar goll, ond roedd rhywbeth wedi digwydd iddi. Er galw a gweiddi ar hyd y lled yr ynys, er chwibanu a hyd yn oed ganu cloch yr eglwys, doedd dim sôn am Liwsi, dim ymateb. Roedd y niwl fel petai'n amsugno pob sŵn, yn mygu cri'r gwylanod a chwiban piod y môr. Erbyn hyn, roedd y golau dydd yn darfod yn gyflym a'r niwl yn tywyllu'r tir o'u cwmpas.

Roedd pawb yn dechrau sylweddoli nad oedd diben galw na chwilio rhagor. Wedi'r cyfan, fedrai Liwsi Goll ddim ateb, na fedrai? A beth bynnag, onid oedden nhw wedi chwilio pob modfedd o'r ynys dro ar ôl tro, ar hyd y clogwyni a'r traethau, pob cae a gwrych a gardd, pob sgubor a sied? Roedd Liwsi fel petai wedi diflannu mor anesboniadwy ag roedd hi wedi ymddangos. Wedi dod o unman. Wedi mynd yn ôl yno.

Roedd yno sibrydion rŵan – ac nid yn unig ymysg y plant – y gallai'r stori mai ysbryd oedd Liwsi Goll fod yn wir. Mai ysbryd plentyn Ynys Helen oedd hi, enaid coll, druan, a'i thynged oedd crwydro yno ar ei phen ei hun hyd dragwyddoldeb. Mae ysbrydion yn mynd a dod fel y mynnan nhw, yn tydyn? Yn medru bod yn weladwy ac anweladwy. Wrth chwilio a chwilio yn ofer, roedd rhai'n dod i gredu'r syniad yma yn fwy bob munud, waeth pa mor hurt oedd o. Credai rhai ynddo'n gyfan gwbl. Os oedd Liwsi Goll wedi diflannu, heb unrhyw ôl ohoni a dim corff wedi'i ddarganfod, yna mae'n rhaid mai ysbryd oedd Liwsi Goll drwy'r adeg.

Roedd hyd yn oed Alfie a Mari, oedd, wrth gwrs, yn ei hadnabod hi'n well na neb ac yn gwybod yn iawn mai person o gig a gwaed oedd Liwsi, yn dechrau amau y gallai fod rhywfaint o wirionedd yn y stori. Roedden nhw hefyd yn gwangalonni gyda phob awr a âi heibio. Ond fel pawb arall, dal ati wnaethon nhw, er gwaethaf y niwl oedd yn eu dallu, gan chwilio drwy'r grug ar y rhosydd uchel, ar Ben y Gwylwyr, ar Fryn Samson, a chribinio unwaith eto'r holl gilfachau a'r safloedd claddu hynafol lle gallai Liwsi fod wedi mynd i gysgodi, ac yna o amgylch creigiau Bae Uffern a'r Trwyn Isel. Hyd yn oed pan oedd Mari ac Alfie ar lwybr yr arfordir ac yn agos at ymyl y clogwyn, a'r môr brin dafliad carreg i ffwrdd, doedden nhw ddim yn gweld y dŵr islaw. Prin y gallen nhw ei glywed chwaith. Roedd sŵn y môr yn cael ei lyncu gan y niwl, fel popeth arall – fel Liwsi Goll ei hun.

Erbyn hyn doedd Mari ac Alfie ddim yn siarad. Doedd dim

angen. Doedd dim pwrpas. Roedden nhw'n rhannu ofnau gwaethaf ei gilydd. Cydiai Alfie'n dynn yn llaw ei fam, mor dynn ag y cydiai hithau yn ei law yntau – y ddau'n gobeithio ac yn gobeithio mai Liwsi oedd pob cysgod annelwig oedd yn dod i'r amlwg allan o'r niwl. Ond nid hi oedd hi byth. Rhywun arall allan yn chwilio oedd yno, fel hwythau.

"Dim byd?" fyddai cwestiwn Mari iddyn nhw, yn gobeithio bob tro, ond yn ofni ac yn gwybod yr ateb yn barod.

"Dim byd," fyddai'r ateb, bob tro.

"Felly fe ddaliwn ni ati, a pharhau i weddïo," oedd ateb Mari wrth bawb fydden nhw'n eu cyfarfod, gan swnio mor benderfynol ag erioed. "Chwilio a gweddïo." Ond synhwyrai Alfie ei bod hi, hyd yn oed, yn colli'r llygedyn olaf o obaith.

Roedden nhw wedi archwilio'r twyni tywod y tu ôl i'r Bae Brwynog unwaith yn rhagor, ac yn cerdded yn ôl ar hyd traeth Bae Gwyrdd pan glywson nhw lais Jim o'u blaenau yn y niwl. "Chdi sy 'na, Mari-mw?" meddai. "Ie, yntê! Ac Alfie hefyd?" Roedden nhw'n ei weld yn gliriach erbyn hyn, cysgod yn cerdded i'r golwg allan o'r niwl. "Welais i 'rioed niwl tebyg iddo. Ond mae'r pysgod fel petaen nhw'n ei hoffi." Daliodd ei bwcedaid o bysgod i fyny a'i ysgwyd. "Fyddi di wedi dy blesio efo fi, Mari-mw. Dwsin o fecryll da, ac un draenog y môr. Ges i granc da i Yncl Wil hefyd. Gwych, yntê? Ac edrych pwy oedd yna i 'nghyfarfod i ar y traeth!"

O'r mwrllwch y tu ôl iddo daeth Peg i'r golwg, yn cerdded yn drwm ar draws y tywod, a doedd hi ddim ar ei phen ei hun, chwaith. Roedd Liwsi i fyny yno ar ei chefn. "Wydden ni ddim fod Liwsi'n medru reidio, na wyddem?" meddai Jim. "Be sy'n bod? Dach chi'n edrych fel petaech chi wedi gweld ysbryd."

Ni fedrai Mari ddweud 'run gair. Safai yno, ei dwylo dros ei hwyneb yn beichio crio. Eglurodd Alfie drosti. "Mae Liwsi wedi bod ar goll drwy'r dydd, Dad, a'r holl ynys wedi bod yn chwilio amdani. Roedden ni'n meddwl ei bod hi wedi mynd dros glogwyn neu rywbeth. Ble mae hi wedi bod?" Roedd Peg wedi cerdded ato erbyn hyn ac yn rhwbio'i phen ar ei ysgwydd.

"Wedi bod efo Yncl Wil, yntê, 'ngeneth i?" eglurodd Jim. "Roedd Wil yn deud ei fod yn cerdded adre drwy'r niwl, ar ei ffordd yn ôl wedi bod yn dal berdys yn y bae, fel y bydd o'n gwneud pan fydd neb arall yno – mae Wil ni'n hoffi niwl. Pwy ddaeth ato ar gefn Peg ond Liwsi. Roedd hi fel petai hi ar goll, meddai fo – hynny'n ddim syndod o gwbl, nac oedd? Roedd hi wedi cynhyrfu braidd, felly aeth Wil â hi i'w gwt. Maen nhw wedi bod yn bwyta berdys drwy'r pnawn, meddai fo. Ac yn gweithio ar yr hwyliau i'r *Hispaniola*. Mae hi'n un dda efo nodwydd, meddai fo. Toc roedd o'n meddwl bod amser yn mynd heibio ond wyddai o ddim beth i'w wneud efo hi. Felly penderfynodd ddod â hi adref, a Peg hefyd. Wnes i eu cyfarfod nhw'n cerdded drwy'r niwl pan ddes i i'r traeth ar ôl pysgota. Ges i dipyn o sioc a deud y gwir. Aeth Yncl Wil adref, a dyma hi."

"Edrych arni, Mari-mw," ychwanegodd Jim. "Mae hi'n ôl, yn tydi? Mae'n edrych yn debyg ei bod hi'n hoffi ceffylau gymaint â'i miwsig piano. Yn gwybod sut i'w marchogaeth nhw hefyd. Edrych – dim awenau, dim cyfrwy na dim byd. Yn reidio Peg efo'i phengliniau. Mae hi wedi arfer efo ceffylau'n ddigon siŵr, reidio fel petai wedi bod yn gwneud ar hyd ei hoes. A wyddost ti sut un ydi Peg –wnaiff hi ddim gadael i neb fynd ar ei chefn, na wnaiff? Ceffyl gwedd, nid ceffyl reidio ydi hi. Rydw i wedi trio mynd ar ei chefn unwaith neu ddwy, ac Alfie hefyd, a llawer o bobl eraill. Ond mae pob un ohonon ni wedi glanio ar ein penolau mewn gwrych neu ffos neu lwyn o ddanadl poethion. Fedar hi ddim dioddef neb yn eistedd ar ei chefn, na fedar? Ond edrych arni rŵan. Pwy fasa'n meddwl, Mari-mw! Liwsi ar gefn Peg yn hapus braf."

Chwarddodd Jim a chodi cudyn blaen ei mwng. "Weli di hynna? Dyna i ti Peg yn gwenu! Welaist ti hynna o'r blaen? Ac edrych, mae Liwsi ni hefyd! Mae gen ti wên ddel, Liwsi. Yn goleuo dy wyneb i gyd. Ddylet ti wenu'n amlach. Ella y dylet ti fynd i reidio'n amlach. Dyna ti, Alfie," meddai, yn rhoi'r bwced pysgod i Alfie. "Rwyt ti'n fengach na fi. Gei di gario'r pysgod. Ty'd 'laen, Mari-mw," aeth Jim yn ei flaen, yn cydio yn ei braich. "Adra. Gymerodd hi hydoedd i mi ddod 'nôl. Roedd raid i mi rwyfo'n ara' bach i lawr y sianel. Hen niwl trwchus – prin y gwelwn i ymhellach na 'nhrwyn. Dda fod gen i fap o bopeth yn fy mhen. Ddylai fod gen i, yn dylai, ar ôl yr holl flynyddoedd? Dwi angen fy swper, Mari-mw. Dwi bron â llwgu. Fedrwn i lowcio ceffyl – o, ddrwg gen i, Peg."

Pan glywodd pobl fod Yncl Wil wedi cymryd Liwsi o dan ei adain ac wedi'i gwarchod drwy'r dydd, roedd digon o siarad dan ddannedd ynghylch Wil Wirion, ac fel y dylai o fod wedi dweud wrth Mari, wedi dweud wrth rywun – unrhyw un – ble roedd Liwsi ac arbed yr holl strach i bawb ar yr ynys. Ond doedd y rhan fwyaf ddim yn malio am hynny ac roedden nhw wedi cael rhyddhad mawr fod Liwsi Goll yn ddiogel. Dyna oedd yn bwysig. Ei bod hi'n fyw ac yn iach.

Bu hanes diflaniad Liwsi'r diwrnod hwnnw yn destun siarad ar yr ynys am ddyddiau, ond yn fuan iawn, nid Liwsi oedd yr unig beth roedd pawb yn sôn amdano, ond y gaseg. Yn ystod yr oriau hynny ar goll yn y niwl – wyddai neb faint o amser oedd wedi mynd heibio cyn i Yncl Wil gael hyd i Liwsi – roedd rhyw newid rhyfeddol wedi dod dros Peg. Bron nad oedd pobl yn meddwl bod Liwsi wedi rhoi rhyw fath o swyn arni. Roedd pawb ar Ynys y Bryniau'n adnabod Peg, yn gwybod mor oriog ac annifyr a phenderfynol y gallai hi fod, yn hen gaseg ddu efo wisgars a charnau blewog a thrwyn cam, a phawb ar yr ynys yn ei defnyddio at ryw waith neu'i gilydd. Ond gwrthodai weithio os na fyddai ganddi awydd, ac os na châi hi'r bwyd iawn, a'i thrin yn iawn. Roedd yn well o lawer ganddi gael llonydd i grwydro ar hyd a lled yr ynys yn pori'n dawel ac yn rhadlon nes iddi deimlo ei bod yn cael cam mewn unrhyw ffordd, nes byddai rhywun yn codi'i gwrychyn.

Peg fyddai'n aredig, yn cario'r cynhaeaf. Hi oedd yr unig geffyl gwedd ar yr ynys, yn cael ei defnyddio i lusgo llwythi o wymon o'r traethau i wrteithio'r caeau tatws a'r gwelyau blodau. Roedd ambell ful ar yr ynys, ond cael eu defnyddio i nôl a danfon fyddai'r rhain gan amlaf. Ni fedrai pobl yr ynys wneud heb Peg. Roedden nhw, a hithau, yn gwybod hynny. Doedd neb yn berchen arni, a gwyddai hithau hynny hefyd, o ran ei hagwedd, beth bynnag. Roedd yn feistres arni'i hun ac yn gwarchod ei hannibyniaeth yn chwyrn, yn hoffi cael ei thrin efo'r parch mwyaf bob amser.

Gwnâi Peg yn berffaith amlwg nad oedd yn hoffi pobl. Roedd yn eu goddef os oedden nhw'n ymddwyn fel yr hoffai iddyn nhw ymddwyn. Byddai helynt os gofynnid iddi wneud gormod a gweithio'n rhy hir. Petai rhywun yn ceisio'i marchogaeth neu gymryd ffon neu chwip ati, a chymryd hyfdra o unrhyw fath, dangosai'n ddigon buan gan bwy oedd y llaw uchaf. Gallai droi'n gas petai rhywun am frwsio'i chôt neu lanhau ei charnau a hithau ddim awydd hynny. Roedd hi'n ddigon 'tebol o roi brathiad sydyn neu hyd yn oed gic achlysurol i unrhyw un, hen neu ifanc. Gwyddai pawb ar yr ynys nad oedd wiw cymryd Peg yn ganiataol.

Roedd hi, fodd bynnag, yn dda iawn efo plant, yn arbennig os oedden nhw'n dod â moronen efo nhw. Gyda moronen, gallai'r plentyn lleiaf ei nôl hi, a'i chael i weithio hefyd. Prin fod rhaid dweud wrth Peg ble i fynd, na ble i aros. Ond byddai helynt petai unrhyw un, plentyn ai peidio, yn ceisio mynd ar ei chefn i gael reid adref ar ôl diwrnod o waith!

Doedd neb yn mynd ar gefn Peg. Roedd ambell un oedd wedi rhoi cynnig arni, ond dagrau fyddai yna wedyn gan amlaf. Doedd neb erioed wedi medru mynd ar gefn Peg ac wedi aros yno. Ond bellach, gwyddai pawb ar yr ynys fod Liwsi wedi llwyddo. Doedd neb wedi clywed am y fath beth o'r blaen. Liwsi Goll wedi aros ar gefn Peg am oriau, am y rhan orau o ddiwrnod, diwrnod oedd fel petai wedi newid Peg yn gyfan gwbl.

Ar ôl y reid gyntaf, enwog honno drwy'r niwl efo Liwsi, gwelid Peg yn aml iawn yn mynd i gyfeiriad Fferm Veronica. Yno safai yn yr ardd, neu hyd yn oed yn sbecian i mewn drwy'r ffenest, yn aros i Liwsi ddod o'r tŷ. Gwelid nhw'n marchogaeth o amgylch yr ynys bob bore yn amlach na pheidio, y ddwy ohonyn nhw'n amlwg yn mwynhau eu hunain. Sylwodd pawb, wrth iddyn nhw fynd i chwilio am Peg er mwyn ei rhoi mewn harnais a rhoi tasg o waith iddi, na fyddai'n hawdd cael hyd iddi, na'i dal. Byddai'n dyrnu'i charnau, yn chwythu drwy'i thrwyn ac ysgwyd ei mwng blêr, gan adael i bawb wybod, heb unrhyw amheuaeth o gwbl, y byddai'n well ganddi fod yn rhywle arall. Gwyddai pawb efo pwy. Cyn gynted ag roedd y gwaith wedi'i orffen – aredig neu lyfnu, lladd gwair neu deilo – a'r harnais wedi'i dynnu oddi ar ei chefn, i ffwrdd â hi ar drot ar ei hunion, yn ôl i Fferm Veronica i chwilio am Liwsi. Doedd neb erioed wedi gweld Peg yn trotian o'r blaen, ond roedd hi'n gwneud rŵan, efo Liwsi. Gwelwyd nhw'n mynd ar hanner carlam ar hyd y Bae Brwynog, ac un tro yn carlamu, hyd yn oed. Peg, yn hanner carlamu! Yn carlamu!

PENNOD 10

Byw mewn gobaith

Erbyn i Doctor Crow ddod ar ei ymweliad nesaf i Ynys y Bryniau, rai wythnosau'n ddiweddarach, darganfu fod y gaseg bron iawn wedi disodli ei gramoffon a'i recordiau yng nghalon Liwsi. A doedd o ddim yn siomedig o gwbl gyda'r datblygiad hwn.

O ddyddiadur Dr Crow, 27 Awst 1915

Diolch i'r Iôr am Liwsi Goll a Peg. Fu erioed yn fy mywyd ddiwrnod mwy amrywiol na heddiw. Dechreuodd yn ddigon difrifol.

Cefais fy neffro ar doriad gwawr gan gnoc ar fy nrws. Mrs Merton oedd yno gyda neges frys o Ynys y Bryniau, yn galw arnaf i ofalu am Jack Brody unwaith eto. Dydi hi ddim yn berson y mae gen i lawer i'w ddweud wrthi. Yn fusnes i gyd, ac yn ddigamsyniol, hi ydi'r waethaf am hel clecs niweidiol yn y lle yma – ac mae digon o'r rheini ar Ynysoedd Sili. Beth bynnag, ar yr achlysur yma roedd ganddi ddigon o achos i'm deffro. Newyddion wedi dod o Ynys y Bryniau, meddai hi, fod Jack druan yn ffwndro eto ac mewn cyflwr ofnadwy. Roedd yn rhaid i mi fynd yno ar unwaith.

Dydw i byth yn gwarafun ymweld â Jack Brody. Yn wir, does neb ar yr ynysoedd hyn yn haeddu sylw meddyg yn fwy. Ond fel doctor mae'n gas gen i orfod bod yn dyst i ddioddefaint unrhyw un. Nid ei glwyfau yn unig sy'n ei wneud yn anabl, ond ei boenau hefyd. Fe dorrwyd ei goes ddrylliedig i ffwrdd yn ddigon da, ond mae'n heintus unwaith yn rhagor. Wnes i beth fedrwn i – trin y briw, ei lanhau a'i rwymo, a dangos i Mrs Brody eto sut i'w wneud ei hun. Pwysleisiais mor bwysig oedd gofalu bod ei dwylo'n lân. Pryderaf am yr haint septisemia. Unwaith mae hwnnw'n cydio, does fawr ellir ei wneud. Gyda lwc gallai'r clwyf fendio ymhen amser, ond ni fedraf iacháu'r boen yn llygaid Jack. Ceisiais ei wneud mor gysurus ag y gallwn. Ond petawn yn onest, gwn na fydd o byth yn gyfforddus eto, fod y boen yn ei goes a'i ben bron yn gyson. Mae'n dioddef yn ddewr, ond, a minnau'n ei adnabod fel yr oedd o'r blaen, mae'n olygfa wirioneddol druenus. Y peth caredicaf fedrai unrhyw Dduw cariadus, trugarog ei wneud fyddai gadael iddo fynd o'r byd hwn, a hynny'n gyflym hefyd. Mae Mrs Brody yn wraig weddw ers blynyddoedd, wedi arfer efo dioddefaint, ond credaf fod dioddefaint ei mab bron yn ormod iddi ei oddef.

O'r tŷ trist, trist hwnnw, fe'm galwyd i le hapusach o lawer, a hynny fawr mwy nag ychydig gannoedd o lathenni i ffwrdd. Fel y digwyddodd, y tro hwn roeddwn yn yr union le iawn ar yr adeg iawn. Roedd yn ymweliad hynod amserol a chwbl lawen – i helpu gyda genedigaeth ail blentyn Mrs Willoughby. O na fyddai pob genedigaeth mor hawdd! Bachgen oedd y plentyn. Mae'n ei alw yn Handsome. Enw anghyffredin ond addas iawn ar blentyn mor olygus. Mae'n fawr, bron yn naw pwys, gyda llond pen o wallt tywyll.

Gadewais yn sionc fy ngham, yn teimlo, wedi'r cyfan, y bydd popeth yn iawn eto yn y byd gofidus hwn. Wrth i mi ddod oddi yno roedd natur ei hun fel petai'n cadarnhau hyn.

Tywynnai'r haul mewn awyr las, las, y môr yn llepian yn ddiog ar y tywod a'r gwenoliaid yn gwibio dros yr arfordir.

Ond yna, wrth i mi ddod ar hyd y Bae Gwyrdd digwyddais daro ar yr hen Mr Jenkins allan yn trwsio'i rwydi, ei gi arswydus wrth ei ochr. Hen greadur surbwch ydi o, a'i gi'n fawr gwell. Mae'n gallach eu hosgoi os oes modd, felly meddyliais fod yn well i mi gadw draw. Ond pan amneidiodd arna i i fynd ato, doedd dim dewis gennyf. Gofynnodd i mi oeddwn i wedi clywed y newyddion diweddaraf. Mae'n ymddangos fod un arall o'n llongau ni, llong fasnach, wedi'i tharo gan dorpido i'r gorllewin o'r ynysoedd. Ni chodwyd neb o'r dŵr yn fyw, meddai. Byddai'n dda gen i erbyn hyn petawn i ddim wedi aros i siarad.

Gwelais Yncl Wil yn brysur ar ei gwch fel arfer. Welodd o mohonof i. Ychydig iawn o bobl fydd o'n eu gweld naill ai oherwydd nad ydi o ddim yn edrych, neu nad ydi o ddim eisiau gwneud hynny, neu'r ddau. Rydw i'n meddwl ella fod Yncl Wil yn llygad ei le. Fydd o'n siarad efo neb heblaw ei deulu agosaf, a hynny'n anaml iawn. Un swil ydi o, yn ymdrin â beth sy'n agos ac yn annwyl iddo a ddim eisiau clywed am dristwch y byd ehangach. Mae fel petai'n deall, ac efallai ei fod yn deall yn iawn, mai'r dyna'r unig ffordd sy'n arwain at bwyll ac iachawdwriaeth, iddo fo, ac i ni i gyd. Efallai fod Wil weithiau dan gamsyniad, ond yn hyn o beth credaf ei fod yn llygad ei le, fod ei esiampl yn un y dylen ni i gyd ei dilyn, neu mae arna i ofn y bydd y rhyfel yma a'i dristwch yn ein gyrru ni i gyd yn lloerig.

Rydw i'n taranu yn erbyn erchylltra'r rhyfel yma. Fedra i ddim dweud hyn wrth neb ar yr adeg yma, yn arbennig ers suddo'r Lusitania, rhag ymddangos yn anwlatgar, ac yn anghefnogol i'n milwyr ar y Ffrynt. Rydw i'n caru fy ngwlad gystal ag unrhyw ddyn, ond oes raid i mi garu rhyfel i garu fy ngwlad? Gwn na ddaw dim da ohono byth, waeth pwy sy'n ennill neu'n colli. Y cyfan rydw i ei eisiau ydi gweld diwedd ar y dioddefaint a'r boen a'r hiraethu. Gwelais longwr ar ôl llongwr, rhai'n fawr hŷn na phlant, i gyd wedi dod i'r lan ar Ynys Fair a bûm yn tendio arnynt. Roedd rhai eisoes wedi boddi, rhai wedi llosgi'n ddychrynllyd a rhai'n hanner marw o oerfel. Pob un, fel Jack Brody, yn fab i ryw fam, yn gariad i ryw eneth. Fawr o dro'n ôl roedden nhw i gyd yn fabanod, fel Handsome, gyda bywyd a hapusrwydd o'u blaenau.

Felly, â chalon drom, cerddais ar draws yr ynys i weld Philip Blessed bach sydd yn y gwely ar hyn o bryd efo'r pas, sef peswch cas iawn. Mae'n un o dri o blant ar yr ynys sy'n dioddef o'r clefyd ar hyn o bryd. Mae'r lleill wedi gwella bron, ond mae brest Philip yn wan, ac yn cymryd yn hirach i wella. Ond roedd Philip ar ei draed ac yn eithaf siriol, prin yn pesychu o gwbl. Roedd Mrs Blessed yn ddigon llon hefyd, yn amlwg wedi cael rhyddhad mawr fod Philip yn gwella eto. Roedd hi'n awyddus i mi eistedd, i roi paned o de i mi, a sgwrsio. (Hen ddiod ddiflas ydi te, ac mae cymaint o adegau mewn diwrnod o ymweld pan fydd raid i feddyg ei yfed.)

Gan Mrs Blessed y clywais gyntaf am hanes rhyfeddol Liwsi Goll. Sut roedd hi wedi mynd ar goll yn y niwl rai wythnosau yn ôl, a phawb wedi bod yn chwilio amdani. Fel roedd hi, heb syniad o gwbl ble roedd hi, wedi bod yn mynd o gwmpas yr ynys ar gefn Peg. "Ac mae darn o'r diafol ei hun yn y gaseg yna, doctor," meddai hi – a Wil Wirion wedi cael hyd iddi a'i chymryd dan ei adain. Roedd y stori, mae'n rhaid i mi ddweud, braidd yn ddryslyd, ac yn anodd i'w chredu ar y dechrau. Ond, yn ddigon siŵr, yn fuan wedi i mi adael y tŷ, a cherdded heibio'r eglwys, gwelais Liwsi Goll yn marchogaeth i lawr y bryn o ben uchaf yr ynys. Sylwais ar unwaith fod newid yn ei holl ymarweddiad. Doedd dim arwydd o'r olwg drist na'r llygaid pŵl yn llawn gofid. Roedd lliw ar ei gruddiau a golau newydd yn ei llygaid. Chwifiodd i'm cyfarch, hyd yn oed, a gwenu wrth fynd heibio i mi. Roeddwn i'n gobeithio, wrth gwrs, y byddai hi hefyd yn dweud rhywbeth. Ond wnaeth hi ddim. Doedd dim cyfrwy ar y gaseg ac roedd Liwsi'n droednoeth. Yn amlwg, roedd y gaseg a hithau'n fodlon iawn gyda'i gilydd.

Edrychai'r ceffyl yn hapus hefyd, a hynny ynddo'i hun yn rhyfeddol iawn, oherwydd mae'r anifail yna, fel roedd Mrs Blessed wedi f'atgoffa, yn enwog am ei natur sorllyd, biwis. Syllais mewn rhyfeddod, ac yna galwais arni i ddweud y byddwn yn galw i'w gweld cyn bo hir. Doedd hi ddim fel petai'n fy nghlywed.

Cefais groeso mawr gan Mrs Wheatcroft. Edrychai'n berson llawer hapusach. Clywais yr hanes i gyd ganddi hithau hefyd. Sut roedd Liwsi a'r gaseg wedi bod ar goll yn y niwl. Ni chymerais arnaf fod Mrs Blessed wedi dweud y rhan fwyaf o'r stori'n barod, ond rhoddodd Mrs Wheatcroft ddehongliad llawnach oedd yn gwneud mwy o synnwyr, ac yn llawer mwy credadwy.

"Wyddoch chi, doctor, dyna'r tro cyntaf i Wil adael i neb fynd i'w gwt cychod mewn pum mlynedd, heblaw fi a Jim ac Alfie, wrth gwrs. Fe wyddoch chi mor surbwch a drwg ei hwyl y gall Wil fod efo pobl ddieithr. Soniais wrtho fod Liwsi wedi dod i fyw efo ni, sut roedd Jim wedi cael hyd iddi, a phopeth felly. Ond doeddwn i ddim wedi'u cyflwyno nhw. Roedd arna i ofn mentro, rhag iddo fynd a'i chynhyrfu hi. Ond dyna Yncl Wil yn cael hyd iddi yn y niwl, yn dod â hi'n ôl ac yn gofalu amdani, yn eistedd efo hi i drwsio'r hwyliau, er mwyn tad."

Eisteddodd y ddau ohonom uwchben paned arall o de, a thamed o'i chacen datws – yn sicr yr orau rydw i wedi'i chael ar yr ynysoedd. Mae te yn haws i'w yfed efo cacen datws Mrs Wheatcroft. (O na fyddai Mrs Cartwright yn gwneud cacen fel hi!) Wedyn diolchodd i mi am bopeth roeddwn wedi'i wneud. Dywedodd sut roedd fy ngramoffon a'm recordiau – a'r gaseg – wedi gwneud rhyfeddodau i Liwsi.

"Gwyrthiol, doctor," meddai hi. "A dwi'n ei feddwl hefyd. Mae'n wyrthiol. Atebwyd fy ngweddïau. Mae Liwsi'n cryfhau bob dydd, ac yn hapusach hefyd. Welais i erioed y fath newid mewn person." Pwysodd Mari'n nes ataf a rhoi ei llaw ar fy mraich. "Peidiwch â sôn dim byd wrth neb, doctor," sibrydodd, "ond dwi'n meddwl bod Alfie a hithau'n ffansïo'i gilydd, doctor. Os na fydd hi ar gefn y gaseg yna, mae hi'n crwydro'r ynys efo fo. Mae'n gwrthod mynd yn y cwch efo fo o hyd, a wnaiff hi ddim deifio oddi ar y cei efo fo chwaith. Mae Alfie'n deud bod arni ofn dŵr. A wyddoch chi be? Mae hi hyd yn oed wedi dysgu Alfie sut i farchogaeth. Mae o wedi trio o'r blaen ac wedi cael ei luchio oddi ar gefn Peg bob tro. Frifodd o'n ddrwg y tro dwytha. Aeth ar ei lw na fyddai byth yn rhoi cynnig arni wedyn, ond rywfodd mae Liwsi wedi'i gael i fyny ar gefn Peg eto. Dim ffrwyn, cofiwch. Dim sbardun na chwip. Dwi wedi bod yn ei gwylio'n ei ddysgu. Y cyfan mae hi'n ei wneud ydi chwythu'n dyner i drwyn y ceffyl, mwytho'i gwddw a chusanu'i chlust, heb

119

ddweud yr un gair – dydi hi ddim yn siarad byth. Mae'n hymian fel gwenynen drwy'r adeg, meddai Alfie, ond dydi hi ddim yn siarad, doctor, dim un gair, dim ond dangos iddo beth i'w wneud. Bydd Alfie'n chwythu tipyn, yn mwytho tipyn ar wddw a chlustiau Peg, yna i fyny ac i ffwrdd ag o. Mae'r tric yn gweithio'n wych bob tro."

Ar ôl iddi orffen siarad rhedodd Liwsi i'r tŷ, yn fyr o wynt ac yn blentyn mor fodlon ag a welais i erioed. Pan siaradais efo hi, edrychodd arna i a gwenu. Dyna'r tro cyntaf iddi edrych ym myw fy llygaid. Symbylodd hyn, a phopeth arall roeddwn i wedi'i glywed a'i weld, fi i siarad efo hi, gofyn iddi sut roedd hi. Atebodd hi ddim. Yn hytrach, trodd draw, mynd yn syth at y gramoffon a chwarae record. Mae'n rhaid i mi gyfaddef i mi'r munud hwnnw deimlo'n siomedig aruthrol ei bod hi mor dawedog o hyd. Roedd hynny'n afresymol, wrth gwrs. Mae'r newid ynddi'n barod mor wyrthiol, fel roedd Mrs Wheatcroft wedi'i ddweud. Ddylwn i ddim fod wedi disgwyl mwy.

Ond roedd rhagor i ddod. Daeth i eistedd efo ni i gael te, yn llowcio'i chacen. Dyma blentyn hollol wahanol – distaw, efallai, ond nid yn nerfus bellach. Pan glywodd Alfie'n dod i fyny'r llwybr dan chwibanu, neidiodd ar ei thraed ac aeth allan drwy'r drws fel fflach. Prin y cafodd Alfie amser i gael ei de cyn iddi ei lusgo drwy'r drws. Drwy'r ffenest gwelais y ddau'n reidio drwy'r cae, Alfie y tu ôl iddi, a'r ddau'n chwerthin yn uchel. Credaf y gallai Mrs Wheatcroft yn hawdd fod yn iawn. Edrychai'r ddau fel petaen nhw'n ffansïo'i gilydd.

Beth achosodd yr eneth hon i wella mor wyrthiol, fel mae'n amlwg iddi wneud? Gŵr gwyddonol ydw i. Fe helpodd fy moddion, mae'n rhaid i mi gredu hynny. Gobeithio bod y

*miwsig wedi helpu hefyd. Ond mae'n rhaid i mi gydnabod mai'r
gaseg yna oedd ei moddion gorau hi, mae'n debyg – hynny a
chariad teulu da. Gadewch i ni obeithio y medran nhw,
rhyngddyn nhw, ei helpu i ddarganfod ei llais ac adfer ei chof
yn gyfan gwbl. Gas gen i feddwl y gallai plentyn fel Liwsi fynd
i seilam Bodmin, fel Yncl Wil. Mae bod yn wahanol yn y byd
anwybodus yma'n cael ei gamgymryd am wallgofrwydd yn
aml. Yn rhy aml o lawer rydym yn troi draw'r rhai y credwn eu
bod yn wahanol ac yn eu cadw o'r golwg. Mae bod yn wahanol
yn dychryn pobl, ac mae Liwsi Goll yn sicr yn wahanol, yn
wahanol iawn.*

*Fodd bynnag, mae un newydd yn peri pryder. Dywedodd
Mrs Wheatcroft ei bod hi wedi trefnu, yn gyndyn iawn, efo Mr
Beagley yn Ysgol Tresco, i Liwsi fynd yno efo Alfie y tymor
nesaf. I bob golwg mae Mr Beagley wedi mynnu, gan fod y
plentyn o oedran ysgol, mai ei ddyletswydd yw gofalu ei bod
hi'n mynychu'r ysgol, fel holl blant eraill yr ynys yn ddieithriad.
Mae'n ymddangos iddo fygwth rhoi gwybod i'r awdurdodau
petai Mrs Wheatcroft yn gwrthod.*

*Yn fy marn i, hen ddyn bach pwysig ydi o, yn llawer rhy hoff
ohono'i hun a'r awdurdod mae wedi arfer ei ddefnyddio yn ei
ysgol. Mae tipyn o'r teyrn nad ydw i'n ei hoffi o gwbl ynddo.
Mae bygwth yn ail natur iddo. Gŵyr pawb nad ydi o'n arbed y
wialen fedw. Yn fy marn i, mae'n sicr yn brin o'r sensitifrwydd
hwnnw sydd ei angen i fod yn athro da. Does gen i ddim ffydd
o gwbl ynddo. Mae'n rhaid i mi obeithio y bydd o a'r plant eraill
yn ffeind wrth Liwsi. Gall ysgol fod yn lle anfaddeugar iawn.
Gall plant fod yn angharedig, yn greulon wrth ei gilydd hyd yn
oed, yn arbennig wrth blentyn newydd, dieithr, sydd ddim o'r*

ynysoedd. Ac mae Liwsi'n fwy dieithr na'r un dieithryn. Un sydd byth yn siarad. Plentyn gwahanol iawn, sydd, fel mae pawb yn gwybod, ddim fel petai'n gwybod pwy ydi hi, nac o ble mae hi'n dod.

Soniais i ddim am fy mhryderon wrth Mrs Wheatcroft. Dydw i ddim eisiau gwneud iddi boeni'n ddianghenraid. Ond dydw i ddim yn sicr o gwbl mai ysgol ydi'r lle gorau i'r fath blentyn, yn arbennig ysgol Mr Beagley. Does dim amheuaeth nad yw Liwsi wedi gwella'n arw, ond mae ei hymennydd yn fregus o hyd. Fedra i wneud dim byd ond gobeithio na fydd bywyd yn yr ysgol yn amharu ar ei gwellhad. Mae gen i bob ffydd yn Alfie. Mae'n sicr o wneud popeth o fewn ei allu i edrych ar ei hôl hi ac i'w hamddiffyn. Ond mae arna i ofn nad oes dim ond hyn a hyn y gall o ei wneud.

Mae'r môr yn dawel wrth i mi groesi'n ôl i Ynys Fair heno, y machlud yn goch fel gwaed ac yn oedi'n hir. Teimlaf yn flinedig wrth osod fy ysgrifbin ar y ddesg, ac yn bryderus am Liwsi Goll ac am Jack Brody, ond yn obeithiol hefyd. Mae'n rhaid i mi fod. Gobaith – mae'n rhaid i ni fyw mewn gobaith bob amser.

PENNOD 11

Ynysoedd Sili, Medi 1915

I'r ysgol gerfydd eu clustiau

Gadawodd Mari a Jim i Alfie dorri'r newydd i Liwsi fod yn rhaid iddi fynd i'r ysgol. Doedd hi ddim fel petai'n gwrando ar neb arall. I bob golwg, fo oedd yr unig un y deallai hi rywfaint arno. Os oedden nhw'n ceisio siarad efo hi'r dyddiau hyn, byddai'n troi at Alfie am sicrwydd, am ryw fath o eglurhad neu ddehongliad. Pe gallai unrhyw un ei chael i ddeall, Alfie fyddai hwnnw. Felly, pan fydden nhw eisiau iddi ddeall rhywbeth yn iawn, byddai'r ddau, Mari a Jim, yn gadael i Alfie wneud y siarad. Hyd yn oed wedyn, yr ateb i unrhyw gwestiwn fyddai nodio neu ysgwyd pen. Ond roedd yn amlwg i bawb erbyn hyn ei bod hi'n deall rhywfaint o'r hyn fyddai Alfie'n ceisio'i ddweud wrthi.

Dewisodd Alfie ei amser i egluro wrthi am yr ysgol. Roedd Liwsi'n mynd i fyny Pen y Gwylwyr ar gefn Peg. Cerddai yntau wrth ei hochr, yn casglu mwyar duon wrth fynd gan roi un iddi hi bob hyn a hyn. "Mae dy wefusau di'n biws, Liwsi," meddai wrthi. Ond doedd hi ddim yn gwrando. Roedd hi'n cysgodi ei llygaid rhag yr haul ac yn gwylio aderyn yn llithro'n llyfn yn uchel uwchben, yn troelli, yna'n deifio, yn plymio drwy'r awyr.

"Cudyll glas ydi hwnna," meddai Alfie wrthi. "Maen nhw'n nythu ar Ynys Wen, yn y goleudy, wrth ymyl Ynys Helen lle cawson ni hyd i ti. Hardd ydi o, yntê? Maen nhw'n gallu deifio ar gyflymder o naw deg milltir yr awr. Wyddost ti hynny?" Penderfynodd Alfie mai dyma'r amser i fentro. Ymestynnodd i fyny a chyffwrdd ei phenelin. "Liwsi, mae gen i rywbeth i'w ddeud wrthat ti. Mae'n rhaid i ti wrando. Mae'n amser mynd i'r ysgol eto'n fuan. Yr wythnos nesaf. Mae'r gwyliau ar ben, gwaetha'r modd. Wyt ti eisio dod efo fi?"

Ysgydwodd ei phen. Ond roedd hi'n gwrando.

"Y peth ydi, Liwsi, mae Mam yn deud y dylet ti fynd, neu fe fydd hi mewn helynt. Dydi hi ddim eisio iddyn nhw fynd â chdi i ffwrdd, ti'n gweld? Ac fe fedren nhw hefyd, Liwsi, os nad ei di i'r ysgol, ac os ydyn nhw'n meddwl nad ydi Mam yn gwneud y peth iawn er dy les di, ddim yn dy yrru di i'r ysgol, ddim yn edrych ar dy ôl di'n iawn fel y dylai hi."

Edrychodd Liwsi i lawr arno. Gwelai ei bod hi'n ceisio canolbwyntio, yn ymdrechu'n galed i ddeall.

"Rwyt ti wedi bod yn yr ysgol o'r blaen, do? Mae'n rhaid dy fod ti. Bydd pethau mwy neu lai 'run fath yma, dwi'n meddwl. Mae pob ysgol rywbeth yn debyg," ychwanegodd. "Dydi f'ysgol i ddim cynddrwg â hynny, wir rŵan. Heblaw am Mr Beagley, hynny yw. Beagley Bigog, a'r cyfan sy raid i ti ei wneud ydi ei osgoi o. Rwyt ti wedi fy ngweld i'n mynd yn y cwch yn y bore ac yn dod yn ôl yn y pnawn, yn do? Awn ni'n dau efo'n gilydd. Fyddi di'n iawn, dwi'n addo."

Ysgydwodd ei phen eto, yn fwy egnïol y tro hwn. Yna, gan roi clic ar ei thafod, gwnaeth i Peg gyflymu a mynd ar drot i ffwrdd dros y bryn. Galwodd Alfie ar ei hôl. "Dwyt ti ddim haws â dianc, Liwsi. Mae'n rhaid i ti fynd i'r ysgol – mae'n rhaid i bawb fynd, Liwsi. Dyna'r rheol. Edrycha i ar dy ôl di, wir." Ond erbyn hyn roedd hi'n rhy bell i'w glywed. Gwyddai Alfie'n iawn ei bod hi wedi deall, ond nad oedd hi eisiau clywed rhagor.

Y noson honno arhosodd Liwsi yn ei hystafell. Gwrthododd ddod i gael swper. Yn y diwedd aeth Mari â'r bwyd i fyny iddi, ond wnaeth hi ddim byd ond gorwedd fel cyrlen ar ei gwely, ei hwyneb at y wal. Siaradodd Mari efo hi, tynnu'i llaw dros ei phen, rhoi cusan iddi. Ond wnâi Liwsi ddim hyd yn oed troi i edrych arni, heb sôn am fwyta. Aeth Alfie i fyny'r grisiau'n ddiweddarach i weld a fedrai wneud rywfaint yn well. Ond doedd dim yn tycio. Pan estynnodd ei law i gyffwrdd ei hysgwydd, ciliodd Liwsi oddi wrtho a chladdu ei phen yn y gobennydd, a chrio'n ddistaw. Gadawodd hi a mynd i lawr y grisiau.

"Mae'n anobeithiol," meddai Alfie. "Dwi wedi'i chynhyrfu hi'n ddifrifol. Dydi hi ddim yn barod i fynd i'r ysgol, Mam. Fedrwn ni mo'i gorfodi hi, ddim os nad ydi hi eisio. A wela i ddim bai arni chwaith. Faswn i ddim yn mynd heblaw bod raid i mi."

"Os nad aiff hi, Mari-mw, yna aiff hi ddim. Does dim arall i'w ddeud," meddai Jim. "Mae honna'n ferch benderfynol. Yn debyg iawn i rywun arall dwi'n ei nabod – merch ei mam, mewn un ystyr. Does dim byd arall fedr neb ei wneud. Ddaw hi ati'i hun. Ella fod yn rhaid i ni roi amser iddi arfer efo'r syniad."

"A beth os na fydd Mr Beagley yn rhoi amser iddi?" meddai Mari, yn ymladd i gadw'i dagrau rhag llifo. "Wyddost ti sut un ydi o. Eisio iddo fo roi gwybod i'r awdurdodau wyt ti? Dyna wnâi o, wn i'n iawn. Byddai'n well ganddo fo eu gweld nhw'n mynd â hi oddi yma a'i rhoi dan glo yn y seilam yna, fel Yncl Wil, na cholli diwrnod o'r ysgol. Rheolau, rheolau. Dyna sy'n bwysig iddo fo."

Ar hynny agorodd y drws. Safai Liwsi yno, yn syllu arnyn

nhw, ei hwyneb yn ddifynegiant. Yn ei llaw roedd darn o bapur wedi'i blygu. Cerddodd draw at Alfie a'i roi iddo. Yna, trodd a mynd allan.

"Wyddwn i ddim ei bod hi'n medru sgwennu," meddai Jim.

"Dim sgwennu, Dad. Llun ydi o," meddai Alfie. "Edrychwch." Llun mewn pensel oedd o. Llun cwch rhwyfo yn llawn plant yn croesi'r sianel i Tresco. Mr Jenkins oedd yn rhwyfo – roedden nhw'n gallu dweud hynny oddi wrth ei gap â phig. Roedd y cei ar harbwr Grimsby Newydd a'r tai ar Tresco i gyd yn ddigon hawdd i'w hadnabod hefyd. Yn y dŵr roedd geneth yn chwifio'i llaw'n wyllt, geneth yn boddi. Ar draws y llun roedd hi wedi rhoi croes fawr, drom. "Y cwch ysgol ydi o," eglurodd Alfie. "Y cwch, dach chi'n gweld? Mae hi'n trio deud wrthon ni nad ydi hi eisio mynd ar y cwch. Dyna beth ydi o. Nid ofn mynd i'r ysgol mae hi, ond ofn y môr, y cwch. Ddwedais i, do? Mae hi ofn dŵr drwy waed ei chalon. Aiff hi ddim ar ei gyfyl."

"Yna sut ddiawl ydan ni i fod i'w chael hi ar draws y sianel i'r ysgol?" gofynnodd Jim. "Fedar hi ddim cerdded ar y dŵr, na fedar? Nid Iesu Grist ydi hi, nage? Mae'n ddrwg gen i, Mari-mw – llithriad tafod. Prin y gall hi hedfan i Tresco chwaith. Be wnawn ni?"

"Mae'n rhaid i ni ei chael hi ar y cwch yna rywfodd," meddai Mari, yn troi at Alfie ac yn cydio yn ei law. "Chdi ydi'r unig un all neud, Alfie. Mae'n rhaid i ti ei pherswadio hi, Alfie. Mae'n rhaid i ti, neu fe ddôn nhw yma i fynd â hi i ffwrdd. Os rhown ni unrhyw esgus iddyn nhw, dyna wnân nhw. Wn i'n iawn. Bydd Mr Beagley yn gofalu am hynny. Yna fe'i collwn ni hi am byth."

"Bydd popeth yn iawn, Mam," meddai Alfie, yn gwneud ei

orau glas i dawelu meddwl ei fam, heb lwyddo i'w argyhoeddi'i hun, heb sôn amdani hi. "Ryw ffordd neu'i gilydd, fe gaf i hi i fynd ar y cwch yna, gewch chi weld." Ond wrth ddweud, doedd gan Alfie ddim syniad sut i wneud hynny. Dro ar ôl tro roedd o wedi gweld mor gyndyn roedd Liwsi i fynd yn agos at y môr. Hyd yn oed pan oedd hi ar gefn Peg, cadwai'n ddigon pell o'r dŵr. Roedd wedi ceisio'i pherswadio i ddod ar y *Pengwin* i fynd i bysgota gyda'i gilydd droeon. Ond gwrthod wnaeth hi bob tro, yn bendant iawn. Pan redai o i'r môr i nofio, ddôi hi byth efo fo. Doedd hi erioed wedi rhoi troed yn y dŵr, waeth pa mor llonydd na chynnes oedd y môr.

Yn y dyddiau olaf hynny cyn i'r tymor ysgol ddechrau, ceisiodd Alfie ei chymell hi droeon i ddod i bysgota efo fo yn y *Pengwin*. Ond fedrai o ddweud na gwneud dim i'w pherswadio i ddod ar gyfyl y cwch. Gwelai ei fod yn ei chynhyrfu, felly rhoddodd y gorau iddi. Noson ar ôl noson gorweddai yno'n meddwl sut i'w chael hi i'r cwch ysgol ar fore cyntaf y tymor. Yna sylweddolodd nad y cwch roedd hi'n ei ofni, ond y môr ei hun. Felly penderfynodd wneud popeth o fewn ei allu i'w denu i'r dŵr.

Aeth Alfie â hi i hedfan barcud yn y Bae Gwyrdd, gan redeg drwy'r dŵr bas, yn tasgu, sgrechian, chwerthin. Doedd hi ddim angen ei dysgu – roedd hi'n giamstar ar hedfan barcud ac wrth ei bodd yn gwneud. Ond âi hi ddim ar gyfyl y môr dros ei chrogi. Doedd sglentio cerrig ddim yn gweithio chwaith. Safai Alfie at ei bengliniau yn y dŵr, yn dangos iddi sut i ddewis y garreg iawn, sut i'w lluchio. Gwyddai Liwsi sut i wneud hynny hefyd, a gwnâi hynny'n fedrus. Ond safai'n ddigon pell yn ôl o ymyl y dŵr, ddim hyd yn oed yn gwlychu'i thraed. Waeth beth wnâi o, doedd dim byd yn ei darbwyllo i fynd ar gyfyl y dŵr.

Er hyn, sylwodd Alfie fod y cychod oedd wedi'u hangori yn y Bae Gwyrdd yn ei denu, yr *Hispaniola* yn fwy na'r un ohonyn nhw, yn arbennig pan fyddai Yncl Wil yn gweithio arni. Safai Liwsi yno weithiau'n syllu a syllu arni, fel petai'n aros i Yncl Wil ddod draw i ddweud helô. Fyddai o byth yn dod. Gwyddai Alfie hynny'n iawn – un felly oedd Yncl Wil. Ond gwelai fod Liwsi'n siomedig. Unwaith, tra oedden nhw ger y bae, clywodd y ddau Yncl Wil yn torri allan i ganu, "Io-Ho-Ho".

"Mae Yncl Wil yn hapus heddiw," meddai Alfie wrthi. "Os chwifiwn ni arno, bydd yn falch. Ond wnaiff o ddim chwifio'n ôl bob tro. Fydd Yncl Wil ddim yn codi'i law, ddim yn aml. Ond rown ni gynnig arni." Cododd Alfie ei law, a funudau wedyn gwnaeth Liwsi'r un fath. Fel y dywedodd Alfie, wnaeth Yncl Wil ddim codi'i law yn ôl. Wnaeth o ddim cydnabod eu bod yno, hyd yn oed.

"Nid anghyfeillgar ydi o, wyt ti'n deall, Liwsi?" meddai. "Person swil ydi o, yn hoffi bod ar ei ben ei hun. Ddim yn hoffi i neb darfu arno. Wnaeth o ddim siarad efo fi am ddwy flynedd ar ôl i Mam ddod ag o adref. Mae o'n iawn efo fi rŵan – mae o'n iawn efo ni i gyd. Ond dydi o'n deud fawr ddim o hyd, ddim hyd yn oed wrth Mam. Pobl ddiarth ydi pawb arall ar yr ynys iddo fo, a dydi o ddim yn rhyw hoff iawn o ddieithriaid. Ddim yn hoffi'r ffordd maen nhw'n edrych arno fo, meddai Mam. Mae'n clywed beth maen nhw'n ei alw, y pethau maen nhw'n ddeud tu ôl i'w gefn, am y seilam lle fuodd o. Mae rhai yn meddwl na ddylai Mam fod wedi dod ag o adref. Am fod arnyn nhw'i ofn mae hynny. Does ganddyn nhw ddim achos i fod. Yncl Wil ydi'r person caredicaf dwi'n ei nabod. Achubodd o chdi o'r niwl yna, yn do? Edrychodd o ar dy ôl di. Fyddai o byth yn brifo pry bach. Dydi o ddim yn hoffi i neb rythu arno, dyna'r cyfan. Dyna pam mae o'n aros yn y cwt cychod ar ei ben ei hun, hynny yw, os nad ydi o'n gweithio ar y lygar.

"Paid ti â phoeni o gwbl. Mae Yncl Wil yn dy hoffi di neu fyddai o ddim yn canu. Dwi'n meddwl mai canu i ti'n unig mae o. Mae o'n dy weld di fel un o'r teulu, fel mae Mam yn deud. Ond hyd yn oed wedyn, os awn ni draw i'w weld o rŵan, allai o gynhyrfu. Pan fydd hynny'n digwydd, mae'n mynd yn ddigalon – yn rhy ddigalon i fwyta hyd yn oed. Ddim yn hoffi i ni fynd yn rhy agos, a mynd i'w gwt neu'n agos at ei gwch heb iddo ofyn i ni mae o, meddai Mam. Mae hi'n ei nabod o'n well na neb, yn ei ddeall o. Wedi'r cyfan, fe dyfon nhw i fyny efo'i gilydd. Maen nhw'n efeilliaid. Brawd a chwaer."

Tra ei fod o'n siarad, sylweddolai Alfie fod Liwsi'n gwrando arno'n well nag arfer. Mwyaf yn y byd roedd o'n ei ddweud wrthi, mwyaf yn y byd roedd hi fel petai eisiau ei glywed am Yncl Wil. Gwrandawai'n astud iawn. Os oedd ganddi gymaint o ddiddordeb â hynny, meddyliodd Alfie, yna mae'n rhaid bod hynny oherwydd ei bod yn deall y rhan fwyaf o'r hyn roedd yn ei ddweud. Gobeithiai drwy'r adeg y byddai Liwsi'n gofyn cwestiwn iddo. Ar brydiau edrychai fel petai hi eisiau gwneud, ond wnaeth hi ddim.

Ar ddiwrnod olaf un y gwyliau meddyliodd Alfie y gallasai o'r diwedd fod wedi dod o hyd i ffordd o gael Liwsi i'r dŵr, drwy fynd â hi i ddal berdys yn y pyllau bach rhwng y creigiau yn y Bae Gwyrdd ar ôl i'r llanw fynd allan. Fe gaen nhw'r berdys i swper, meddai wrthi, yn union fel roedd Yncl Wil wedi'u rhoi iddi. Gloywodd ei llygaid. Roedd hi'n hoffi'r syniad. Fel roedd o wedi disgwyl, ar y dechrau arhosodd Liwsi ar y lan, yn ei wylio'n cerdded drwy'r pyllau rhwng y creigiau, hyd at ei bengliniau yn y dŵr, gan dynnu'r rhwyd drwy'r gwymon. GwyddaiAlfie am yr holl lefydd lle'r hoffai'r berdys guddio. Daliodd ryw ddwsin ar ei union – rhai mawr. Gwagiodd nhw i'w fwced. Daeth â nhw'n ôl yn fuddugoliaethus i'w dangos iddi.

Pan gynigiodd ei rwyd iddi, cydiodd ynddi. "Mae'n hawdd," meddai wrthi, yn cydio yn ei llaw. "Ty'd 'laen, Liwsi, ddangosa i i ti." Teimlodd ei llaw hi'n tynhau yn ei law o wrth iddo'i harwain yn araf i lawr tua'r môr. Ond roedd hi'n dod, yn dod efo fo. Camodd y ddau i mewn. Roedd y dŵr dros ei fferau erbyn hyn, yn cyrraedd ei phengliniau bellach, a hithau'n cerdded o hyd.

Yna, o unman, deifiodd gwylan atyn nhw gan wawchian a sgrechian. Plygodd y ddau eu pennau gan deimlo gwynt ei hadenydd wrth iddi fynd heibio. Sgrechiodd Liwsi. Tynnodd draw oddi wrtho a rhedeg yn ôl i fyny'r traeth. Gwrthododd ddod yn ôl. Eisteddodd yno ar graig yn cydio yn ei phengliniau, gan wylio Alfie o bell, ac yn edrych draw ar yr *Hispaniola*. Ond wnâi hi ddim symud. Doedd dim gobaith, a gwyddai Alfie hynny.

Y noson honno, doedd o ddim eisiau dweud wrth ei fam fod pethau wedi mynd o chwith yn y Bae Gwyrdd. Ond dywedodd wrth ei dad pan gafodd gyfle. Y cyfan ddywedodd o, gan godi'i ysgwyddau, oedd: "Wnest ti bopeth fedret ti, Alfie. Fel y dywedais i, fedri di ddim gorfodi'r eneth yna i neud dim byd os nad ydi hi eisio. Mae'n benderfynol. Does dim yn tycio ond ei ffordd ei hun. Os ydi hi ddim eisio mynd ar y cwch ysgol yna bore fory, yna aiff hi ddim. Waeth un gair mwy na chant."

PENNOD 12
Dydan ni ddim yn gwenu yma

Meddyliodd Alfie y byddai Liwsi'n aros yn y gwely fore trannoeth, diwrnod cyntaf yr ysgol. Na fyddai'n dod i lawr y grisiau. Ond er mawr syndod iddo, roedd Liwsi wedi codi o'i flaen a hyd yn oed wedi bwydo'r ieir ar ei phen ei hun – am y tro cyntaf erioed. Yn gwisgo'r dillad ysgol newydd roedd Mari wedi'u gwneud iddi – ffordd arall i geisio'i denu i fynd i'r ysgol – eisteddai Liwsi wrth fwrdd y gegin efo nhw, yn bwyta'i hwy wedi'i ferwi, yn yfed ei llaeth. Pan adawodd Alfie i fynd i'r ysgol, aeth efo fo, ei chysgod distaw, arferol yn ei ddilyn. Llusgodd Peg ar eu holau fel y gwnâi mor aml.

Clywent leisiau aflafar y plant wrth iddyn nhw aros am y cwch ar y cei. Arhosodd Liwsi am rai munudau. Safodd yno'n gwrando arnyn nhw, yn gyndyn o fynd yn ei blaen. Teimlodd Alfie ei llaw yn tynhau yn ei law o, ac yna roedden nhw'n cerdded gyda'i gilydd, Liwsi'n syllu yn syth o'i blaen, ei hwyneb yn ddifynegiant. Mae'n mynd i ddod, meddyliodd Alfie. Mae hi am ddod ar y cwch. Y tu ôl iddyn nhw ymlwybrai Peg yn dow-dow, yn chwythu a snwffian. Erbyn iddyn nhw gyrraedd y cei roedd y cwch yno'n barod, y plant yn tyrru i mewn, Mr Jenkins, y cychwr, yn ceisio'n ofer i'w cael i dawelu a llonyddu a neb yn gwrando arno, fel arfer.

Petrusodd Liwsi eto. Yna, siaradodd. "Na," meddai, yn tynnu'i llaw yn rhydd yn sydyn. "Na," meddai hi eto.

Ni fedrai Alfie gredu'r peth. "Siaradaist ti!" meddai.

"Siaradaist ti!" Gwenodd Liwsi arno. Yna trodd a cherdded ymaith. Meddyliodd Alfie am alw arni i ddod yn ôl, crefu arni. Ond gwyddai nad oedd haws â gwneud. Fyddai dim yn newid ei meddwl. Cyn gynted ag yr aeth i'r cwch, bu'n rhaid iddo ddioddef yr holl dynnu coes anweddus, am ei "chwaer, y fôr-forwyn" oedd "efo colled arni" a'i "phen wedi rwdlo", "yn rhy dwp i siarad". Dechreuodd rhai ohonyn nhw, dan arweiniad Zeb, wrth gwrs, ei gwawdio wrth iddi gerdded o'r cei. "Gormod o ledi fawr i ddod i'r ysgol? Rhy dwp i ddod yno?"

Anwybyddodd Alfie nhw am funud, ond addawodd iddo'i hun y byddai'n rhoi taw ar Zeb yn hwyrach, y tu ôl i gefn Beagley Bigog. Tynnodd y cwch o'r cei, a Mr Jenkins yn dal i ruo ar bawb i eistedd a bihafio. Y cip olaf gafodd Alfie o Liwsi oedd ohoni'n cerdded efo Peg ar hyd y llwybr tuag at y Bae Gwyrdd, ei llaw ar wddf y gaseg. Wnaeth hi ddim edrych dros ei hysgwydd.

Cymerodd yn hirach nag arfer i groesi'r sianel y bore hwnnw oherwydd llanw'r gwanwyn. Ychydig iawn o ddŵr oedd rhwng Ynys y Bryniau a Tresco. Felly roedd plant Ynys y Bryniau i gyd yn hwyr yn cyrraedd yr ysgol y bore hwnnw. Golygai hynny, fel y gwyddai pawb, y byddai tymer ddrwg ar Beagley Bigog. Wrth i'r cwch ddod i mewn i harbwr Hen Grimsby ar Tresco, cofiodd Alfie ei freuddwyd yn ystod y gwyliau – fod yr ysgol wedi dymchwel, Beagley Bigog wedi troi'n frân ac wedi hedfan i ffwrdd. Roedd yn freuddwyd arbennig o fyw. Ond, yn anffodus, fel y darganfu'n fuan iawn, roedd yr ysgol yno o hyd a Beagley Bigog yno o hyd, yn canu'r gloch ar iard yr ysgol. Tybed, meddyliodd Alfie, fu o'n sefyll yno drwy'r gwyliau yn canu ei gloch felltith? Gwenodd wrth feddwl am y peth. Sylwodd Beagley. "Pam rwyt ti'n gwenu, Alfred

Wheatcroft? Dydan ni ddim yn gwenu yma, hogyn, neu oeddet ti wedi anghofio?"

"Nac oeddwn, syr."

Unwaith roedd pawb yn sefyll yn rhesi ar iard yr ysgol, galwodd Mr Beagley yr enwau ar y gofrestr yn ei lais cras, arferol. Edrychai'n filain ar bob plentyn, ei fawd wedi'i fachu ym mhoced ei wasgod a'i aeliau trwchus yn gwingo. Wrth ei ochr, rhoddai Miss Nightingale dic ger pob enw, fesul un, wrth iddyn nhw ateb.

"Liwsi," llafarganodd Mr Beagley, "sy'n cael ei hadnabod, medden nhw i mi, fel Liwsi Goll?" Yn y distawrwydd a ddilynodd, dechreuodd un neu ddau o'r plant biffian chwerthin. "Liwsi Goll, ble rwyt ti?" Edrychodd Mr Beagley yn fygythiol i fyny ac i lawr y rhesi. "Wyddost ti ble mae hi, Alfred Wheatcroft?" Ysgydwodd Alfie ei ben. "Wel, gawn ni weld beth wnawn ni efo hi. Ffugio salwch mae pawb sy'n absennol. Byddaf yn eu bwyta i frecwast, yn byddaf, blant?"

"Byddwch, syr," medden nhw fel côr, yn ufudd – yr ymateb arferol i unrhyw gellwair gan Beagley Bigog. Wnaeth Alfie ddim ymuno. Yna cododd Zeb ei law.

"Ella'i bod hi'n nofio drosodd, syr, gan mai môr-forwyn ydi hi. Wnâi hi ddim dod ar y cwch. Mae hi'n rhy dwp i ddod i'r ysgol beth bynnag!" Roedd y chwerthin yn uchel ac yn llawn hwyl.

"Distawrwydd!" rhuodd Mr Beagley. Bu distawrwydd ar unwaith, ond distawrwydd gyda sŵn rhywun yn piffian chwerthin. Rhywun, meddyliodd Alfie, fyddai mewn andros o helynt, oedd yn mynd i fod dan y lach gan Mr Beagley. Edrychodd Alfie dros ei ysgwydd i weld pwy oedd wrthi, pwy oedd am ei chael hi. Ond doedd neb yn piffian. Doedd neb hyd yn oed yn gwenu. Yn lle hynny, clywodd, fel roedden nhw i gyd erbyn hyn wedi clywed, sŵn rheolaidd carnau ceffyl yn dod o'r tu ôl i'r gwrych.

Funudau'n ddiweddarach, er mawr syndod a rhyfeddod i bawb, cerddodd Peg, gan ysgwyd ei phen a ffroenochi, i lawr y llwybr tuag at giât yr ysgol. Roedd hi'n wlyb domen, fel Liwsi Goll – oedd yn eistedd ar ei chefn, yn droednoeth, heb gyfrwy nac awenau, yn ei marchogaeth yn llyfn ac ystwyth gan edrych bron fel petai'n rhan o'r ceffyl ei hun.

PENNOD 13

Plentyn o dras anhysbys ac amheus

Cofnod Mr Beagley yn llyfr lòg yr ysgol, dydd Llun, 13 Medi 1915

Atebodd pymtheg ar hugain o blant eu henwau ar y gofrestr ar y dydd cyntaf hwn o dymor Mihangel. Neb yn absennol.

Dylid nodi, ac yn wir hysbyswyd y ficer eto fyth, na thrwsiwyd y teils uwchben y ffenest ddwyreiniol. Nid yw'r chwarel wydr sydd wedi torri yn y ffenest wedi'i hadnewyddu chwaith – er i mi wneud sawl cais. Rwyf wedi'i gwneud yn berffaith glir na fedrir defnyddio'r ystafell ddosbarth gefn os na wneir y gwaith cyn daw drycinoedd y gaeaf, a'r glaw yn cael ei hyrddio i'r ystafell. Unwaith yn rhagor mae brain wedi nythu yn y corn simnai ac wedi'i gau, fel yr adroddais ar ddiwedd y tymor diwethaf. Eto, does dim wedi'i wneud. Hoffwn nodi yma na fedraf, ac na wnaf, fod yn gyfrifol am unrhyw aflonyddu ar drefn yr ysgol fel canlyniad i hyn. O dan y fath amgylchiadau, gyda'r gwynt a'r glaw yn dod i'r adeilad, byddai'n amhosib cynnau tân yn y stof, ac ni fyddai gennyf ddewis ond cau'r ysgol.

Un disgybl newydd sydd yn yr ysgol y tymor hwn. Gelwir hi'n Liwsi Goll. Credir ei bod tua deuddeg mlwydd oed, plentyn o dras anhysbys ac amheus. Cafwyd hyd iddi wedi'i gadael yn ddiymgeledd ar Ynys Helen ryw dri mis yn ôl. Mr a Mrs Wheatcroft, Fferm Veronica, Ynys y Bryniau, sydd yn gofalu amdani. Daeth i'r ysgol yn hwyr, ac ar gefn ceffyl, wedi gwrthod dod ar y cwch o Ynys y Bryniau gyda'r plant eraill. Yn hytrach, gan fod llanw gwanwyn isel, ymddengys iddi gymryd yn ei phen i farchogaeth ar draws Sianel Tresco. Tarfodd hyn yn ddifrifol ar alw'r enwau ar y gofrestr, ac yn wir dyna oedd testun siarad yr holl ysgol drwy'r dydd, gan wneud dysgu'n anodd iawn. Roedd y digwyddiad wedi cynhyrfu'r disgyblion yn arw, ac o ganlyniad fe'm gorfodwyd i gosbi'r plant amryw o weithiau yn ystod y dydd. Dyma'r cofnod swyddogol:

Alfred Wheatcroft. Dwy slaes am ddigywilydd-dra.

Patience Menzies. Tair slaes am regi.

Billy Moffat a Zebediah Bishop. Dwy slaes yr un am gadw reiat a lluchio cerrig ar yr iard.

Mae arnaf ofn fod Liwsi Goll yn debygol o fod yn ddisgybl trafferthus iawn, yn tarfu ac yn aflonyddu ar bawb. Mae'n blentyn surbwch, gwyllt a blêr yr olwg – fel rhywun amddifad, digartref. Bydd angen iddi ddysgu ymddwyn yn well, a gwneud fel mae'r disgyblion eraill yn ei wneud. Dydi hi ddim yn siarad. Ymddengys na fedr hi ddim, neu ei bod yn gwrthod gwneud. Yr olaf, rwy'n amau. Dydi hi ddim, neu wnaiff hi ddim, ysgrifennu chwaith. Gan ei bod hi mor resynus o anwybodus, gymaint ar ei hôl hi, ac yn amlwg mor analluog, gosodais hi efo'r babanod yn nosbarth Miss Nightingale, nes iddi ddysgu siarad ac ysgrifennu fel y dylai un o'i hoed hi.

Yn ogystal, dylwn ddweud ei bod hi'n gymeriad hynod o annymunol. Nid yw'n edrych i fyw fy llygaid. Dyna arwydd, yn fy mhrofiad i, o anonestrwydd neu styfnigrwydd mewn plentyn – y ddau, mwy na thebyg. Ceryddais hi'n llym am wrthod siarad pan fydd rhywun yn siarad efo hi, a'i gwahardd yn bendant rhag cyrraedd yr ysgol ar gefn ceffyl eto. Rwyf wedi'i gwneud yn berffaith glir i Alfred Wheatcroft mai ei gyfrifoldeb ef yw gofalu ei bod hi'n teithio i'r ysgol ar y cwch yfory, fel plant eraill Ynys y Bryniau – y bydd canlyniadau difrifol i'r ddau os na wnaiff o.

I derfynu, bore heddiw dechreuais yr arferiad o godi a gostwng y faner, a chanu'r Anthem Genedlaethol bob dydd, er mwyn meithrin brwdfrydedd cenedlaethol priodol yn y disgyblion. Byddaf yn cynnal yr arferiad nes y daw'r rhyfel i ben a ninnau'n cario'r dydd.

Ar ôl ysgol, bu'n rhaid i Alfie a Liwsi aros tan yn hwyrach y pnawn hwnnw i'r llanw fod yn ddigon isel eto i farchogaeth Peg yn ddiogel ar draws Sianel Tresco i Ynys y Bryniau. Mynnodd Alfie eu bod yn mynd adref efo'i gilydd, ef ar y blaen a Liwsi y tu ôl iddo. Mewn un lle, yn rhan ddyfnaf y sianel, daeth yn amlwg i'r ddau mai nofio, nid cerdded, roedd Peg erbyn hyn. Teimlodd Alfie freichiau Liwsi'n tynhau o amgylch ei ganol, ei hwyneb yn gwasgu'n galed i'w gefn. Meddyliodd ar y dechrau mai ofn oedd yn gyfrifol. Yna dechreuodd obeithio, ac yna credu, nad oedd yn ddim o'r fath. Mai dangos ei bod yn ddiolchgar roedd hi, yn hoff ohono, hyd yn oed yn ei edmygu hefyd.

Roedd wedi synhwyro'i hedmygedd yn yr ysgol y bore hwnnw, pan oedd o wedi codi ar ei draed o flaen pawb a dweud wrth Mr Beagley na ddylid alltudio Liwsi i ddosbarth y babanod. Nad oedd yn iawn nac yn deg yn ei hoed hi. Fe'i cosbwyd am fod yn eofn – dwy slaes o'r gansen ar ei law. Cofiodd y dryswch a'r arswyd ar wyneb Liwsi wrth wylio. Yn amlwg doedd hi erioed wedi gweld y fath beth o'r blaen. Roedd dagrau yn ei llygaid hefyd, dagrau o dosturi. Hoffai Alfie hynny.

Os oedd unrhyw un yn wirioneddol ofnus yng nghanol y sianel, lle llifai'r môr yn llawer dyfnach a chyflymach na'r disgwyl, Alfie oedd hwnnw. "Popeth yn iawn, Liwsi. Paid â bod ofn," meddai wrthi, yn ymwybodol iawn mai fo, nid Liwsi, oedd angen y geiriau yma o gysur. "Mae Peg yn gwybod ble i fynd. Dal d'afael. Aiff hi â ni yno, gei di weld."

Ac fe wnaeth hi hefyd, er mawr ryddhad i Alfie. Stryffagliodd Peg yn ei blaen ac yn fuan roedden nhw allan o'r dŵr dwfn ac yn trotian drwy'r dŵr bas i fyny ar y Bae Gwyrdd. Yno ar y traeth arhosai dwsinau o bobl yr ynys i'w croesawu, Mari a Jim yn eu mysg. Roedd Yncl Wil i fyny ar ddec yr *Hispaniola* gyda'i sbienddrych, yn gwisgo'i het fôr-leidr ac yn eu gwylio'n marchogaeth. Sôn am groeso llawen a buddugoliaethus! I bob golwg, gwyddai pob enaid byw ar Ynys y Bryniau hanes syfrdanol diwrnod cyntaf Liwsi yn yr ysgol – fel roedd hi wedi marchogaeth drwy'r dŵr, ac Alfie wedi cael y gansen gan Beagley Bigog am ateb yn ôl, am gadw cefn Liwsi.

Ond fel y digwyddodd hi, bu'r ail ddiwrnod yn yr ysgol yn fwy cofiadwy na'r cyntaf, hyd yn oed. Gwyddai pawb fod llanw'r gwanwyn drosodd ac nad oedd yn bosib bellach i Liwsi farchogaeth ar draws y sianel i'r ysgol ar Tresco – buasai'r dŵr yn rhy ddwfn yn y canol, ac yn llawer rhy beryglus. Byddai'n rhaid iddi naill ai fynd ar y cwch efo'r plant eraill, neu beidio â mynd. Arhosai'r plant, ynghyd â Mr Jenkins, yn anniddigo fwy bob eiliad, yn y cwch, i gyd yn aros am Liwsi ac Alfie. Roedd y cwch yn llawn cyffro a dadlau a checru. Fydden nhw'n dod? Fyddai hi'n dod i mewn i'r cwch? Fyddai hi'n cael traed oer? A beth fyddai Beagley Bigog yn ei wneud os na fyddai hi'n cyrraedd yr ysgol?

Tawelodd pawb y munud y gwelwyd nhw'n dod rownd y gornel, y ddau ar gefn Peg, yn neidio i lawr ar y llwybr ac yn gadael Peg ar ôl. Cerddodd y ddau'n araf i'r cei tuag at y cwch, a Mr Jenkins yn rhuo arnyn nhw i frysio, eu bod nhw'n hwyr yn barod, ac y byddai "Mr Beagley yn eu bwyta'n fyw".

Neidiodd Alfie i'r cwch yn gyntaf a dal ei law allan i helpu Liwsi. Am funudau hir, petrusodd, yn sefyll yno'n edrych arno fo i ddechrau ac yna allan dros y sianel. *Beth fyddai'n digwydd nesaf?* meddyliodd pawb, Alfie gymaint â neb. "Brysia. Does gynnon ni ddim drwy'r dydd!" chwyrnodd Mr Jenkins. "Wyt ti'n dod neu dwyt ti ddim?" Gwelodd pawb Liwsi'n cau'i llygaid, yn cymryd anadl ddofn, ac un arall. Yna agorodd ei llygaid, ymestyn allan i afael yn llaw Alfie, cydio ynddi'n dynn, a chamu i lawr i'r cwch. Gwaeddodd rhai "Hwrê!" a phawb yn cymeradwyo ac yn curo dwylo. Eisteddodd Liwsi i lawr yn glòs at Alfie. Cadwodd ei phen i lawr a'i llygaid ar gau'r holl ffordd drosodd.

Safodd wrth ei ochr yn eu rhesi ar iard yr ysgol wrth iddyn nhw ganu'r Anthem Genedlaethol a'r faner yn cael ei chodi. Cadwodd yn glòs ato drwy gydol y Gwasanaeth Boreol, wrth i Mr Beagley lafarganu'r gweddïau o'r ddesg ddarllen a Miss Nightingale yn chwarae'r piano. Fe ganon nhw 'Iesu annwyl, ffrind plant bychain', hoff emyn Alfie, ei hoff diwn a ffefryn ei fam hefyd. Roedd o'n ei morio canu gyda brwdfrydedd mawr pan sylweddolodd nad oedd Liwsi'n canu. *Sgwn i pam?* meddai wrtho'i hun. *Tybed oedd hi'n gwybod unrhyw emynau? Oedd hi wedi bod mewn eglwys erioed?* Yna meddyliodd: *Wrth gwrs nad ydi hi ddim yn canu. Sut medr hi os na fedr hi siarad?* Ond wrth iddo bendroni fel hyn, sylwodd fod ei holl osgo wedi newid. Yn sydyn, roedd hi'n canolbwyntio, yn hollol lonydd, fel cath ar fin neidio, ei llygaid yn llydan agored ac wedi'u hoelio ar un lle. Doedd hi ddim fel petai'n anadlu, hyd yn oed. Gwelodd ei bod yn rhythu ar Miss Nightingale, bron fel petai'n ei hadnabod, fel petai wedi dod o hyd i berthynas fu ar goll yn hir ac yn methu coelio'i llygaid. Roedd hi'n ei chofio, yn cofio *rhywbeth*. Roedd Alfie'n sicr o hynny, yn berffaith sicr.

Ar ddiwedd yr emyn, cododd Miss Nightingale ar ei thraed. Caeodd gaead y piano'n dawel, a mynd i sefyll, fel bob amser, wrth ochr Mr Beagley tra oedd yn offrymu'r weddi olaf. Wrth iddo ddechrau, heb reswm o gwbl, gadawodd Liwsi ochr Alfie'n sydyn, a dechrau cerdded tuag at Miss Nightingale. Rhoddodd Alfie ei law allan i geisio'i rhwystro, ond roedd yn rhy hwyr. Doedd neb yn symud heb ganiatâd yng ngwasanaethau Mr Beagley. Ond roedd Liwsi'n gwneud. Symudai fel petai mewn breuddwyd, gan lithro drwy'r plant fel ysbryd. Ddywedodd neb 'run gair. Roedd hyd yn oed Mr Beagley wedi'i syfrdanu. Tawodd ar ganol y weddi. Disgwyliai Alfie iddo wylltio'n gandryll a ffrwydro unrhyw funud. Ond yn amlwg roedd yntau wedi rhyfeddu fel pawb arall yno. Ni fedrai wneud dim ond sefyll a syllu wrth i Liwsi symud yn araf heibio iddo, heibio i Miss Nightingale. Anelai'n syth at y piano.

Eisteddodd Liwsi i lawr. Cododd gaead y piano a dechrau chwarae ar unwaith. Chwarae'n dawel, yn pwyso dros yr allweddell gan ganolbwyntio'n gyfan gwbl ar sŵn y miwsig roedd hi'n ei greu. A gwrandawodd pawb, o'r plentyn lleiaf i Mr Beagley ei hun, yr un mor astud. Newidiodd y syndod at yr herio haerllug ar awdurdod Mr Beagley yn rhyfeddod oherwydd bod Liwsi'n chwarae mor fendigedig. Trodd Miss Nightingale at Mr

Beagley. "Mozart ydi o, Mr Beagley," sibrydodd. "Mae'n chwarae darn o gerddoriaeth Mozart. Wn i beth ydi o, dwi'n meddwl. Mae'n ei chwarae mor dda."

Ar hynny, ffrwydrodd Mr Beagley. "Rhag dy gywilydd di'n torri ar draws fy ngwasanaeth boreol i!" rhuodd, yn brasgamu ar draws yr ystafell tuag at Liwsi wrth y piano. "Dos yn ôl i dy le ar unwaith."

Ond, a hithau wedi ymgolli'n llwyr yn y miwsig, daliodd Liwsi ati i chwarae. Safodd Mr Beagley uwch ei phen yn taranu am rai munudau cyn slapio'i dwylo ymaith a chau caead y piano'n glep. "Piano," meddai hi'n ddistaw ac yna lledodd gwên dros ei holl wyneb. "Piano," meddai hi wedyn, yn edrych i fyny arno.

Collodd Mr Beagley arno'i hun yn lân. Cydiodd ym mraich Liwsi a'i sgrytian ar ei thraed. "Felly rwyt ti *yn* siarad," tantrodd. "Yn union fel roeddwn i'n meddwl. Ystryw ydi'r holl smalio bod yn fud yma. Dim byd ond twyll. Ffordd o dynnu sylw atat dy hun. Ddwedais i wrth Doctor Crow. Ddwedais i wrth Mrs Wheatcroft. Yn fuan iawn byddaf wedi dy gael di i siarad ac ysgrifennu ac ymddwyn fel pob plentyn arall yn f'ysgol i. A chred ti fi, fe wna i. Fe wna i. Fe wna i. Wyt ti'n fy neall i? Wyt ti?"

Yn ei gynddaredd, cydiodd yn Liwsi gerfydd ei hysgwyddau a'i hysgwyd. Martsiodd hi'n ôl i'w lle. Yna, aeth yn ôl at y ddarllenfa, ei hel ei hun at ei gilydd, a siarad â'r ysgol gyfan. "Bydd Liwsi Goll rŵan yn ymddiheuro i ni i gyd am dorri ar draws ein gweddïau. Siarad, blentyn. Siarad. Deud fod yn ddrwg gen ti. Brysia. Deud!"

Wnaeth Liwsi ddim siarad, ond sychodd ei dagrau â chefn

ei llaw. Yna, edrychodd i fyny arno, i ganol ei wyneb.

"Hollol haerllug a herfeiddiol," aeth Mr Beagley yn ei flaen. "Mae dau'n medru chwarae'r gêm yna, wyddost ti. Os wyt ti eisio smalio bod yn dwp, fedra innau wneud hefyd. A phob plentyn arall yn f'ysgol i. Fydd neb yn siarad efo ti heddiw, drwy'r dydd. Wyt ti'n deall? Nac wyt? Wel, ddyweda i wrthyt ti. Fydd neb yn deud yr un gair wrthyt ti o hyn hyd ddiwedd y dydd – bydd hynny'n dysgu gwers i ti. Y gansen fydd hi – nage, y pren mesur – i unrhyw un fydd yn meiddio torri gair efo Liwsi Goll. Ydi pawb yn deall?"

Yn sicr, roedd Alfie wedi bod yn poeni sut y byddai ei "chwaer" newydd, ryfedd, ei "chwaer fôr-forwyn" yn cael ei thrin gan bawb ar ôl iddi ddod i'r ysgol. Doedd 'run o'r arwyddion cynnar, ar ôl ei hymddangosiad anesboniadwy ar yr ynys, ar ôl iddyn nhw roi cartref iddi, yn dda. Roedd holl blagio a gwawdio Zebediah Bishop, gwatwar a herian, pryfocio ac edliw ei hen ffrindiau annifyr yn gwneud sbort am ei ben, hyd rŵan, wedi gwneud ei fywyd yn boen yn yr ysgol. Roedd o wedi disgwyl y byddai pethau'n gwaethygu, gan fod Liwsi'n dod i'r ysgol efo fo. Ond yn hollol annisgwyl, nid felly y digwyddodd pethau.

Yn hytrach, hyrddiwyd Liwsi ar unwaith i enwogrwydd mawr a phoblogrwydd cyffredinol. I ddechrau, drwy gyrraedd yr ysgol ar gefn ceffyl, ac yna drwy chwarae'r piano yn y Gwasanaeth Boreol. Byddai'r rhain wedi bod yn ddigon ar eu pennau'u hunain i'w gwneud yn destun siarad drwy'r ysgol, ond roedd cosb Beagley Bigog yn rhwystro pawb rhag siarad â hi'n ddigon i'w gwneud yn arwres. Roedd Alfie ei hun yn boblogaidd yn sydyn, drwy gysylltiad, yn arbennig ar ôl i Mr Beagley ei ddal yn siarad efo Liwsi Goll ar yr iard yn ystod amser chwarae, a'i gosbi yn y fan a'r lle o flaen pawb – tri thrawiad gan y pren mesur arswydus, yr ymyl ar y migyrnau'n gyntaf, hoff gosb Mr Beagley. Roedd yn brifo, yn brifo'n ddychrynllyd. Ond bob tro y syrthiai'r pren, a thafod Mr Beagley rhwng ei ddannedd, ei wyneb wedi'i ystumio'n gam gan ffyrnigrwydd cynddeiriog, synhwyrai Alfie ei fod o'i hun yn mynd yn fwy poblogaidd bob eiliad. Ac roedd hynny'n help mawr i leddfu'r boen yn ei ddwylo.

PENNOD 14

Dagrau a gwenau

Pan glywodd Mari y noson honno sut roedd Mr Beagley wedi trin Liwsi ac Alfie, roedd ar dân i fynd draw i Trecso ar unwaith i roi pryd o dafod iddo. Ond gwneud pethau'n waeth fyddai hynny, meddai Alfie, ac roedd Jim yn cytuno. "Gad i Alfie a Liwsi rwyfo'u cwch eu hunain, Mari-mw," meddai wrthi pan oedden nhw ar eu pennau'u hunain yn ddiweddarach. "Maen nhw'n gwneud yn eitha da, dwi'n meddwl. Dydi o ddim yn iawn, mae hynny'n siŵr. Ond dyna be mae'n rhaid i rywun ei neud yn yr ysgol, am wn i. Cymryd y gosb ac edrych ar ôl ei hunan. Nid darllen a sgwennu yn unig mae rhywun yn ei ddysgu, nage?"

Ond tra oedd yn gorwedd yn effro y noson honno, bu Jim yn pendroni'n hir. Penderfynodd nad oedd hyn yn deg. Roedd Mari yn llygad ei lle – nid cosbi oedd hyn ond creulondeb. Dylid dweud rhywbeth, a'i le o oedd ei ddweud, y cyfle cyntaf gâi o.

Rai dyddiau'n ddiweddarach pan oedd ar Tresco yn gwerthu crancod, digwyddodd weld Mr Beagley yn dod ar hyd y ffordd ar gefn ei feic. Stopiodd Jim o yn y fan a'r lle. Dywedodd wrtho'n union beth roedd o'n ei feddwl ohono, yn dawel ac yn gwrtais, gan adael Mr Beagley heb unrhyw amheuaeth o gwbl beth oedd ei farn. "Dyma rybudd teg i chi, Mr Beagley," meddai Jim. "Peidiwch chi â bod mor galed ar Liwsi Goll ni, ac Alfie ni hefyd, neu bydd raid i chi ateb i mi."

"Fy mygwth i ydach chi, Mr Wheatcroft?" holodd Mr Beagley, yn grynedig braidd – wedi synnu'n sicr.

"Nage, nid bygythiad," atebodd Jim. "Addewid. Defnyddio abwyd yn lle gwialen fedw. Dyna fy nghyngor i, Mr Beagley, os ydach chi'n deall be ydw i'n feddwl. Er eich lles eich hun, a'r plant petai'n dod i hynny."

Soniodd Jim 'run gair wrth neb gartref am y cyfarfod hwn. Ond bu'n llwyddiant. Ar ôl hyn roedd Mr Beagley fel petai'n dod o hyd i ddioddefwyr eraill i'w piwsio. Gadawodd Liwsi Goll fwyfwy yng ngofal Miss Nightingale, a fu dim rhagor o gosbi a dial ar Alfred Wheatcroft.

Roedd anallu Liwsi i siarad, darllen ac ysgrifennu'n iawn yn peri mwy a mwy o benbleth i Miss Nightingale, oherwydd ei bod hi'n amlwg yn blentyn deallus, yn eithriadol o ddawnus wrth chwarae'r piano, ac wrth arlunio hefyd. Sylwodd ei bod yn gwrando'n astud ar storïau'n cael eu darllen yn uchel. Gwelodd mor ystyriol a meddylgar oedd hi efo'r plant eraill yn y dosbarth – pob un ohonyn nhw o leiaf bump neu chwe blynedd yn iau na hi. Doedd dim ots ganddyn nhw ei bod hi mor ddistaw ac od. Rywfodd roedden nhw'n cael eu denu ati, eisiau closio ati, eistedd ar ei glin a chwarae efo hi. Yn fuan roedd Liwsi fel mam ddistaw iddyn nhw ac yn fraich dde dda i Miss Nightingale, yn cau careiau, yn sychu dagrau, yn sychu trwynau.

Y siom feunyddiol i Miss Nightingale oedd na fedrai berswadio Liwsi i yngan yr un gair – er gwaethaf ei holl ymdrechion. Doedd dim cynnydd o gwbl yn y cyfeiriad hwnnw. Ond o ran yr ysgrifennu, fodd bynnag, roedd arwyddion llawer mwy gobeithiol ac argoelion o addewid. Dan arweiniad caredig Miss Nightingale, wedi iddi ddechrau'n betrus ac yn araf, roedd Liwsi'n dechrau magu llawer mwy o hyder, yn medru copïo mwy a mwy o eiriau yn ei llyfr ysgrifennu. Byddai'n dod at y bwrdd du bob dydd ac yn ysgrifennu gair ar gyfer y dosbarth fel roedd gweddill y plant yn ei wneud, ac roedd Miss Nightingale wrth ei bodd ei bod hi weithiau'n medru ysgrifennu rhai geiriau hwy hefyd, er bod ei llawysgrifen yn araf ac yn llafurus o hyd. Er bod ei sillafu'n aml o chwith, ffurfiai lythrennau'n well bob dydd, yn eu clymu'n aml heb i neb ddangos iddi sut i wneud, er syndod i Miss Nightingale. Roedd hi fel petai'n ysgrifennu yn fwy naturiol bob dydd, bron, meddyliodd Miss Nightingale, fel petai'n ailddarganfod rhywbeth roedd hi wedi'i ddysgu'n barod, ond oedd rywfodd wedi'i guddio rhagddi.

Nid plentyn anllythrennog oedd hi. Nid plentyn gwyllt, heb gael ei dysgu. Roedd hi ymhell iawn o fod yn wallgo neu'n hurt, fel y mynnai Mr Beagley yn gyson ei bod hi. Doedd dim colled arni. Petai hi'n araf ei meddwl, fel roedd o'n dweud – a doedd Miss Nightingale ddim yn credu hynny am funud – yna roedd rhesymau am hynny, ac roedd hi'n benderfynol o ddarganfod beth oedden nhw.

Roedd cynnydd Liwsi efo'i hysgrifennu, er na fedrai sillafu o hyd, yn gwneud i Miss Nightingale obeithio y gallai siarad cyn bo hir, petai hi'n gallu meistroli'r gair ysgrifenedig. Y peth pwysicaf, yn ei barn hi, oedd fod yn rhaid iddi ddod i adnabod y plentyn yma, dod yn ffrind iddi, llwyddo i dawelu ei phryderon, beth bynnag oedden nhw. Credai'n siŵr mai ofn oedd wrth wraidd trafferthion Liwsi. Efallai y byddai'n cael gwared â'r ofnau hynny ac yn darganfod ei llais a'i chof eto drwy gyfeillgarwch a ffydd mewn ffrindiau.

Felly, yn groes iawn i ewyllys Mr Beagley, byddai Miss Nightingale yn annog Liwsi i ddod at y piano i chwarae mor aml â phosib. Doedd hi ddim yn dda am chwarae graddfeydd, ac fel y rhan fwyaf o blant roedd Miss Nightingale wedi'u dysgu, ychydig iawn o ddiddordeb oedd ganddi yn eu hymarfer. Ond gwyddai stôr o ddarnau ar ei chof, ac roedd yn amlwg wedi dotio atynt. Chwaraeai'r rheini'n fedrus a gydag ymroddiad bob amser. Pleser pur i Miss Nightingale oedd gwrando arni. Doedd hi erioed wedi gweld plentyn wedi ymgolli cymaint mewn cerddoriaeth. Pan chwaraeai Liwsi, roedd hi fel petai mewn byd hollol wahanol.

Manteisiai Mr Beagley ar bob cyfle posib i atgoffa Miss Nightingale nad ei gwaith hi oedd dysgu plant i chwarae'r piano, fod yr offeryn yno i gyfeilio i emynau yn y Gwasanaeth. Ond ei dadl gref hi oedd y dylid annog plant i wneud yr hyn maen nhw'n hoffi'i wneud, mai dyna sut mae plant yn ennill hyder. Er mai ifanc oedd hi, doedd ar Miss Nightingale ddim mymryn o ofn Mr Beagley. Dadleuai hi'n gryf o blaid y plant, ac roedd hynny'n dân ar ei groen. Ond roedd gan y plant ffydd ynddi ac roedden nhw'n ei hoffi. Wrth iddyn nhw dyfu'n hŷn, daeth yn chwaer fawr, garedig iddyn nhw i gyd, yn mynnu trefn pan oedd angen, ond bob amser yn amyneddgar ac yn llawn cydymdeimlad ac o'u plaid nhw.

Rhoddai hi'r darlun gorau posib i Mr Beagley o sut roedd Liwsi'n dod yn ei blaen, gan wybod yn union mor annheg a beirniadol y gallai fod ohoni, fel y byddai bob amser gyda phlant ag unrhyw fath o anhawster dysgu neu broblem ymddygiad. Ond yn ei barn hi, roedd yn arbennig o lawdrwm ar Liwsi Goll, gan ei chasáu'n fwy na'r lleill, casineb a fyddai'n cael ei gadarnhau'n feunyddiol yn ei agwedd tuag ati ac yn aml yn cael ei gofnodi yn llyfr lòg yr ysgol. Mynnai hi, yn groes i'w ewyllys, ei ddarllen bob hyn a hyn, waeth beth roedd o'n ei ddweud. Ei dadl oedd nad ei lyfr o oedd o, ond llyfr yr ysgol, a bod ganddi hawl i'w ddarllen.

Cofnod Mr Beagley yn llyfr lòg yr ysgol, dydd Gwener, 15 Hydref 1915

Atebodd tri deg tri eu henwau ar y gofrestr. Dau yn absennol. Amanda Berry gyda'r frech goch. Morris Bridgeman gyda'r ffliw eto. Yn ei achos o, rwyf yn amau ei fod yn chwarae triwant.

Mae Miss Nightingale yn mynnu bod Liwsi Goll yn gwella bob dydd. Ond ni welaf i'r un arwydd. Mae'n ysgrifennu'n well, meddai hi, ond byth yn siarad. Anaml mae hi'n cyfathrebu â'r plant eraill, a hynny'n unig drwy arwyddion gydag Alfred Wheatcroft yn dehongli. Mae o wrth ei hochr yn gyson, bron. Dywed Miss Nightingale fod Liwsi'n swil. Rwyf i'n credu ei bod yn feddyliol ddiffygiol, a'r distawrwydd, wedi'i ffugio ai peidio, yn arwydd o ymennydd cythryblus. Yn sicr, nid ysgol i blant cyffredin ydi'r lle i blentyn fel Liwsi, fel y dywedais dro ar ôl tro wrth Doctor Crow. Fy marn bendant i, ac rwyf wedi dweud a dweud hyn wrth y doctor a'r ficer, ydi y dylid ei symud oddi wrth y teulu Wheatcroft ac o'r ysgol hon. Dylid cael lle iddi mewn sefydliad addas i ofalu am y rhai gwan eu meddwl. Ysgrifennais ddau lythyr bellach at Fwrdd yr Ysgol, ond heb iddyn nhw weld yn dda i f'ateb i hyd yn hyn.

Yn ystod y penwythnos mae'n rhaid bod gwylan wedi hedfan i mewn i ystafell ddosbarth yr ysgol drwy'r ffenest sydd wedi torri. Cefais hyd i'r creadur wedi marw ar y llawr pan ddes i mewn i'r ystafell y bore 'ma . . . Roedd yr anhwylustod achoswyd yn ddifrifol iawn. Bu'n rhaid i mi ohirio agor yr ysgol am ugain munud tra oeddwn yn glanhau'r llanast. Ni ddaeth Miss Nightingale i'r gwaith heddiw. Mae'n dioddef efo'i nerfau, medden nhw. Bu'n rhaid i mi ddysgu'r ysgol gyfan ar fy mhen fy hun. Annerbyniol iawn.

Diwrnod gwyntog, felly roedd y plant yn dueddol o gadw reiat. Gorchmynnais i bawb fwyta cinio mewn distawrwydd ac aros i mewn drwy'r pnawn.

Erbyn yr hydref, roedd wal gyfan yng nghegin Fferm Veronica wedi'i gorchuddio gan glytwaith o luniau wedi'u gwneud gan Liwsi. I fyny'r grisiau yn ei llofft, prin roedd y waliau i'w gweld o gwbl. Pan ddechreuodd drycinoedd cyntaf yr hydref – ac roedden nhw'n dod yn aml y flwyddyn honno – ac Alfie a Liwsi'n methu croesi'r sianel i'r ysgol, na mynd allan ar gefn Peg, eisteddai hi i lawr wrth fwrdd y gegin yn tynnu lluniau ac yn gwrando ar y gramoffon drwy'r adeg. Ond ar ddyddiau felly, byddai Alfie'n gweithio ar y fferm efo'i dad. Doedd dim yn well ganddo na pheidio mynd i'r ysgol.

Lluniau o fyd natur, o fywyd o amgylch yr ynys, oedd y rhan fwyaf o luniau Liwsi. Lluniau morloi, morfrain, piod y môr – mwy o'r rheini nag unrhyw aderyn arall. Ond hefyd gwylanod a chrancod, cimychiaid a physgod, pob math o bysgod, penwaig, pysgod gwyn a sêr môr. Yn rhyfedd iawn roedd yno beunod hefyd, amryw o luniau o beunod, ond i gyd 'run fath gyda phlu'r gynffon ar led. Lluniau o'r teulu hefyd – Mari'n pobi a Jim yn trwsio rhwydi, Alfie'n dal berdys ac un neu ddau o Yncl Wil yn sefyll ar fwrdd yr *Hispaniola* ac yn gwisgo'i het Long John Silver.

Un o Doctor Crow, ei getyn yn ei geg, yn eistedd yng nghadair Jim wrth y stof. Amryw o Peg, wrth gwrs – Peg yn pori, Peg yn cysgu, Peg yn carlamu. Lluniau manwl o'i phen, ei thraed, ei chlustiau.

Ond yn eu mysg roedd lluniau o adeiladau dieithr iawn i Alfie, Mari a Jim. Dinas efo strydoedd llydan a thai mawr urddasol efo grisiau'n arwain at y drysau ffrynt. Amryw o bobl doedden nhw ddim yn eu hadnabod – hen ŵr a hen wraig yn trin dau geffyl. Un arall o wraig grandiach yr olwg mewn het gyda phlu mawr a milwr mewn lifrai wrth ei hochr. Llyn gyda hwyaid yn nofio arno. Dro ar ôl tro roedd hi wedi tynnu llun o gawr gyda mwstásh yn eistedd ar lan yr un llyn. Cydiai mewn llyfr, ac o gwmpas ei draed roedd hwyaid yn syllu arno fel petai'n darllen stori iddyn nhw.

Arluniai Liwsi'n ddeheuig ac yn fedrus iawn, a'r darluniau fel petaen nhw'n tywallt ohoni. Unwaith roedd hi wedi gorffen llun, symudai ar unwaith at y nesaf, heb betruso, bron fel petai darlun newydd yn dod i'w phen a bod yn rhaid iddi'i roi ar bapur. Dro ar ôl tro bydden nhw'n ei holi ynghylch y lluniau. Holi pwy oedd y bobl, ble roedd yr adeiladau a'r strydoedd. Ond y peunod oedd y benbleth fwyaf. Pam cymaint o beunod? Roedd y teulu i gyd ar bigau'r drain eisiau gwybod rhagor, eisiau datod dirgelwch y straeon y tu ôl i'r lluniau, yn gwybod bod y straeon yno, yn rhywle yn ddwfn yn ei chof, wedi'u cloi rhagddi hi'i hun, a hwythau. Roedden nhw hefyd yn gofyn am eu bod yn teimlo fwyfwy ei bod hi eisiau'u cofio a'u dweud wrthyn nhw, ei bod hi'n ysu am gofio, yn dyheu am siarad.

Ond os oedden nhw'n holi gormod, neu'n rhy aml, neu'n pwyso arni'n rhy drwm – ac ohonyn nhw i gyd, Mari oedd yn fwyaf tueddol o wneud hynny – byddai Liwsi'n ddagreuol yn sydyn, ac yn rhedeg i fyny'r grisiau i'w llofft, i grio, i fod ar ei phen ei hun. Y dyddiau hyn byddai'n crio mor aml ag roedd hi'n chwerthin. Roedd yn gas gan Mari ac Alfie ei chlywed hi'n crio. Byddai Jim bob amser yn dweud wrthyn nhw am beidio â phoeni, ei fod yn arwydd da. "Dagrau a gwenau," meddai. "Maen nhw'n dangos ei bod yn dod ati'i hun. A dyna ydan ni eisio, yntê?"

Y tro nesaf y daeth y doctor i'w gweld, roedd Liwsi`ac Alfie wedi mynd am dro ar gefn Peg. Roedd yn rhy arw i bysgota, felly roedd Jim gartref. Roedd Mari wedi gwasgaru'r lluniau dros fwrdd y gegin, ac yn eu dangos yn falch i'r doctor. Dywedodd bopeth roedd Miss Nightingale wedi'i ddweud ynghylch mor dda roedd Liwsi'n gwneud yn yr ysgol y dyddiau hyn, sut roedd ei hysgrifennu yn gwella a hyd yn oed ei sillafu, mor dda roedd hi'n chwarae'r piano, mor wych oedd ei lluniau. Sylweddolodd Jim toc nad oedd y doctor wedi dweud fawr ddim ers pan gyrhaeddodd, nad oedd yn gwrando'n iawn ar Mari. Doedd hynny ddim yn debyg iddo fo.

"Oes rhywbeth ar eich meddwl, doctor?" gofynnodd Mari.

Petrusodd y doctor cyn ateb. "Mae hyn i gyd yn newyddion ardderchog," dechreuodd. "Gwych. Ble bynnag dwi'n mynd rydw i'n clywed straeon ynghylch sut mae'r plant eraill wedi cymryd at Liwsi yn yr ysgol. 'Mam fach' maen nhw'n ei galw yn ei dosbarth hi. Wyddoch chi hynny? Ond mae gen i newyddion sydd ddim mor dda, mae arna i ofn. Mae'n debyg fod Dei Fawr Bishop wedi bod yn agor ei geg fawr, yn sôn am flanced gododd o ar Ynys Helen yr un diwrnod ag y cawsoch chi ac Alfie hyd i

Liwsi Goll. Mae'n mynnu bod enw wedi'i frodio ar y flanced. *Wilhelm* oedd o, meddai fo, sef yr un enw â'r Kaiser Almaenig. Felly mae Dei Fawr yn deud wrth bawb mae'n rhaid mai Almaenes ydi Liwsi. Dydi hi ddim yn amser da i fod yn Almaenwr ar Ynysoedd Sili a Phrydain ar hyn o bryd. Nac yn amser da i neb amau bod rhywun yn dod o'r Almaen chwaith. Meddwl oeddwn i y dylwn eich rhybuddio – bod arna i ofn y bydd 'na helynt cyn bo hir."

PENNOD 15

Môr Iwerydd, Mai 1915

Torpido! Torpido!

Ar y dechrau, edrychai'n debyg fy mod i'n mynd i dreulio'r rhan fwyaf o'r fordaith yn gaeth yn ein caban, oherwydd aeth Mami'n sâl bron cyn i ni golli golwg o'r lan. Ar ôl hynny, doedd hi ddim yn ddigon da nac yn ddigon cryf i godi. Am ddiwrnod neu ddau wnes i ddim gadael ei hochr. Cysgai am oriau maith, a phan oedd hi'n effro teimlai'n rhy sâl i falio ble roeddwn i'n mynd na beth roeddwn i'n ei wneud. Gorweddai yno yn ei chôt nos patrwm paun – dywedai fod ei gwisgo hi'n gwneud iddi deimlo'n gartrefol – mor welw â'i gobenyddion, yn dioddef o salwch môr difrifol. Gwrthodai fwyta dim byd o gwbl ar y dechrau, ac yna cawl yn unig.

Yn y diwedd – a hyd heddiw, er mawr gywilydd i mi orfod cyfaddef hynny – blinais eistedd yno'n gwneud fawr ddim heblaw ei gwylio hi. Treuliwn fy amser yn aros iddi ddeffro. Pan fyddai'n gwneud o'r diwedd, roeddwn yn ei helpu i godi ar ei heistedd, trefnu ei gobenyddion a bwyta'i chawl. Roedd hi'n rhy wan i wneud fawr drosti'i hun. Weithiau treuliwn oriau'n penlinio ar fy ngwely, yn syllu'n genfigennus drwy'r portwll ar yr holl blant eraill yn rhedeg o gwmpas islaw i mi ar y dec. Pan doedd neb yno, syllwn ar lwydni'r awyr a'r môr tu hwnt, ar wacter maith tonnau'r cefnfor yn chwyddo, yn codi ac yn gostwng.

Yswn am gael mentro allan bob hyn a hyn. Dim ond am

dipyn bach. Cael mynd i fyny ar y dec i redeg a chwarae. Yn y diwedd cynlluniais sut y medrwn fynd, a thawelu fy nghydwybod yr un pryd. Penderfynais aros i Mami syrthio i gysgu, gadael nodyn iddi ar y bwrdd wrth erchwyn y gwely yn dweud y byddwn yn ôl yn fuan, a sleifio o'r caban i weld gweddill y llong a dod o hyd i ffrindiau, efallai. Yn ôl pob tebyg byddwn yn ôl cyn i Mami wybod fy mod wedi mynd. Ond dydw i ddim yn meddwl y byddwn wedi gwneud heb gymorth a chefnogaeth rhywun fyddai'n dod, yn ystod y dyddiau nesaf, yn ffrind ac yn gwmni mor dda i mi – Brendan Doyle. Yn fuan iawn, diolch iddo fo, fe ddes i adnabod y llong gystal, os nad yn well nag unrhyw deithiwr arall.

Fo oedd y stiward caban oedd â gofal amdanom ar y daith ac yn dod â'r cawl i Mami. Gofynnais iddo – yn ddigywilydd braidd wrth feddwl am y peth – pam roedd o'n siarad fel roedd o'n gwneud, pam roedd ei Saesneg yn swnio'n fwy fel canu na siarad. Atebodd ei fod wedi'i fagu mewn lle bychan o'r enw Kinsale, yn Iwerddon, ac y gallasai hynny fod â rhywbeth i'w wneud â'r peth. Mae'r ffordd mae rhywun yn siarad yn dod efo llaeth eich mam, meddai wrthyf unwaith. Roedd hynny, meddyliais, yn beth rhyfedd iawn i'w ddweud. Wyddwn i ddim am beth roedd o'n sôn, ddim bryd hynny. Yn Lerpwl roedd o'n byw erbyn hyn, meddai. Yno roedd bron pawb roedd yn ei adnabod wedi dod o Iwerddon hefyd, ac yn siarad fel roedd o'n gwneud. Petaen ni'n ddigon lwcus, meddai, allen ni gael cip ar Iwerddon wrth fynd heibio i Lerpwl ymhen ychydig ddyddiau.

Roeddwn i'n hoffi Brendan ar unwaith, am ei fod yn garedig ac yn llawn hwyl, ac am ei fod yn gwneud popeth o fewn ei allu i wneud Mami'n gyfforddus, i geisio'i chael i fwyta rhywbeth mwy sylweddol na chawl – heb lwyddiant – ond byth yn rhoi'r ffidil yn y to. Fo swcrodd fi i godi allan tipyn mwy, oedd, wrth gwrs, yn cyd-fynd â'm cynlluniau i ddianc. Dywedodd fy mod yn edrych bron mor biglwyd â Mami, nad oedd yn lles i mi fod yn y caban am oriau. Dylwn fynd i'r ystafell fwyta a chyfarfod rhai o'r teithwyr eraill. Roedd plant i fyny yno y gallwn chwarae efo nhw. Addawodd y byddai o'n picio i weld Mami tra byddwn i wedi mynd. Byddai'n gofalu amdani. Fe fyddai hi'n berffaith iawn.

Ei gyngor doeth oedd yr unig esgus oedd angen arnaf i adael Mami ar ei phen ei hun. Felly, ar ôl rhoi gwybod i Brendan, amser cinio ar ein hail ddiwrnod llawn ar y môr, gadewais nodyn i Mami wrth erchwyn ei gwely, ac es i'r ystafell fwyta. Roedd yn union fel roeddwn i wedi'i ddychmygu, fel ystafell ddawns fawreddog. Cofiaf y lle'n disgleirio o oleuadau a siandeliriau mawr, a phawb yno'n edrych yn sidêt ac yn bwysig. Wrth i mi ddilyn y gweinydd at fy mwrdd, teimlais bawb yn syllu arnaf. Doeddwn i ddim yn hoffi hynny o gwbl. Yn waeth fyth, roeddwn yn eistedd ar fy mhen fy hun a wyddwn i ddim ble i edrych. Ond yn sydyn doeddwn i'n malio dim mwyach, a hynny am fod y miwsig wedi dechrau. Roedd yn dod o biano yng nghanol yr ystafell, piano cyngerdd anferth, a hwnnw'n sglein i gyd.

Ni chymerais sylw o'r bobl na'r moethusrwydd drud o'm cwmpas. Cefais fy nghyfareddu gan y gerddoriaeth. Bwyteais y bwyd roddwyd o'm blaen heb gymryd fawr o sylw ohono. Y gerddoriaeth oedd yn fy mwydo i. Fflachiai gwên y pianydd gwallt arian ar bawb wrth i'w fysedd ddawnsio dros yr allweddell. Sôn am biano: y piano cyngerdd mwyaf ysblennydd a welais i erioed. Chwaraeai'n dyner weithiau, weithiau'n danbaid, ond drwy'r adeg yn rhwydd iawn, efo andros o steil.

Yn ystod y cinio cyntaf hwnnw, hefyd, y cefais fy mabwysiadu gan deulu wrth y bwrdd agosaf. Ar ôl gweld fy mod ar fy mhen fy hun, fe gymeron nhw drugaredd arna i, mae'n debyg, a rhoi gwahoddiad i mi ymuno â nhw. Sylweddolais ar unwaith mai'r teulu oedd bron wedi colli'r llong yn Efrog Newydd oedden nhw. Mae'n ddrwg gen i ddweud fy mod wedi anghofio'u cyfenw. Ond yn fuan iawn daeth Paul, ddywedodd wrthyf ar unwaith ei fod yn bump oed, a'i chwaer, Celia, nad oedd ond tair, a minnau'n ffrindiau mawr. Bob tro roeddwn i'n bwyta efo nhw ar ôl hynny – ac roedden nhw'n mynnu fy mod yn gwneud bob tro roeddwn i'n mynd i'r ystafell fwyta – gwnâi'r plant i mi eistedd rhyngddyn nhw. Hoffai Celia i mi roi bwyd i'w thedi bêr, a gwnawn hynny. Roedd hi braidd yn siaradus, yn dweud wrthyf nad oedd ots mai dim ond un llygad oedd gan ei thedi bêr, a'i fod yn ddigon hapus gan ei fod yn gwenu bob amser.

Ar ôl i mi sôn fy mod yn hoffi chwarae'r piano, aethon nhw â fi draw a'm cyflwyno i'r pianydd gwallt arian. Ffrancwr o'r enw Maurice oedd o, meddai, o Baris.

Pan oeddwn i'n mynd, fel yr awn yn aml, am dro gyda'r teulu i gyd ar hyd y dec, weithiau teimlwn ddwylo bach y plant yn gafael yn fy nwylo i, un bob ochr. Hoffwn smalio fy mod yn chwaer hŷn iddyn nhw, ac roedd eu rhieni fel petaen nhw'n hoffi hynny hefyd. Roedden nhw wastad yn garedig, y fam yn mynd i ymweld â Mami yn y caban weithiau, i edrych a fedrai hi wneud unrhyw beth iddi.

Ond er cymaint roeddwn i'n hoffi bod efo nhw, efo Brendan Doyle y cefais yr amser gorau. Bob tro y byddai ganddo amser i'w sbario, byddai'n fy arwain am dro o gwmpas y llong, i rywle gwahanol bob tro, rhywle newydd. Yn aml byddai'n fy arwain i lefydd nad oedd teithwyr fel fi i fod i fynd iddyn nhw, meddai fo, ond bod popeth yn iawn os oeddwn efo fo. Fe aethon ni i weld rhan Dosbarth Cyntaf y llong – Ail Ddosbarth oedd Mami a fi – a hefyd i lawr i ddyfnderoedd y llong, lle roedd teithwyr y Trydydd Dosbarth yn byw. Yno roedd y lle dan ei sang ac yn gyfyng – pobl yn swatio efo'i gilydd, eu llygaid yn dywyll ac yn druenus; plant yn snwffian crio a'r drewdod yn ddychrynllyd. Ond yn waeth fyth, a hyd yn oed yn is i lawr, roedd y boeleri anferthol a'r peiriannau. Yno roedd taranu a dyrnu'r pistonau'n fyddarol, a drewdod a gwres y ffwrneisi mor llethol fel mai prin y medrwn anadlu. Yma, meddai Brendan, llafuriai dynion yn hir a diflino bedair awr ar hugain y dydd i gadw'r llong i fynd.

I lawr yno yng nghrombil y llong y teimlais wir nerth y llong fawr yma. Gwelais drosof fy hun mor galed oedd hi ar y dynion a weithiai yno. Dywedodd Brendan fod angen bron i ddau gant o ddynion i yrru'r llong. I mi, roedd fel gweledigaeth o uffern ei hun. Roeddwn yn dyheu am fynd yn ôl i fyny ar y dec i lenwi fy ysgyfaint ag awyr iach y môr eto.

Yn aml safwn efo Brendan ar y starn yn edrych dros y cefnfor ar yr ewyn yn corddi ac yn lledu y tu ôl i'r llong. Dyna fy hoff le i, ac yntau hefyd i bob golwg. I mi roedd yr ewyn fel llwybr yn ôl adref, yn ôl i Efrog Newydd a Pippa, Yncl Mac ac Anti Cwac. Roedd Brendan mor falch o'r llong. Bu'n gweithio arni am saith mlynedd erbyn hyn, meddai fo, byth ers pan gafodd ei lansio, a doedd o erioed wedi colli'r un fordaith. Roedd ganddo feddwl y byd ohoni, a'r bobl oedd yn gweithio arni oedd ei deulu erbyn hyn.

Safem yno yn syllu i fyny ar y pedair simnai goch anferth, eu hymylon yn ddu, a'r mwg tywyll yn llifo allan ohonyn nhw, i ffwrdd dros lwybr ewyn y llong. "Wyt ti'n teimlo'i chalon yn curo?" meddai Brendan un diwrnod pan oeddem yn sefyll yno ar y dec, yn dotio a rhyfeddu ati. "Weithiau fydda i'n meddwl bod Liwsi yn greadur byw yn anadlu, cawres enfawr, garedig sy'n ein cadw'n ddiogel, a ninnau hithau. Nid llong ydi hi o gwbl, nid i mi. Ffrind ydi hi. Y ffrind mwyaf, harddaf allai neb ei gael byth."

Roedd hynny'n wir. Roedd popeth ynghylch y llong yma'n syfrdanol. Gwyddwn rŵan beth oedd yn gyrru'r llong nerthol ymlaen drwy'r môr, pa nerth gewyn ac asgwrn oedd yn gwneud y mwg a'r llwybr ewyn. "Welaist ti long well erioed?" gofynnodd Brendan. "Y llong orau yn y byd mawr crwn!" Ac roedd o'n dweud y gwir.

Yno, yn pwyso ar rêl starn y llong ac yn edrych allan i'r môr roedd Brendan a minnau'n sefyll gyda'n gilydd y bore olaf hwnnw. Cael a chael oedd hi i weld arfordir Iwerddon drwy'r niwl.

"Dwi'n meddwl y byddwn gyferbyn â phenrhyn Kinsale ymhen rhyw awr neu ddwy," meddai. "Petai'r niwl yma'n codi, ddylen ni fedru gweld tref Kinsale ei hun yn ddigon clir, gyda thipyn o lwc ac ella ychydig o ddychymyg. Hoffwn i ei ddangos i ti, Meri. Ddywedais i mai dyna'r lle y cefais i fy ngeni, yn do? Roeddwn i eisio mynd i'r môr erioed – ers pan oeddwn yn hogyn bach. Byddwn yn eistedd ar wal y cei yn Kinsale, yn cicio 'nghoesau 'nôl ac ymlaen gan wylio'r llongau pysgota yn mynd a dod o'r harbwr, a'r llongau mawr, efo cyrn simnai fel ein rhai ni, yn stemio heibio ar y gorwel. Roeddwn yn dyheu am fynd i ble bynnag roedden nhw wedi bod, ble bynnag roedden nhw'n mynd, i weld beth oedd tu hwnt. Roedd yn rhaid i mi fynd. Allan yn fan'na roedd 'na fyd mawr, ac roeddwn i eisio'i weld o. Doedd dim byd i mi gartre beth bynnag, gormod yn y nyth – pedwar ar ddeg ohonon ni – a byth ddigon i'w fwyta. Rydw i wedi bod ar y môr am saith mlynedd fwy neu lai, a dydw i ddim wedi bod adref yn ystod yr holl amser. Roeddwn yn dyheu am gefnu ar y lle. Ond wyddost ti be, Meri? Mae arna i hiraeth – hiraeth mawr."

Tawodd Brendan am rai munudau. Gwelwn ei fod yn teimlo'n drist. Doedd hynny ddim yn debyg iddo fo. Yna o'r tristwch daeth gwên sydyn, a chwerthiniad llon. "Rydw i wedi hwylio heibio iddo ddwsinau o weithiau yn y llong yma, Meri, ar y ffordd i Lerpwl. A bob tro rydw i'n ei weld yn y pellter, rydw i'n meddwl tybed oes yna hogyn bach yn union fel fi yn eistedd ar wal yr harbwr, yn cicio'i sodlau yn erbyn y wal ac yn ein gwylio ni'n mynd heibio'n araf ar y gorwel, yn meddwl mor fendigedig fyddai cael mynd i'r môr mewn llong anferth fel yna. Mi af i'n ôl adref un diwrnod, Meri. Af, fe af i. Af i i mewn dow-dow a deud, 'Fi sy 'ma, Ma. Brendan.' Dyna i ti beth fydd munud a hanner. Ga' i fy nghofleidio i dragwyddoldeb, a bydd Mam yn archwilio fy ngwddw i ac yn deud nad ydw i ddim wedi bod yn molchi fel y dylwn i."

Roedd ei lais yn llawn chwerthin. Chwerthin oedd yn agos i grio, meddyliais. Rhoddodd ei fraich am fy ysgwyddau wrth i ni gerdded draw o rêl y llong. "Ddylen ni fod gyferbyn â

Kinsale tua dau o'r gloch heddiw, dwi'n meddwl," meddai Brendan, "ar ôl cinio. Gwranda, Meri. Beth am i ni gyfarfod eto bryd hynny i mi gael ei ddangos i ti? Ddof i dy nôl di o'r ystafell fwyta ar yr amser iawn. Fasat ti'n hoffi hynny? Ella bydd hi dipyn bach hwyrach na dau o'r gloch, cofia. Mae'r Capten wedi gorfod hwylio'n araf yn y niwl yma. Dwi'n meddwl mai dim ond rhyw bymtheg not ar y mwyaf rydan ni'n ei neud. Ond mwy na thebyg bydd y niwl wedi codi tipyn erbyn amser cinio. Ella y bydd o wedi mynd yn gyfan gwbl – gobeithio hynny. Ddo' i â fy sbienddrych, Meri. Yna fedri di weld Kinsale yn ddigon hawdd." Crychodd ei dalcen ac edrych o'i gwmpas. "Gas gen i niwl ar y môr, fel pob llongwr."

Ar ôl hynny es i lawr y grisiau i'r caban a chael Mami'n cysgu'n drwm eto. Roeddwn yn eistedd wrth y ddesg yn ysgrifennu nodyn arall ati i ddweud fy mod yn mynd i'r ystafell fwyta i gael cinio, pan ddigwyddais sylwi ar bapur newydd yn gorwedd yno ar ei gwely, ar ei chynfasau. Yn amlwg, roedd hi wedi syrthio i gysgu wrth ei ddarllen. Edrychai'n debyg iawn i'r papur roedd Yncl Mac wedi bod yn ei ddarllen iddi ar y diwrnod roedden ni'n hwylio. Cydiais ynddo'n chwilfrydig. Ar ganol y dudalen flaen roedd hysbyseb wedi'i hargraffu mewn llythrennau breision. Roedd rhywun wedi'i thanlinellu mewn pensel. Yncl Mac, mae'n rhaid, meddyliais. Bûm am hydoedd yn ei darllen oherwydd bod cymaint o'r geiriau mor hir ac yn rhy gymhleth o lawer i mi, felly roedd yn rhaid i mi lithro heibio iddynt. Ond o leiaf roedd y print yn ddigon bras, felly medrwn ddarllen rhai o'r geiriau, ond dim digon i wneud fawr o synnwyr ohonyn nhw chwaith.

RHYBUDD

Dylai teithwyr sy'n bwriadu croesi'r Iwerydd gofio bod rhyfel rhwng yr Almaen, Prydain Fawr a'i chynghreiriaid. Mae'r ardal ryfel yn cynnwys y dyfroedd cyfagos i Ynysoedd Prydain. Yn ôl rhybudd ffurfiol a roddwyd gan lywodraeth Ymerodraeth yr Almaen, mae llongau sy'n arddangos baner Prydain Fawr neu unrhyw un o'i chynghreiriaid yn agored i gael eu dinistrio yn y dyfroedd hynny. Cyfrifoldeb pob teithiwr sy'n dewis hwylio yn yr ardal ryfel ar longau Prydain Fawr neu rai ei chynghreiriaid yw mentro gwneud hynny.

Roeddwn newydd orffen darllen hyn ac yn dal i geisio dyfalu beth oedd ei ystyr, pan glywais Mami'n stwyrian ac yn deffro y tu ôl i mi. Rhoddais y papur newydd i lawr ar unwaith, ond roedd yn rhy hwyr. Roedd hi wedi fy ngweld. "Rho'r papur newydd yna i mi, Meri. Y munud yma." Roedd hi'n flin efo fi, a wyddwn i ddim pam. Es draw at y gwely.

"Beth mae o'n feddwl, Mami?" gofynnais wrth ei roi iddi.

"Dim byd." Cipiodd y papur oddi arnaf. "Dim byd o gwbl."

"Dyna beth oedd Yncl Mac yn ei ddangos i chi, yntê?" meddwn i.

"Lol wirion ydi o. Dim byd ond lol," wfftiodd, gan ei droi heibio'n ddig a'i ollwng i'r fasged sbwriel. "Propaganda gan yr Almaen, Meri, dyna be ydi o, a dyna'i le fo. Paid â gadael i mi glywed gair arall amdano."

Ond gwyddwn wedyn nad oedd hi'n dweud y gwir. Gwyddwn ei bod hi'n poeni ac yn ceisio'i guddio. "Beth mae o i gyd yn ei feddwl?" gofynnais iddi. Gwrthododd ateb. "Ydi o'n meddwl eu bod nhw'n mynd i ymosod arnon ni, Mami? Ydi o? Dyna beth roedd Yncl Mac yn ceisio'i ddeud wrthoch chi, yntê? Roedd o'n trio'n rhybuddio ni. Doedd o ddim eisio i ni hwylio, nac oedd? A hynny oherwydd hyn." Roeddwn yn gweiddi arni rŵan, ac yn crio hefyd.

"Taw, Meri!" meddai hi. "Taw'r munud yma. Paid â bod mor hurt. Ddwedais i nad oes dim byd i boeni amdano. Byddwn yn Lerpwl mewn ychydig oriau. Fe awn ni ar y trên i Lundain, ac erbyn yr amser yma fory byddwn efo Tada yn ei ysbyty. Dyna pam y daethon ni. Dyna pam roedd raid i ni ddod. A does neb wedi suddo'r llong, nac oes?"

"Dydi hi ddim yn rhy hwyr iddyn nhw neud!" gwaeddais. "Mae 'na amser eto. Yna welwn ni byth Tada! Ac arnoch chi bydd y bai! Mae'n gas gen i pan fyddwch chi ddim yn deud pethau wrtha i, yn fy nhrin i fel babi. Dydw i ddim yn fabi! Dydw i ddim!" Rhedais o'r caban yn fy nagrau. Clywn hi'n beichio crio y tu ôl i mi.

Llwyddais i ymdawelu cyn cyrraedd yr ystafell fwyta. Roedd y piano'n canu a'm 'teulu' yn aros amdanaf, yn amneidio arnaf i ymuno â nhw, wrth i mi ddod drwy'r drws. Wrth i ni fwyta'n cinio, roedd y ddau blentyn yn clebran, ond doeddwn i ddim yn gwrando'n iawn. Fel arfer, rhoddodd Celia ei thedi bêr i mi a rhoddais o i eistedd ar fy nglin, ond roedd yn rhaid iddi ddal ati i'm hatgoffa i'w fwytho a'i fwydo. Roedd fy meddwl yn rhywle arall. Fedrwn i ddim meddwl am ddim byd ond bod Mami'n siŵr o fod yn torri'i chalon am i mi ddweud hynny. Doeddwn i erioed wedi siarad fel yna efo hi o'r blaen, ac roeddwn yn difaru'n ofnadwy.

Roeddwn ar fin gadael y bwrdd i fynd i'r caban i ymddiheuro wrthi, pan gododd Maurice, y Ffrancwr, y pianydd gwallt arian, ar ei draed yn sydyn. Curodd ei ddwylo i gael tawelwch. *"Mesdames, messieurs, mes enfants,"* dechreuodd. "Maen nhw'n deud i mi fod yn ein mysg heddiw foneddiges ifanc – Meri ydi'i henw hi, enw hyfryd iawn – sy'n chwarae'r piano'n ddigon o ryfeddod." Gwenai rhieni Paul a Celia'n wybodus arnaf o ochr draw'r bwrdd. Roedd yn amlwg mai nhw oedd wedi trefnu hyn. "Felly, beth am i ni ofyn i Meri ddod i chwarae i ni?"

Roedd pawb yn yr ystafell fwyta'n chwerthin ac yn curo dwylo. Doedd gen i ddim dewis. Yn swil i gyd, ond â'm calon yn curo'n gynhyrfus hefyd, codais ar fy nhraed a cherdded yn araf tuag at y piano cyngerdd. Cyfeiriodd Maurice at y stôl a sefyll i'r naill ochr, yn fy ngwadd i eistedd. Syrthiodd distawrwydd dros yr ystafell fwyta. Roedd pawb yn edrych arnaf, yn aros i mi ddechrau chwarae. Yna sylwais ar Brendan yn sefyll wrth y drws, yn gwenu arna i, yn rhoi hwb ymlaen i mi. Wyddwn i ddim beth i'w chwarae, na hyd yn oed sut roedd dechrau, fy ymennydd a'm dwylo wedi fferru. Dyna pryd y meddyliais fy mod yn teimlo llaw dyner ar fy ysgwydd. Llaw Tada. Yn sicr. Roedd o yn fy annog, yn dweud y medrwn chwarae. A rŵan, gwyddwn y medrwn!

Chwaraeais bron heb wybod fy mod yn gwneud, a chael fy mod yn gwrando ar hoff ddarn Tada, fy hoff ddarn i, *Andante Grazioso* gan Mozart. Gwelais fy mysedd yn dawnsio dros yr allweddell a sylweddoli mae'n rhaid mai fi oedd yn chwarae, mai fi oedd yn gwneud i'r piano ganu. Cydiodd y miwsig ynof ac anghofiais bopeth arall, nes i mi orffen a'r gymeradwyaeth yn uchel ac yn hir. Helpodd Maurice fi i godi ar fy nhraed a moesymgrymu.

"Dair gwaith, Meri," meddai. "Dwêd yn ddistaw wrth foesymgrymu: 'un éléphant, deux éléphants, trois éléphants' – dyna rydw i'n ei neud bob amser. Mae'n gwneud i ti gymryd dy amser a mwynhau'r gymeradwyaeth." Gwnes fel roedd o'n dweud, ac roedd o'n iawn – fe wnes i fwynhau'r cyfan. Atseiniai'r 'clywch, clywch' drwy'r ystafell fwyta. Roedd pawb eisiau curo fy nghefn ac ysgwyd fy llaw wrth i mi fynd heibio. Gwelais fod dagrau yn llygaid rhai. Neidiai Celia a Paul i fyny ac i lawr, wedi dotio, a chwifiai Celia ei thedi bêr yn yr awyr.

Funudau'n ddiweddarach roedd Brendan wrth fy mwrdd, yn fy helpu ar fy nhraed, yn fy hebrwng allan o'r ystafell fwyta. "Rhaid i ni frysio," sibrydodd. "A'r miwsig yna, 'ngeneth i," aeth yn ei flaen, "y miwsig chwaraeaist ti yn fan'na oedd y gorau glywais i erioed!"

Tu allan i'r ystafell fwyta, cawson ein rhwystro'n sydyn gan ddyn tal mewn côt ddu a sbectol un llygad. O bell, edrychodd i lawr arnaf yn chwyrn, gan ysgwyd ei fys. "Chwarae gwych iawn, mae'n siŵr, eneth ifanc," meddai. "Ond doeddwn i ddim am aros i'w glywed. Wyddoch chi ddim mai Almaenwr oedd Mozart? Ddylen ni ddim bod yn chwarae ei gerddoriaeth. Miwsig y gelyn ydi o rŵan, nes bydd y rhyfel drosodd ac wedi'i ennill."

"Roeddwn i'n meddwl mai o Awstria roedd y boi Mozart yna'n dod?" meddai Brendan.

"Awstria? Yr Almaen? 'Run fath ydyn nhw," oedd yr ateb.

"Dau elyn. Peidiwch chi ag anghofio hynny. Mae llongau a llongau tanfor y gelyn o'n cwmpas ym mhobman, felly ddylen ni ddim fod yn chwarae eu cerddoriaeth. Mae digon o gerddoriaeth Brydeinig da ar gael! Elgar. Elgar ydi'r dyn i chi." Ac ar hynny brasgamodd yn ôl i fwrlwm yr ystafell fwyta.

"Hen jolpyn gwirion," wfftiodd Brendan dan ei wynt wrth i ni gerdded tua starn y llong. Edrychodd ar ei oriawr. "Newydd droi dau. Ddylen ni fod yn gweld penrhyn Kinsale unrhyw funud. Mae'r niwl wedi codi ychydig, felly dwi'n meddwl y medrwn ei weld yn iawn, gyda llygad barcud."

Erbyn hyn safem wrth rêl y llong, a Brendan yn edrych drwy'i sbienddrych. "Rydw i'n meddwl bod y Capten yn mynd â ni ychydig yn nes at y lan nag arfer," eglurodd, "sy'n beth da, ond fedra i ddim gweld Kinsale chwaith. Dan niwl o hyd debyg, ond bydd yn clirio, Meri, mae'n siŵr o neud." Trodd ac edrych i fyny ar fwg tywyll y llong yn chwyddo i ganol llinynnau gwyn y cymylau uwchben, ar y cannoedd o wylanod yn hebrwng y llong ac yn troelli yn yr awyr.

"Edrych arnyn nhw, Meri! Maen nhw'n werth eu gweld! Gwylanod Iwerddon," chwarddodd. Yna, newidiodd ei lais, y chwerthin wedi mynd yn sydyn. "Dyna od," meddai. "Mae'r cychod achub i gyd allan ar yr ochr dde, yn barod i fynd i'r dŵr. Pam maen nhw wedi gwneud hynna? Ymarfer neu rywbeth, mae'n rhaid. Ddywedodd neb wrtha i. Ty'd i ni gael gweld."

Wrth i ni gerdded ar draws y dec i ochr dde'r llong, dechreuodd Brendan bwyntio at i fyny. Roedd awyr las i'w gweld rŵan drwy'r niwl. Rhoddodd y sbienddrych i mi. "Mulfrain!" gwaeddodd. "Edrycha arnyn nhw! Maen nhw'n deifio. Edrych. Weli di sut maen nhw'n llithro i'r dŵr? Weli di nhw, Meri? Dyna be ydi sioe! Weli di nhw?" Ac fe'u gwelais nhw, dwsinau ohonyn nhw, fel cawod o sêr gwynion yn syrthio o las yr awyr. "Ar ôl y mecryll, debyg," meddai Brendan. "Maen nhw'n sgut am fecryll, a phenwaig hefyd."

Oedd, roedd yn sioe a hanner. Gyda'r sbienddrych, cefais gip ar felyn eu pennau wrth iddyn nhw ddeifio. I mewn â nhw y naill ar ôl y llall, yn diflannu i'r tonnau gan godi'n wyrthiol eto eiliadau'n ddiweddarach gyda physgodyn yn eu pig.

Yna, yn ddirybudd, cipiwyd y sbienddrych oddi arnaf yn chwyrn. Edrychodd Brendan drwyddi allan i'r môr, ond doedd ganddo ddim diddordeb yn y gwylanod yn llowcio bwyta bellach. Roedd o wedi gweld rhywbeth arall. "Iechyd!" meddai dan ei wynt. "Brensiach!"

"Be?" gofynnais. "Be sy 'na?" Yna gwelais o fy hun, tua phum can llath i ffwrdd – strimyn o swigod yn y môr, yn symud yn gyflym tuag atom, yn dod yn nes ac yn nes at y llong. Roedd Brendan yn gweiddi i fyny i nyth y frân yn uchel uwch ben y dec. Doeddwn i ddim yn deall: pam roedd o wedi cynhyrfu cymaint mor sydyn, pam roedd o'n gwneud stumiau'n wyllt, ac yn sgrechian nerth ei ben?

"Llong danfor! Torpido! Torpido! Llong danfor!"

PENNOD 16
"Mae'n rhaid i ti fyw"

Fel eco, adleisiwyd cri o nyth y frân ar unwaith.

Ar unwaith, rhybuddiwyd teithwyr eraill oedd yn cerdded ar y dec o'r perygl, ac roedden nhw'n rhedeg ac yn sgrechian fel ninnau. Fe'm llusgwyd gan Brendan ar draws y dec, at ochr arall y llong.

Daeth rhu'r gwrthdaro fel taran. Siglodd y llong o dan ein traed, yn ein lluchio ar draws y dec gan ein gyrru ar ein pennau i'r rheiliau. Prin roedden ni ar ein traed eto cyn y daeth ffrwydrad arall, yn llai eglur y tro hwn, a'r rhu yn diasbedain, ac yn ysgwyd y llong o rywle yn ddwfn islaw, o grombil y llong.

Gogwyddodd y dec oddi tanom, gan ein lluchio oddi ar ein traed eto. Ond cydiodd Brendan ynof a'm codi. "Torpido ydi o, Meri," gwaeddodd. "Mae Liwsi wedi'i chlwyfo yn ei chalon, wedi'i chlwyfo'n ddrwg. Mae'n llong farw, yn gelain. Fe fydd hi'n suddo."

Cydiodd yn gadarn yn fy mraich a rhedodd y ddau ohonom ar unwaith ar draws y dec i'r ochr dde, tuag at y cwch achub agosaf. Llifai teithwyr a llongwyr i'r dec rŵan, syfrdandod, braw ac arswyd ar bob wyneb. O'n cwmpas ym mhobman roedd cynnwrf, a phawb fel petaen nhw'n chwilio am rywun arall, yn ceisio gwisgo siacedi achub wrth fynd. Ond i bob golwg doedd neb yn llwyddo i gael hyd i neb. Criai plant am eu mamau. Chwiliai mamau'n wyllt am eu plant, yn sgrechian amdanyn nhw. Welais i'r un aduniad yn y sgarmes erchyll, ddychrynllyd honno.

Roedd tân enfawr wedi cydio yn y llong – fflamau'n rhuo, cymylau o fwg yn duo'r awyr uwchben. Cymerais dipyn o amser i gael trefn ar fy meddyliau, ond pan wnes i, roedd yn glir fel crisial beth roedd raid i mi ei wneud. "Mami!" gwaeddais ar Brendan, yn tynnu'n rhydd oddi wrtho, yn anelu at y drws a arweiniai at y caban. "Mae'n rhaid i mi gael hyd i Mami! Mae hi yn y caban."

Cydiodd Brendan ynof a gwrthod fy rhyddhau.

"Af i i'w nôl hi i ti, Meri."

"Addo?" gwaeddais.

"Addo. Ddo' i â hi atat ti. Aros di wrth ochr y cwch achub yma. Aros. Paid symud. Wyt ti'n deall? Fydda i'n ôl efo dy fam mewn chwinc, paid â phoeni. Gawn ni chi'ch dwy i gwch achub. Mae digon ohonyn nhw ac mae'r tir o fewn golwg. Bydd pawb yn iawn." Yna roedd o wedi mynd.

Gwnes fel roedd Brendan wedi'i ddweud wrtha i. Arhosais ac arhosais, a'r llong yn suddo'n gyflym drwy'r adeg. O'm cwmpas ym mhobman roedd anhrefn ac arswyd wrth i'r criw geisio gollwng y cychod achub. Ond eisoes gogwyddai'r llong gan rwystro llawer o'r cychod rhag cael eu gollwng yn is. Roedden nhw'n llawn pobl, ac yn hongian uwchben y dŵr, yn siglo'n wyllt bob tro roedd y llong yn gwegian gan luchio teithwyr yn sgrechian i'r môr. Roedd rhai o'r cychod yn cael eu gollwng i'r môr, nid yn wastad, ond y starn neu'r blaen yn gyntaf, gan blymio i'r dŵr a llenwi ar unwaith, a suddo'r munud hwnnw. Eisoes roedd cannoedd o bobl yn y môr, eu cyrff yn cael eu hyrddio gan y tonnau, llawer ohonyn nhw'n methu nofio ac yn boddi o flaen fy llygaid. Bu'n rhaid i mi droi draw. Fedrwn i ddim dioddef gweld rhagor. Ond fedrwn i ddim cefnu ar y sgrechian, ar wylofain y plant bach yn crefu am famau a thadau coll.

Yna gwelais un o'r teithwyr hynaf roeddwn yn ei adnabod. Hen wraig glên yr olwg, ddim yn annhebyg i Anti Cwac. Eisteddai'n ddigyffro ar ei phen ei hun yn yr ystafell fyw bob amser, a minnau wedi edmygu ei thawelwch a'i gwisg o felfed gwyrdd tywyll.

Roedd hi wedi gwenu arnaf y tro cyntaf hwnnw pan es i mewn, tra oedd cymaint o rai eraill wedi gwneud dim ond rhythu. Roeddwn yn ddiolchgar iddi am hynny, a chofiais hi rŵan. Eisteddai ar fainc, ei llygaid ynghau, ei gwefusau'n symud wrth weddïo, ei bysedd yn cyffwrdd y groes a wisgai am ei gwddw. Agorodd ei llygaid a'm gweld yn ei gwylio. Gwenodd arna i, fel o'r blaen, ac amneidio arnaf i fynd draw i eistedd wrth ei hochr. Ddywedodd hi'r un gair, ond rhoddodd ei braich amdanaf a rhoi fy llaw yn ei llaw hi.

Yna daeth ochenaid ddirfawr o ddyfnderoedd y llong, a ffrwydad o stêm fel anadl olaf. Bob tro byddai'r llong yn gwegian ac yn gogwyddo, cydiai'r hen wraig ynof yn dynnach fyth. Yna siaradodd. "Rwyt ti'n ifanc," meddai hi. "Ddylet ti fynd i gwch achub, 'ngeneth i. Ddylet ti achub dy hun."

"Mae'n rhaid i mi aros am fy mam," meddwn wrthi.

Edrychodd arna i'n hir ac yn graff. "Petawn i'n fam i ti, fyddwn i ddim eisio i ti aros amdana i. Fyddwn i eisio i ti achub dy hun. Ty'd, cariad." Cododd y ddwy ohonom ar ein traed, a symud, gydag anhawster mawr, gan afael yn dynn mewn unrhyw beth neu unrhyw un i atal ein hunain rhag syrthio, drwy'r dyrfa at rêl y llong, at y cwch achub agosaf, er bod hwnnw eisoes yn orlawn. Siaradodd yr hen wraig â swyddog oedd fel petai'n gyfrifol am y cwch. "Rydw i eisio i chi fynd â'm hwyres," meddai. Anwybyddodd y swyddog hi i ddechrau, ond mynnodd hawlio'i sylw. Trawodd ei ysgwydd dro ar ôl tro, nes iddo droi a gorfod gwrando.

"Mae'n rhaid i'm hwyres i fynd i'r cwch yna," mynnodd.

"Mae'n ddrwg gen i, madam. Does dim lle."

"Oes gynnoch chi blentyn gartre?" gofynnodd y wraig.

"Oes, madam."

"Petai hon yn blentyn i chi, fyddech chi'n dod o hyd i le iddi?"

Syllodd y swyddog arni am funud, heb ddweud 'run gair.

"Felly ewch â'm hwyres," meddai hi.

Wnaeth o ddim dadlau rhagor. Estynnodd ei law i'm helpu i'r cwch. Y peth olaf ddywedodd hi oedd: "Mae'n rhaid i ti fyw. Byw er mwyn dy fam. Byw er fy mwyn i." Siglodd y cwch yn sydyn wrth i mi geisio camu i mewn iddo. Wn i ddim beth wnes i, ai neidio neu a daflodd y swyddog fi, ond rywsut cyrhaeddais waelod y cwch. Wrth iddo gael ei ostwng i'r môr, chwiliais uwch fy mhen am yr hen wraig, neu am Brendan, neu Mami. Doeddwn i ddim yn adnabod yr un wyneb.

Doeddwn i ddim yn adnabod yr un wyneb ar y cwch chwaith. Codwyd fi gan ddwylo dieithr, yn fy helpu i ddod o hyd i le i eistedd. Bob tro roedd y cwch yn siglo'n sydyn wrth fynd i lawr tua'r môr, siglai fy nghalon efo hi. Llefais am Mami wrth chwilio amdani eto ac eto ymysg wynebau'r teithwyr oedd wedi tyrru ynghyd at rêl y llong ac yn edrych i lawr arnon ni, rhai yn chwifio, y rhan fwyaf yn crio, ond doedd hi ddim yno. Doedd hi ddim yno.

Yr unig beth ar fy meddwl i, wrth i'r cwch daro'r dŵr yn galed, yn siglo'n chwyrn ac yna'n setlo, ac wrth i'r llongwyr gychwyn rhwyfo, oedd y dylwn fod wedi mynd i chwilio am Mami fy hun, na ddylwn fod wedi rhoi fy ffydd yn Brendan, na ddylwn fod wedi mynd i mewn i'r cwch hebddi hi. Roeddwn yn crio dagrau hallt o edifeirwch pan deimlais law fechan, oer yn gafael yn f'un i. Celia oedd yno, yn cydio yn ei thedi bêr, ac yn crio'n dorcalonnus.

"Ble mae Paul?" gwaeddais. "Ble mae dy fam a dy dad?"

Ysgydwodd ei phen. Edrychais ar y teithwyr eraill yn y cwch, ac yn ôl i fyny ar y llong, ar yr wynebau hynny a edrychai i lawr arnom. Doedd dim golwg ohonyn nhw. Tynnais Celia i'm breichiau a chydio ynddi'n dynn. Roedd hi'n crio ac yn crynu, ond yn dawelach erbyn hyn. Glynodd yn dynn ynof, yn claddu ei phen yn fy ysgwydd. "Fyddwn ni'n iawn, Celia," meddwn wrthi. "Dydan ni ddim yn bell o'r lan, wn i hynny. Gân nhw hyd i ni. Edrycha i ar dy ôl di rŵan, dwi'n addo."

Ni ddychmygais erioed y gallai llong o'r maint yna suddo mor gyflym. Roedd hi wedi mynd o fewn munudau. Ond aeth hi ddim i lawr yn gyfan gwbl. Roedd cawres hardd, annwyl Brendan yn marw. Arhosodd ei starn uwchben yr wyneb, yn gwrthod suddo, a'r rêl lle roedd Brendan a minnau wedi sefyll funudau'n unig ynghynt yn dal yn y golwg.

O amgylch ein cwch, i bob cyfeiriad, roedd y môr yn frith o gychod achub fel ein cwch ni, pob un yn ceisio pellhau cyn gyflymed ag y gallen nhw oddi wrth y llong fawr, ddrylliedig. Gwelais lawer wedi troi drosodd a'r teithwyr yn hongian ar beth bynnag oedd o fewn eu cyrraedd. Ym mhobman roedd pobl yn y môr, yn ymdrechu i nofio tuag at y cychod achub, neu'n cydio ynddyn nhw, yn crefu am gael eu codi. Gwelais gadeiriau oedd ar fwrdd y llong yn nofio yn y dŵr, meinciau a byrddau, cesys dillad a chistiau'n llanast yng nghanol y tonnau. Ymysg yr anhrefn roedd cannoedd o bobl yn nofio am eu bywydau, llawer ohonyn nhw'n boddi wrth i mi eu gwylio.

Bellach roedd dwsin neu fwy yn hongian ar ochrau ein cwch, yn gweiddi'n daer ac yn crefu am gael eu codi o'r dŵr i ddiogelwch. Clywaf eu lleisiau'n awr. Gwelaf eu hwynebau.

"Er mwyn y nefoedd, peidiwch â 'ngadael i yma!"

"Dydw i ddim eisio marw!"

"O, Dduw! Achub fi!"

Cydiodd un wraig ifanc yn fy llaw, yna llithrodd ymaith, yn rhy wan i ddal ei gafael. "Ffarwelia â Mam!" gwaeddodd, a diflannu o dan y dŵr o flaen fy llygaid. Glynai eraill ble bynnag y medren nhw, yn crefu arnom i'w hachub.

Gwaeddodd y llongwr wrth y llyw arnyn nhw eto ac eto, yn dweud wrthyn nhw am ollwg gafael, fod cychod eraill gerllaw, amryw ohonyn nhw ddim ond yn hanner llawn, ac y dylen nhw nofio yno, fod perygl i ni suddo petaen ni'n codi rhagor o bobl. Gwrthododd yn lân â gadael i ni helpu neb arall i'r cwch. Ond er gwaethaf ei orchmynion, ei rybuddion a'i regfeydd, pan nofiai mamau neu blant at y cwch, fedrai neb eu troi ymaith. Roedd y rhai o'u plith oedd yn ddigon cryf ac yn daer eisiau byw yn llwyddo i halio'u hunain o'r dŵr, heb help neb. Doedd gan neb ohonom mo'r galon i'w rhwystro.

Gwelai pawb fod y cwch achub yn beryglus o isel yn y môr erbyn hyn, fod y dŵr eisoes yn golchi dros yr ochrau mewn mannau, yn llepian o gwmpas ein traed, yn ddyfnach drwy'r adeg. Gwaeddai'r llongwr wrth y llyw yn gynddeiriog arnom.

"Be felltith sy'n bod arnoch chi bobl? Suddwn ni os gadawn ni i unrhyw un arall ddod i'r cwch. Welwch chi'r cyrff yna yn y môr? Welwch chi nhw? Ydach chi eisio bod 'run fath â nhw? Does neb arall i ddod ar y cwch yma. Ydach chi'n clywed? Neb!" Ond wnaeth dim ddywedodd o unrhyw wahaniaeth.

Erbyn hyn roedd y cwch wedi'i amgylchynu'n llwyr. Edrychai fel petai dwylo'n cydio ym mhob modfedd o'i hochrau. Roedd wynebau'n wyn o ofn yn sbecian arnom, eu cegau'n crefu am help, rhegfeydd, llygaid yn ymbil, cyhuddo. Daliai'r llongwr ati i geisio dweud wrthyn nhw. "Ydach chi ddim yn deall?" gwaeddodd. "Fe suddwch chi'r cwch! Dach chi'n suddo'r cwch! Byddwch yn boddi pawb!"

Hen ŵr oedd un ohonyn nhw, yn cydio'n dynn o hyd ac yn ddigon agos i mi ymestyn i'w gyffwrdd. Doedd o ddim wedi crefu am help i ddod o'r dŵr. Doedd o ddim wedi dweud 'run gair, dim ond hongian yno'n ddistaw, yn crynu, yn syllu i fyny arna i, ar Celia. Wyddwn i ddim beth i'w ddweud. Prin y medrwn i ddioddef edrych arno. Yna siaradodd: "Mae'r dyn yn iawn. Byddwn yn suddo'r cwch. Dach chi'n ifanc. Dydw i ddim. Byddwch fyw – byw'n hir ac yn hapus. Bendith arnoch." Ar hynny, gollyngodd ei afael a nofio ymaith. Welais i ddim golwg ohono wedyn.

Cydiai Celia'n dynn ynof, a hithau angen cynhesrwydd a chysur fwy fyth erbyn hyn, yn griddfan ac yn crio am ei mam. Gafaelais yn dynn ynddi, yn ceisio'i chysuro, a chysuro fy hun ar yr un pryd. "Edrych, Celia, wyt ti'n gweld? Mae digon o gychod achub ym mhobman. Bydd dy fam yn un ohonyn nhw, dy dad hefyd, a Paul. Fyddwn ni'n iawn. Fyddwn ni i gyd yn iawn. Edrycha i ar dy ôl di. Edrych dithau ar ôl Tedi. Iawn?"

Daliais ati i siarad fel yna â hi. Wn i ddim oedd o'n unrhyw gysur iddi. Ond roedd fel petai'n llwyddo, am ychydig o leiaf, i symud ein meddyliau ni'n dwy oddi ar bopeth oedd wedi digwydd, y marwolaethau o'n cwmpas ac erchylltra'r cyfan roedden ni'n ei weld. Roedd y cefnfor ei hun fel petai'n troi a throsi a griddfan mewn anobaith, yn gweiddi gan ofn, yn ochneidio'i drugaredd. Fel yr âi'r oriau heibio ac wrth i'r oerfel gydio ynom, gwelwn fod llai a llai o bobl yn nofio yn y môr, llai yn cydio yn y cychod, a rhagor o gyrff wyneb i waered yn y dŵr. Gwasgarwyd cychod achub a llanast a sbwriel ar hyd ac ar led y tonnau. Roedden ninnau fwyfwy ar ein pennau ein hunain ar y môr agored.

Dim ond murmur gweddïau a sŵn llais achlysurol yn gweiddi glywn i rŵan. Cofiaf un llais yn arbennig, yn gweiddi ymhell, bell i ffwrdd ar draws y dŵr, ond yn ddigon clir. Llais dyn.

"Dwedwch wrthi! Dwedwch wrth fy mam! Mrs Bailey. Dau ddeg dau Gerddi Philimore, Llundain. Dwedwch wrthi fod ei mab, Harri, yn meddwl amdani pan oedd yn marw. Dwedwch wrthi, os gwelwch yn dda. Duw a'n cadwo ni." Yna distawrwydd.

Fel yr âi'r amser heibio ceisiais orfodi fy hun i beidio ag edrych yn y dŵr rhagor, yn ofni petawn yn gwneud y gallai un ohonyn nhw fod yn Mami. Gwyddwn, mae'n rhaid, y byddai wedi boddi erbyn hyn petai hi yn y dŵr a doeddwn i ddim eisio'i gweld hi. Ond fedrwn i ddim atal fy hun. Edrychais. Roedd yn rhaid i mi. Byddai'n dda gen i petawn i heb wneud.

Gwelais hi – dim ond oherwydd i mi weld ei chôt nos patrwm paun, y lliwiau'n llachar fel gemau ar lwyd y môr, glas ac aur y paun, y plu o holl liwiau'r enfys. Roedd yn cael ei chario ymaith, yn bellach ac yn bellach i ffwrdd, wyneb i waered yn y môr. Doedd dim amheuaeth. Ei chôt nos hi o Tsieina oedd hi; y paun yn torsythu ar y cefn, yn arddangos ei blu. Y gôt nos fyddai'n ei gwisgo bob amser gan ei bod mor hoff ohoni. Gwisgai hi'r tro olaf y gwelais hi yn y gwely bore hwnnw. Hi oedd hi. Mami. Teimlais oerni rhyfedd yn fy fferru. Wrth farw, roedd fel petai Mami wedi mynd â'm calon a'm henaid efo hi, gan adael dim ond cragen ohonof ar ôl, cragen wag. Doedd dim dagrau tu mewn i mi i'w hwylo.

Roedden ni i gyd ar goll.

PENNOD 17

Dim geiriau

Mae'n anodd cofio am ba hyd fuon ni yn y cwch cyn i Celia beidio crynu. Sylweddolais ei bod hi yn fy mreichiau o hyd, a meddyliais efallai ei bod hi wedi syrthio i gysgu, neu y gallai hyd yn oed fod wedi marw o oerfel. Ond gafaelai yn ei thedi bêr o hyd a chydiai ynof i. Gallwn deimlo'i hanadl ar fy moch. Roedd bywyd ynddi. Siaradwn efo hi, pan gofiwn, a cheisio'i hysgwyd i'w deffro. Byddai'n marw petai'n cysgu – fyddai hi byth yn deffro wedyn. Roedd yn fy ngalw i'n 'Mami,' ac yn llithro'n anymwybodol bob hyn a hyn. Cofleidiais hi'n dynn, yn ceisio rhoi benthyg iddi beth o'r gwres oedd ar ôl ynof. Chwythais ar ei dwylo a'i bochau. Daliais ati i siarad efo hi, ond roedd ei gafael arnaf yn llacio, prin yn cydio mewn bywyd.

Er i mi ymdrechu'n galed i gadw'n effro, roeddwn yn syrthio i gysgu. Cofiaf gael fy neffro gan ryw fath o strach rywle y tu ôl i mi ar ochr arall y cwch, a sŵn rhegi a thasgu. Teimlais y cwch yn siglo'n wyllt ac edrychais o'm hamgylch i weld beth oedd yn digwydd. Roedd y capten wrth y llyw yn gwneud ei orau glas i rwystro un neu ddau o ddynion rhag ceisio codi'u hunain allan o'r môr i ddod ar y cwch, pan gydiodd rhywun yn ei fraich yntau a'i dynnu dros yr ochr i'r dŵr. Gwelais o'n dod i'r wyneb unwaith cyn cael ei gario i ffwrdd gyda'r llif. Roedd o'n ceisio nofio, ond fedrai o ddim. Fedrai o wneud dim ond dyrnu'r dŵr o'i gwmpas. Mygodd y môr ei lais ac aeth o dan y tonnau. Yna, wrth i'r dynion grafangu a dringo ar y cwch, gwyrodd un o'r ochrau'n sydyn. Rhuthrodd y dŵr o gwmpas ein traed ac at ein pengliniau.

Gwyddai pawb fod y cwch yn suddo'n araf, ac nad oedd dim fedrai neb ei wneud. Wrth i ddŵr y môr godi a chodi o'n cwmpas, ceisiwn ysgwyd Celia i wneud iddi ddeffro a'i chael i wneud beth roeddwn yn ei ddweud wrthi. Llwyddais i'w chael i ddringo ar fy nghefn a dal ei gafael. Roedd y cwch wedi mynd. Roedden ni yn y môr. Cydiodd oerfel y dŵr ynof a'm fferru hyd at fêr fy esgyrn yn syth. Nofiais ymaith cyn gyflymed ag y medrwn oddi wrth yr holl weiddi truenus, y crefu am help gan Dduw, gan unrhyw un – help y gwyddwn yn iawn na fedrai Duw na minnau ei roi.

Wn i ddim fydda i'n deall byth pam rydym yn ceisio dal ein gafael ar fywyd, a dim gobaith ar ôl. Roeddwn yn nofio i ganol cefnfor gwag – gwag o bopeth ond sbwriel, gweddillion llong ddrylliedig a bywydau drylliedig. Roedd y tonnau'n fy nhagu, yr oerfel yn gwanio hynny o nerth oedd gen i ar ôl. Gyda phob strôc, teimlwn fod y plentyn hanner ymwybodol oedd yn ceisio hongian o amgylch fy ngwddf yn llithro i ffwrdd. Doedd dim cwch i nofio tuag ato, dim tir yn y golwg, dim rheswm i ddal ati i nofio.

Ond yn fy mhen yn rhywle, cofiais na fyddwn yn boddi petawn yn dal ati i nofio. Yn bendant, doeddwn i ddim eisiau boddi. Roedd meddwl am foddi, am suddo i lawr ac i lawr, yn fy arswydo, yn cadw fy mreichiau i ddal ati i symud, fy nghoesau i gicio. Gwyddwn na welwn Mami byth eto. Ond roedd Tada'n aros amdanaf yn ei wely mewn ysbyty. Roedd yn rhaid i mi geisio byw er mwyn ei weld eto. Ond cafodd unrhyw benderfyniad ynof i ddal ati ei wanio'n llawer rhy fuan, gan i oerfel a chlymau chwithig gydio yn fy nghoesau. Roedd pob strôc yn ymdrech enfawr i gadw fy ngên uwchben y dŵr, i aros ar yr wyneb. Gyda phob strôc, roeddwn yn llai ac yn llai sicr ei fod yn werth yr ymdrech.

Bellach, doeddwn i'n gwneud dim byd ond sathru dŵr, fy mreichiau'n gweithio i'm cadw uwchben y tonnau. Ond roedd Celia'n fy llusgo i lawr. Bryd hynny, fe aeth drwy fy meddwl – a hyd heddiw mae gen i gywilydd i mi feddwl y fath beth – y gallwn ei hysgwyd oddi ar fy ysgwyddau. O ryddhau fy hun o'i phwysau, gallwn ddal yn hirach o lawer hebddi hi. Teimlwn ei breichiau'n llacio o amgylch fy ngwddf drwy'r adeg. Roedd hi'n griddfan bob hyn a hyn ond yn dal i gydio yn ei thedi bêr. Am ryw reswm, roeddwn yn benderfynol y byddwn yn gwneud popeth o fewn fy ngallu i'w hachub hi, cyhyd ag roedd hi'n ceisio achub y tedi bach yna.

Cofiaf i mi hymian iddi wedyn wrth nofio – er fy mwyn i gymaint â hithau. Tra clywn sŵn fy llais, yna roeddwn yn fyw o hyd. Roeddwn yn hymian yn hytrach na chanu rhag i'r dŵr ddod i'm ceg; hymian pob tiwn piano wyddwn i, fy narn Mozart eto ac eto, fy *Andante Grazioso*, darn Tada. Weithiau clywn Celia'n ei hymian hefyd yn fy nghlust. Neu ai griddfan oedd o? Roedd yn ymateb beth bynnag, a rhoddodd nerth newydd i mi, gobaith newydd wrth i ni lithro draw, allan i'r môr gwag.

Ar y dechrau meddyliais mai cwch achub â'i wyneb yn isaf roeddwn i'n ei weld. Edrychai'n ddigon mawr, ond doedd y siâp ddim yn iawn. Gwyn oedd cychod achub, a doedd hwn ddim yn wyn. Yna meddyliais ei fod yn edrych fel bwrdd mawr o ryw fath. Wrth nofio'n nes gwelais ei fod yn sicr wedi'i wneud o bren, pren tywyll, yn sglein i gyd, wedi'i gaboli, ond nid yr un siap â bwrdd chwaith. Roedd ar dro ond hefyd yn onglog, ac yn arnofio ar y môr, yn murmur yn rhyfedd, yn canu bron, fel petai'n rhywbeth allai fod yn fyw ac yn anadlu. Morfil, efallai? Ond eisoes gwelwn ei fod yn rhy fflat i fod yn forfil, fod gormod o siâp arno. Doedd gan forfilod ddim ymylon nac ochrau crwn fel hyn. Sylweddolais fod hwn yn rhywbeth wedi'i wneud gan ddyn. Doedd bosib nad oedd wedi dod o'r llong? Roeddwn yn ddigon agos i'w gyffwrdd, yna i bwyso arno, i hongian arno'n ddigon hir i hel yr ychydig ynni oedd gen i ar ôl at ei gilydd. Tynnais Celia'n uwch ar fy ysgwyddau, a llusgo fy hun i fyny o'r môr. Gorweddais yno ar fy mol, wedi ymlâdd, heb nerth i wneud dim ond anadlu. Roedd Celia ar fy nghefn o hyd, yn dal i gydio ynof.

Codais fy mhen ac edrych o'm cwmpas. Dyna pryd y sylweddolais beth oedd wedi ein hachub. Y piano – piano cyngerdd Maurice o ystafell fwyta'r llong. Y piano roeddwn i wedi'i chwarae rai oriau'n ôl. Dyna beth oedd ein rafft ni. Wn i ddim ai fy nychymyg i oedd o, ond bron na fedrwn deimlo a chlywed llinynnau'r piano yn fyw o hyd oddi tanaf. Symudais fesul modfedd yn ofalus, ofalus tuag at ganol y piano, oherwydd bod y tonnau, er mai bychain oedden nhw, yn llepian dros y pren o amgylch yr ymylon. Gwelwn mor hawdd fyddai llithro a chael ein sgubo yn ôl i'r môr. Meddyliais y byddai'n fwy diogel, unwaith roeddwn wedi cyrraedd y canol. Codais ar fy eistedd a rhoi fy mreichiau am Celia. Teimlai'n llipa, ond cydiai'n dynn ym mraich ei thedi bêr. Rywsut, roedden ni i gyd wedi achub ein gilydd, y tri ohonom, gyda help piano cyngerdd.

Ond ar ôl ychydig funudau byr o ymlacio, o lawenydd am ein bod wedi ein hachub, sylweddolais yn ddigon buan mai lloches dros dro yn unig oedd hon. Ffug ddiogelwch yn unig, a'r ddwy ohonom yn rhy oer a gwan i aros yn fyw yn hir. Erbyn hyn prin fod Celia'n ymwybodol o'r byd yma o gwbl. Roedden ni'n hollol ar ein pennau ein hunain ar gefnfor maith, maith heb olwg o dir, a fawr o obaith am help chwaith. Petai'r tonnau'n codi'r mymryn lleiaf, hyd yn oed petaen ni'n medru aros ble roedden ni, yn ddiogel ar ganol ein rafft biano, buan iawn y bydden nhw'n golchi drosom ac yn ein cario i'r môr. Doedd dim byd i gydio ynddo, dim byd i'n rhwystro rhag llithro, nac i'n hachub rhag boddi. Arhosai'r môr amdanom, meddyliais, ac ni fyddai'n rhaid iddo aros yn hir. Edrychais i fyny. Uwch ein pen roedd yr awyr yn las, y môr fel gwydr o'n cwmpas ym mhobman, a phrin fod awel i'w theimlo ar fy wyneb. Y cyfan oedd gen i oedd gobaith, ac ychydig iawn o hwnnw.

Doedd dim i'w wneud ond gorwedd, cadw Celia'n agos ataf, ac aros i gael ein hachub, neu farw. Sylweddolwn yn iawn beth oedd yn fwyaf tebygol. Yn bwysicach na dim, roedd yn rhaid i mi gadw'n effro. Petawn i'n pendwmpian, yn llithro'n anymwybodol, byddai fy ngafael ar Celia'n llacio, a gallai'r ddwy ohonom fod yn y môr eto. Felly i gadw fy hun yn effro siaradais – efo fi fy hun, efo Mami a Tada, efo Miss Winters a Pippa, efo Yncl Mac ac Anti Cwac. Siaradais efo Brendan hefyd, ond yn amlach na neb efo Celia, yn gobeithio bob tro am ymateb o ryw fath, unrhyw fath. Ond doedd dim. Roedd hi'n dal yn fyw, oherwydd cydiai yn ei thedi bêr o hyd, yn gwrthod ei ollwng, fel roeddwn i'n gwrthod ei gollwng hi.

Daeth y cyfnos, ac wedyn y nos – noson hir, hir o oerfel ac ofn. Gwasgodd yr oerfel fi, yn fy fferru. Roedd y môr yn llepian gan ein siglo'n dawel, yn ein suo. Uwchben roedd y lleuad yn hongian, yn marchogaeth y sêr, yn cuddio weithiau y tu ôl i'r cymylau, yn ein dilyn, meddyliais, fel angel gwarcheidiol. Hymiais iddo, hymiais i Tada fel yr addewais.

Gwrandewais ar y lloer, gwrandewais am Tada a'i glywed yn adleisio ein tiwn. Roedd o'n fyw, ac roeddwn innau'n fyw. Roedd Yncl Mac ac Anti Cwac yn fyw. Gwenais, pan oedd cyn lleied i wenu yn ei gylch, wrth feddwl amdani hi, yn cofio i mi addo iddi y byddwn yn cadw fy nhraed yn sych. Addewid arall wedi'i dorri.

Clywais lais Tada'n dwrdio, "*Nincompoop, Ninny*," meddai. "Pwy sydd wedi bod yn *nincompoop* felly?"

Yna roedd o'n darllen fy hoff stori i mi eto. Yr Hwyaden Fach Hyll. Roedd hi ar gof a chadw gen i gan fod Mami a Tada ac Anti Cwac wedi'i darllen hi i mi mor aml. Syrthiais i gysgu yn gwrando ar Tada, yn gwrando ar Mami, yn gwrando ar Anti Cwac, fel roeddwn wedi gwneud mor aml gartref.

"Nos da, Meri," meddai Mami. "Nos da." Rhoddodd gusan ar fy nhalcen, a'm helpu i swatio o dan ddillad y gwely.

Pan drodd y lleuad yn haul, fe'm deffrowyd gan ei ddisgleirdeb. Mae'n rhaid fy mod wedi cysgu heb yn wybod i mi fy hun. Roedd aderyn gwyn yn clwydo ar ymyl y piano yn fy llygadu, â'i lygaid oren, treiddgar yn agor a chau. Roeddwn yn falch o gael cwmni, mor falch nad oeddem ar ein pennau ein hunain. Hedfanodd un arall i lawr o'r haul, a glanio wrth ei ochr, cyn i'r ddau godi a hedfan i ffwrdd dan sgrechian. "Gwylanod," meddwn wrth Celia. "Edrych, wyt ti'n eu gweld nhw? Maen nhw wedi cael hyd i ni!"

Ond ddaeth dim ateb gan Celia. Doeddwn i ddim yn deall am funud nad oeddwn yn cydio ynddi bellach. Cydio yn ei thedi bêr roeddwn i. Doedd Celia ddim yno. Yn unman. Roedd hi wedi mynd. Rywdro yn ystod y nos mae'n rhaid fy mod wedi llacio fy ngafael a gadael iddi fynd, neu ei bod hi wedi gadael i mi fynd. Gobeithiwn mai hi oedd wedi gollwng ei gafael. Dyna fy ngobaith byth wedyn. Y cyfan a wyddwn oedd ei bod hi wedi llithro o'm gafael ac wedi mynd i'r môr efo Mami a Brendan a Maurice, ac efo'r lleill i gyd oddi ar y llong. I'r môr, lle gwyddwn y byddwn innau'n mynd yn fuan. Roeddwn yn drist fy mod ar fy mhen fy hun, ac yn ddig yn sydyn, yn ddig efo pawb a phopeth, yn ddig efo'r byd, yn ddig efo fi fy hun.

Efallai mai'r dicter roddodd nerth i mi – wn i ddim. Ond yn sydyn roeddwn ar fy nhraed, yn gweiddi, yn tantro yn erbyn fy hun am syrthio i gysgu, am ollwng fy ngafael ar Celia. Roeddwn eisiau i'r cyfan fod drosodd rŵan, yn sydyn. Byddwn yn suddo'r piano fy hun, boddi fy hun er mwyn i'r cyfan fod drosodd. Neidiais i fyny ac i lawr, ond ni chafodd effaith o gwbl, heblaw i mi ddarganfod y medrwn wneud i'r piano furmur mwy, gwneud iddo hymian yn uwch o dan fy nhraed. Neidiais yn uchel er mwyn glanio'n drymach arno. Dawnsio a phrancio, trotian a charlamu, yn chwerthin rŵan drwy ddagrau blin, llawn sterics. Llamu'n uwch ac yn uwch. Curo a dyrnu fy nhraed. Ond doedd dim yn tycio.

Rhedais at ymyl y piano a sefyll yno'n edrych i lawr i'r môr. Dywedais wrthyf fy hun yn uchel mai'r unig beth roedd yn rhaid i mi ei wneud oedd deifio i ganol y tonnau. "Mae'n hawdd, Meri. Neidia!" Ond fedrwn i ddim. Doedd arna i ddim ofn. Nid dyna oedd, ond llais yr hen wraig yn fy mhen, yr un ofalodd fy mod yn mynd i'r cwch achub. "Rhaid i ti fyw," roedd hi wedi'i ddweud. "Mae'n rhaid i ti." Roedd hi hefyd yno ar wely'r môr efo Mami a'r lleill, i gyd yn dweud bod yn rhaid i mi fyw. Celia hefyd. Clywais hi. Clywais hi'n dweud wrthyf am edrych ar ôl ei thedi bêr iddi. Clywais nhw i gyd. Symudais yn araf yn ôl i ganol y piano ac eistedd fel teiliwr, fy nghoesau wedi'u croesi oddi tanaf, yn cydio'n dynn yn nhedi bêr Celia. "Rydan ni am fyw," meddwn wrtho. "Chdi a fi, rydan ni am fyw." Gwenai'r tedi – gwenu o hyd. Roedd o'n fy nghredu, ac os oedd o'n fy nghredu, yna byddwn i'n credu fy hun hefyd. Byddwn yn byw.

Ar ôl hynny, orweddais i ddim, ddim unwaith. Gwyddwn y byddwn yn siŵr o syrthio i gysgu pe gwnawn i, y byddwn yn sicr o lithro dros ochr y piano ac i'r môr cyn medru achub fy hun. Fe eisteddwn ble roeddwn i, heb symud, gan aros yn effro, a byw.

Credaf yn siŵr na fyddwn i ddim wedi byw heblaw am y ddwy wylan fusneslyd yna. Doedden nhw ddim ar y piano efo fi drwy'r adeg, ond fe ddaethon nhw'n ôl ac aros yn ddigon aml i gadw fy ngobeithion ynghyn. Os oedden nhw wedi cael hyd i mi, rhesymais, yna llwyddai achubwyr hefyd. Dyna'r rhesymu olaf y medraf gofio. Mae'n rhaid bod syched ac oerni wedi fy ngwanio'n ofnadwy.

Teimlwn fy mod yn bodoli mewn rhyw fath o limbo erbyn hyn, i mewn ac allan o fyd o freuddwydion a realaeth, heb fedru gwahaniaethu rhwng y naill na'r llall, nac yn malio am ddim heblaw tedi bêr Celia a'm dau aderyn. Weithiau, gwylanod oedden nhw, peunod dro arall. Gwelwn Mami'n gorwedd yno wyneb yn isaf yn y môr, ac un o'r peunod ar ei chefn, yn lledu plu'i gynffon, yn codi'i ben ac yn sgrechian. Yna, fi oedd yn sgrechian, nid y paun, a'r gwylanod yn ôl eto ar y piano yn rhythu arna i'n dawel. Ceisiais siarad efo nhw, efo tedi bêr Celia, ond doedd dim geiriau'n dod.

Yn ystod yr oriau o eistedd ar y piano yng nghanol y cefnfor, roeddwn wedi colli pob synnwyr o amser, o bwy oeddwn i, o ble roeddwn wedi dod, a sut y cefais fy hun yn eistedd fel teiliwr ar biano yng nghanol y môr heb ddim byd ond tedi bêr yn gwenu a phâr o wylanod yn gwmni. Doedd yn ddim syndod felly – gan nad oes fawr ddim mewn breuddwyd yn syndod – fod wyneb y môr gerllaw fel petai'n sydyn yn dechrau berwi a throchi. Yna, dafliad carreg i ffwrdd cododd drychiolaeth ryfeddol o'r môr. Fedrwn ni ddim gwneud pen na chynffon o'r peth.

Meddyliais i ddechrau mai morfil oedd yno, wedi dod i weld beth oedd yn y dŵr. Cofiaf i mi feddwl ei fod yntau mor ddryslyd â minnau o gael hyd i biano yn y môr. Fel y rhan fwyaf o forfilod, roedd o'r un siâp â chiwcymbyr anferthol, ac yn tyfu mewn hyd a maint wrth ddod i'r wyneb. Tywalltodd rhaeadrau'n gynfasau i lawr ei ochrau gloywon wrth iddo godi'n araf ond yn ddidrugaredd o'r môr a gyrru'r tonnau i siglo'r piano yn fwy chwyrn bob munud. Gan feddwl y byddai hwnnw'n siŵr o suddo, teflais fy hun ar fy wyneb a chydio'n dynn yn y tedi bêr oedd wedi dod yn bwysicach i mi na bywyd ei hun, gan geisio defnyddio bysedd fy nhraed i arafu fy llithro anochel i'r môr.

Ond setlodd y piano yn ôl i'w le cyn i hynny ddigwydd.

Gorweddais yno'n beryglus o agos, rŵan, at ei ymyl, a'r tonnau'n chwyddo ac eisiau fy llyncu. Yna edrychais i fyny, a sylweddoli nad morfil oedd hwn, ond llong o ryw fath, math nad oeddwn i erioed wedi'i weld o'r blaen. Doedd gan forfilod ddim peiriannau o dan y môr. Ddim rhifau ar eu hochrau. Clywn ru a dyrnu'r peiriannau ac yna lleisiau garw dynion yn gweiddi. Daeth hanner dwsin ohonyn nhw o'r llong, yn cario cwch bychan rhyngddynt, yn ei ollwng i'r môr ac yn rhwyfo'n galed tuag ataf. Pan gyrhaeddon nhw'r piano, daeth un ohonyn nhw o'r cwch a chamu'n ofalus at y piano. Aeth i lawr ar ei ddwylo a'i bengliniau a chropian tuag ataf.

Yn ei gwrcwd ac yn agos erbyn hyn, yn estyn ei ddwylo ataf, meddai: "*Ist gut. Freund.* Ffrind. *Kommen sie mit*." Ciliais oddi wrtho. "*Gnädiges Fräulein.* Chdi, dod, *ja? Mit mir, in das Boot. Komm. Bitte. Komm.*" Roedd yn ddyn caredig. Clywn hynny yn ei lais a gwelais o yn ei lygaid. Wnâi o ddim niwed i mi. "*Ich heisse Wilhelm.* Dy enw ferch, *ihre Name?*"

Roeddwn yn deall, ond fedrwn i ddim ateb, oherwydd wyddwn i ddim beth oedd fy enw. Ceisiais siarad. Roeddwn eisiau dweud wrtho na wyddwn i ddim, na fedrwn gofio fy enw, na fedrwn gofio dim o gwbl. Ceisiais siarad eto ac eto, ac egluro wrtho na fedrwn gofio. Ond pan agorais fy ngheg i siarad, doedd dim geiriau'n dod.

PENNOD 18

Ynysoedd Sili, Hydref 1915

Cofiwch y *Lusitania*!

Ar ôl ymweliad diwethaf Dr Crow, dylai'r teulu fod wedi bod yn barod. Roedden nhw'n gwybod y byddai helynt, yn gwybod sut y gallai rhai pobl fod. Ond allai dim roedd o wedi'i ddweud, dim allen nhw fod wedi'i ddychmygu, fod wedi'u paratoi ar gyfer y ffyrnigrwydd a'r dicter roedd y newydd wedi'u cynhyrfu, nid yn unig ar Ynys y Bryniau, ond ar draws yr ynysoedd i gyd. Almaenes oedd Liwsi Goll. 'Wilhelm', yr enw ar y flanced gafwyd hyd iddi, oedd yr unig dystiolaeth roedd arnyn nhw'i hangen. Jadan Jeri oedd Liwsi Goll.

Hyd yn hyn bu'r teulu Wheatcroft ar Ynys y Bryniau'n uchel eu parch a phawb â gair da i'w ddweud amdanyn nhw. Ond dros nos, bron, fe ddaethon nhw'n ddim ond 'ffrindiau *Fritz*', a rhai yn lled awgrymu y gallen nhw fod yn ysbiwyr hefyd. Roedd pobl yn eu hosgoi, yn troi eu cefnau arnyn nhw ble bynnag yr aen nhw. Byddai llawer oedd yn llawiau efo Jim, pysgotwyr fel yntau, a ffrindiau bore oes iddo, yn troi draw pan welen nhw fo'n dod ac yn gadael iddo drwsio'i rwydi ar ei ben ei hun ar y traeth. Doedd dim rhagor o sylwadau bachog a thynnu coes ynghylch môr-forynion, dim rhagor o gynghorion caredig ynghylch pryd a sut y gallai'r tywydd droi. Ni ddywedwyd yr un gair. Doedd dim angen. Roedd y llygaid yn troi draw, yr olwg gyhuddgar, a'r sisial dan ddannedd, yn ddigon.

Doedd neb am eistedd yn yr un sedd â nhw yn yr eglwys

ddydd Sul. Gwnaeth y Parchedig Morrison ei hun, a hwnnw ers peth amser yn gwrthwynebu heddychiaeth ddiflewyn-ar-dafod Mari'n chwyrn, yr hyn roedd pawb arall yn ei wneud, ac anwybyddu'r teulu'n gyfan gwbl. Roedd ei bregethau'n fwy bwriadol ymosodol nag erioed. Manteisiai ar bob cyfle posib i atgoffa pawb o'r erchyllterau anwaraidd gyflawnwyd gan fyddin yr Almaen – trywanu plant yng Ngwlad Belg fach ddewr, torpido'n suddo'r *Lusitania* – gwarthus. Nid llong ryfel oedd hi, ond llong deithio yn cario'r un fwled na gwn, yn hwylio'r cefnfor mewn heddwch. Collwyd mwy na mil o eneidiau – digwyddiad, meddai fo, oedd wedi "arswydo a chythruddo, nid yn unig ni ar yr ynysoedd hyn, ond yr holl fyd gwâr. Cofiwch, bob amser, ein bod yn ymladd dros Dduw, dros ein gwlad, yn erbyn nerthoedd drygioni. Onid ymddangosodd yr Angel i'n milwyr ni ym Mons? Onid yw Duw o'n plaid, o blaid rhyddid a'r hyn sydd yn iawn?"

Doedd neb yn dod at y drws i brynu wyau gan Mari bellach. Doedd neb yn galw. Troi eu cefnau arni wnâi pawb ar yr ynys, gan gymryd arnynt nad oedd hi yno. Arhosai drysau ynghau pan alwai i weld unrhyw un. Doedd neb yn oedi am sgwrs glên, neb yn ei chyfarch, hyd yn oed. Casineb sarrug oedd ym mhobman.

Ond doedd neb yn dawedog gydag Alfie a Liwsi yn yr ysgol. Yn ddiweddar iawn, roedden nhw'n cael eu trin fel arwyr ond erbyn hyn roedden nhw'n cael eu casáu, eu gwatwar a'u pardduo ar bob cyfle. Dryswyd Liwsi'n lân gan y drwgdeimlad sydyn hwn. Glynai fel cysgod wrth Alfie fwy fyth ar y ffordd i'r ysgol, ar yr iard, ac wrth fynd adre yn y prynhawn.

Yn niogelwch dosbarth Miss Nightingale roedd o leiaf rywfaint o noddfa iddi. Gwnaeth Miss Nightingale bopeth o fewn ei gallu i'w hamddiffyn a'i chysuro. Iddi hi, roedd yr holl siarad yma, yr holl ledaenu straeon, yn gas ac yn greulon. Fel y plant bach yn ei dosbarth i gyd, doedd wahaniaeth ganddi hi'r naill ffordd na'r llall ai Almaenes oedd Liwsi ai peidio. Plentyn trist oedd Liwsi Goll i Miss Nightingale, merch yn llawn gofid, wedi dioddef rhywbeth difrifol. Roedd hi'n amlwg, er gwaethaf ei hanawsterau dysgu sylweddol, yn blentyn a chanddi ddoniau arbennig. Gallai chwarae'r piano ac arlunio hefyd. Disgybl oedd angen ei chymorth a'i chefnogaeth oedd Liwsi, a hynny o gysur a chariad allai ei roi iddi. I'r plant bach yn ei dosbarth, Liwsi oedd eu 'mam fach' o hyd, yn chwarae efo nhw ac yn gofalu amdanyn nhw, a phawb eisiau bod yn ffrind gorau iddi. Yn y dyddiau a'r wythnosau wedi i hanes y flanced 'o'r Almaen' ddod i'r amlwg, yr ystafell ddosbarth honno oedd yr unig hafan yn yr ysgol i Liwsi Goll.

Ond i Alfie doedd dim cuddfan. Roedd plant ei ddosbarth yntau, dan arweiniad Zebediah Bishop a'i ffrindiau, byth a hefyd yn heidio at ei gilydd ac yn codi yn ei erbyn, yn ei wawdio a'i sarhau'n ddiddiwedd ynghylch "ei deulu lloerig", a'i "yncl gwirion" yn meddwl ei fod yn fôr-leidr. Y testun gwawd diweddaraf oedd ei chwaer, "*Fritz* wallgo", oedd yn "rhy hurt i siarad, a ddim yn gwybod pwy oedd hi hyd yn oed", ond mae'n debyg ei bod yn ferch i'r hen sglyfaeth Kaiser ei hun. Gwnaeth Alfie ei orau glas i anwybyddu'r cyfan, ond yn hwyr neu'n hwyrach, byddai yng nghanol cwffas arall unwaith yn rhagor. Ennill neu golli, petai'n cael ei ddal, fel y byddai'n aml iawn, câi ei gosbi gan Beagley Bigog. Disgwyliai'r pren mesur neu'r gansen. Ond ni fyddai'n digwydd a hynny'n rhyddhad bob amser, ac yn dipyn o syndod hefyd. Yn hytrach, byddai'n rhaid iddo aros i mewn bron bob amser chwarae. Golygai hynny y byddai Liwsi ar ei phen ei hun, yn ddiamddiffyn, ar iard yr ysgol.

Ond doedd dim rhaid i Alfie boeni. Gwelai hi drwy'r ffenest efo criw o ffrindiau bychain o'i chwmpas yn ei gwarchod. Clywai'r herian creulon a'r dilorni cas yn cael eu cyfeirio ati ar draws yr iard. Ond edrychai Liwsi'n ddigyffro, fel petai'n codi uwchlaw'r holl elyniaeth. Efallai nad oedd hi'n deall beth roedden nhw'n ei ddweud, neu efallai mai bod yn ddewr yr oedd hi. Doedd dim ots gan Alfie. Edmygai hi'n fwy bob dydd.

Ond unwaith, gwelodd Zeb a'i giang o fwlis yn cerdded o'i chwmpas mewn cylch, fel bleiddiaid, yn closio'n nes ac yn nes ati, a bygwth a malais yn eu llygaid. Ar ôl iddyn nhw ddychryn y plant bach o'r iard, wynebai Liwsi nhw ar ei phen ei hun. Hyd yn oed wedyn, wnaeth hi ddim rhedeg i ffwrdd na throi'i chefn arnyn nhw. Roedd Alfie ar fin rhuthro i'r iard i'w helpu, pan ddaeth Miss Nightingale i'r adwy a galw Liwsi i mewn. Yn fuan wedyn, clywodd Alfie hi'n chwarae'r piano – mae'n rhaid mai hi oedd wrthi gan ei fod yn adnabod ei hoff ddarn, yr un a chwaraeai amlaf ar y gramoffon gartref. Swniai fel petai'n chwarae'n herfeiddiol. Teimlai'n sicr ei bod yn rhoi gwybod iddyn nhw i gyd allan yna ar iard yr ysgol nad oedd arni hi ofn, ei bod yn gwrthod gadael i Zeb Bishop a'i griw gael y gair olaf. Rhoddodd ei sŵn hi'n chwarae nerth i Alfie. Byddai ei angen i wynebu Zebediah Bishop a'i giang, Beagley Bigog, neu unrhyw un arall, o ran hynny.

Miss Nightingale bellach oedd yr unig ffrind oedd ganddyn nhw yn yr ysgol. Yn amlwg, manteisiai ar bob cyfle i alw Liwsi i mewn o'r iard i gael gwersi piano neu wersi ysgrifennu ychwanegol, gan ei hamddiffyn bob cyfle posib. Pan ddôi'n amser mynd adref, âi i ddanfon y ddau i lawr at y cei i ddal y cwch ysgol o Tresco yn ôl i Ynys y Bryniau. Dyfalai, ac yn aml roedd yn llygad ei lle, y gallai rhai fod yn aros amdanyn nhw, yn cuddio'n barod i ymosod a'u hambygio ar y ffordd. Feiddiai neb efo hi yno. Arhosai gyda'r ddau nes y cyrhaeddai'r cwch ysgol cyn ffarwelio â nhw. Ond wedyn, roedden nhw ar eu pennau'u hunain. Bob dydd safai yno'n gwylio, yn ddiymadferth i'w helpu. Eisteddai'r ddau gyda'i gilydd, ar wahân i'r gweddill, yn syllu o'u blaenau, yn dioddef gystal ag y medren nhw yr holl sylwadau pigog, y tynnu coes deifiol, a'r stumiau powld.

Ond wrth wylio ni fedrai Miss Nightingale, yn ei chalon, weld bai ar Zeb a'r lleill am eu creulondeb tuag at Alfie a Liwsi Goll. Gwyddai nad nhw oedd ar fai. Roedd yn amlwg iddi hi mai Mr Beagley oedd yn gyfrifol, ei eiriau ymfflamychol yn codi storm o sterics rhyfel yn yr ysgol o ddydd i ddydd. Wrth godi'r faner ar ddechrau pob diwrnod, ar ôl canu 'Duw Gadwo'r Brenin', byddai'n chwythu bygythion a chelanedd, yn clebran ynghylch lluoedd anwaraidd yr Almaen. Byddai'n hefru a rhuo gan ddweud stori ar ôl stori, rhai ohonyn nhw'n straeon dychrynllyd hefyd, am ddienyddio diseremoni gwragedd a phlant, am suddo ein llongau ni, ac am y *Lusitania* yn arbennig. Wrth dantro yn erbyn diawlineb y gelyn, a rhybuddio rhag ysbiwyr a gelynion yn ein mysg, edrychai'n fwriadol ar Liwsi, ac ar Alfie hefyd.

Gwyddai Miss Nightingale mai Alfie oedd dan y lach gan Mr Beagley, gymaint os nad mwy na Liwsi. Gwyddai pam hefyd. Ni fedrai'r prifathro oddef unrhyw un yn herio'i awdurdod, hyd yn oed gydag un edrychiad. "Digywilydd-dra noeth" fyddai ei eiriau. Roedd yn rhaid i'r plant ei ofni bob amser, dan grynu yn eu sodlau o'i flaen a dangos ufudd-dod i'w holl fympwyon. Wnaeth Alfie erioed mo hynny – ddim pan oedd yn hogyn bach, hyd yn oed. Bu'n ddraenen yn ochr Mr Beagley ers iddo ddod i'r ysgol. O ganlyniad roedd ei enw'n drwch drwy restr cosb llyfr lòg yr ysgol. O'r diwrnod cyntaf hwnnw pan ddaeth â Liwsi i'r ysgol, roedd Alfie wedi achub ei cham, wedi'i hamddiffyn, gan herio Mr Beagley dro ar ôl tro. Roedd clywed Alfie'n dweud ei farn wrth Mr Beagley wedi codi calon Miss Nightingale. Ond gwelai hefyd sut roedd hyn bob amser yn taflu'r prifathro oddi ar ei echel, a hynny, wrth gwrs, yn ei wneud yn fwy dialgar a chreulon nag arfer, gan ormesu'r plant a hithau. Roedd hi wrth ei bodd, yn cael cryn bleser a boddhad, wrth weld y fath deyrn yn crynu. Pan edrychai pethau'n ddu iawn, a hithau, fel y byddai'n aml, yn ystyried gadael yr ysgol, meddyliai am les y plant, ac yn ddiweddar, lles Alfie a Liwsi Goll. Roedd hynny'n bwysicach na dim iddi ac yn ei chadw yno. Arhosai er eu mwyn nhw, i'w hamddiffyn gymaint ag y gallai.

Gartref roedd Mari a Jim yn fwy ymwybodol bob dydd o'r ffordd greulon roedd y plant yn cael eu trin yn yr ysgol, gan y plant eraill, a hefyd, gan Mr Beagley ei hun. Gan eu bod nhw'u hunain yn cael eu gwrthod, doedd hi ddim yn anodd dychmygu beth roedd raid i'r plant ei ddioddef bob dydd yn yr ysgol. Doedd Alfie ddim yn dweud popeth wrthyn nhw, ond roedd y cleisiau ar ei wyneb a'r coleri wedi'u rhwygo yn ddigon. Edrychai'r ddau blentyn yn fwy gwelw a nychlyd bob dydd.

Bu Jim yn bygwth mynd draw i dŷ'r ysgol ar Tresco dro ar ôl tro, i roi pryd arall o dafod i Mr Beagley. Y tro yma, ni fyddai'n ymatal o gwbl, meddai wrth Mari. Byddai'n ei orfodi i roi'r gorau iddi. Ond dadl Mari oedd y dylid gwneud beth bynnag oedd i'w wneud yn heddychlon. Penderfynodd hi apelio'n syth at y Parchedig Morrison, gofyn iddo erfyn ar Mr Beagley ar eu rhan – wedi'r cyfan, roedd yn llywodraethwr yr ysgol, ac yn un o ddynion Duw. Petai unrhyw un yn gallu atal y math yma o erledigaeth, doedd bosib na fedrai o ei atal – a dyna ddylai o ei wneud. Gan fod Mari'n gwybod yn iawn beth oedd ei farn amdani, ac yn gwybod hefyd sut ddyn oedd y Parchedig Morrison, doedd ganddi fawr o obaith. Ond roedd yn rhaid rhoi cynnig arni.

Gwrthododd y Parchedig Morrison adael iddi groesi'r trothwy pan aeth i'w weld. Yn hytrach, gadawodd hi ar y rhiniog a dechrau brygowthan: "Mae Mr Beagley yn rhedeg ysgol ardderchog, Mrs Wheatcroft. Cyn i'r eneth yna ddod doedd dim helynt o gwbl. Ddywedais i wrthoch chi ar y pryd na ddylech ei chadw hi, ond gwrthod gwrando wnaethoch chi. Dyna'r drwg efo chi, Mrs Wheatcroft – wnewch chi ddim gwrando ar rai hŷn a gwell na chi. Dwi'n cofio mai felly roeddech chi efo'r swffragetiaid. Yn eu cefnogi nhw, heb ddangos parch tuag at farn pobl dda yr ynysoedd hyn. Yn codi ar eich traed yn yr eglwys yr haf diwethaf, ddyddiau'n unig wedi dechrau'r rhyfel, yn torri ar draws fy mhregeth i, gan daranu dros heddwch. Chi oedd yr unig un ar yr holl ynys i siarad yn erbyn y rhyfel. Rŵan, wedi i chi groesawu plentyn y gelyn i'ch tŷ a phobl ddim yn hoffi hynny, dyma chi'n dod ata i am gymorth. Dylech gofio, Mrs Wheatcroft, fod y Beibl yn dweud eich bod yn medi'r hyn rydych yn ei hau." A chaeodd y drws yn glep yn ei hwyneb.

PENNOD 19

Hydref 1915

Saesnes neu Almaenes

Ond gwrthododd Mari adael i bethau fod. Jim oedd yn iawn. Penderfynodd y byddai'r ddau ohonyn nhw'n mynd drosodd i Tresco, wynebu Mr Beagley efo'i gilydd, a setlo'r mater. Alfie, yn y diwedd, lwyddodd i'w darbwyllo. "Os ewch chi i'w weld o, gwneud pethau'n waeth i ni fydd o," meddai wrthyn nhw. "Dial arnon ni wnaiff Beagley Bigog. Un felly ydi o. Mae Miss Nightingale ar ein hochr ni ac yn medru edrych ar ôl Liwsi."

"A phwy sy'n edrych ar dy ôl di?" gofynnodd Mari iddo.

"Fi, Mam," atebodd. "Fi sy'n edrych ar f'ôl fy hun, ac ar ôl Liwsi. Peidiwch â chamddeall. Dydw i ddim yn hoffi pethau fel maen nhw. Fyddai dim ots gen i petawn i byth yn mynd ar gyfyl yr ysgol felltith yna byth eto. Dydi Liwsi ddim yn hoffi'r lle chwaith. Dydw i byth yn gwybod, ddim yn iawn, ddim i sicrwydd, beth mae hi'n ei feddwl, ond wn i'n iawn nad ydi hi'n hoffi bod yn fan'na. Dydi hi ddim angen geiriau i ddeud hynny wrtha i. Rydan ni'n edrych ar ôl ein gilydd. Peidiwch â phoeni dim."

Ond roedd adegau, yn arbennig ar y ffordd adref o'r ysgol, pan oedd Liwsi fel petai wedi suddo i gors o anobaith. Dro ar ôl tro, ceisiodd Alfie egluro iddi pam roedd pawb wedi newid cymaint tuag atyn nhw. Fod Dei, cefnder Jim, wedi dweud wrth bawb am y flanced a'r enw Almaeneg arni, am y rhyfel. Soniodd sut roedd pobl yn casáu'r Almaenwyr, fel roedd Martin Dowd a

Henry Hibbert, a phawb yn eu hadnabod, wedi'u lladd yng Ngwlad Belg, a Jack Brody wedi dod adref gydag un goes a bron â drysu. Dywedodd fod yr Almaenwyr yn suddo cymaint o longau, yn cynnwys y *Lusitania*, ac yn boddi cymaint o'n llongwyr ni.

Roedd Liwsi fel petai'n gwrando'n eithaf astud arno, ond roedd yn anodd dweud faint roedd hi'n ei ddeall, os oedd hi'n deall rhywbeth roedd o'n ei ddweud. Sylwodd Alfie y byddai'n rhoi'r gorau i wrando arno petai'n siarad gormod, yn gwneud iddo feddwl ei bod hi, efallai, wedi deall hen ddigon a ddim eisiau clywed rhagor. Efallai fod popeth roedd yn sôn amdano yn rhy boenus, nad oedd hi eisiau gwybod, ei bod hi eisiau iddo gau'i geg. A dyna wnaeth o.

I Alfie, edrychai'n debyg mai'r cyfan roedd Liwsi eisiau'i wneud ar ôl dod adref o'r ysgol bob dydd oedd cael ei chacen a'i llaeth cyn gynted â phosib. Yna, sut dywydd bynnag fyddai hi, mynnai fynd ar unwaith ar gefn Peg, a byddai hithau'n aros amdani fel arfer tu allan i'r drws. Bob cyfle gâi o, os na fyddai ar Jim ei angen i fynd allan ar y cwch neu helpu ar y fferm, byddai Alfie'n mynd efo hi. Byddai'r ddau'n marchogaeth Peg i bobman ar yr ynys; yn carlamu ar hyd Bae Brwynog, yn trotian drwy'r grug ar y rhostir, yn cerdded ar hyd llwybr yr arfordir o amgylch Bae Uffern, ac yn dringo ymysg y carneddau ar Benrhyn y Llongwr. Roedd Peg yn sicr ei cherddediad ac fel petai'n mwynhau dringo – serthaf yn y byd a mwyaf creigiog y graig, gorau yn y byd. Os byddai'r llanw'n ddigon isel, fe fydden nhw'n tasgu drwy'r dŵr bas yr holl ffordd drosodd i Tresco ac yna i Ynys Samson, i fyny a thros y twyni tywod, ar y llwybr drwy'r rhedyn hyd at y bythynnod gwag ger y ffynnon. Yno fe fydden nhw'n eistedd yng nghysgod y gwynt am saib a diod, ac yna'n troi am adref ar gefn Peg cyn i'r llanw ddod i mewn a'u rhwystro.

Erbyn hyn roedd y ddau fel un ar gefn Peg, yn cymryd eu tro i fod ar y blaen, y naill yn cydio'n y llall, yn mwynhau pob eiliad, yn dyheu i'r amser barhau am byth, a byth eisiau mynd adref. Roedden nhw'n mynd i lefydd lle nad oedd neb o'u cwmpas, neb i edrych yn filain na gweiddi arnyn nhw. Mynd ar gefn Peg o amgylch yr ynys ar eu pennau'u hunain oedd yr unig ffordd i anghofio'n llwyr am yr ysgol ac am Beagley Bigog, yr edrych hyll, y geiriau creulon a'r dyrnau cas. Dod adref wedyn ar drot ar hyd y Bae Gwyrdd, yn gwasgaru piod y môr a'r gwylanod a'r cerrig ac yn teimlo'n well, wedi codi'u calonnau. Weithiau, wrth ddod heibio'r *Hispaniola* roedden nhw'n gweld Yncl Wil yn gweithio ar y dec. Cadw draw wnaen nhw, yn ddigon call i beidio â thorri ar ei draws. Ond os na fyddai o yno, fe fydden nhw'n reidio o amgylch y cwch i weld pa gynnydd fu wrth ei drwsio. Edrychai'r lygar yn nes at fod yn barod bob dydd, yr hwylbrennau yn eu llefydd. "Feddyliais i, na neb arall erioed, y gallai Yncl Wil wneud hynna," meddai Alfie wrthi un diwrnod wrth fynd o'i amgylch unwaith yn rhagor. "Mae'n hardd, yn dydi?"

Yn hwyr un noson, ar ôl reid o'r fath, neidiodd y ddau oddi ar gefn Peg a gadael iddi yfed o'i hoff bwll dŵr ger y giât. Roedden nhw'n cerdded drwy'r cae tuag at y ffermdy pan welson nhw Mari ar ei gliniau, yn golchi'r drws ffrynt, yn ei sgwrio'n galed. Clywodd nhw'n dod a chodi ar ei thraed. Doedd Alfie erioed wedi'i gweld wedi cynhyrfu cymaint. Yna, wrth iddyn nhw ddod yn nes, gwelodd y ddau beth roedd hi wedi bod yn ceisio'i sgwrio. Wedi'i beintio ar draws y drws mewn llythrennau mawr gwyn roedd y geiriau: 'Cofiwch y *Lusitania*'.

Cerddodd Liwsi at y drws a sefyll yno, yn syllu arno, ei phen ar un ochr. Yna rhoddodd ei llaw allan, fel petai'n ceisio mynd dros y llythrennau fesul un efo'i bys, "Paid â gwneud hynna," meddai Mari'n biwis, yn ei hel ymaith ac yn sychu'i bysedd ar ei ffedog yn chwyrn. "Gei di baent drosot i gyd. *Lusitania* mae'n ddweud, Liwsi." Darllenodd allan yn araf iddi wedyn, sill wrth sill. "Lu ... sit ... an ... ia."

Craffodd Mari ar Liwsi. Cododd ei gên ac edrych i fyw ei llygaid. "Rwyt ti wedi clywed amdani, do? Do, Liwsi? Edrych arna i, Liwsi. Pan ddywedais i'r enw, roeddet ti'n ei adnabod, on'd oeddet ti? Welais i dy fod ti." Swniai ei llais yn wirioneddol flin erbyn hyn. Cydiodd yn ysgwyddau Liwsi a'i throi i'w hwynebu hi. "Liwsi, mae'n rhaid i ti siarad efo fi. Mi fedri di. Wn i'n iawn. Mae'n rhaid i ti ddeud wrthon ni. Llong oedd hi. Llong fawr iawn, ac fe suddon nhw hi. Fe suddodd yr Almaenwyr hi. Efo torpido, ychydig fisoedd yn ôl. Roedd yn beth creulon, dychrynllyd, i'w neud. Mil o bobl wedi'u lladd. Glywaist ti amdani hi? Ddaru nhw ddeud wrthot ti?" Gwaeddai arni a'i hysgwyd. "Pwy ddywedodd wrthot ti, Liwsi? Ddywedon nhw wrthot ti yn yr Almaen? Almaenes wyt ti, Liwsi? Ie? Pam na wnei di siarad efo ni? Pam?"

Camodd Alfie rhyngddyn nhw, yn troi ar ei fam, yn ddig fel hithau rŵan. "Am na fedar hi ddim, Mam! Fedar hi ddim siarad efo chi, nac efo 'run ohonon ni. Wyddoch chi hynny. Dach chi'n ei dychryn hi, Mam, ydach chi ddim yn gweld? Peidiwch â gweiddi arni hi. Mae pawb yn gweiddi arnon ni drwy'r dydd. Peidiwch chi â dechrau."

Dechreuodd Mari feichio crio. "Er mwyn y nefoedd, Alfie, gofyn iddi, os gweli'n dda, Alfie. Gofyn iddi ai Almaenes ydi hi. Does bosib nad ydi hi'n gwybod gymaint â hynny. Gofyn iddi. Rydan ni wedi bod yn edrych ar ei hôl hi'r holl amser yma, does bosib nad oes gynnon ni hawl i wybod hynny?"

"Ond roeddwn i'n meddwl eich bod chi'n deud nad oes bwys am hynny, Mam," meddai Alfie. "Almaenes ai peidio, un ohonon ni ydi hi rŵan. Dyna beth ddywedoch chi. Teulu, meddech chi, dach chi'n cofio?"

"Ac ydi, mae hi'n un o'r teulu," gwaeddodd Mari. "Does dim ots gen i, Alfie, dim taten o ots, wrth gwrs. Ond edrych ar y drws! Mae ots ganddyn nhw. Cofia pwy wnaeth hyn – ein ffrindiau, ein cymdogion. Maen nhw'n ein casáu ni rŵan."

"Dach chi'n meddwl nad yw i'n gwybod hynny, Mam?" meddai Alfie. "Dach chi'n meddwl nad ydi Liwsi'n gwybod? Nid ei bai hi ydi o. Does dim bai arni hi o gwbl. Yna edrychodd Mari ar Liwsi. Gwelodd y boen a'r dryswch yn ei llygaid a sylweddoli beth roedd hi wedi'i ddweud, beth roedd hi wedi'i wneud.

"O, Liwsi," llefodd. "Sut medrwn i ddeud pethau o'r fath? Sut medrwn i? Doeddwn i ddim yn ei feddwl o, ddim fel yna. Mae'n ddrwg gen i. Mae'n ddrwg iawn gen i." Estynnodd ei breichiau allan iddi. Petrusodd Liwsi am funud bach yn unig. Yna rhedodd ati. Cydiodd y ddwy yn ei gilydd, Mari'n ei siglo'n ôl ac ymlaen ac yn beichio crio. "Maddau i mi, Liwsi. Maddau i mi." Cododd Liwsi ei llaw yn araf, a chyffwrdd ei hwyneb.

Dyna pryd y sylwodd Alfie ar y gwydr wedi torri ar y ddaear o gwmpas eu traed. Edrychodd i fyny. Roedd dwy chwarel o'r ffenest wedi'u dryllio'n ddarnau mân.

"Llofft Liwsi," meddai. "Nhw wnaeth hynna?"

"Syrthiodd y garreg ar ei gwely, a thipyn o'r gwydr hefyd," meddai Mari wrtho. "Allai hi fod wedi cael ei brifo, ei brifo'n ddrwg. Sut medren nhw? Sut medren nhw neud y fath beth? Roedd rhai ohonyn nhw'n ddigon blin pan ddes i ag Yncl Wil adref rai blynyddoedd yn ôl. Felly mae rhai hyd y dydd heddiw – ddim yn hoffi ei gael o yma. Wn i hynny. Ond maen nhw'n gadael llonydd iddo. Wnaethon nhw erioed ddim byd fel hyn."

"Wnawn ni ei thrwsio, Mam," meddai Alfie. "Bydd popeth yn iawn."

Ymdrechai Mari'n galed i wynebu'r cyfan yn ddewr. Ond roedd y digwyddiad olaf wedi'i chythruddo a'i brifo. Ni fedrai godi'i chalon, ddim hyd yn oed er mwyn y plant. Aeth Liwsi i'r tŷ, rhoi record ar y gramoffon a mynd i fyny'r grisiau i fod ar ei phen ei hun, gan adael Alfie a'i fam yn eistedd wrth fwrdd y gegin, y ddau'n meddwl yn ddwys.

"Be ydi hi, Alfie?" gofynnodd Mari toc, yn pwyso ymlaen ar draws y bwrdd, ei llais yn isel. "Deud y gwir, rŵan. Be wyt ti'n feddwl? Almaenes? Saesnes?" Ni roddodd gyfle i Alfie ateb. "Os cawn ni wybod mai Almaenes ydi hi," aeth ymlaen, "fel maen nhw'n deud – fel maen nhw i gyd yn gobeithio – fe ân nhw â hi oddi arnon ni. Ti'n gwybod hynny. Mae'n edrych yn debyg i mi mai dyna oedden nhw eisio'i neud, beth bynnag – mynd â hi oddi arnon ni. Mae'r ficer yn deud mai Seilam Bodmin ydi ei lle hi, a digon yn cytuno efo fo, a Mr Beagley yn deud yr ân nhw â hi i ffwrdd os na fydda i'n ei hanfon hi i'r ysgol. Felly, rydan ni'n ei gyrru hi i'r ysgol, ac ar ôl gwneud, dyma sut maen nhw'n ei thrin hi. Rŵan, Almaenes ydi hi – medden nhw – a dylid ei gyrru i ffwrdd i ryw wersyll carcharorion ar gyfer gelynion, neu ryw le o'r fath, a'r cyfan oherwydd enw Almaeneg ar ei blanced.

Wnân nhw ddim. Fedran nhw ddim, oherwydd fedran nhw byth brofi hynny, ar ôl i mi wneud beth wnes i."

"Be dach chi'n feddwl, Mam?" holodd Alfie.

"Wnes i rywbeth dro byd yn ôl, rhag ofn," sibrydodd yn gyfrinachol, gan bwyso'n nes ato. "Roeddwn i'n meddwl y byddai rhywbeth fel hyn yn digwydd. Hen geg fawr ydi Dei, cefnder Jim – mae pawb yn gwybod hynny. Wyddwn i na fedrai gadw ei geg ar gau'n hir. Byddai'n siŵr o brepian yn hwyr neu'n hwyrach. Yna fe fydden nhw'n siŵr o fod eisiau gweld y flanced, yn bydden? Felly torrais y tâp enw i ffwrdd. Roedd yn llac beth bynnag, dim ond rhyw bwyth neu ddau'n ei ddal yn sownd. Sylwodd 'run ohonoch chi, naddo? Sylwodd Liwsi ddim chwaith. A dim ond er mwyn gwneud yn siŵr, edrychais ar y tedi bêr yna sydd ganddi'r un pryd. Lwc i mi wneud. Ges i hyd i label arno. 'Steiff' neu rywbeth roedd o'n ddeud. Gair tramor yr olwg beth bynnag. Felly torrais hwnnw i ffwrdd hefyd." Doedd dim modd cuddio ei boddhad.

"Diolch 'mod i wedi gwneud. Tra oeddech chi yn yr ysgol heddiw, fe ddaethon nhw draw – y Parchedig Morrison, Dei, dwsin neu ragor ohonyn nhw, cynrychiolaeth o bob man, eisiau gweld y flanced. Felly dangosais hi iddyn nhw. Y flanced a'r tedi bêr. Alfie, ddylet ti fod wedi gweld wyneb Dei!" chwarddodd. "Sôn am bictiwr!"

"Felly mae popeth yn iawn," meddai Alfie. "Fedran nhw ddim meddwl mai Almaenes ydi hi rŵan, na fedran?"

"Ond dyna'r peth," eglurodd Mari wrtho. "Dyna maen nhw'n ei feddwl o hyd. Mae pobl yn credu'r hyn maen nhw eisio'i gredu, Alfie, wedi cael yn eu pennau mai *Fritzy* ydi hi, a dyna ni. Mae Mr Beagley yn deud wrth bawb nad ydi hi'n siarad am mai Almaeneg ydi ei hiaith hi. Mae'n gwneud yn fwriadol, meddai fo, i guddio'r ffaith ei bod yn dod o'r Almaen, achos dydi hi ddim eisio i ni wybod. Dyna sy'n fy mhoeni i, Alfie, yn fy mhoeni'n ofnadwy. Be ydw i'n feddwl ydi, beth os ydi o'n iawn? Dwi eisio iddi siarad, wrth gwrs fy mod i, ond dydw i ddim eisio iddi hi siarad Almaeneg."

"Saesnes ydi hi, Mam," meddai Alfie. "Mae'n rhaid. Mae hi'n gwrando, mae hi'n deall, nid popeth ella, ond digon. Mae hi'n nodio weithiau, yn gwenu. Peidiwch chi â phoeni, Mam. Saesnes ydi Liwsi'n ddigon siŵr."

"Dwi wedi bod yn meddwl am hynny hefyd," meddai hi. "Mae hi yn deall – welais i hynny ar ei hwyneb. Ond ella fod hynny am ei bod hi wedi dysgu tipyn o Saesneg ers pan ddaeth hi yma. Rwyt ti'n siarad efo hi drwy'r adeg. Mae hi'n gwrando arnat ti, ac yn gwrando arnon ni. Felly ella mai dyna sut mae hi'n deall tipyn o Saesneg. Ond dydi hi ddim yn ei siarad, nac ydi?" Ar hynny, daeth Liwsi i'r gegin, rhoi record newydd ar y gramoffon a mynd i eistedd ar lin Mari. Teimlai'r ddau na fedren nhw siarad rhagor am y peth, nid yn ei chlyw hi.

Y noson honno cododd yn storm. Aeth 'run cwch allan drannoeth, na thrennydd, dim cychod pysgota, a dim cwch ysgol. Dyna ryddhad mawr i Alfie a Liwsi. Udodd y gwynt yn y simneiau, chwipiodd y glaw yn erbyn y ffenestri, trodd llwybrau'n afonydd, lluchiwyd adar o gwmpas yn yr awyr. Yn y Bae Gwyrdd, roedd yr holl gychod, yr *Hispaniola* yn eu mysg, yn rholio a siglo wrth eu hangorau.

Erbyn bore Sul roedd yr awyr yn las, y coed yn llonydd a'r môr yn dawel. Aeth Mari i'r eglwys ar ei phen ei hun, yn benderfynol o beidio gadael i'r plant wynebu rhagor o elyniaeth, ond yr un mor benderfynol o beidio gadael i neb ei bygwth hi. Doedd neb na dim yn mynd i'w rhwystro hi rhag mynd i'r eglwys. Byddai'n eu hwynebu. Pan ddaeth yn ôl, safodd yn y drws, yn ei dagrau, yn methu dweud yr un gair.

"Be sy'n bod, Mari-mw?" gofynnodd Jim iddi.

"Jack Brody," atebodd. "Mae o wedi marw."

Roedd pawb ar yr ynys yn yr eglwys ar gyfer yr angladd bedwar diwrnod yn ddiweddarach. Eisteddodd y teulu yn eu sedd, ar eu pennau'u hunain fel arfer, nes daeth Dr Crow i ymuno â nhw, ac roedden nhw i gyd yn ddiolchgar iddo am hynny. Pan aeth Mari i gydymdeimlo â Mrs Brody ar ôl y claddu, trodd Mrs Brody ei chefn a cherdded draw. Daeth Dr Crow adre efo nhw, ac eistedd am dipyn yn gwrando ar hoff ddarn Liwsi, yr un darn fyddai hi'n ei roi ar y gramoffon ac yn ei chwarae dro ar ôl tro. Eisteddodd pawb yn ddistaw a gadael i'r miwsig eu llenwi. Yna gadawodd Liwsi nhw ac aeth i fyny'r grisiau.

O ddyddiadur Dr Crow, 17 Hydref 1915

Chredwn i byth y byddai pobl arferai fod mor garedig a thwymgalon, mor gwrtais ac ystyriol, yn gallu troi, mewn cyfnod mor fyr, yn ddialgar a sbeitlyd, mor filain a maleisus, yn bwrw llid ac yn mynnu dial. I bob golwg mae pobl mor gyfnewidiol â'r tywydd. Mae'r byd o'n cwmpas yn gallu bod yn fwyn, yn dyner ac yn dawel un diwrnod, a hithau'n troi'n ddiwrnod o foroedd tymhestlog, gwyntoedd garw a chymylau ffyrnig drannoeth. Yn yr modd yn union, mae pobl yn gallu troi a newid, a phob caredigrwydd a thynerwch yn cael eu halltudio gan falais a rhagfarn.

Mae gan bawb eu hochr dywyll, mae'n rhaid i mi gyfaddef, a Dr Jekyll a Mr Hyde ym mhob un ohonom. Ond welais i erioed o'r blaen y fath drawsnewid mewn cymuned gyfan, bron. Mae pawb yn gwybod fy mod i ac ambell un arall, yn cynnwys Mrs Wheatcroft, wedi codi fy llais yn erbyn y rhyfel hwn. Yn ystod y misoedd diwethaf bu'n rhaid i mi ddioddef peth beirniadaeth, rhai sylwadau croes a hyd yn oed dipyn o eiriau cas. Ond doedd hyn yn ddim i'w gymharu â'r sarhad a'r trafferthion ddioddefwyd gan deulu Fferm Veronica drwy'r dyddiau a'r wythnosau diwethaf.

Fel cymaint o rai eraill ledled yr holl ynysoedd, es draw i Ynys y Bryniau heddiw ar gyfer angladd Jack Brody. Gwyddwn, fel yn wir y gwyddai pawb yno, yn cynnwys ei fam, na fedrai marwolaeth ddod yn rhy fuan i Jack druan. Roedd yn rhyddhad mawr iddo. Ond doedd y gwasanaeth angladdol yn ddim cysur i neb.

Roedd ei fam wedi cael hyd iddo yn y bore yn ei wely â'i wyneb wedi troi at y wal. Wedi cael digon oedd o, meddai hi pan ddeuthum i'w gweld ddydd Llun diwethaf, i ddarganfod achos ei farwolaeth. Credaf ei bod yn llygad ei lle. Wedi archwiliad, credaf i Jack farw o drawiad ar y galon. Dyna beth ysgrifennais ar y dystysgrif. Marw o dristwch fyddai'n nes at y gwir. Sgwn i faint sydd wedi bod, neu fydd, fel Jack Brody yn y rhyfel hwn, yn ifanc a dewr, gyda chymaint o reswm dros fyw, ond a adawyd mor glwyfedig a chreithiog o gorff ac enaid, a'r ewyllys i fyw wedi'i ddinistrio?

Eisteddais wrth ochr teulu Fferm Veronica yn yr eglwys heddiw, oherwydd gwelwn na fyddai neb arall yn gwneud. Gwyddwn pam yn ddigon da – gŵyr pawb am y flanced roedd Dei Fawr Bishop wedi cael hyd iddi ar Ynys Helen. Fel yn y rhan fwyaf o angladdau pobl ifanc y bûm ynddynt, roedd y galaru'n arbennig o boenus i bawb ei ddioddef. Ond, gan ei fod yn dod yn dynn ar sodlau'r newyddion am ragor o longau masnach wedi'u suddo ger Sili, ac adroddiadau am golledion enbyd, diddiwedd, roedd teimladau'n chwerw iawn.

Ategodd y ficer yr awyrgylch yn berffaith yn ei bregeth. Cyhoeddodd, yn ei dôn ragrithiol arferol, nad oedd dioddefaint a marwolaeth Jack Brody, dienyddiad cachgïaidd, anwaraidd Nyrs Edith Cavell yng Ngwlad Belg, a suddo'r Lusitania *– gan golli cymaint o fywydau a syfrdanu'r holl fyd – yn gadael unrhyw un ohonom mewn unrhyw amheuaeth. "Dim amheuaeth," pwysleisiodd wedyn gan edrych yn syth i'n sedd ni. Roedd y rhyfel hwn, meddai, yn rhyfel cyfiawn. "Rhyfel y da yn erbyn y drwg. Roedd yn rhaid i ni i gyd wneud ein rhan i ymladd."*

Wnâi'r Parchedig Morrison ddim fy nghydnabod i, neu hyd yn oed edrych i fyw fy llygaid ar ôl y gwasanaeth claddu – cosb yn ddiamau oherwydd gwyddai pawb fy marn ynghylch y rhyfel a hefyd am fy nghefnogaeth amlwg i'r teulu Wheatcroft.

Arhosais i ddim i'r cyfarfod yn y neuadd wedyn. Yn hytrach cerddais yn ôl i Fferm Veronica efo'r teulu. I bob golwg doedd neb eisiau siarad efo nhw chwaith. Roeddwn i wedi clywed sôn yn y dyddiau diwethaf am beth oedd yn digwydd yn ysgol Mr Beagley wedi i bawb glywed stori Dei Fawr, ac mor greulon roedd Liwsi ac Alfie'n cael eu trin gan y plant a Mr Beagley fel ei gilydd. O adnabod Mr Beagley, doedd hynny'n syndod yn y byd.

Roeddwn wedi taro ar Jim Wheatcroft ar ddamwain, ychydig ddyddiau ynghynt, wrth ymweld ag Ynys Tresco. Wedi dod i werthu'i bysgod roedd o, ac yn eistedd ar y cei, yn edrych yn ddim byd tebyg iddo'i hun, ymhell o fod yn siriol fel arfer. Oherwydd y flanced, meddai, doedd neb yn dod i brynu'i bysgod y dyddiau hyn. doedd y rhan fwyaf ohonyn nhw – rhai'n perthyn iddo – ddim hyd yn oed yn siarad efo fo bellach, ac roedden nhw'n troi'u cefn arno ble bynnag yr âi. Dyna sut roedden nhw'n trin Mari, a'r plant hefyd. Nid yn unig roedd o wedi cael llond bol, roedd yn flin. Wyddwn i ddim y medrai Jim fod mor flin. Dywedodd wrthyf na thorrai'r un gair â'i gefnder, Dei Fawr, byth eto. Dywedodd hefyd mai'r rhyfel oedd wrth wraidd yr helynt i gyd, fy mod i'n llygad fy lle, a Mari hefyd. Ei fod yn gwenwyno pobl drwyddyn ar hyd a lled yr ynysoedd. Yna, diolchodd i mi am fy nghyfeillgarwch ac am fy ymdrechion ar ran Liwsi Goll. Dymunodd yn dda i mi. Yna, i ffwrdd ag o.

Felly nid oherwydd rhesymau meddygol yn unig yr es i'n ôl efo'r teulu i Fferm Veronica pnawn heddiw. Es efo nhw fel ffrind gymaint ag fel meddyg. Cleifion ydyn nhw'n bennaf i mi, wrth gwrs. Ond er hynny, fe es oherwydd cyfeillgarwch hefyd, yn synhwyro eu bod yn sicr o fod yn teimlo'n wrthodedig ac ar wahân. Doeddwn i ddim yn anghywir. Yn wir, doedden nhw'n ddim byd tebyg i'r bobl yr arferwn eu hadnabod. Mrs Wheatcroft, asgwrn cefn y teulu fel arfer, yn drallodus iawn, fel petai'n isel iawn ei hysbryd. Roedd Liwsi Goll wedi mynd i'w chragen eto. Roedd hynny, mae'n debyg, o ystyried popeth fu'n digwydd iddi yn yr ysgol, i'w ddisgwyl. Clywais gan Miss Nightingale y bydd yn aml yn crio'n ddistaw ar ei phen ei hun yn yr ysgol, felly collwyd cymaint o'r cynnydd a welais ynddi.

Eisteddodd pawb am dipyn yn gwrando ar hoff record Liwsi ar y gramoffon, neb yn siarad, pawb wedi ymgolli yn ei feddyliau ei hun. Pan aeth Liwsi i fyny'r grisiau, cododd Mrs Wheatcroft y record o'r gramoffon ac eistedd wrth fwrdd y gegin, yn ddigalon, ei phen yn ei dwylo. Ddywedodd neb yr un gair. Felly, fe wnes i, dim ond er mwyn torri ar y distawrwydd. Mynegais fy nghydymdeimlad orau gallwn i am yr amser caled roedden nhw'n ei ddioddef. "Wna i beth bynnag fedra i i helpu," meddwn wrthyn nhw, ac roeddwn yn ei feddwl. Ond swniai braidd yn ffurfiol ac yn wag. "Dydi Liwsi ddim yn edrych cystal heddiw," ychwanegais. "Ydyn nhw'n dal i'w herlid hi yn y ysgol?" Atebodd neb fi. "Ga' i air efo Mr Beagley os mynnwch chi."

"Dyna garedig, doctor," meddai Mari, ei llais fawr mwy na sibrwd.

Eisteddai Jim yn ei gwman yn ei gadair ger y stof, gydag Alfie gerllaw yn swatio yn y simnai fawr, yn procio'r tân ac yn edrych mor brudd â'i dad. Teimlwn eu bod yn ddiolchgar fy mod wedi dod yn ôl i'r tŷ efo nhw, ac yn gwneud eu gorau i'm croesawu, ond er eu holl ymdrech, gwelwn nad oedd ganddyn nhw fawr ddim argyhoeddiad. Ni fedren nhw na finnau gael hyd i ddim i'w ddweud, ac felly, am beth amser, ddywedon ni fawr ddim. Taniais fy nghetyn. Gwn, o brofiad, fod smocio fy nghetyn yn fy helpu drwy funudau anodd. Mae'n cadw'r dwylo'n brysur, y meddwl yn rhywle arall, dros dro o leiaf.

"Welsoch chi, doctor, wrth ddod i'r tŷ?" meddai Jim, yn torri ar draws y distawrwydd yn sydyn. "Welsoch chi ôl eu paent nhw dros y drws i gyd? Wyddoch chi beth beintion nhw ar ein drws ni? 'Cofiwch y Lusitania.' Dyna wnaethon nhw. Sgwennu hynny. Fel petaen nhw'n meddwl bod Liwsi ei hun wedi tanio'r torpido. I gyd oherwydd rhyw hen flanced. Wyddoch chi, doctor, weithiau dydw i ddim yn meddwl 'mod i eisio byw yma bellach."

Dipyn yn ddiweddarach daeth Liwsi i lawr y grisiau i'r gegin yn cydio yn ei blanced ac yn gafael yn ei thedi. Aeth i eistedd ar lin Mari a rhoi ei phen ar ei hysgwydd. Rywfodd roedd ei phresenoldeb fel petai'n gwneud i bawb deimlo'n well. Roeddwn wedi sylwi o'r blaen fod Liwsi'n cael yr effaith yna arnyn nhw, ond roedd yn fwy amlwg rŵan nag erioed. Buom yn sgwrsio wedyn, a chawsom de gyda'n gilydd. Dyna pryd y dechreuon nhw sôn am bethau, ac unwaith y dechreuon nhw, daeth y cyfan allan – fel petaen nhw eisiau dweud popeth wrthyf. Roedd enw ar y flanced, fel roedd Dei Fawr Bishop wedi dweud, a 'Wilhelm' oedd o. Un o'r geiriau roedd Lisi wedi'u dweud meddai Alfie, oedd 'Wilhelm'. Wydden nhw ddim beth i'w wneud o hynny, ond dywedodd Alfie ei fod yn siŵr mai Saesnes oedd hi.

Dywedodd Mari ei bod yn gwybod beth fyddai pobl yn ei feddwl petaen nhw'n cael gwybod. Dyna pam roedd hi wedi torri'r tâp efo'r enw arno i ffwrdd ers tro byd. Roedd hi wedi torri'r label Almaeneg yr olwg ar y tedi bêr hefyd, ond wnaeth hynny ddim gwahaniaeth o gwbl pan ddangosodd hi'r flanced a'r tedi i'r ficer a phawb arall pan ddaethon nhw i'r tŷ. Roedd yr ynys, meddai hi, wedi penderfynu mai Almaenes oedd Liwsi, ac fe fydden nhw'n dal ati i feddwl hynny nes bod Liwsi'n siarad

Saesneg. A rŵan roedden nhw wedi plastro paent coch ar ei drws ffrynt hi ac wedi lluchio carreg drwy ffenest Liwsi.

Roeddwn wedi cythruddo o glywed sut roedden nhw'n cael eu trin, ond hefyd wedi cael fy nghyffwrdd fod ganddyn nhw ffydd ynof, a'u bod wedi ymddiried eu stori ynof i. Roeddwn eisiau eu helpu pe medrwn. "Mae'n amlwg i mi na wnaiff Liwsi siarad," meddwn wrthyn nhw, yn meddwl yn uchel, "oni bai y bydd hi'n dechrau cofio. Teimlaf yn siŵr mai'r anallu i gofio, neu ei hanfodlonrwydd i gofio, sy'n ei rhwystro rhag siarad. Dydi o ddim yn bwysig pa iaith wnaiff hi ei siarad, Almaeneg neu Saesneg. Dyna sydd raid i ni gofio. Be sy'n bwysig ydi ei bod yn darganfod ei hun eto, yn darganfod pwy ydi hi."

"Gwir iawn, doctor. Mae hynna'n ddigon gwir," meddai Mari, ei llygaid yn gloywi. "Ond rydan ni'n gwybod, yn tydan? Liwsi ydi hi. Felly, dim ots gen i ydi hi'n siarad ai peidio. Saesneg, Almaeneg, Tsieinïeg – pwy sy'n poeni? Rydan ni'n ei charu hi fel mae hi. Os na ddaw hi i siarad na chofio byth, byddwn ni'n ei charu hi'r un fath yn union. Chaiff neb byth fynd â hi i ffwrdd. Dim ots gynnon ni pa iaith mae hi'n ei siarad. Mae'n un o'r teulu. Mae hi'n aros efo ni."

Cusanodd Mari gorun Liwsi. "Ty'd 'laen, Liwsi," meddai gan godi o'i chadair. "Gwaith yn galw. Beth am i ni adael llonydd i'r dynion 'ma? I fyny â ni. Gwisgo'n esgidiau mawr. Rown ni fwyd i'r ieir, edrych oes yna wyau. Wedyn awn ni i lawr i weld Yncl Wil. Rown ni wy neu ddau iddo fo. Mae o'n sgut am wyau. Ydach chi wedi gweld sut mae ei Hispaniola fo yn dod yn ei blaen, doctor? Hardd ydi hi, yntê? Hi sydd wedi dod ag o ato'i hun. Y ddau wedi mendio'i gilydd. Wyddoch chi beth ddywedodd Yncl Wil ynghylch Liwsi ddoe? Meddai fo: 'Dydi'r hogan yna ddim yn ddiarth bellach.' Mae o wedi cymryd ati hi, fel pawb ohonon ni, o ran hynny."

Ar ôl iddyn nhw fynd allan, eisteddodd Jim, Alfie a minnau'n ddistaw am dipyn. Yna, daeth rhywbeth i'm meddwl, y math o beth sy'n dod i rywun o unman weithiau fel fflach, yn gwneud i chi feddwl pam na feddylioch chi hynny o'r blaen. "Efallai," meddwn i, "efallai y dylech chi ddilyn ôl ei throed hi. Ceisio'i hailuno â'i chof rywsut. Mynd â Liwsi yn ôl i'r lle y cawsoch chi hyd iddi, i Ynys Helen, i'r Clafdy, yntê? Wyddoch chi ddim, efallai y gall rhywbeth yno roi proc i ddeffro'i chof."

Edrychodd Jim yn amheus am dipyn, ond yna pwysodd ymlaen yn ei gadair. Gwelwn ei fod yn ystyried y peth. Nodiodd. "Pam lai?" meddai. "Mae'n werth rhoi cynnig arni, dwi'n credu. Roedd y doctor yn llygad ei le ynghylch y miwsig, yn doedd, Alfie? Gododd hynny hi o'r gwely, yn do? Rhoi diddordeb iddi, ei chael i godi allan, i fynd i'r ysgol, i fynd ar gefn y ceffyl yna. Ond wnaeth hi ddim byd efo fi, doctor, ond efo Alfie. Os siaradith hi eto, efo Alfie y gwnaiff hi. Ellwch chi fod yn siŵr o hynny. Gwna hynna, Alfie. Dos di â hi drosodd i Ynys Helen, fel mae'r doctor yn deud. Gallai weithio. Does gynnon ni ddim syniad gwell, nac oes? Rho gynnig arni, wnei di, Alfie? Ddaw hi efo chdi yn y cwch, daw?"

"Daw," meddai Alfie, y syniad yn tyfu arno wrth feddwl amdano. Byddai'n cael peidio â mynd i'r ysgol am ddiwrnod hefyd. "Fe fydd arni hi ofn. Dydi hi ddim yn rhyw hoff iawn o gychod. Ddim yn hoffi dŵr. Ond ella os gwnawn ni bysgota tipyn. Wna i o yn drip 'sgota. Fory. Af i â hi drosodd fory, ie? Os bydd y tywydd yn iawn. Mae'r môr braidd yn arw ar hyn o bryd, ond ella bydd y storm wedi hen chwythu'i phlwc erbyn hynny."

Gadewais y teulu ryw awr yn ddiweddarach yn fwy calonnog na phan welais nhw gyntaf, ar ôl paned arall o de a thipyn o gacen Mrs Wheatcroft. Mae hi'n gwybod 'mod i'n cael blas arni. Roedd hi gystal ag arfer. Wrth i mi gerdded draw o'r tŷ roedd Mrs Wheatcroft a Liwsi Goll yn brysur yn sgwrio'r drws ffrynt, a'r gaseg yna oedd yn pori yn y cae cyfagos yn eu gwylio. Roedd y tad a'r mab yn trwsio'r ffenest llofft. Sylweddolais nad oeddwn wedi archwilio neb, wedi cynnig moddion o gwbl, na rhoi cyngor meddygol. Ond eto teimlwn efallai i mi wneud diwrnod da o waith.

Beth ddaw o'r holl helynt a'r gwrthdaro yma? Beth fydd hanes Liwsi Goll yn y diwedd? Y nef yn unig a ŵyr. Ond maen nhw'n deulu da, hynaws iawn. Pobl rydw i wedi dod i'w hoffi a'u parchu. Ac am Liwsi Goll, i mi mae hi fel gwennol ifanc wedi syrthio o'r awyr. Cododd y teulu yna hi a gofalu amdani. Siawns na lwyddan nhw a finnau, a phawb ohonon ni ar yr ynysoedd hyn, i'w chadw hi'n ddiogel, i wneud popeth o fewn ein gallu i'w helpu i hedfan eto.

Ond gwn un peth yn sicr: fydd Liwsi Goll ddim yn hedfan nes y bydd hi'n cofio pwy ydi hi, o ble ac oddi wrth bwy y daeth hi, ac i ble ac at bwy y bydd yn rhaid iddi ddychwelyd ryw ddiwrnod. Mawr, mawr obeithiaf y gall ymweld ag Ynys Helen ddwyn rhywbeth i'w chof, rhoi iddi'r help mae arni hi'i angen. Ond mae'n rhaid i mi gyfaddef mai gobaith gwan iawn ydi o.

PENNOD 20
Y Clafdy

Drwy'r nos gorweddodd Mari'n effro wrth ochr Jim, yn poeni tybed a oedd yn syniad da i fynd â Liwsi yn ôl i Ynys Helen. Beth petai hynny'n deffro rhywbeth yn ei chof fyddai'n ei chynhyrfu, yn ei hatgoffa o rywbeth roedd hi eisiau'i anghofio? Wrth boeni a phoeni, llwyddodd i berswadio'i hun na ddylai Liwsi fynd. O'r diwedd, rhoddodd bwniad i Jim i'w ddeffro. Roedd yn rhaid iddi siarad efo fo. "Ddylai hi ddim mynd," meddai. "Ddylai Liwsi ac Alfie ddim mynd draw i Ynys Helen heddiw. Dydi o ddim yn syniad da. Dyna ydw i'n deimlo yn fy nghalon."

"Paid ti â phoeni dim o gwbl, Mari-mw," meddai Jim, yn hanner cysgu o hyd. "Ella fod fy hen *Bengwin* i'n gallu dy luchio di o gwmpas dipyn, rhoi taith go arw i ti, ond fe aiff â chdi yno. Wnaiff y cwch yna ddim suddo. Ddylwn i wybod, Mari-mw, ar ôl bod allan ynddo droeon. Bydd Liwsi'n iawn. Mae Alfie'n gwybod beth mae o'n ei wneud. Cofia 'mod i wedi dysgu popeth wn i iddo fo. Bydd popeth yn iawn, gei di weld. Rŵan beth am i ni'n dau gael tipyn o gwsg?"

Ond daliodd Mari ati i sôn am yr holl bryderon fu'n ei chadw'n effro drwy'r nos hir. "Dydw i ddim yn sôn am y cwch, Jimbo. Meddwl amdani hi, Liwsi, ydw i. Beth fydd yn digwydd os bydd hi'n cofio, fel mae'r doctor yn meddwl y gallai hi, a ddim yn hoffi beth mae'n ei gofio? Beth os ydi cofio yn waeth na pheidio cofio? A beth bynnag, gallai'r doctor fod yn anghywir, yn gallai? Pwy sydd i ddeud y bydd hi'n sydyn yn medru siarad, yn medru deud wrthon ni pwy ydi hi, dim ond am ei bod hi'n cofio pethau? Dwi eisio gwybod pwy ydi hi, ti'n gwybod fy mod i – fel pawb arall. Ond ella nad ydi hi ddim yn barod i gofio. Ella ei bod yn well ei bod hi'n cofio yn ei hamser ei hun, yn siarad pan fydd hi'n barod. Ella ein bod ni'n trio rhuthro pethau."

Bu'n dawel wedyn am ychydig funudau. Meddyliodd Jim efallai ei bod hi wedi dweud popeth oedd ganddi i'w ddweud, wedi poeni hynny fedrai hi ac wedi mynd i gysgu. Ond daliodd ati.

"Pethau yn yr ymennydd, Jim, fedri di ddim gwneud iddyn nhw ddigwydd os ydyn nhw ddim eisio digwydd. Fel efo Yncl Wil. Yn yr ysbyty yna fe geision nhw ei wneud yn rhywbeth nad oedd o ddim, ceiso gwneud iddo fihafio'n wahanol, fel petai o'n rhywun arall. Un nyrs yn unig oedd yn ei ddeall. Roedd hi'n garedig efo fo, yn darllen iddo ac yn treulio amser efo fo. Hi ddaeth â'r llyfr yna, *Treasure Island*, iddo, ei ddarllen iddo, a gwrando arno'n ei ddarllen. Gwyddai pwy oedd Yncl Wil, ei fod wedi drysu, ella, yn byw mewn breuddwyd ond fo'i hun oedd o, ac na fedrid ac na ddylid ei newid. Helpodd o, gwnaeth beth fedrai. Gwelodd y nyrs fod Wil hapusaf yn byw yn ei freuddwydion, a gadawodd lonydd iddo.

"'Run fath efo Liwsi. Meddwl ydw i efallai y dylen ni adael llonydd iddi a gwneud dim byd. Dwi wedi bod yn trio'n rhy galed i neud iddi gofio a ddylwn i ddim bod wedi gwneud. Os ydi hi ddim yn cofio pwy ydi hi, na dim byd amdani'i hun, ac yn aros yn dawel yn ei chragen, yna pwy ydan ni i geisio'i newid hi, Jimbo?"

Atebodd Jim ddim, oherwydd gwyddai nad cwestiwn oedd o mewn gwirionedd.

"Feddyliais i am rywbeth arall hefyd, Jimbo," aeth Mari'n ei blaen. "Beth petai'r doctor yn iawn, fod Liwsi'n dod yn ôl o Ynys Helen, a rywsut wedi cofio pwy ydi hi, o ble y daeth hi – popeth. Meddylia sut byddai pethau petai hi'n agor ei cheg, yn deud hanes ei bywyd wrthon ni, yn siarad Almaeneg bob gair. Beth wnaen ni wedyn?"

Cododd Jim, pwyso ar ei benelin ac edrych i lawr arni. "Wyddost ti be ydi dy broblem di, Mari-mw?" meddai. "Rwyt ti'n meddwl gormod, a'r rhan fwyaf ohono gefn nos. Fedri di ddim meddwl yn gall gefn nos. Dim ond meddwl y gwaethaf fedri di. Dyna pryd y dylai'r ymennydd orffwyso; cysgu nid meddwl. Os wyt ti'n iawn, Mari-mw – a rwyt ti'n meddwl dy fod di'n rhan amlaf – yna mae yna Dduw yn ei nefoedd, rhywbeth rydw i'n ei amau'n fawr, fel y gwyddost ti. Felly, bydd dy Dduw di yn gofalu am Liwsi, yn bydd? Hyd yn oed os bydd hi'n siarad Almaeneg. Mae Duw yn helpu'r rhai sy'n helpu'u hunain, yn tydi? A dyna rydan ni'n ceisio'i neud – helpu Liwsi i helpu'i hun. Dyna mae'r Beibl yn ei ddeud, yntê? Dyna wyt ti'n ei gredu."

Atebodd Mari ddim am dipyn. "Dyna ydw i'n ceisio'i gredu, Jim," meddai, gan droi draw oddi wrtho ac ychwanegu, "ond weithiau mae'n anodd credu. Dydi credu ddim yn hawdd, 'sti."

"Bydd popeth yn edrych yn well yn y bore, Mari-mw," meddai Jim, cyn gorwedd a mynd i gysgu drachefn.

Ac roedd pethau'n edrych yn well erbyn y bore. Wrth iddyn nhw gerdded at y cwch yn y Bae Gwyrdd, roedd Jim yn llawn cynghorion munud olaf i Alfie. "Bydd yn benllanw yr holl ffordd, Alfie, a'r gwynt o'r de-orllewin. Cofia fod tonnau'n dal i ddod i mewn ar ôl y storm, felly bydd braidd yn donnog yng nghanol y sianel. Cadw hi dan gysgod Bae Pentyl nes doi di tuag at Gastell Cromwell, ac yna anelu at y graig uchel yng nghanol Ynys Helen. Bydd hynny'n dy helpu i fynd yno ar dy union. Ond gwylia Graig Fforman. Mae honna'n mynd ei ffordd ei hun, yn symud o gwmpas drwy'r adeg. Hen gnawes dywyllodrus ydi hi, felly gwylia di hi, Alfie. Llygaid craff fel dysgais i ti. Pan gyrhaeddi di Ynys Helen, cofia rwyfo'n araf. Mae creigiau o'r golwg yn y gwymon, hen greigiau cas, creigiau miniog. Gwylia'r gwymon. Lle mae gwymon mae creigiau. Felly cymer di ofal. Ty'd ti â *Mhengwin* i yn ôl yn ddiogel, a Liwsi hefyd."

Dyma Mari'n helpu Liwsi i mewn i'r cwch, ei setlo hi, ei lapio yn ei blanced, gan ofalu fod y fasged ginio roedd wedi'i pharatoi, a'r offer pysgota, wedi'u cadw'n ddiogel o dan ei sedd mewn lle sych. Yna fe welson nhw fod Yncl Wil allan ar y dec, yn gwylio adar drwy'i sbienddrych. Gwaeddodd pawb a chodi'i dwylo, a thynnodd yntau ei het fôr-leidr a moesymgrymu'n llaes. "Wyddoch chi beth ddywedodd Yncl Wil wrtha i?" meddai Alfie. "Deud y byddai o, unwaith y bydd yr *Hispaniola* yn barod – ac yn ôl pob golwg fydd hynny fawr o dro rŵan – yn ei hwylio i ffwrdd am flwyddyn a diwrnod i'r wlad lle mae rhyw goeden bong yn tyfu, neu rywbeth. Mae hynna'n dod o un o'r penillion fydd o'n eu darllen i ni, yn tydi, Mam? Mae Yncl Wil yn hoff o'i lyfrau. Yn gwybod llwyth o farddoniaeth a chaneuon a storïau, yn eu cadw nhw i gyd yn ei ben. Sut mae o'n gwneud, dudwch?"

"Am ei fod o'n glyfar," atebodd Mari, "dyna sut. Clyfar efo'i ddwylo a chlyfar yn ei ben. Unwaith mae o'n darllen rhywbeth, unwaith rwyt ti'n deud rhywbeth wrtho, fydd Yncl Wil byth yn anghofio. Dyna sut mae o fel mae o, Alfie. Y drwg ydi fod rhai pethau yr hoffai eu hanghofio, ond ei fod yn methu gwneud."

Tynnodd Jim Alfie i'r neilltu. "Anghofia dy Yncl Wil, Alfie," meddai. "Cadw dy feddwl ar ble rwyt ti'n mynd a beth rwyt ti'n ei neud. Cofia beth ddwedais i: yng nghornel y Clafdy, y gornel chwith fel rwyt ti'n edrych ar y lle tân, dyna ble cawson ni hyd iddi, yn cuddio yng nghanol y rhedyn. Wyt ti'n cofio? Mae'n rhaid mai yno y buodd hi'r rhan fwyaf o'i hamser. Dyna'r unig gysgod ar yr ynys. Dyna'r lle mwyaf tebygol, dwi'n meddwl. Felly, dos â hi yno gyntaf, iawn?"

"Ond am beth fydd hi'n chwilio, Dad?" gofynnodd Alfie.

"Ŵyr hi ddim nes caiff hi hyd iddo," atebodd Jim. "Cofia chwilio pob twll a chornel o'r ynys hefyd tra wyt ti yna. Dos â hi i bob man. Mae'n rhaid ei bod wedi'i hynysu yno ar ei phen ei hun am wythnosau, misoedd hyd yn oed, a barnu o'r olwg oedd arni pan gawson ni hyd iddi. Dyna oedd barn Doctor Crow hefyd. Felly, yn fwy na thebyg bydd hi'n gwybod am bob twll a chornel o'r lle. Cadwa'n dynn ar ei sodlau, Alfie. Cadw lygad arni drwy'r adeg, i ti gael gweld a fydd hi'n adnabod rhywbeth."

Roedd yn gynnar. Doedd neb ond Yncl Wil i'w weld yn y Bae Gwyrdd, a hynny'n eu siwtio'n iawn. Gwthiodd Jim a Mari y cwch i'r dŵr ac yna safodd y ddau ar y lan yn gwylio'r hwyl yn codi, y gwynt yn ei siglo, yn gwneud iddi glecian ac yn cydio ynddi. Yna dawnsiodd y cwch ymaith draw oddi wrthyn nhw i ganol Sianel Tresco, a Liwsi wedi'i lapio yn ei blanced lwyd a'i thedi'n dynn yn chôl. Edrychai'n welw, yn oer ac yn ddryslyd braidd, yn nerfus, ond yn gyffrous hefyd.

"Wel, pob lwc i Alfie," meddai Jim. "Gobeithio y daw o â physgodyn neu ddau adref, os na ddaw o â dim arall. Mae ganddo drwyn da am fecryll, fy machgen i."

"Mae'n fachgen i minnau hefyd, 'sti," meddai Mari.

"Ein bachgen ni, felly," chwarddodd Jim, "a'n geneth ni, ie, Mari-mw?"

"Ein geneth ni," cytunodd hithau.

Gwyliodd y ddau nhw'n hwylio ymaith i fyny'r sianel, allan o amgylch Craig y Pâl, a sefyll yno'n syllu nes iddyn nhw fynd heibio iddi, yn tacio mewn awel gref heibio Ynys Samson. "Gobeithio'r gorau," meddai Mari o dan ei gwynt wrth iddyn nhw droi ymaith.

O gysgod y flanced oedd dros ei phen, edrychodd Liwsi'n nerfus o'i chwmpas a'r cwch yn mynd i fyny ac i lawr rhwng y tonnau. Bob tro roedd yr ewyn yn dod dros yr ochr, neu'r cwch yn gogwyddo'n sydyn yn y gwynt, rhoddai ryw hanner gwaedd neu tynnai'i hanadl i mewn yn sydyn. Cydiai'n dynn yn yr ochr bob cyfle gâi hi, ei migyrnau'n wyn. "Gwell na'r ysgol, ydi, Liwsi?" chwarddodd Alfie. Llwyddodd i wenu bryd hynny. Toc, eisteddai yno heb gydio yn yr ymyl, ei breichiau am ei phengliniau, yn edrych o'i chwmpas. Edrychai'n fwy hyderus a hapus bob munud, ac yn hapusach fyth pan welodd fôr-wenoliaid y Gogledd yn deifio i'r dŵr o'u cwmpas ym mhobman.

Penderfynodd Alfie ei bod yn bryd dechrau pysgota. Byddai dŵr garwach o'u blaenau, felly byddai unrhyw beth allai fynd â'i sylw yn help. Ond roedd o angen i Liwsi gymryd ei le wrth y llyw, er mwyn iddo gael ei ddwylo'n rhydd i roi abwyd ar y lein. Pan helpodd hi i godi ar ei thraed a dod i eistedd wrth ei ochr, daeth yn ddigon parod, heb betruso fawr. Dim ond am ychydig funudau y bu hi wrth y llyw, ond cymerodd ato fel petai wedi bod yn gwneud hynny ar hyd ei hoes. Yr un fath â phan oedd hi'n pysgota. Unwaith roedd y lein yn ei dwylo roedd fel petai'n gwybod yn reddfol beth i'w wneud, yn anghofio'n gyfan gwbl ei bod hi allan ar y môr mewn cwch. Roedd Alfie wedi rhyfeddu.

Yn amlwg, roedd Liwsi wrth ei bodd yn pysgota. Gwelodd Alfie ei bod yn canolbwyntio'n llwyr a'i bod yn llawn cyffro. Daliodd dair macrell yn eithaf sydyn, ond unwaith roedd hi wedi dal pysgodyn, roedd yn gas ganddi ei weld yn gwingo ar y bachyn. Gwnâi i Alfie ei dynnu a'i luchio'n ôl i'r môr ar unwaith. Erbyn hyn, gan ei bod yn canolbwyntio ar y pysgota ac wedi ymgolli cymaint, nid oedd yn sylwi ar holl godi a suddo a phlymio'r cwch wrth iddyn nhw adael cysgod y sianel a mynd allan i ymchwydd y môr agored. Gwelodd Alfie ei llygaid yn lledu gan ofn, unwaith, wrth i'r ewyn ddod dros yr ochr a tharo'i hwyneb. Ond gwaeddodd a chwerthin a'i sychu ymaith. Diflannodd ei hofn wrth chwerthin, anghofiodd amdano a dal ati i bysgota.

Wrth hwylio ar hyd Bae Pentyl, roedd yn rhaid iddyn nhw dacio'r holl ffordd. Fe gymerodd hyn amser. Ni ddaliodd Liwsi ragor o bysgod, ond roedd hi'n dal i edrych ar ei lein, heb godi'i golwg dim ond pan dynnai'r adar ei sylw. Gwelai Alfie ei bod hi wedi dotio wrth weld bilidowcar yn sefyll fel gwyliwr yn gwarchod y creigiau, ei adenydd ar led yn sychu, a'r crehyrod mawr a bach hollol lonydd. Dywedodd wrthi beth oedd enwau'r holl adar welen nhw, ble roedden nhw'n nythu, pa bysgod roedden nhw'n eu hoffi. Gwelodd y ddau forloi hefyd, ddim yn agos, ond waeth pa mor bell oedd pob un, roedd Liwsi wedi gwirioni at y pennau sgleiniog yn sboncio i fyny ac i lawr a'r wynebau wisgars yn troi i edrych arnyn nhw. Croesawodd nhw'n llawen.

Alfie welodd yr haid o lamidyddion yn dowcio ac yn deifio

drwy'r tonnau gyferbyn ag Ynys Martin, eu cefnau crwn yn fflachio yn haul y bore. "Mae'n rhaid fod yna o leiaf dri deg neu bedwar deg ohonyn nhw!" gwaeddodd. "Welais i 'rioed ddim byd tebyg!"

Roedd Liwsi ar ei thraed yn y cwch ac yn curo'i dwylo'n wyllt ac wedi'i chyfareddu'n llwyr, yn chwerthin yn uwch nag roedd wedi'i chlywed erioed o'r blaen, chwerthiniad llawen, clir fel cloch, meddyliodd Alfie. Chwerthin mor agos i eiriau, mor agos i siarad.

Yn sydyn, o flaen yr haid llamidyddion, sylwodd Alfie ar un oedd yn llawer mwy na'r gweddill. Doedd o ddim fel petai'n nofio efo'r lleill. Edrychai'n fwy urddasol, rywsut. Bob tro y codai i'r wyneb, chwythai. Cymerodd Alfie rai munudau cyn iddo sylweddoli nad llamhidydd oedd yno. Morfil oedd o, morfil pengrwm! Roedd Alfie wedi'u gweld yn ddigon aml cyn hyn, ond nid mor agos at lamidyddion.

"Morfil!" bloeddiodd. "Morfil pengrwm ydi o, Liwsi. Edrych!" Erbyn hyn roedd hithau wedi'i weld hefyd. Ond doedd ei weld ddim yn ei chyffroi hi fel roedd Alfie wedi disgwyl. Yn hytrach roedd yn ei phoeni – gwelai Alfie hynny. Roedd y chwerthin wedi mynd. Rhythai Liwsi arno, yn dangos mwy o ofn nag o gyffro, meddyliodd. "Wnaiff o mo'n brifo ni," meddai wrthi. "Maen nhw'n addfwyn fel ŵyn bach, Liwsi. Hardd ydi o, yntê?"

Diflannodd y morfil a'r llamidyddion hefyd yn fuan wedyn. Er i'r ddau chwilio a chwilio, ddaethon nhw ddim yn ôl. Teimlai Alfie'n unig rywfodd ar y môr hebddyn nhw, yn drist eu bod wedi mynd. Edrychai Liwsi fel petai hithau'n teimlo'r un fath. Doedd hi ddim eisiau pysgota rhagor. Swatiai yno o dan ei blanced, yn cydio yn ei thedi bêr, yn syllu allan i'r môr, ar goll yn ei byd ei hun.

Cadwodd Alfie cyn agosed ag y medrai i'r lan yr holl ffordd. Yno roedd y môr yn dawelach, cyn gorfod llywio i'r dyfroedd cyflymach, garwach o amgylch Craig Fforman. Erbyn hyn roedd Ynys Helen yn y golwg ac Alfie wedi bod yn cadw llygad am ryw arwydd y gallai Liwsi fod yn gwybod ble roedden nhw. Roedd y Clafdy yn y golwg, a thu cefn iddo, yn teyrnasu dros yr holl ynys, craig enfawr Ynys Helen. Tynnodd Alfie yr hwyl i lawr, cododd y rhwyfau a rhwyfo i mewn drwy'r gwymon a'r dŵr bas. Ychydig o wynt oedd yna erbyn hyn, a llai a llai ohono wrth iddyn nhw ddynesu at yr ynys. I bob golwg roedd gwylan ar bob craig – yn eu llygadu'n fygythiol ac yn amheus iawn. Meddyliodd Aflie eu bod fel delwau, fel petaen nhw ddim wedi symud ers y tro diwethaf y bu yno. Neidiodd allan i'r dŵr bas. Cododd Liwsi a'i chario i'r lan a'i rhoi ar y tywod. Ar ôl tynnu'r flanced o amgylch ei hysgwyddau, edrychodd Liwsi o'i chwmpas am funud. Yna, efo'i thedi bêr yn ei llaw, plygodd ar unwaith a dechrau chwilio am gregyn. Doedd dim arwydd o gwbl ei bod hi wedi adnabod dim o'r ynys hyd yn hyn.

Erbyn i Alfie lusgo'r cwch i'r traeth a lluchio'r angor allan, roedd Liwsi eisoes yn cerdded dros y tywod tuag at y Clafdy. Roedd o wedi disgwyl iddi aros amdano, y byddai hi eisiau aros yn agos ato, fel arfer. Galwodd ar ei hôl, a cherdded yn ei flaen dros y cerrig mân i fyny'r traeth, a thros y twyni tywod y tu hwnt. Arhosodd Liwsi amdano yno, ac fel y daeth ati, er mawr syndod iddo, cydiodd yn ei law a gafael ynddi'n dynn, ei llygaid wedi'u hoelio ar y Clafdy.

Yna, arweiniodd hi Alfie ar hyd y llwybr tywodlyd tuag at y

drws. O ben y simnai, edrychai gwylan i lawr arnyn nhw. Sylwodd Liwsi arni a churo'i dwylo i'w hel i ffwrdd. Pan hedfanodd ymaith dan sgrechian, trodd Liwsi a gwenu ar Alfie – fel petai'n falch ohoni'i hun, meddyliodd Alfie. Yna sylweddolodd rywbeth arall hefyd. Roedd hi wedi dychryn yr wylan ac wedi'i hel ymaith, ond nid am hwyl. Ni fyddai'n gwneud pethau felly. Roedd hi wedi gwneud am mai ei chartref hi, nid yr wylan, oedd y fan yma. Dyma ei lle hi, a gwyddai hynny.

Gan gydio yn llaw Alfie o hyd, camodd i mewn i'r Clafdy. Anelodd yn syth at y lle tân, gan fynd ag o efo hi. Gwyddai'n union i ble roedd hi'n mynd. Rhoddodd ei llaw i mewn o dan sil y ffenest, yn teimlo am rywbeth, a chael hyd iddo. Pan drodd at Alfie, cydiai mewn fflasg – fflasg ddŵr. Rhoddodd ei thedi bêr i Alfie i'w ddal. Yna agorodd y fflasg, ei chodi at ei cheg ac yfed.

"*Wasser*," meddai gan ei gynnig iddo efo gwên. "*Gut*."

Cefnfor Iwerydd, 8 Mai 1915

Llong-forfil

"Wasser. Gut."

Wrth feddwl am y geiriau yna rŵan, yr holl flynyddoedd yn ddiweddarach, a'r ffordd wyrthiol y cefais fy achub, mae'r hanes mor amhosib i'w gredu ag roedd o bryd hynny. Roedd fel petawn i mewn breuddwyd, oherwydd ni fedrwn wneud synnwyr o ddim, a dydi breuddwydion, fel y gwyddon ni, ddim yn gwneud synnwyr. Doeddwn i ddim yn cofio, a doedd gen i ddim syniad, sut roeddwn i wedi dod yno – ar biano yng nghanol y môr, yn cydio mewn tedi bêr. Y cyfan wyddwn i oedd fy mod yn clywed geiriau ac yn gweld pethau nad oeddwn yn eu deall. Doeddwn i ddim yn deall bryd hynny mai Almaeneg oedd yr iaith a glywn, nac mai llong danfor oedd y llong-forfil ddu, anferthol oedd wedi codi o'r môr. Y gwir oedd na wyddwn i ddim o'r iaith Almaeneg, a doedd gen i ddim syniad sut beth oedd llong danfor.

I mi, roedden nhw i gyd yn rhan o ryw weledigaeth ryfedd, aneglur: breuddwyd roeddwn yn byw drwyddi. Dychmygwn y gallai'r freuddwyd yma fod yn gychwyn marwolaeth, a phan ddown allan o'm breuddwyd, byddwn wedi marw. Doeddwn i ddim yn malio bellach am farw. Efallai fy mod yn rhy oer, yn rhy flinedig, yn rhy drist. Derbyniais yn syml fod beth bynnag fyddai'n digwydd yn mynd i ddigwydd. Tu mewn i mi roedd gwacter mawr. Doedd dim poen, dim ofn. Roeddwn yn wag, yn teimlo dim ond oerfel.

Felly wnes i ddim strancio na straffaglio wrth i'm hachubwr fy nghario i'r rafft achub. Theimlais i ddim rhyddhad ar y pryd, dim llawenydd i mi gael fy achub, dim ymwybyddiaeth o beth oedd yn digwydd i mi, pan gydiodd dwylo eraill ynof. Wrth gael fy rhwyfo ar draws y môr tuag at y llong-forfil, edrychais i fyny a gweld rhywbeth fel tŵr haearn, yn uchel uwchben canol y llong. Roedd criw o ddynion yno, yn pwyso drosodd ac yn gweiddi arnon ni ar draws y dŵr.

Ar y rafft achub roedd tri llongwr, pob un efo locsyn. Cofiaf sylwi ar hynny. Yn y cwch eisteddwn wrth ochr yr un oedd wedi dringo ar y piano i'm hachub. Roedd ei fraich amdanaf, yn cydio'n dynn ynof, yn siarad efo fi drwy'r adeg. Gwyddwn o'r tynerwch yn ei lais mai geiriau o gysur oedd y rhain, ond fedrwn i ddim deall beth roedd yn ei ddweud. Rhwyfodd y ddau longwr arall yn galed drwy'r môr, pob strôc yn ddwfn ac yn hir a'r llongwyr yn gweiddi ac yn cymeradwyo o'r llong-forfil oedd fel petai'n tyfu o ran hyd a lled o flaen fy llygaid wrth i ni nesáu ati. Yna aeth drwy fy meddwl fy mod yn marw tu mewn i'm breuddwyd, fod y siwrnai yma ar draws y dŵr yn wir yn rhan o farwolaeth. Daeth atgof am ryw hen stori gyfarwydd i'm pen: mai drwy gael eich rhwyfo ar draws y dŵr roedd marwolaeth yn dod, y siwrnai o un bywyd i un arall, o un byd i'r nesaf.

Roedden ni wrth ochr y llong-forfil a dwylo cryfion yn fy helpu, yn fy llusgo i fyny'r ysgol ac i mewn i'r tŵr. Edrychai pob wyneb yn welw, pob un efo locsyn, y llygaid wedi suddo yn y pen, i gyd yn edrych fel drychiolaeth. Eto, doedd y dynion yma ddim yn drist nac yn codi ofn nac yn ffiaidd fel y dylai ysbrydion fod. Fe gydion nhw ynof â'u dwylo oer, caled a budr, ond roedden nhw'n ddwylo go iawn, dwylo byw, nid dwylo ysbrydion. Roedd arogl bywyd arnyn nhw hefyd, arogl tamprwydd, a mwg ac olew, arogl pobl. Arogl pobl fyw, o gig a gwaed. Roedden nhw'n gwisgo cotiau lledr, hir a deimlai'n llithrig a gwlyb.

Dim ond ar ôl cyrraedd i fyny yno ar y tŵr gyda'r dynion yma o'm hamgylch, i gyd yn edrych arnaf mewn rhyfeddod llwyr, y dechreuais sylweddoli fy mod, mae'n rhaid, ar dir y byw. Yn sicr, nid ysbrydion oedd y rhain, ac nid oeddwn wedi marw nac yn marw chwaith. Yna, meddyliais y gallwn – pan ddeffrown o'r freuddwyd yma – fod mor fyw â hwythau. Ond yn fyw neu'n farw, doedd fawr o ots gen i. Roeddwn tu hwnt i falio.

Cefais fy nghodi a'm symud i lawr ysgol i fol hanner tywyll y llong-forfil. Yna roedd fy llongwr i, yr un oedd wedi fy achub, a'i law ar fy ysgwydd, yn fy arwain i lawr ar hyd rhodfa hir. Roedd fel twnnel, gyda golau gwantan, pibellau, tiwbiau a gwifrau ym mhobman. Bob ochr i mi, gorweddai dynion ar fynciau a gwelyau crog, i gyd yn rhythu arnaf. Ym mhobman roedd drewdod dillad gwlyb, traed budr a thoiledau, yr aer yn llawn arogl olew a mwg. Roedden nhw'n galw arna i. O dinc eu lleisiau a'u llygaid, teimlwn eu bod yn fy nghyfarch. Roedd rhai ohonyn nhw, fel yr awn heibio, yn tynnu coes ac yn chwerthin. Ond gwyddwn nad gwneud hwyl am fy mhen roedden nhw, eu bod yn chwerthin am fy mod yno, a'u bod yn falch o weld rhywun dieithr ar eu llong. Doedd eu teimlo'n syllu ddim yn braf, wrth gwrs, ond synhwyrwn mai dim ond dangos diddordeb roedden nhw. Doedd dim malais o gwbl yn eu llygaid.

Yna o'm blaen, o bell i ffwrdd, o rywle o fwrllwch pen draw'r twnnel prudd hwn, clywais sŵn miwsig. Doeddwn i ddim yn adnabod y gân, ond doedd hynny ddim yn bwysig. Roedd yn fiwsig, ac yn dod yn uwch ac yn uwch wrth i mi gerdded. Gwelais fod y gramoffon o'r golwg mewn cornel o'r llong-forfil. Roedd dur ym mhobman yr edrychwn, uwch fy mhen, o dan fy nhraed, y tu ôl i we o bibellau a thiwbiau. Canai rhai o'r dynion i gyfeiliant y diwn ar y gramoffon, yn hymian neu'n chwibanu. Gwawriodd arna i wrth fynd heibio iddyn nhw mai canu er fy mwyn i oedden nhw; mai dyna eu ffordd o'm croesawu ar eu llong. Doedd dim cymaint o ots gen i am y drewdod a'r llygaid yn rhythu ar ôl hynny.

Stopiodd y llongwr. Tynnodd lenni i'r ochr. Gyda'i ddwylo ar f'ysgwyddau, cyfeiriodd fi i gaban bychan, fawr mwy na chwpwrdd, gyda gwely cul ac ychydig o silffoedd. Prin fod yno ddigon o le i droi. Rhoddodd flanced a chrys hir i mi ac arwyddo y dylwn dynnu fy nillad gwlyb ac yna aeth o'r caban, gan gau'r llenni y tu ôl iddo. Yn sydyn teimlwn yn sigledig ar fy nhraed a phobman o'm cwmpas yn gwegian ac yn taranu, yn dyrnu ac yn rhuglo. Roedd y llong yn symud. Tu hwnt i'r llenni, roedd miwsig i'w glywed o hyd a'r llongwyr yn dal i ganu.

Tynnais fy nillad gwlyb a gwisgo'r crys. Hongiai o'm cwmpas fel pabell gan ei fod mor fawr. Dyna pryd y sylweddolais mewn arswyd nad oeddwn yn cydio yn fy nhedi bêr. Mae'n rhaid fy mod wedi gadael iddo fynd, wedi'i adael ar y piano, ei ollwng i'r môr neu ei adael ar y rafft oedd wedi dod â fi i'r llong-forfil yma. Rywle, rywsut, roeddwn wedi'i golli. Welwn i byth mohono eto. Doeddwn i erioed wedi teimlo mor amddifad ac unig o'r blaen. Dyna adeg waethaf fy mywyd. Gorweddais ar y gwely, tynnais y flanced o'm cwmpas, a throi fy wyneb at y gobennydd. Trueni nad oeddwn wedi marw. Cysgais wedyn, ond wn i ddim am ba hyd.

Deffroais a throi drosodd. Eisteddai dyn mewn cap â phig a chôt ledr ar gadair fach wrth erchwyn y gwely yn darllen. Codais ar f'eistedd. Gwelodd fy mod wedi deffro, a chau'r llyfr. Teimlais ddiferion o ddŵr yn syrthio ar fy mhen, yn diferu ar fy wyneb wrth i mi edrych i fyny. Gwenodd, gwyro ymlaen a sychu fy nhalcen a'm bochau'n dyner gyda'i hances boced.

"Paid â phoeni," meddai. "Does dim twll yn y cwch. Cyddwysiad ydi o. Rydan ni o dan y dŵr rŵan, felly does fawr o aer, ac mae hwnnw'n wlyb, yn llaith ac yn llawn gwlybaniaeth – diferion bach o ddŵr, ti'n deall. Mae pedwar deg pump o ddynion i lawr yma, i gyd yn anadlu'r aer yma. Mae pobl yn gynnes. Rydan ni'n cynhyrchu gwres. Mae yma beiriannau hefyd, i gyd yn cynhyrchu llawer o wres. Dyna pam mae hi'n bwrw ychydig bach o law y tu mewn i'r llong, fel y gweli di." Cydiodd mewn plât gyda bara a sosej arno oddi ar y bwrdd a'i roi i mi. "Dyma ti," meddai. "Bwyd. Mae'n ddrwg gen i mai ychydig sydd yna. Dydi o ddim yn flasus iawn chwaith. A deud y gwir mae'n afiach. Ond dyma'r cyfan sy gynnon ni, a dwi'n siŵr dy fod ti'n llwglyd iawn. Does fawr o ots sut flas sydd ar fwyd pan wyt ti'n llwglyd 'sti."

Sylwais fod rhyw flew gwyn, rhyfedd dros y bara. "Bara ydi o, wir," eglurodd, yn gwthio'i gap i fyny. "Dydi o ddim yn ddrwg o gwbl chwaith. 'Cwningen' rydan ni'n ei alw. Weli di pam yn fuan: mae fel blew cwningen wen ac yn tyfu ar y bara i lawr yma yn yr awyrgylch damp, fel caws llyffant, fel madarch. Wnaiff o ddim drwg i ti. Yn nes ymlaen gei di gawl poeth, cawl da i dy gynhesu di."

Siaradai gydag acen gref, ond yn araf iawn ac yn gywir. "Dwi'n meddwl i ti ddod o'r *Lusitania*. Ydw i'n iawn?" Ddywedais i ddim byd, nid yn unig oherwydd na fedrwn ddeall am beth roedd o'n sôn, ond fy mod yn gwybod erbyn hyn nad oedd fy llais yn gweithio. Na fedrwn, pa mor galed bynnag yr ymdrechwn, ffurfio'r geiriau i'w ateb.

"Anffodus ofnadwy," aeth yn ei flaen, "y fath golli bywyd, gwaetha'r modd, a'r *Lusitania* yn llong mor ardderchog. Hoffwn ddeud nad fy llong danfor i suddodd dy long di. Ond gallai fod wedi gwneud hynny. Byddwn innau wedi gwneud 'run fath. 'Paid byth ag ymddiheuro, paid byth ag egluro', fel yr arferai fy nhad ddeud. Doedd o ddim yn berffaith gywir, chwaith. Rhyw hanner yn hanner, efallai. Wna i ddim ymddiheuro, ond fe wna i egluro.

"Mae'n amser rhyfel. Llong ar gyfer teithwyr oedd y *Lusitania* i fod. I gario pobl yn unig. Ond roedd hi'n cario arfau a ffrwydron a milwyr o America i Loegr, sydd, wrth gwrs, yn hollol groes i reolau rhyfel. Hyd yn oed mewn rhyfel, mae'n rhaid cael rheolau."

O'n cwmpas roedd y llong yn gwichian a griddfan. "Pwysau'r dŵr ar yr ochrau ydi hynna. Mae'n digwydd pan fyddwn ni'n ddwfn o dan y môr. Paid â phoeni. Efallai ei bod hi'n gollwng ac yn diferu tipyn, ond mae hi wedi'i gwneud yn dda, er ei bod wedi blino. Rydan ni i gyd wedi blino. Hyd yn oed y bwyd. Wyddost ti pryd y gadawson ni ein cartref?

Deuddeg wythnos a phedwar diwrnod yn ôl. Dim bath, dim siafio. Fedrwn ni ddim sbario dŵr ar gyfer pethau felly. Ond mae'n dda o dy ran di, dwi'n meddwl, nad oedd Wilhelm Kreuz wedi blino'r bore yma pan oedd o'n cadw gwyliadwriaeth. Roeddwn i'n meddwl ei fod yn drysu, wedi colli ei holl synhwyrau – mae hyn yn digwydd weithiau mewn llongau tanfor, pan fyddwn ni ar daith hir allan yn y môr.

"Mae'n dod i'm caban – fy nghaban i ydi hwn. Rwyt ti'n gorwedd ar fy ngwely i. Roeddwn i'n dal i gysgu ond mae'n fy neffro. 'Herr Kapitän,' meddai wrthyf. 'Mae piano yn y dŵr ar ochr dde'r llong. Yno'n eistedd arni, Herr Kapitän, mae geneth fach.' Wrth gwrs dydw i ddim yn ei goelio. Pwy fyddai? Ond yna mi es i fyny i'r tŵr llywio ac edrych. A dyna lle roeddet ti." Yna chwarddodd, ac ysgwyd ei ben. "Fedrwn i ddim coelio fy llygaid!"

Doedd y sosej, fel y bara, ddim yn edrych yn flasus o gwbl. Ond roedd o'n iawn. Erbyn hyn roeddwn mor llwglyd fel y byddwn wedi bwyta unrhyw beth. Doedd o'n ddim tebyg i unrhyw sosej arall roeddwn i wedi'i fwyta erioed, yn seimlyd ac yn llawn gïau. Ond doedd dim ots o gwbl gen i. Fedrwn i ddim edrych ar y bara wrth ei roi yn fy ngheg. Bwyteais o'r un fath yn union, y cyfan ohono.

"Felly, gnädiges Fräulein, mae ein cwningen ni'n dda, ja?" meddai. "Dydi'r Morwr Kreuz ddim yn gwybod pwy wyt ti, meddai fo. Dy enw. Oes gen ti enw? Nac oes? Da iawn. Felly fe ddyweda i fy enw i wrthat ti gyntaf. Kapitän Klausen o Lynges Ymerodrol yr Almaen ydw i. Dy dro di rŵan, ie? Efallai dy fod ti dipyn bach yn swil, ja? Saesnes? Americanes, efallai? Gobeithio dy fod ti'n un ohonyn nhw, oherwydd Saesneg ydi'r unig iaith arall rydw i'n ei siarad. Mae gen i gefndryd yn Lloegr. Rydw i wedi bod ar wyliau efo nhw yn y Goedwig Newydd. Roedden ni'n marchogaeth ceffylau. Rydw i'n medru chwarae criced hefyd! Does dim llawer o Almaenwyr yn medru chwarae criced. Petai rhai'n medru, yna efallai y gallai Almaenwyr a Saeson gael gêm griced, yn lle rhyfel. Fydden ni i gyd yn hoffi hynna, dwi'n meddwl." Gwenodd ar hynny, ond yn sydyn roedd yn ddifrifol eto, yn feddylgar, yn drist hyd yn oed.

"Dydi'r rhan fwyaf o blant ddim mor ddistaw â ti," aeth yn ei flaen. "Wn i hyn. Weithiau fydda i eisio iddyn nhw fod. Fy merched i, maen nhw'n siarad drwy'r adeg. Yn trydar fel adar y to. Lotte a Christina – maen nhw'n efeilliaid, ond ddim 'run ffunud. Maen nhw'n iau na ti, yn saith oed erbyn hyn. O'u herwydd nhw, efallai, rydw i'n meddwl dy fod ti yma ar y llong danfor. Ond oherwydd fy ewythr hefyd. Rhaid i ti gael gwybod am fy ewythr. Llongwr oedd o – mae llawer o longwyr yn ein teulu ni. Sawl blwyddyn yn ôl, trawodd ei long, y *Schiller* oedd ei henw hi, yn erbyn y creigiau ar Ynysoedd Sili, ger arfordir Lloegr, a llawer wedi boddi. Cafodd f'ewythr ei achub o'r llong gan fad achub. Gwnaeth pobl Ynysoedd Sili rwyfo i'r llongddrylliad mewn cwch bach ac achub dros dri deg o deithwyr a llongwyr o'r Almaen, a chladdu'r gweddill yn barchus. Oherwydd y weithred ddewr, garedig hon ar ddechrau'r rhyfel hwnnw, daeth gorchymyn i longau rhyfel yr Almaen beidio ymosod ar gychod o unrhyw fath o amgylch Ynysoedd Sili. Oherwydd hyn, ac am fod y bobl yna wedi achub bywyd fy ewythr, y cytunais i neud i'r llong aros i dy godi di o'r dŵr. Hefyd am fod Wilhelm Kreuz a'r criw i gyd yn mynnu ein bod ni'n gwneud!

"Ond, eneth fach, beth bynnag ydi dy enw di, rwyt ti'n dipyn o broblem i mi – i ni i gyd. Pan welais i ti ar y piano, er gwaethaf popeth rydw i wedi'i ddeud, doeddwn i ddim eisio aros. Mae'n beryglus aros, a hefyd yn groes i reolau Llynges Ymerodrol yr Almaen i long danfor godi rhai sy'n dal yn fyw. Fel y dysgaist ti yn yr ysgol, gobeithio, mae rheolau'n bwysig ac mae'n rhaid ufuddhau iddyn nhw. Ond mae gan Wilhelm Kreuz, fel finnau, blentyn gartref – bachgen. Dadleuodd yn gwrtais iawn – ond yn daer, na fedren ni ddim, unwaith roedden ni wedi dy weld di, dy adael ar dy ben dy hun i farw ar y môr. Cytunodd y morwyr eraill, a oedd hefyd yn cadw gwyliadwriaeth, i gyd efo fo. Mae'n rhaid i mi egluro ein bod ni, ar long fel hyn, mewn perygl drwy'r adeg. Mae pawb mor agos at ei gilydd ac ymhell o gartref. Yn gweithio efo'n gilydd ac yn byw efo'n gilydd. Allen ni'n hawdd iawn farw efo'n gilydd hefyd. Rydan ni fel teulu. Mae tad da yn gwrando ar ei deulu. A *Kapitän* da hefyd.

"Felly, gofynnais i bob dyn ar y llong. Ddylen ni aros i dy godi di o'r dŵr ai peidio? Cytunodd pob un i ddod â ti ar y bwrdd. Ar ôl meddwl am y peth, ac am Lotte a Christina, f'ewythr a'r *Schiller*, roeddwn innau'n cytuno hefyd. Mae gan lawer o'r morwyr, wrth gwrs, blant eu hunain a dydi rhai o'r llongwyr yn fawr hŷn na phlant. Beth ddylen ni ei neud efo ti rŵan? Dyna ydi'r cwestiwn. Dydi llong danfor ddim yn lle i blentyn, yn arbennig adeg rhyfel. Fedra i ddim mynd â ti'n ôl i'r Almaen. Gallwn gael f'erlyn am ddod â ti ar y llong. Felly, gan ei bod yn debygol iawn mai Saesnes neu Americanes wyt ti, rydw i wedi penderfynu anelu at y tir agosaf yn Lloegr. Wyddost ti ble mae hynny? Ynysoedd Sili. Dim ond ychydig oriau i ffwrdd – byddwn yno erbyn nos. Os bydd y tywydd yn dda, os bydd hi'n ddigon tywyll ac yn ddiogel i ni neud hynny, fe godwn i'r wyneb a chwilio am rywle i dy roi di ar y lan. Mae hanes y *Schiller* yn dangos fod pobl dda, garedig yno. Byddi ymysg ffrindiau, yn ddiogel, ac fe awn ninnau adref at ein teuluoedd. Felly, bydd popeth yn iawn."

Cododd y capten ar ei draed. Roedd yn dalach o lawer nag roeddwn i wedi'i feddwl. Sythodd ei gap. "Fel y gweli di, dydi fy nghaban i ddim yn gyffordus iawn. Ond dyma'r ystafell orau ar y llong. Mae'n rhaid i mi ofyn i ti beidio gadael y caban. Rydw i wedi rhoi'r cyfrifoldeb o ofalu amdanat ti yn ystod gweddill d'arhosiad efo ni i'r morwr Wilhelm Kreuz."

Edrychodd arna i'n feddylgar, am amser hir. "Rwyt ti'n flin efo fi, neu efallai'n drist, dwi'n meddwl. Dyna pam dwyt ti ddim yn siarad. Mae Christina fach, fy merch i, felly weithiau. Rwyt ti'n flin, efallai, am mai Almaenwr ydw i. Fi ydi'r gelyn sy'n suddo llongau. Dyna'r gwir, gwaetha'r modd. Dyma beth ydw i. Dyma beth rydw i'n ei neud. Ella ein bod ni'n rhyfela, ond llongwr ydw i. Llongwyr ydan ni i gyd. Rydan ni'n caru llongau. Mae suddo llong, ei gwylio yn mynd o dan y dŵr, yn beth dychrynllyd. Mae rhyfel yn gorfodi dynion i neud pethau dychrynllyd. Mae gen ti hawl i fod yn flin, hawl i fod yn drist." Cododd ei goler ac roedd yn tynnu'r llenni yn barod i fynd allan, pan gofiodd rywbeth. Rhoddodd ei law yn ddwfn ym mhoced ei gôt. Tynnodd fy nhedi bêr i ohoni a'i roi i mi. "Cafodd y Morwr Kreuz hyd i hwn. Chdi biau o, meddai fo. Dydi o ddim yn debygol, dydw i ddim yn meddwl, o fod yn perthyn i neb arall."

Roeddwn wedi cael digon o fodd i fyw. Ceisiais ddiolch

iddo, ymdrechais i siarad, ond gwrthodai'r un gair ddod o'm ceg.

Gadawodd fi wedyn, ond doeddwn i ddim ar fy mhen fy hun erbyn hyn. Roedd gen i fy nhedi. Edrychais ar ei wyneb yn wên i gyd. Roeddwn i'n caru'r tedi yma, ond doedd gen i ddim syniad pam. Mae'n anodd esbonio sut beth ydi methu cofio. Ond fe wnaf fy ngorau. Mae fel bod ar goll mewn byd dydych chi ddim yn ei ddeall, byd lle mae pawb a phopeth yn ddryslyd. Byd heb gysylltiad â chi, lle nad ydych chi'n perthyn. Fel bod o dan glo mewn ystafell dywyll gyda drysau o gwmpas i gyd yn lle waliau, a phob drws rydych chi'n ceisio'i agor wedi'i gloi'n dynn yn eich erbyn. Does dim ffordd allan. Mae rhywfaint o olau'n sleifio i mewn o dan y drysau, felly rydych yn gwybod bod golau allan yna, mai golau cofio ydi o. Rydych chi yn cofio. Rydych yn cael cip arno o dan y drysau, ond fedrwch chi ddim agor y drysau, fedrwch chi mo'i gyrraedd. Fe wyddoch chi mae'n rhaid eich bod chi'n rhywun, wedi dod o rywle, ond wnewch chi ddim cofio nes bydd y drysau'n agor a'r golau'n llifo i mewn.

Doedd gen i ddim syniad ar y pryd beth oedd llong danfor na hyd yn oed beth oedd Almaenwr, felly doedd dim ddywedodd capten y llong-forfil wrthyf wedi gwneud unrhyw synnwyr o gwbl. Y cyfan wyddwn i oedd bod y dyn tal yma gyda'r locsyn arian wedi rhoi'r tedi bêr oedd yn gannwyll fy llygad yn ôl i mi. Roedd yn wlyb domen, ond roeddwn wedi'i gael yn ôl. Bu'n garedig, ac roeddwn yn ei hoffi.

Dylwn fod wedi gwneud beth roedd o wedi'i ddweud ac wedi aros yn ei gaban. Dyna fyddwn i wedi'i wneud heblaw am y gramoffon. Roedd y miwsig yn gyfarwydd, ond wyddwn i ddim pam. Miwsig piano oedd o. Doedd neb yn canu erbyn hyn. Wrth i mi gamu drwy'r llenni a chrwydro i lawr y rhodfa, gwelwn o bobtu i mi fod y rhan fwyaf o'r dynion yn cysgu ar eu bynciau a'u gwelyau crog, eu blancedi wedi'u codi dros eu hwynebau. Roedd rhai'n effro o hyd ac yn fy ngwylio fel yr awn heibio. Cododd un ohonyn nhw ar ei eistedd, pwyso ar ei benelin a galw arnaf: "Helô! Helô! Be ydi d'enw di? Rydw i yn siarad Saesneg, *Fräulein*. Eneth fach, mae gen i siocled. Ti'n hoffi siocled?" Roedd yn ymestyn tuag ataf, yn cynnig darn o siocled ar gledr ei law. "Yn dda, *sehr gut, mein kind*." Cymerais o a'i fwyta. Roedd yn dda hefyd. "Ti'n hoffi'n cwch ni?" aeth yn ei flaen dan chwerthin. "*Sehr* cysurus, *ja*?" Cerddais heibio iddo.

Roedd drws ar agor o'm blaen ac roeddwn eisiau gweld beth oedd y tu ôl iddo. Roeddwn ar fin camu drwyddo pan deimlais law ar fy ysgwydd yn fy rhwystro. Troais i weld pwy oedd yno. Yr un achubodd fi, Wilhelm Kreuz oedd o, yn ysgwyd ei ben ac yn edrych yn gas. Nid blin oedd o, ond yn dweud na ddylwn fynd ymhellach. "Ystafell dorpido," meddai. Gallwn ddweud nad oedd wedi'i blesio o gwbl efo fi. "*Nein. Fiw i ti fynd i mewn i fan'na. *Verboten*. *Verstanden*?" Cydiodd yn fy llaw a mynd â fi'n ôl i lawr y rhodfa tua'r caban, er mawr ddifyrrwch i bawb. Ond gallwn ddweud nad oedd Wilhelm yn meddwl bod chwibanu a herian y morwyr eraill yn ddoniol o gwbl. Gwnaeth i mi eistedd ar y gwely a chaeodd y llenni. Yna aeth yn ei gwrcwd wrth f'ymyl a dwrdio tipyn arna i.

"Fan'ma," meddai, yn ysgwyd ei fys yn fy wyneb. "*Du musst hier bleiben*. Fan'ma. Deall? *Verstanden*? Aros yma." Yna eisteddodd yn ôl ar y gadair yn edrych o'i gwmpas. Gwyddwn ei fod yn meddwl beth roedd yn mynd i'w wneud efo fi.

"Gwyddbwyll," meddai'n sydyn. "Chwarae gwyddbwyll. Fe wna i dy ddysgu di." Roedd y bwrdd gwyddbwyll a estynnodd oddi ar silff yn y caban wedi torri'n ddau, a sylwais fod dau ddarn o sialc yn lle dau ddarn gwyn oedd ar goll. Doedden nhw ddim yn aros yn eu lle'n hir oherwydd bod y llong yn crynu drwyddi. Felly, yn eistedd wrth fwrdd chwarae cardiau bychan yn y caban, a'm tedi bêr yn eistedd arno'n gwylio, bu Wilhelm Kreuz a minnau'n chwarae gwyddbwyll, am oriau. Doedd dim rhaid iddo fy nysgu. Rywsut gwyddwn sut i chwarae. Doedd gen i ddim syniad sut. Roedd o'n chwarae'n dda. Ond roeddwn i'n well.

Meddyliais yn ddiweddarach efallai mai dim ond bod yn garedig roedd Wilhelm ac yn gadael i mi ennill. Ni chaf wybod byth. Y cyfan wyddwn i tra oeddwn yn chwarae oedd nad oedd dim byd arall yn cyfri heblaw beth oedd yn digwydd ar y bwrdd gwyddbwyll, fy symudiad nesaf i, ei symudiad nesaf o.

Bûm yn meddwl droeon ers hynny, a chymaint arall wedi'i anghofio, sut y gwyddwn sut i chwarae gwyddbwyll â Wilhelm, sut i'w guro. Roeddwn yn gallu chwarae'n reddfol, yn gwybod sut roedd pob darn yn symud, sut i gynllunio, gosod trapiau, osgoi trapiau, dyfalu beth fyddai ei symudiad nesaf. Roeddwn yn gallu chwarae gwyddbwyll, ac mae'n rhaid mai cofio roeddwn i. Felly roeddwn yn cofio rhywbeth, yn deall rhywbeth. Roeddwn yn ymwybodol o hynny hyd yn oed yr adeg honno; fy mod yn medru cofio rhai pethau, deall rhai pethau. Ond dim ond darnau o atgofion oedden nhw, ac roedden nhw'n diflannu'n gyflym. Doedd dim wedi ymuno â'i gilydd. Doedd dim yn gwneud fawr o synnwyr i mi, heblaw gwyddbwyll.

Mae'n rhaid bod sawl awr wedi mynd heibio wrth i mi chwarae gwyddbwyll efo Wilhelm. Wnaeth o ddim siarad. Doedd siarad Saesneg ddim yn hawdd iddo, gallwn ddweud. Dangosai ei wyneb gymaint roedd o'n canolbwyntio, fel petai wedi rhewi i gyd, heblaw pan oedd yn meddwl iddo wneud symudiad clyfar. Yna byddai'n gwenu'n fodlon arna i, yn fuddugoliaethus hyd yn oed, yn eistedd yn ôl, yn plethu'i freichiau ac yn chwerthin wrtho'i hun.

Yn aml iawn byddai fy symudiad nesaf yn tynnu'r wên oddi ar ei wyneb. Wedyn edrychai tua'r nefoedd, ysgwyd ei ben, a rhoi slap i'w arddwrn ei hun mewn rhwystredigaeth. Roedd yn gwrtais drwy'r adeg, yn ysgwyd llaw ar ddiwedd pob gêm, ac yn cymeradwyo pan fyddwn yn ennill. Pan gollai, byddai weithiau'n ysgwyd ei fys ar fy nhedi bêr, yn smalio dweud y drefn wrtho. Doeddwn i ddim yn deall yn union beth roedd yn ei ddweud, wrth gwrs, ond credaf i mi ddeall beth roedd o'n ei feddwl. Tybiais ei fod yn dweud wrth y tedi bêr am beidio fy helpu, am gadw allan ohoni, nad oedd yn deg gorfod chwarae yn erbyn dau ohonom. Yna byddai'n troi'r tedi â'i gefn at y bwrdd rhag iddo wylio'r gêm nesaf. Yna, ar ôl i mi osod y darnau yn eu llefydd eto, byddwn innau'n troi'r tedi eto, ac yntau'n chwerthin. Chwerthiniad braf, nid peth ffug, fel mae chwerthin yn medru bod yn aml, ond chwerthin a ddeuai'n naturiol iddo – mor hawdd â'i wên. Roeddwn yn hoffi hynny.

Yn ddiweddarach, a ninnau ar ganol gêm, galwodd rhywun ar Wilhelm o'r ochr arall i'r llenni. Llais y capten oedd o. Cododd Wilhelm ar ei draed, gwisgodd ei gôt a'i gap a dangos yr oriawr ar ei arddwrn i mi. Aeth â'i fys o'i chwmpas dair gwaith. Byddai'n mynd am dair awr. Gosododd fi i orwedd ar y gwely a rhoi'r tedi bêr i mi afael ynddo. Cododd y flanced drosof a dangos i mi y dylwn ei thynnu dros fy mhen rhag i'r diferion oedd yn casglu uwch fy mhen syrthio ar fy wyneb tra oeddwn yn cysgu. Yna saliwtiodd a mynd. Efallai fod y llong-forfil yn damp ac yn diferu o wlybaniaeth, efallai fod drewdod yr olew yn mygu rhywun, ond roedd yn gynnes, ac roedd fy nhedi gen i, a miwisg i'w glywed. Corddai'r peiriannau'n ddiddiwedd gan ddwndwr yn rheolaidd. Cysgais yn ddigon buan.

PENNOD 22

Ynysoedd Sili, Mai 1915

Auf Wiedersehen

Doedd gen i ddim syniad ble roeddwn pan ddeffrois. O'm cwmpas roedd pobman yn dywyll fel y fagddu, heb lygedyn o olau. Clywn gorddi'r peiriannau, a sibrwd lleisiau gerllaw, yn aneglur ac yn daer. Roedd fy nghlustiau'n clecian, ac roeddwn yn meddwl yn siŵr fod fy stumog yn suddo. Ond er hynny, codais, traed gyntaf, ac yna siglo mor wyllt nes bod raid i mi gydio yn ochrau fy ngwely i aros ar fy nhraed. Daliwn i ymdrechu i gofio ble roeddwn i. Drewdod y mwg wnaeth i mi gofio yn y diwedd.

Clywais sŵn y llenni'n cael eu tynnu i'r ochr a llanwyd y caban â golau sydyn. Gyda'r golau daeth llais, yna wyneb. Wilhelm oedd yno. Rhoddodd ddillad i mi, fy nillad i fy hun. "Dyma nhw. I ti," sibrydodd. "Gwisga rŵan. Schnell. Schnell. Mae'r Kapitän yn deud bod raid i ni fynd." Yna aeth allan, gan gau'r llenni ar ei ôl. Roedd arogl olew ar fy nillad, fel popeth arall, ond hefyd peth arogl llosg. Roedden nhw'n teimlo'n damp o hyd, ond o leiaf roedden nhw'n gynnes. Cymerodd dipyn o amser i mi wisgo amdanaf, oherwydd roedd symudiad cyson y cwch yn fy ngwneud yn simsan. Doedd gwisgo a dal fy ngafael yn rhywbeth ar yr un pryd ddim yn hawdd. Ond unwaith roeddwn yn ôl yn fy nillad, teimlwn yn debycach i mi fy hun.

Erbyn i Wilhelm ddod yn ôl rai munudau'n ddiweddarach,

roeddwn yn eistedd ar y gwely, tedi bêr yn fy llaw, yn aros amdano. Ond doedd gen i ddim syniad i ble roeddwn yn mynd nac am beth roeddwn yn aros. Lapiodd Wilhelm y flanced am fy ysgwyddau. "Mein Mutti," meddai. "Hi sy'n gwneud hon i mi. I ti mae hi rŵan. Cynnes. Rhaid i ti fod yn gynnes." Gwenodd wrth roi'i law ar ben fy nhedi bêr. "Und mae gen ti hefyd yma dy ffrind bach. Das ist gut. Mae cael ffrind bob amser yn dda."

Yna helpodd fi i godi ar fy nhraed. Cydiodd yn fy llaw a'm harwain o'r caban ac i lawr y rhodfa, heibio i'r bynciau a'r gwelyau crog, heibio i'r holl wynebau'n syllu arnaf. Cododd rhai o'r llongwyr eu dwylo i ffarwelio. Nodiodd rhai a gwenu wrth i mi fynd heibio, a dweud, "Auf Wiedersehen".

Dywedodd un neu ddau, "Ffarwél, eneth fach."

Yna roeddwn yn dringo'r ysgol, a Wilhelm yn fy helpu. Yn sydyn roeddwn allan yn awyr iach ac oerni'r nos, a thonnau'r môr a'r sêr o'm cwmpas ym mhobman. Draw yn y pellter gwelwn dir – siâp rhywbeth yn debyg i ynys yn gorwedd yn isel ac yn dywyll yn y môr. Arhosai rafft achub yn y tonnau islaw, a dau longwr wrth y rhwyfau, un ohonyn nhw'n cydio mewn ysgol. Roedd hi'n ffordd bell, bell iawn i lawr yr ysgol yna.

"Bydd y Morwr Kreuz yn dy helpu. Wnei di ddim syrthio." Yn syth, roedd llais y ffigwr tal, tywyll a safai o'm blaen yn canu cloch. Y capten oedd o. Gwelwn siâp ei gap pig yn erbyn y tywyllwch.

"Gobeithio dy fod ti wedi mwynhau aros ar ein llong ni, fod fy ngwely i'n gyfforddus," meddai. "Hoffwn i petaen ni'n medru mynd â ti i mewn yn nes i'r lan, ond dydi'r dŵr ddim yn ddigon dwfn. Mae creigiau ym mhobman yn y lle yma, fel dannedd yn aros i'n brathu ni. Felly bydd y Morwr Kreuz a dau o fy morwyr yn dy rwyfo di at yr ynys agosaf. Ynys Helen ydi'i henw hi ar fy map i. Ynys fechan, dim llawer o dai, dim llawer o bobl. Yno, rydw i'n gobeithio y cei di rywun i edrych ar dy ôl di'n fuan, a bwyd a chysgod. Ond wnawn ni ddim dy roi di ar y lan heb ddim byd. Fe hoffen ni i ti gael rhodd fechan i'n cofio. Bydd y Morwr Kreuz yn rhoi tipyn o ddŵr i ti, a thipyn o sosej a thipyn o fara cwningen hefyd."

Chwarddodd wrth ysgwyd fy llaw. "I ffwrdd â thi, *gnädiges Fräulein*. Rydw i'n falch i ni gael hyd i ti ar dy biano. Mae fy nynion i'n hapus hefyd. Nid yn aml rydyn ni'n cael rheswm i fod yn hapus pan fyddwn ni ar y môr. Rhaid i ti fynd rŵan." Yna saliwtiodd fi. "*Auf Wiedersehen*, eneth fach, dawel. Cofia ni ac fe gofiwn ninnau dithau."

Troais ac edrych i lawr yr ysgol ar y môr, y tonnau anferth islaw, y rafft achub yn codi ac yn syrthio wrth ochr y llong. Wnâi fy nghoesau ddim symud. Fedrwn i wneud dim byd. Fedrwn i ddim dringo i lawr yr ysgol yna, ddim am bris yn y byd. Mae'n rhaid bod Wilhelm yn gwybod hynny oherwydd aeth yn ei gwrcwd i mi gael reid ar ei gefn. Es i lawr yr ysgol efo fy llygaid ar gau, yn cydio'n dynn yn ei wddf. Eisteddodd y ddau ohonom ar y rafft achub, yn cael ein rhwyfo draw o'r llong danfor yn gyflym, gan ei gadael y tu ôl i ni, nes o'r diwedd doedd hi'n ddim mwy na chysgod pell yn gorffwys ar y môr.

Doedd neb yn siarad ar y rafft. Erbyn hyn roedd fy llygaid yn dechrau cynefino â'r tywyllwch. Roedd ychydig o sêr yn yr awyr. Wrth i ni nesáu at y lan, roedd y ddau longwr yn rhwyfo'n fwy gofalus fyth, yn tynnu ar y rhwyfau'n araf, a ninnau'n llithro drwy'r dŵr yn dawel. Pwysai Wilhelm ymlaen wrth y llyw, yn archwilio'r lan am y lle gorau i lanio'r cwch. Aethom o amgylch pen yr ynys lle roedd y tonnau'n rholio, lle roedd clogwyni'n codi'n uchel a chreigiau'n syrthio'n bentyrrau i'r môr, a dod o'r diwedd, er mawr ryddhad i mi, i ddyfroedd tawelach o lawer. Gwelsom strimyn llydan o dywod disglair o dan y sêr. Yma, aeth y cwch i'r lan.

Neidiodd Wilhelm allan i'r dŵr bas. Pwyntiodd at y twyni tywod a gwelais beth roedd wedi'i weld – tŷ, gyda ffenestri tywyll ac un simnai â gwylan yn clwydo arni. Gwyddwn fod gwylanod yn hoffi cadw'n gynnes ar ben simneiau. Felly byddai yno dân, ac yn fuan byddwn yn eistedd yn agos ato, yn gynnes a diogel. Cododd Wilhelm fi allan o'r rafft achub a'm rhoi ar y tywod wrth ei ochr. Aeth yn ei gwrcwd o'm blaen, yn rhoi ei ddwylo ar fy ysgwyddau. "Dyma Loegr. Chdi mynd i'r tŷ, ja? Nhw edrych ar dy ôl di rŵan."

Yna rhoddodd fflasg dun i mi, a bag papur bychan. Gallwn deimlo'r sosej tu mewn iddo, a'r bara. *"Wasser,"* meddai, yn tapio'r fflasg. *"Wasser. Ist gut.* Bwyd hefyd. I ti, ac i dy dedi bach di os ydi o'n llwglyd." Roedd y morwyr o'r cwch yn galw arno'n daer. "Ich kann nicht bleiben, mein Liebling," aeth ymlaen. *"Wir müssen nun gehen."* Estynnodd ei law a chyffwrdd fy moch. "Entschuldigung," meddai. "Dwi'n mynd rŵan. Mae'n ddrwg gen i am y *Lusitania,* mae'n wir ddrwg gen i."

Yna trodd, gwthio'r cwch i'r dŵr, a mynd. Gwyliais nhw'n rhwyfo ymaith ac arhosais iddyn nhw fynd o'r golwg. Teimlwn yn drist am fy mod ar fy mhen fy hun eto, ac yn ofnus hefyd, wrth edrych o'm cwmpas. Dyma le rhyfedd, digalon: yr ynys fel petai'n edrych yn gas arnaf a'r môr yn chwyrnu ac yn hisian.

Doeddwn i ddim eisiau bod yma. Ond byddai tân yn y tŷ ar ben y twyni, a phobl i'm croesawu, a bwyd poeth, a gwely. Dechreuais gerdded i fyny dros y llethr tywod serth ar unwaith. Roedd y gwylanod yn clwydo ar greigiau ble bynnag yr edrychwn, yn fy llygadu wrth i mi fynd heibio. Roeddwn yn gobeithio bod pwy bynnag oedd yn byw yn y tŷ yn fwy cyfeillgar na nhw.

Dylwn fod yn dyheu am gyfarfod y bobl yma, am glywed lleisiau. Ond gwyddwn y byddai cwestiynau di-rif – holi pwy oeddwn i, o ble roeddwn wedi dod, sut y cyrhaeddais yma. Ond ni fedrwn ateb 'run ohonyn nhw. Ychydig iawn roeddwn i'n ei gofio ac ni fedrai fy nhafod ddweud hynny, ond wyddwn i ddim pam, chwaith. Felly, sut medrwn i egluro unrhyw beth?

Gwelais wrth fynd i fyny'r llwybr tuag ato fod y tŷ cerrig, cadarn yn amlwg yn fwy nag roeddwn wedi tybio. Tyfai glaswellt o'i gwmpas. Ni symudodd yr wylan ar y simnai wrth i mi fynd yn nes at y drws ffrynt, ond eisteddodd yno mor llonydd â'r tŷ ei hun. Cyn i mi ddarganfod nad oedd drws ffrynt, na gwydr yn 'run o'r ffenestri, rydw i'n meddwl bod y llonyddwch wedi gwneud i mi sylweddoli ei fod yn wag, nad oedd neb yn byw yno. Camais dros y rhiniog i dŷ a oedd bron yn gyfan gwbl agored i awyr y nos. Roedd lle tân mawr yn y wal ar y pen, gyda seddau carreg ar y naill ochr, ond welwn i 'run arwydd arall fod neb erioed wedi byw yn y tŷ, dim dodrefn, dim byd. Adfail gwag oedd y lle. Rhedyn yn unig oedd yn byw ynddo bellach, gyda drain ac eiddew yn dringo i fyny'r waliau ac allan drwy'r ffenestri gwag. Uwch fy mhen sgrechiodd yr wylan yn sydyn fel petai'n dweud wrthyf: "Fy lle i! Fy nhŷ i! Dos o' ma!"

Yna, gan wawchian yn ddig arna i, cododd a hedfan ymaith i'r nos.

Dechreuodd fwrw glaw wedyn, ei thywallt hi'n drwm ac yn wyllt, gan fy ngyrru i chwilio am gysgod ar unwaith. Y lle tân oedd yr unig le. Swatiais o dan yr unig ddarn o'r to oedd yn dal yn gyfan – byddwn o leiaf yn sych ac yng nghysgod y gwynt yn fan'no. Gwthiais drwy'r holl dyfiant gwyllt a chropian i'r cefn. Eisteddais ar y sedd garreg a swatio yno yn y gornel o dan fy mlanced. Aros yma tan y wawr, meddyliais. Aros nes y medrwn weld yn iawn i ble roeddwn yn mynd, yna cael hyd i dŷ arall, un lle roedd pobl yn byw o hyd, lle byddai'n sicr wynebau cyfeillgar a chynhesrwydd croesawgar fel roeddwn wedi bod yn gobeithio amdano ac yn ei ddisgwyl.

Teimlwn yn oerach ac yn oerach o awr i awr. Ni fedrwn gysgu. Y noson honno oedd noson hiraf fy mywyd. Tybiais na ddôi byth i ben. Cyn gynted ag y gadawodd y sêr yr awyr, pan ddaeth yr awgrym cyntaf o olau llwyd cyn y wawr, codais a mynd allan o'r tŷ agored hwnnw, yn falch o gefnu ar ei wacter. Cymerais bopeth oedd gen i yn y byd yma efo fi, fy mlanced a'm tedi bêr, y fflasg ddŵr a'r bag o fwyd a gefais i gan y morwyr. Yna cychwynnais yn llawn gobaith ar fy nhaith o amgylch yr ynys i chwilio am dai eraill, i chwilio am unrhyw un fyddai'n rhoi lloches i mi ac yn fy helpu. Doedd gen i ddim syniad beth oedd maint yr ynys, na faint o dai a phobl fyddai yno.

Fûm i fawr o dro yn darganfod, â'm calon yn suddo, nad oedd yno'r un tŷ arall ar yr ynys. Ymysg y rhedyn cefais hyd i weddillion peth allai unwaith fod wedi bod yn dŷ neu gapel efallai, oherwydd roedd yno garreg fedd gydag enw wedi'i gerfio arni, ond roedd y tywydd wedi dileu gormod o'r llythrennau i mi fedru ei ddarllen. Ond heblaw'r gweddillion hynny a'r adfail lle bûm i dros nos, doedd dim golwg o le arall i bobl fyw ynddo. Gwelwn fod llawer o ynysoedd eraill yn y môr o'm cwmpas, dwsinau ohonyn nhw, wedi'u gwasgaru ar hyd a lled y môr, fel petai rhyw gawr gwyllt, gwallgo wedi lluchio dyrneidiau o feini anferthol i'r môr. Gwelais hefyd fod tai ar lawer o'r ynysoedd yma, ond roedd pob un ohonyn nhw'n bell – yn rhy bell i mi nofio yno. Gwelwn gychod hefyd, amryw ohonyn nhw – cychod pysgota, cychod rhwyfo, rhai wedi'u tynnu o'r dŵr, rhai wedi'u hangori ger y lan, rhai allan ar y môr. Roedd cychod allan yna, pobl allan yna, tai allan yna, petawn i ond yn gallu'u cyrraedd.

Yn sicr, roedd fy ynys i'n hollol wag – heblaw am y gwylanod yn fy ngwylio ble bynnag yr awn, yn troelli uwch fy mhen gan fewian a sgrechian, yn ei gwneud yn berffaith eglur i mi eu bod yn ddig, ac nad oedd gen i hawl i fod yno. Roedd yr adar bach yn trydar wrth chwilota am sbarion ar y traeth, yn y gwymon a'r pyllau dŵr fel petaen nhw'n fy nerbyn, ond prin yn sylwi fy mod yno. Roedden nhw'n f'anwybyddu. Roedden nhw'n ddel, ond doedden nhw'n fawr o gysur i mi. Fe'm llethwyd gan y fath ddigalondid. Doeddwn i erioed wedi teimlo dim byd tebyg o'r blaen: fy mod ar wahân i bawb a heb obaith o gwbl. Wyddwn i ddim beth ar wyneb y ddaear i'w wneud, heblaw codi ac archwilio f'ynys yn fwy trwyadl.

Roeddwn wedi darganfod yn barod mai ynys fechan, bitw oedd hi. Fûm i fawr o dro yn cerdded o'i chwmpas. Yn fuan roeddwn yn ôl wrth f'adfail eto, a hynny'n dda o beth, oherwydd daeth hwrdd arall o wynt, gan chwipio tonnau gwallgof ar y môr a chwythu'r gwylanod a'r brain fel dail drwy'r awyr. Cyrhaeddais fy nhŷ wrth i'r glaw syrthio, a chropian eto i gysgod fy lle tân. Brathai llwgfa fi rŵan, ac roeddwn yn wan gan wacter. Roedd yn rhaid i mi fwyta. Ond gwyddwn hefyd fod yn rhaid i mi gadw rhywfaint o fwyd, na fyddwn yn dod o hyd i fawr ddim arall i'w fwyta yn y lle hwn. Felly bwyteais ddigon i'm cadw i fynd, a dim rhagor. Rhyngddyn nhw, cefais gynhesrwydd o'r sosej a'r bara a'r dŵr, gan roi nerth newydd i mi i geisio datrys pethau yn fy meddwl.

F'unig obaith, penderfynais, oedd cyrraedd un o'r ynysoedd eraill. Roedd hynny'n amlwg i mi erbyn hyn. Ond fedrwn i mo'u cyrraedd. Doedd gen i ddim cwch. Fedrwn i ddim hyd yn oed roi cynnig ar nofio cyn belled â hynny. Efallai fy mod yn gallu eu gweld, ond doedd waeth iddyn nhw fod gan milltir i ffwrdd. Hyd yn oed os oedd pobl yn byw ar yr ynysoedd eraill, fedren nhw mo 'ngweld i. Fedrwn i ddim gweiddi na sgrechian – doedd gen i ddim llais. Fedrwn i ddim cynnau tân – doedd gen i ddim matsys. I bob golwg, un dewis oedd gen i.

Y tu ôl i'r tŷ, roedd craig anferth. Yn ddiamau, dyna'r lle uchaf, hawsaf i'w weld ar yr ynys. Fe ddringwn i fyny yno – er fy mod yn gweld na fyddai hynny'n hawdd o bell ffordd. Ar ôl cyrraedd y copa, fe chwiliwn am gwch yn mynd heibio, chwifio, sefyll yno a chwifio, nes gwelai rhywun fi. Yn hwyr neu'n hwyrach, byddai rhywun allan yn fan'na, ar un o'r ynysoedd yna, neu mewn cwch ar y môr, yn siŵr o'm gweld ac yn dod i'm hachub. Penderfynais ddringo'r graig yn y fan a'r lle.

Gadewais bopeth ar ôl ar y sedd garreg yn y lle tân –

gwyddwn y byddai arnaf angen fy nwy law i ddringo – a chychwynnais tua gwaelod y graig. Edrychai'n anoddach fyth wrth sefyll yno'n edrych i fyny, yn uwch, yn serth ac yn arswydus. Ond roedd yn rhaid i mi fynd. Doedd gen i ddim dewis. Dechreuais ddringo, yn ceisio peidio edrych i lawr, yn canolbwyntio'n unig ar gyrraedd y copa. Roedd yn beryglus mewn mannau lle roedd y graig yn llithrig gan y glaw. Crynai fy nghoesau gyda'r ymdrech, a chan ofn hefyd. Bob tro roedd fy mysedd neu fy nhroed yn llithro, byddai fy nghalon yn rasio. Gallwn ei theimlo'n dyrnu yn fy nghlustiau weithiau. Daliwn ati i ddweud wrthyf fy hun fod pob cam bychan yn dod â fi'n nes, y byddwn yn llwyddo. Erbyn i mi gyrraedd y copa, doedd gen i ddim gwynt ar ôl, dim nerth yn fy mreichiau a'm coesau. Roeddwn eisiau sefyll a dyrnu'r awyr yn fuddugoliaethus. Ond y cyfan fedrwn i ei wneud oedd eistedd yno, yn ymladd am fy ngwynt, yn ceisio dod ataf fy hun.

Edrychais o'm cwmpas. Roedd ynysoedd ym mhobman, yn bell ac agos, fel twmplenni mawr a bach, wedi'u gwasgaru dros y môr i gyd. Rŵan mewn heulwen sydyn, disglair, roedd y môr yn troi o laswyrdd i wyrdd o flaen fy llygaid. Ar rai ynysoedd, y rhai mwyaf, gwelwn resi o fythynnod, ffermydd ac eglwysi hefyd. Roedd yno bobl. Gwelwn nhw'n ddigon eglur rŵan: ffurfiau bychain yn y pellter, yn mynd ar hyd glan y môr, yn sefyll ar y cei, yn gweithio yn y caeau. Gwelais gychod yn dod i mewn ac yn mynd allan o'r cei. Anghofiais fy mlinder mawr a cheisio gweiddi. Ond fedrwn i wneud dim ond sibrwd yn gryg, fwy fel ebwch, ac roedd hyd yn oed hynny yn brifo fy ngwddw'n ofnadwy a bu'n rhaid i mi beidio.

Wn i ddim am faint y bûm yn sefyll yno'n chwifio. Ble

bynnag yr edrychwn, roedd cychod pysgota'n hwylio o gwmpas yr ynysoedd. Y cychod wnaeth i mi ddal ati i chwifio. Ond gwelwn yn y diwedd nad oedd 'run ohonyn nhw'n dod yn agos at f'ynys i. Roeddwn yn rhy bell i neb sylwi arnaf, waeth faint roeddwn i'n chwifio. Ond daliais ati – beth arall fedrwn i ei wneud? Chwifiais nes roedd fy ysgwyddau ar dân gan boen, nes prin yn medrwn godi fy mreichiau o gwbl. Sefais yno'n aros, yn gobeithio ac yn gweddïo y byddai un o'r cychod pysgota yn troi ac yn hwylio i'm cyfeiriad i. Pan wnaeth un, o'r diwedd, cefais nerth i chwifio unwaith yn rhagor. Ond wrth i mi wneud, gwyddwn ei fod yn ofer. Roedd y gwylanod fel petaen nhw'n gwybod hynny hefyd, yn troelli uwch fy mhen gan glegar a gwawdio. Yna fe ddechreuon nhw ddeifio ata i, yn ceisio fy ngyrru oddi ar y graig. Ond doeddwn i ddim am fynd.

Arhosais yno drwy'r dydd, yn gobeithio ac yn gobeithio y byddai rhywun yn dod yn ddigon agos i'm gweld. Eisteddais yno'n cydio yn fy mhengliniau er mwyn eu cadw rhag yr oerfel, yn rhy flinedig i chwifio rhagor, wedi blino gormod i sefyll, hyd yn oed. Cododd yn wynt. Erbyn hyn roeddwn yn oer at fêr fy esgyrn ac yn methu peidio crynu. Ond arhosais yno o hyd, yn gobeithio o hyd. Dim ond pan ddaeth y tywyllwch y rhoddais y gorau iddi a chychwyn ar y daith hir i waelod y graig. Erbyn hynny roedd fy nghoesau wedi cyffio a fedrwn i ddim teimlo fy mysedd na'm traed. Dyna, yn sicr, pam y syrthiais. Mae'n rhaid i mi golli 'ngafael a llithro. Wn i ddim. Dydw i ddim hyd yn oed yn cofio disgyn, dim ond i mi ddeffro ar y ddaear gyda rhedyn o'm cwmpas, efo cur yn fy mhen, fy ffêr yn brifo, a'r gwylanod yn clegar ac yn fy ngwawdio eto. Rhoddais fy llaw ar fy nhalcen. Roedd yn ludiog gan waed.

PENNOD 23
O fyd arall

Herciais yn gloff yn ôl i adfeilion y tŷ, yn awchu am ddiod, am fy sosej a bara. Gwelais beth oedd wedi digwydd y munud y camais drwy'r drws. Wedi'i wasgaru ym mhobman ymysg y rhedyn a'r drain roedd gweddillion y bag papur brown. Doedd dim arlliw o fara na sosej yn unman. Gorweddai fy nhedi ar ei wyneb mewn pwll o ddŵr ar lawr.

Gwyddwn ar unwaith pwy oedd y pechadur. Eisteddai yno ar y simnai uwchben. Petai gan wylan wefusau, byddai'n eu llyfu. Edrychai mor fodlon efo'i hun. Codais garreg a'i hyrddio ati. Trawodd yn erbyn y simnai, ond roedd yn ddigon agos i'w dychryn. Hedfanodd ymaith dan sgrechian. Roedd yn ddial o fath, yn fuddugoliaeth fechan, ond wnaeth hynny ddim para'n hir. Pan fyddwch chi ar lwgu, yn wirioneddol ar lwgu, does dim bodlonrwydd mewn dim arall ond bwyd. Heb fwyd, a dim ond dŵr i'w yfed, mae rhywun yn yfed cymaint â phosib, oherwydd mae angen llenwi eich stumog â rhywbeth, ac mae rhywbeth bob amser yn well na dim. Yfais weddill y dŵr yn fy fflasg i gyd, hyd y diferyn olaf, pob un dafn – llowciais y cyfan. Roedd y fflasg yn wag cyn i mi hyd yn oed feddwl am gadw rhywfaint ohono.

Swatiais yn belen o dan fy mlanced ar fy ngharreg yn y lle tân. Roedd hi'n tywyllu, ond doedd gen i ddim ofn. Doeddwn i ddim yn poeni sut roeddwn yn mynd i fyw ar yr ynys wag hon heb fwyd na dŵr, ddim yn malio bellach a gawn f'achub ai peidio. Roeddwn yn rhy flin efo fi fy hun i feddwl unrhyw beth felly. Dylwn fod wedi cuddio fy mwyd rhag y gwylanod. Pam na feddyliais am hynny? I wneud pethau'n waeth, roeddwn wedi yfed hynny o ddŵr oedd gen i. Felly doedd gen i ddim bwyd na diod. Sôn am ffŵl. *Nincompoop! Ninny!* Mynnai'r geiriau ddod i'm pen eto ac eto.

Treiddiodd yr oerfel drwy fy mlanced i'm holl gorff y noson honno. Fedrwn i ddim cysgu gan besychu a chrynu. Yna, fel gwyrth, sgubodd y cymylau duon ar draws yr awyr, yn cael eu tynnu i'r ochr fel llenni. Yno, yn llawn ac yn ddisglair ac yn hardd, roedd y lloer. Wrth ei gweld dechreuais hymian yn ddistaw. Doedd gen i ddim syniad pam. Yr unig beth a wyddwn i oedd bod clywed sŵn fy llais, a gwybod bod gen i lais eto, hyd yn oed petai'n medru gwneud dim ond hymian, yn codi 'nghalon. Felly, wrth wylio'r lloer uwchben, daliais ati i hymian. Efallai na fedrwn wneud geiriau, ond gallwn wneud tiwn. Hymiais fy hun i gysgu'r noson honno.

Deffroais, ac roedd arlliw o'r wawr yn torri yn yr awyr uwchben. Yn oer, wedi cyffio ac yn sychedig, codais ar fy nhraed ac anghofio popeth i mi droi fy ffêr. Teimlais frath sydyn o boen. Teimlais hi'n rhoi odanaf a syrthiais. Ceisiais sefyll wedyn, a cheisio cerdded gan bwyso'n drwm ar y wal i weld fedrwn i roi pwysau ar fy ffêr. Doedd dim nerth o gwbl ynddi, ac roedd y boen yn ddirdynnol wrth geisio cerdded. Gwyddwn, oni bai ei bod yn gwella, na fedrwn byth ddringo'r graig yna eto i chwifio ar gychod yn mynd heibio. Ond doedd cael fy achub ddim fel petai mor bwysig i mi bellach. Doedd gen i ddim dŵr, dim bwyd. Roedd yn rhaid i mi ddod o hyd i'r ddau. Yn barod roedd y syched yn waeth na'r newyn. Rywsut, gwyddwn y gallai rhywun wneud heb fwyd am amser hir, ond bod dŵr yn cadw rhywun yn fyw am wythnosau.

Beth wnawn i? Beth fedrwn i ei wneud i gadw'n fyw? I ddechrau, gwyddwn fod arnaf angen ffon i bwyso arni, neu ryw fath o fagl. Fedrwn i ddim cerdded heb un. Doeddwn i ddim wedi gweld coed o gwbl ar yr ynys, ond meddyliais efallai y byddai yna froc môr ar y traeth tywodlyd lle glaniais. Doedd o ddim yn rhy bell. Felly, gydag anhawster mawr ac yn gloff, dechreuais gropian yn ôl ar hyd y llwybr, llithro i lawr y twyni tywod ar fy mhen-ôl, a chyrraedd y traeth. Doedd dim golwg o froc môr, dim byd ond rhes o gregyn a gwymon wedi'u gadael gan y llanw. Straffagliais at lan y dŵr. Sgrialodd cranc i'r dŵr bas a meddyliais am neidio arno ar unwaith, ei ddal, ei ladd a'i fwyta. Fedrwn i yn fy myw wneud. Ond wrth ei weld yn diflannu, cododd fy nghalon. Gallwn fod wedi'i fwyta. Fyddwn i ddim yn llwgu yn y lle yma.

Sefais yno ar y tywod ac edrych o'm cwmpas. Dyma fy myd i bellach. Roedd yn fyd hyfryd hefyd: môr yn dawnsio yn yr heulwen dan awyr las, las; yr ynysoedd o'm cwmpas i gyd yn wyrdd, llwyd a melyn; copa'r bryniau'n borffor dan haul y bore, a chân yr adar yn llenwi'r awyr. Paradwys yn wir, meddyliais. Roedd dŵr ym mhobman, ond dŵr môr, nid dŵr yfed. Gallwn farw o syched yn y baradwys hon.

Es yn ôl yn araf i fyny'r traeth, ac roedd yn rhaid i mi gropian dros y twyni tywod ar fy ngliniau a'm dwylo tua'r llwybr. Oni bai fy mod ar fy ngliniau, fyddwn i byth wedi gweld, yn gorwedd yno ymysg yr hesg, gyrlen o hen raff wedi'i gwynnu gan yr haul, gyda phwli yn sownd iddi ac wrth ei hochr weddillion drws pren. Tu hwnt roedd broc môr, a digon ohono, gyda pheth wedi hanner ei gladdu o dan y tywod. Doedd y môr, meddyliais, ddim wedi lluchio hwn i'r traeth – roedd yn rhy bell o'r marc penllanw, yn rhy uchel i fyny ar y twyni tywod. Pentwr anferth wedi'i gasglu yno'n fwriadol oedd hwn. Wyddwn i ddim i beth, ond beth wyddwn i rŵan oedd bod rhywun wedi gwneud hyn. Golygai fod rhywun wedi bod yma, fod pobl yn dod yma, wedi dod i wneud hyn. Allen nhw ddod eto. Yn sydyn fe'm taniwyd â gobaith newydd. Funud yn ddiweddarach, roedd pethau'n well fyth. Tynnais y pentwr broc môr oddi wrth ei gilydd nes cael hyd i'r hyn roeddwn yn chwilio amdano: darn o bren digon cryf i wneud ffon fagl, a hwnnw tua'r hyd iawn hefyd.

Yn hapusach o lawer erbyn hyn, herciais yn ôl tua'r adfeilion. Mae'n rhaid fy mod yn meddwl am ddŵr eto, oherwydd sylweddolais rywbeth yn sydyn wrth gyrraedd y drws. Nid yn unig roedd pobl yn ymwelwyr yma, roedden nhw wedi byw yma rwydro, yn y tŷ hwn. Fedrwch chi ddim byw heb ddŵr. Fedr neb. Fyddai neb yn codi tŷ ar ynys oni bai fod yno ddŵr. Felly, mae'n rhaid bod ffynnon yn rhywle, ac fe gawn i hyd iddi. Fe chwiliwn i bob modfedd o'r ynys yma nes dod o hyd iddi – dim ond ynys fechan oedd hi, felly fyddai hynny ddim yn anodd. Wedyn medrwn lenwi'r fflasg yn y ffynnon bob tro y byddai angen. Gallwn fyw am o leiaf dri diwrnod, a phetai raid, petai gwir raid, gallwn ddal cranc a'i fwyta. Roedd cregyn llygad maharen ar y creigiau hefyd – roeddwn wedi'u gweld nhw. Efallai y gallwn fwyta'r rheini. Ond yn hwyr neu'n hwyrach byddai rhyw bysgotwr yn dod heibio yn ei gwch yn agos at yr ynys – efallai'r un oedd wedi casglu'r pentwr broc môr yna ar y twyni – yn cael hyd i mi, a chawn fy achub. Y cyfan roedd raid i mi ei wneud oedd cael hyd i'r ffynnon, ac yna aros ar y twyni bob dydd i gwch ddod heibio. Byddai fy ffêr yn gwella o ddydd i ddydd ac yna medrwn ddringo'n ôl i ben y graig eto a chwifio.

Yn llawn gobeithion, dechreuais chwilio ar unwaith am y ffynnon. Gwyddwn ei bod yno. Credwn ei bod yn well cychwyn wrth ymyl y tŷ. Yn rhesymegol, meddyliais, roedd ffynnon yn fwy tebygol o fod yn agos at y tŷ nag ymhell i ffwrdd ar ochr draw'r ynys. Byddai'n ddigon hawdd cael hyd iddi – roeddwn yn sicr o hynny. Ond nid felly roedd hi. Roedd rhedyn a drain yn uwch na 'mhen dros y rhan fwyaf o'r ynys, a fedrwn i ddim cael hyd i lwybr rhyngddynt. Roedd yn rhaid i mi wthio drwy'r tyfiant, ei ddyrnu efo'r ffon fagl wrth fynd. Roedd y rhedyn yn rhy uchel ac yn rhy drwchus i mi fentro i rai llefydd, a'r drain yn rhwygo fy nghoesau ac y chwipio ar draws fy wyneb a'm gwddw. Roedd fel mynd drwy jyngl.

Daliais ati i chwilio drwy gydol y diwrnod hwnnw a thrannoeth hefyd. Doeddwn i ddim yn llwgu, chwaith, gan fy mod yn dod ar draws digon o aeron bychan anaeddfed i'm cynnal ac i gadw llwgfa draw. Ond erbyn hyn roeddwn yn sychedig iawn. Bu'n rhaid i mi fynd ar fy mhedwar a llepian o byllau dŵr ble bynnag y cawn hyd i rai, ac roedd y dŵr yn ffiaidd. Roeddwn yn dal i chwilio am ffynnon, ond gyda llai o frwdfrydedd erbyn hyn, llai o benderfyniad a llai o obaith. Doedd gen i ddim nerth i fentro drwy'r jyngl o redyn a drain bellach, i fynd i chwilio mewn llwyni na fûm yn eu canol o'r blaen. Crwydrwn yr ynys yn fwy diamcan drwy'r adeg, y sefyllfa anobeithiol yn gwneud i mi grio'n aml. Gefn nos, roedd y briwiau a'r cripiadau oedd dros fy nghorff yn fy rhwystro rhag cysgu, ac roedd poen yn fy ffêr drwy'r adeg. Swatiais o dan fy mlanced yn cydio'n glòs yn fy nhedi bêr, yn ceisio siglo fy hun i gysgu. Ond fedrai dim byd leddfu'r llwgfa yn fy stumog.

Wnes i ddim hymian fy nhiwn i'r lleuad mwyach, oherwydd doedd dim lleuad. Pan geisiwn hymian, roedd yn troi'n riddfan, yn feichio crio hyd yn oed. Ymdrechais yn galed i beidio ochneidio, nid oherwydd fy mod yn ceisio bod yn ddewr – roeddwn yn rhy lawn o anobaith i hynny erbyn hyn – ond oherwydd fy mod yn gwybod petawn yn ymollwng i grio, yn fuan cawn fy rhwygo gan byliau o besychu fyddai'n gwrthod fy ngadael, yn ysgwyd fy nghorff i gyd.

Sawl diwrnod aeth heibio? Sawl noson? Wn i ddim. Ond un noson wrth i mi orwedd yno'n ceisio siglo fy hun i gysgu heb besychu, yn ceisio anghofio'r boen yn fy nghoesau a'r gwayw yn fy ffêr, cododd yn storm fawr. Udai'r gwynt yn y simnai a fflachiai'r mellt, gan droi'r nos yn ddydd o'm cwmpas. Hyd yn hyn, bûm yn ddigon sych yn y lle tân, ond bellach chwythai'r glaw i mewn gan fy ngyrru i gornel o dan y sedd garreg. Yno o leiaf roedd rhyw fath o gysgod i'w gael o hyd. Swatiais yno wedi codi fy mhengliniau o dan fy mlanced, yn cydio'n dynn yn fy nhedi bêr, a cheisiais hynny fedrwn i atal fy hun rhag pesychu. Brifai fy mrest ac roedd fy ngwddw'n ddolurus. Mae'n rhaid fy mod wedi syrthio i gysgu yn y diwedd, a minnau wedi ymlâdd yn llwyr.

Pan ddeffroais clywais sŵn dŵr yn rhedeg. Yna gwelais o pan fflachiodd y mellt. Rhedai dŵr i lawr y simnai i'r lle tân islaw. Gwyddwn beth i'w wneud ar unwaith. Estynnais fy fflasg oddi ar yr ymyl lle roeddwn yn ei chadw, troellais y cap i'w hagor, a'i dal o dan y llif nes roedd yn llawn. Yfais nes i mi fethu yfed rhagor, ac yna llenwais hi unwaith eto. Y tro hwn addewais i mi fy hun y byddwn yn dogni'r dŵr, gwneud iddo bara, bod yn gall. Fe wnes hefyd. Ond ar ôl llifeiriant y storm fellt a tharanau, doedd dim rhagor o law am dipyn. Yn fuan iawn roedd y fflasg yn wag a'r pyllau dŵr wedi sychu yn yr haul. Roedd holl liwiau'r machlud ar fy ffêr. Edrychwn arni'n aml. Teimlwn yn eithaf balch ohoni ac roedd llai o chwydd ynddi erbyn hyn. Medrwn roi mwy o bwysau arni, ond roedd yn wan o hyd.

Noson y storm ydi'r noson olaf i mi ei chofio'n iawn. Y cyfan wn i ydi i mi lusgo byw drwy'r dyddiau ar ôl hynny, yn rhy wan i ddringo'r graig nac i chwilio am y ffynnon, yn ddigon bodlon yn eistedd am oriau maith ar y twyni tywod yn edrych am gychod pysgota yn mynd heibio. Roedden nhw'n mynd heibio, ond yn rhy bell i ffwrdd bob amser. Llwyddais i ddal crancod bychain yn y dyfroedd bas, a churais gregyn llygad meheryn oddi ar y creigiau a chrafu'r cnawd er mwyn ei fwyta. Bwytawn wyau adar weithiau a chael gwledd, ond yn aml byddwn yn cyfogi wedyn. Cofiaf swatio am oriau yn fy lle tân, yn cydio yn fy stumog ac yn griddfan mewn poen. Bu'n bwrw glaw, ond dim digon i mi lenwi fy fflasg ddŵr. Rywsut mae'n rhaid fy mod wedi llwyddo i gasglu digon i gadw fy hun yn fyw. Ymdrechais bob amser i adael rhywfaint o ddŵr ar ôl yn y fflasg, i'w gadw nes byddai'n bwrw eto, i beidio'i yfed i gyd.

Erbyn y diwedd doedd gen i mo'r nerth na'r ewyllys i adael fy lle tân mwyach. Gwyddwn fy mod yn rhoi'r ffidil yn y to, a doedd dim ots gen i. Roedd pob gobaith o gael byw, pob gobaith o gael f'achub, wedi mynd. Bu adegau pan deimlwn fy mod yn boddi dan donnau mawr o dristwch. Nid fy mod yn teimlo nad oedd gen i ddim i fyw er ei fwyn, ond fy mod bellach yn sylweddoli na fyddwn i ddim yn byw. Meddyliais yn aml wrth orwedd yno y byddai'n well petawn i wedi llithro oddi ar fy mhiano i'r môr. Byddai wedi bod yn gynt. Roedd y ffordd yma'n araf, yn boenus ac yn drist.

Deuai munudau pan ddisgleiriai'r haul yn gynnes uwchben, fel petai'n ysgwyd yr holl oerfel a thristwch ohonof am ennyd ac roeddwn yn falch o fod yn fyw eto. Mae'n rhaid fy mod i wedi cydio yn y gweddillion olaf o obaith ac wedi dal ati i yfed dŵr. Dyna pam roeddwn i'n fyw o hyd y diwrnod hwnnw pan glywais lais yn galw o bell, pan glywais sŵn traed yn dod tuag at y tŷ, a gweld bachgen yn ei gwrcwd yno yn y rhedyn, yn estyn ei law i mi. Pan siaradai, swniai ei lais fel petai'n dod o fyd arall.

PENNOD 24

Ynysoedd Sili, Hydref 1915

Jadan Jeri!

Daeth yn amlwg i Alfie'n fuan iawn fod Liwsi'n adnabod yr ynys fel cledr ei llaw. Llusgodd ar ei hôl wrth iddi rhuthro ar hyd y llwybrau, yn neidio drwy'r grug. Ond fedrai Alfie feddwl am ddim byd ond y geiriau yna roedd Liwsi wedi'u dweud. *"Wasser"* a *"gut"*. Doedden nhw ddim yn swnio fel geiriau Saesneg. Swniai *"gut"* fel *"good"*, ond nid dyna oedd o. Swniai *"wasser"* fel *"water"*, ond nid dyna oedd o. Gwyddai Alfie'n iawn beth roedd hyn yn ei olygu. Roedd pawb yn iawn – Almaenes oedd Liwsi. Doedd dim amheuaeth o gwbl bellach, waeth pa mo gas oedd ganddo'i gredu. Gallai pob gair roedd o wedi'i chlywed yn ei ddweud erioed fod yn Almaeneg. Mae'n debyg mai Almaeneg oedden nhw. Mwyaf yn y byd roedd o'n meddwl am y peth, sicraf yn y byd oedd o.

Sgrialodd hi dros y creigiau fel gafr wyllt. Sgipiodd drwy'r dŵr bas. Dilynodd Alfie hi ble bynnag yr âi – a doedd hynny ddim yn hawdd. Doedd o erioed wedi'i gweld hi mor heini, mor chwim ei throed. A hithau'n fyr o wynt am ei bod wedi'i chyffroi drwyddi, i bob golwg roedd hi'n darganfod pethau newydd drwy'r adeg, yn union fel ci hela ar drywydd, yn chwilio ac yn llwyddo. Roedd llawer o'r darganfyddiadau yma'n procio rhyw fath o ailactio mewn meim a symudiad, a'r cyfan yn ddirgelwch mawr, annealladwy i Alfie. Er iddi ymdrechu ac ymdrechu, ni fedrai Liwsi siarad gair, dim a wnâi synnwyr beth bynnag. Ond roedd hi – gallai Alfie weld – yn ymdrechu mwy nag erioed o'r blaen, yn gwneud siâp ceg i eiriau na fedrai eu dweud, ac yn siarad gyda'i dwylo gystal ag y medrai drwy'r adeg. Roedd ei holl barablu cras, a'i chlician tafod, yn atgoffa Alfie o'r hen Mrs Stebbings i lawr ym Mwthyn yr Iwerydd ar Fae Bwrlwm. Roedd hi, medden nhw, wedi cael ei geni'n fyddar a heb daflod ceg. Doedd neb yn deall yr un gair ddywedai. Gadawai hithau i'w dwylo a'i llygaid siarad drosti, ond hyd yn oed wedyn, ni fedrai Alfie ddeall fawr o'r hyn geisiai'i ddweud wrtho. Y drwg oedd fod yr hen wraig yn dueddol o wylltio efo chi am beidio deall. Yna, byddai'n rhaid i chi droi'ch cefn a cherdded i ffwrdd a byddai'n fwy blin fyth.

Roedd Liwsi'n wahanol. Doedd hi ddim yn gwylltio, ond yn dal ati i geisio esbonio beth roedd hi'n ei feddwl, ac roedd Alfie wir eisiau gwybod beth roedd hi'n ceisio'i ddweud, eisiau ei hannog i ddal ati.

Ond roedd yn galed, ac yn gymysglyd, oherwydd roedd y straeon roedd Liwsi'n ceisio'u dweud wrtho, cyn belled ag y medrai o ddeall, yn straeon heb fawr o gyswllt â'i gilydd, fel darnau o jig-so wedi'u gwasgaru. Un munud pwyntiai at y môr, tuag at yr Ynys Wen. Yna eisteddai a'i choesau oddi tani fel teiliwr, yn tynnu llun rhywbeth oedd yn edrych fel ciwcymbar yn y tywod. Yna cododd gragen llygad meheryn a chymryd arni ei bwyta. Codai ar ei thraed eto, cydio yn ei law a rhuthro'n ôl i'r Clafdy, a dangos yr holl gregyn wedi'u lluchio o'r neilltu yn llanast ym mhobman. Yna, syrthiodd ar y ddaear o flaen y lle tân, yn cydio yn ei stumog ac yn griddfan, yn amlwg yn actio ei bod mewn poen. Funud yn ddiweddarach, wrth weld gwylan yn clwydo ar y simnai, roedd ar ei thraed yn gwneud stumiau'n wyllt ac yn hyrddio cerrig ati. Ar ôl cael gafael ar ddarn o bren ymysg y rhedyn yn y Clafdy, herciai'n gloff fel byddai Yncl Wil yn ei wneud pan oedd am fod yn Long John Silver. Ond beth oedd gan Yncl Wil i'w wneud efo hyn i gyd, doedd gan Alfie ddim syniad. Yna, i ffwrdd â hi eto, allan o'r Clafdy. Rhedodd i lawr y llwybr a mynd ar ei phedwar fel ci'n llepian o bwll dŵr. Drwy'r adeg chwifiai ei dwylo gan ymdrechu i ddweud geiriau, y sŵn yn debycach i fyrlymu na dim byd arall i Alfie. Gallai Alfie ddeall rhywfaint o bob meim. Ond roedd y stumiau'n cael eu hactio mor gyflym, y naill ar ôl y llall, fel mai ychydig iawn o synnwyr oedd i'r cyfan. Gofynnodd Alfie iddi arafu dro ar ôl tro, a dangos iddo eto, ond erbyn hynny roedd Liwsi wedi rhedeg i ffwrdd.

Erbyn hanner dydd roedden nhw ar ben y graig fawr y tu ôl i'r Clafdy. Roedd o eisiau iddi eistedd i lawr a bwyta'r bara a'r caws roedden nhw wedi dod efo nhw yn y cwch. Efallai y gallai fod yn amser i geisio'i chael hi i siarad. Ond doedd ganddi fawr o ddiddordeb mewn siarad nac yn y bwyd. Chwifiai ei breichiau a neidio i fyny ac i lawr bob tro yr âi cwch pysgota heibio. Pan flinodd Liwsi ar hynny, gorweddodd ar y graig yn edrych ar yr awyr. Pwyntiodd at yr hanner lleuad yn yr awyr a dechrau hymian ei thiwn hi. Rhoddodd ei llaw ar y graig wrth ei hochr, yn gwahodd Alfie i ddod ati. Hymiodd y ddau efo'i gilydd wedyn. Toc, roedden nhw'n ddistaw, yn gwrando ar y môr, ar y gwynt, ar biod y môr, yn gwylio'r gwylanod yn troelli ac yn wylofain uwch eu pennau.

"Dydyn nhw ddim yn ein hoffi ni ryw lawer, nac ydyn?" meddai Alfie. "Eisio i ni fynd maen nhw, dwi'n meddwl. Mae'n bryd i ni fynd, debyg."

Doedd hi ddim angen ei help i ddringo i lawr chwaith. Pan gyrhaeddodd y gwaelod, roedd hi yno ymhell o'i flaen. Syrthiodd i lawr, yn cydio yn ei ffêr gan wneud stumiau fel petai mewn poen. Am funud, meddyliodd Alfie ei bod wedi brifo – roedd yn actio mor dda. Ond yna gwelodd y wên yn ei llygaid. Cofiodd wedyn fod ei ffêr wedi chwyddo pan ddaeth ei dad â hi adref. "Dy ffêr di! Yma y digwyddodd o felly, yntê?" gofynnodd.

Nodiodd hithau. Dyna pryd y sylweddolodd Alfie y gallai ddechrau deall ei stori, rhoi dau a dau at ei gilydd.

"Felly, rhwyfo yma wnest ti, ie?" meddai. "Roeddet ti'n byw yn y Clafdy – does yna unman arall, nac oes? Yn bwyta llygaid meheryn, ac yn chwifio ar ben y graig fawr er mwyn i rywun ddod o hyd i ti. Ond ddaeth neb, naddo? Nes daethon ni yma, ac roeddet ti'n hanner marw erbyn hynny. Ond be sy gan y ciwcymbar dynnaist ti ei lun yn y tywod i'w neud efo popeth? Dydw i ddim yn deall o ble ddest ti, chwaith. Mae'n rhaid i ni gael gwybod popeth, Liwsi, dwyt ti ddim yn deall? Mae'n rhaid i ni. Mae'n rhaid i ti ddeud wrthon ni. Ble mae'r cwch rhwyfo? Fedret ti ddim bod wedi dod yma dy hun. Pwy ddaeth â chdi? Y fflasg ddŵr yna – pwy roddodd honna i ti?"

Roedd hi'n edrych ar Alfie wrth iddo siarad, ac yn meddwl yn galed. Gallai weld ei bod hi. Roedd hi eisiau ei ateb. Roedd hi'n mynd i ddweud wrtho. Cyn iddo sylweddoli beth roedd hi am ei wneud, neidiodd ar ei thraed a rhedeg eto, yn neidio dros y grug, yn rhuthro i lawr y llwybr tua'r traeth.

Meddyliodd Alfie ei fod wedi cynhyrfu Liwsi'n sobor wrth holi cymaint. Rhedodd ar ei hôl, yn galw arni. Erbyn iddo gael hyd iddi eto roedd ar ei phengliniau yn y tywod, cragen ystifflog yn ei llaw, yn tynnu llun yn wyllt. Wnaeth hi ddim codi'i phen hyd yn oed pan safai'n union uwch ei phen, ond daliodd ati i arlunio. Edrychai fel ciwcymbar eto, ciwcymbar anferthol. Yna, newidiodd Alfie ei feddwl. Roedd rhywbeth yn dod allan o'i ben uchaf. Pig! Morfil oedd o, mae'n rhaid mai morfil oedd o! Cofiodd Alfie stori Jona y munud hwnnw – un o'r straeon hurt aeth ar led yn union ar ôl iddyn nhw gael hyd i Liwsi, ei bod wedi cael ei chario i'r lan ar gefn morfil. Ond wrth ochr y morfil roedd hi'n tynnu llun cwch, cwch rhwyfo a thri dyn yn eistedd ynddo, un y cydio yn rhywbeth yn ei law – fflasg. Y fflasg ddŵr! Ar ôl gorffen y llun ar y tywod, eisteddodd Liwsi yn ôl ar ei sodlau, ac yna, gan gymryd anadl ddofn neu ddwy, siaradodd yn bendant ac yn glir iawn. Pwyntiodd at y dyn yn y cwch, yr un efo'r fflasg. Meddai hi, "Wilhelm. *Wasser. Gut.*"

Geiriau eto – yr un geiriau! Ond geiriau Almaeneg. Eisoes roedd Alfie'n meddwl y byddai'n cadw hyn yn gyfrinach, gan obeithio i'r drefn na ddywedai hi'r un gair arall o'i phen wedi iddyn nhw fynd yn ôl. Byddai'n bradychu'i hun wrth siarad.

Plygodd Liwsi yn ei blaen yn sydyn a thynnu llun arall ar y cwch, llun o ffigwr yn cydio yn rhywbeth – tedi bêr gyda gwên ar ei wyneb, ei thedi bêr hi. Gan chwerthin, eisteddodd yn ôl eto, yn pwyntio ati'i hun.

"*Ninny!*" meddai. "*Ninny! Nincompoop!*" Chwarddodd. Gwelai Alfie ei bod hi wrth ei bodd, yn dotio at ei gallu sydyn i siarad, wedi synnu gymaint ag yntau. Roedd Alfie wedi dotio ar sŵn y geiriau hefyd, ond am reswm hollol wahanol. Byddai Dad yn ei alw'n hynny weithiau, Mam hefyd. Sut oedd posib i Liwsi wybod y fath air os nad oedd hi'n Saesnes? Chwarddodd yn falch efo hi, yna dawnsio, yn prancio efo hi gan sathru'r llun yn y tywod, y ddau ohonyn nhw gweiddi'r geiriau, y geiriau gwych, bendigedig hynny drosodd a throsodd, yn uwch ac yn uwch, a holl wylanod yr ynys yn sgrechian yn yr awyr fel petaen nhw wedi dychryn. Neu ai chwerthin oedd hynny hefyd?

Y cyfan roedd Alfie ei eisiau rŵan oedd mynd adref yn gyflym, cyn gyflymed â phosib, i dorri'r newydd da. Âi adref y ffordd gyflymaf. Hwylio o draeth Ynys Helen ac allan tua'r goleudy ar Ynys Wen. Sut dywydd bynnag fyddai hi, gwyddai y byddai'r tonnau o gwmpas Ynys Wen yn dyrnu i mewn o'r môr agored, ond roedd yn ddigon diogel ar ddiwrnod fel hwn. Byddai'r gwynt a'r llanw'n eu helpu. Beth bynnag, meddyliodd Alfie, byddai'n siwrne gyffrous. Ac mi oedd hi hefyd, y cwch bychan yn siglo ar ei ochr, i fyny ac i lawr yn y tonnau, pob un yn fynydd i'w ddringo, ac Alfie a Liwsi'n chwerthin a sgrechian yn wyllt, y ddau wrth eu bodd, yn rhannu'r ofn a'r pleser. Roedden nhw'n marchogaeth y tonnau, yn codi, plymio, yn sgrechian o frig pob ton gyda'i gilydd bob tro: "*Nincompoop! Ninny! Nincompoop!*"

Yn wlyb domen erbyn hyn, ac yn fyr o wynt, daeth y ddau allan o'r tonnau bywiog, ac i ddyfroedd tawelach, mwy cysgodol Sianel Tresco. Roedd Alfie'n berffaith sicr rŵan fod eu diwrnod ar Ynys Helen wedi bod yn fwy llwyddiannus na gobaith Dr Crow na neb arall. Roedd Liwsi wedi cofio rhywbeth; faint, wyddai Alfie ddim. Ond roedd hi wedi cofio. Ac wedi siarad. Yr un dau air drosodd a throsodd, roedd yn rhaid cyfaddef. Ond geiriau Saesneg oedden nhw. Heb unrhyw amheuaeth, prociwyd rhywbeth i ddeffro'i chof ac ailddarganfod ei llais. Dechrau yn unig oedd hyn, meddyliodd Alfie. Doedd bosib na fyddai'r geiriau'n llifo'n haws a hithau'n cofio popeth ar ôl hyn. Yn fuan iawn rŵan fe gaen nhw wybod pwy oedd Liwsi a phopeth amdani.

Erbyn iddyn nhw hwylio i'r Bae Gwyrdd roedd y llanw ar drai. Doedd neb o gwmpas heblaw Yncl Wil, yr *Hispaniola* yn uchel ac yn sych ar y tywod ac yntau i lawr ar y traeth, yn gweithio ar y llyw. Yna, cerddodd o amgylch y llong, yn edrych drosti, gan archwilio pob modfedd, yn tynnu'i law drosti yn annwyl. Mae'n rhaid ei fod wedi'u gweld yn dod i mewn drwy'r tonnau mân, ond ni chymerodd sylw ohonyn nhw. Roedd o'n brysur, a hwythau'n gwybod hynny, felly roedd yn well gadael llonydd iddo ar ei ben ei hun, a pheidio'i boeni.

Roedd Alfie wedi lluchio'r angor o'r cwch ac yn tynnu'r hwyl i lawr pan gododd ei ben a gweld Zebediah Bishop a'i giang yn dod ar hyd y traeth. Rhuthrodd y criw ar draws y tywod tuag atyn nhw, yr haid i gyd yn gweiddi wrth ddod, fel petaen nhw'n udo am waed.

Ymwrolodd Alfie yn erbyn yr hyn oedd i ddod. Fe allen nhw fod wedi cychwyn rhedeg, ond doedd unman i redeg iddo, unman i guddio. Roedd yn rhy bell i fynd ar draws y cae adref. Chyrhaedden nhw byth. Cydiai Liwsi yn y fflasg ddŵr bron fel petai am ei defnyddio fel arf.

"Bydd popeth yn iawn," meddai Alfie wrthi, yn ceisio swnio fel petai'n meddwl beth roedd yn ei ddweud. "Dim ond cael tipyn o hwyl maen nhw. Dydyn nhw ddim eisio cwffas." Llathenni'n unig oedd rhyngddyn nhw erbyn hyn. *Dal dy dir*, meddai Alfie wrtho'i hun. *Beth bynnag wnei di, paid â dangos iddyn nhw fod arnat ti ofn.*

"Be wyt ti eisio, Zeb?" gofynnodd.

"Ddim yn yr ysgol, nac oeddet?" meddai Zeb. Yna ar unwaith trodd ei sylw at Liwsi. "Ble wyt ti wedi bod, felly? Yn ôl i Wlad Fritzy, ie?" meddai'n wawdlyd. "Gest ti amser braf? Wedi bod yn trywanu plant bach, wyt ti?"

Cythrodd Zeb am y fflasg ddŵr a'i chipio oddi arni. "Be ydi peth fel hyn?" Troellodd y cap yn agored, yfed ohoni, ac yna'i boeri allan, yn sychu'i geg â chefn ei law. "Dŵr Jeri," meddai. "Dŵr Jeri afiach, afiach fel chditha." Yna craffodd yn fanylach ar y fflasg, yn ei harchwilio. "Wel, wel," meddai. "Chredech chi byth! Mae 'na sgwennu yma. Wyddoch chi be mae o'n ddeud? Ddarllena i o i chi, ie? Mae'n deud, mewn llythrennau breision, Berlin. Berlin? Edrychwch ar hyn, hogia," aeth yn ei flaen, yn ei dal i fyny a'i dangos iddyn nhw, ei lais yn codi'n uwch ac uwch, yn fwy bygythiol a buddugoliaethus. "Rŵan, rydan ni i gyd wedi dysgu enwau prifddinasoedd yn yr ysgol a phawb yn gwybod nad ydi Berlin ddim yn Lloegr. Am mai yn yr Almaen mae o, yntê?"

Wrth i'r criw gau i mewn amdano, cododd Alfie ei ddyrnau. "Paid ti â dod gam yn nes, Zeb," meddai, "neu mi dorra i dy drwyn di. Mi wna i." Gallai deimlo Liwsi'n cuddio y tu ôl iddo rŵan, yn cydio yn ei gôt, yn hongian arno, ei thalcen wedi'i wasgu i'w gefn. O'u cwmpas roedd pawb yn bloeddio. Daliodd Alfie ei dir.

Yn sydyn, llamodd Liwsi allan o'r tu ôl iddo. Neidiodd ar gefn Zeb, gan ei synnu o a phawb arall. Ond buan y diflannodd y syndod. Trawyd Alfie i'r ddaear o'r cefn. Yna dechreuodd y dyrnu a'r cicio. Wrth wneud ei hun yn bêl, gwelodd Liwsi'n eistedd a'i choesau o bobtu i Zeb ac yn ei golbio, ond yna tynnodd y lleill hi i ffwrdd, a dechrau'i chicio hithau hefyd wrth iddi geisio cropian draw ato. Edrychodd Alfie i fyny i'r wynebau uwch ei ben, i gyd yn chwerthin ac yn udo ac yn gweiddi'n wawdlyd, "Jadan Jeri! Jadan Jeri! Jadan Jeri!"

PENNOD 25

Yr Hwyaden Fach Hyll

Yn sydyn, stopiodd y cicio. Stopiodd y gweiddi. Pan gododd Alfie ei ben, roedd yr haid yn gwasgaru i bob cyfeiriad. Dyna pryd y deallodd pam. Roedd Yncl Wil wedi cydio yn Zeb gerfydd ei goler, ei godi oddi ar y ddaear am funud neu ddau, yna'i ollwng i'r llawr fel sachaid o datws. Gan snwffian a thagu, bustachodd Zeb ymaith i fyny'r traeth. Cododd Yncl Wil y fflasg o ble roedd Zeb wedi'i gollwng a'i rhoi i Liwsi. Helpodd y ddau i godi ar eu traed a glanhau'r tywod oddi ar eu dillad. Yna, cododd ei ddwrn i'r awyr gan weiddi: "Io-ho-ho!"

"Io-ho-ho!" adleisiodd y ddau. Yna gwaeddodd y tri ohonyn nhw eto ac eto. Liwsi hefyd, pawb yn dyrnu'r awyr gyda'i gilydd.

"Dowch! Edrychwch!" meddai Yncl Wil, yn cydio yn nwylo'r ddau. "Fy *Hispaniola* i ... mae hi wedi'i gorffen." Fe gerddon nhw law yn llaw, ar draws y Bae Gwyrdd tuag at y llong a sefyll yno'n edrych i fyny arni, yn ei hedmygu. Disgleiriai pob modfedd ohoni, yr hwyliau'n chwifio ac yn clecian yn yr awel, baner y môr-ladron yn hedfan o'r hwylbren. Roedd hi'n odidog.

"Fory," meddai Yncl Wil, "mi fydda i'n hwylio i Ynys y Trysor. Allan yn fan'na mae saith cefnfor, ac fe hwylia i drostyn nhw i gyd, nes cael hyd i Ynys y Trysor." Heb 'run gair arall, gadawodd nhw, a cherdded i fyny'r traeth tua'r cwt cychod.

Yna, pwy grwydrodd ar hyd y traeth i chwilio amdanyn nhw ond Peg. Felly cafodd y ddau fynd adref ar ei chefn, ond nid yn syth adref. Gwrthododd Peg fynd yn syth adref. Roedd yn rhaid iddyn nhw fynd i ble roedd hi eisiau mynd â nhw, o gwmpas yr ynys i gyd, o dan Fryn Samson, heibio i'r Bae Brwynog a Bae Bwrlwm a Bae Uffern. Ddywedodd yr un o'r ddau'r un gair nes cyrraedd y rhos uwchben Penrhyn y Llongwr. Yno penderfynodd Peg aros i bori. Daeth y ddau oddi ar ei chefn ac eistedd ar Glustog Fair y Mynydd esmwyth, yn syllu dros y môr, y ddau â'u meddwl ymhell.

Toc, siaradodd Alfie. "Mae Dad yn deud mai America sy draw yn fan'na, dros 2000 o filltiroedd i ffwrdd ar draws yr Iwerydd. Rydw i am fynd yno ryw ddiwrnod. Mae ganddyn nhw bob math o bethau draw yna. Mynyddoedd, anialwch, adeiladau uchel fel yr awyr, cowbois ac Indiaid, cannoedd o geir. Welais i eu lluniau mewn cylchgronau. Yncl Wil ddangosodd nhw i mi – mae o wedi bod yno. Mae o wedi bod ym mhobman, ond aiff o byth i Ynys y Trysor chwaith. Dim ond fo yn siarad fel bydd o, ydi hynna. Yn sôn y bydd yn mynd rownd y byd eto un diwrnod. Ond aiff o ddim. Fuost ti yn America, Liwsi?" Doedd o ddim yn disgwyl iddi ateb a wnaeth hi ddim. "Liwsi," aeth yn ei flaen, "ddwedaist ti 'Io-Ho-Ho'. Ddwedaist ti *Nincompoop*. Ddwedaist ti *Ninny*. Ddwedaist ti 'Wilhelm'. Ddwedaist ti 'piano'. Rwyt ti'n medru deud geiriau eraill. Yn medru siarad. Ti'n gwybod y medri di. Mae'n rhaid i ti ddeud wrtha i. Mae'n rhaid i mi fod yn gwybod. Cyn gynted ag y bydd pawb yn clywed am dy fflasg ddŵr di – ac fe fyddan nhw, coelia di fi, yn fuan iawn hefyd – mi fyddan nhw'n meddwl beth maen nhw eisio'i feddwl. Mae'n rhaid i mi fedru sefyll yn y fan yna a deud yn sicr mai Saesnes wyt ti. Y drwg ydi na wn i ddim beth i'w goelio bellach. Un munud rwyt ti'n deud geiriau Almaeneg, y tro nesaf rwyt ti'n deud geiriau Saesneg. Ond wedyn – dwi wedi bod yn meddwl – allet ti fod wedi clywed Dad yn fy ngalw i'n *ninny*, neu Mam, ella, gallet? Efallai mai dim ond copïo oeddet ti. Be wyt ti, Liwsi? Pwy wyt ti?" Cododd y fflasg ddŵr, ac edrych arni. "'Berlin' sydd arni hi, Liwsi."

Ddywedodd hi ddim byd, dim ond eistedd yno, ei hwyneb yn gwbl ddifynegiant, ei gên ar ei phengliniau, yn edrych ar Peg yn pori ymysg y grug. Doedd dim golwg ei bod wedi bod yn gwrando arno o gwbl, fel petai wedi mynd yn ôl i'w chragen.

Ac felly y bu Liwsi drwy'r nos, yn gwrthod ei bwyd, ddim yn trafferthu hyd yn oed i roi record ar y gramoffon. Crwydrai'n anniddig o gwmpas y gegin, yn edrych am dipyn ar bob un o'r lluniau ar y wal, wedi ymgolli ynddyn nhw i bob golwg; heb ddiddordeb o gwbl mewn dim na neb arall.

Wrth gwrs, roedd Jim a Mari eisiau gwybod popeth oedd wedi digwydd iddyn nhw y diwrnod hwnnw ar Ynys Helen. Bu'r ddau'n holi Alfie'n fanwl, ynghylch yr union eiriau roedd Liwsi wedi'u dweud, ac ynghylch y gwffas ar y Bae Gwyrdd, a sut roedd Yncl Wil wedi dod i'r adwy a'u hachub. Ond y fflasg ddŵr oedd eu pryder mwyaf. "Y drwg ydi," meddai ei dad, "roedd Zebediah yn iawn. Mae wedi'i sgwennu yma. *Kaisers Fabrik Berlin*. Fedri di ddim dadlau efo hynna, na fedri, Mari-mw, ddim hyd yn oed os wyt ti eisio. Almaeneg ydi o. Naill ai fe gafodd hi hyd iddi ar ôl i'r môr ei golchi ar y traeth, neu mae rhywun wedi'i rhoi iddi. Wn i'n iawn p'run fyddan nhw'n feddwl pan aiff Liwsi ac Alfie i'r ysgol fory. A fydd Yncl Wil ddim yno i edrych ar eu hôl nhw, na fydd?"

"Fyddan nhw ddim yn mynd," meddai Mari'n bendant. "Dydw i ddim yn eu hanfon nhw i'r ysgol yna, fory, na'r un diwrnod arall os daw hi i hynny. Aros di gartre, Alfie. Fe arhoswn ni i gyd gartre, i edrych ar ôl ein gilydd. Iawn?" Yna, cydiodd ym mraich Liwsi wrth iddi fynd heibio. "Liwsi, cariad," meddai hi. "Ty'd i eistedd i lawr, 'mach i. Mae'n rhaid dy fod wedi blino. Faset ti'n hoffi stori? Beth am i mi fynd â chdi i fyny'r grisiau rŵan, a darllen stori i ti?"

Ysgydwodd Liwsi ei phen.

"Neu Alfie? Wnei di ddarllen iddi, gwnei, Alfie?" Ysgydwodd Liwsi ei phen eto. Yna, aeth o'r ystafell. Ond daeth i lawr eto mewn ychydig funudau â llyfr yn ei llaw. Aeth ag o draw at Jim a'i roi iddo.

"Dydw i ddim yn darllen yn dda iawn, Liwsi," meddai. "Dwi'n medru darllen, wrth gwrs, ond fûm i fawr yn yr ysgol yna." Gwthiodd hi'r llyfr i'w ddwylo'n benderfynol, yna dringodd ar ei lin. Pwysodd ei phen yn erbyn ei ysgwydd, caeodd ei llygaid ac aros.

Doedd gan Jim ddim dewis. Agorodd y llyfr. "Yr Hwyaden Fach Hyll," dechreuodd Jim ddarllen.

"Dyna ei hoff stori hi," meddai Alfie. "Dwi wedi darllen honna iddi lawer gwaith." Darllenodd Jim yn betrus, yn baglu dros y geiriau weithiau, gan stopio i ymddiheuro pan wnâi. Ond doedd Liwsi ddim fel petai'n poeni am hynny. Roedd ei llygaid ynghau, ond roedd Alfie'n ei gwylio hi, ac roedd yn eithaf siŵr ei bod yn gwrando ar bob gair. Toc, agorodd ei llygaid. Syllodd yn hir ar un o'r lluniau ar y wal, dan guchio.

Gyda Jim yn dal i ddarllen, aeth i lawr oddi ar ei lin a cherddodd ar draws y gegin at y gramoffon. Meddyliodd Alfie ei bod am roi record ar y gramoffon, ond wnaeth hi ddim. Wnaeth hi ddim ond sefyll yno'n syllu ar y llun. Roedd yn un o amryw roedd hi wedi'u tynnu o'r cawr yn eistedd wrth ymyl llyn, yn darllen llyfr i'r hwyaid oedd wedi casglu o amgylch ei draed. Yna, yn bwrpasol iawn, aeth i nôl ei bocs pensiliau o ddresel y gegin, tynnodd bensel ohono ac ysgrifennu rhywbeth ar waelod y llun. Rhoddodd ei phensel yn ôl ac aeth i fyny'r grisiau, gan adael Jim â'r llyfr yn ei law.

"Ddwedais i nad ydw i'n un da am ddarllen," meddai.

"Be mae hi wedi'i sgwennu yna? Be mae o'n ddeud?" gofynnodd Mari. Aeth Alfie i edrych.

"Tada," darllenodd Alfie'n uchel. "Mae'n dweud Tada." Safodd pawb o gwmpas y llun. "Y stori ydi hi, Mam," meddai Alfie. "Stori'r Hwyaden Fach Hyll. Mae'n rhaid mai ei thad hi ydi'r dyn yna, ac mae o'n darllen stori i'r hwyaid. Dyna pam mae hi eisio'r stori yna dro ar ôl tro, wrth gwrs. Mae'n ei hatgoffa ohono. Fo ydi o, mae'n rhaid. Dyna'i thad hi."

"Ond cawr ydi o," meddai Jim. "Edrychwch arno. Mae o'r un maint â'r coed o'i gwmpas, bron."

"Mawr neu fach, does dim ots," meddai Alfie. "Be sy'n bwysig ydi ei bod hi'n ei gofio. Mae hi'n cofio'i thad."

Yn hwyrach y noson honno, ymhell wedi'r amser roedden nhw'n arfer mynd i'w gwelyau, eisteddai'r tri wrth fwrdd y gegin o hyd, yn ceisio rhoi'r darnau roedden nhw wedi'u lloffa o'r llun o dad Liwsi at ei gilydd. Roedden nhw'n ceisio datrys ble gallai'r llyn fod, gyda choed uchel y tu ôl iddo ac adeiladau yn y pellter. Pam roedd y cawr yma o ddyn yn gwisgo dillad mor henffasiwn? Jim sylwodd fod y gôt a wisgai yn debyg iawn i gôt Long John Silver Yncl Wil. "Erbyn meddwl, ella mai Yncl Wil ydi o. Mae ganddo fo wddw hir fel Yncl Wil. A thrwyn fel brân, fel Yncl Wil hefyd."

Pan wrthwynebodd Mari, aeth Jim yn ei flaen. "Nid meddwl dim byd cas ydw i, Mari-mw," meddai. "Ond mae ganddo fo, 'sti. Ti'n gwybod hynny. Ella mai fo ydi o, ella mai llun o Yncl Wil ydi o. Mae hi'n hoff ohono. Ella fod Yncl Wil yn deud storïau wrthi hi. Mae o'n hoffi straeon, hoffi'i lyfrau, ti'n gwybod ei fod o."

"Felly pam mae hi wedi sgwennu 'Tada' ar y gwaelod, Dad?" gofynnodd Alfie. Fedrai neb ateb. Trodd y siarad wedyn at Yncl Wil a'r *Hispaniola* – a'i bod yn llong wych, a hithau bellach wedi'i gorffen.

"Y syniad gorau gest ti erioed, Mari-mw," meddai Jim. "Unwaith yn saer llongau, saer llongau am byth, dyna ddwedaist ti. Dros bum mlynedd yn ôl, pan ddest ti ag o adref o'r seilam a'i roi ar waith ar sgerbwd yr hen lygar yn y Bae Gwyrdd, ro'n i'n meddwl dy fod ti'n drysu. Ond ddwedaist ti fod eisio rhoi rhywbeth iddo'i neud. Rhaid i ddyn gadw'n brysur, meddet ti. Ddwedaist ti wrtha i y gallai o'i neud, a ddwedaist ti wrtho yntau hefyd, ac mae o wedi gwneud."

"Mae fy mrawd i wedi dangos iddyn nhw. O, ydi!" meddai Mari, yn llawn balchder. "Ond chdi gafodd hyd i'r pren yna wedi'i olchi i'r lan, Jimbo. Roist ti dy dŵls a phopeth roedd o'i angen iddo, ond fe wnaeth o bopeth arall ei hun. Feddylian nhw ddwywaith cyn ei alw'n Wil Wirion rŵan. Does neb gwirion yn adeiladu cychod mor hardd â hynna."

"Mae o'n cychwyn fory, yn hwylio i Ynys y Trysor," meddai Alfie. "Dyna beth ddwedodd o wrthan ni. Roedd gen i ryw deimlad ei fod o'n ei feddwl o hefyd."

"Mae o wedi bod yn deud hynna ers y diwrnod dechreuodd o," meddai Jim dan chwerthin, "pan oedd hi'n ddim byd ond sgerbwd yn pydru ar y traeth. Fo a'i Ynys y Trysor! Fo a'i Io-Ho-Ho! Deud, nid gwneud ydi hynna. Breuddwydio, dyna'r cyfan ydi o."

"Dim ond iddo fod yn hapus," meddai Mari. "Mae o'n haeddu bod yn hapus ar ôl dioddef gymaint. Gaiff o fod yn pwy bynnag mae o eisio meddwl ei fod, mynd i ble bynnag mae o eisio mynd. Waeth gen i. Mae'n rhaid i ni i gyd freuddwydio, Jimbo, rhaid?"

Cododd yn wynt y noson honno a'r ddrycin yn ysgwyd yr holl dŷ i ruglo a chwyno a chwyrnu drwy'r nos. Pan ddeffron nhw, roedd y gramoffon i lawr y grisiau'n chwarae tiwn Liwsi eto. Doedd Liwsi erioed wedi gwneud hynny o'r blaen, erioed wedi rhoi'r miwsig ymlaen cyn brecwast. Dyna ryfedd, meddyliodd Alfie. Pan ddaeth i'r gegin, gwelodd fod y drws yn llydan agored a neb o gwmpas. Pan edrychon nhw, doedd Liwsi ddim yn ei hystafell nac allan yn bwydo'r ieir chwaith. Doedd dim golwg o Liwsi yn unman.

Alfie oedd y cyntaf i sylwi bod ysgrifen ar bob un o'i lluniau yn y gegin. 'Mami' mewn llythrennau breision oedd ar draws rhai ohonyn nhw; 'Tada' o dan bob un o luniau'r cawr yn darllen i'r hwyaid wrth y llyn. Uwchben y darlun o'r llong fawr gyda phedair simnai roedd hi wedi ysgrifennu ei henw ei hun, ond am ryw reswm wedi'i ysgrifennu fel 'Lusy'. Uwchben yr un o'r caban pren yn y goedwig, gyda'r portsh o'i gwmpas, roedd 'Bearwood'. Ar bob un o'r amryw luniau o geffylau – ceffyl yn carlamu, ceffyl yn gorwedd, ceffyl yn sefyll mewn stabl, ceffyl yn rowlio – roedd hi wedi ysgrifennu naill ai 'Bess' neu 'Bynti'. Heblaw'r un olaf iddi ei roi i fyny ar y wal ychydig ddyddiau'n ôl. Llun o ben ceffyl, y clustiau i fyny, yn edrych drwy'r ffenest. Peg, yn ddigon hawdd i'w hadnabod. Roedd enwau eraill yno hefyd, o dan y lluniau pensel roedd hi wedi'u gwneud: Anti Cwac, Yncl Mac, Miss Winters, a llun o eneth ifanc tua'r un oed â hi, o'r enw Pippa. Roedd yno amryw o luniau o Pippa.

Roedden nhw'n dal i edrych ar yr enwau a'r lluniau pan redodd Liwsi i mewn i'r tŷ, ei gwynt yn ei dwrn, yn gwneud stumiau gwyllt, yn ceisio dweud rhywbeth, yn taro'i throed ar y llawr mewn rhwystredigaeth nad oedden nhw'n ei deall ar unwaith. Arwyddodd arnyn nhw i'w dilyn hi, a rhedodd allan eto, ar draws y cae i lawr tua'r Bae Gwyrdd. Yn ddigon amlwg, roedd yr *Hispaniola* wedi mynd. Prin symud wrth yr angor roedd cychod eraill yn y bae, un Jim hefyd. Roedd y storm wedi mynd â'r gwynt efo hi gan adael dim ond awel y môr yn anadlu'n dawel. Doedd dim *Hispaniola* allan yn Sianel Tresco, a 'run hwyl arall allan ar y môr. "Mae'n rhaid iddi gael ei chwythu oddi ar ei hangor neithiwr," meddai Jim. "Bydd Yncl Wil gartre yn y cwt cychod. Paid ti â phoeni, Mari-mw." Ond roedd Mari eisoes yn rhedeg i fyny'r traeth yn galw ar Yncl Wil. Doedd o ddim yn y cwt. Aethon nhw ar hyd ac ar led y Bae Gwyrdd, yn chwilio amdano, yn gweiddi arno.

"Dach chi'n meddwl ei fod o wedi mynd go iawn, Mam?" meddai Alfie. "Wedi hwylio i ffwrdd i Ynys y Trysor, fel roedd o'n deud y byddai'n gwneud?"

"Âi o byth!" meddai Mari, yn fwy gofidus bob eiliad. "Dydi o ddim yn wallgo. Dydi o ddim!"

"Mi fydd o yma'n rhywle," meddai Jim wrthi. "Gawn ni hyd iddo'n ddigon buan. Paid ti â phoeni."

"Rwyt ti'n iawn, Jimbo." Ymdrechai Mari i gadw'i dagrau'n ôl. "Mae o ar yr ynys o hyd. Wn i ei fod o. Mae'n rhaid i ni ddod o hyd iddo."

"Allan yn chwilio amdani hi, yr *Hispaniola*, mae o," meddai Jim. "Dyna beth mae o'n ei neud. I fyny ar y bryniau, ar y clogwyni, yn edrych allan dros y môr. Dyna lle bydd o. Dyna ble cawn ni hyd iddo." Aeth Alfie a Liwsi i chwilio ochr arall yr ynys. Roedd Peg wedi'u dilyn i lawr at y traeth erbyn hyn. Felly aeth y ddau ar ei chefn a mynd i chwilio. Chwilio a chwilio, drwy'r bore, o Fryn Samson i'r Bryn Grug, o'r Bae Bwrlwm a'r Porth Drewllyd i Fae Uffern. Doedd dim golwg o Yncl Wil, a dim golwg o'r *Hispaniola*.

Erbyn y pnawn hwnnw roedd pob cwch ar yr ynys allan yn chwilio am Yncl Wil a'r *Hispaniola*. Ar hyd a lled Ynysoedd Sili, y munud y clywodd pobl am ddiflaniad Yncl Wil, aeth pobl yr ynys i chwilio amdano. Roedd pob cwch pysgota ar y môr, pob cwch rasio, y bad achub hefyd. Doedd dim o'r sibrydion am Wil Wirion, na'r straeon mai Almaenes oedd Liwsi Goll, yn bwysig erbyn hyn. Roedd un ohonyn nhw ar goll ar y môr. Roedd llong ar goll, un roedd pawb yn ei hadnabod. Er mor wallgo oedd o, roedd Wil Wirion wedi'i hadeiladu ei hun. Erbyn iddi dywyllu, doedd neb wedi gweld arlliw o'r dyn na'r llong.

Bore trannoeth, bore dydd Sul, gadawyd rhoddion o fara a jam yn y portsh ar Fferm Veronica. Gweddïwyd yn yr eglwysi ar hyd a lled yr ynysoedd dros Yncl Wil. Yn eglwys Ynys y Bryniau, ni adawyd y teulu ar eu pennau eu hunain yn eu sedd. Er bod y caredigrwydd newydd hwn yn cynhesu calon, ni fedrai dim gysuro Mari. Teimlai'n llawn anobaith. Dro ar ôl tro, ceisiodd Jim ei hatgoffa fod Yncl Wil, nid yn unig yn gallu trwsio llongau, ond ei fod wedi bod ar y môr am y rhan fwyaf o'i oes, wedi hwylio'r byd. Petai unrhyw un yn gallu trin y llong, Yncl Wil oedd hwnnw.

"Os wyt ti'n gallu adeiladu llong, rwyt ti'n gwybod sut i'w thrin hi, Mari-mw," meddai wrthi. "Unwaith mae llongwr wedi dysgu'i grefft, dydi o byth yn ei cholli. Gei di weld, Mari-mw. Fyddwn ni'n edrych allan i'r môr, bore heddiw, bore fory, pryd bynnag, a dyna lle bydd o'n hwylio 'nôl i'r bae ar yr *Hispaniola* yn hollol ddidaro." Ond ni fedrai unrhyw eiriau leddfu galar Mari, a galar oedd o. Oherwydd gyda phob diwrnod a âi heibio, a 'run arwydd o Wil yn unman, roedd hi'n dechrau credu'r gwaethaf, fod Wil wedi mynd, wedi marw ac wedi boddi yn y môr, a byth yn dod yn ôl.

Drwy gydol y dyddiau'n dilyn diflaniad Yncl Wil, prin y gadawodd Liwsi ochr Mari. Y plentyn distaw yma, na fedrai gynnig un gair o gysur, oedd yr unig un oedd fel petai'n deall ei cholled, yr unig un fedrai fod yn gysur o gwbl iddi. Gwyddai Mari, fel pawb arall ar yn ynysoedd, pan oedden nhw'n mynd allan bob bore i chwilio ar hyd y traeth, ymysg y creigiau a'r clogwyni, eu bod yn disgwyl dod o hyd i ddarnau o gwch wedi'i ddryllio, neu ddod o hyd i gorff.

PENNOD 26

Nid Liwsi Goll ydw i

Bedwar diwrnod ar ôl diflaniad yr *Hispaniola*, gwelwyd ei hwyl ar doriad gwawr ger Ynys Fair. Wrth iddi ddod yn nes at yr harbwr, gwelodd yr ychydig drigolion oedd ar eu traed yn fore, fod mwy nag un dyn ar y bwrdd. Lledodd y stori'n gyflym.

O ddyddiadur Dr Crow, 23 Hydref 1915

Ysgrifennaf yn fy nyddiadur, yn rhannol, er mwyn cael cofnod o fywyd meddyg yn y parthau anghysbell yma – does dim llawer yn gwybod am yr ynysoedd hyn – ond hefyd er mwyn atgoffa fy hun o amseroedd a fu, pan fydd cof yn pallu. Os bydd un dydd yn oedi'n hir yn fy meddwl, ac yng nghof pawb ar yr ynysoedd hyn, heddiw fydd hwnnw. Fu erioed yn fy myw ddiwrnod mwy cofiadwy.

Ar ôl cael fy neffro'n gynnar gan sŵn cloch yr eglwys yn canu, a chan stŵr mawr a halabalŵ yn y stryd islaw, pwysais allan drwy fy ffenest. Gwelais fod y dref yn llawn pobl, pawb yn brysio heibio yn llawn cynnwrf, pob un ohonyn nhw i bob golwg ar eu ffordd tua'r cei. Galwais i lawr, yn eu holi beth oedd achos yr holl helynt.

"Yr Hispaniola*!" oedd un ateb.*

"'Rhen Wil Wirion 'na o Ynys y Bryniau," oedd un arall. "Mae o wedi dod yn ôl a dydi o ddim ar ei ben ei hun chwaith!"

Gwisgais amdanaf cyn gyflymed ag y gallwn a mynd allan i'r stryd i ymuno â'r dyrfa. Roeddwn i, sylweddolais yn fuan wrth edrych o'm cwmpas, wedi gwisgo'n fwy priodol na rhai. Roedd yno rai oedd, yn eu brys, wedi lluchio fawr mwy na chôt nos dros eu dillad cysgu, ac roedd rhai mewn slipars o hyd. Sylwais ar amryw o'r plant yn rhedeg yn droednoeth yn eu pyjamas. Sgubai rhuthr y dyrfa bawb yn eu blaen. I mi, edrychai fel petai pawb ar yr ynys yno, pob un ohonyn nhw'n awyddus i gyrraedd y cei i weld yr Hispaniola yn cyrraedd.

Erbyn i mi ddod o amgylch y tro, roedd hi eisoes yn cael ei chlymu ac roedd llawer o wthio a gwasgu yng nghanol y dyrfa. Fel pawb arall, roeddwn i eisiau gweld yn well, ond fedrwn i ddim cael hyd i ffordd drwy'r bobl nes clywais rywun yn gweiddi amdanaf.

"Ydi'r doctor yma? Gyrrwch am y doctor!"

Dychmygais ar unwaith fod Yncl Wil yn sâl, neu wedi brifo ar ôl rhyw fath o ddamwain. Byddai hynny'n egluro pam bu i ffwrdd gyhyd. Symudodd pobl i wneud lle i mi wrth i mi gerdded ond doedd hon ddim yn dyrfa gyffrous bellach. Roedd distawrwydd wedi syrthio dros y cei. Cofiais am dyrfa ddistaw arall, mewn lle arall – ar draeth Porthberwr, rai misoedd yn ôl pan alwyd fi at ddau longwr druan wedi boddi a'u golchi i'r lan ar y tywod. Felly, roeddwn yn ofni'r gwaethaf. Ond yna sylweddolais fod hwn yn ddistawrwydd hollol wahanol. Gelyniaeth oedd sail y distawrwydd hwn, a deallais pam yn fuan.

Wrth edrych o'r cei ar yr Hispaniola, gwelwn fod tri dyn ar y dec. Gorweddai un yn llonydd ar ei wyneb, un arall yn ei gwrcwd drosto, tra oedd Yncl Wil yn brysur yn tynnu hwyliau'r cwch i lawr ac yn eu cadw. Ni chymerai sylw o gwbl o'r dyrfa yn casglu i'w wylio ar y cei, er bod un ohonyn nhw'n gweiddi arno'n awr wrth i mi ddringo i lawr yr ysgol ac ar y dec.

"Pam ddest ti â nhw'n ôl, Wil?"

"Nid ein hogia ni ydyn nhw!"

"Fritz ydyn nhw. Jeris."

"Edrych ar eu lifrai nhw, nid fel ein un ni."

"Sglyfaethod budron!"

Yna roedden nhw'n gweiddi arna i: "Peidiwch â thrafferthu efo nhw, doctor! Ddim ar ôl be maen nhw wedi'i neud."

Sefais yno ar y dec, yn edrych i fyny ar y môr o wynebau uwch fy mhen. Roedd yr edrychiad hir hwnnw – yr edrychiad cas iawn sydd gen i – yn ddigon i dawelu'r ychydig leisiau milain, mae'n dda gen i ddweud. Ni ddywedwyd rhagor. Ond efallai fod hynny hefyd oherwydd bod llawer wedi sylwi ar beth roeddwn i wedi'i weld ar yr edrychiad cyntaf, fod y llongwr a orweddai yn ei hyd ar y dec wedi marw. Efallai fod rhai hefyd wedi gweld ei fod, pwy bynnag oedd o, yn ifanc, yn fawr hŷn na bachgen. Yn wahanol i'r llongwr arall, locsyn ieuenctid oedd ganddo, y blew'n denau ac yn feddal. Penliniais wrth ei ochr a theimlo'i arddwrn a'i wddf am unrhyw arwydd o guriad y galon, ond doedd dim angen i mi wneud mewn gwirionedd. Mae yna lonyddwch, gwelwder na ellir ei gamgymryd, mewn marwolaeth. Gwyddwn o lygaid y llongwr arall wrth iddo edrych arnaf, nad oedd raid dweud wrtho.

"Sein Name ... Günter oedd ei enw, Günter Stein, o Tubingen. Yno rydw i'n byw hefyd. Yr un dref. Fo oedd yr ieuengaf ar y cwch. Un deg naw mlwydd oed. Seine Brüder, Klaus, hefyd wedi cael ei ladd, yng Ngwlad Belg, yn y fyddin.

Does gan ei fam ddim meibion rŵan."

Roedd ei Saesneg yn dda, yn betrus ac yn frith o Almaeneg. Doeddwn i ddim yn deall llawer o'r iaith honno. Yn gyndyn, gadawodd i mi ei archwilio. Roedd yn amlwg, hyd yn oed wrth edrych yn frysiog, ei fod yn ffwndrus ac yn ddryslyd. Edrychai'n ofnus o'r dyrfa, o'r gwylwyr, oedd yn ddistawach erbyn hyn, ond er hynny'n amlwg yn elyniaethus o hyd. Roedd ei gorff yn dioddef o sychder ac yn wan. Wrth godi, roedd yn ansad ar ei draed a'i wyneb yn bothelli drosto, yn gig noeth mewn mannau ar ôl bod allan yn y gwynt a'r haul.

Gan fod Yncl Wil yn berson hynod o swil a phreifat, gwyddwn o brofiad blaenorol, na fyddai'n gadael i mi ei archwilio, yn arbennig o flaen yr holl bobl. Felly, wnes i ddim, ond yn hytrach ei astudio'n fanwl wrth ei holi. Roedd yntau, yn amlwg iawn, yn dioddef o effeithiau'r gwynt a'r haul ac o flinder mawr, ond safai'n gadarn ar ei draed ac edrychai'n gryf. Atebodd fi, fel roeddwn wedi disgwyl, heb edrych arnaf, mewn brawddegau byr, swta, ei lais a'i wyneb yn ddifynegiant fel arfer. Ond er hynny, llwyddais i'w berswadio i ddweud rhywfaint o hanes yr hyn oedd wedi digwydd allan ar y môr. Cyn belled ag y medrwn i ddeall, roedd yr Hispaniola rai milltiroedd i'r de o Ynysoedd Sili, yn llonydd ac yn methu hwylio gan nad oedd gwynt, ac yn llithro'n araf gyda'r llif. Un bore deffrôdd Yncl Wil a chlywed llais yn galw arno.

"Ro'n i'n meddwl mai llais yn fy mhen oedd o," meddai. "Ond nid dyna oedd o." Gwelodd rafft achub gerllaw gyda dau longwr arno, a'u codi. I bob golwg doedd o ddim yn gwybod nac yn malio pwy oedden nhw, nac o ble roedden nhw wedi dod. Ychydig iawn o ddŵr oedd ganddo i'w roi iddyn nhw ac *yn fuan doedd dim ar ôl. Roedd ei fwyd i gyd wedi mynd. "Bu un o'r llongwyr farw," eglurodd. "Dyna drist oeddwn i. Bachgen oedd o. Fel Alfie." Dywedodd nad oedd eisiau siarad rhagor amdano oherwydd ei fod yn ei wneud yn drist, a'i fod angen mynd adref ar ei union, ei fod eisiau gweld Mari a Jim ac Alfie.*

"Ella y byddai'n well," awgrymais, "i mi anfon gair i Ynys y Bryniau ac iddyn nhw ddod draw yma i Ynys Fair i dy weld di. Yn y cyfamser gei di ddod yn ôl i 'nhŷ i orffwyso. Rwyt ti angen gorffwys a bwyd, Wil. Fyddan nhw yma'n ddigon buan. Ddylet ti ddim mynd allan ar y llong yna eto, ddim rŵan."

"Dydw i ddim yn hoffi tai dieithr," meddai, "na phobl ddieithr chwaith. Dwi ddim yn dod."

"Dydw i ddim yn ddieithr, Wil," meddwn wrtho.

"Maen nhw, i fyny acw," atebodd, yn troi draw oddi wrthyf, ac oddi wrthyn nhw. Teimlwn innau eu bod yn fygythiol, er nad oedd 'run ohonyn nhw'n ddieithr i mi. Roedden nhw i gyd yn gleifion i mi. Ond gwyddwn sut roedd yn gas gan Wil gael rhywun yn rhythu arno. Syllai cannoedd o wynebau o'r cei rŵan a 'run wên yn agos atyn nhw. Gwyddwn mor benstiff y gallai Yncl Wil fod. Doedd dim gobaith i mi lwyddo i'w berswadio i ddod efo fi drwy'r dyrfa yn ôl i'r tŷ os na fyddai pobl yn symud. Felly penderfynais gymryd yr awenau ac annerch y dyrfa, gan siarad efo nhw gyda chymaint o awdurdod ag a fedrwn.

Gwyddwn na fedrwn wneud hyn ar fy mhen fy hun. Roedd arna i angen rhywun yn gefn i mi. Rhywun i fyny yna ar y cei. Rhywun y gallwn ddibynnu arno. Wrth edrych ar y wynebau, gwelais yr union berson – Mr Griggs, yr harbwrfeistr, llywiwr cwch rasio Ynys Fair, cynghorydd tref, warden eglwys – dyn uchel iawn ei barch a phawb yn ei edmygu.

"Mr Griggs," meddwn i, yn codi fy llais fel bod pawb yn clywed. "Byddai'n gymwynas petaech chi, gyntaf oll, yn anfon am drefnydd angladdau i fynd â'r bachgen druan yma ymaith. Hefyd, wnewch chi anfon gair i'r teulu Wheatcroft ar Ynys y Bryniau, fod yr Hispaniola yn ei hôl, ac Yncl Wil hefyd, y ddau heb eu niweidio. Yn y cyfamser, oherwydd bod y ddau ddyn yma angen sylw meddygol, hoffwn fynd â nhw'n ôl adref i'm tŷ i, er mwyn gofalu amdanyn nhw'n iawn." Gwelais fod fy nghynulleidfa'n gwrando a rhoddodd hyn hwb ymlaen i mi.

"Fe gytunwch, Mr Griggs," meddwn, "nad sioe ydi hon. Na ddylen ni sefyll a rhythu'n gegagored. Yn hytrach, dylem gofio fod dyn ifanc wedi marw, llongwr ifanc o'r Almaen, o'r enw Günter. Roedd yn fab i ryw fam, fel roedd Jack Brody druan, a Henry Hibbert a Martin Dowd. Fe ymladdon nhw dros ein gwlad, fel y gwnaeth y dyn ifanc yma dros ei wlad o. Felly, dylem ddangos parch dyledus iddo, waeth o ble mae o'n dod. Yr un parch a ddangoswyd gynnoch chi a'ch hynafiaid i'r Almaenwyr hynny achubwyd yr holl flynyddoedd yna'n ôl, o long y Schiller pan gafodd ei dryllio, yn ogystal â'r rhai fu farw sydd rŵan yn gorwedd yn ein mynwent, Almaenwyr a Saeson ochr yn ochr."

Ar ôl i mi orffen, disgwyliwn glywed lleisiau'n protestio, neu o leiaf lais neu ddau'n codi yn fy erbyn. Ond ddaeth dim. Yn lle hynny, siaradodd Mr Griggs. "Mae'r doctor yn llygad ei le. Gadewch i ni ddangos dyledus barch."

Bron ar unwaith rhedodd si o gytundeb drwy'r dyrfa. Dechreuodd pobl symud draw o ochr y cei. Cymerodd Mr Griggs ofal o bopeth ar ôl hynny. O fewn munudau daeth rhywun â chert ddwy olwyn y claddwr, a chariwyd chorff Günter Stein ymaith dan flanced. Roedd pobl yr ynys yn bennoeth, eu llygaid tua'r llawr wrth i'r gert fynd heibio a llawer yn gwneud arwydd y groes. Ni siaradodd neb. Roedd pobman yn dawel ac yn llonydd, a'r gwylwyr oedd yno'n sefyll yn ôl. Daeth Yncl Wil efo fi – yn anfodlon, ond fe ddaeth.

Gorymdaith ryfedd oedd hi, y Parchedig Morrison yn arwain, yna'r claddwr a'i gert, yn camu'n bwyllog ac yn ddifrifol. Dilynodd y tri ohonom, yn cadw'n glòs atynt: y llongwr o'r Almaen ar y naill ochr i mi, ac Yncl Wil ar y llall, yn cyffwrdd fy mhenelin o bryd i'w gilydd, angen sicrwydd, debyg. Y tu ôl roedd Mr Griggs a dwsinau o ynyswyr. Safai pobl o bobtu'r stryd wrth iddyn nhw fynd tua lle'r claddwr. Y cyfan oedd i'w glywed oedd sŵn llusgo traed a thrwst olwynion y gert dros y cerrig crynion. Wrth i ni fynd heibio'r llythyrdy trodd rhai eu cefnau, a gallwn deimlo rhyw elyniaeth ddistaw yn rhedeg drwy'r dorf wrth iddyn nhw lygadu'r Almaenwr wrth f'ochr. Ond roedd yno hefyd ryw fath o barch a chywreinrydd mawr, gyda llawer o'r plant yn gwthio ac yn gwasgu, eu gyddfau'n ymestyn i gael gweld yn well.

Dyma pryd y dechreuais sylwi bod y llongwr o'r Almaen a gerddai wrth f'ochr yr un mor chwilfrydig â llawer o'r dyrfa, bron fel petai'n chwilio ymysg y bobl, ac ymysg y plant yn arbennig, am wynebau cyfarwydd. Ni ddywedodd yr un gair nes i'r trefnydd angladdau droi ei gert oddi ar y stryd fawr ac i'r lôn gul gerllaw ei weithdy. "Mein Freund, Günter," meddai. "Fe wnân nhw ei gladdu yn yr eglwys?"

"Gwnân," meddwn wrtho.

"Gut. Mae hynna'n gut. Bydd Günter yn hapus i fod yno efo

pawb foddodd o'r Schiller."

"Rwyt ti'n gwybod am y Schiller?" gofynnais iddo.

"Wrth gwrs. Mae llawer yn yr Almaen yn gwybod am hyn, pawb ar fy llong i. Mein Kapitän ddywedodd wrthon ni. Cafodd ei ewythr ei achub o'r llong yma. Llawer un arall hefyd, meddai fo. Y rhai marw'n cael eu claddu yma yn eich eglwys chi. Oherwydd y caredigrwydd ddangosodd y bobl yma i ni, chawn ni ddim ymosod ar unrhyw long yn agos at yr ynysoedd yma. A rŵan dyma fi hefyd yn cael fy achub gan longwr o Sili, Günter hefyd. Roedd yn rhy hwyr iddo fo. Ond bydd ymysg ei ffrindiau. Un diwrnod byddaf yn deud wrth ei fam, a bydd hi'n hapus."

Wrth siarad, ac wrth i ni fynd ymlaen i lawr y stryd tuag at fy nhŷ i, roedd yn dal i archwilio'r dyrfa, ond am beth, am bwy, doedd gen i ddim syniad. "Ich kann das Mädchen nicht sehen," meddai, yn siarad efo fo'i hun, yna'n troi ataf i. "Fedra i ddim gweld yr eneth. Dydi hi ddim yma."

"Pa eneth?" gofynnais. "Ydych chi'n nabod rhywun sy'n byw yma?"

"Ja, rydw i'n meddwl ... rydw i'n gobeithio," atebodd. Ond ni ddywedodd ragor.

Roedd Mrs Cartwright yn ein cyfarfod wrth y drws. Doedd hi ddim yn edrych yn bles efo fi. "Tri i frecwast, doctor? Ydw i'n edrych i chi fel petawn yn dodwy wyau fy hun?" Tynnu coes hwyliog, ond roedd hi o ddifri hefyd. "Byddai tipyn o rybudd yn cael ei werthfawrogi yn y dyfodol, doctor," meddai, yn sefyll o'r neilltu a gadael i ni ddod i'r tŷ. "Sychwch eich traed, os gwelwch yn dda." Pan ofynnais iddi baratoi dau fath poeth ar gyfer ein gwesteion, a siwt bob un o ddillad sych o'm cwpwrdd dillad, edrychodd arnaf – edrychiad unigryw iddi hi. Ni fedrai neb arall edrych fel yna. Arhosais am y sylw bachog, coeglyd fyddai'n sicr o ddilyn. "Oes yna rywbeth arall fedra i ei neud i chi, doctor?" gofynnodd. "Fel y gwyddoch chi, does gen i ddim byd arall i'w neud." Yna, gan roi tro ar ei sawdl a sbonc awdurdodol yn ei sgert, aeth i gyfeiriad y gegin.

Awr neu fwy yn ddiweddarach, wedi molchi a newid, a minnau wedi trin y ddau am losg haul a phothelli – credaf mai eli camomeil ydi'r peth gorau o hyd ar gyfer hyn – eisteddai'r tri ohonom wrth y bwrdd, yn bwyta brecwast ardderchog iawn. Brysiai Mrs Cartwright yn ôl ac ymlaen fel y bydd hi, pan fydd arni eisiau rhoi ar ddeall i mi fod yn anystyriol a thrafferthus. Gyda hi yno, teimlwn na fedrwn eto barhau â'r sgwrs roedd y llongwr o'r Almaen wedi'i dechrau ar y stryd, er cymaint roeddwn eisiau gwneud hynny. Roedd yn ddirgelwch i mi ei fod yn gwybod cymaint am longddrylliad y Schiller, oedd yn sicr ymysg yr enwocaf o longddrylliadau enwog ar Sili, ond hefyd, yn ôl pob golwg, yn yr Almaen. Gwelwn fod fy nau westai yn llawer rhy brysur yn bwyta i siarad. Penderfynais fod yn amyneddgar. Byddai digon o amser i holi ac i siarad yn nes ymlaen.

Clywn fod tyrfa wedi casglu o flaen y tŷ. Gwelwn nhw drwy'r llenni. Bob tro yr edrychwn, roedd rhagor ohonyn nhw. Ar fwy nag un achlysur, aeth Mrs Cartwright allan i'w dwrdio. Gadawodd rhai, ond er gwaethaf ei phrotestiadau mwyaf huawdl, arhosodd rhai yno, a doedd gen i ddim syniad pam. Bu peth cynnwrf pan gyrhaeddodd yr Uwch-gapten Martin, prif swyddog y garsiwn. Atebodd Mrs Cartwright y gnoc ar y drws.

"Uwch-gapten Martin! Wel dyma dda." Clywais hi'n gofyn, "Ydach chi wedi dod i frecwast hefyd?" Roedd tinc digon oeraidd yn ei llais. Dangosodd y ffordd i mewn iddo. Gwyddwn, wrth gwrs, ei fod wedi dod i nôl y llongwr o'r Almaen, ac yn wir cadarnhaodd hynny ar unwaith. Gall yr Uwch-gapten Martin fod yn greadur digon mawreddog, ond chwarae teg, mae ei fwriad yn dda. Roedd yn gwrtais, os braidd yn drahaus gyda'r llongwr. Bûm yn trin ei filwyr yn y garsiwn yn ddigon aml, felly rydym yn adnabod ein gilydd yn eithaf da. Dywedais wrtho yr hoffwn gadw'r llongwr o'r Almaen yma am ychydig oriau eto, i gadw llygad pellach arno. Yna gofynnodd yr Uwch-gapten Martin i mi beth oedd ei enw. Roedd yn rhaid i mi gyfaddef na wyddwn i ddim, i mi anghofio gofyn. Felly gofynnodd yr Uwch-gapten iddo'n uniongyrchol, yn ffurfiol, gan siarad yn ddianghenrhaid o uchel, fe deimlwn, fel y bydd rhai'n gwneud efo pobl o dramor.

"Morwr Wilhelm Kreuz," atebodd y llongwr.

"Eich llong?"

"Llong danfor 19."

"Cafodd ei suddo?"

"Do."

I bob golwg roedd yr Uwch-gapten yn fodlon. "Fel yr awgrymwch, fe'i gadawaf dan eich gwarchodaeth chi felly am ychydig yn rhagor, doctor. Carcharor rhyfel ydi o, wrth gwrs, felly bydd milwr ar wyliadwriaeth tu allan i'r drws nes bydd y carcharor yn 'tebol i adael." Yna gofynnodd i mi a oedd rhywbeth arall allai ei wneud. Dywedais fod y dyrfa tu allan yn tarfu arnom, ac yn cynhyrfu Yncl Wil. Drwy amser brecwast, wrth i'r dyrfa gynyddu a'u sŵn yn codi'n uwch ac yn uwch, roedd Yncl Wil yn anniddigo mwy bob munud. Gwelwn ei bod yn ddigon anodd iddo fod mewn tŷ dieithr, ac roedd ymddygiad swta Mrs Cartright yn amlwg yn ei daflu oddi ar ei echel. Gwibiai ei lygaid yn gyson y ffordd hyn a'r ffordd arall. Dywedai wrthyf drwy'r adeg ei fod eisiau gweld ei chwaer, a minnau'n ymdrechu i'w sicrhau y byddai hi yma'n fuan. Roedd yn dawelach ei feddwl ar ôl i'r Uwch-gapten ymyrryd, ar ôl i'r dyrfa ddistewi. Ymlaciodd fwy ar ôl i Mrs Cartwright glirio'r brecwast o'r diwedd a mynd o'r ystafell.

Dyna pryd y teimlais y medrwn ofyn i Wilhelm Kreuz y cwestiwn fu ar fy meddwl drwy gydol amser brecwast. Ond fo siaradodd gyntaf, braidd yn herciog ac yn araf, yn dewis ei eiriau'n ofalus.

"Hoffwn i ddiolch i chi am eich lletygarwch, Herr Doctor," dechreuodd. "Roedd fy Kapitän yn iawn. Mae'r bobl yma yn garedig." Oedodd cyn dal ati. "Mae'n rhaid i mi ddeud rhywbeth a gofyn rhywbeth i chi hefyd. Roeddwn i yma unwaith o'r blaen, Herr Doctor, ychydig fisoedd yn ôl. Yn dod â rhywun efo fi, eine junges Mädchen, geneth fach. Wnaeth hi ddim siarad. Dim gair. Dyna'r cyfan wn i amdani, oherwydd ddywedodd hi 'run gair wrthon ni. Mae'n anodd credu, ond cawson ni hyd i'r eneth ar biano yng nghanol y môr. Roedd hyn ar ôl suddo'r Lusitania. Rydych chi'n gwybod am hyn, mae'n debyg. Roedd ganddi arth fach, tegan efo hi, wyddoch chi. Roedd yn rhaid i ni ei hachub hi. Plentyn oedd hi. Athro ysgol ydw i gartref. Rydw i'n dad hefyd. Fedrwn i ddim gadael plentyn yna. Roedd y dynion ar y cwch i gyd yn cytuno. Roedd Unserer Kapitän yn cytuno hefyd. Ond fedren ni ddim mynd â hi adref efo ni. Mae'n groes i'r rheolau yn y llynges, ydych chi'n deall, i neud hyn, i achub rhai *o'r môr. Felly, pan edrychodd ar y map, penderfynodd mai'r lle agosaf, y lle mwyaf diogel i roi geneth fach ar y lan oedd ar Ynysoedd Sili. Yma. Soniodd am ei ewyrth, fel roedd pobl Ynysoedd Sili wedi dod allan mewn cwch i'w achub o longddrylliad y* Schiller *flynyddoedd lawer yn ôl. Fe fydden nhw yn garedig efo'r eneth fach yma hefyd, meddai fo. Felly yn y nos, daethom yma a'i rhoi ar y lan. Mae hi'n un ar ddeg neu ddeuddeg oed ac mae'n chwarae gwyddbwyll yn dda iawn. Ydi hi yma? Ydych chi'n ei hadnabod hi? Ydi hi'n iawn?"*

Prin y gwyddwn i beth i'w ddweud gan fod fy meddyliau'n carlamu, fy nghalon yn curo.

Yna siaradodd Yncl Wil. Doeddwn i ddim wedi meddwl tan hynny ei fod yn gwrando o gwbl. "Dwi'n ei nabod hi," meddai. "Liwsi ydi hi. Mae'n ffrind i mi. Mae'n ffrind i Alfie. Dwi'n ei hoffi hi."

"A, felly Liwsi yw ei henw?" meddai Wilhelm.

"Wnaethoch chi roi blanced iddi?" gofynnais i'r llongwr. Roedd y cyfan yn gwbl anhygoel. Roedd yn rhaid i mi fod yn berffaith sicr.

"Do, i'w chadw'n gynnes," atebodd. "Fy mam i, hi wnaeth hi i mi."

Roedd yn rhaid i mi ofyn rhywbeth arall. "Ai eich llong danfor chi suddodd y Lusitania?" *gofynnais iddo.*

"Nage," atebodd. Ni fedrai edrych arnaf yn iawn gan fod ei lygaid yn llawn dagrau. "Nid ni. Ond gallwn fod wedi'i suddo. Fe suddon ni lawer o longau, Herr Doctor, o Loegr, o Ffrainc. Mae'n beth dychrynllyd i longwr orfod suddo llong. Gorfod ei gwylio'n mynd o dan y tonnau, gweld dynion yn marw, eu clywed yn gweiddi, eu clywed yn sgrechian. Mae llongwr yn

lladd llongwr fel brawd yn lladd brawd. Roedd llawer o frodyr ar y Lusitania, a'r mamau a'r tadau, a phlant bach fel Liwsi. Dim ond hi fedren ni ei hachub. Felly fe wnaethon ni."

Daeth cnoc ar y drws ffrynt. "Mae fel byw mewn marchnad," cwynodd Mrs Cartwright wrth drampio i lawr y lobi i'w ateb. "Doctor," galwodd. "Mae gynnoch chi ymwelwyr o Ynys y Bryniau. Ydw i i fod i adael iddyn nhw ddod i mewn?"

"Os gwelwch yn dda, Mrs Cartwright," atebais.

Wna i ddim hyd yn oed ceisio disgrifio llawenydd mawr yr aduniad welais yn fy ystafell fwyta bore heddiw. Roedd yr olwg ar wyneb Yncl Wil pan welodd ei chwaer yn werth ei gweld. "Io-Ho-Ho!" gwaeddodd.

"Io-Ho-Ho!" oedd eu hateb.

Roeddwn yn fy nagrau wrth weld y teulu'n cyfarch ei gilydd, pawb, o'r hyn welwn i, yn methu penderfynu beth i'w wneud, chwerthin neu grio. Yn y munudau hynny, Yncl Wil oedd yn bwysig i Mari a Jim ac Alfie. Felly prin y sylwon nhw arna i na Wilhelm Kreuz wrth f'ochr. Ond fe wnaeth Liwsi. Safodd Liwsi yno'n syllu ar Wilhelm Kreuz, yn methu tynnu'i llygaid oddi arno. Toc, pesychais i'w hatgoffa ein bod ni yno, a chyflwynais y llongwr.

"Dyma," dechreuais, " Wilhelm Kreuz. Llongwr yn llynges yr Almaen ydi o. Achubodd Yncl Wil o rhag boddi." Doedd neb yn deall. Roedd Mrs Cartwright yn ei dagrau. Doeddwn i erioed wedi dychmygu y gallai Mrs Cartwright fod dan gymaint o deimlad.

Gwahoddais nhw i gyd i eistedd i lawr cyn mynd yn fy mlaen. "Rydw i'n meddwl y dylwn efallai egluro rhywbeth ynghylch y dyn yma, rhywbeth rhyfeddol braidd. Rai misoedd yn ôl, achubodd Wilhelm Kreuz a'i gyd-longwyr fywyd yr eneth rydym ni'n ei hadnabod fel Liwsi Goll. Roedd Liwsi Goll, mae'n ymddangos, yn teithio ar y Lusitania. Beth amser ar ôl iddi gael ei suddo, meddai Wilhelm, fe ddaethon nhw ar draws Liwsi ar biano'r llong yng nghanol y môr. Fe godon nhw hi, ei hachub hi a dod â hi i dir cyfeillgar, i Ynysoedd Sili, i Ynys Helen. Ydi hynna'n iawn, Liwsi? Fe achubon nhw dy fywyd di – achubodd y dyn yma dy fywyd di. Ac mae Yncl Wil wedi achub ei fywyd yntau, wedi'i godi o'r môr, a dod ag o i Ynysoedd Sili."

Roeddwn wedi gwirioni o gael dweud y stori ryfeddol. Ar ôl i mi orffen, siaradodd neb yn yr ystafell, ond roedden ni i gyd yn edrych ar Liwsi am ryw arwydd ei bod hi'n adnabod y llongwr. Doedd dim, ddim ar y dechrau, ddim am beth amser. Ar y silff ben tân roedd y cloc yn tician, tician. Wrth iddo daro'r awr, gwelais wyneb Liwsi'n newid yn sydyn. Lle roedd dryswch lond ei llygaid, yr eiliad nesaf daeth golau dealltwriaeth yn sydyn. Daeth gwên dros ei hwyneb, yn dangos ei bod yn adnabod y llongwr. Cododd a cherdded ar draws yr ystafell, yn tynnu'r flanced oddi ar ei hysgwyddau, ac yna yn ei chynnig iddo. Gan sefyll o'i flaen, edrychodd i'w wyneb, ei llygaid wedi'u hoelio arno. "Diolch, Wilhelm," meddai hi, "am eich blanced ac am fy achub i hefyd. Fedrwn i ddim diolch i chi o'r blaen. Roeddwn eisiau gwneud, ond fedrwn i ddim siarad. Rŵan, dwi'n medru." Siaradodd heb betruso, heb ymdrech, y geiriau'n llifo o'i cheg.

Yna trodd a siarad efo pawb. "Nid Liwsi Goll ydw i," meddai. "Meri MacIntyre ydw i."

Felly, wrth eistedd yno o amgylch y bwrdd yn fy ystafell fwyta i, yn yfed te, y clywsom hanes Liwsi. O'r diwedd clywsom pwy oedd hi. Dywedodd wrthym am ei theulu a'i ffrindiau a'i hysgol yn Efrog Newydd. Soniodd am ei thad oedd yn filwr, a'i fod yn orweddiog wedi'i glwyfo mewn ysbyty wrth ymyl Llundain yn Lloegr. Roedd hi'n cofio enw'r ysbyty, meddai hi – Ysbyty Bearwood – oherwydd roedd ganddyn nhw fwthyn o'r un enw, yn ôl adref yn America, ym Maine. Dywedodd wrthym am y Lusitania, fel y boddwyd ei mam a Brendan a chymaint o rai eraill, Celia fach hefyd, a sut roedd Wilhelm a'i long-forfil wedi dod o'r môr i'w hachub hi. Am ei bod yn cofio'r cyfan mor dda, dywedodd yr hanes yn union fel petai'n gweld y cyfan ac yn ei ail-fyw. Gwnaeth y cyfan mor fyw a theimlwn fy mod yn byw drwy'r cyfan efo hi. Credaf fod pawb felly.

Maen nhw wedi mynd erbyn hyn, Wilhelm Kreuz wedi cael ei hebrwng i'r garsiwn, ac o'r fan honno'n ddiamau i wersyll carcharorion rhyfel ar y tir mawr. Bydd unrhyw un sy'n gwybod beth wnaeth o ar ran Liwsi – neu fel y dylwn ddweud rŵan, dros Meri – yn ei gofio fel Almaenwr da, Almaenwr caredig, ac un, rwyf yn sicr, o blith llawer. Hyd yn oed yng nghanol y gwrthdaro ofnadwy yma, fe ddylen ni i gyd gofio hynny.

Mae Mrs Cartwright, oedd wedi'i swyno cymaint â'r gweddill ohonom gan stori Meri, wedi gadael 'pastai bysgod fach flasus' i mi ar gyfer swper, fel bydd hi'n gwneud ar ddydd Gwener. Mae'n gwybod yn iawn nad yw at fy nant i. Ond mae hi'n dweud ei bod yn llesol i mi, a bod rhaid i mi ei bwyta. Felly, rydw i wedi gwneud, a'i llyncu efo gwydraid o gwrw. Rŵan eisteddaf wrth y tân yn ysgrifennu hwn, yn syllu i'r fflamau, yn *tynnu ar fy nghetyn, ac yn meddwl gyda'r fath bobl yn y byd – teulu Fferm Veronica, Meri MacIntyre a Wilhelm Kreuz, a Mrs Cartwright, er gwaethaf ei phastai bysgod – y bydd popeth yn iawn yn y byd pan ddaw'r gwrthdaro presennol i ben. Os gweli'n dda, O Dduw, os wyt ti'n fy nghlywed, gad i'r cyfan fod drosodd yn fuan.*

PENNOD 27
Y diwedd, a dechrau newydd

Fy nain, Meri MacIntyre, sy'n adrodd y stori o'r lle y gadawodd dyddiadur Dr Crow hi. Ei llais hi sy'n dilyn, fel y dywedodd yr hanes, air am air. Recordiais hi tua thri deg o flynyddoedd yn ôl yn Efrog Newydd. Roedd Taid yno, ond dywedai bob amser ei bod hi wir yn fwy o stori Nain na'i stori o, a beth bynnag, roedd hi'n well am ei dweud na fo. Roedd cof Nain am ei phlentyndod yn finiog fel rasel, ond ni fedrai gofio ble roedd hi wedi rhoi ei sbectol ddeg munud ynghynt, na ble y cadwai'r siwgr yng nghwpwrdd y gegin. Roedd hi'n 94. Bu'r ddau farw'n fuan wedyn, o fewn wythnosau i'w gilydd. Dyna'r tro olaf i mi weld 'run o'r ddau.

Recordiad o Nain yn siarad yn Efrog Newydd,
21 Medi 1997

Rydw i wedi meddwl yn aml ers hynny, pam mai yno, yn nhŷ Dr Crow ar Ynys Fair, y cefais hyd i mi fy hun eto, cael adfer fy llais a'm cof. Wrth feddwl yn ôl – ac yn fy oed i rydw i'n meddwl yn ôl yn aml – sylweddolaf na ddigwyddodd y munud hwnnw, yn y fan a'r lle yn fan'no, o gwbl. Am wythnosau a misoedd cyn hynny, roeddwn i fel petawn i'n neb mewn byd dieithr ac annealladwy. Roeddwn wedi cael ambell gipolwg sydyn o ryw fywyd blaenorol – gweledigaeth gymysglyd, ddryslyd o'm gorffennol. Medrwn siarad, ond dim ond yn fy mreuddwydion. Yn fy mreuddwydion gwyddwn pwy oeddwn i, pwy oedd pawb, yr holl bobl a'r llefydd yn fy mywyd: Mami a Tada, Yncl Mac ac Anti Cwac, Pippa a Miss Winters a phawb yn yr ysgol. Y cerflun yn Central Park, Bwthyn Bearwood, Brendan, y *Lusitania*, y llong danfor a Wilhelm – roedden nhw i gyd yn berffaith eglur yn fy mreuddwydion.

Sut roedd hyn yn bod, wn i ddim. Ond hyd yn oed pan oeddwn yn breuddwydio, gwyddwn mai breuddwydio roeddwn i, fod yr hyn roeddwn yn ei freuddwydio yn berffaith wir, ac yn addo i mi fy hun y byddwn yn cofio popeth pan ddeffrown. Cofio pwy oeddwn i, cofio sut i siarad. Ond yn hwyrach, pan ddeffrown, doeddwn i byth a fedrwn i byth. Roedd fel petawn ar goll mewn niwl a hwnnw ddim yn codi. Ydi hynna'n gwneud synnwyr? Dydi o ddim i mi.

Gwn rŵan y byddwn i, heb Alfie'n arbennig, a Mari a Jim, heb Yncl Wil a Doctor Crow, ar goll yn y niwl yna o hyd. Fyddwn i byth wedi darganfod bod gen i fywyd cyn dod i Ynysoedd Sili, mai Meri MacIntyre oeddwn i, nid Liwsi Goll. Gwn hefyd na fyddwn i byth wedi byw o gwbl heblaw am Wilhelm Kreuz.

Wrth i mi ddweud fy hanes wrthyn nhw'r diwrnod hwnnw yn nhŷ Dr Crow, bron na fedrwn deimlo f'atgofion coll yn datgloi wrth i mi siarad. Roedd byd cyfan yn agor i mi, fy myd i, y byd roeddwn yn perthyn iddo, y byd wnâi rywfaint o synnwyr i mi o'r diwedd. Pan glywais fy llais fy hun, teimlwn fel canu. Roedd y niwl wedi codi a minnau'n nofio drwyddo tuag at y golau.

Ar ôl i i mi orffen dweud popeth wrthyn nhw, un cwestiwn oedd ar ôl i'w ofyn, a Mari, neu 'Anti Mari' fel y dois i'w galw'n nes ymlaen, ofynnodd o. "Ond dydw i ddim yn deall," meddai hi. "Y tro cyntaf i mi dy weld, yn gorwedd yn hanner marw ar y traeth, y diwrnod y daeth Alfie a Jimbo â ti'n ôl o Ynys Helen, fe siaradaist ti. Dim ond un gair: 'Liwsi'. Ddwedaist ti mai dy enw di oedd Liwsi."

"Y llong oedd Liwsi," eglurais wrthi. "Dyna oedden nhw'n galw'r *Lusitania*. Ydach chi'n cofio fy ffrind Brendan? Y Liwsi fyddai o bob amser yn ei ddweud – yn ei acen Wyddelig. Dyna roedd pawb oedd yn gweithio ar y llong, y stiwardiaid, y llongwyr a'r tanwyr yn ei ddweud – 'Y Liwsi'. 'Liwsi Lwcus' roedden nhw'n ei galw hi, meddai Brendan. 'Liwsi Lân.' Ella mai ceisio deud enw'r llong oeddwn i."

Cofiaf i Mrs Cartwright, yn ddagreuol iawn, ddweud fy mod yn eneth fach ddewr. Rhoddodd ddarn anferth o'i chacen lemon i mi am fod mor ddewr – darn llawer mwy nag un Alfie. Plesiodd hynny fi yn fawr, ond nid fo. Cafodd pawb ddarn ohoni, Wilhelm hefyd, am ei fod o, meddai Mrs Cartwright o'i flaen, "yn *Fritzy* clên, nid yn Jeri creulon fel y lleill 'na".

Pan ddaeth y milwyr i fynd â Wilhelm i ffwrdd yn fuan wedyn, cododd ar ei draed yn gefnsyth. Plygodd ei ben i'm cyfeiriad a'm galw yn *gnädiges Fräulein*. Dywedodd ei fod yn gobeithio y byddem yn cyfarfod eto ryw ddiwrnod, ac na fyddai'n f'anghofio byth. Wyddwn i ddim beth i'w ddweud. Cefais fy llethu gan deimlad, mae'n debyg. Yna aeth. Welais i byth mohono wedyn. Wn i ddim a anghofiodd o fi, ond yn sicr iawn wnes i ddim ei anghofio fo.

Fe hwylion ni i gyd adref i Ynys y Bryniau ar yr *Hispaniola* y pnawn hwnnw. Ffarweliodd Dr Crow â ni ar y cei. Addawodd y byddai'n cysylltu ag Ysbyty Bearwood ger Llundain – roedd yn sicr y gallai gael hyd i rywun wyddai ble roedd o – i roi'r newydd i Tada fy mod i'n fyw ac yn iach. Fe wnaeth hynny, ond cymerodd dipyn o amser, ac yn anffodus, ni chyrhaeddodd y newydd yr ysbyty nes roedd hi'n rhy hwyr.

Roedd Tada wedi gwella'n dda, yn gynt na'r disgwyl, ac eisoes wedi'i anfon yn ôl i'r ffosydd. Fu hi ddim yn hawdd cael hyd iddo, ond wedi dyfalbarhau, llwyddodd Dr Crow o'r diwedd i gael gwybod ei fod gyda'i gatrawd ger Ypres yng Ngwlad Belg. Soniodd Dr Crow 'run gair ar y pryd am yr holl chwilota. Yr unig beth ddywedodd o oedd fod popeth posib yn cael ei wneud i ddod o hyd i Tada. Ymdrechais i beidio meddwl gormod amdano. Ond drwy'r misoedd nesaf, ni fedrwn feddwl am fawr ddim arall: yn ofni beth oedd yn digwydd i Tada, yn dyheu amdano. Yswn am glywed sŵn ei lais, am ei weld yn dod tuag ataf, ei freichiau ar led, am gael fy nghodi i fyny a'm chwyrlïo o gwmpas. Gwyddwn mor drist oedd o ar ôl clywed ei fod wedi colli Mami a minnau ar y *Lusitania*. Canais i'r lloer bob tro y medrwn i. Hymiais, gwrandewais, dywedais wrth Tada fy mod yn fyw.

Byddaf yn diolch i Dduw na wyddwn bryd hynny ei fod mewn llefydd mor beryglus, nac am erchyllterau'r rhyfel dychrynllyd yna. Roedden nhw'n fy ngwarchod rhag pethau felly. Gweddïai Anti Mari dros Tada gyda mi bob nos. Ro'n i'n ei chredu hi bob gair pan ddywedodd y byddai Duw yn gofalu am Tada ac yn dod ag o'n ôl ataf. Cefais fy lapio'n glyd yng nghariad a gofal fy nheulu newydd. Roedden nhw'n tawelu fy meddwl, yn lleihau f'ofnau, yn fy helpu drwy'r oriau tywyllaf, pan gofiwn Mami a'r gôt nos patrwm paun yn y môr. Pan oeddwn yn crio, fel y gwnawn yn aml, doeddwn i byth yn gorfod crio ar fy mhen fy hun. O'm cwmpas roedd breichiau llawn cysur i'm cofleidio, geiriau llawn cydymdeimlad a gwenau llawn cysur hefyd.

Yn ogystal â chynhesrwydd fy nheulu Silonaidd, teimlwn garedigrwydd yr ardal i gyd. Yn yr ysgol hefyd – heblaw am Mr Beagley. Fo'n unig oedd yr un mor bigog ag erioed. Ond roedd pawb arall, wedi iddyn nhw glywed fy hanes, yn gwneud eu gorau glas i wneud i mi deimlo'n un ohonyn nhw eto. Ym mhob edrychiad roedd edifeirwch am yr amheuaeth, y cam a'r brifo fu yn y gorffennol. Gyda phob gweithred garedig seliwyd cyfeillgarwch o'r newydd ac anghofiwyd yr holl eiriau garw. Gydag Alfie wrth f'ochr deuthum yn rhan o fywyd y teulu, yr ynys, yr ysgol, gan rannu tristwch, siom a thrychinebau'r pentrefwyr – ac roedd llawer ohonyn nhw yn ystod dyddiau hir, tywyll y rhyfel. Ond rhannwn eu llawenydd hefyd. Yno roedd fy lle i, yn un o'r ynys, yn Siloniad.

Roedd trefn i'm bywyd ar Ynys y Bryniau: mynd ar y cwch i'r ysgol gyda Mr Jenkins yn ein rhwyfo; chwarae'r piano, fel y mynnai Miss Nightingale rŵan, ym mhob gwasanaeth boreol; mynd ar gefn Peg o amgylch yr ynys efo Alfie ar ôl ysgol, a mynd i bysgota ar y *Pengwin* weithiau ar benwythnosau. Treuliais oriau'n tynnu lluniau yn y cwt cychod gydag Yncl Wil ac yn pobi bara gydag Anti Mari. Weithiau roedd tripiau i'r Ynysoedd Dwyreiniol yn yr *Hispaniola* i weld y morloi, pawb ohonom ar y bwrdd, y Faner Ddu yn cyhwfan, a phawb yn canu cân Yncl Wil, 'Io-Ho-Ho', wrth hwylio. Awn i'r eglwys ar ddydd Sul gydag Anti Mari , a chanu'r emynau'n uwch, gyda mwy o argyhoeddiad na neb arall. Wrth gwrs, chawson ni mo'n gadael ar ein pennau ein hunain yn ein sedd byth wedyn. Ond er mor hapus oedd fy mywyd ar yr ynys, bob nos byddwn yn galarau am Mami, yn poeni ynghylch Tada yn y rhyfel. Byddwn yn canu i'r lleuad, yn gwrando ar y lleuad. Ambell noswaith clywais Tada'n canu hefyd. Do, wir. Ond weithiau, chlywn i ddim byd, a byddwn yn crio fy hun i gysgu, yn meddwl yn siŵr ei fod wedi marw.

Cofiaf mai ar ôl ysgol oedd hi, a minnau'n mynd o gwmpas yr ynys ar gefn Peg efo Alfie. Am ryw reswm mynnai ein bod yn mynd adref ar unwaith, ond gwrthodai ddweud pam. Roeddwn i eisiau cymryd f'amser. Gwyddai fy mod yn hoffi aros allan ar gefn Peg gyhyd â phosib, ond gan Alfie roedd yr awenau. Roedd o'n trotian ac yn hanner carlamu tuag adref cyn gyflymed ag y gallai Peg fynd. Fedrwn i mo'i rwystro. Felly yn y diwedd rhoddais y gorau i gwyno a mwynhau'r daith. Wrth i ni fynd ar hyd y Bae Gwyrdd, bu bron i Peg garlamu.

Pan gyrhaeddon ni'r fferm, wnaethon ni ddim aros yno fel roeddwn i wedi disgwyl. Ymlaen â ni heibio i Fferm Veronica i lawr y llwybr tua'r cei. Gofynnais i Alfie i ble roedden ni'n mynd, ond gwrthododd ateb. Roedd y cwch o Ynys Fair wedi cyrraedd a Dr Crow, Mari, Jim, ac Yncl Wil yno a dwsinau o bobl yr ynys hefyd, i gyd yn griw ar y cei. Yn eu canol gwelais ddyn yn gwisgo lifrai. Meddyliais i ddechrau mae'n rhaid mai'r swyddog o'r garsiwn roeddwn i wedi'i gyfarfod yn nhŷ Dr Crow oedd o, yr un oedd wedi mynd â Wilhelm i ffwrdd y diwrnod hwnnw. Ond yna gwelais fod gan y milwr fwstásh. Roedd yn dalach, yn dalach o dipyn. Cerddai tuag atom fel mae jiráff yn cerdded, gyda chamau hir, breision, cefn gwargrwm a gwddw hir. Roeddwn yn adnabod y cerddediad, y mwstásh, yr ysgwyddau, y gwddw. Roeddwn yn eu hadnabod i gyd. Ond doeddwn i ddim yn berffaith, *berffaith* siŵr nes y tynnodd ei gap. Wedyn, gwyddwn mai Tada oedd o. Rhedais ato. Daliodd fi yn ei freichiau a'm codi a'm chwyrlïo o'i amgylch. Glynodd y ddau ohonom yn ein gilydd yno ar y cei nes peidiodd y dagrau. Roedd yn amser hir, yn goflaid hir.

PENNOD 28

Y rhai rydyn ni'n eu cofio
(parhad o'r recordiad o Nain)

Y noson honno y tu allan i'r tŷ, crwydrodd Peg atom a chyflwyno'i hun i Tada. Safodd y tri ohonom yno'n gwrando ar sŵn y tonnau'n torri ar y traeth. Roedd dau ohonom, beth bynnag, yn edrych ar y lleuad – lleuad lawn, lleuad ddisglair, ein lleuad ni. Hymiodd y ddau ohonom ein tiwn gyda'n gilydd, ond doedden ni ddim yn gwrando ar y lloer erbyn hyn. Roedden ni efo'n gilydd eto. Dyna, mae'n debyg, oedd diwedd y cyfan. Ond wrth gwrs, doedd o ddim yn ddiwedd chwaith. Does byth ddiwedd, oherwydd mae dechrau newydd bob amser. Am ychydig ddyddiau'n unig y medrai Tada aros. Eglurodd na fydd milwyr yn cael gwyliau adeg rhyfel, dim ond ychydig ddyddiau os byddai rhywun yn lwcus, i weld teulu a ffrindiau. Siaradodd y ddau ohonom am Mami, ac am suddo'r *Lusitania* ond ddywedais i erioed wrtho am y gôt nos patrwm paun. Meddyliwn y byddai hynny'n ormod iddo'i ddioddef. Llefodd y ddau ohonom lawer pan oeddem ar ein pennau ein hunain, oherwydd ein bod yn meddwl am Mami mor aml.

Ond pan oeddem ni efo fy nheulu Silonaidd, roedd mwy o siarad am beth fyddai'n digwydd i mi nesaf. Roedd Tada'n eithaf penderfynol na ddylwn groesi'r Iwerydd a mynd yn ôl i Efrog Newydd, "ddim gyda llongau tanfor yn prowla'r môr," meddai. Roedd ganddo fodryb yng Nghaerfaddon ar dir mawr Lloegr, ac roedd hi wedi cytuno i edrych ar fy ôl nes byddai'r rhyfel drosodd. Roedd hi'n byw mewn tŷ cerrig urddasol, meddai, gyda choed o'i gwmpas ac ysgol dda gerllaw. Fel roedd yn digwydd, hi oedd y brifathrawes. Ond roeddwn i'r un mor benderfynol o beidio mynd yno ag roedd o i mi beidio mynd yn ôl i Efrog Newydd. Gawson ni dipyn o ddadl – y ddadl gyntaf erioed i mi ei chael efo Tada.

Ond roedd Anti Mari o'm plaid. Cadwodd fy nghefn yn bendant iawn. Dywedodd na fyddai'n iawn fy anfon i fyw efo rhywun hollol ddieithr a minnau bellach yn un o'r teulu. Dylwn aros efo nhw gyhyd ag y dymunwn, nes byddai'r rhyfel ar ben, beth bynnag. Eu cartref nhw oedd fy nghartref i beth bynnag ddigwyddai. Trodd at Jim ac Alfie am gefnogaeth, a chofiaf beth ddywedodd Jim yn iawn: "Wrth gwrs y dylai hi aros. Mae gynnon ni dipyn i'w ddeud wrthi, yn does, Alfie?" Ddywedodd Alfie ddim byd, dim ond gwenu.

Felly dyna drefnwyd. Aeth Tada yn ôl i'r rhyfel. Arhosais innau ar Ynys y Bryniau am y tair blynedd nesaf. Yno y tyfais yn hŷn a syrthio mewn cariad efo Alfie, ond heb i mi sylweddoli hynny, nes y gwelais o yn ei lifrai ac yn hwylio i ffwrdd i'r rhyfel yn ystod gaeaf 1917. Ysgrifennodd y ddau ohonom at ein gilydd bob diwrnod am flwyddyn, nes daeth y rhyfel i ben, ac yntau'n dod adref. Cadwais ei lythyrau bob un. Roeddwn yn ysgrifennu llawer – at Tada, ac Anti Cwac a Yncl Mac a Pippa. Wnaeth fy sillafu ddim gwella ac mae'n dal 'run fath hyd y dydd heddiw. Ond rydw i wrth fy modd yn arlunio ac yn chwarae'r piano bob bore, a'r *Adante Grazioso* ydi fy hoff ddarn o hyd.

Yn weddol fuan ar ôl diwedd y rhyfel, daeth Alfie adref. Roedd yno, felly, pan gyrhaeddodd Tada i fynd â fi yn ôl i Efrog Newydd. Dywedais wrtho fy mod yn aros, oherwydd fy mod eisiau bod efo Alfie, ei briodi a threulio fy mywyd efo fo. Roedd Tada'n drist. Gwelwn hynny. Ond wnaeth o ddim gwrthwynebu. Cerddais yn ei fraich i eglwys Ynys y Bryniau i briodi Alfie. Roedd pawb ar yr ynys yno, Peg hefyd, yn pori yn y fynwent. Roedd rhywun wedi plethu blodau yn ei chynffon a'i mwng ond doedd hi ddim fel petai'n malio. Aeth Alfie a minnau ar ei chefn adref i Fferm Veronica wedyn. Y noson honno cododd yn storm ac roedd yn rhaid i Tada aros efo ni'n hwy nag roedd wedi bwriadu. Felly daeth i adnabod fy nheulu Silonaidd, fy nheulu arall, ac yn fuan iawn teimlai'n gartrefol yn eu cwmni. Pan adawodd o'r diwedd, gwnaeth i mi addo y byddwn yn dod i Efrog Newydd i'w weld o ac Yncl Mac ac Anti Cwac. Roedd y gwahanu'n rhywbeth mae'n rhaid i bob plentyn ei wneud yn y diwedd. Roedd yn anodd ei ddioddef, ond roedd Alfie efo fi.

Bum mlynedd yn ddiweddarach aeth Alfie a minnau i Efrog Newydd. Mae'n rhaid i mi gyfaddef fy mod yn nerfus o fynd ar y *Mauretania*, y llong aeth â ni ar draws yr Iwerydd. Gollyngodd Alfie a minnau flodau i'r môr i gofio am Mami, Brendan a Celia fach wrth i ni fynd heibio arfordir Iwerddon, gyferbyn â phenrhyn Hen Kinsale. Rydw i'n falch i ni fynd pan aethon ni, oherwydd roedd Yncl Mac ac Anti Cwac yn hen ac yn fregus erbyn hyn. Doedd Tada, sylweddolais, erioed wedi dod dros y rhyfel, gorff na meddwl – roedd hynny'n wir am lawer ohonyn nhw. Roedd yn amlwg eu bod i gyd eisiau i mi aros, angen i ni'n dau aros. Felly, ar ôl llawer o bendroni dwys, dyna wnaethon ni.

Cafodd Alfie waith ar y llongau mawr fel yr un ddaeth â ni drosodd, ac ymhen amser daeth yn gapten llong. Deirgwaith dros y blynyddoedd, ymunais ag o ar fwrdd ei long gyda'n plant a hwylio i Loegr. Aethom i Ynysoedd Sili i weld teidiau a neiniau, teulu a ffrindiau ac i fynd â'n plant i'w cyfarfod. Roedden ni eisiau iddyn nhw gael troedio tywod gwyn, mân Bae Brwynog a cherdded y clogwyni serth o amgylch Bae Uffern. Wrth eistedd ar y Glustog Fair feddal, buom yn sôn am Anti Mari, a Jim, Yncl Wil a Peg a Doctor Crow hefyd. Erbyn y tro olaf yr aethon ni yno, roedden nhw i gyd wedi marw, ond yn cael eu cofio o hyd. Diolch i Dduw am gof, dyna ddyweda i – a'r dyddiau yma gwn yn rhy dda na ddylen ni byth ei gymryd yn ganiataol. Diolch i Dduw hefyd, am ein plant, ac am ein hwyrion a'n hwyresau. Oherwydd hebddyn nhw, pwy fyddai'n dweud yr hanes?

Ac os bydd ein stori ni'n dal yn fyw, fy hanes i ac Alfie, yna fe fyddwn ninnau'n byw.

A'r bobl rydyn ni'n eu cofio yn fyw o hyd, hefyd.

Diweddglo

Mewn sawl ffordd, bu fy mywyd i'n adlewyrchiad o fywyd Nain a Taid. Cefais fy magu yn nhŷ'r teulu yn Efrog Newydd. Treuliais fy hafau ym mwthyn Bearwood ym Maine, yn dysgu sut i hwylio yno. Bûm yn marchogaeth yn Central Park ac yn bwydo'r hwyaid ar y llyn. Gwrandewais ar fy nhad yn darllen stori'r Hwyaden Fach Hyll i mi a chlywais hanes y teulu bob yn dipyn. Dyna pam, pan oeddwn yn hŷn, y penderfynais ddod i Loegr a mynd i Ynysoedd Sili i ddarganfod popeth fedrwn am y lle roedd fy nhaid wedi dod ohono, a'r ddau wedi sôn cymaint amdano. Unwaith y cyrhaeddais yma, sylweddolais na fedrwn adael, mai dyma fy lle i. Fferm Veronica ydi fy nghartref i rŵan, ac wedi bod ers blynyddoedd hir. Mae fy nheulu o'm cwmpas ym mhobman, fy wyrion a'm wyresau'n byw ar yr ynys. Rydw i'n bysgotwr, yn ffermwr – yn tyfu cennin pedr, miloedd ohonyn nhw bob blwyddyn – ac yn dipyn o sgwennwr hefyd.

Ysgrifennaf hwn ar fy mhen fy hun wrth fwrdd y gegin yn Ffermdy Veronica. Ond ddim yn hollol ar fy mhen fy hun chwaith. Yn fy ngwylio o'r dresel mae tedi bêr arbennig, rhacslyd yr olwg, efo un llygad. Bûm yn darllen darnau'n uchel iddo drwy'r adeg – i edrych ydi o'n fodlon arno. Rydw i newydd ddarllen y bennod olaf yma iddo. Mae'n dal i wenu, felly, mae popeth yn iawn. Mae'n bwysig ei fod o'n ei hoffi.

michael morpurgo

RHAGOR O STRAEON GAN YR AWDUR ARBENNIG HWN YN Y GYMRAEG

CEFFYL RHYFEL

CeffylRhyfel

Michael Morpurgo

addasiad Casia Wiliam

ELIFFANT YN YR ARDD

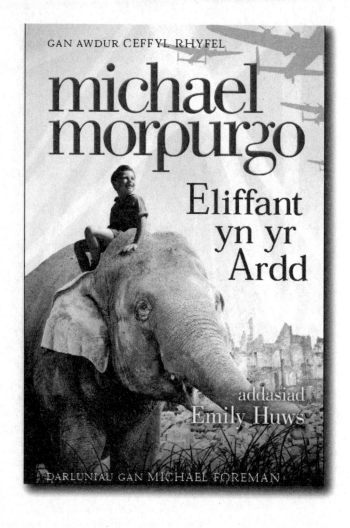

GAN AWDUR CEFFYL RHYFEL

michael morpurgo

Eliffant yn yr Ardd

addasiad
Emily Huws

DARLUNIAU GAN MICHAEL FOREMAN

Y LLEW
PILIPALA

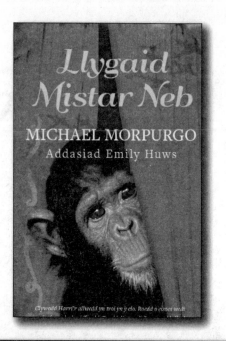

Llygaid
Mistar Neb

MICHAEL MORPURGO

Addasiad Emily Huws

Clywodd Harri'r allwedd yn troi yn y clo. Roedd o eisoes wedi

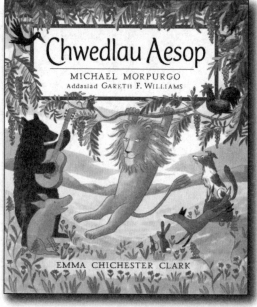

Chwedlau Aesop

MICHAEL MORPURGO

Addasiad GARETH F. WILLIAMS

EMMA CHICHESTER CLARK

CONTENTS

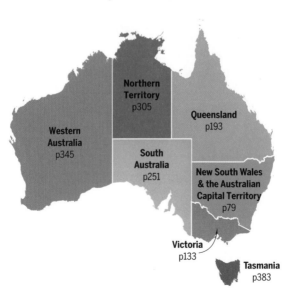

Northern Territory p305

Queensland p193

Western Australia p345

South Australia p251

New South Wales & the Australian Capital Territory p79

Victoria p133

Tasmania p383

Contents cont.

Classic Trips

Look out for the Classic Trips stamp on our favourite routes in this book.

WELCOME TO
AUSTRALIA

Australia is big and diverse and is custom-made for some of the best road trips on the planet.

From the sea cliffs of southern Tasmania to the rainforests of the tropical north, from stirring coastal odysseys to the lonely outback, Australia's paved roads take you on journeys that showcase the extraordinary beauty of this vast continent.

The 38 trips in this book will take you to sunsets at Uluru and reef trips on the Great Barrier Reef, deep into the heart of Kakadu, the rainforests of Tasmania and the wine country of South and Western Australia, and along winding and world-famous routes such as the Great Ocean Road or the pilgrimage from Sydney to Byron Bay.

Whether your dream is a transcontinental epic or a more intimate loop along quiet country roads, we've got it covered from coast to coast. And if you've only got time for one or two trips, make it one of our eight Classic Trips, which take you to the very best of Australia. Turn the page for more.

Driving the Sea Cliff Bridge in New South Wales
ZETTER/GETTY IMAGES ©

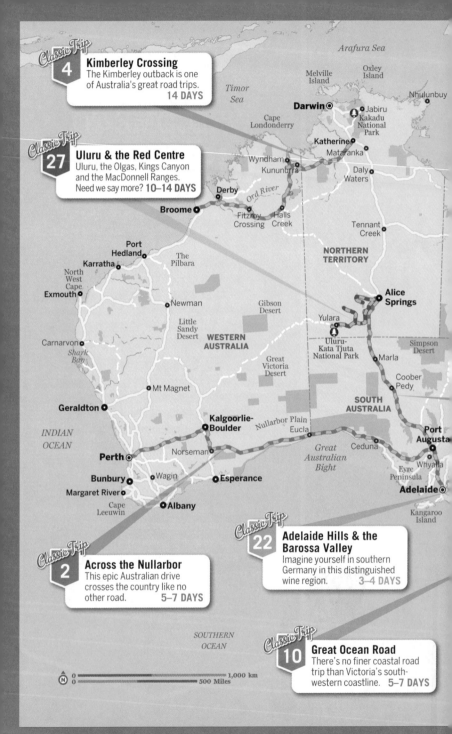

Arafura Sea

Classic Trip

4
Kimberley Crossing
The Kimberley outback is one of Australia's great road trips.
14 DAYS

Classic Trip

27
Uluru & the Red Centre
Uluru, the Olgas, Kings Canyon and the MacDonnell Ranges. Need we say more? **10–14 DAYS**

Classic Trip

2
Across the Nullarbor
This epic Australian drive crosses the country like no other road. **5–7 DAYS**

Classic Trip

22
Adelaide Hills & the Barossa Valley
Imagine yourself in southern Germany in this distinguished wine region. **3–4 DAYS**

Classic Trip

10
Great Ocean Road
There's no finer coastal road trip than Victoria's southwestern coastline. **5–7 DAYS**

Melville Island
Oxley Island
Nhulunbuy
Timor Sea
Darwin
Jabiru
Kakadu National Park
Cape Londonderry
Katherine
Matarank
Wyndham
Kununurra
Daly Waters
Derby
Ord River
Fitzroy Crossing
Halls Creek
Tennant Creek
Broome
NORTHERN TERRITORY
Port Hedland
The Pilbara
Karratha
North West Cape
Newman
Exmouth
Little Sandy Desert
Gibson Desert
Alice Springs
Yulara
Carnarvon
Shark Bay
WESTERN AUSTRALIA
Great Victoria Desert
Uluru-Kata Tjuta National Park
Marla
Simpson Desert
Coober Pedy
Mt Magnet
SOUTH AUSTRALIA
Geraldton
Kalgoorlie-Boulder
Nullarbor Plain
Eucla
Ceduna
Port Augusta
INDIAN OCEAN
Norseman
Great Australian Bight
Whyalla
Perth
Eyre Peninsula
Bunbury
Wagin
Esperance
Adelaide
Margaret River
Cape Leeuwin
Albany
Kangaroo Island

SOUTHERN OCEAN

0 — 1,000 km
0 — 500 Miles

AUSTRALIA HIGHLIGHTS

PAPUA NEW GUINEA

Friday Island
Cape York

Weipa

Cape Melville

Coral Sea

Gulf of Carpentaria

Cape York Peninsula

Cooktown
Port Douglas
Cairns
Innisfail

Normanton

Ingham
Townsville
Bowen

Mt Isa

Cloncurry

Charters Towers

Whitsunday Islands

Mackay

Classic Trip

16 **Queensland Coastal Cruise** Explore one of the most magnificent coasts on the planet. **10–14 DAYS**

Winton

Longreach
Barcaldine

QUEENSLAND

Rockhampton
Gladstone

Great Barrier Reef Marine Park

Birdsville

Charleville

Bundaberg
Hervey Bay

SOUTH PACIFIC OCEAN

Maroochydore

Toowoomba

St George

BRISBANE
Surfers Paradise
Byron Bay

Classic Trip

3 **Alice Springs to Adelaide** Travel the epic trail between two very different Australias. **7 DAYS**

Bourke

NEW SOUTH WALES

Broken Hill

Grafton
Armidale
Coffs Harbour
Tamworth
Port Macquarie

Dubbo

Mildura

Bathurst

Newcastle

Hay

Sydney
Wollongong

Classic Trip

5 **Sydney to Byron Bay** The ultimate Aussie drive takes in surf beaches and breezy coastal towns. **7–10 DAYS**

Swan Hill
Wagga Wagga
CANBERRA
Batemans Bay

Shepparton

VICTORIA

Ballarat
Melbourne
Geelong

Cape Otway
Wilsons Promontory

Tasman Sea

Classic Trip

1 **Sydney to Melbourne** This coastal epic connects two dynamic cities via a string of beautiful towns. **5–7 DAYS**

Bass Strait

Devonport
Launceston

Queenstown
TASMANIA

Hobart

Classic Trip

34 **East Coast Tasmania** Think of Tasmania and there's a fair chance you're thinking of the storied east coast. **3–5 DAYS**

Great Barrier Reef

Great Dividing Range

Flinders River

Darling River

Flinders Ranges

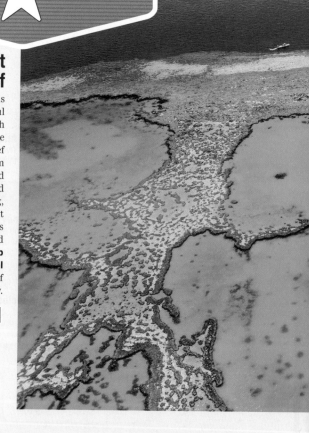

AUSTRALIA
HIGHLIGHTS

Great Barrier Reef

The Great Barrier Reef is a jaw-droppingly beautiful underwater world rich in marine life and ripe for exploration. The reef extends almost 2000km along the Queensland coast, and you'll often find yourself within snorkelling, diving or scenic-flight distance of the reef and its extraordinary coral and colourful sea creatures. **Trip 16: Queensland Coastal Cruise** shadows the reef pretty much all the way.

Trips

Great Barrier Reef 2000 miles of breathtaking marine-life encounters

Twelve Apostles Victoria's iconic coastal landforms

Kakadu National Park

One of Australia's most remarkable wilderness areas, Kakadu National Park is a wild and elemental place. As you'll discover on **Trip 29: Darwin & Kakadu**, the park is a land of saltwater crocodiles lurking in postcard-pretty waterholes filled with birdlife, of Indigenous rock art sheltered under jagged escarpments, and of flaming sunsets.

Trip 29

Twelve Apostles

These craggy rock formations jutting out of wild waters on Victoria's southwest coast are vivid sights, and they've come to symbolise this stunning corner of the country with long and lonely Bass Strait beaches and dramatic rock formations. **Trip 10: Great Ocean Road** is one of the world's great coastal drives, that doubles their impact.

Trip 10

Byron Bay

Up there with kangaroos and Akubra hats, big-hearted Byron Bay (just Byron to its mates) is one of the enduring icons of Aussie culture and it's the main aim of **Trip 5: Sydney to Byron Bay**. Families, surfers and sunseekers from across the globe gather by the foreshore at sunset, drawn by a chilled pace of life, an astonishing range of activities and, above all, an utterly splendid coastline.

Trip 5

Daintree Rainforest Queensland's ancient forest

BEST ROADS FOR DRIVING

Great Ocean Road Picturesque scenery and plenty of places to pull over on Victoria's dramatic coastal odyssey. **Trip** 10

Route 1 (Pacific Highway – Sydney to Byron Bay) Iconic and spectacular road trip with numerous tempting detours. **Trip** 5

Stuart Highway Linking Darwin with Port Augusta, it's like traversing the outback soul of Australia. **Trip** 3 & 28

Tasman Highway Tasmania's most dramatic coastline. **Trip** 34

Coral Coast Long, but endlessly fascinating, Western Australian journey between desert and sea. **Trip** 33

Daintree Rainforest

Lush green rainforests tumble down to a brilliant white-sand coastline in the World Heritage–listed Daintree Rainforest. The reef and rainforest meet on **Trip 19: Cairns & the Daintree**. This is an ancient world, home to crocs and cassowaries, and there's no better way to explore it than in the company of the indigenous Kuku Yalanji.

Trip 19

13

Uluru-Kata Tjuta National Park Sacred landscape in the heart of Australia

Uluru-Kata Tjuta National Park

Nothing prepares you for the burnished grandeur of Uluru as it first appears on the outback horizon. With its remote desert location, deep cultural significance and sublime natural beauty, Uluru is the unforgettable centrepiece of **Trip 27: Uluru & the Red Centre**. Along with the equally captivating Kata Tjuta, it's an otherworldly terrain of mystical walks, fiery sunsets and ancient desert culture.

Trip 27

BEST WINE REGIONS

Barossa Valley South Australian wineries with a Germanic bent. Trip 22

McLaren Vale SA reds that rival the best on earth. **Trip** 23

Clare Valley SA's quiet achiever on the outback cusp. **Trip** 26

Margaret River Beautiful Western Australian gourmet landscape. **Trip** 32

Tamar Valley Growing cool-climate wines in Tassie. **Trip** 37

Mornington Peninsula Excellent clutch of wineries in Victoria's south. **Trip** 11

ALEX COUTO/SHUTTERSTOCK ©

Bungle Bungles Western Australia's otherworldly beehive-like domes

McLaren Vale One of South Australia's world-famous wine regions

Bungle Bungles

The soulful Indigenous lands of the Kimberleys in Western Australia, and the vast horizons of the outback come together in the Bungle Bungles, one of the most astonishing places anywhere in Australia. It's a place to switch off the engine and contemplate the blissful serenity of this spellbindingly beautiful place on **Trip 4: Kimberley Crossing**.

Trip

SA Wine Regions

Adelaide has three world-famous wine regions within two hours' drive: the Barossa Valley, for gutsy Germanic reds (**Trip 22: Adelaide Hills & the Barossa Valley**); McLaren Vale, renamed for its world-class Shiraz (**Trip 23: McLaren Vale & Kangaroo Island**); and the Clare Valley, for riesling and historic towns (**Trip 26: Clare Valley & the Flinders Ranges**).

Trips   24 26

Whale Watching

Wine and whales dominate **Trip 31: Western Australia's Southwest Coast**, one of Australia's most underrated coastlines, where it's not unusual to find yourself on a white-sand beach where the only footprints are your own. Spot whales migrating along the 'Humpback Highway', with Albany the ideal base for getting close.

Trips 32

17

Wilsons Prom

Mainland Australia's southernmost point and finest coastal national park, Wilsons Promontory ('The Prom') is heaven for bushwalkers, wildlife-watchers and surfers. The Victorian bushland and coastal scenery here is out of this world; even short walks from the main base at Tidal River will take you to beautiful beaches and bays. Drive **Trip 12: Gippsland & Wilsons Prom** for the best Prom views, then get out and walk.

Trip 12

Kosciuzsko National Park

The Australian alps may not reach the heights of their European counterparts, but they're intensely beautiful and accessible. **Trip 6: Snowy Mountains** weaves within sight of the best that Kosciuzsko National Park has to offer, with the Bradleys and O'Briens Hut one of those classic remote huts that inhabit Australia's High Country.

Trip 6

(left) **Wilsons Prom** The beach at Sealers Cove

(below) **Cradle Mountain** Tasmanian echidna

Cradle Mountain

A precipitous comb of rock carved out by millennia of ice and wind, crescent-shaped Cradle Mountain is the essence of wild Tasmania, a stirring mountain realm of extraordinary natural beauty. Wildlife here is abundant, there are numerous walks to all manner of beautiful corners and you can drive into the heart of the park as a stirring stop along **Trip 38: Western Wilds**.

Trip 38

BEST OF THE OUTBACK

Red Centre Uluru, Kings Canyon, Olgas – Australia's iconic heart. **Trip** 27

Mungo National Park Ancient, wind-sculpted land in southwest New South Wales. **Trip** 9

Outback Queensland Dry desert and the dense mangroves of the Gulf. **Trip** 21

Flinders Ranges Like a mini-Kimberleys in South Australia. **Trip** 26

Broome to Kununurra Kimberley to the north, deep desert to the south. **Trip** 4

19

IF YOU LIKE...

Kangaroo Island Meeting Australian icons

Wildlife

Australia is one of the world's leading wildlife-watching destinations. See koalas, kangaroos and all manner of Aussie creatures across the country, while the bravest among you may want to cage-swim with great white sharks. Whales, too, are a possibility, usually from May to October.

10 Great Ocean Road
Koalas at Kennett River, whales at Warrnambool and kangaroos at Anglesea.

23 McLaren Vale & Kangaroo Island Wildlife-rich Kangaroo Island has plenty of Aussie icons.

38 West Coast Wilderness Cradle Mountain is fabulous for wombats, pademelons, wallabies and echidnas.

29 Darwin & Kakadu
Croc-spotting and abundant birdlife at Kakadu and Mary River.

Historic Architecture

The early settlers to Australia built their structures to last, and 19th-century streetscapes are a feature of many small towns across the country, although it's predominantly in the east and south that you're likely to find the richest pickings.

35 Heritage Trail Stone-built towns line the roadside from Hobart to Launceston.

13 Victoria's Goldfields
Castlemaine, Maldon, Ballarat and the Maryborough train station mark the gold-rush past.

14 Great Alpine Road
Almost uniformly sandstone Beechworth glows golden in late afternoon.

8 New England Armidale is the pick of New England's heritage towns.

Wild Coastlines

With more than 35,000km of coastline, Australia has one of the longest coastlines on earth, and much of it is utterly spectacular, from remote beaches to dramatic sea cliffs that ward off the great emptiness.

33 Coral Coast to Broome The Ningaloo Reef, Broome's Cable Beach, the Dampier Peninsula...

19 Cairns & the Daintree
Dense rainforest crowds the coast at idyllic beaches like Cape Tribulation.

36 Tasman Peninsula
300m-high sea cliffs near Fortescue Bay.

31 Western Australia's Southwest Coast Whales in the vast Southern Ocean and a forested hinterland.

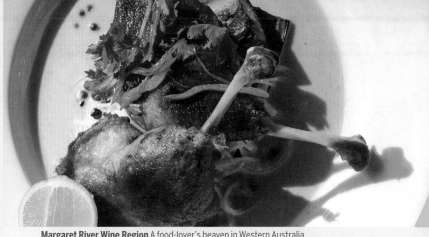

Margaret River Wine Region A food-lover's heaven in Western Australia

Food & Wine

Australia's gourmet food trail just keeps on getting better, and southern Australia's main foodie focal points are manifold. In addition to what follows, there's the better-known Barossa Valley, McLaren Vale, Clare Valley and so much more.

32 Margaret River Wine Region Where food-lovers plan to spend their entire holidays in Western Australia.

11 Mornington Peninsula Wines, markets and cellar-door restaurants on Melbourne's doorstep.

14 Great Alpine Road Victoria's Milawa Gourmet Region has mustards, cheeses, wines and more.

24 Limestone Coast & Coonawarra Southwestern SA's boutique wine region without the crowds.

Rainforest

Some of the oldest rainforests on earth inhabit Australia, but it's not just the preserve of the tropical north – cool temperate rainforests carpet much of Tasmania, while the Queensland and NSW coastal hinterlands also have vast stands of tall trees.

38 West Coast Wilderness Much of western Tasmania is dense rainforest, accessible from Strahan or Corinna.

19 Cairns & the Daintree Queensland's most celebrated rainforest right next to the sea.

8 New England A skywalk at Dorrigo National Park, part of the Gondwana Rainforests World Heritage Area in New South Wales.

17 Southern Queensland Loop Australia's largest remnant of subtropical rainforest.

Indigenous Culture

Australia's original inhabitants bring soul and perspective to so many corners of the land, and the traditional owners make wonderful companions for exploring areas of the north. Rock art tells an ancient story of Indigenous traditional ownership.

4 Kimberley Crossing Indigenous cultural tours, rock art and sacred places in the southern Kimberleys.

27 Uluru & the Red Centre The Red Centre is Australia's Aboriginal heartland.

20 Towards Cape York: Cairns to Cooktown Ancient rock art at Quinkan and Aboriginal-led adventures from Cooktown.

29 Darwin & Kakadu Rock art, modern art and cultural heritage tours at Kakadu.

CURRENCY
Australian dollar (A$)

MOBILE PHONES
European phones work on Australia's GSM network, but some American and Japanese phones won't. Use global roaming or a local SIM card and prepaid account. Telstra has the widest coverage.

INTERNET ACCESS
Wi-fi is widespread in urban areas, less so in remote Australia. There are relatively few internet cafes; try public libraries.

FUEL
Unleaded and diesel fuel widely available. Prices vary from $1.20 in cities to $2.20 in the outback. LPG is available at most but not all service stations at around $0.70 per litre.

RENTAL CARS
Avis (www.avis.com.au)
Budget (www.budget.com.au)
Europcar (www.europcar.com.au)
Hertz (www.hertz.com.au)

IMPORTANT NUMBERS
Emergencies ☏ 000
International Access Code ☏ 0011

Climate

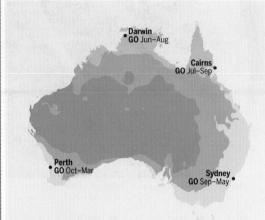

Darwin
GO Jun–Aug

Cairns
GO Jul–Sep

Perth
GO Oct–Mar

Sydney
GO Sep–May

Hobart
GO Dec–Apr

Desert, dry climate
Dry climate
Tropical climate, wet/dry seasons
Warm to hot summers, mild winters

When to Go

High Season (Dec–Feb)
» Summertime: local holidays, busy beaches and cricket.

» Prices rise 25% for big-city accommodation.

» Wet (and hence low) season in northern Western Australia, Northern Territory and northern Queensland.

Shoulder Season (Mar–May & Sep–Nov)
» Warm sun, clear skies, shorter queues.

» Easter (late March or early April) is busy with Aussie families on the loose.

» Autumn leaves are atmospheric in Victoria, Tasmania and South Australia.

Low Season (Jun–Aug)
» Cool rainy days down south; mild days and sunny skies up north.

» Lower tourist numbers (except in far north); attractions keep slightly shorter hours.

» Head for the desert, the tropical north or the snow.

Arriving in Australia

Sydney Airport

Bus Prebooked shuttle buses service city hotels (around $20).

Train AirportLink trains run to the city centre every 10 minutes from 5am to 1am ($14.30 plus regular train fare; 20 minutes).

Taxi A taxi into the city costs up to $55 (30 minutes).

Melbourne Airport

Bus SkyBus services (24-hour) run to the city (20 minutes), leaving every 10 to 30 minutes.

Taxi A taxi into the city costs $55 to $75 (25 minutes).

Brisbane Airport

Bus Prebooked shuttle buses service city hotels (from $20).

Train Airtrain trains run into the city centre (20 minutes) every 15 to 30 minutes from 5am to 10pm.

Taxi A taxi into the city costs $50 to $60 (25 minutes).

Opening Hours

Banks ⊙9.30am to 4pm Monday to Thursday, until 5pm Friday

Cafes ⊙7am to 4pm or 5pm

Petrol stations & roadhouses ⊙8am to 10pm

Pubs ⊙noon to 2pm and 6pm to 9pm (food); drinking hours until 11am or later

Restaurants ⊙noon to 2pm and 6pm to 9pm

Shops h10am to 5pm or 6pm Monday to Friday, until either noon or 5pm on Saturday and (in major cities and tourist towns) Sundays

Your Daily Budget

Budget: Less than $200

》Hostel dorm bed: $40

》Double room in a basic motel: $100–150

》Simple main meal: $15–20

》Short bus or tram ride: $5

Midrange: $200–350

》Double room in a B&B or hotel: $150–250

》Brunch in a good cafe: $25–40

》Small gig or show: $30

》Short taxi ride: $25

Top End: More than $350

》Double room in a top-end hotel: from $250

》Three-course meal in an upmarket restaurant: $125 per person

》Theatre or festival tickets: from $100 per person

》Domestic flight between two main cities: from $100

Eating

Cafes Good for breakfasts, coffee and light lunches.

Restaurants International and mod-Oz cuisine.

Pubs Well-priced bistro food.

Roadhouses No-nonsense outback meals.

Vegetarians Wide choice in cities, less so elsewhere.

$	less than $20
$$	$20–40
$$$	more than $40

Sleeping

B&Bs Often in restored heritage buildings.

Camping & Caravan Parks Most have sites and simple cabins.

Hostels Backpacker joints are found across the country.

Hotels From simple to upmarket.

Motels No-frills drive-in, affordable accommodation.

$	less than $200
$$	$200–$350
$$$	more than $350

ATMs & Credit Cards

ATMs widespread, but not always off the beaten track or in some small towns. Visa and MasterCard widely accepted.

Tipping

It's common (but not obligatory) to tip in restaurants if the service warrants it; 5% to 10% is the norm. Round up taxi fares.

Useful Websites

Lonely Planet (www.lonely planet.com/australia) Destination information, hotel bookings, traveller forum and more.

Tourism Australia (www. australia.com) Main government tourism site.

Australian Automobile Association (www.aaa.asn.au) Lists the state associations.

Parks Australia (www. environment.gov.au) Info on national parks and reserves.

For more, see Road Trip Essentials (p432).

CITY GUIDE

Sydney Opera House

SYDNEY

Sydney is big, brash and spectacular, its unmistakable glamour propelling it into the pantheon of the world's greatest cities. Its harbourside location speaks for itself, its culinary offering gets better with each passing year, and intimate, historic streets nicely complement the big-ticket attractions that won the city its fame.

Getting Around

Avoid driving in central Sydney if you can: there's a confusing one-way street system, parking's elusive and expensive, and parking inspectors, tolls and tow-away zones proliferate. Once you've ditched the car, the train system is the linchpin, with lines radiating out from Central Station. Ferries head around the harbour.

Parking

Sydney's private car parks are expensive (around $15 per hour); public car parks are more affordable (sometimes under $10 per hour). Street parking devours coins (from $2.50 to $8 per hour), although some take credit cards.

Where to Eat

Circular Quay and The Rocks are home to Sydney's best and priciest fine-dining restaurants. In the city centre, watch for all-hours dim sum. Atmospheric Paddington and Centennial Park are all gastropubs, chic cafes and white-linen restaurants.

Where to Stay

For the best transport links and possibly even a harbour view, Circular Quay, The Rocks and Sydney Harbour means most places are accessible on foot but prices are sky high. Bondi to Coogee is all about sand, surf and sexy bods and a slow bus ride to the city.

Useful Websites

Destination NSW (www. sydney.com) Official visitors' guide.

Time Out Sydney (www. timeout.com/sydney) What's On listings.

Lonely Planet (www. lonelyplanet.com/sydney) Destination information.

Trips Through Sydney 1 5

Melbourne Federation Square

MELBOURNE

Melbourne is one cool city. The culinary and coffee scene is widely considered to be the best and most diverse in Australia, while its arts and sporting scenes lie at the heart of its appeal. Abundant greenery, a revitalised riverbank and laneways with attitude round out an irresistible package.

Getting Around

Some of the major freeways have well-signposted toll sections. The 'City Loop' train line runs under the city, and trams in the Central Business District (CBD) are free. Buy a myki Explorer Pack ($15), which gets you one day's unlimited travel and discounts on various sights; available from the airport, Skybus terminal or the PTV Hub at Southern Cross Station.

Parking

Most street parking is metered ($3.20 to $5.50 per hour) and parking inspectors are vigilant in the CBD and inner suburbs; avoid the signposted 'Clearway' zones. There are plenty of (expensive) parking garages in the city; rates vary and some have cheaper weekend deals.

Where to Eat

The city centre and Southbank areas are awash with fabulous restaurants to suit all budgets; yum cha for Sunday lunch in Chinatown is a city institution. Carlton's Lygon St is famous for Italian restaurants, while Fitzroy and Brunswick have astonishing multicultural variety.

Where to Stay

Plenty of places in the city centre cover all price ranges and put you in the heart of the action. Other options are more far flung.

Useful Websites

Broadsheet Melbourne (www.broadsheet.com.au) The best eating, drinking and shopping spots

What's On Melbourne (https://whatson.melbourne.vic. gov.au) Event listings.

Visit Victoria (www. visitvictoria.com) Highlights events in Melbourne and Victoria.

Trips Through Melbourne 1

25

Perth Kings Park and the Central Business District

PERTH

Laid-back, liveable Perth has wonderful weather, beautiful beaches and an easy-going character. It's a sophisticated, cosmopolitan city with myriad bars, restaurants and cultural activities all vying for attention. When you want to chill out, it's easy to do so in the city's pristine parkland, bush and beaches.

Getting Around

Driving in the city takes practice as some streets are one way and many aren't signed. The metropolitan area is serviced by a wide network of Transperth buses (www.transperth. wa.gov.au) and three free Central Area Transit (CAT) services.

Parking

There are plenty of car-parking buildings in the central city but no free parks. For unmetered street parking you'll need to look well away from the main commercial strips and check the signs carefully.

Where to Eat

The happening neighbourhoods for cafes and restaurants are Northbridge, Leederville and Mt Lawley, and the city centre has options in the Brookfield Pl precinct on St George's Tce. Prices can be eye-watering, but it's still possible to eat cheaply, especially in the Little Asia section of William St, Northbridge.

Where to Stay

Perth is very spread out. Northbridge is backpacker/ boozer central, and can be noisy. The CBD and Northbridge are close to public transport. If you love the beach, consider staying there as public transport can be time-consuming.

Useful Websites

Heat Seeker (www. heatseeker.com.au) Gig guide and ticketing.

Perth Now (www.perthnow. com.au) Perth and Western Australia news and restaurant reviews.

Visit Perth (www.visitperth. com.au) City of Perth website with events, maps, sights, eats and drinks.

Trips Through
Perth 2 33

Brisbane South Bank Parklands

BRISBANE

If you've never been to Brisbane, you'll love it, and if you haven't been here for a while you'll be surprised. It's a diverse, happening and slightly eccentric city, a Queensland version of the sophisticated south but with nice weather and a refreshing lack of pretension.

Getting Around

A GPS unit could be your best friend: Brisbane's streets are convoluted. Thankfully, Brisbane has an excellent public-transport network (bus, train and ferry) run by Transurban (www.transurban.com).

Parking

There's ticketed two-hour parking on many streets in the CBD and the inner suburbs. During the day, parking is cheaper around South Bank and the West End than in the city centre, but it's free in the CBD during the evening.

Where to Eat

The city centre is the place for fine dining and coffee nooks. Fortitude Valley has cheap cafes and Chinatown. Nearby, New Farm has plenty of multicultural eateries, French-style cafes and award winners. Eclectic West End has many cheap multicultural diners and bohemian cafes. South Bank swings between mainstream and more pricey eats.

Where to Stay

Head for Spring Hill for peace and quiet; Fortitude Valley for party nights; Paddington for cafes and boutiques; Petrie Tce for hostels; gay-friendly New Farm for restaurants; and West End for bars and bookshops.

Useful Websites

Brisbane Visitor Information Centre (www.visitbrisbane.com.au) The low down on the city's attractions.

Queensland Holidays (www.queenslandholidays.com.au) Extensive Brisbane coverage: accommodation, attractions, events and day trips.

Courier-Mail (www.couriermail.com.au) Brisbane's daily paper: current affairs and plenty of rugby league.

Trips Through Brisbane 16 17 18

AUSTRALIA
BY REGION

Vast in scale and astonishingly diverse, Australia is a road-tripper's dream, with historic towns, Indigenous stories and unusual wildlife animating a canvas of jagged coastline, soulful outback and epic rainforests. Here's your guide to what each Australian region has to offer.

Northern Territory (p305)

There's a rougher edge, a frontier feel to the Territory, the Top End and Red Centre, a place where crocs lurk in the shallows and wildly beautiful landmarks – Uluru, Kata Tjuta, Kings Canyon, Kakadu, Litchfield National Park – provide a canvas for Aboriginal artists and guides alike.

Watch an Uluru sunset on Trip `27`

Admire Aboriginal art on Trip `28`

Western Australia (p345)

Australia's largest state has a suitably varied palette of ocean blue, vineyard green and outback red. The wine regions and forests of the southwest yield to world-class attractions – the Pinnacles, Ningaloo Reef, the Kimberleys, the Bungle Bungles – with wildlife and Indigenous culture recurring themes.

Indulge your inner foodie on Trip `32`

Hike remote gorges on Trip `33`

South Australia (p251)

Wines dominate much of the South Australian experience, with four premier wine regions providing a pleasurable focus for four road trips. Kangaroo Island and Port Lincoln are fabulous for wildlife, while Coober Pedy and the Flinders Ranges are unforgettable tastes of the outback.

Sample Barossa wines on Trip

Spot native wildlife on Trip

Queensland (p193)

The Great Barrier Reef shadows the coastline for more than 2000km, expansive rainforests are filled with wildlife and Indigenous stories, and the outback is a vast expanse of remote townships, dramatic landforms and big horizons. Down south, it's all about glitz, glamour and good times.

Spot whales on Trip 16

Snorkel the Great Barrier Reef on Trip 19

New South Wales & the Australian Capital Territory (p79)

Pretty seaside towns populate NSW's long and lovely coastline, then there's rainforests, world-class wine regions and Australia's highest peaks. Go a little further and you'll soon find yourself in the big-sky world of the outback.

Learn to surf on Trip

Climb a mountain on Trip 6

Victoria (p133)

Victoria's coastline rivals any on the continent, while its interior encompasses an exceptional portfolio of historic towns that struck it rich in the 19th century during the gold rush and riverboat trade. Throw in fine ski resorts and foodie towns and this is one of our favourite states.

Pan for gold on Trip 13

Ride a paddlesteamer on Trip

Tasmania (p383)

Tasmania is one of the last great wilderness regions on earth. Drama-filled landscapes extend from the Cradle Mountain ramparts to the sea cliffs of the Tasman Peninsula. Historic towns, a gourmet wine region and wildlife you'll find nowhere else round out a small but fantastic package.

Return to the 19th century on Trip 35

Walk with wombats on Trip

AUSTRALIA'S
Classic Trips

JOHN W BANAGAN/GETTY IMAGES ©

22

What is a Classic Trip?

All the trips in this book show you the best of Australia, but we've chosen eight as our all-time favourites. These are our Classic Trips – the ones that lead you to the best of the iconic sights, the top activities and unique Australian experiences. Turn the page to see our cross-regional Classic Trips, and look out for more Classic Trips throughout the book.

Above: The Barossa Valley (p255)
Left: The Great Ocean Road (p137)

MASTERSKY/SHUTTERSTOCK ©

Classic Trip

Sydney to Melbourne

You could zip down the Hume Hwy from Sydney to Melbourne, but this longer, slower and infinitely more beautiful coastal route follows some of the country's loveliest stretches of coastline.

1

TRIP HIGHLIGHTS

347 km

Narooma & Montague Island
Wildlife encounters abound in this beach town

197 km

Jervis Bay
The jewel in the NSW south coast's crown

START
Sydney

Wollongong

Nowra

3 Ulladulla

Batemans Bay

5

SOUTH PACIFIC OCEAN

452 km

Merimbula
Kangaroos on the beach, whales and dolphins in the water

7

FINISH
Melbourne

Bairnsdale   Orbost

Cann River

9

TASMAN SEA

Traralgon

Sale

Wilsons Promontory National Park

Mallacoota
Lovely inlet on the cusp of true wilderness

564 km

5–7 DAYS
1100KM / 683 MILES

GREAT FOR...

BEST TIME TO GO
November to March promises warm beach weather and a good chance of clear skies.

 ESSENTIAL PHOTO

White-sand beaches near Jervis Bay.

 BEST FOR FAMILIES

Wildlife around Merimbula includes kangaroos on the beach and passing whales in the spring.

Jervis Bay White sands and gum trees at Greenfield Beach

33

Classic Trip

1 Sydney to Melbourne

Australia's most popular stretch of its famous Route 1 shadows a stunning coastline, passing en route some pristine stands of tall-trees forest. Jervis Bay, Mallacoota and Cape Conran provide the most picturesque stretches of coastal wilderness, while Central Tilba charms with artistic finds, fine wine and cheese. For lovers of wildlife, there are koalas at Paynesville, seals and seabirds at Montague Island and kangaroos aplenty near Merimbula.

❶ Sydney

Sydney may be one of the world's most beguiling cities, but for our purposes it's merely the starting point of this classic coastal route to Melbourne.

The Drive » Drive south of Sydney along Rte 1. At Loftus, and not long after leaving Sydney's urban sprawl, take the turnoff for Bundeena and Royal National Park.

❷ Royal National Park

The coastal **Royal National Park** (☎02-9542 6000; www.nationalparks.nsw.gov.au; cars $12, pedestrians & cyclists free; ⏱ side roads 7am-8.30pm) protects almost 151 sq km of salt-water wetlands, subtropical rainforests and beaches lapped by azure waves. It's the world's second-oldest national park (1879) and its 32km of coast alternates between forbidding cliffs and inviting beaches. **Garie** and **Watta-molla** are two of the easier beaches to reach. Access roads close at 8.30pm and there's a $12 fee for vehicles. Side roads to the smaller beaches close at 8.30pm. Even if you don't get out and walk, Rte 68 loops through the park and is an utterly lovely drive.

The Drive » Make sure you take the coast road along the Sea Cliff Bridge that links Clifton with Stanford Park – you'll catch your breath as you cross the cantilevered bridge, hanging out over the water beneath high sea cliffs (there's a small car park allowing a pause for up-close views). There are more dramatic views on the approach to Wollongong. Later, after Kiama, take the Jervis Bay turnoff.

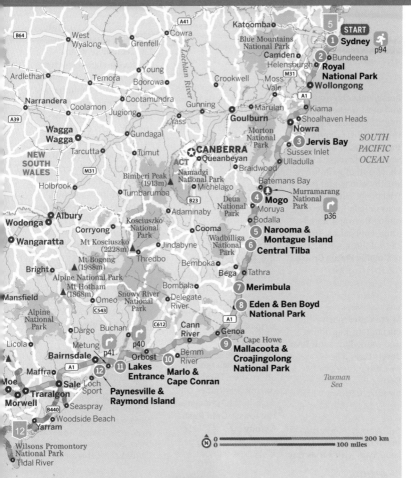

5 START
1 Sydney p94

2 Bundeena
Royal National Park
Wollongong

SOUTH PACIFIC OCEAN

3 Jervis Bay

4 Mogo p36

5 Narooma &
6 Montague Island
Central Tilba

7 Merimbula

8 Eden & Ben Boyd National Park

9 Mallacoota & Croajingolong National Park

Tasman Sea

10 Marlo & Cape Conran
11 Lakes Entrance
12 Paynesville & Raymond Island

p41 p40

0 200 km
0 100 miles

TRIP HIGHLIGHT

3 Jervis Bay

One of the NSW coast's unarguable highlights, this large, sheltered bay is immensely popular for its snow-white sand, crystal-line waters, national parks and frolicking dolphins. Seasonal visitors include droves of Sydney

---

LINK YOUR TRIP

5 Sydney to Byron Bay

If you've done Sydney–Melbourne in reverse, continue up the coast for 879km to Byron Bay.

12 Gippsland & Wilsons Prom

This route through Victoria's Gippsland region shares the Princes Hwy for part of the drive – detour to Phillip Island before arriving in Melbourne.

Classic Trip

holidaymakers (summer and most weekends) and migrating whales (May to November). **Jervis Bay National Park** (www. nationalparks.nsw.gov.au; 📷), chock-full of paddle-worthy waters and family-friendly beaches, begins near Callala Bay. Getting out on the water here is almost obligatory, from the wildlife-spotting trips of **Dolphin Watch Cruises** (📞02-4441 6311; www. dolphinwatch.com.au; 50 Owen St, Huskisson; 🕐 dolphin-/whale-watching tour $35/65; 📷) to closer marine-life encounters, like diving and snorkelling with **Dive Jervis Bay** (📞02-4441 5255; www.divejervisbay.com; 64 Owen St, Huskisson; 2 dives from $175, snorkelling trip $135; 🕐 office 10am-3pm Mon-Wed, 10am-5pm Thu & Fri, 8am-5pm Sat, 8am-5pm Sun). Just as much fun is grabbing some oars with **Jervis Bay**

Kayaks & Paddlesports
(📞02-4441 7157; www.jervisbay kayaks.com.au; 13 Hawke St, Huskisson; kayak hire 2hr/day from $39/69, bike hire 2hr/day $29/50, snorkel hire from $20, 2hr tours $59-79; 🕐 9.30am-4.30pm Mon & Wed-Fri, to 3pm Sat & Sun Dec-Feb, hours vary Mar-Nov; 📷).

🍴 🛏 p42

The Drive ≫ Return to the main highway, then turn south, passing through towns like Milton, Ulladulla and Batemans Bay on your way into Mogo.

---

④ Mogo

While Batemans Bay is the more popular place to linger along this section of the coast, Mogo, a historic strip of wooden houses with cafes and souvenir shops, makes an interesting and much quieter alternative. Established during Australia's gold rush in the 19th century, the town's **Gold Rush Colony** (📞02-4474 2123; www.goldrushcolony.com. au; 26 James St; adult/child

$25/15; 🕐 10am-4pm; 🅿 📷) recreates a pioneer village, complete with a tongue-in-cheek cemetery, an old saloon and displays of traditional spinning by kindly women in period costume. For kids, chasing the ducks comes second only to panning for gold. Moruya, 15km on, warrants a closer look for the beaches strung south of Moruya Heads, waterside restaurant **The River** (📞02-4474 5505; www.therivermoruya.com.au; 16 Church St; mains $26-37, 5-course degustation $100, with matching wines $130; 🕐 noon-2pm & 6-8pm Wed-Sat, noon-2pm Sun) and an outstanding historic B&B, the **Post & Telegraph** (📞02-4474 5745; pandtbb@ hotmail.com; cnr Page & Campbell Sts; s/d incl breakfast $130/160; 🅿 ❄ 🛜).

The Drive ≫ The road from Mogo meanders along the contours of the coastline, passing over Moruya's main bridge. Dense woodlands line the roadside into Narooma.

➤ DETOUR:
MURRAMARANG NATIONAL PARK

Start: ③ **Jervis Bay**

Surfing, kayaking, wildlife spotting...the wave-lashed shores of coastal Murramarang National Park offer a host of enticing beachside pastimes. The protected Murramarang Aboriginal Area is here, too, with its ancient middens and tool-making sites.

Walking trails snake off from the beaches, and a steep but enjoyable walk is up Durras Mountain (283m). To get here, take Rte 1 from Jervis Bay all the way past Ulladulla. At Termeil, turn left (southeast) towards Bawley Point and then follow the roads along the coast to Durras. In the park, many of the roads are pretty rough, but those to Durras, Durras Lake, Depot Beach and Durras North are all sealed, as is Mt Agony Rd to Pebbly Beach (but not Pebbly Beach Rd).

⑤ Narooma & Montague Island

Somnolent seaside town Narooma sits at an inlet, with surf beaches draped on either side. Uncommonly good wildlife encounters distinguish it from other beach towns, in particular at pristine **Montague Island (Barranguba)** (www.montagueisland.com.au). Divers and snorkellers leap onto boats bound for this pest-free island, plunging themselves into waters alive with fur seals that move through the depths with remarkable grace; **Underwater Safaris** (☑0415 805 479; www.underwatersafaris.com.au; 1/2 dives $80/120) is one eco-minded boat operator. Birdwatchers are also drawn to the island, gazing skyward to spot 90 avian species. Little penguins nest here, too, especially from September to February. Whales can be spotted offshore around the same time. Three-hour guided tours by national-park rangers explore the island's natural and human history; book ahead. Back in Narooma, take a swim at the southern end of **Bar Beach** or press on to resplendent **Mystery Bay**, where there's a barebones but prettily located **campground** (☑0428 622 357; www.mysterybaycampground.com.au; Mystery Bay Rd, Mystery Bay; adult/child $17/5).

 p42

The Drive 》 The road stays close to the coastline south of Narooma, but take the turnoff for Central Tilba soon after the road turns inland and head for the hills.

⑥ Central Tilba

One of Australia's best-preserved historic villages, Central Tilba aims to exude the same ambience as when it was a 19th-century gold-mining boom town...only with nicer cafes and a lot more souvenirs. Coffee places and craft shops fill the heritage buildings along Bate St. Behind the pub, walk up to the water tower for terrific views.

More interesting than Central Tilba's souvenir shops are the eye-catching wares at **Apma Creations** (☑0437 617 390; 17 Corkhill Dr; ☉10am-4pm), among them desert art, handicrafts and marvellous jewellery, all made by Aboriginal artists. Off the main street, **ABC Cheese Factory** (Tilba Real Dairy; ☑02-4473 7387; www.tilbarealdairy.com; 37 Bate St; ☉9am-5pm Oct-Apr, to 4pm May-Sep) produces dairy delights spiked with olives and local herbs; nibble a few samples before deciding. Rich cheese from the all-Jersey herds pairs nicely with a bottle of riesling from rustic **Tilba Valley Wines** (☑02-4473 7308; www.tilbavalleywines.com; 947 Old Hwy, Corunna; ☉wine tastings 11am-5pm, lunch noon-3pm), where there's a magnificent view of vines and plenty of grass where kids (and adults) can loll in the sunshine.

 p42

The Drive 》 From Central Tilba, take the coast road instead of Rte 1 wherever possible – via Bermagui, Mimosa Rocks, Tathra and Tura Beach – and stop regularly to take in the view.

⑦ Merimbula

Merimbula is one of those South Coast beach resorts to which families have been returning for decades. Part of its appeal lies in the long, golden beach and a lovely inlet, but there are also plenty of activities and an above-average selection of eateries. But best of all is the range of wildlife experiences. Go dolphin watching in the bay, or whale watching from mid-August to November, with **Merimbula Marina** (☑02-6495 1686; http://merimbulamarina.com; Merimbula jetty, Market St;). A conservation project has safeguarded wetlands at **Panboola** (☑0414 864 873; www.panboola.com; Bullara St, Pambula), which is threaded by all-abilities cycling and walking trails; look out for birdlife and, towards dusk, kangaroos. For an entirely different kind of wildlife, join **Captain Sponge's Magical Oyster Tours** (☑0429 453 545; www.magicaloystertours.com.au; Pambula; 2hr tour adult/child $60/30;) and glide around Pambula Lake learning a thing

Classic Trip

WHY THIS IS A CLASSIC TRIP
ANITA ISALSKA,
WRITER

It's hard to imagine a more crowd-pleasing road trip than the coastal route between Melbourne and Sydney. There are surf beaches and pioneer towns, huffing whales, gliding seals and somersaulting dolphins, water sports and hiking trails that rove into Aboriginal history. My detours always increase on the home stretch – I'll take any excuse to prolong a journey this heartbreakingly beautiful.

Above: Croajingolong National Park
Left: Montague Island seals
Right: Ben Boyd National Park

or two about molluscs. Groan-inducing gags, tranquil lake views and creamy, delicious oysters make this a winning outing.

✕ ⊨ p42

The Drive » There's no mystery about the route to Eden – just take Rte 1 for 26km.

----

⑧ Eden & Ben Boyd National Park

Eden's a sleepy place where often the only bustle is down at the wharf when the fishing boats come in. Migrating humpback whales and southern right whales can be seen feeding or resting in Twofold Bay during their southern migration back to Antarctic waters from late September to late November. Teach the kids to bellow 'Thar she blows!' upon a sighting, just as they did in the old whaling days. The town's whaling past and whale-watching present are laid bare at the **Killer Whale Museum** (☎02-6496 2094; www.killerwhalemuseum.com. au; 184 Imlay St; adult/child $10/2.50; ⊗9.15am-3.45pm Mon-Sat, 11.15am-3.45pm Sun), complete with the skeleton of the bay's celebrity cetacean. The wilderness barely pauses for breath in **Ben Boyd National Park** (www.nationalparks.nsw. gov.au; vehicle in southern/ northern section $8/free), two expanses of protected land on either side of Eden comprising almost

105 sq km. The northern section of the park, with striking ironstone cliffs and Aboriginal middens, can be accessed from the Princes Hwy north of Eden. The southern section's isolated beaches and historic buildings are reached by mainly gravel roads leading off sealed Edrom Rd, which leaves the Princes Hwy 19km south of Eden. At its southern tip, the elegant 1883 **Green Cape Lightstation** (02-6495 5000; www.nationalparks.nsw.gov. au; Green Cape Rd; tours adult/ child/family $12/6/30) offers awesome views.

p43

The Drive » South of Eden, the Pacific Hwy leaves the coast and cuts inland, crossing into

Victoria deep in forest. The traffic thins and settlements are tiny to nonexistent for much of the way. Soon after crossing the state border, at Genoa, take the Mallacoota turnoff.

TRIP HIGHLIGHT

9 Mallacoota & Croajingolong National Park

The most easterly town in the state of Victoria, Mallacoota roosts by a vast inlet, flanked by **Croajingolong National Park**'s rolling dunes and hills. The rewards for coming this far are as diverse as ocean-surf beaches, quiet swimming spots and kangaroos galore. Croajingolong is one of Australia's finest coastal wilderness national parks and covers 875 sq km, stretching for about 100km from the village of Bemm River to the NSW border. Windswept Gabo Island, 14km offshore, is

crowned with an operating lighthouse and has one of the world's largest colonies of little penguins. Get there by boat with **Wilderness Coast Ocean Charters** (0417 398 068).

p43

The Drive » Return the 22km northwest back up the road to the Princes Hwy, turn left, then drive all the way down through Cann River. Just past Orbost, take the 15km road south to Marlo.

10 Marlo & Cape Conran

The quiet seaside town of Marlo snoozes at the mouth of the Snowy River. Picturesque and popular with anglers, it's especially beloved as the gateway to the **Cape Conran** (03-5154 8438; www.parkweb.vic. gov.au; cabins $180.40-189.30) section of what is known as the Wilderness Coast. This blissfully undeveloped part of the coast is

DETOUR: BUCHAN CAVES

Start: 10 **Marlo**

The sleepy town of Buchan, in the foothills of the Snowy Mountains, is famous for the intricate cave system at the **Buchan Caves** (13 19 63; www.parks.vic.gov. au; Caves Rd; tours adult/child/family $22.80/13/63.10, 2 caves $34.20/19.80/94.20; tours 10am, 11.15am, 1pm, 2.15pm & 3.30pm, hours vary seasonally), open to visitors for over a century. Underground rivers cutting through ancient limestone formed the caves and caverns, and they provided shelter for Aboriginal Australians as far back as 18,000 years ago. Parks Victoria runs guided tours daily, alternating between the equally impressive **Royal** and **Fairy Caves**. Royal has more colour and a higher chamber; Fairy has dainty stalactites (fairy sightings not guaranteed). The rangers also offer hard-hat guided tours to the less-developed **Federal Cave** during high season. The reserve itself is a pretty spot, with shaded picnic areas, walking tracks and grazing kangaroos. Invigoration is guaranteed when taking a dip in the icy **rock pool**.

one of Gippsland's most beautiful corners, with long stretches of remote white-sand beach. The 19km coastal route from Marlo to Cape Conran is particularly pretty, bordered by banksia trees, grass plains, sand dunes and the ocean.

The Drive » It's back to the Princes Hwy again, then it's 59km from Orbost into Lakes Entrance.

----

⑪ Lakes Entrance

Lakes Entrance has a certain trashy charm, which is forgivable because the setting is just lovely. A number of lookouts watch over town from the neighbouring hilltops (ask at the Lakes Entrance visitor centre for directions), and a footbridge crosses the shallow Cunninghame Arm waterway separating the town from the crashing ocean beaches. On the other side, climb over the dunes covered with coastal heath and down onto peerless **Ninety Mile Beach**, with its crashing waves and endless sand. There are also boat cruises and some terrific places to eat, with the freshest local seafood a speciality.

 p43

The Drive » Rte 1 loops up and out of town heading west – don't miss the Jemmy's Point Lookout on the way out of town. The turnoff to Paynesville is at Lucknow on the Princes Hwy.

DETOUR:
METUNG

Start: ⑪ **Lakes Entrance**

Dubbed the 'Gippsland Riviera' by locals, postcard-perfect Metung is wrapped around Bancroft Bay. One of the Lakes District's most attractive little towns, Metung has developed a niche appeal as the sophisticated alter ego to the clamour of Lakes Entrance. Suitably, there are some excellent places to eat here, among them **Bancroft Bites** (☎03-5156 2854; www.bancroftbites.com.au; 2/57 Metung Rd; breakfast $9.50-19, mains $9.50-33; ⊘8am-4pm Thu-Tue) and the **Metung Hotel** (☎03-5156 2206; www.metunghotel.com.au; 1 Kurnai Ave; mains $13.50-35; ⊘kitchen noon-2pm & 6-8pm, pub 11am-late; 🛜). To get here, take Rte 1 northwest out of Lakes Entrance for 16km. At Swan Reach, turn off south for the 8km into Metung.

⑫ Paynesville & Raymond Island

Paynesville feels a million miles from the busy coast road. Down here, water dictates the pace of life: some residents have boats moored right outside their houses on purpose-built canals. Foodies will want to make a booking for the acclaimed Sardine Eatery (p43), an unpretentious fine-dining restaurant run by the former chef at the acclaimed Vue de Monde. A good reason to detour here is to take the ferry on the five-minute hop across to **Raymond Island** for some koala spotting. There's a large colony of koalas here, mostly relocated from Phillip Island in the 1950s. The flat-bottom car and passenger ferry operates every 20 minutes from 6.40am to midnight and

is free for pedestrians and cyclists; cars cost $13 and motorcycles are $6. If you happen to be here on the last weekend in February, the popular **Paynesville Music Festival** (www.paynesvillemusicfestival.com.au; ⊘Feb) is outstanding.

✕ p43

The Drive » Return to the main highway and set your sights on Melbourne, 298km away. The reason is simple: the best of the road is behind you, and the final crossing of Gippsland has very little to recommend it.

----

⑬ Melbourne

The cosmopolitan charms of Melbourne await you at journey's end. This artsy city could be the starting point of a new journey, but it's a fabulous destination in its own right, with ample attractions to satisfy architecture, food and sporting buffs. (p25)

Eating & Sleeping

Jervis Bay ③

✖ Wild Ginger
Asian $$

(☎02-4441 5577; www.wild-ginger.com.au; 42 Owen St, Huskisson; mains $33; ⏱3-11pm Tue-Sun; 🐾📶) Huskisson's most sophisticated restaurant, Wild Ginger is a showcase of flavours complemented by trendy decor and outdoor seating. Aroma-packed dishes dabble in recipes from Thailand, across Southeast Asia and Japan, like chilli-jam prawns, basil-tinged chicken green curry and barramundi in ginger and onion. Service isn't always slick, but a suave cocktail menu and local-leaning wine list complete an appealing package.

🛏 Holiday Haven Huskisson Beach
Campground $

(☎02-4406 2040; www.holidayhaven.com.au/huskisson-beach; 17a Beach St, Huskisson; unpowered/powered sites per 2 people from $50/65, cabins $115-270; 🅿🐾📶🏊) One of two properties run by the same company in Huskisson, this has a wide range of cabins in a likeable beachfront location. It's a good place for families, with an instant social life for your kids in summer, plus a playground and tennis court. With playful rosellas darting around the site and an appealing pool, you'll even forgive the astroturf.

Narooma ⑤

✖ Quarterdeck Marina
Cafe, Seafood $$

(☎02-4476 2723; www.quarterdecknarooma.com.au; 13 Riverside Dr; mains $24-35; ⏱10am-4pm Thu, 10am-8pm Fri, 10am-3pm & 6-8pm Sat, 8am-3pm Sun; 📶) The service is effusive, the seafood's superb, and you couldn't dream up a prettier view: pelicans playing in the crystalline waters of Forsters Bay. Whether or not you're enjoying oysters, lime-buttered scallops or Cajun-spiced catch of the day, Quarterdeck's tiki-bar theme and programme of live music make it an essential stop.

🛏 Whale Motor Inn
Motel $

(☎02-4476 2411; www.whalemotorinn.com; 102 Wagonga St; d from $135, ste $170-215; 🅿❄📶🏊) From the balcony views to the comfy beds and tasteful splashes of colour, the Whale is a standout among Narooma's many motels. 'Premier' rooms are a real bargain, capacious and modern, while suites add lounges and kitchenettes. Zany decorative details increase the fun, as do the lounge bar and pool.

Central Tilba ⑥

🛏 Bryn at Tilba
B&B $$

(☎02-4473 7385; www.thebrynattilba.com.au; 91 Punkalla-Tilba Rd, Central Tilba; r $260-305; 🅿📶) Follow Central Tilba's main street 1km out of town to this fabulous building that sits on a green-lawned hillside. It's a lovely, peaceful spot with expansive views from the rooms and wide verandah. Three rooms with hardwood floors, a light, airy feel and characterful bathrooms share sumptuous common spaces; there's also a separate self-contained cottage.

Merimbula ⑦

✖ Wheelers
Seafood $$

(☎02-6495 6330; www.wheelersoysters.com.au; 162 Arthur Kaine Dr, Pambula; 12 oysters from shop $15-18, restaurant mains $26-42; ⏱shop 10am-5pm Sun-Thu, 10am-6pm Fri & Sat, restaurant noon-2.30pm daily, 6pm-late Mon-Sat; 🖊📶) At this oyster emporium and fine-dining restaurant between Merimbula and Pambula the cherished molluscs can be slurped casually from the takeaway or enjoyed with inventive garnishes (prosecco foam, wasabi aioli) in the restaurant. Beyond house-smoked fish and seafood chowder, nonpescatarians can feast on tremendous steaks and rich risottos. Tours of the oyster farm depart 11am Tuesday to Saturday ($22, 45 minutes).

🛏 Sapphire Waters Motor Inn
Motel $

(📞02-6495 1999; www.merimbulamotel.com.au; 32-24 Merimbula Dr, Merimbula; d from $145; 🅿❄🛜🛝) Resembling a row of terraced houses in England more than a motel, Sapphire Waters has ample rooms (more like suites, with separate living areas) featuring fresh decor, balconies and good shower pressure.

Eden ❽

🍴 Drift
Seafood, Australian $$

(📞02-6496 3392; www.drifteden.com.au; Main Wharf, 253 Imlay St; snacks & share plates $9-36, mains $18-30; 🕑5-11pm Mon-Thu, 4pm-midnight Sat & Sun; 🛜) Eden mussels, Tilba cheeses and Gippsland wines find their perfect setting in this upper-floor restaurant overlooking the wharf. The funky soundtrack and mood lighting feel a little too trendy for Eden (and it's pricey by local standards), but it serves up refreshing gin-and-tonic oysters, thoughtfully garnished mains and a charcuterie board assembled from the best of the **smokehouse** (📞02-6496 2331; www.edensmokehouse.com.au; 18-20 Weecoon St; 🕑7.30am-4pm Mon, Tue, Thu & Fri) across the road.

🛏 Snug Cove
B&B $

(📞02-6496 3123; http://snugcove.com.au; 25 Victoria Tce; incl breakfast s $120-160, d $150-220; 🅿🛜) Is it baroque, Balinese or pirate themed? It might be all three. Snug Cove's eclectic decor succeeds in its mission to make guests smile. Between the mirrored tiles, shipwreck chic and ornamental birdcages are comfortable, individually styled rooms sharing a deck.

Mallacoota ❾

🍴 Lucy's
Asian $$

(📞03-5158 0666; 64 Maurice Ave; mains $8-28; 🕑8am-8pm) Lucy's is popular for delicious and great-value homemade rice noodles with chicken, prawn or abalone, as well as dumplings stuffed with ingredients from the garden. Cash only, and order at the counter; be prepared for pandemonium when things get busy.

🛏 Adobe Abodes
Apartment $

(📞0499 777 968; www.adobeabodes.com.au; 17-19 Karbeethong Ave; q $110-150) These handmade mud-brick units are something special. With an emphasis on recycling and ecofriendliness, the whimsical flats (sleeping up to four) have solar hot water, and guests are encouraged to compost their kitchen scraps. The apartments are comfortable and well equipped, and come with wonderful water views and welcome baskets of wine and chocolate. BYO linen and towels.

Lakes Entrance ⓫

🍴 Ferryman's Seafood Cafe
Seafood $$

(📞03-5155 3000; www.ferrymans.com.au; Middle Harbour, The Esplanade; mains $20-33; 🕑noon-3pm & 6pm-late Thu-Mon) It's hard to beat the ambience of dining on the deck of this floating cafe-restaurant (an old Paynesville–Raymond Island passenger ferry), which will fill you to the gills with fish and seafood dishes. The seafood pie, fish and chips, and seafood platter ($77) are popular orders.

🛏 Kalimna Woods
Cottage $

(📞03-5155 1957; www.kalimnawoods.com.au; Kalimna Jetty Rd; d $144-169; ❄🛜) Retreat 2km from town to Kalimna Woods, set on a large bush-garden property complete with friendly resident sugar gliders and parrots. The self-contained country-style cottages (some with spas) are spacious, private and cosy, and come with barbecues and wood-burning fireplaces.

Paynesville ⓬

🍴 Sardine Eatery & Bar
Gastronomy $$

(📞03-5156 7135; www.sardineeaterybar.com; 3/69a The Esplanade; small plates $6-22, larger dishes $24-34; 🕑noon-9pm Tue-Sun) Don't miss the opportunity to treat yourself at Gippsland's only restaurant to be awarded a coveted *Good Food Guide* chef's hat. Opened by the former head chef at the celebrated Vue de monde, Sardine offers casual fine dining, with a tasty menu of regional, sustainable produce that's big on local fish and seafood.

Classic Trip

2

Across the Nullarbor

Truly an epic, this crossing of Australia from Port Augusta to Perth is long and either rich in interest or utterly monotonous, depending on your perspective. We prefer the former.

TRIP HIGHLIGHTS

1853 km

Kalgoorlie-Boulder
Australia's premier outback town

FINISH
Perth

⑫ Kambalda Madura

⑪ Balladonia

Border Village ④ Nundroo

START
Port Augusta

Norseman
Like an oasis after the great crossing

1668 km

Head of Bight
Stunning coastline, plus whales from May to October

760 km

5–7 DAYS
2493KM / 1549 MILES

GREAT FOR...

BEST TIME TO GO

April to October – best for the mildest temperatures, but this route is possible year-round.

The sign '90 Mile Straight: Australia's Longest Straight Road (146.6km)'.

Watch for whales amid the epic beauty of Head of Bight.

The Nullarbor Australia's vast outback crossing

45

Classic Trip

2 Across the Nullarbor

'Crossing the Nullarbor' is about the journey as much as the destination, so relax and enjoy the big skies and endless horizons. The Nullarbor is a vast, treeless desert, dotted with a few tiny settlements and roadhouses, its roadsides speckled with spinifex. The full effect begins after Ceduna, while Head of Bight and Kalgoorlie are first-rate attractions, and not only because it will take you so long to reach them.

① Port Augusta

Utilitarian, frontier-like Port Augusta (population 13,810) is where your journey begins – it's the last town of any size before you reach Perth. Port Augusta is known as the 'Crossroads of Australia': from here, highways and railways roll west across the Nullarbor into WA, north to the Flinders Ranges or Darwin, south to Adelaide or Port Lincoln, and east to Sydney. Not a bad position! The old town centre has considerable appeal, with some elegant old buildings and a revitalised waterfront: locals cast lines into the Spencer Gulf as the local kids backflip off jetties. **Wadlata Outback Centre** (☏08-8641 9193; www.wadlata.sa.gov.au; 41 Flinders Tce, Port Augusta; adult/child/family $22/13/46; ⏰9am-5pm Mon-Fri, 10am-4pm Sat & Sun) is a good place to start your explorations – a combined museum/

LINK YOUR TRIP

3 **Alice Springs to Adelaide**

Port Augusta is Stop 7 on the Alice to Adelaide trip (1500km), and the start/end point of the Nullarbor crossing.

31 **Western Australia's Southwest Coast**

There are three ways to begin Trip 31 – Perth to Bunbury (173km), Wave Rock to Ravensthorpe (195km) or Norseman to Esperance (202km).

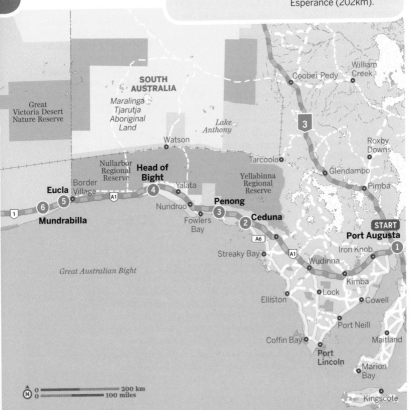

47

visitor centre. Inside, the 'Tunnel of Time' traces local Aboriginal and European histories using audiovisual displays, interactive exhibits and a distressingly big snake. Just north of town, the excellent (and free!) Australian Arid Lands Botanic Garden (p66) has 250 hectares of sandhills, clay flats and desert fauna and flora (ever seen a Sturt's Desert Pea?). Explore on your own – established walking trails run from 500m to 4.5km – or take a guided tour (10am Monday to Friday). To get a fix on the town's geography, climb to the top of the **Water Tower Lookout** (cnr Mitchell Tce & Mildred St, Port Augusta West; ☺daylight hours) in Port Augusta West. Not for the weak-kneed (see-through metal steps!), this 1882 turret affords a great view across the gulf and back to the town centre. Alter-

natively, 90-minute **Port Augusta Guided Walking Tours** (☎0439 883 180; www.destinationtown.com.au; departs Wadlata Outback Centre, 41 Flinders Tce, Port Augusta; adult/concession/child $25/20/free; ☺9.30am Mon, Wed & Fri) depart the visitor centre.

✕ 🛏 p56; p66

The Drive » From Port Augusta, the Eyre Hwy (A1) crosses the gargantuan Eyre Peninsula. Looping down to the southwest then veering northwest, the highway shadows the coastline of the Great Australian Bight, whose shores the road finally reaches at Ceduna, 497km after leaving Port Augusta. This is big-sky wheat-farming country: the towns along the highway are uncomplicated and functional.

----

② Ceduna

Despite the locals' best intentions, Ceduna remains a raggedy fishing town that just can't shake its tag as a blow-through pit stop en route to WA (there are *five* caravan parks here). But the local oysters love it! **Oysterfest** (www.facebook.com/cedunaoysterfest;

☺Sep/Oct) is the undisputed king of Australian oyster parties. The rest of the year, slurp a few salty bivalves at the Ceduna Oyster Bar (p56). On a different tack, **Thevenard** (Thevenard Rd, Ceduna; 24hr) is Ceduna's photogenic port suburb, on the peninsula south of town. The area delivers a gritty dose of hard-luck, weather-beaten atmospheria, with boarded-up shops, a pub with barred windows, dusty old iron-clad shacks... all loomed-over by the massive silos next to the pier. If you're a painter or writer, this is fertile fuel for the imagination! Back in town, take a look at the sea-inspired works of local Indigenous artists at the casual **Ceduna Arts & Culture Centre** (CAACC; ☎08-8625 2487; www.artsceduna.com.au; 2 Eyre Hwy, Ceduna; ☺9am-5pm Mon-Fri). If you're heading west in whale season (May to October), Ceduna is also the place for updates on sightings at Head of Bight.

✕ 🛏 p56

GULLIVER'S TRAVELS IN CEDUNA?

According to map coordinates in Jonathan Swift's famous 1726 novel *Gulliver's Travels*, the islands of St Peter and St Francis, a few kilometres off the coast of Ceduna in the Nuyts Archipelago, are where the tiny folk of Lilliput reside. While we can neither confirm nor deny this possibility, it's likely Swift drew inspiration from the adventures of the 158 Dutch sailors aboard the *Gulden Zeepaert*, which sailed through these waters in 1627. You can gaze out at these inspirational islands from the lookout at Thevenard, Ceduna's raffish port suburb south of town.

The Drive » Hit the highway and revel in the fact that there's the odd settlement by the roadside. Penong is 72km (the mere blink of a Nullarbor eye...) northwest of Ceduna.

---

③ Penong

Turn off the highway at **Penong** (the 'Town of Windmills'; population 200), and follow the 21km dirt road to Point Sinclair and **Cactus Beach**, which has three of Australia's most famous surf breaks. Caves is a wicked right-hand break for experienced surfers (locals don't take too kindly to tourists dropping in). There's basic bush camping on private property close to the breaks (per vehicle $15); BYO drinking water.

The Drive » Return 21km to the main highway, turn left and charge straight on through. Wheat and sheep paddocks line the road to Nundroo, after which you're in mallee scrub for another 100km. Around 20km later, the trees thin to low bluebush as you enter the true Nullarbor (Latin for 'no trees').

TRIP HIGHLIGHT

④ Head of Bight

The viewing platforms at **Head of Bight** (✆08-8625 6201; www.headofbight.com. au; off Eyre Hwy, Nullarbor; adult/child/family Jun-Oct $15/6/35, Nov-May $7/5/14; ☺8am-5pm Jun-Oct, 8.30am-4pm Nov-May) overlook a major southern-right-whale breeding ground. Whales migrate here from Antarctica, and you can see them cavorting from May to October. The breeding area is protected by the 45,822-sq-km **Great Australian Bight Commonwealth Marine Reserve** (✆1800 069 352; www.parksaustralia. gov.au/marine/parks/south-west/great-australian-bight; ☺24hr), the world's second-largest marine park after the Great Barrier Reef. There's also 80% of the world's population of Australian sea lions living here. Head of Bight is a part of the **Yalata Indigenous Protected Area** (www. yalata.org). Pay your entry fee and get the latest whale information from the info centre. The signposted turnoff is 15km east of the Nullarbor Roadhouse. (p56) While you're in the area, look at the signposted coastal lookouts along the top of the 80m-high **Bunda Cliffs**, and check out **Murrawijinie Cave**, a large overhang behind the Roadhouse.

🛏 p56

The Drive » From the Head of Bight viewing area, it's 11km back to the main highway, then 15km to the Nullarbor Roadhouse. You'll then start to lose track of space, time and distance along the 197km to Eucla across the Western Australian border.

---

⑤ Eucla

Just 13km into Western Australia, tiny Eucla is surrounded by stunning sand dunes and pristine beaches. It was once home to a booming population of 100 people and the busiest rural telegraph station in Australia. You can visit the atmospheric ruins of the 1877 telegraph station, 5km south of town and gradually being engulfed by the dunes; the remains of the old jetty are a 15-minute walk beyond.

The Drive » It's 66km from Eucla to Mundrabilla through an endless red plain, with spinifex and the occasional 'roo.

---

⑥ Mundrabilla

After waving goodbye to Eucla, the first stop of any note (and yes, it is all relative out here) is Mundrabilla, consisting of a roadhouse, caravan park, and part of the Nullarbor Links gold course. You'll like this place even more when you learn that the **Mundrabilla Motel Hotel** (✆08-9039 3465; www. mundrabillaroadhouse.com.au; Eyre Hwy; unpowered/powered site $8/20, r/f $105/125; P ❄) has the cheapest fuel prices on the Nullarbor, as well as a characterful pub, perfect for a cold beer and a heaped plate of pub grub. And did you know that Australia's biggest meteorite was found nearby, weighing a whopping 10 tonnes?

WHY THIS IS A CLASSIC TRIP
ANNA KAMINSKI, WRITER

There's an almost meditative quality to traversing the endless red plain. You get excited about the little things – a cold shower, a rough-and-ready roadhouse in the middle of nowhere. It's the whales frolicking offshore at Head of Bight, it's driving the straightest road on the planet, it's Wave Rock. By the time you reach Kalgoorlie-Boulder, you've crossed the Nullarbor, and feel a tremendous sense of accomplishment.

Above: Wave Rock
Left: Kalgoorlie's historic buildings
Right: Whales off the Head of Bight

DOMINIC GRIMM/GETTY IMAGES ©

The Drive » Count on 116km from Mundrabilla to Madura.

----

7 Madura

A little bit larger than Mundrabilla (there's even an airstrip here!), Madura – a 19th century stud farm serving British troops in India with cavalry horses – sits astride the spectacular Hampton Tablelands. The best of the scenery – semi-arid woodland sloping down off the escarpment, towards the Roe Plains and the Southern Ocean in the distance – is visible from along the road that rises up and over the Madura Pass. It's a stretch of road you'll remember, not least because so much of the rest of this road is flat, flat, flat... The **Madura Pass Oasis Inn** (08-9039 3464; maduraoasis@bigpond.com; Eyre Hwy; unpowered/powered site $15/25, budget/standard r $70/130; P ❄ ⚲ ⚲) has a very welcome pool.

The Drive » From Madura, it's a mere 91km to that gloriously named Cocklebiddy.

----

8 Cocklebiddy

A welcome scattering of buildings amid scrubland, Cocklebiddy was originally established as an Aboriginal mission. Some 4km east, a short walking track just off the highway leads to the Chapel Rock formation, giving you a chance

CROSS-REGIONAL CLASSIC TRIPS **2** ACROSS THE NULLARBOR

to stretch your legs. If you're in a 4WD, you might consider driving 32km south of Cocklebiddy to the Twilight Cove on the coast – a great spot for whale watching and a favourite of the local fishing community.

The Drive ❯❯ It's an uneventful 66km stretch from Cocklebiddy to Caiguna.

- - - - - - - - - - - - - - - - -

⑨ Caiguna

Consisting of a petrol station, roadhouse and airstrip, Caiguna itself is not a place you're likely to linger, especially as the **John Eyre Motel** (☎08-9039 3459; caigunarh@bigpond.com; Eyre Hwy; unpowered/powered site $25/30, r $140; ❄) has the most expensive petrol on the Nullarbor and the welcome is less than

congenial. It's well worth stopping at the **Caiguna Blowhole**, however (follow the signs 5km west of Caiguna). There you can hear the eerie howl of the sea as giant spouts of water are forced upwards through the rock.

The Drive ❯❯ The 181km drive from Caiguna to Balladonia includes the '90 Mile Straight' – Australia's longest stretch of straight road (146.6km) – it's arguably the Nullarbor's most famous stretch of tarmac.

- - - - - - - - - - - - - - - - -

⑩ Balladonia

At Balladonia, loosely translated from an Aboriginal word meaning 'big red rock', the **Balladonia Hotel Motel** (☎08-9039 3453; www.balladoniahotelmotel.com.au; Eyre Hwy; unpowered/powered site $30/40, backpacker s/d $55/100, motel r $150-170; ❄ @ ❄) has a small museum. The star exhibit here is the debris from Skylab's 1979 return to earth that landed 40km east at the Woorlba

Sheep Station. When Skylab's descent was imminent, there was much fear-mongering about the devastation it would cause. With all due deference to the good folk of Balladonia, it is difficult to imagine that it caused anything more than a ripple in the heat haze out here...

The Drive ❯❯ It's 191km from Balladonia to Norseman. Close to the halfway mark is Fraser Range Station with heritage buildings, scenic bush walks and a camping ground. Near Norseman, the interminable red dirt and spinifex give way to the silver gums and eucalyptus-studded granite hills of the Fraser Range.

- - - - - - - - - - - - - - - - -

TRIP HIGHLIGHT

⑪ Norseman

You'll be almost dizzy with relief (or regret if the Nullarbor has you in its thrall) and with choice when you arrive in oasis-like, tree-studded Norseman. From this crossroads township you could head south to Esperance, north to Kalgoorlie, westwards to Hyden and Wave Rock, or east across the Nullarbor. Stretch your legs at the **Beacon Hill Mararoa Lookout**, where there's a walking trail, stop at the **Historical Museum** (Battery Rd; adult/child $3/2; ◷10am-1pm Mon-Sat) and check out the stunning local photography at the Gallery of Splendid Isolation. Pick up the **Dundas**

DETOUR: BAXTER CLIFFS

Start: ⑨ **Caiguna**

Experienced 4WD drivers shouldn't miss out on seeing the Baxter Cliffs – among the most spectacular in the world, reachable via a rough 4WD track some 25km south of Caiguna. There, overlooking the Southern Ocean, is a memorial to John Baxter, John Eyre's overseer, who took part in the latter's historic east–west crossing of Australia. Baxter was murdered on the 29th April 1841.

DETOUR:
WAVE ROCK

Start: ⓫ **Norseman**

Only on the Nullarbor would a 600km round trip be called a detour...

Large granite outcrops dot the central and southern wheat belts, and the most famous of these is the multicoloured cresting swell of **Wave Rock**, 350km from Perth and 300km from Norseman. Formed some 60 million years ago by weathering and water erosion, Wave Rock is streaked with colours created by run-off from local mineral springs. To get the most out of Wave Rock, obtain the *Walk Trails at Wave Rock and The Humps* brochure from the **visitor centre** (☏08-9880 5182; www.waverock.com.au; Wave Rock Rd, Wave Rock; ⏱9am-5pm). Park at Hippos Yawn (no fee) and follow the shady track back along the rock base to Wave Rock (1km). The road to Wave Rock from Norseman is unsealed, but suitable for 2WD vehicles in dry conditions. Check at Norseman before setting out.

The superb **Mulkas Cave and the Humps** are a further 16km from Wave Rock. Mulkas Cave, an easy stroll from the car park, is an important rock-art site with over 450 stencils and hand prints. The more adventurous can choose from two walking tracks. The **Kalari Trail** (1.6km return) climbs up onto a huge granite outcrop (one of the Humps) with excellent views, somehow wilder and more impressive than Wave Rock, while the **Gnamma Trail** (1.2km return) stays low and investigates natural waterholes with panels explaining Noongar culture.

Coach Road Heritage Trail brochure, for a 50km loop drive with interpretive panels. The **Great Western Motel** (☏08-9039 1633; www.norsemangreat westernmotel.com.au; McIvor St; r $119-139, f from $179; ❄ ⊛) and Gateway Caravan Park (p57) are the pick of Norseman's lodgings, and you can treat yourself to authentic Thai food at the Full Moon Cafe (p57).

✕ ⊨ p57

The Drive » After the distances you've crossed, the 187km trip into Kalgoorlie (via Kambalda) will seem very short indeed. Take the Coolgardie–Esperance Hwy north for 111km, then take the Kalgoorlie-Boulder turnoff.

TRIP HIGHLIGHT

⓬ Kalgoorlie-Boulder

With well-preserved historic buildings left over from the 1890s gold rush, Kalgoorlie-Boulder is still the centre for mining in this part of the state, flanked by a vast, open-pit gold mine that you can peer into from the **Super Pit Lookout** (www.superpit. com.au/community/lookout; Outram St; ⏱7am-7pm). Historically, mine workers would come straight to town to spend up at Kalgoorlie's infamous brothels, or at pubs staffed by 'skimpies' (scantily clad female

bar staff). Today 'Kal' is definitely more family-friendly – mine workers must reside in town and cannot be transient 'fly-in, fly-out' labour. It still feels a bit like the Wild West though, and the heritage pubs and 'skimpy' bar staff are reminders of a more turbulent past. Mine tours by **Kalgoorlie Tours & Charters** (☏1800 620 441; www.kalgoorlietours.com. au; 250 Hannan St; 2½hr tour adult/child $75/45), town and outback tours with **Goldrush Tours** (☏08-9092 6000; www.goldrush tours.com.au; 19 Epis St; day tours $50-160) and brothel tours by **Questa Casa** (☏08-9021 4897; www. questacasa.com; 133 Hay St;

tours $25; ☺3pm) all take you behind the facade. Don't miss the outstanding **Western Australian Museum** (☎08-9021 8533; www.museum.wa.gov.au; 17 Hannan St; suggested donation $5; ☺10am-3pm) and if you're interested in Aboriginal culture, then a day or overnight tour with the **Bush Ghoodhu Wongutha Tours** (☎0474 971 548; www.bushghoodhu. com.au; day tour $250) is a

must. The **Bush Blossom Gallery** (☎0417 979 901; www.facebook.com/bushblossomgallery; 105 Hannan St, Kalgoorlie; ☺10am-4pm Thu & Fri, to 2pm Sat) and the **Goldfields Aboriginal Art Gallery** (☎08-9021 1710; 22 Dugan St; ☺9am-5pm Mon-Fri) stock a wealth of Aboriginal art from all over the outback.

Get a taste of local history by staying at former brothel-turned-boutique-hotel, Cecilia's On Hay (p57), or else the historic **Palace Hotel** (☎08-9021 2788; https:// palacehotelkalgoorlie.com;

137 Hannan St, Kalgoorlie; budget r $85, s/d/f/ste from $95/105/140/195; P ✳). Kalgoorlie is also the place to treat your taste buds: stellar Thai at Yada Thai (p57), craft beer at the hip **Beaten Track Brewery** (☎0429 205 516; www.beatentrackbrewery.com.au; 25a Dwyer St, South Boulder; ☺1-6pm Mon-Sat) and superb coffee at Just a Little Cafe (p57).

 p57

The Drive >> It's just 39km down the road to Coolgardie – so short you could almost walk...

DETOUR:
GOLD GHOST TOWNS & LAKE BALLARD

Start: ⑫ **Kalgoorlie-Boulder**

Easy day trips north from Kalgoorlie include the gold ghost towns of **Kanowna** (18km northeast), **Broad Arrow** (38km north) and **Ora Banda** (65km northwest). Little remains of Kanowna apart from the foundations of its 16 hotels (!), but its pioneer cemetery is interesting. Broad Arrow was featured in *The Nickel Queen* (1971), the first full-length feature film made in WA. At the beginning of the 20th century it had a population of 2400. Now there's just one pub, popular with Kal locals at weekends.

A longer and more worthwhile detour to the north involves driving to the remote salt flat of **Lake Ballard** (182km) via the former gold-rush town of **Menzies** (131km) on the Goldfields Highway. Lake Ballard is an ideal place to camp under the stars, in the middle of nowhere, but the main attraction here, besides glorious solitude, is the Anthony Gormley masterpiece. **Inside Australia** (http://lakeballard.com; Menzies North West Rd, Lake Ballard) consists of 51 eerie metal sculptures, scattered across the vast expanse of dirty white saltbed, each one derived from a laser scan of a Menzies inhabitant. Further north still, a mere 470km round trip from Kalgoorlie, the 1896 gold rush town of Gwalia was once home to the second-largest gold mine in Australia. Known as "Little Italy", it employed newly arrived Italian immigrants and its owner was Herbert Hoover, who later became a president of the United States. Today, the miners' tin shacks, the old hotel and other buildings of the **Gwalia Historic Site** (www.gwalia.org.au; off Goldfields Hwy; ☺9am-4pm) are well worth a look, as is the giant open-pit mine. Stay at **Hoover House** (☎08-9037 7122; www.gwalia.org.au; Tower St, Gwalia; s/d from $160/170; ✳), a gorgeous historic boutique hotel.

Coolgardie Marvel Bar Hotel

🔞 Coolgardie

In 1898 sleepy Coolgardie was the third-biggest town in WA, with a population of 15,000, six newspapers, two stock exchanges, more than 20 hotels and three breweries. It all took off just hours after Arthur Bayley rode into Southern Cross in 1892 and dumped 554oz of Coolgardie gold on the mining warden's counter. The only echoes that remain are stately historic buildings lining the uncharacteristically wide main road. The **Gold-fields Museum & Visitor Centre** (☎08-9026 6090; Bayley St, Warden's Court; adult/child $4/2; ☺9am-4pm Mon-Fri, 10am-3pm Sat & Sun) showcases goldfields memorabilia, including information about former US president Herbert Hoover's days on the goldfields in Gwalia, as well as the fascinating story of Modesto Varischetti, the 'Entombed Miner'. There are also camel rides at the **Camel Farm** (☎08-9026 6159; Great Eastern Hwy; admission adult/child $10/4; ☺by appointment) 4km west of town; book ahead.

🛏 p57

The Drive » There's an accumulating sense of approaching civilisation as you head west to Perth. It's still 555km into Perth, but the true Nullarbor is well and truly behind you by the time you leave Coolgardie.

🔞 Perth

Perth is, by some estimates, the most remote city on earth, and having crossed the Nullarbor, you'll need no convincing of this fact. With its sunny optimism, sea breeze and fine places to stay, eat and drink, it's the perfect place to end this journey along one of the emptiest roads on the planet. (p26)

Eating & Sleeping

Port Augusta ❶

✕ Archers' Table   Cafe $

(☎08-7231 5657; www.archerstable.com.au;
11b Loudon Rd, Port Augusta West; mains $12-21;
⏰7am-4pm Mon-Thu, to 10pm Fri, to 2pm Sat,
to noon Sun) Beneath an attractive vine-hung
awning across the gulf from central PA, Archers
is an urbane cafe with small-town prices,
serving interesting cafe fare (pumpkin and
black bean burritos, zucchini and sweet corn
fritters). Great coffee, happy staff, funky mural,
beer and wine, Friday night dinners, open seven
days...we have a winner!

🛏 Shoreline
Caravan Park   Caravan Park $

(☎08-8642 2965; www.shorelinecaravanpark.
com.au; Gardiner Ave, Port Augusta West;
unpowered/powered sites $34/39, dm $40,
cabins $60-135; Ⓟ❄🐾) It's a dusty site and
a fair walk from town (and from the shoreline
when the tide is out), but the old-fashioned
cabins here are decent and there are simple
four-bed dorm units for backpackers. The
cheapest beds in town if you don't fancy
sleeping above a pub.

🛏 Comfort Inn &
Suites Augusta Westside   Motel $$

(☎08-8642 2488; www.augustawestside.com.
au; 3 Loudon Rd, Port Augusta West; d/tr/f
from $129/149/169; Ⓟ❄🛜🐾) Most of Port
Augusta's motels are right on the highway (=
noisy). But this one, down by the water in Port
Augusta West, has a more serene setting and
surprisingly cool interior stylings. The pool is
also cool!

Ceduna ❷

✕ Ceduna Oyster Barn   Seafood $$

(☎0497 085 549; www.facebook.com/
cedunaoyster; Eyre Hwy, Ceduna; 6 oysters
from $14, mains $12-30; ⏰10am-6.30pm)
Pick up a box of freshly shucked molluscs and
head for the foreshore, or sit up on the rooftop
here under an umbrella and watch the road
trains rumble in from WA. Fresh as can be. Fish
and chips too, plush fish burgers and sushi
(probably an unnecessary menu addition).

🛏 Ceduna Foreshore
Hotel/Motel   Motel $$

(☎08-8625 2008; www.cedunahotel.com.au;
32 O'Loughlin Tce, Ceduna; d $150-195; Ⓟ❄🛜)
Clad in aquamarine tiles, the 54-room
Foreshore is the most luxurious option in
town, with water views and a **bistro** focused
on west-coast seafood (mains $19 to $40,
serving 6.30am to 9am, noon to 2pm and 6pm
to 8.30pm). The view from the outdoor terrace
extends through Norfolk Island pines and out
across the bay.

Head of the Bight ❹

🛏 Nullarbor Roadhouse   Motel $

(☎08-8625 6271; www.nullarborroadhouse.
com.au; Eyre Hwy, Nullarbor; unpowered/
powered sites $20/30, d, tr & f $115-139; Ⓟ❄)
Close to the Head of Bight whale-watching area,
this roadhouse is a welcome haven for weary
road-warriors (as anyone who's made it this far
will confirm, the Eyre Hwy ain't short). The on-
site bar/restaurant serves dinner from 5.30pm
to 8:30pm daily (mains $14 to $34).

Norseman ⓫

✘ Full Moon Cafe   Thai $

(☎08-9039 1715; www.facebook.com/ooyappthai
fullmooncafe; 85b Roberts St; mains $13-18;
⏱8.30am-4pm Mon-Thu, to 7.30pm Fri, to 2pm
Sat & Sun; ❄) Norseman's only restaurant, this
brisk, cheerful cafe hits the spot with authentic
Thai curries, as well as pad thai, burgers, soups,
fish and chips and hearty breakfasts.

⊨ Gateway
Caravan Park   Caravan Park $

(☎08-9039 1500; www.acclaimparks.com.au;
Prinsep St; unpowered/powered site $30/39,
cabins $138-158; ❄) At the north end of town,
decent cabins, prefab units, plus powered and
unpowered campsites with some shade.

Kalgoorlie-Boulder ⓬

✘ Just a Little Cafe   Cafe $

(☎08-9091 8585; 4 Maritana St, Kalgoorlie;
mains from $12; ⏱7am-3pm Mon-Fri, 8am-
3pm Sat & Sun; ❄) Mismatched furniture,
striking art and mining photos on the walls,
and the best coffee in town all add to the
appeal of Kalgoorlie's most popular cafe.
Hungry? Then go for a You've Got To Be
Trippin' Shroom Burger or else the Disco Pig
Fries – poutine livened up with pulled pork and
'sexy sauce'.

✘ Yada Thai   Thai $$

(☎0403 535 201; 268 Hannan St, Kalgoorlie;
mains $21-27; ⏱4.30-9pm Tue-Sun; ❄)
Stylishly decorated, this stellar Thai
restaurant would be a credit to any world
capital. The raw oysters with spicy Thai
sauce are a revelation, and the basil and chilli
baramundi and soft-shell crab with black

pepper sauce make your taste buds sing with
joy. Service can be leisurely, but after you
taste their specialities, you'll be happy to
linger for hours.

⊨ Discovery Holiday
Parks – Kalgoorlie   Caravan Park $

(☎08-9039 4800; www.discoveryholidayparks.
com.au; 286 Burt St, Boulder; unpowered/
powered site $28/37, economy s $66, cabins
& chalets $140-220; ⓟ❄🛜🛏) This nicely
spacious park is on the edge of Boulder,
4km south of the Kal town centre. There are
A-frame chalets and cabins, budget dongas
(transportable dwelling), grassy tent sites,
barbecue sites and an excellent camper kitchen,
plus playgrounds and a pool.

⊨ Cecilia's On Hay   Boutique Hotel $

(☎08-9021 3737; www.ceciliasonhay.com;
181 Hay St, Kalgoorlie; r $110-200; ⓟ❄🛜)
Formerly a famous brothel, Cecilia's has 14
themed rooms including an Afghan boudoir
or the Holden-On room that's perfect for
recovering petrolheads. Some rooms come
with private spa baths but share toilet
facilities; others are decorated with tasteful
nudes. One of the owners is also the chef
who runs the popular on-site tapas and
cocktail bar.

Coolgardie ⓭

⊨ Coolgardie
Goldrush Motels   Motel $

(☎08-9026 6080; www.coolgardiemotels.com.
au; 47-53 Bayley St; r $125, full board $170;
ⓟ❄🛜🛏) With bright linen, spotless
bathrooms and flat-screen televisions, the
Goldrush's compact but colourful rooms are
very comfortable. The attached restaurant
serves excellent homemade pies.

Classic Trip

Alice Springs to Adelaide

3

Alice to Adelaide connects two radically different Aussie belles, from the heart of the outback to the quiet sophistication of the south, along a suitably epic trail.

TRIP HIGHLIGHTS

START
1 — **0 km**

Alice Springs
Heart and soul of the Red Centre

3

146 km

Henbury Meteorite Craters
An underrated outback gem

6

687 km

Coober Pedy
Outback opal-mining apparition

Port Pirie ●

FINISH ● Adelaide

---

7 DAYS
1500KM / 932 MILES

GREAT FOR...

BEST TIME TO GO

Year-round, although summer (December to February) can be fiercely hot.

ESSENTIAL PHOTO

South Australia–Northern Territory border, one of the remotest crossings on earth.

BEST FOR CULTURE

The underground world of Coober Pedy is a classic outback subculture.

South Australia–Northern Territory border Remote border crossing

Classic Trip

Alice Springs to Adelaide

3

Set the GPS and head south on 'The Track'. Soon enough there are a couple of fine local Northern Territory landmarks to enjoy before the long, long road down through the South Australian heartland takes you through Coober Pedy and on to the coast. 'The Track' is officially the Stuart Hwy, named after a 19th-century explorer who journeyed the whole way with camels; some sections were paved only in the 1970s.

p62

TRIP HIGHLIGHT

❶ Alice Springs

There are many Alices to enjoy, from cultural capital of Aboriginal Australia to a base for all that's good about Australia's Red Centre. Begin by taking in the tremendous view, particularly at sunrise and sunset, from the top of Anzac Hill, known as Untyeyetweleye in Arrernte; it's possible to walk (use Lions Walk from Wills Tce) or drive up. From the war memorial there's a 365-degree view over the town down to Heavitree Gap and the Ranges. Outback

creatures found nowhere else on the planet are another central Australian speciality – learn all about reptiles at **Alice Springs Reptile Centre** (☏08-8952 8900; www.reptilecentre.com.au; 9 Stuart Tce; adult/child $18/10; ⏰9.30am-5pm), then visit desert creatures at the **Alice Springs Desert Park** (☏08-8951 8788; www.alicespringsdesertpark.com.au; Larapinta Dr; adult/child $32/16, nocturnal tours adult/child $45.50/28.50; ⏰7.30am-6pm, last entry 4.30pm, nocturnal tour 7.30pm Mon-Fri). And don't miss the galleries of Indigenous art, such **Araluen Arts Centre** (☏08-8951 1122; www.araluenartscentre.nt.gov.

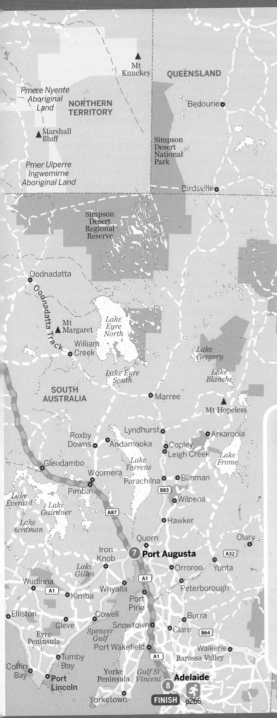

au; cnr Larapinta Dr & Memorial Ave; ⏱10am-4pm), **Papunya Tula Artists** (📞08-8952 4731; www.papunyatula.com.au; Todd Mall; ⏱9am-5pm Mon-Fri, 10am-1pm Sat), **Mbantua Gallery** (📞08-8952 5571; www.mbantua.com.au; 64 Todd Mall; ⏱9am-6pm Mon-Fri, 9am-5pm Sat, 10am-2pm Sun), **Tjanpi Desert Weavers** (📞08-8958 2336; www.tjanpi. com.au; 3 Wilkinson St; ⏱10am-4pm Mon-Fri, closed Jan) and **Ngurratjuta Iltja Ntjarra** (Many Hands Art Centre; 📞08-7979 3452, 08-8950 0910; www.manyhandsart.com. au; 29 Wilkinson St; ⏱9am-5pm Mon-Fri).

✕ 🍴 p319

The Drive ›› The Stuart Hwy, which cleaves the Northern Territory in two, continues south of Alice; 91km down the road (which you'll share with tour buses en route to Uluru) you'll come to Stuarts Well.

LINK YOUR TRIP

28 Alice Springs to Darwin

If you've done this trip in reverse (ie from Adelaide to Alice), keep heading north to Darwin to cross the continent.

27 Uluru & the Red Centre

This trip to Uluru, Kata Tjuta, Kings Canyon and the West MacDonnell Ranges passes Alice Springs en route.

Classic Trip

---

② Stuarts Well

Drivers are urged to 'have a spell' at Stuarts Well. It's worth stopping in for a burger and a beer at the **roadhouse** (Jim's Place; ☎08-8956 0808; www.stuartswellroadhouse. com.au; Stuart Hwy; camping per person $10, powered/ unpowered sites $28/22, dm per person $30, cabins from $105; ❄☎☎), once run by well-known outback identity Jim Cotterill, who along with his father opened up Kings Canyon to tourism. Archival photos tell the story, but sadly Dinky the singing dingo is no longer with us.

The Drive » Some 39km southwest of Stuarts Well, watch for the signs to the Henbury Meteorite Craters, 16km off the highway along an unsealed road that's fine for 2WDs if you proceed carefully (and don't tell your insurance company).

TRIP HIGHLIGHT

③ Henbury Meteorite Craters

In the rush to the big-ticket attractions of the Red Centre, this cluster of 12 small craters, formed after a meteor fell to earth 4700 years ago, is often overlooked. These are no mere pot-holes – the largest of the craters is 180m wide and 15m deep – and the crater floors are, in most cases, sprinkled lightly with green trees, giving the deeper of them a palpable sense of a lost, hidden oasis. In some cases the craters are invisible from a distance and only reveal themselves when you reach the crater rim. The surrounding country is wildly beautiful in an outback kind of way – red-hued earth, sand dunes and rocky outcrops extend out as far as the eye can see.

The Drive » Return 5km to the Ernest Giles Rd, a rough, 4WD-only back route to Kings Canyon, then 11km to the Stuart Hwy. Then it's 162km to the border, with a further 160km into Marla on the South Australian side. The last fuel before Marla is at Kulgera, 20km north of the border and 200km short of Marla.

DETOUR:
EAST MACDONNELL RANGES & RAINBOW VALLEY

Start: ① Alice Springs

Although overshadowed by the more popular West Macs, the East MacDonnell Ranges are no less picturesque and, with fewer visitors, can be a more enjoyable outback experience. The sealed Ross Hwy runs 100km east of Alice Springs along the Ranges, which are intersected by a series of scenic gaps and gorges such as **Trephina Gorge** (☎08-8956 9765; www.nt.gov.au/leisure/parks-reserves) and **N'dhala Gorge** (www.nt.gov.au/leisure/parks-reserves), which are well worth exploring along hiking trails short and long. The gold-mining ghost town of **Arltunga** is 33km off the Ross Hwy along an unsealed road that is usually OK for 2WD vehicles.

Even better, south of Alice Springs, 24km off the Stuart Hwy along a 4WD track, the **Rainbow Valley Conservation Reserve** is a series of freestanding sandstone bluffs and cliffs, in shades ranging from cream to red. It's one of central Australia's more extraordinary sights. A marked walking trail takes you past claypans and in between the multihued outcrops to the aptly named Mushroom Rock. Rainbow Valley is most striking in the early morning or at sunset, but the area's silence will overwhelm you whatever time of day you are here.

Henbury Meteorite Craters

④ Marla

Marla may be small (its transient population usually numbers fewer than 250) but it's an important service centre for long-haul drivers and the peoples of the Anangu Pitjantjatjara traditional lands that sweep away in endless plains of mulga scrub to the west. It's also a stop on the Ghan, the Adelaide-to-Darwin railway, and it's here that the legendary, lonesome Oodnadatta Track, one of Australia's most famous 4WD traverses of the outback, begins or ends. The Oodnadatta Track is an unsealed, 615km road between Marla on the Stuart Hwy and Marree in the northern Flinders Ranges. The track traces the route of the old Overland Telegraph Line and the defunct Great North-ern Railway. Lake Eyre, the world's sixth-largest lake (usually dry), is just off the road. As such, Marla is a crossroads town whose importance is far out of proportion to its size – treat it as such and you're unlikely to be disappointed.

🛏 p67

The Drive » Beyond Marla, the pancake-flat Stuart Hwy goes to Cadney Homestead (82km).

MICHAEL LESLIE/SHUTTERSTOCK ©

TOURPPICS_NET/SHUTTERSTOCK ©

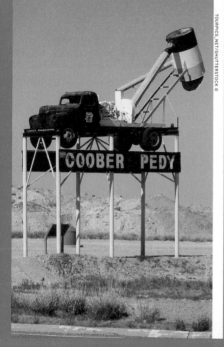

COOBER PEDY

WHY THIS IS A CLASSIC TRIP
ANTHONY HAM,
WRITER

This trip takes you halfway across the continent. Alice Springs is a fascinating place – I've always loved its Indigenous art galleries and bush-tucker restaurants. Then it's a long road home, from the Indigenous heartland around Uluru to the cultural riches of Adelaide. En route, you'll pass through remote outback homesteads, the partly underground opal-mining town of Coober Pedy, and lively Port Augusta, not to mention seemingly endless red-earthed desert miles.

Above: Painted Desert
Left: Coober Pedy's town border
Right: Australian Arid Lands Botanic Garden, Port Augusta

STEPHANIE JACKSON - AUST WILDFLOWER COLLECTION/ALAMY STOCK PHOTO ©

⑤ Cadney Homestead

Out here in the South Australian outback, small landmarks and lonely settlements take on singular importance, both in warding off the great emptiness and in orientating and servicing the needs of travellers. **Cadney Homestead** (☎08-8670 7994; Stuart Hwy, Cadney Park; unpowered/powered sites from $20/30, d cabin/motel from $85/145; P ❄ ☎), 82km southeast of Marla, is one such place, with caravan and tent sites, serviceable motel rooms and basic cabins (BYO towel to use the shared caravan park facilities), plus petrol, puncture repairs, takeaways, cold beer, an ATM, a swimming pool...

Ask at the homestead about road conditions on the dirt track running west of the settlement – the track is usually passable in a 2WD vehicle, at least as far as the striking and rather aptly named **Painted Desert**. The track runs eventually to Oodnadatta.

The Drive » It's 152km from Cadney to Coober Pedy.

Classic Trip

TRIP HIGHLIGHT

⑥ Coober Pedy

As you pull into the world-famous opal-mining town of Coober Pedy, the dry, barren desert suddenly becomes riddled with holes, literally millions of them, and adjunct piles of dirt – quite suitably, the name derives from local Aboriginal words *kupa* (white man) and *piti* (hole). When you first get out of the car, you'll be greeted by a postapocalyptic waste-land – swarms of flies, no trees, 50°C summer days, cave-dwelling locals and rusty car wrecks in front yards. But it somehow all fits the outback's personal-ity and the surrounding desert is jaw-droppingly desolate, a fact not over-looked by international filmmakers who've come here to shoot end-of-the-world epics like *Mad Max III, Red Planet, Ground Zero, Pitch Black* and *Priscilla, Queen of the Desert.* You can't miss the **Big Winch** (www.cooberpedy. com/big-winch; Italian Club Rd, Coober Pedy; ☺daylight hours), from which there are sweeping views over Coober Pedy. Take a tour

with **Coober Pedy Tours** (☎08-8672 5223; www. radekadownunder.com.au; 2hr tour adult/child from $50/25) and a scenic flight with **Wrights Air** (☎08-8670 7962; www.wrightsair.com.au; flights per person from $70) to really take it all in.

✗ 🛏 p67

The Drive » It's 540km from Coober Pedy to Port Augusta, and it still feels like the outback all the way, with horizonless plains and shimmering salt pans shadowing the road as far as Woomera (366km). Thereafter, the road tracks southeast for 174km into Port Augusta.

⑦ Port Augusta

Port Augusta proclaims itself to be the 'Cross-roads of Australia' and it's not difficult to see why – highways and rail-ways roll west across the Nullarbor into WA, north to the Flinders Ranges or Darwin, south to Adelaide or Port Lincoln, and east to Sydney. Given that you've just come in from the never-never, there are two places that really speak to the spirit of the whole journey you're on. Just north of town, the excellent **Aus-tralian Arid Lands Bo-tanic Garden** (☎08-8641 9116; www.aalbg.sa.gov.au; 144 Stuart Hwy, Port Augusta West; guided tours adult/child $8/5.50; ☺gardens 7.30am-dusk, visitor centre 9am-5pm Mon-Fri, 10am-4pm Sat & Sun) has 250 hectares of

sandhills, clay flats and desert flora and fauna. Just as interesting is the Wadlata Outback Centre (p47), a combined museum-visitor centre.

✗ 🛏 p56; p67

The Drive » The final stretch from Port Augusta to Adelaide is the antithesis of where you've been so far – busy roadside towns at regular intervals, frequent glimpses of water, constant traffic and even a dual-carriage motorway for the last 95km into Adelaide.

⑧ Adelaide

Sophisticated, cultured, neat-casual – this is the self-image Adelaide pro-jects and in this it bears little resemblance to the frontier charms of the outback. For decades this 'City of Churches' had a slightly staid reputation, but these days things are different. Multicultural flavours infuse Adelaide's restaurants; there's a pumping arts and live-music scene; and the city's festival calendar has vanquished dull Saturday nights. There are still plenty of church spires here, but they're hopelessly outnumbered by pubs and a grow-ing number of hip bars tucked away in lanes. You're also on the cusp of some of Australia's most celebrated wine regions, but that's a whole other story...

✗ 🛏 p264

Eating & Sleeping

Marla ④

⓫ Marla
Travellers Rest   Caravan Park $

(📞08-8670 7001; www.marla.com.au; Stuart Hwy, Marla; unpowered/powered sites $20/30, cabins $40, d $110-140; P ❄ ✎) Marla Travellers Rest has fuel, motel rooms, camp sites, a kidney-shaped pool, a takeaway cafe, supermarket and a vast tiled bar area (easy to hose out?). On the Stuart Hwy at Marla, 234km north of Coober Pedy.

Coober Pedy ⑥

✗ Italo-Australian
Miners Club   Italian $

(📞08-8672 5101; www.facebook.com/italoaustralianminersclub; Italian Club Rd, Coober Pedy; mains $12-18; ⏱5-8pm Mon & Tue, 5-9pm Wed, 5-11pm Thu-Sat, meals 6-8pm Wed-Sat) High on a ridge above town, this casual club/bistro is a top spot for a bang-up budget pasta meal and a few cold ones as the red sun sets on another dusty day in Coober Pedy.

✗ Outback Bar & Grill   Fast Food $$

(📞08-8672 3250; www.facebook.com/shellcooberpedy; 454 Hutchison St, Coober Pedy; mains $7-35; ⏱7am-9pm Mon-Sat, to 8pm Sun; 📶) It may sound a bit odd, but this brightly lit petrol-station diner is one of the best places to eat in Coober Pedy! Roasts, pastas, burgers, lasagne, schnitzels and an awesome Greek-style lamb salad that's a bold departure from trucker norms. You can get a beer here too, if you're dry from the highway. Decent **cabins** out the back (single/double $99/119).

⓫ Down to Erth B&B   B&B $$

(📞08-8672 5762; www.downtoerth.com.au; 1795 Wedgetail Cres, Coober Pedy; d incl breakfast from $165, extra child $35; P 📶 ✎) A real dugout gem about 3km from town: your own subterranean two-bedroom bunker (sleeps two adults and three kids – perfect for wandering families) with a kitchen/lounge area, a shady plunge pool for cooling off after a day exploring the earth, wood-fuelled BBQ and complimentary chocolates. Excellent.

⓫ Mud Hut Motel   Motel $$

(📞08-8672 3003; www.mudhutmotel.com.au; cnr Hutchison & St Nicholas Sts, Coober Pedy; s/d/f/2-bedroom apt $130/150/180/220; P ❄ 📶) The rustic-looking walls here are made from rammed earth, and despite the grubby name this is one of the cleanest (and newest) places in town (and indeed, all of South Australia). By far the best motel option if you don't want to sleep underground. Two-bedroom apartments sleep six (extra person $20) and have kitchens. Central location; free airport transfers. Winner.

Port Augusta ⑦

⓫ Crossroads Ecomotel   Motel $$

(📞08-8642 2540; www.ecomotel.com.au; 45 Eyre Hwy, Port Augusta West; d/f from $135/145; P ❄ 📶) Built using rammed earth, double glazing and 'SIPs' (Structural Insulated Panels), the aim at this motel is to provide a thermally stable environment for guests (plus 100% more architectural style than anything else in Port Augusta). Desert hues and nice linen seal the deal.

Classic Trip

Kimberley Crossing

4

Red earth, blue skies and the endless boab-studded Kimberley savannahs of Australia's last frontier bend the mind if not the asphalt on this remotest of great Aussie road trips.

TRIP HIGHLIGHTS

1600 km
Derby
Waterfalls, scenic flights and Indigenous communities

496 km
Lake Argyle
Huge lake that harbours important wildlife habitats

START
Katherine ●

Wyndham ●
● Kununurra
Emma Gorge ●

Broome
10
FINISH

Fitzroy Crossing
6

8
● Halls Creek

Mimbi Caves
Vast and beautiful subterranean world
1244 km

932 km
Bungle Bungles
One of the outback's most stirring landmarks

14 DAYS
1920KM/1193 MILES

GREAT FOR...

BEST TIME TO GO
April to October. November to March brings cyclones, flooding and road closures.

ESSENTIAL PHOTO
The beehive-shaped Bungle Bungles glowing red in the late afternoon light.

BEST FOR CULTURE
Indigenous art centres, campgrounds and guided tours on Country at Mimbi Caves, Kununurra, Warmun and Mowanjum.

Bungle Bungles Eastern Kimberley wonderland

69

Classic Trip

4 Kimberley Crossing

Not for the faint-hearted, this epic outback journey following the Savannah Way (www.savannahway.com.au) across the wild Kimberley from Katherine (Northern Territory) to Broome confronts nature at its most extreme with excessive heat, vast distances and wandering wildlife – and 50m long road trains (articulated trucks). Towns are few and far between in a land rich in Indigenous culture and it's these vast spaces that you'll miss the most at journey's end.

❶ Katherine

Katherine is the largest town between Darwin and Alice Springs and the starting point for the sealed Victoria Hwy's 513km run to Kununurra in the Kimberley. The main attraction here is the exquisite **Natmiluk National Park,** with its stunning gorges, waterfalls and walking tracks, the most renowned being the 66km **Jatbula Trail**, which normally takes four to five days to complete.

✕ 🛏 p327

The Drive ≫ Heading southwest from Katherine there's termite mounds and low hills for 194km until Victoria River. Fuel up at tiny Timber Creek and spot boabs, a sign the Kimberley is approaching. Dump food and turn back clocks 90 minutes at the WA border checkpoint (470km) and turn left shortly after for the final 34km into Lake Argyle Village.

TRIP HIGHLIGHT

❷ Lake Argyle

Enormous Lake Argyle, where barren red ridges plunge spectacularly into the deep blue water of the dammed Ord River,

LINK YOUR TRIP

28 Alice Springs to Darwin

Trip 4 starts from Katherine on the first section of this trip (when departing from Darwin).

33 Coral Coast to Broome

This trip from Perth to Broome connects with Trip 4 and could just as easily be done in reverse.

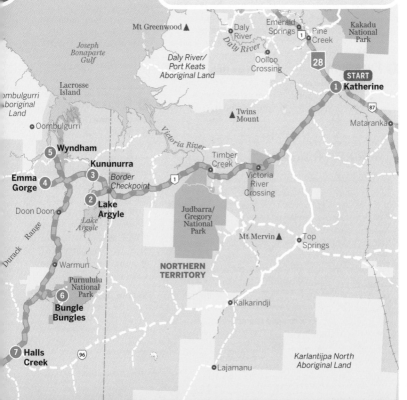

Classic Trip

is Australia's second-largest reservoir. Holding the equivalent of 18 Sydney Harbours, it provides Kununurra with year-round irrigation and important wildlife habitats for migratory waterbirds, freshwater crocodiles and isolated marsupial colonies. A cruise on the lake is not to be missed.

The Drive » It's only a short 70km hop back to the highway and onto the delights of Kununurra, an oasis set among farmland growing superfoods, and tropical fruit and sandalwood plantations.

- - - - - - - - - - - - - - - -

3 Kununurra

Kununurra, on Miriwoong country, is every traveller's favourite slice

of civilisation between Broome and Darwin, with its relaxed vibe, excellent services, transport, communications and well-stocked supermarkets. Across the highway from the township, **Lily Creek Lagoon** is a mini-wetlands with amazing birdlife, boating and freshwater crocs. Don't miss the excellent **Waringarri Aboriginal Arts Centre** (📞08-9168 2212; www.waringarriarts.com.au; 16 Speargrass Rd; gallery tour adult/child $55/25; ⏲8.30am-4.30pm Mon-Fri year-round, 10am-2pm Sat dry season only), opposite the road to **Kelly's Knob** (Kelly Rd), a popular sunset viewpoint. On the eastern edge of town, the 'mini-bungles' of **Mirima National Park** (per car $13) are home to brittle red peaks, spinifex, boab trees and

abundant wildlife. Try **Kununurra Cruises'** (Kununurra Cruises; 📞08-9168 2882; www.kununurracruises.com.au; adult/child $95/65; ⏲May-Aug) popular sunset 'BBQ Dinner' outings on **Lake Kununurra** (Diversion Dam; **P**) or a cultural tour on Country from **Waringarri** (www.waringarriarts.com.au/tours; Mirima tours adult/child $85/45, On Country adult/child half-day $255/155, full-day $375/200; ⏲10am-12.30pm Tue & Thu, 3-5.30pm Mon & Wed; 🚹).

✕ 🛏 p77

The Drive » Cross the Diversion Dam heading west out of town and 46km later the Victoria Hwy disappears and you're on the Great Northern. Turn left 8km later onto the infamous Gibb River Rd and 25km of nice asphalt brings the Emma Gorge turnoff.

- - - - - - - - - - - - - - - -

4 Emma Gorge

Pretty **Emma Gorge** (⏲Apr-Sep; **P** 🚹) features a sublime plunge pool and waterfall, one of the most scenic in the whole Kimberley. The attached **resort** (www.elquestro.com.au; safari cabin d from $316, entry permit $20; ⏲dry season; **P** @ 🛜 ⌬) has an open-air bistro. The gorge is a 40-minute walk from the resort car park.

The Drive » Retrace your route back to the Great Northern then turn left and follow the hills north 48km to Wyndham where a giant 20m croc greets visitors entering town.

GIBB RIVER ROAD

Cutting a brown swathe through the scorched heart of the Kimberley, the legendary Gibb River Rd (GRR) provides one of Australia's most memorable outback 4WD experiences. Stretching some 660km between Derby and Wyndham, the largely unpaved road is an endless sea of red dirt, big open skies and dramatic terrain. Rough, sometimes deeply corrugated side roads lead to remote gorges, shady pools, distant waterfalls and million-acre cattle stations. Rain can close the road at any time and it's permanently closed during the wet season. This is true wilderness with minimal services, so good planning and self-sufficiency are vital. Vehicles to tackle the Gibb can be rented in Broome and Darwin.

5 Wyndham

Wyndham is scenically nestled between rugged hills and the Cambridge Gulf, on **Balanggarra Country**, 100km northwest of Kununurra. Sunsets are superb from the spectacular **Five Rivers Lookout** (P) on Mt Bastion (325m) overlooking the King, Pentecost, Durack, Forrest and Ord rivers entering the Cambridge Gulf. The historic port precinct is the northern terminus of the 3200km **Great Northern Hwy**. Birdwatchers should visit **Parry Lagoons Nature Reserve** (P), a beautiful RAMSAR-listed wetland, 25km from Wyndham.

🛏 p77

The Drive » It's 56km to the Victoria Hwy junction; turn right and there's only boabs, eroded hills and lonely roadhouses for the next 200km to the Bungles turnoff. Grab a legendary burger and fuel at Doon Doon and check out the incredible Warmun ochres. You'll need a 4WD for the Bungles, or join a tour from Warmun, Halls Creek or Mabel Downs.

TRIP HIGHLIGHT

6 Bungle Bungles

Looking like a packet of half-melted Jaffas, the World Heritage–listed **Purnululu National Park** (per car $13; ⊙Apr-Nov; P) is home to the incredible ochre-and-black-striped 'beehive' domes of the Bungle Bungle Range. The distinctive rounded rock towers are made of sandstone and conglomerates moulded by rainfall over millions of years. Rangers are based here from April to November and the park is closed outside this time. Although most Kimberley tour operators can get you to Purnululu and back – try **Bungle Bungle Expeditions** (☎08-9168 7220; www. bunglebungleexpeditions. com.au; 1-day bus tour adult/ child $315/160, helicopter tour from $295) – you can also pick up tours at Warmun Roadhouse, Halls Creek and Mabel Downs.

The Drive » Purnululu National Park lies 52km east of the Great Northern Hwy. Once back on the asphalt, head south, crossing several mostly dry rivers along the 108km section to Halls Creek.

7 Halls Creek

Halls Creek, on the edge of the Great Sandy Desert, is a small service town, home to Indigenous communities of Kija, Jaru and Gooniyandi people, and offers free wi-fi and an excellent **art centre** (☎08-9168 6723; http://yarliyil.com.au; Great Northern Hwy; ⊙9am-5pm Mon-Fri; P). There's good swimming and camping at gorges along unsealed Duncan Rd. **Wolfe Creek Meteorite Crater** (Kandimalal; https:// parks.dpaw.wa.gov.au/park/ wolfe-creek-crater; Tanami; P 🚻) (880m across and 60m deep), 137km south of Halls Creek along the notorious Tanami Track, is best seen from a scenic flight with **Northwest Regional Airlines** (☎08-9168 5211; www.facebook. com/northwestregional; Halls Creek Airport; flights per person 2/3/4 passengers from $580/390/295). According to the local Jaru people, Kandimalal, as the crater is traditionally known, marks the spot where a huge rainbow serpent emerged from the ground. Flights can also be extended to the Bungle Bungles.

🍴 p77

The Drive » Another 200km stretch of blistering sun, dry creeks and cattle stations finally brings relief at the Mt Pierre turnoff (right side) for Mimbi Caves, just past the Ngumpan Cliffs. To break the drive, consider checking out the small Laarri Gallery at Yiyili at the 120km mark.

TRIP HIGHLIGHT

8 Mimbi Caves

One of the Kimberley's best-kept secrets, the vast subterranean labyrinth of **Mimbi Caves** (☎08-9191 5355; www.mimbicaves.com. au; Mt Pierre Station; P 🚻), lies 200km southwest of Halls Creek (90km southeast of Fitzroy Crossing) on Gooniyandi land at Mt Pierre Station. The

Classic Trip

WHY THIS IS A CLASSIC TRIP
STEVE WATERS, WRITER

You're way beyond tripping on this epic journey across Australia's last frontier. I love the feeling of serious remoteness crossing the vast, boab-studded savannah of the ancient Kimberley where Indigenous culture shines brightly. It's the spaces between the sporadic towns – the incredible Bungle Bungles, hidden swimming holes, fern-fringed gorges, the brilliant Milky Way and the sparkling turquoise waters of the Indian Ocean – that define this once-in-a-lifetime trip

Above: Boab trees dot the outback
Left: Lake Argyle
Right: Mimbi Caves

PHILIP SCHUBERT/SHUTTERSTOCK ©

caves house a significant collection of Aboriginal rock art and some of the most impressive fish fossils in the southern hemisphere. Aboriginal-owned **Girloorloo Tours** (☎08-9191 5355; www.mimbi caves.com.au; 2hr tour adult/child $80/40; ☺8am, 10am & 2pm Mon-Thu, 8am Fri, 8am & 10am Sat Apr-Sep; ♿) runs trips including an introduction to local Dreaming stories, bush tucker and traditional medicines.

The Drive » Return to the Great Northern Hwy and there's only 90km of dry grasslands, salt pans and stunted bush as you head north to the crossing on the Kimberley's preeminent river, the Fitzroy.

❾ Fitzroy Crossing

At the highway crossing of the mighty Fitzroy River lies a small, predominantly Indigenous settlement. Local crafts include **Mangkaja Arts** (☎08-9191 5833; www.mangkaja.com; 8 Bell Rd; ☺11am-4pm Mon-Fri), where desert and river tribes interact producing unique acrylics, prints and baskets, and **Marnin Studio** (Marninwarntikura Women's Resource Centre; ☎08-9191 5284; www.mwrc.com.au; Lot 284, Balanijangarri Rd; ☺8.30am-4.30pm Mon-Fri) whose women create jewellery, carve boab nuts and print

75

Classic Trip

Classic Trip

CROSS-REGIONAL CLASSIC TRIPS **4** KIMBERLEY CROSSING

textiles with traditional patterns. The main attraction though is the nearby magnificent **Geikie Gorge** (Darngku; ⊙Apr-Dec; P🚻) where informative boat trips combine nature, Indigenous culture and science.

🛏 p77

The Drive » Head north through the town to Geikie Gorge, 20km along a good sealed road. Afterwards, return to the highway and turn right for Derby. At 43km a turnoff via Tunnel Creek and Windjana Gorge National Parks provides a spectacular alternative route to Derby for those with 4WD (244km, 130km unsealed). Otherwise, suck up another 213km of empty tarmac.

- - - - - - - - - - - - - - - - -

TRIP HIGHLIGHT

⑩ Derby

Surrounded by mudflats and marauding boabs on the tidal monster of **King Sound**, Derby has some excellent food, accommodation and vehicle repair options. The mangrove-fringed circular **Jetty** (Jetty Rd; P) is a favourite late-afternoon strolling haunt for locals and tourists alike, while birders will appreciate the **wetlands** (Conway St)

and history buffs the old **museum** (cnr Elder & Loch Sts; by donation; P). Art lovers should not miss nearby **Mowanjum** (☏08-9191 1008; www.mow-anjumarts.com; Gibb River Rd; ⊙9am-5pm daily dry season, closed Sat & Sun wet season, closed Jan) with its powerful Wandjina figures and in town, **Norval Gallery** (☏0458 110 816; www.facebook.com/norvalgalleryderby; 1 Sutherland St; ⊙hours vary) always has something interesting.

But it's the Horizontal Waterfalls that people flock to see, an intriguing coastal phenomenon in the Buccaneer Archipelago north of Derby, where changing tides rush through narrow gorges. **Horizontal Falls Seaplane Adventures** (☏08-9192 1172; www.horizontalfallsadventures.com.au; 6hr tours from Derby/Broome $775/850) and **North West Bush Pilots** (☏08-9193 2680; www.northwestbushpilots.com.au; flights from $395) offer scenic flights. Also consider a one-day cultural tour to **Windjana Gorge** (per car $13, campsites adult/child $13/3; ⊙dry season) and **Tunnel Creek** (per car $13; ⊙dry season; P) with **Windjana Tours** (☏08-9193 1502; www.windjana.com.au; adult/child $230/95; ⊙Tue, Thu & Sun Apr-Sep, also Fri Jun-Aug).

🍴 🛏 p77

The Drive » Mowanjum is 4km along the Gibb River Rd (sealed). Back on the Great Northern, it's 220km of nothingness to Broome, broken only by Willare Bridge Roadhouse. Beware of the late-afternoon sun as the highway heads west like a gunshot across the desolate Roebuck Plains. Keep straight when the Great Northern turns south to cross the Great Sandy Desert – Broome is 35km away.

- - - - - - - - - - - - - - - - -

⑪ Broome

The red pindan and turquoise waters of Yawuru Country provide a fitting finale to this epic of drives. Before you lose yourself in the resorts, restaurants, camels and bars of Broome's iconic **Cable Beach** (P🚻) and historic Chinatown, keep the engine running out to **Gantheaume Point** (P🚻) and watch that setting sun drop into the Indian Ocean one last lonely time. Tomorrow, you can stretch your legs.

Broome, while having the best transport connections in the Kimberley, is also one of the remotest towns in Australia, a good 2000km from a capital city. Accommodation can be expensive, and if you have a 4WD, there's better camping options out of town.

🍴 🛏 p379

Eating & Sleeping

Kununurra ③

✖ Wild Mango   Cafe $

(📞08-9169 2810; www.wildmangocafe.com.au; 20 Messmate Way; breakfast $7-25, lunch $15-19; ⏰7am-4pm Mon-Fri, to 1pm Sat & Sun; 🖊) Hip and healthy offerings include breakfast burritos, succulent salads, mouth-watering pancakes, chai smoothies, real coffee and homemade gelato. The entrance is on Konkerberry Dr.

☐ Wunan House   B&B $$

(📞08-9168 2436; www.wunanhouse.com; 167 Coolibah Dr; r from $155; 🅿 ❄ 🛜) Aboriginal-owned and -run, this immaculate B&B offers light, airy rooms, all with en suites and TVs. There's free wi-fi, off-street parking and an ample continental breakfast.

Wyndham ⑤

☐ Parry Creek Farm   Farmstay $

(📞08-9161 1139; www.parrycreekfarm.com.au; Parry Creek Rd; unpowered/powered sites $30/50, r $140, cabin $250; ⏰dry season; 🅿 ❄ 🛁) Surrounded by Parry Lagoons Nature Reserve (p73), 25km from Wyndham, this tranquil farm with grassy campsites attracts hordes of wildlife. Comfy rooms and air-con cabins are connected by a raised boardwalk overlooking a billabong for easy bird spotting. The licensed cafe (open April to September) serves excellent barramundi, wood-fired pizzas and other gourmet delights. Ring ahead.

Halls Creek ⑦

✖ Cafe Mungarri in the Park   Cafe $

(📞0477 552 644; 2 Hall St; toastie/curry $10/14; ⏰7.30am-3pm Mon-Sat; 🛜 👶) The nicest coffee option in Halls Creek, Mungarri serves up cheap, simple wraps, toasted sandwiches and fresh juices on a shady verandah in the same building as the **visitor centre** (📞08-9168 6262; www.hallscreektourism.com.au; 2 Hall St; ⏰8am-4pm; 🛜).

Fitzroy Crossing ⑨

☐ Fitzroy River Lodge   Resort $$

(📞08-9191 5141; www.fitzroyriverlodge.com.au; Great Northern Hwy; campsites per person $21, tent/motel d $210/265, studios $375-530; ⏰bar noon-8.30pm, restaurant 5.30-8.30pm; 🅿 ❄ @ 🛜 🛁 ♿) Across the river from town, Fitzroy River Lodge has comfortable motel rooms, safari tents, exclusive Riverview studios and grassy campsites. The friendly bar offers decent counter meals ($22 to $38) from noon to 8.30pm, while the deck of the **Riverside Restaurant** (dinner only, mains $32 to $42) is perfect for that much-needed sundowner.

Derby ⑩

✖ Neaps Bistro   Modern Australian $$

(📞08-9191 1263; www.facebook.com/neapsbistro; Derby Lodge, 15-19 Clarendon St; mains $19-38; ⏰7-11am & 6-9pm Mon-Sat, 7-11am Sun; 🖊) A favourite among Derby locals, succulent dinners draw from a wide palette, while breakfasts ($8 to $23) are simply outstanding, showing a level of refinement rarely seen outside of capital cities. Situated inside **Derby Lodge** (📞08-9193 2924; www.derbylodge.com.au; 15-19 Clarendon St; r/apt $150/210; 🅿 ❄ 🛜).

☐ Desert Rose   B&B $$

(📞0428 332 269; twobrownies@bigpond.com; 4 Marmion St; d $225; ❄ 🛁) It's worth booking ahead for the best sleep in town, with spacious, individually styled rooms, a nice shady pool, leadlight windows and a sumptuous breakfast. Host Anne is a fount of local information.

New South Wales & the Australian Capital Territory

SOME OF AUSTRALIA'S MOST MEMORABLE EXPERIENCES AWAIT YOU ALONG THE roads of Australia's most populous state. Long the favourite of endearingly painted combis, this state's coastline has always been one of the country's most popular road trips, connecting a string of quintessentially Aussie towns where the surfboard is king, from Batemans to Byron. Leave the coast behind and a different world awaits, a land of hippie pueblos and the surprising stands of rainforest around New England, the stirring high country of the Kosciuzsko National Park, and south to the wine region of Mudgee. Beyond Canberra, that underrated capital of a nation, the traffic thins and the colours turn to red and yellow in Bourke and Broken Hill and in the profound silence of the outback.

Batemans Bay Golden sands and surf
LEAH-ANNE THOMPSON/SHUTTERSTOCK ©

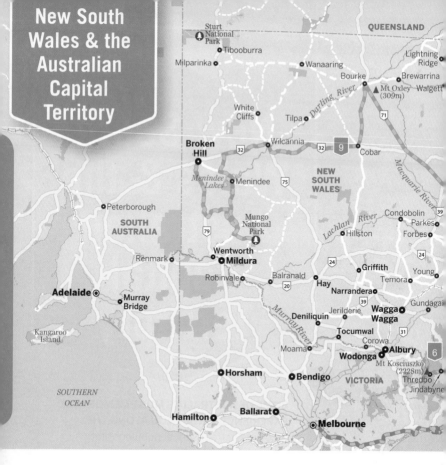

New South Wales & the Australian Capital Territory

 Sydney to Melbourne 5-7 days
This coastal epic connects two dynamic cities via a string of beautiful towns. (See p33)

 Sydney to Byron Bay 7-10 days
The ultimate Aussie drive takes in surf beaches and breezy coastal towns.

6 **Snowy Mountains 2-3 days**
The quiet High Country road loops up and over the roof of Australia.

7 **Canberra & the South Coast 3-4 days**
Historic towns, the national capital and scenic valleys line the roadside.

8 **New England 5-7 days**
Gourmet towns, rainforests, heritage streetscapes, country music – welcome to New England.

9 **Outback New South Wales 10-14 days**
This road joins the Sydney hinterland with the best of the NSW outback.

SOUTH
PACIFIC
OCEAN

Tasman
Sea

⊕ 0 _____ 200 km
N 0 _____ 100 miles

 DON'T MISS

Wategos Beach

Leave the crowds of Byron Bay and seek the solitude of rainforest-fringed Wategos Beach. 5

Jervis Bay

Do everything it's possible to do above and below the water at wildly beautiful Jervis Bay. 1

Kangaroo Valley

Deviate from the coast for southern NSW's best-kept secret, utterly beautiful Kangaroo Valley. 7

Roth's Wine Bar

Park your car and settle in for the night at NSW's oldest wine bar, Roth's, in the Mudgee Wine Region. 9

Bradleys & O'Briens Hut

Hike to this historic hut in Kosciuszko National Park. 6

Kangaroo Valley Southern NSW's lush forest landscape

Classic Trip

Sydney to Byron Bay

5

One of the best-loved road trips anywhere on earth, this coastal odyssey connects two Aussie icons, with many a beautiful surf beach and wild coastal national park in between.

TRIP HIGHLIGHTS

952 km

Byron Bay
Australia's favourite beach town

10 FINISH
●Ballina

Grafton ●

●Woolgoolga
●Coffs
5 Harbour

604 km

Bellingen
A hillside town that moves to its own beat

● Kempsey

● Port
Macquarie

Forster-
Tuncurry

3

2

Newcastle ●

● Gosford

● Sydney
START

310 km

Myall Lakes National Park
One of the prettiest stretches of this very pretty coast

206 km

Port Stephens
Dolphins, craft beer and sand dunes to the horizon

7–10 DAYS
952KM / 592 MILES

GREAT FOR...

BEST TIME TO GO
November to March, when the weather's warm and the livin's good, though Byron itself is rowdy with graduating high schoolers in November.

 ESSENTIAL PHOTO

Sunset on the beach at Byron Bay.

 BEST FOR FAMILIES

Port Stephens has wild dolphins, sand dunes and sheltered coves.

Byron Bay Sunset at Main Beach

83

5 Sydney to Byron Bay

Tearing yourself away from Sydney's singular charms is made easier by what lies ahead on this journey up the northern New South Wales coast. Classic beach resorts like Coffs Harbour share the road with more family-oriented places like Port Stephens and Port Macquarie, as well as national parks that protect some of the coast's more dramatic stretches. And don't miss the chance to go hippie in Nimbin!

1 Sydney

Sydney is one of the greatest cities on earth, and its harbour is one of the most naturally beautiful settings for a city you can imagine.

Scratch the surface and it only gets better. Compared to its Australian sister cities, Sydney is loud, uncompromising and in-your-face. Fireworks displays are more dazzling here, heels are higher, bodies more buffed, contact sports more brutal, starlets shinier, drag queens glitzier and prices higher. Australia's best musos,

foodies, actors, models, writers and architects flock to the city to make their mark, and the effect is dazzling: a hyperenergetic, ambitious, optimistic and unprincipled marketplace of the soul, where anything goes and everything usually does. (p24)

The Drive » The M1 freeway heads out of Sydney's northern suburbs through impressive bushland and across the Hawkesbury River. Ignore turnoffs to Gosford, Wyong and Newcastle, but do no such thing when you see the Port Stephens sign not far beyond Newcastle. It's 206km from central Sydney to Port Stephens.

TRIP HIGHLIGHT

② Port Stephens

Beloved by Sydney-
siders looking for a slice
of tranquil paradise
without straying too far,
Port Stephens inhabits a
sheltered harbour along
a submerged valley that
stretches more than
20km inland. Framing its
southern edge is the nar-
row Tomaree Peninsula,
blessed with near-
deserted beaches,
national parks and an
extraordinary sand-dune
system. From the main
centre, Nelson Bay, head
out on a dolphin- and
whale-watching cruise
with **Moonshadow**
(✆02-4984 9388; https://
moonshadow-tqc.com.au;
35 Stockton St, Nelson Bay)
or **Imagine Cruises**
(✆02-4984 9000; www.
imaginecruises.com.au; Dock C,
d'Albora Marinas, Nelson Bay).

LINK YOUR TRIP

1 Sydney to Melbourne

This drive along the coast
to connect Australia's two
largest cities begins in
Sydney, perfect for when
you come back from Byron.

7 Canberra & the South Coast

This route starts in
Wollongong, just 84km
south of Sydney's CBD.

Places in the vicinity to look out for include: **One Mile Beach**, a gorgeous semicircle of the softest sand and bluest water; the cult **Murray's Craft Brewing Co** (☎02-4982 6411; www.murraysbrewingco.com.au; 3443 Nelson Bay Rd, Bob's Farm; ⏰10am-6pm, tours 2.15pm); and the incredible **Worimi Conservation Lands** (www.worimiconservationlands.com; 3-day driving permit $33), the longest moving sand dunes in the southern hemisphere, and where it's possible to become so surrounded by shimmering sand that you'll lose sight of the ocean or any sign of life.

 🍴 🛏 p92

The Drive 》 Return to Rte 1 and at Bulahdelah turn east and follow the signs to Myall Lakes National Park.

TRIP HIGHLIGHT

③ Myall Lakes National Park

On an extravagantly pretty section of the coast, the large Myall Lakes National Park incorporates a patchwork of lakes, islands, dense littoral rainforest and beaches. The lakes support an incredible quantity and variety of birdlife, and there are paths through coastal rainforest and past beach dunes at Mungo Brush in the south, perfect for spotting wildflowers and dingoes. The best beaches and surf are in the north around **Seal Rocks**, a bushy hamlet hugging Sugarloaf Bay. The beach has emerald-green rock pools and golden sand. Take the short walk to the **Sugarloaf Point Lighthouse** for epic ocean views. There's a detour to lonely **Lighthouse Beach**, a popular surfing spot. By the lighthouse is a lookout

DETOUR:
HUNTER VALLEY WINE REGION

Start: ② Port Stephens

Just south of the turnoff to Port Stephens, Rte 15 branches away to the northwest to Maitland, a nondescript regional centre that serves as a gateway to the Hunter Valley, one of Australia's favourite wine regions. Head for Pokolbin, the settlement at the heart of the area.

A filigree of narrow lanes criss-crosses this verdant valley, but a pleasant country drive isn't the main motivator for visitors – sheer decadence is. The Hunter is one big gorge-fest: fine wine, gourmet restaurants, boutique beer, chocolate, cheese, olives – you name it. Bacchus would surely approve.

The 150-plus Hunter wineries are refreshingly attitude free and welcoming to novices. They nearly all have a cellar door with free or cheap tastings. The region is home to some of the oldest vines (1860s) and biggest names in Australian wine as well as some refreshingly edgy newcomers. It is known for its semillon, shiraz and, increasingly, chardonnay.

While some deride the Disneyland aspect of the Hunter Valley, the region also offers everything from hot-air balloons and horse riding to open-air concerts. Accordingly, it is a hugely popular weekender for Sydney couples, wedding parties and groups of friends wanting to drink hard while someone else drives. Every Friday they descend and prices leap accordingly. Visit midweek if you can.

The Hunter Valley is exceedingly hot during summer, so – like its shiraz – it's best enjoyed in the cooler months.

over the actual Seal Rocks – islets where Australian fur seals can sometimes be spotted. Humpback whales swim past during their annual migration.

📖 p92

The Drive » Instead of returning to Rte 1, take the quieter coast road north through Forster-Tuncurry before rejoining Rte 1 just south of Taree. From there it's 80km to the Port Macquarie turn-off, then 10km more into the town itself.

④ Port Macquarie

Making the most of its position at the entrance to the subtropical coast, Port, as it's commonly known, has a string of beautiful beaches within short driving distance from the centre of town. Surfing is particularly good at Town, Flynn's and Lighthouse beaches, all of which are patrolled in summer. The rainforest runs down to the sand at Shelly and Miners beaches, the latter an unofficial nudist beach. Whale season is May to November: there are numerous vantage points around town, or you can get a closer look on a whale-watching cruise with **Port Jet Cruise Adventures** (📞02-6583 8811; www.portjet.com.au; 1 Short St). While you're in town, don't miss the local seafood or the wonderful **Port Macquarie Coastal Walk**, a 9km, eight beach stroll that can be broken into shorter segments.

DETOUR: WATERFALL WAY

Start: ⑤ Bellingen

Considered New South Wales' most scenic drive, the 190km Waterfall Way links a number of beautiful national parks between Coffs Harbour and Armidale, taking you through pristine subtropical rainforest, Edenic valleys and, unsurprisingly, spectacular waterfalls. As you emerge into the tablelands, there is green countryside and wide plains. Bellingen is the natural starting point for this route. Even a fairly short foray along it will result in some stunning views.

Guy Fawkes River National Park (www.national parks.nsw.gov.au/guy-fawkes-river-national-park) and the stunning Ebor Falls are 50km past Dorrigo, which is itself 30km northwest of Bellingen. Make your way into the **Cathedral Rock National Park** (www.nationalparks.nsw.gov.au/cathedral-rock-national-park) or take a detour down Point Lookout Rd to **New England National Park** (www.nationalparks.nsw.gov.au/new-england-national-park), a section of the Gondwana Rainforests World Heritage Area. Further west, **Oxley Wild Rivers National Park** (www.nationalparks.nsw.gov.au/oxley-wild-rivers-national-park) is home to the towering beauty of Wollomombi Falls.

🍴📖 p92

The Drive » The first stretch runs inland; for a scenic 17km detour, take Tourist Drive 14 through Stuarts Point and the eucalyptus forest to Grassy Head, then Yarriabini National Park and Scotts Head on your way back to the highway. After passing laid-back Nambucca Heads, it's a further 20km north, then 10km west to Bellingen.

TRIP HIGHLIGHT

⑤ Bellingen

Buried in deep foliage on a hillside above the Bellinger River, this gorgeous town dances to the beat of its own bongo drum. 'Bello' is flush with organic produce, and the switched-on community has an urban sensibility. Located between the spectacular rainforest of Dorrigo National Park and a spoiled-for-choice selection of beaches, it is a definite jewel on the east coast route. Eating in Bellingen is a pleasure: it has a large and ever-growing number of cafes and casual restaurants, most of which use local organic produce. Check out our favourite, the Hearthfire Bakery (p92).

Classic Trip

WHY THIS IS A CLASSIC TRIP
ANDY SYMINGTON, WRITER

The trip to Byron is a rite of passage for Australians of all ages, a legendary road trip along a majestic coast of endless beaches, proud Indigenous heritage, picturesque inlets, unspoiled national parks and leaping dolphins. For me and other Sydneysiders, heading north symbolises throwing off the stress and shackles of city life and embracing the summer, the sand and the great outdoors.

Above: Dolphins, Port Stephens
Left: Sugarloaf Point Lighthouse, Myall Lakes National Park
Right: Temaki sushi rolls, Bellingen

A half-hour drive west of Bellingen, the 119-sq-km **Dorrigo National Park** (☏02-6657 2309; www.nationalparks.nsw.gov.au/things-to-do/lookouts/skywalk-lookout; Dome Rd; $2; ☺9am-4.30pm) is part of the Gondwana Rainforests World Heritage Area and home to a huge diversity of vegetation and more than 120 species of bird.

✕ p92; p121

The Drive » Head back to the highway and turn north once more for the short drive to Coffs Harbour.

---

⑥ Coffs Harbour

Despite its inland city centre, Coffs has a string of fabulous beaches. Equally popular with families and backpackers, the town offers plenty of water-based activities, action sports and wildlife encounters, not to mention the kitsch yellow beacon that is the Big Banana. Getting out on the water is easy in Coffs, whether learning to catch the breaks with **East Coast Surf School** (☏0429 444 028; www.eastcoastsurfschool.com.au; Diggers Beach; 2hr lessons from $55) or taking a scenic paddle while learning about Indigenous culture with **Wajaana Yaam** (☏0409 926 747; www.wajaanayaam.com.au; 2hr tour $80). And then there's **Muttonbird Island** (☏1300 072 757; www.nationalparks.nsw.gov.au/muttonbird-island-nature-reserve; tour adult/child/

family $20/10/50). The Gumbainggir people knew it as Giidany Miirlarl, meaning Place of the Moon. It was joined to Coffs Harbour by the northern breakwater in 1935. The walk to the top (quite steep at the end) provides sweeping vistas. From late August to early April this eco treasure is occupied by some 12,000 pairs of wedge-tailed shearwaters, with their cute offspring visible in December and January.

 p93; p121

The Drive ›› The road north of Coffs passes beneath tall, tall trees, within sight of the Big Banana, then almost as close to the coast as you can get. Before it sweeps inland, just after Sandy Beach, you'll hit Woolgoolga.

----

❼ Woolgoolga

Woolgoolga is home to one of coastal Australia's more incongruous combinations – Woopi, as locals call it, is famous for its surf-and-Sikh community. If you're driving by on the highway you're sure to notice the impressive Guru Nanak Temple, a Sikh gurdwara (place of worship). There is a twice-monthly Saturday **Bollywood Beach Bazaar** (☏02-6654 7673; www.facebook.com/

bollywoodmarket; Woolgoolga Beach Reserve; ⏲8am-2pm, 1st & 4th Sat of month) here, while in September the town goes all out with the annual **Curryfest** (www.curryfest.com.au) celebration. Somehow it all fits together and makes a refreshing change from some of the somewhat monocultural beach towns elsewhere along the coast.

✖ p93

The Drive ›› A mere 7km north of Woopi, where Rte 1 again arcs inland, take the Red Rock turnoff along a much quieter road that sticks to the coast.

----

❽ Red Rock

The village of Red Rock (population 340) is set between a beautiful beach and a glorious fish-filled river inlet. It takes its name from the red-tinged rock stack at the headland. The local Gumbainggir people know it by a more sombre name: Blood Rock. In the 1880s a detachment of armed police slaughtered the inhabitants of an Aboriginal camp, chasing the survivors to the headland, where they were driven off. The area is considered sacred. The **Yarrawarra Aboriginal Cultural Centre** (☏02-6640 7104; www.yarrawarra.org; 170 Red Rock Rd, Corindi Beach; ⏲10am-4pm Tue-Fri, to 1pm Sat & Sun, cafe closes at 2pm Tue-Fri) has an interesting art gallery and a bush-tucker cafe, where dishes are created using

native ingredients such as lemon myrtle. It also holds bush-medicine tours and art classes; call ahead if you want to join one.

North of Red Rock, the **Yuraygir National Park** (www.nationalparks.nsw.gov.au/yuraygir-national-park; vehicle entry $8) is the state's longest stretch of undeveloped coastline, covering a 65km swathe of pristine coastal ecosystems. The isolated beaches are outstanding and there are bushwalking paths where you can view endangered coastal emus.

The Drive ›› Return back down the road to Rte 1, turn right (northwest) and follow it all the way north through flat agricultural country, passing Grafton and MacLean en route.

----

❾ Yamba & Angourie

At the mouth of the Clarence River, the fishing town of Yamba is growing in popularity thanks to its gently bohemian lifestyle, splendid beaches, and excellent cafes and restaurants. Often-heard descriptions such as 'Byron Bay 20 years ago' are not unfounded. Neighbour Angourie, 5km to the south, is a tiny, chilled-out place that has long been a draw for experienced surfers and was proudly one of Australia's first surf reserves.

Surfing for the big boys and girls is at **Angourie Point**, but

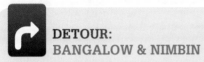

DETOUR:
BANGALOW & NIMBIN

Start: ⑩ **Byron Bay**

Before you arrive in Byron (or as a detour from Byron itself), two hinterland communities make for a fascinating detour. First up, surrounded by subtropical forest and rolling green farmland, sophisticated **Bangalow** is home to a small, creative community, a dynamic, sustainable food scene and a range of urbane boutiques.

And then there's **Nimbin**, Australia's alternative-lifestyle capital, an intriguing little town that struggles under the weight of its own clichés. Nimbin was once an unremarkable Northern Rivers dairy village, but that changed forever in May 1973. Thousands of students, hippies and devotees of the back-to-earth movement descended on the town for the Aquarius Festival, with many staying on and creating new communities in the beautiful valleys in an attempt to live out the ideals expressed during the 10-day celebration.

Another landmark in Nimbin's history came in 1979 with the Terania Creek Battle, the first major conservation victory of its kind in Australia, which is often credited with ensuring the survival of NSW's vast tracts of rainforest. Protestor Falls, in what is now Nightcap National Park, is named in its honour.

Today the old psychedelic murals of the rainbow serpent dreaming and marijuana bliss that line Nimbin's main street may be a little faded and the dreadlocked, beaded locals somewhat weathered but genuine remnants of that generation remain. A stroll down the main street will bring the optimistic days of peace-and-love flooding back.

Yamba's beaches have something for everyone else. **Main Beach** is the busiest, with an ocean pool, banana palms and a grassy slope for those who don't want to get sandy. **Convent Beach** is a sunbaker's haven and **Turner's**, protected by the breakwater, is ideal for surf lessons. You can sometimes spot dolphins along the long stretch of **Pippi Beach**.

The Drive ≫ Go north up Rte 1 but turn off through Ballina and then hug the coast, drawing near to Lennox Head's picturesque coastline with some dramatic views from the road. Byron begins a long time before you arrive – ignore its sprawl and head for the centre.

TRIP HIGHLIGHT

⑩ Byron Bay

What makes Byron special is the singular vibe of the town itself. It's here that coastal surf culture flows into the hippie tide washing down from the hinterland, creating one great barefooted, alternative-lifestyle mash-up. These days the surfers and hippies are joined by international backpackers, families on holiday and wellness seekers. The town centre is low-rise and relaxed and its unique atmosphere has a way of converting even the most cynical with its long, balmy days, endless beaches, reliable surf breaks, fine food, raucous nightlife and ambling milieu. West of the town centre, wild **Belongil Beach** with its high dunes avoids the worst of the crowds. Immediately in front of town, lifesaver-patrolled **Main Beach** is busy from sunrise to sunset with yoga classes, buskers and fire dancers. Around the rocks is gorgeous **Wategos Beach**, a wide crescent of white sand surrounded by rainforest. **Tallow Beach** is a deserted sandy stretch that extends for 7km south from Cape Byron.

✕ ⌂ p93

Eating & Sleeping

Port Stephens ❷

✖ Little Beach Boathouse
Seafood $$

(☎02-4984 9420; www.littlebeachboathouse.
com.au; Little Beach Marina, 4 Victoria Pde,
Nelson Bay; mains $29-38; ⊗noon-2pm &
5-9pm Tue-Sat, 11.30am-2.30pm Sun) In an airy
but intimate dining room, right on the water,
you can order fabulous seafood dishes such as
Hervey Bay scallops, Port Stephens oysters and
lightly battered squid, all with a side of truffle
and parmesan fries. If you're not a seafood
lover, go for the crispy pork belly or ravioli of the
day. Service is fantastic. Book ahead for dinner.

🛏 Anchorage
Resort $$$

(☎02-4984 2555; www.
anchorageportstephens.com.au; Corlette Point
Rd, Corlette; d $299-499; P ❄ 🛜 🏊) Facing
an expansive sweep of bay, this marina-fronted
resort is Port Stephens' most stylish place to
stay. Rooms have a crisp, coastal charm, with
supercomfortable, relaxed interiors, and all
have either a balcony or a terrace. There are
larger suites and apartments for those after the
added luxury of space or for families.

Myall Lakes National Park ❸

🛏 Reflections Holiday Park Seal Rocks
Campground $

(☎02-4997 6164; www.reflectionsholidayparks.
com.au; Kinka Rd, Seal Rocks; sites/cabins from
$55/122; 🛜) This well-maintained holiday
park is a treat and offers grassed camping
and caravan sites, glamping beach tents with
bathroom, and a range of cabins from budget
to architecturally designed villas (complete
with ocean views, contemporary decor, rainfall
shower, coffee pod machine and BBQs on the
decks). Facilities include a camp kitchen and a
breezy common lounge with Foxtel.

Port Macquarie ❹

✖ Bill's Fishhouse
Australian $$$

(☎02-6584 7228; www.billsfishhouse.com.au;
2/18-20 Clarence St; mains $34-36; ⊗5.30pm-
late, closed Sun) A superlight and pretty space
to escape the heat and eat the freshest of
seafood. The menu changes regularly and
might include local snapper fillet in a shiitake
broth or blue swimmer crab risotto. It's
augmented daily with the chef's pick from the
fish market. The wine list is similarly tight.
Bookings are advised for dinner.

✖ Social Grounds
Cafe $

(☎0423 240 635; 151 Gordon St; mains
$9-16; ⊗6am-2pm Mon-Fri, to 11.30am
Sat, 7-11.30am Sun; 🛜) Pull up a chair at
the shared tables on the deck of this hip,
superstylish local hang-out. The wall menu
wanders from the ever-popular spiced eggs to
flaky croissants and gutsy salads. The coffee
is dependably good.

🛏 NRMA Port Macquarie Breakwall Holiday Park
Holiday Park $

(☎reservations 1800 636 452; www.nrmaparks
andresorts.com.au/port-macquarie; 1 Munster
St; sites $32-43, cabins $100-200; 🛜) This
quality place, with extensive facilities and a
roomy feel, is right by the river mouth.

Bellingen ❺

✖ Hearthfire Bakery
Bakery $

(☎02-6655 0767; www.hearthfire.com.au; 73
Hyde St; mains from $10; ⊗7am-5pm Mon-Fri, to
2pm Sat & Sun) Follow the smell of hot-from-the-
woodfire organic sourdough and you'll find this
outstanding country bakery and cafe. Try the
famous macadamia fruit loaf or settle in with
a coffee and a beautiful savoury pie. There is a
full breakfast menu daily, and lunch dishes –
including meze plates, soups and salads – are
served during the week.

Coffs Harbour

✖ Old John's — Cafe $

(📞02-6699 2909; www.facebook.com/oldjohns; 360 Harbour Dr; mains $10-17.50; ⊙7am-3.30pm) Join Coffs' cool kids propped up at the open window or on a street-side table sipping on the town's best coffee and digging into delights from a menu of chia 'pud', eggy breakfasts, and superfood bowls or lunch salads and toasted sandwiches.

🛏 Coffs Jetty BnB — B&B $$

(📞02-6651 4587; www.coffsjetty.com.au; 41a Collingwood St; d $135-170; ❄🛜) A cut above your average B&B, this homey townhouse has private, tastefully decorated, spacious rooms with walk-in wardrobes and terrific bathrooms. Enjoy your continental breakfast, with fresh fruits, on the balcony, then make the easy stroll to the beach and jetty restaurants. One of the suites has a kitchenette, while all have microwaves and fridges.

Woolgoolga 7

✖ Singhan Da Dhaba — North Indian, Vegetarian $

(📞02-6654 2113; www.facebook.com/singhan dadhaba; 18 Market St; mains $13-15; ⊙11.30am-2.30pm & 5.30-8.30pm Mon-Sat; 🛜) This traditional Sikh *dhaba* (roadside food stall) does tasty traditional North Indian vegetarian dishes that are very much like what you'd have in an Indian home. There's also a lunchtime *chaat* (snacks) menu, and a wonderful display of Indian sweets for takeaway. Happily caters for vegans and those who don't eat garlic or onion.

Byron Bay 10

✖ Balcony Bar — International $$

(📞02-6680 9666; www.balcony.com.au; cnr Lawson & Jonson Sts; mains $22-32; ⊙noon-11pm Mon-Thu, to late Fri, 9am-late Sat & Sun; 🛜) The eponymous architectural feature here wraps around the building and gives you tremendous views of the passing Byron parade (and the ever-busy traffic circle). Decor is an appealing postcolonial pastiche, while the food is a great mix of tasty tapas-style dishes, Med-inflected warm-weather-appropriate salads and sophisticated main meals from chilli crab linguine to a dry-aged beef burger on brioche.

✖ Bay Leaf Café — Cafe $$

(www.facebook.com/bayleafcoffee; 2 Marvell St; mains $17-24; ⊙7am-2pm) There's a raft of Byron clichés on offer at this hip, busy cafe (golden lattes, kombucha, a '70s psych rock soundtrack), but everything is made with remarkable attention to detail and a passion for produce. Breakfasts are fantastic from the granola or Bircher muesli to the poached eggs with house-made dukkah or young Australia's national dish: avocado on sourdough.

🛏 Nomads Arts Factory Lodge — Hostel $

(📞02-6685 7709; www.nomadsworld.com/arts-factory; Skinners Shoot Rd; sites $17-20, dm $25-32, d $70-90; @🛜🛏) For an archetypal Byron experience, try this rambling minivillage next to a picturesque swamp set on 2 hectares, 15 minutes' walk from town. Choose from colourful four- to 10-bed dorms, campsites, a female-only lakeside cottage or a shared tepee. Couples can opt for aptly titled 'cube' rooms, island-retreat glamping-style canvas huts or the pricier 'love shack' with private bathroom.

🛏 Barbara's Guesthouse — Guesthouse $$

(📞0401 580 899; www.byronbayvacancy.com; 5 Burns St; d $170-330; 🅿❄🛜) This pretty 1920s weatherboard house, in a quiet residential street a short walk from town, has four elegant guest rooms with private bathroom and TV. The owner is an interior decorator and it shows in the smart beachy style and attention to detail. There's a communal kitchen with breakfast supplies and a coffee machine, and a lovely back deck for relaxing.

STRETCH YOUR LEGS
SYDNEY

Start/Finish: Observatory Hill

Distance: 3.5km

Duration: 3½ hours

Sydney is a city of ready superlatives and this walk traverses some of the centre's most spectacular terrain, from the historic Rocks district to the Opera House and into the luxuriant harbourside greens of the Royal Botanic Garden.

Take this walk on Trips

Observatory Hill

Studded with huge Moreton Bay fig trees, this grassy hilltop above the Rocks houses the intriguing **Sydney Observatory** (☏02-9217 0111; www.maas. museum/sydney-observatory; 1003 Upper Fort St; ⏱10am-5pm), which is a fascinating place to explore. The park is a great escape in its own right and a top spot for a picnic. There are brilliant harbour views.

The Walk 》 Head north down the hill to Argyle St, with Argyle Place just across the road.

Argyle Place

A quiet, English-style village green lined with terraced houses, **Argyle Place** (Argyle St; ⏢Circular Quay) offers the sacred appeal of the **Garrison Church** (☏02-9247 1071; www.churchhillanglican.com; 60 Lower Fort St; ⏱9am-5pm; ⏢Circular Quay) and the Lord Nelson Brewery Hotel, one of three that claim the title of Sydney's oldest pub.

The Walk 》 Walk down the hill along Argyle St to the southeast, passing through Argyle Cut, a canyonlike section of road cut by convicts through the sandstone ridge. Turn left just past the Sydney Visitor Centre to reach the museum.

Rocks Discovery Museum

Divided into four displays – Warrane (pre-1788), Colony (1788–1820), Port (1820–1900) and Transformations (1900 to the present) – this small, excellent **museum** (☏02-9240 8680; www.therocks. com; Kendall Lane; ⏱10am-5pm; ⏩), tucked away down a Rocks laneway, digs deep into the area's history on an artefact-rich tour. Sensitive attention is given to the Rocks' original inhabitants, the Gadigal (Cadigal) people, and there are interesting tales of early colonial characters.

The Walk 》 Take any Rocks thoroughfare heading east, then follow the waterfront south to the Museum of Contemporary Art.

Museum of Contemporary Art

The **MCA** (MCA; ☏02-9245 2400; www.mca. com.au; 140 George St; ⏱10am-5pm Thu-Tue,

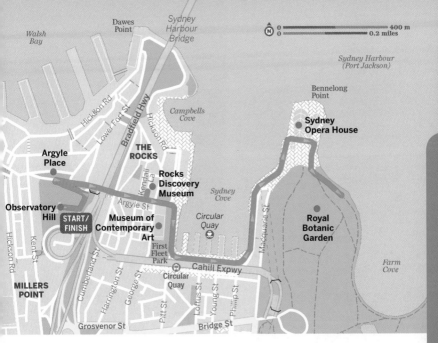

to 9pm Wed; 🚉 Circular Quay) is a show-case for Australian and international contemporary art, with a rotating permanent collection and temporary exhibitions. Aboriginal art features prominently. The art-deco building has had a modern space grafted on to it, the highlight of which is the rooftop cafe with stunning views. There are free guided tours daily, available in several languages.

The Walk » There are few busier corners of Sydney – stroll at your leisure along Circular Quay with its didgeridoo buskers, people rushing to ferries and fast food outlets.

Sydney Opera House

It may be something of a Sydney cliché, but the **Sydney Opera House** (🖉02-9250 7111; tour bookings 02-9250 7250; www.sydney operahouse.com; Bennelong Point; tours adult/child $40/22; ⏲tours 9am-5pm) remains one of the most splendid architectural creations in the country. Visually ref-erencing the billowing white sails of a

seagoing yacht, the complex comprises five performance spaces where dances, concerts, opera and theatre are staged. The best way to experience the building is to attend a performance, but you can also take a guided tour.

The Walk » Take the steps down away from the harbour and turn left (east) and follow the footpath that leads through the iron gates and into the Royal Botanic Garden.

Royal Botanic Garden

Bordering Farm Cove, the magnificent harbourside **Royal Botanic Garden** (🖉02-9231 8111; www.rbgsyd.nsw.gov.au; Mrs Macquarie's Rd; ⏲7am-dusk) was estab-lished in 1816 and features plant life from Australia and around the world. Long before the convicts arrived, this was an initiation ground for the Gadigal people.

The Walk » This is such a fabulous walk that it's worth taking twice – return along the same route, perhaps at a more leisurely pace to take it all in and cutting up some different Rocks streets.

Snowy Mountains

Range across the high country from Cooma to Mt Kosciuszko, passing Australia's highest town, its highest mountain and some fabulous alpine scenery en route.

6

TRIP HIGHLIGHTS

124 km

Bradleys & O'Briens Hut
Iconic and photogenic alpine hut

87 km

Kiandra
Remote hillside cemetery high above the treeline

3

5

●Cooma
START

Perisher Village

●Jindabyne
FINISH

Charlotte Pass

7

Thredbo
One of Australia's premier ski resorts

247 km

2–3 DAYS
275KM / 171 MILES

GREAT FOR...

BEST TIME TO GO

Spring and autumn. Roads may be impassable without chains in winter, when it's all about skiing.

 ESSENTIAL PHOTO

Scammell's Lookout, a magnificent mountain vantage point amid often-dense gum forest.

 BEST FOR OUTDOORS

Kiandra combines evocative scenery with thought-provoking human history.

6 Snowy Mountains

From Cooma to Jindabyne, this imagination-firing route traverses the Snowy Mountains' lonesome landscapes. Along the way, as wedge-tailed eagles soar on the thermals, the road passes dense forests, patches of ribbony grass and up-country views you won't find anywhere else in Australia. This meandering mountain drive suits poetic souls and solitude seekers but not nervous drivers or fidgety passengers.

❶ Cooma

Cooma is a fine place to begin this crossing of Australia's highest terrain. Proximity to the snowfields keeps this little town punching above its weight during winter, while it can be whisper-quiet in summer. Provided you have small-town expectations, Cooma has plenty to intrigue among its friendly cafes and heritage buildings. Spare an hour or two for the **NSW Corrective Services Museum** (☎02-6452 5974; www.correctiveservices.justice.

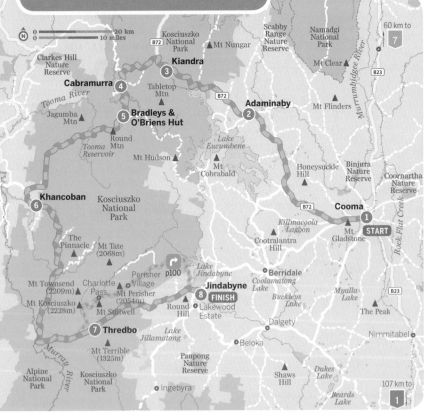

nsw.gov.au; 1 Vagg St; gold coin donation; ⏲9am-3pm Mon-Sat), where inmates of the prison lead engaging (and often darkly humorous) museum tours into correctional history. On the Monaro Hwy, 2km north of the town centre, tap into the town's lifeblood at the **Snowy Hydro Discovery Centre** (☏1800 623 776; www.snowyhydro.com. au; Yulin Ave; ⏲8am-5pm Mon-Fri, to 4pm Sat & Sun; 🅿) to understand the hydroelectric scheme that is one of Australia's finest feats of engineering. The dams and hydroelectric plant took 25 years and more than 100,000 people to build and there's more to come, in the form of 'Snowy 2.0'.

✗ p103

The Drive » To begin, take Sharp St in Cooma west, then

LINK YOUR TRIP

1 Sydney to Melbourne

Drive south from Cooma for 45km, then turn east towards the coast. You enter Trip 1 at Merimbula.

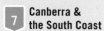

7 Canberra & the South Coast

Take the Monaro Hwy north from Cooma for 116km to Queanbeyan, which lies along Trip 7 between Canberra and Batemans Bay.

take the turnoff to Tumut 7km out of town. From there, it's 44km to Adaminaby, climbing gently through sub-alpine pastures.

---

2 Adaminaby

Gloriously named Adaminaby, at an elevation of 1017m, looks like any other sleepy Australian hamlet of widely spaced houses and shady parklands, but looks can be deceptive – old Adaminaby was drowned by the rising waters of Lake Eucumbene when dams were built in the 1950s. In times of drought, when the waters recede, relics of the former town emerge like spectres. The trout fishing is as legendary as the local hospitality, and the town has a respectable record of appearances in literature and film. It was the inspiration for *Happy Valley*, the first novel of Australia's Nobel Prize–winning author Patrick White, while its racecourse has appeared in two Hollywood films: *The Sundowners* (1960) and *Phar Lap* (1983). Travellers inspired by the wide-open terrain could extend their trip with a few days on horseback at charming, family-run **Reynella Rides** (☏02-6454 2386; http://reynellarides. com.au; 699 Kingston Rd, Adaminaby; 3-/4-/5-day treks from $1550/1900/2380). Otherwise, pull over in Adaminaby for a view of the lake and a fuel top-up,

as things get ghostlier from here…

The Drive » Some 13km beyond Adaminaby, you leave behind rolling grazing country and enter the denser woodlands of Kosciuszko National Park.

TRIP HIGHLIGHT

3 Kiandra

Covering 6940 sq km, Kosciuszko National Park is the roughest diamond in NSW's considerable national-park crown. In spring and summer, walking trails and camp sites are framed by alpine flowers. It's less a single stop than a series of places where you'll be tempted to pull over, turn off the engine and take in the views in blissful silence. At the 88km mark out of Cooma, at the sign for Kiandra, leave the car by the roadside and climb to the poignant hillside graves of the **Kiandra Cemetery** – from 1891 to 1912, 47 people were buried at this remote gold-mining spot and only six died of old age. The scenery here has a wild and lonely aspect. The far-flung town is also the birthplace of recreational skiing in Australia, introduced by Norwegian settlers.

The Drive » The road climbs past the ruins of Kiandra, 1400m above sea level; take the turnoff for Cabramurra soon after at the 89km mark, with another turnoff for Cabramurra at 104km. Cabramurra itself is 4km further on.

4 Cabramurra

At a dizzying elevation (by Australian standards) of 1488m, Cabramurra is Australia's highest town. It's a strange place in a stunning setting, its custom-built houses first constructed in the 1950s to house workers on the Snowy Mountains Hydro-electric Scheme, then left behind to house those who maintain the dam complex. There's little to see – it's a curiously soulless place, a company town with a bare minimum of facilities. Stop briefly to see for yourself, and for coffee and snacks at the general store, before continuing on your way.

The Drive ›› The steep descent from Cabramurra is one of the prettiest on the whole route, with a stunning honour guard of eerie white, fire-scarred trunks before the road drops to the dam itself, then continues through alternating alpine woodlands and grasslands.

TRIP HIGHLIGHT

5 Bradleys & O'Briens Hut

Around 124km out of Cooma, surrounded by the chalk-white trunks left behind by the 2003 bushfires that ravaged the region, Bradleys & O'Briens Hut is a timber-framed mountain shack clad in corrugated iron. It's an evocative place – one of those isolated Aussie structures that somehow captures the loneliness of human settlements in this vast land. The hut was first built by the O'Brien and Bradley families in 1952. It's still used by walkers and day-trippers to Kosciuszko National Park, especially when they're caught out by a storm.

The Drive ›› As you continue southwest, always following the signs to Khancoban, you'll pass a number of rest areas and trailheads. The views open out along this section of the route, with Victoria's High Country visible across the state border to the south.

6 Khancoban

Blissfully isolated, and quiet as a mouse outside the winter months, tiny Khancoban feels like an oasis after you come in along the long, lonely roads that lead here. The town's permanent population hovers below 250 and its setting, hemmed in by the foothills of the Snowy Mountains, lends it an idyllic air. Stop for long enough to raid the freezer for a treat at **Trev's Place** – especially if you have kids; they've probably earned it – or fill the tank with petrol (more expensive here than in Thredbo or Cooma). Push on towards Thredbo, especially if it's

SKIING THE SNOWY MOUNTAINS

The main ski resorts are Thredbo, on the southern slopes of Kosciuszko, and Perisher, on the eastern side. The much smaller Charlotte Pass resort is approached from the Perisher side and sits higher up the slopes.

Ski season officially lasts from the Queen's Birthday weekend (early June) to Labour Day (early October). Peak season is June to August, though July and August have the best snow. Snow-making machines ensure that there's usually some cover throughout the season, though you can expect the 'white ribbon of death' – that is, a ski route fashioned from artificial snow with bare earth or muddy ground on either side – at the beginning and end of the season.

Off the slopes there's lively nightlife, good restaurants, and a plethora of facilities and activities catering to families. Both Thredbo and Perisher have a designated kids' skiing programme, crèches and day care.

On the downside, resorts tend to be particularly crowded at weekends, and the limited season means that operators have to get their returns quickly, so costs are high.

SUZANNE LONG/ALAMY STOCK PHOTO ©

Bradleys & O'Briens Hut Kosciuszko National Park

late in the day, but it's worth stopping 7km south at the **Murray 1 Power Station viewing point** to see the Snowy Hydro scheme's mighty pipelines spidering across the hills.

The Drive » With the trip clock at 192km, pause for fine views at Scammell's Lookout, named after a local family who grazed their cattle nearby in the 1860s. You'll pass several riverside rest areas, then after 243km you'll climb to the road's highest point, with a sign that says 'Great Dividing Range 1580m', before dropping down the valley into Thredbo.

- - - - - - - - - - - - - - -

TRIP HIGHLIGHT

❼ Thredbo

At 1365m, Thredbo is often lauded as Australia's number-one ski resort, and its narrow valley setting is a dramatic sight as you descend from

101

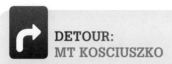

DETOUR:
MT KOSCIUSZKO

Start: 7 Thredbo or 8 Jindabyne

It may be a mere hill when compared to mountains around the world, but Mt Kosciuszko (2228m) is the highest mountain on the Australian continent. As mountains go, it's relatively easy to climb, although getting to the top can still be strenuous. There are two possible trailheads and three available routes. The most straightforward is the **Mt Kosciuszko Track** – from Thredbo, take the **Kosciuszko Express Chairlift** (day pass adult/child $39/21; ☺9am-4pm); from the top of the lift it's a 13km hike to the summit and back. Gauge your group's fitness before setting out: plenty of kids can be seen skipping ahead of their parents on the trail, but if little legs slow your progress, there's a risk of missing the last lift down.

The other two trails require you to drive to the end of the paved road above Charlotte Pass (40km west of Jindabyne). The easier of the two routes is the **Summit Walk** (18km return, with a thigh-burning final ascent). The other option is the **Main Range Track**, a much tougher 22km loop that crosses minor creeks; ask at the **visitor centre** (☎02-6459 4198; www.thredbo.com.au; 6 Friday Dr; ☺9am-4.30pm) before setting out, as inclement weather can make it impossible to complete. Be sure to register a trip-intention form.

No park fees for Kosciuszko National Park are payable if you're just driving straight through. If, however, you're overnighting or driving beyond Jindabyne towards Charlotte Pass, the fee is $17 per vehicle per 24 hours (or $29 in winter).

the Khancoban road. Summertime heralds adventures along 25km of mountain-biking trails, as well as on hiking routes into the raw wilderness that extends from nearby Charlotte Pass. Summer's also the time when the **Thredbo Blues Festival** (www.thredboblues.com.au; ☺mid-/late Jan) wakes the resort from its low-season slumber. In winter Thredbo's all about skiing, and snow-heads arrive en masse to thunder down Australia's longest runs.

✗ 🛏 p103

The Drive » Although you'll pass through plenty of alpine woodland on the first stretch out of Thredbo, the more picturesque sections of the route are now behind you and it's an easy run through open country for the last few kilometres into Jindabyne.

- - - - - - - - - - - - - - - - - -

8 Jindabyne

Jindabyne is the closest town to Kosciuszko National Park's major ski resorts. Though its inky-blue lake is undeniably beautiful, it's a feeder town rather than a destination in its own right; and with 3.3 million annual overnight stays in the Snowy Mountains, Jindabyne ends up welcoming a large number of mountain-bound visitors. In summer the town assumes a more peaceful vibe, and fishing and mountain biking are the main pastimes. **Sacred Ride** (☎02-6456 1988; www.sacredride.com.au; 6 Thredbo Tce; hire per hour/day bike from $25/50, canoe or kayak $25/100; ☺9am-5pm; ⊕) can kit you out with wheels, helmets and sage trail advice, while the **Snowy Region Visitor Centre** (☎02-6450 5600; www.nationalparks.nsw.gov.au; 49 Kosciuszko Rd; ☺8.30am-5pm) offers experienced hiking guidance and tips on kayaking.

✗ 🛏 p103

Eating & Sleeping

Cooma ❶

✕ Lott Foodstore   Cafe $

(📞02-6452 1414; www.lott.net.au; 177 Sharp St; mains $10-18; ⏰7am-3pm Mon-Fri, 8am-4pm Sat & Sun; ✎) Enticing brunches, gourmet burgers and respectable vegetarian options make Lott Foodstore the favourite for good grub in Cooma. Recent standouts include the Wagyu burger on a charcoal bun and the falafel with beet hummus. There's good service, kid-sized portions and options to tailor some meals to become vegan or gluten-free dishes.

Thredbo ❼

✕ Bernti's   Brasserie $$

(📞02-6457 6332; www.berntis.com.au; 4 Mowamba Pl; mains $14-35; ⏰4pm-late Mon-Sat May-Oct, Tue-Sat Nov-Apr) Top-notch pub grub is served in the pleasant little wood-lined bar beneath this well-regarded midrange lodge. Bernti's is known for its monster steaks, but lighter fare, like ceviche, salads and soups, is also tasty and fresh. Grab a seat by the windows and take in the views. Opening days and hours can vary outside winter.

▤ Thredbo YHA   Hostel $

(📞02-6457 6376; www.yha.com.au; 2 Buckwong Pl; dm summer/winter from $36/106, r from $390, without bathroom from $250; 📶) This admirable year-round hostel is run like clockwork. As in many YHA outfits, dorm rooms feel a little institutional, with metal-framed bunks. Otherwise it's friendly, homey and scrubbed clean. There are family rooms, a good-size kitchen, a barbecue area and a large, wood-beamed lounge where travellers can sink into a sofa or socialise over tales of fresh-air adventure.

▤ Snowgoose Apartments   Apartment $$

(📞02-6457 6415; https://snowgoose apartments.com.au; 25 Diggings Tce; apt

from $165; 🅿📶) Just above the shops but set back from the road, this luxurious set of contemporary apartments offers gas-log fireplaces, good kitchens, underfloor heating, balconies and views galore. All but the studios have a dedicated parking spot.

Jindabyne ❽

✕ Birchwood   Cafe $

(📞02-6456 1880; www.birchwoodcafe.com. au; 3/3 Gippsland St; mains breakfast & lunch $11-22; ⏰7am-3pm; ✎🖐) As good as any of Canberra's flash brunch spots, Birchwood pours a powerful coffee, bakes its own seed-studded gluten-free bread and lovingly prepares veg bowls, tortillas and hard-to-resist apple-pie waffles. You'll feel healthier just for considering the green lentil and kale salad...though you may end up ordering the pistachio-packed Persian love cake.

✕ Takayama   Japanese $$

(📞02-6456 1133; www.takayama.com.au; level 1, Nuggets Crossing Shopping Centre, Snowy River Ave; mains $15-26; ⏰6-9pm Tue-Sat) Takayama isn't your typical small-town Japanese restaurant; for starters, sushi isn't the focus of the menu. Beyond small plates of trout sushi and salmon sashimi, expect heartier dishes appropriate to the mountain weather: *gyoza* (dumplings), chicken *katsu* (breaded with rice and veg), beef *tataki* (seared, marinated and finely sliced), whole fish and a truly excellent ramen soup.

▤ Jindy Inn   Guesthouse $

(📞02-6456 1957; www.jindyinn.com.au; 18 Clyde St; d from $99; 🅿📶) Though featureless from the outside, Jindy Inn has sweetly decorated rooms looked after by warm, helpful staff. Rooms are attired in tasteful charcoal grey with cushions made cute by pictures of native fauna. Organic toiletries and nice in-room teas add a dab of extra comfort, and a simple continental breakfast is included in the rate.

STRETCH YOUR LEGS
CANBERRA

Start/Finish: Parliament House

Distance: 3.1km

Duration: Three hours (longer with museums)

Canberra is a serious-minded place, and this walk past national landmarks is a serious-minded walk. Contrary to what you've heard, Canberra can really buzz, but its gift to the nation is its role as guardian of the national memory.

Take this walk on Trip

Parliament House

Opened in 1988, Australia's **Parliament House** (📞02-6277 5399; www.aph.gov.au; 🕒9am-5pm) is dug into Capital Hill, and has a grass-topped roof topped by an 81m-high flagpole – it's one of the country's most distinguished modern architectural landmarks. The rooftop lawns encompass 23 hectares of gardens and provide superb 360-degree views. Underneath are 17 courtyards, an entrance foyer, the Great Hall, the House of Representatives, the Senate and seemingly endless corridors.

The Walk ≫ Leave via Parliament House's front door and walk down the hill heading northeast, all the way to the white Old Parliament House building.

Museum of Australian Democracy

The **Museum of Australian Democracy** (MoAD; 📞02-6270 8222; www.moadoph.gov.au; Old Parliament House, 18 King George Tce, Parkes; adult/child/family $2/1/5; 🕒9am-5pm) inside Old Parliament House, the seat of government from 1927 to 1988, offers visitors a whiff of bygone parliamentary activity. In addition to the museum's displays, you can also visit the old Senate and House of Representative chambers and the prime minister's office.

The Walk ≫ Walk around the north side of the museum and you'll come across the Aboriginal Tent Embassy.

Aboriginal Tent Embassy

The lawn in front of Old Parliament House is home to the **Aboriginal Tent Embassy** (King George Tce, Parkes). On 26 January 1972, four Aboriginal Australian men set up a beach umbrella on the lawn to protest the government's refusal to acknowledge Aboriginal land rights.

The Walk ≫ Head down through the grassy parks to the north. After crossing King Edward Tce, Questacon is just on the other side of the road.

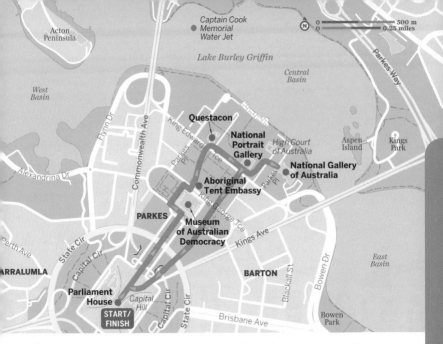

Questacon

Now here's something to lighten the mood. **Questacon** (☎02-6270 2800; www. questacon.edu.au; King Edward Tce, Parkes; adult/child $23/17.50; ⏱9am-5pm; 👶) is a kid-friendly science centre with fun yet educational interactive exhibits. Explore the physics of sport, athletics and fun parks, create tsunamis, and take shelter from cyclones and earthquakes. It will appeal to all of those with a burning desire to press buttons and see what happens.

The Walk » As you walk through the parks to the east, admire the Captain Cook Memorial Water Jet, away to the north on Lake Burley Griffin, the artwork of Reconciliation Pl and the imposing High Court Building.

National Portrait Gallery

There's something special about the **National Portrait Gallery** (☎02-6102 7000; www.portrait.gov.au; King Edward Tce, Parkes; general admission free; ⏱10am-5pm), which tells the story of Australia through its faces – from wax cameos of Indigenous Australians to colonial portraits of the nation's founding

families and contemporary works such as Howard Arkley's Day-Glo portrait of musician Nick Cave. There is a good cafe for post-exhibition coffee and reflection.

The Walk » Due east of the National Portrait Gallery, the National Gallery of Australia sits across the road on Parkes Pl. A footbridge connects the two galleries.

National Gallery of Australia

Arguably Australia's premier art gallery, the **National Gallery of Australia** (☎02-6240 6502; www.nga.gov.au; Parkes Pl, Parkes; general admission free temporary exhibition prices vary; ⏱10am-5pm) includes the extraordinary *Aboriginal Memorial* from Central Arnhem Land. The work of 43 artists, this 'forest of souls' presents 200 hollow log coffins (one for every year of European settlement up to its installation) and is part of an excellent collection of Aboriginal and Torres Strait Islander art.

The Walk » To return to where you started, retrace your steps to the National Portrait Gallery and King Edward Tce, then go up through the greenery to the top of the hill and Parliament House.

Canberra & the South Coast

This inland foray picks the best from the hinterland of the New South Wales South Coast, with fabulous scenery, historic highlights and even the nation's capital to enjoy en route.

7

TRIP HIGHLIGHTS

113 km

Kangaroo Valley
Postcard-pretty valley between mountains and sea

START Stanwell Tops

Wollongong

Mittagong
6

175 km

Berrima
Historic window on the colonial soul

Moss Vale
4

Kiama

Nowra

Bungendore

7

Queanbeyan

Braidwood

8
FINISH

494 km

Batemans Bay
Learn to surf in this all-purpose resort

Canberra
Explore the nation's capital

347 km

3–4 DAYS
494KM / 307 MILES

GREAT FOR...

BEST TIME TO GO

November to March for coastal areas, but year-round everywhere else.

ESSENTIAL PHOTO

Parliament House, Canberra.

BEST FOR OUTDOORS

Kangaroo Valley and the road up and over the Great Dividing Range are simply gorgeous.

Canberra & the South Coast

While everyone else gets distracted by the big Pacific blue, this itinerary eases you away from the coast and within no time at all, Kangaroo Valley's wildlife and history will hold you in their thrall. Berrima and Bowral rank among inland NSW's most charming historic towns, while Canberra is the national cultural repository. Then it's down through forests to rejoin the coast at Batemans Bay, for surf lessons and golden sands.

❶ Stanwell Tops

Bald Hill in Stanwell Park starts the drive with a mesmeric view. Stanwell Beach's crescent of golden sand is utterly photogenic from this lofty lookout; on a good day, you'll see hang-gliders floating on the breeze. Ten kilometres south of Stanwell Tops, stop in the **Scarborough Hotel** (☎02-4267 5444; www.thescarboroughhotel.com.au; 383 Lawrence Hargrave Dr, Scarborough; mains $24-32; ⏱8.30am-4pm Mon-Fri, to 5pm Sat & Sun; 🚻🎲), which has everything you could possibly want from a pub on the coast: a heritage feel (built 1886), good seafood lunches and a marvellous beer garden with views of the sea.

The Drive >> Stick to the coast road south of Stanwell Tops and soar over the dramatic Seacliff Bridge before rejoining the Princes Hwy to zip into Wollongong.

❷ Wollongong

Like Sydney on a far more manageable scale, the 'Gong' captures the Aussie ideal of laid-back coastal living but adds a modest live-music scene, restaurants and excellent bars. There are 17 patrolled beaches in the vicinity – North Beach generally has better surf than Wollongong City Beach, while further north are the surfer magnets of Bulli, Sandon Point, Thirroul (where DH Lawrence lived during his time in Australia) and pretty Austinmer. Other fetching spots are the dreamy **botanic garden** (☎02-4227 7667; www.wollongong.nsw.gov.au/botanicgarden; 61 Northfields Ave, Keiraville; ⏱7am-5pm

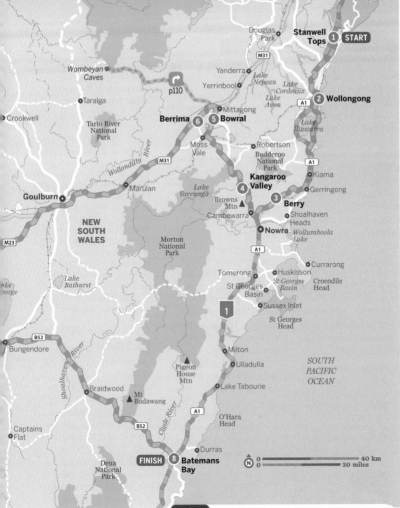

Apr-Sep, to 6pm Mon-Fri, to 6.45pm Sat & Sun Oct-Mar; and the panoramic lookout atop Mt Keira.

p113

The Drive » Forsake the truck-heavy Rte 1 for the quieter coastal road, passing Shellharbour, Kiama and Gerringong before rejoining Rte 1 all the way into Berry.

LINK YOUR TRIP

1 Sydney to Melbourne

Stanwell Tops is just south of Royal National Park, at the start of the Sydney to Melbourne trip, while Batemans Bay is close to its midpoint.

6 Snowy Mountains

From Queanbeyan, drive 109km south along the Monaro Hwy to Cooma, where the 275km Snowy Mountains loop begins.

③ Berry

Charming Berry is a popular inland stop on the South Coast, thanks to a slew of National Trust–classified buildings and accompanying antique and homeware stores. Berry's emerging foodie scene jostles happily with the heritage buildings, a lost-in-time pub and nostalgia-steeped shops like **Treat Factory** (☎02-4464 1112; www.treatfactory.com.au; 6 Old Creamery Lane; ⊕9.30am-4.30pm Mon-Fri, 10am-4.30pm Sat & Sun; ▥). Encouraging an overnight stop, the B&Bs in the rolling countryside nearby are some of the cosiest around.

The Drive ≫ Follow Rte 1 for around 12km and, just when it seems as though you have no choice but to pass into sprawling, somewhat humdrum Nowra, turn off to the right and journey northwest into Kangaroo Valley.

DETOUR: WOMBEYAN CAVES

Start: ⑤ Bowral

Southern NSW is riddled with fabulous limestone caves, none more spectacular than the **Wombeyan Caves** (☎02-4843 5976; www.nationalparks.nsw.gov.au; Wombeyan Caves Rd; adult/child Figtree Cave $20/13, 2 caves & tour $33/25; ⊕9am-4pm; ▣▥). This convoluted network of extraordinary underground caverns lies up a well-signposted, unsealed mountain road (which is passable in a 2WD vehicle but adds a real sense of adventure to the excursion), 70km northwest of Bowral. Nearby are walking trails and plenty of wildlife.

TRIP HIGHLIGHT

④ Kangaroo Valley

Here's something special: picturesque Kangaroo Valley is arrayed against a fortress-like backdrop of rainforest-covered cliffs, its valley floor carpeted by sweeping green pasturelands, river gums and gurgling creeks. The slow country town of Kangaroo Valley has an excellent pub, restaurants, and the odd feel-good shop and gallery to satiate wealthy Sydney-siders who populate the town at weekends. The formal entry to the valley is the castellated sandstone-and-iron **Hampden Bridge** (1898), a few kilometres north of town.

The river beach just below the bridge is a good spot for a swim. If you've time to linger, consider grinding spices and assembling a banquet at cookery school **Flavours of the Valley** (☎02-4465 2010; www.flavoursofthevalley.com.au; Bendeela Rd; per person $95-185) (it also has soap-making classes). Alternatively, **Kangaroo Valley Adventure Co** (☎02-4465 1372; www.kvac.com.au; Glenmack Park Campground, 215 Moss Vale Rd) can set you up for hiking and kayaking.

The Drive ≫ The road northwest from Kangaroo Valley is a wonderfully winding ascent of the escarpment, with fine views of hill-flanked plains, before you get lost in the dizzyingly tall trees of the upper montane forest; watch for colourful king parrots in the upper reaches. Stop at Fitzroy Falls for a creekside ramble, then pass through history-rich Moss Vale on your way into Bowral.

⑤ Bowral

You could be forgiven for thinking you've taken a wrong turn in the Southern Highlands and ended up in the south of England when you reach Bowral, a pretty area that revels in its Englishness. That feeling will come to seem rather incongruous, however, when you learn that it was here that Sir Donald Bradman, that quintessential Aussie hero and nemesis of English cricket, spent his boyhood. Within the **International Cricket Hall of Fame** (☎02-4862 1247; www.internationalcrickethall.com; St Jude St, Bowral; adult/child $20/11; ⊕10am-5pm; ▣) complex there's a pretty cricket oval, and fans pay homage to Bradman at the **Bradman Museum of**

Kangaroo Valley Hampden Bridge

Cricket, which overflows with Ashes memorabilia. The ever-expanding collection showcasing the international game is a must for all sports fans, not just cricket buffs.

✕ ⊨ p113

The Drive » To reach Berrima, you'll need to loop north and then southwest onto the Hume Hwy ever so briefly. You should be there no more than 15 minutes after leaving Bowral.

- - - - - - - - - - - - - - - - -

TRIP HIGHLIGHT

⑥ Berrima

Heritage-classified Berrima could just be the loveliest town along the Hume Hwy. Founded in 1829 with visions of a future as a major metropolis, Berrima grew into an important inland waystation that was, during its 19th-century peak, home to 14 hotels. It later settled into quiet obscurity, but not before an appealing portfolio of sandstone buildings adorned the streets. These buildings – among them the **Berrima Courthouse** (1838), the **Old Berrima Gaol** (1839), the **Holy Trinity Anglican Church** (1849) and the **St Francis Xavier Catholic Church** (1849) – together speak volumes for the preoccupations of early settlement life. That other essential pillar of bijou rural Aussie towns, the secondhand bookshop, finds expression around 3km north of town in **Berkelouw's Book Barn & Café** (☎02-4877 1370; www.berkelouw. com.au; Old Hume Hwy, Bendooley; ⊙9am-5pm), with over 200,000 secondhand tomes. There's also a wide selection of new Australia-themed books, and the attached restaurant offers local Southern Highlands wine and craft beer.

The Drive » It's possible to avoid the Hume Hwy as far south as sleepy Bundanoon, a gateway to Morton National Park. But thereafter you might as well join the highway, bypassing Goulburn, then following the signs down into Canberra.

TRIP HIGHLIGHT

❼ Canberra

Canberra, Australia's custom-built capital, is a city built for the car, and having one allows you to explore its expansive open spaces and catch a sense of the city's seamless alignment of built and natural elements. Though Canberra seems big on architectural symbolism and low on spontaneity, the city's cultural institutions have lively visitor and social programmes, and there's a cool urban energy emerging in Braddon, New Acton and the Kingston Foreshore. During parliamentary sitting weeks the town hums with the buzz of national politics, but it can be a tad sleepy during university holidays, especially around Christmas and New Year. If you're here at such times, get out and explore its kangaroo-filled parks and its picturesque natural hinterland.

✕ ⊨ p113

The Drive » From Canberra city centre, follow the signs to Queanbeyan, then take the Kings Hwy up and over the Great Dividing Range on a twisting forest road to the coast. Although it's only 150km from Canberra to Batemans Bay, count on the drive taking well over two hours. Avoid Friday afternoons, when Canberrans head for the coast.

LAKE BURLEY GRIFFIN

Though it might seem at first glance that Canberra was built around the sparkling waters of Lake Burley Griffin, the reality is actually the other way around. The concept of an artificial lake was part of the original design of the nation's capital as early as 1909; however it wasn't until 1961, with the excavation of the lake floor and the damming of the Molonglo River at Scrivener Dam, that Lake Burley Griffin finally came into existence. Even then, the final stages of construction were hampered by a prolonged period of drought, which meant that the lake did not reach its planned water level until 1964, when it was officially inaugurated by then Prime Minister Sir Robert Menzies. A statue of Menzies, who championed the lake project throughout his prime ministership, can be seen strolling along the lake shore near Nerang Pool.

TRIP HIGHLIGHT

❽ Batemans Bay

Like any good South Coast beach town worth its sea salt, Batemans Bay promises a decent restaurant strip, good beaches and, in this case, a sparkling estuary. Water-borne activities are diverse, from family-friendly kayaking and fishing to surf lessons amid the crashing waves; for the latter, try **Broulee Surf School** (☏02-4471 7370; www.brouleesurfschool. com.au; 77 Coronation Dr, Broulee; surfboard hire half-/full day $25/40; 👪) or **Surf the Bay Surf School** (☏0432 144 220; http://surf thebay.com.au; group/private lesson $50/100), which also offers paddleboarding. There are plenty of beaches if all you need is somewhere to lay your towel. Closest to town is **Corrigans Beach**, and longer beaches north of the bridge lead into **Murramarang National Park**. Surfers flock to **Pink Rocks**, **Surf Beach**, **Malua Bay**, **McKenzies Beach** and **Bengello Beach**. **Broulee** has a wide crescent of sand, but there's a strong rip at the northern end. It's no surprise that Batemans Bay is one of coastal NSW's most popular holiday centres, so book ahead if you're planning to stay in summer or on a weekend.

✕ ⊨ p113

Eating & Sleeping

Wollongong ②

✗ Babyface   Japanese, Australian $$

(☎02-4295 0903; www.babyfacekitchen.com.
au; 179 Keira St; tasting menus
$75-90; ☺ noon-3pm & 6-10pm or 11pm Thu-
Sat, 6-10pm or 11pm Tue, Wed & Sun) The menu
at this flash fusion place combines expertly
prepared sashimi with quintessentially Aussie
ingredients (macadamia nuts, desert quandong
and local cheese). Tasting menus allow diners
to sample a smorgasbord: king prawns, wattle-
seed tarts, wasabi-spiked salmon and other
morsels. There are some interesting wines by
the glass and upbeat, friendly staff.

Bowral ⑤

✗ Press Shop   Cafe $$

(☎02-4879 9244; www.thepressshop.com.au;
391-397 Bong Bong St, Bowral; mains $13-25;
☺7am-4pm Mon-Sat, from 8am Sun; ☑ 🖐)
Harnessing produce from Southern Highlands
farmers and growers, the Press Shop is the
best of Bowral's excellent cafe scene. Try the
superhealthy quinoa salad with a quail egg,
feta, herbs and sumac, or the free-range pork
Cuban sandwich with pickled cucumbers. Many
other vegetarian options also feature. Don't
miss checking out the workroom of the Bespoke
Letterpress out the back.

🛏 Imperial Hotel & Motel   Motel $$

(☎02-4861 1779; www.theimperial.com.au;
228-234 Bong Bong St, Bowral; r from $125;
P ❄ 🖐) This fabulous motel, set back from the
eponymous popular hotel, has stylish, modern,
oversized rooms offering excellent value in pricey
Bowral. Rates are cheapest on weekdays.

Canberra ⑦

✗ Terra   Australian $$

(☎02-6230 4414; www.terracanberra.com.au;
Shop G2, No Name Lane, 40 Marcus Clarke St;
mains breakfast & lunch $10-16, dinner $18-30,
set menu per person $58; ☺7.30am-4pm

Mon-Wed, to late Thu & Fri, 10.30am-late Sat)
By day this atmospheric, contemporary space
churns out delectable seasonal brunch dishes
and fabulous coffee. At night the rotisserie
takes centre stage, with six-hour roasted meats
alongside innovative sides like fried cauliflower
or baked potatoes with miso. The best option,
though, is the 'Feed Me' set menu (minimum two
people) – trust us, you won't go home hungry.

🛏 University House   Hotel $$

(☎02-6125 5211; www.unihouse.anu.edu.
au; 1 Balmain Cres, Acton; s/tw/d/apt from
$126/162/180/200; P ❄ 🖐) This 1950s-era
building, with original custom-built furniture,
resides in the tree-lined grounds of the Australian
National University (ANU) and is favoured by
research students, visiting academics and the
occasional politician. The spacious rooms and
two-bedroom apartments are unadorned but
comfortable. There's also a peaceful central
courtyard and a friendly cafe downstairs.

Batemans Bay ⑧

✗ Mossy Cafe   Cafe $

(☎02-4471 8599; www.themossy.com.au; 31
Pacific St, Mossy Point; breakfasts from $11, lunch
mains $14-21; ☺7.30am-3pm; ☑ 🖐) Post-surf
recovery is made much easier at this charming
cafe in a converted 1930s general store. Brunch
classics like smashed avo, poached eggs on
sourdough and chia bowls are joined on the
menu by pulled-pork tacos and Korean-spiced
veg bowls, plus enticing cakes and great coffee.
It's a short walk from Mossy Point's boat ramp,
1.5km north of Broulee's surf beach.

🛏 Bay Breeze   Motel $$

(☎02-4472 7222; www.baybreezemotel.com.au;
21 Beach Rd; d $175-350; P ❄ 🖐) Balinese-
style headboards and other stylish flourishes
give rooms at the Bay Breeze a distinctive,
luxurious air. Facilities at this boutique motel
are pleasingly broad, from in-room standards
like fridges and coffee-making to table tennis,
laundry and massage on demand. It's discreetly
shaded from the main promenade by a hedge,
but the bay views from waterfront rooms (from
$195) are excellent.

New England

While most visitors are obsessed with the beaches from Bondi to Byron, discerning travellers know a New England detour opens up national parks, historic towns and Australia's country-music capital.

8

TRIP HIGHLIGHTS

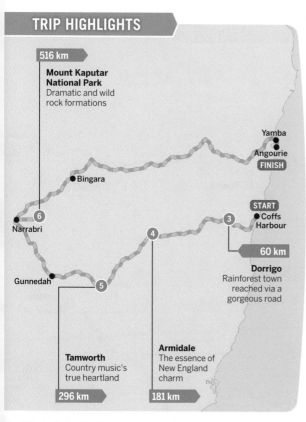

516 km

Mount Kaputar National Park
Dramatic and wild rock formations

Yamba

Angourie

FINISH

● Bingara

START
● Coffs Harbour

● Narrabri **6**

3

60 km

Dorrigo
Rainforest town reached via a gorgeous road

Gunnedah **5**

4

Tamworth
Country music's true heartland

296 km

Armidale
The essence of New England charm

181 km

5–7 DAYS
884KM / 549 MILES

GREAT FOR...

BEST TIME TO GO

Tamworth's country music festival in mid-January; March to May for autumnal colours.

ESSENTIAL PHOTO

Mount Kaputar National Park has New England's most dramatic land formations.

BEST FOR HISTORY

Coming face-to-face with the Aboriginal and pre-War past in Bingara.

Mount Kaputar National Park Sawn Rocks

8 New England

Leave the coast behind and head for the hills – the drive from Coffs to Armidale is one of New South Wales' prettiest. After Tamworth, that big-hat capital of all things country, the roads empty and a string of national parks and lovely towns (where you can strike it rich in more ways than one) will delight you all the way to Yamba.

❶ Coffs Harbour

Coffs Harbour is one of the beach stalwarts of the Aussie coast, a popular if slightly ageing resort with surf schools, fish and chips, and long, unspoiled stretches of sand. It's the sort of place that's as popular with families as it is with backpackers and blue-rinse retirees. Of the beaches, try **Park Beach**, a long, lovely stretch of sand backed by dense shrubbery and sand dunes that conceal the buildings beyond. **Jetty Beach** is somewhat more sheltered.

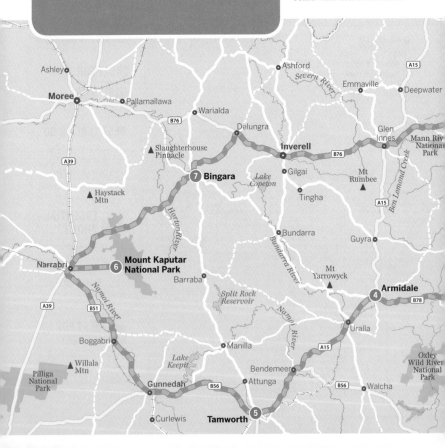

We also love Coffs for the chance to learn surfing at East Coast Surf School (p89), or eat fish and chips from the **Fishermen's Coop** (☎02-6652 2811; www.coffsfishcoop.com.au; 69 Marina Dr; mains $10-18.50; ☺10am-7pm) on the beach. And then there's always the **Big Banana** (☎02-6652 4355; www.bigbanana.com; 351 Pacific Hwy; ☺9am-5pm).

✕ ⛆ p93; p121

The Drive 》 From Coffs, take Rte 1 south of town for around 20km, then bid farewell to the coast and head inland (west), bound for Bellingen. Almost immediately, the world becomes quieter and the hills of the Great Dividing Range rise up ahead of you.

----

2 Bellingen

Thick with gourmet, organic cuisine and accommodation, 'Bello' is hippie without the dippy. Partly it's the location that catches the eye, but it also has just the right mix of seasonal markets, quirky stores such as the **Old Butter Factory** (☎02-6655 2150; www.theoldbutterfactory.com.au; 1 Doepel St; ☺ shops 9am-5pm, cafe 8am-4.30pm), and its very own **Bell-** ingen Jazz Festival (www.bellingenjazzfestival.com.au; ☺mid-Aug). Throw in river canoeing, a huge colony of flying foxes on **Bellingen Island** (www.bellingen.com/flyingfoxes) and a quirky literary heritage – there's the **Bellingen Book Nook** (☎02-6655 9372; 25 Hyde St; ☺10am-4pm Tue-Sat), the **Bellingen Readers & Writers Festival** (www.bellingenwritersfestival.com.au; ☺Jun) and its fame as the setting of Peter Carey's Booker Prize-winning novel *Oscar and Lucinda* – and you'll soon be hooked.

✕ p92; p121

The Drive 》 The Waterfall Way (www.visitwaterfallway.com.au) road from Bellingen runs pancake-flat for a wee while, then climbs the eastern flank of the Great Dividing Range and barely stops doing so until you're in Dorrigo, 27km beyond Bellingen. The views are splendid for the entire first half.

LINK YOUR TRIP

5 Sydney to Byron Bay

Coffs Harbour sits roughly on the midpoint between Sydney and Byron Bay, while Yamba is closer to Byron, where Trip 5 ends.

17 Southern Queensland Loop

Drive 180km north of Yamba and you'll end up nudging Coolangatta, part of a loop through the Queensland coast.

DETOUR: ULMARRA

Start: ❽ **Grafton**

It's worth taking a small detour from the Pacific Hwy to Ulmarra (population 435), a heritage-listed town with a river port that few travellers know about. Its name comes from an old Aboriginal word that means 'bend in the river' and there's a lazy, subtropical feel to this enchanted little place. The **Ulmarra Hotel** (☎02-6644 5305; www.ulmarrahotel. com.au; 2 Coldstream St, Ulmarra; ⏰noon-10pm) is a quaint old corner pub with a wrought-iron verandah and a greener-than-green beer garden that stretches down to the river – the perfect place to slow down to the decidedly laid-back Ulmarra pace of life.

TRIP HIGHLIGHT

❸ Dorrigo

Amid so much natural beauty, Dorrigo can seem almost incidental, although it's a pretty little place arrayed around the T-junction of two wider-than-wide streets. The town's main attraction is the Dangar Falls, 1.2km north of town, which cascade over a series of rocky shelves before plummeting into a basin. But even more beautiful attractions await in the nearby **Dorrigo National Park**. Stretching for 119 sq km, this park is part of the Gondwana Rainforests World Heritage Area. The **Rainforest Centre**, at the park entrance, has displays and advice on which walk to tackle. It's also

home to the **Skywalk**, a viewing platform that juts over the rainforest and provides vistas over the valleys below. If it's time to overnight, opt for **Mossgrove** (☎02-6657 5388; www.mossgrove.com. au; 589 Old Coast Rd; d $225), a charming B&B in a Federation-era home.

The Drive » It's a long, lovely drive through forests, light woodland and, increasingly the further west you go, the open farmlands of this lush corner of New England. There's barely a straight section, so count on taking longer than you planned.

TRIP HIGHLIGHT

❹ Armidale

Few places capture that graceful and refined New England air quite like Armidale, and it's here that the entire region's name makes the most sense. Armidale's

heritage blue-brick buildings, gardens and moss-covered churches look like the stage set for an English period drama, and it's these facades, coupled with spectacular autumn foliage (March to May), that will live longest in the memory. Armidale also has an appealing microclimate – set at an elevation of 980m, it enjoys mild summers and crisp winters. To make the most of your time here, take the free (and detail-rich) 2½-hour **Heritage Bus Tours** (☎02-6770 3888; ⏰10am Mon-Sat), which depart from the visitor centre; advance bookings are required. Stellar bakery/ cafe Goldfish Bowl (p121) is the place to grab lunch.

🍴 🛏 p121

The Drive » Some of Australia's premier grazing country surrounds Armidale, and the drive to Tamworth takes in green, rolling pasturelands and pockets of forest (125km).

TRIP HIGHLIGHT

❺ Tamworth

If you had to identify a town to epitomise the rural Aussie heartland, Tamworth would be close to the top of the list. Surrounded by rich farmlands, and a pilgrimage destination for country-music lovers, Tamworth wears its

Armidale Imperial Hotel

provinciality as a badge of honour. There's the iconic **golden guitar** (📞02-6765 2688; www.biggoldenguitar.com.au; New England Hwy; 🕙9am-5pm; **P** **♿**), and a fine exhibition dedicated to Tamworth's country-music soundtrack, the **Country Music Hall of Fame** (📞02-6766 9696; www.countrymusichalloffame.com.au; 561 Peel St; adult/child $7/free; 🕙10am-4pm; **P** **♿**). Tamworth's love affair with country peaks at the truly awesome, 10-day **Country Music Festival** (www.tcmf.com.au) held in the second half of January – the biggest music

festival in the southern hemisphere. If you missed it, there's always **Hats Off to Country** in July. South of town, Glasshouse at Goonoo Goonoo (p121) is an excellent restaurant on a handsome historic property.

✕ 🛏 p121

The Drive » From Tamworth, Rte 34 crosses yet more farmland on its way to Gunnedah (75km), an agricultural centre and the self-proclaimed 'Koala Capital of the World'. Then it's 95km northwest to Narrabri, then on to Mt Kaputar National Park, around 40km northeast.

TRIP HIGHLIGHT

⑥ Mount Kaputar National Park

One of New England's most spectacular corners, **Sawn Rocks**, a pipe-organ formation about 40km northeast of Narrabri (20km unsealed but fine in a 2WD vehicle), is the most accessible and popular part of Mt Kaputar National Park. The southern part of the park has dramatic lookouts, climbing, bushwalking and camping, but it's the organ pipes that most people come here to see.

The Drive » Return to Narrabri, then take the quiet, quiet road running northeast 108km to interesting little Bingara.

----

7 Bingara

A charming little town by the swift-flowing Gwydir River, Bingara is horse country, and a great place to swap four wheels for four hooves on a **trail ride** (☎02-6724 1562; 17 Keera St; 2hr trail ride $60, 5-day course $600) through lush pastures and low forested hills. In town, don't miss the **Roxy Theatre Greek Museum** (☎02-6724 0066; www.roxybingara.com.au; 74 Maitland Street; museum $5, theatre & museum $10; ☺9am-12.30pm & 1.30-4.30pm Mon-Fri, to 1pm Sat & Sun), a beautifully-restored art-deco theatre, cafe and museum. If you need to overnight, **River House** (☎0428 834 281; www.theriverhousebingara. com.au; 6 Keera St; r $125, unit $175; [P] [✳]) is a friendly, well-appointed B&B, while the **Imperial Hotel** (☎02-6724 1629; www. imperialhotelbingara.com.au; 21 Maitland St; mains $14-15; ☺8-10am, 11.30am-2.30pm & 6-8pm Mon-Sat; [✳]) does classic Aussie pub food. Outside of town, the **Myall Creek Memorial** (cnr Delungra & Whitlow Rds), on the site where convict stockmen massacred at least 28 Gamilaroi people in 1838, is a

sobering reminder of the often-brutal meeting of Aboriginal and European Australia.

The Drive » Bingara to Glen Innes is a 143km drive along the Gwydir Hwy, and is one of the least-interesting sections of the route – drive right on through. Later the road bucks and weaves up and over the forested hillsides of the Great Dividing Range, passing tempting national parks en route to Grafton.

----

8 Grafton

On the flat coastal plain but without the ocean frontage, Grafton's appeal is not immediately obvious. But it's a grand old place once you take a second look. Its grid of gracious streets are adorned with imposing old pubs and some splendid historic houses. In late October the town is awash with the soft lilac rain of jacaranda flowers – a simply wonderful sight – and for two weeks from late October, Australia's longest-running floral festival, the **Jacaranda Festival** (www.jacarandafestival.org.au), paints the town a lovely shade of mauve. **Susan Island**, in the middle of the river, is home to a large colony of fruit bats; their evening fly-past is pretty impressive. **Annie's B&B** (☎0421 914 295; www.anniesbnbgrafton. com; 13 Mary St; s/d $145/160; [❤] [✳] [♠] [✦]) makes for a pleasant stay.

The Drive » The delta between Grafton and the coast is a patchwork of farmland in which the now-sinuous, spreading Clarence River forms more than 100 islands, some very large. Follow the Pacific Hwy northeast then drop down to the coast by following the signs into Yamba.

----

9 Yamba & Angourie

Yamba, with its mini-Byron vibe, draws creative types and sunseekers to its great beaches and tasty choice of dining sports. Surfing is the draw at nearby Angourie, 5km to the south, a laid-back place, that was designated as one of the country first surf reserves.

Choose whichever of the two appeals, use it as a base to explore the beaches, nature reserves and coastal walking trails in the area and then sit back to rest from the long and winding New England road. There's good dining here: go French at the **French Pan Tree** (☎02-6646 2335; www.thefrenchpantree.com. au; 15 Clarence St, Yamba; 2-/3-course menu $40/50; ☺6-10pm, closed Tue), or Turkish at **Beachwood Cafe** (☎02-6646 9781; www.beachwoodcafe.com.au; 22 High St, Yamba; mains $12-26; ☺7am-2pm Tue-Sun).

Eating & Sleeping

Coffs Harbour ❶

✗ Yachtie
Pub Food $$

(📞02-6652 4390; Coffs Harbour Yacht Club, 30 Marina Dr; mains breakfast $11-20, lunch & dinner $18-34; ⏱6.30am-8.30pm) This busy restaurant serves pub-style seafood, steaks and pasta, and does coffee and cakes in between meal service. Best of all, it has an ocean view – rare in Coffs – and plenty of outdoor seating.

🛏 BIG4 Park Beach Holiday Park
Campground $

(📞02-6648 4888; www.coffscoastholidayparks. com.au; 1 Ocean Pde; sites $36-55, cabins $95-217; 🛜♿) This holiday park is massive but has an ideal location at the beach. Kids are well catered for with a shaded jumping pillow and an action-packed pool featuring slides and fountains.

Belligen ❷

✗ Bellingen Gelato Bar
Ice Cream $

(www.bellingengelato.com.au; 101 Hyde St; scoop from $5; ⏱10am-6pm daily Oct-Apr, closed Mon & Tue May-Sep) Robert Sebes, the former owner of a legendary inner-Sydney cafe, has been scooping out stellar gelato in Bellingen since 2006. It's all made from scratch, with minimal added sugar. Expect traditional Italian flavours, such as zabaglione and pistachio, along with Sebes' own inventive creations – perhaps Persian date or burnt orange marmalade.

Armidale ❹

✗ Goldfish Bowl
Cafe $$

(📞02-6771 5533; 3/160 Rusden St; lunch $18-20; ⏱7.30am-3pm Mon-Fri, to 1pm Sat; ✷) Hands-down the best lunch-stop in Armidale, the Goldfish Bowl serves top-notch coffee alongside artisanal breads and pastries, and toothsome lunches such as Keralan mackerel curry and succulent fried chicken burger with

blue-cheese dressing and jalapeños. Every Friday from noon to 2.30pm and 5.30 to 8.30pm the wood oven cranks out pizzas with next-level toppings such as 'nduja salumi with olives, anchovies and fior di latte.

🛏 Lindsay House
B&B $$

(📞02-6771 4554; www.lindsayhouse.com.au; 128 Faulkner St; r from $130; 🅿🛜) Built for a doctor in the closing years of WWI, this dignified old Armidale blue-brick house is surrounded by shady gardens and offers some of the town's most restful and tasteful accommodation. The five en-suite rooms, decked out in Victorian and Edwardian antiques, sacrifice nothing in modern comfort.

Tamworth ❺

✗ Glasshouse at Goonoo Goonoo
Australian $$$

(📞0429 384 297; www.goonoogoonoostation. com; 13304 New England Hwy, Timbumburi; mains $27-42; ⏱8-11am Sat & Sun, noon-3.30pm Fri-Sun, 5.30-11.30pm Wed-Sat; 🅿) The Glasshouse is just that: a stunningly designed glass-walled dining room set on the historic sheep station of Goonoo Goonoo (pronounced 'gun-oo gun-oo'). It's also head-and-shoulders above any restaurant in the Tamworth area, with an expertly staffed open kitchen turning out delights such as tea-smoked chicken with truffled chat potatoes, or a rib-cracking Florentine steak for two, served with chimichurri.

🛏 CH Boutique Hotel
Boutique Hotel $$

(📞02-6766 7260; www.chboutiquehotel. com.au; cnr Peel & Brisbane Sts; d from $169; 🅿@🛜) With 33 rooms housed in a slate-grey modern cube built in 2018 as an annexe to the handsome, art-deco Central Hotel, CH is Tamworth's swankiest hotel. Rooms, including 29 in the original building, are decorated in sleek monochrome, and feature sparkling bathrooms and quality beds with downy pillow-top mattresses and good linen. Parking is $10 per night.

Outback New South Wales

From Bathurst to Broken Hill, this vast east–west New South Wales traverse takes you from the food-and-wine hinterland of Sydney to the profound silences and quirky towns of the outback.

TRIP HIGHLIGHTS

1788 km

Broken Hill
Quintessential outback town

607 km

Bourke
The essence of the outback

Nyngan

FINISH
10

Dunedoo

Narromine

Sofala

Bathurst

START

9

Mungo National Park
Remote, profoundly beautiful park

1538 km

Mudgee
One of the state's premier wine regions

130 km

10–14 DAYS
1788KM / 1111 MILES

GREAT FOR...

BEST TIME TO GO

April to October has cold nights, but is better than the searing daytime temperatures of summer.

ESSENTIAL PHOTO

Walls of China in Mungo National Park is one of NSW's more weird-and-wonderful landforms.

BEST FOR WINE

Mudgee is one of the state's best wine regions.

Mungo National Park Walls of China

Outback New South Wales

You've heard about the outback. The only way to get there is via long and empty roads that pass through fascinating, isolated communities whose very names – Bourke, Wilcannia and Broken Hill – carry a whiff of outback legend. Before heading for the 'Back of Bourke', however, take time to sample the culinary and architectural treasures of civilisation in Bathurst, Mudgee and Gulgong.

① Bathurst

Australia's oldest inland settlement, Bathurst has historical references strewn across its old centre, especially in the beautiful, manicured central square where formidable Victorian buildings transport you to the past; the most impressive of these is the 1880 Courthouse, and don't miss the utterly fascinating **Australian Fossil and Mineral Museum** (☎02-6331 5511; www.somervillecollection.com.au; 224 Howick St; adult/child $14/7; ⊙10am-4pm

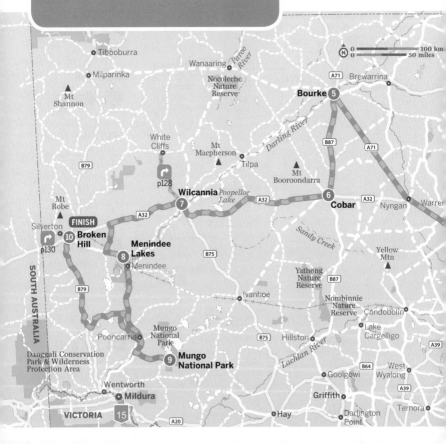

Mon-Sat, to 2pm Sun;) complete with Australia's only complete skeleton cast of Tyrannosaurus rex. But this is no static open-air architectural museum – Bathurst displays a Sydney sensibility when it comes to enjoying good food and wines. Step back in time in **Annie's Old Fashioned Ice-Cream Parlour** (☏02-6331 8088; https://anniesicecream.word press.com; 82/86 George St; cones $4.80-9.30; ☺8.30am-5.30pm Mon-Wed, to 9pm Thu & Fri, 10am-9pm Sat, 11am-5.30pm Sun; ☻) for a refreshing break in a kitsh 1950s setting.

In a dramatic change of pace, Bathurst is also the bastion of Australian motorsport: if you're a devotee of motorsports, head to the **Mt Panorama Motor Racing Circuit** (www.mount-panorama.com.au; Mountain Straight, Mt Panorama; ℗), home to the epic Bathurst 1000 V8 race each October, as well as the **National Motor Racing Museum** (☏02-6332 1872; www.nmrm.com.au; 400 Panorama Ave; adult/child $15/7; ☺9am-4.30pm; ℗ ♿).

The Drive » Follow the signs towards Lithgow from Bathurst city centre, then take the turnoff for Sofala, before joining the main road to Mudgee (130km from Bathurst).

🔖 p131

- - - - - - - - - - - - - - -

TRIP HIGHLIGHT

❷ Mudgee

Mudgee is an Aboriginal word for 'nest in the hills', a fitting name for this pretty town surrounded by vineyards and rolling hills. The wineries come hand-in-hand with excellent food, making Mudgee a popular getaway. Weekends have a buzzy vibe with plenty of people about, while midweek visits have a more relaxed atmosphere. Mudgee's 35 cellar doors (all family-owned operations) are primarily clustered northeast of town – check out www.mudgeewine.com.au for further details. If wine's why you're here, consider taking a guided excursion with **Mudgee Wine & Country Tours** (☏02-6372 2367; www.mudgeewinetours.com.au; half-/full-day wine tours $60/95; ♿) or **Mudgee Tourist Bus** (☏0428 669 945; www.mudgeetouristbus.com.au; half-/full-day wine tours $60/100). Stop by Mudgee's best (and NSW's oldest) wine bar, **Roth's** (☏02-6372 1222; www.rothswinebar.com.au; 30 Market St; ☺3pm-midnight Wed-Sat). Consider dropping everything to be here in September for the two-week Mudgee Wine & Food Festival. If you're visiting the wineries under your own steam, begin with **Lowe Wines** (☏02-6372 0800; www.lowewine.com.au; 327 Tinja Lane; ☺10am-5pm; ℗) and **Robert Stein Winery & Vineyard** (☏02-6373 3991; www.robertstein.com.au; Pipeclay Lane; ☺10am-4.30pm; ℗).

Moree
Walgett
Narrabri
B76
A39
Coonamble
Coonabarabran
Gilgandra
Munghorn Gap Nature Reserve
Dunedoo
A32 **Dubbo** ❹
arromine **Gulgong** ❸
Mudgee ❷
Peak Hill
Molong Sofala
Parkes
Orange
Forbes **Bathurst** ❶
START 196 kms to
Cowra
Grenfell
Young
Crookwell

🔗 LINK YOUR TRIP

5 **Sydney to Byron Bay**

It's 196km from Bathurst to Sydney to start this coastal odyssey, a mere blip on your speedo compared to outback distances.

15 **Along the Murray**

Although Mungo Park is actually closer to Mildura, the 299km paved road (Silver City Hwy) connects Mildura with Broken Hill.

BATHURST TO MUDGEE DETOURS

The region north of Bathurst is good driving territory, with beautiful scenery, parks and reserves and a handful of quaint little towns. An easy drive through increasingly rolling country dips down into a valley 43km northeast of Bathurst. Just before crossing the bridge, detour along the charming, ramshackle main street of **Sofala**, a pretty hangover from the region's gold-mining days – it's such a perfect evocation of a semi-abandoned mining village that you'll wonder whether it's custom made. From Sofala continue for 28km to Ilford, where you join the main Lithgow–Mudgee road. As you head northwest, you'll pass pretty Lake Windamere before reaching Mudgee. Ignore the town's untidy outskirts and head for the centre, taking Church St which becomes Ulan Rd, which in turn heads northwest of town past some of the best wineries. Some 11km out of Mudgee, consider a detour to the **Munghorn Gap Nature Reserve**, where there's the popular 8km-return Castle Rock walking trail; the reserve is home to the endangered Regent's Honeyeater.

🛏 p131

The Drive » On the main Ulan road, around 29km after leaving Mudgee, follow the signs for Gulgong, which lies 24km away through rolling valleys.

❸ Gulgong

To catch a glimpse of a small, rural, timbered Australian country town as it once was, there's nowhere better than Gulgong. And it's not just we who think so – this sweet, time-warped town once featured alongside author Henry Lawson on the $10 note. Australia's most famous poet, Lawson spent part of his childhood in Gulgong and, suitably, the town celebrates a **Henry Lawson Heritage Festival** during the June long weekend, with concerts at the opera house and other festivities. The **Henry Lawson Centre** (📞02-6374 2049; www.henrylawson gulgong.org.au; 147 Mayne St; adult/child $7/5; ⏰10am-3.30pm Mon-Sat, to 1pm Sun)

explores his life and works, as well as his early memories of the town. Today the narrow streets, classified by the National Trust, are not so done-up that they have lost their charm: we recommend a gentle wander up and down the main street to really see what we mean.

The Drive » From Gulgong, head north along Castlereagh Hwy and pass through Birriwa before turning left (west) at Dunedoo. From there, it's 87 dry and dusty kilometres into Dubbo.

❹ Dubbo

It's at Dubbo that you get the first hint of what lies ahead – there's a dryness in the air in this big-sky country, and to the west of here the outback really begins. With that in mind, Dubbo takes on the appearance of the last big city before the desert. Before heading into the outback, there are three attractions that seem perfectly suited to this vast

and barren land. With unfailingly clear skies to encourage you, **Dubbo Observatory** (📞0488 425 940; www.dubboobservatory. com; 17L Camp Rd; adult/child $26/12; ⏰9pm Dec-Feb, 8.30pm Mar & Nov, 7pm Apr-Sep, 8pm Oct; 🅿 👪) is a place to stargaze; advance bookings are essential. Then there's a glimpse of the wild at **Taronga Western Plains Zoo** (📞02-6881 1400; www.taronga.org.au/ dubbo-zoo; Obley Rd; 2-day pass adult/child $47/26; ⏰8.30am-4pm; 🅿 👪), one of the best zoos in regional Australia. And finally, there's **Dundullimal** (📞02-6884 9984; www.nationaltrust.org.au/ places/dundullimal-homestead; 23L Obley Rd; adult/child $10/8; ⏰11am-3pm Tue-Sat; 🅿), about 2km beyond the zoo, a National Trust timber-slab homestead built in the 1840s and an exemplary example of the remote and rural homestead of Australian lore.

🍴 🛏 p131

The Drive » It's time to fill your tank with petrol and head for the outback. And the directions here are simple: take the Mitchell Hwy and stay on it all the way to Bourke (369km) via Narromine. It's dry country out here: the sand turns from yellow to orange and the foliage turns to scrub. Welcome to the outback fringe.

----

⑤ Bourke

Australian poet Henry Lawson once said, 'If you know Bourke, you know Australia.' Immortalised for Australians in the expression 'back of Bourke' (in the middle of nowhere), this town sits on the edge of the outback, miles from anywhere and sprawled along the Darling River. The **Back O' Bourke Exhibition Centre** (☏02-6872 1321; www.visitbourke.com.au; Kidman Way; adult/child $23/11; ☉9am-5pm Apr-Oct, to 4pm Mon-Fri Nov-Mar; ℗) is an excellent exhibition space that follows the legends of the back country (both Indigenous and settler) through interactive displays – ask about its packages that include a river cruise on the **PV Jandra** (☏02-6872 1321; departs Kidman's Camp; adult/child $16/10; ☉2pm Mon-Sat; ⛵) and an entertaining outback show (note that the cruise and show operate April to October only). Another option for local knowledge is a walking tour with **Bourke Aboriginal Cultural Tours** (☏0436 368 185; www.bourkeaboriginal

culturaltours.com; Back O' Bourke Exhibition Centre; adult/child $30/15; ☉9.30am & 11.30am Mon-Fri). Finally, **Bourke's Historic Cemetery** (Kidman Way) is peppered with epitaphs like 'perished in the bush'; Professor Fred Hollows, the renowned eye surgeon, is buried here. If you're keen to explore on your own, ask for the leaflet called *Back O'Bourke Mud Map Tours*.

✗ 🛏 p131

The Drive » Rte 87, lined with dull eucalyptus greens and scrubby horizons, runs due south of Bourke for 160km with not a single town to speak of en route. Time to fire up some good music or an interesting podcast or audio book.

----

⑥ Cobar

Out here, a town doesn't need to have much to have you dreaming of arriving. It might be just a petrol station, but occasionally a place has a little more to detain you. And on this score, Cobar fits the bill perfectly. It's a bustling mining town with a productive copper mine, and as something of a regional centre, it even has a handful of interesting buildings – true to old colonial form, these include the **old courthouse** and **cop station**. And even if you're not the museum type, don't miss the Cobar Museum at the **Great Cobar Heritage Centre**: it has sophisticated displays on the environment, local

Aboriginal life and the early Europeans. Watch for the Big Beer Can, Cobar's contribution to that strange provincial Australian need to erect oversized and decidedly kitsch monuments to prosaic icons of Aussie life.

The Drive » It's not quite the Nullarbor (Australia's straightest road), but the Barrier Hwy is very long and very straight, all 250km of it into Wilcannia. Long straw-coloured paddocks line the roadside until, all of a sudden, you're crossing the Darling River and its tree-lined riverbanks at the entrance to town.

----

⑦ Wilcannia

In the old times, Wilcannia was one of the great river ports of inland Australia, and it still features a fine collection of old sandstone buildings dating from this prosperous heyday in the 1880s. In more recent times, the town and its large Indigenous population have become a poster child for Aboriginal disadvantage and hopelessness. With this modern history in mind, it should come as no surprise that Wilcannia (www.wilcannia-tourism.com.au) hasn't in the recent past had a lot of love from travellers. But it can be a fascinating, complicated place where the certainties and optimism of modern Australia seem a whole lot less clear. A good cafe and excellent riverside accommodation make it worth an overnight stop.

The Drive » Dusty backcountry trails head southwest from Wilcannia, but continue southwest along the Barrier Hwy for 119km, then take one such trail south off the main highway towards Menindee Lakes. Along the 52 unpaved kilometres (fine for 2WD vehicles) you'll pass remote homesteads before turning left on the MR66 for the final 48km into Menindee.

8 Menindee Lakes

In past decades, the waters of these nine, natural, ephemeral lakes fanning out from the ramshackle town of Menindee have seemed like a vision of paradise in the outback. However, in recent years the combined impact of drought, poor water management, and the significant use of water upstream by the cotton-growing industry has severely impacted the size and depth of the lakes. Once-thriving birdlife has been severely reduced, and the lakes' stocks of native fish like the Murray cod were decimated following algal blooms in 2019. Stop in at the well-informed **visitor centre** (☏08-8091 4274; www.menindeelakes.com; 7 Yartla St, Menindee; ☺10am-4pm) in town to get the latest information on the major environmental challenges facing this area.

The Drive » Unless it has been raining, which is rare out here, take the unsealed gravel-and-sand road that heads south from Menindee for around 120km, then follow the signs east for 41km into Mungo National Park. This is dry, barren country, deliciously remote and filled with sparse desert flora and fauna..

TRIP HIGHLIGHT

9 Mungo National Park

One of Australia's most soulful places, this isolated, beautiful and important park covers 278.5 sq km of the Willandra Lakes Region World Heritage Area. It is one of Australia's most accessible slices of the true outback, where big red kangaroos and emus graze the plains and unimpeded winds carve the land into the strangest shapes. Lake Mungo is a dry lake and site of the oldest archaeological finds in Australia. It also embodies the longest continual record of Aboriginal life (the world's oldest recorded cremation site has been found here), dating back around

---

DETOUR: WHITE CLIFFS

Start: 7 Wilcannia

There are few stranger places in Australia than the tiny pockmarked opal-mining town of White Cliffs (www.whitecliffsnsw.com.au), 93km northwest of Wilcannia along the sealed Opal Miners Way. Surrounded by pretty hostile country and enduring temperatures that soar well past 40°C in summer, many residents have moved underground, Coober Pedy–style, to escape the heat. You can visit opal showrooms where local miners sell their finds (these are well signed), or try fossicking around the old diggings, where you'll see interpretative signs. Watch your step as many of the shafts are open and unsigned. If you can't face the long haul back to civilisation, you can stay underground at the **White Cliffs Underground Motel** (☏08-8091 6677; www.undergroundmotel.com.au; 129 Smiths Hill; d incl breakfast $179; ❄) – custom-built with a tunnelling machine. It has a pool, a lively dining room and simple, cool, silent rooms. The motel's museum on local life is very good – it's free for guests, but a pricey $10 for nonguests. There's also good food and motel-style accommodation at the **White Cliffs Hotel.** (☏08-8091 6606; www.whitecliffshotel.com.au; cnr Keraro Rd & Johnston St; mains $18-30; P❄).

Broken Hill Argent Street

40,000 years, making the history of European settlement on this continent seem like the mere blink of an eye. The area is the traditional homeland of the Paakantji (Barkindji), Ngyiampaa and Mutthi Mutthi peoples, and in late 2018 the remains of 105 tribal ancestors – including that of 40,000 year-old 'Mungo Man' – were returned to the park. The undoubted highlight here, aside from the blissful sense of utter re-

moteness, is the fabulous 33km semicircle ('lunette') of sand dunes known as **Walls of China**, created by the unceasing westerly wind. From the visitor centre a road leads across the dry lakebed to a car park, then it's a short walk to the viewing platform. For more information on the park, visit www.visitmungo.com.au.

The Drive >> Numerous trails lead to Broken Hill, and none of them are paved (but nor do they require a 4WD unless the

rains have been heavy). Return north to Menindee (from where it's 118 paved kilometres into Broken Hill), or cross the skein of tracks west to the paved Silver City Hwy which also leads to Broken Hill.

- - - - - - - - - - - - - - - -

TRIP HIGHLIGHT

⑩ Broken Hill

The massive silver skimp dump that forms a backdrop for Broken Hill's town centre accentuates the unique character of this desert frontier town

129

DETOUR: SILVERTON

Start: ⑩ Broken Hill

If you think Broken Hill is remote, try visiting quirky Silverton (www.silverton. org.au), an old silver-mining town and now an almost-ghost town. Visiting is like walking into a Russell Drysdale painting. Silverton's fortunes peaked in 1885, when it had a population of 3000, but in 1889 the mines closed and the people (and some houses) moved to Broken Hill. It stirs into life every now and then – Silverton is the setting of films such as *Mad Max II* and *A Town Like Alice*. The town's heart and soul is the **Silverton Hotel** (☑08-8088 5313; www.silvertonhotel.com.au; Layard St, Silverton; d $120, extra person $25; ❋🔊), which displays film memorabilia and walls covered with miscellany typifying Australia's peculiar brand of larrikin humour. The 1889 **Silverton Gaol** (☑08-8088 5317; cnr Burke & Layard Sts, Silverton; adult/child $4/2; ☺9.30am-4pm) once housed 14 cells; today the museum is a treasure trove: room after room is crammed full of a century of local life (wedding dresses, typewriters, mining equipment, photos). The **School Museum** (☑08-8088 7481; Layard St, Silverton; adult/child $2.50/1; ☺9.30am-3.30pm Mon, Wed & Fri-Sun) is another history pit stop, tracing the local school from its earliest incarnation, in a tent in 1884. Considerably more offbeat is the **Mad Max 2 Museum** (☑08-8088 6128; www. facebook.com/MadMaxMuseum; Stirling St, Silverton; adult/child $10/5; ☺10am-4pm), the culmination of Englishman Adrian Bennett's lifetime obsession with the film.

Take the A32 out of town where the Silverton road branches off to the northwest – it's 25km from Broken Hill to Silverton. The road beyond Silverton becomes isolated and the horizons vast, but it's worth driving 5km to **Mundi Mundi Lookout** where the view over the plain is so extensive it reveals the curvature of the Earth.

somewhere close to the end of the earth. Broken Hill's unique historic value was recognised in 2015, when it became the first Australian city to be included on the National Heritage List. It joins 102 other sites (including the Sydney Opera House and the Great Barrier Reef) as examples of exceptional places that contribute to the national identity.

One of Broken Hill's most memorable experiences is viewing the sunset from the **Living Desert Sculpture Symposium** (www.brokenhill.nsw.gov.au; Nine Mile Rd; adult/child $6/3; ☺9am-sunset Mar-Nov, from 6am Dec-Feb; P 🚻) on the highest hilltop 12km from town. The sculptures are the work of 12 international artists who carved the huge sandstone blocks on-site. Other highlights include: the **Palace Hotel** (☑08-8088 1699; www.the palacehotelbrokenhill.com. au; 227 Argent St; dm/s/d with shared bathroom from $35/60/70, d from $120; ❋), the astonishing star of the hit Australian movie *The Adventures of Priscilla, Queen of the Desert*; the **Line of Lode Miners Memorial** (Federation Way; ☺6am-9pm; P), with its

poignant stories and memorable views; the **Pro Hart Gallery** (☑08-8087 2441; www.prohart.com.au; 108 Wyman St; adult/child $5/3; ☺10am-5pm Mar-Nov, to 4pm Dec-Feb); and the **Royal Flying Doctor Service Museum** (☑08-8080 3714; www.flyingdoctor.org. au; Airport Rd; adult/child $10/5; ☺9am-5pm Mon-Fri, 10am-3pm Sat & Sun; P). After dark, experience the outback's pristine night sky with **Outback Astronomy** (☑0427 055 225; www.outbackastronomy. com.au; 18817 Barrier Hwy; adult/child $45/35; 🚻).

✕ 🛏 p131

Eating & Sleeping

Bathurst ❶

🏕 Bathurst Showground   Campground

(📞02-6331 1349; www.bathurstshowground.
com.au; 1 Kendall Ave; unpowered/powered
site $20/25 (up to 2 people); 🅿🐾) Bathurst's
historic showground plays host to many events
throughout the year, with an area reserved for
campsites. During peak periods higher rates
apply and it gets booked out quickly.

Mudgee ❷

🍴 Elton's Eating + Drinking   Modern Australian $

(📞02-6372 1079; www.eltons.com.au; 81
Market St; dishes $6-20; ⏰5-11pm Wed-Thu,
noon-11pm Fri & Sat, 9am-3pm Sun; 🍴) Share
plates, tacos and decadent desserts are some of
the culinary finds on the versatile food menu. A
carefully curated drinks menu – predominantly
regional wine and often-changing craft beer – is
designed to be enjoyed alongside the food. The
restaurant-bar is in a well-maintained heritage
building that dates back to 1896.

🏨 Perry Street Hotel   Boutique Hotel $$

(📞02-6372 7650; www.perrystreethotel.com.
au; cnr Perry & Gladstone Sts; ste from $185;
🅿😋❄🛜) Stunning apartment suites make
a sophisticated choice in town. The attention
to detail is outstanding, right down to the
kimono bathrobes, Nespresso machine and
complimentary gourmet snacks.

Dubbo ❹

🏨 Best Western Bluegum Motel   Motel $$

(📞02-6882 0900; www.bluegummotorinn.com;
109 Cobra St; r from $189; 🅿❄🛜🏊) With
a central location, set back from the Mitchell
Hwy and across from a park, this excellent
motel hasn't cut corners. Choose from seven
room types ranging from standard to executive
and family rooms: all feature smart TVs with
Foxtel, pillow-top mattresses, whisper-quiet
air-conditioners, quality linen and excellent
high-speed wi-fi.

Bourke ❺

🍴 Poetry on a Plate   Australian $$

(📞0427 919 964; www.poetryonaplate.com.au;
Kidman's Camp; adult/child $25/12; ⏰from
6.30pm Tue, Thu & Sun Apr-Oct) A heart-warming
offering in Bourke: a well-priced night of bush
ballads and storytelling around a campfire under
the stars, with a simple, slow-cooked meal and
dessert. Dress warmly and bring your own drinks.
Camp chairs and cutlery are provided. Cash only.

🏨 Kidman's Camp   Campground, Cabins $$

(📞02-6872 1612; www.kidmanscamp.com.au/
bourke; Cunnamulla Rd, North Bourke; campsites/
cabins from $32/109; 🅿🛜🏊) An excellent
place to base yourself, on river frontage about
8km out of Bourke. The PV *Jandra* cruise (p127)
departs from here, and Poetry on a Plate is staged
in the grounds. Plus there are lush gardens,
swimming pools and cabins – family-sized with
shared bathrooms, or comfy log cabins with
bathroom, kitchenette and verandah.

Broken Hill ❿

🍴 Silly Goat   Cafe $

(📞08-8088 4774; www.facebook.com/thesilly
goatfamily; 425 Argent St; dishes $11-19; ⏰7am-
4pm Mon-Fri, to 3pm Sat & Sun; ❄🪑) What's
this? Pour-overs and single-origin coffee in the
outback? Nice work, Silly Goat. The menu would
be at home in any big-city cafe, the array of
cakes is tempting, the coffee is great, and the
vibe is busy and cheerful. Cold pressed juices
and a more spacious new location add two
further ticks to easily the best cafe in town.

🏨 Emaroo Cottages   Cottage $$

(📞08-8595 7217; www.brokenhillcottages.com.
au; cottages from $190; 🅿❄🛜) Staying in
one of these four fabulous, fully self-contained,
renovated two-bedroom miners cottages is a
great way to experience the Hill. Each cottage
is located in a different part of town, and has
excellent security, undercover parking, air-
conditioning, wi-fi, a full kitchen, a bathroom
and a laundry, and the price can't be beat. Go
for Emaroo Oxide, if you can.

Victoria

DRIVING THROUGH VICTORIA IS LIKE TAKING AN ELITE, SELF-GUIDED TOUR through the best that Australia has to offer. The coastline down here is beyond compare – the surf beaches and vertiginous cliffs of the Great Ocean Road, the wild majesty of Wilsons Prom, and the endless sands of Ninety Mile Beach. No state in Australia can match Victoria's set of historic towns, with Walhalla, Maldon, Castlemaine, Echuca, Ballarat and Beechworth only a few among a mighty impressive bunch. River red gums along the Murray, the bijou wineries of the Mornington Peninsula, the penguins of Phillip Island, the gourmet offerings of Milawa and Myrtleford in the High Country: these are Victoria's calling cards and the signposts that mark the state's fabulous drives.

Great Ocean Road Home to some of Australia's best surf beaches
PETE SEAWARD/LONELY PLANET ©

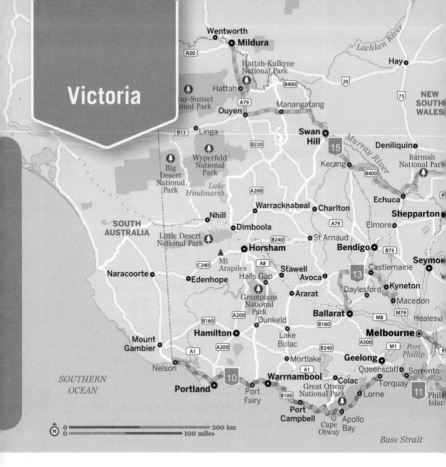

Victoria

Great Ocean Road 5-7 Days
10 There's no finer coastal road trip than Victoria's southwestern coastline.

Mornington Peninsula 3-4 Days
11 Melbourne's bayside playground has a wild alter ego and fine wines.

Gippsland & Wilsons Prom 6-7 Days
12 Phillip Island, Wilsons Prom and Walhalla are world-class attractions along this road.

Victoria's Goldfields 4-5 Days
13 Grand historic buildings and quiet foodie outposts are hallmarks of this central Victorian drive.

Great Alpine Road 7 Days
14 Drive from Victoria's gourmet heartland over the mountains and down to the sea.

Along the Murray 5 Days
15 From Echuca to Mildura, this trip has some of Australia's finest riverside scenery.

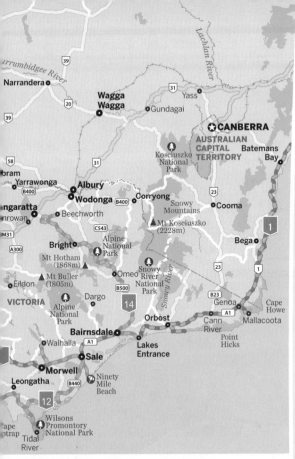

DON'T MISS

Twelve Apostles

It's a cliché, you've seen the photo, but these fine landforms still have the power to beguile. 10

Mills Beach, Mornington

Little-known bathing boxes painted in bright colours capture the sedate charms of Mornington. 11

Koonwarra Food & Wine Store

One of Victoria's best-kept secrets for foodlovers lies in South Gippsland. 12

Coiltek Gold Centre, Maryborough

Act like the gold rush never ended and prospect for gold in the still prosperous fields of central Victoria. 13

Kingfisher Cruises

Let a local guide you through the rarely visited Murray red gums of Barmah National Park. 15

Phillip Island Penguins

135

Classic Trip

Great Ocean Road

10

One of the most beautiful coastal road journeys on earth, this world-famous road hugs the rugged western Victorian coast, passing world-class surf beaches, iconic landforms and fascinating seaside settlements.

TRIP HIGHLIGHTS

283 km

Port Fairy
Quaint and historic town where the living's good

7 km

Bells Beach
World-famous as Australia's best surf beach

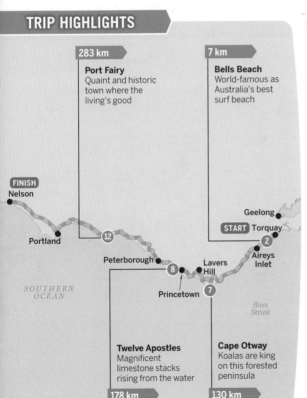

Twelve Apostles
Magnificent limestone stacks rising from the water

178 km

Cape Otway
Koalas are king on this forested peninsula

130 km

5–7 DAYS
535KM / 332 MILES

GREAT FOR...

BEST TIME TO GO

Year-round, but October to March has the best weather.

ESSENTIAL PHOTO

The Twelve Apostles are one of Australia's most spectacular sights.

BEST FOR WILDLIFE

Koalas at Cape Otway, seals at Cape Bridgewater, kangaroos at Anglesea, a bit of everything at Tower Hill and whales off Warrnambool.

Twelve Apostles Victoria's iconic limestone stacks

Classic Trip

10 Great Ocean Road

The Great Ocean Road begins in Australia's surf capital of Torquay, swings past Bells Beach and then winds along the coast to the wild and windswept koala haven of Cape Otway. The Twelve Apostles and Loch Ard Gorge are obligatory stops before the road sweeps on towards Warrnambool, with its whales, and Port Fairy, with its fine buildings and folk festival, before the natural drama peaks again close to the South Australian border.

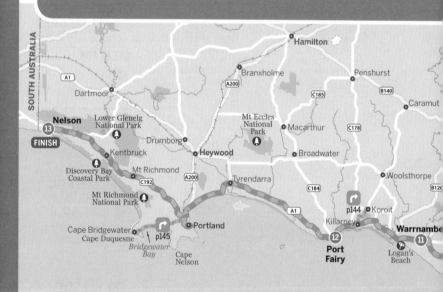

SOUTH AUSTRALIA

Hamilton

A1

Branxholme

A200

Penshurst

C185

B140

Dartmoor

Caramut

Nelson

Lower Glenelg National Park

Mt Eccles National Park

Macarthur

C178

13

FINISH

Drumborg

Heywood

Broadwater

Kentbruck

Discovery Bay Coastal Park

Mt Richmond

C192

A200

Tyrendarra

C184

B120

Woolsthorpe

Mt Richmond National Park

A1

p144

Koroit

Cape Bridgewater

Cape Duquesne

p145

Portland

Killarney

Warrnamboo

Bridgewater Bay

Cape Nelson

12

Port Fairy

11

Logan's Beach

SOUTHERN OCEAN

N   0   40 km
     0   20 miles

① Torquay

The undisputed surfing capital of Australia is a brilliant place to start your journey. The town's proximity to world-famous Bells Beach and its status as the home of two iconic surf brands – Rip Curl and Quiksilver – have assured Torquay's place at the pinnacle of mainstream surf culture. Its beaches lure everyone from kids in floaties to backpacker surf-school pupils. **Fisherman's Beach**, protected from ocean swells, is the family favourite. Ringed by shady pines and sloping lawns, the **Front Beach** beckons lazy bums, while surf lifesavers patrol the frothing **Back Beach** during summer. Famous surf beaches include nearby **Jan Juc** and **Winki Pop**. Visit the **Surf World Museum** (✆03-5261 4606; www.australiannationalsurfing museum.com; Surf City Plaza, 77 Beach Rd; adult/child/

LINK YOUR TRIP

1 Sydney to Melbourne

From Melbourne take the Princes Hwy (A1) towards Geelong, then follow the signs to Torquay.

13 Victoria's Goldfields

From where the Goldfields trip ends in Ballarat it's an 87km drive down the Midland Hwy to the Geelong bypass, and then around 30km to Torquay.

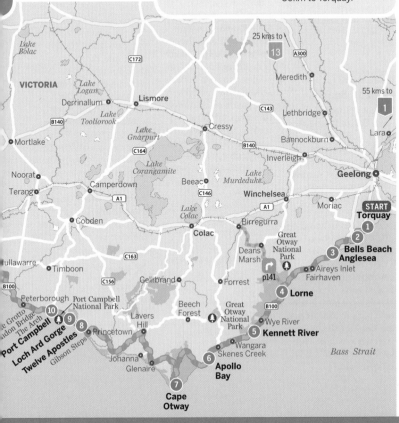

Classic Trip

family \$12/8/25; ⊙9am-5pm), home to Australia's Surfing Hall of Fame, then start working on your legend by taking lessons with **Westcoast Surf School** (☏03-5261 2241; www.westcoastsurfschool.com; 2hr surfing lessons adult/child \$65/55) or **Torquay Surf Academy** (☏03-5261 2022; www.torquaysurf.com.au; 34a Bell St; 2hr group/private lesson \$60/180).

✕ ⊨ p146

The Drive ›› Pass the turnoff to Jan Juc, then take the next left (C132) and follow the signs to Bells Beach.

TRIP HIGHLIGHT

❷ Bells Beach

A slight detour off the Great Ocean Road takes you to famous Bells Beach, the powerful point break that's part of international surfing folklore (it was here, albeit in name only, that Keanu Reeves and Patrick Swayze had their ultimate showdown in the film *Point Break*). When the right-hander is working, it's one of the longest rides in the country. If you're here just to look, park in the car park and head for the lookout, from where stairs lead down to the beach (not for swimming).

The Drive ›› Return to the Great Ocean Road (B100), and soon after consider taking the turnoff to spectacular Point Addis, a vast sweep of pristine beach. Anglesea is a further 10km down the Great Ocean Road, with forested national park lining the road as you descend into town.

----

❸ Anglesea

Mix sheer orange cliffs falling into the ocean with hilly, tree-filled 'burbs and a population that booms in summer and you've got Anglesea, where sharing fish and chips with seagulls by the Anglesea River is a decades-long family tradition for many. **Main Beach** is good for surfers, while sheltered **Point Roadknight Beach** is made for families. In addition to such quintessentially Australian summer pastimes, Anglesea is famous for those seeking to spy their first kangaroo – at **Anglesea Golf Club** (☏03-5263 1582; www.angleseagolfclub.com.au; Anglesea Golf Club, Golf Links Rd; 20min kangaroo tours adult/child/family \$12.50/5/30, 9/18 holes from \$30/50, club hire 9/18 holes \$25/35; ⊙10am-4pm) you can watch them graze on the fairways.

✕ p146

The Drive ›› The B100 follows the coast for 11km to Aireys Inlet, with its historic lighthouse, and to Fairhaven for wonderful beaches. From Aireys it's 18km of glorious coast-

hugging road into Lorne – stop for photos at the Great Ocean Road memorial archway in Eastern View.

----

❹ Lorne

There's something about Lorne... For a start, this is a place of incredible natural beauty, something you see vividly as you drive into town from Aireys Inlet: tall old gum trees line its hilly streets, and Loutit Bay gleams irresistibly. Kids will love **Live Wire Park** (☏1300 548 394; www.livewirepark.com.au; 180 Erskine Falls Rd; adult/child \$12/8, zip coaster \$36/32, rope circuit from \$52/45; ⊙9am-5pm, to 6pm summer) and the beachside swimming pool and trampolines, and there's more than 50km of bushwalking tracks around the town. Up in the hilly hinterland, seek out lovely **Erskine Falls** (Erskine Falls Access Rd); it's an easy walk to the viewing platform, or 250 (often slippery) steps down to its base. Back in town, the **Great Ocean Road Story** (15 Mountjoy Pde; ⊙9am-5pm) recounts the history of the Road's construction.

✕ ⊨ p146

The Drive ›› Although the winding nature of the road makes it feel longer – by now you know the deal: dense forests to your right, uninterrupted sea views to your left – it's just 20km from Lorne to Kennett River.

5 Kennett River

Kennett River is one of the easiest places in Australia to see koalas. In the trees immediately west of the general store and around the excellent caravan park, koalas pose (well, they're often asleep) in the tree forks, sometimes at eye level. Local parrots and lorikeets are also known to swoop down and perch on heads and outstretched arms if you stay still enough – but it's important that you don't feed them.

The Drive » The road could hardly get closer to the coast for the 21km from Kennett River into Apollo Bay.

6 Apollo Bay

At Apollo Bay, one of the Great Ocean Road's largest towns, rolling hills provide a postcard backdrop, while broad, white-sand beaches dominate the foreground. Local boy Mark Brack, son of the Cape Otway lighthouse keeper, knows this stretch of coast better than anyone around – both of his **walking tours** (📞0417 983 985; tours $20) are outstanding. Another worthwhile excursion is the **Apollo Bay Surf & Kayak** (📞0405 495 909, 03-5237 1189; www.apollobaysurf kayak.com.au; 157-159 Great Ocean Rd; 2hr kayak tours $75, 1½hr SUP/surfing lesson

DETOUR:
BRAE AT BIRREGURRA

Start: 4 Lorne

Dan Hunter is one of Australia's most celebrated chefs and these days his restaurant **Brae** (📞03-5236 2226; www.braerestaurant.com; 4285 Cape Otway Rd; 8-course tasting plates per person $275, matched wines additional $175; ⏱from 6pm Thu, noon-3pm & from 6pm Fri & Sat, noon-3pm Sun & Mon) – a regular in the World's Best 100 Restaurants list – is synonymous with Birregurra, the tiny historic township where it's located. The restaurant uses whatever's growing in its 12 hectares of organic gardens to create its highly innovative, ever-changing degustation menu, where indigenous ingredients feature prominently. Reservations well in advance are essential. It also has stylish, informal luxury accommodation on-site. Brae is a 36km drive from Lorne on the way to Colac.

$70/75) expedition out to an Australian fur-seal colony in a double kayak.

🍴 🛏 p146

The Drive » The turnoff for Cape Otway (Lighthouse Rd), which leads 12km down to the lighthouse, is 20km from Apollo Bay. That 12km stretch is through dense, scenic rainforest pretty much all the way.

TRIP HIGHLIGHT

7 Cape Otway

Cape Otway is the second-most-southerly point of mainland Australia (after Wilsons Promontory), and this coastline is particularly beautiful and rugged – and historically treacherous for passing ships, despite the best efforts of the **Cape Otway**

Lightstation (📞03-5237 9240; www.lightstation.com; Lighthouse Rd; adult/child/family $19.50/7.50/49.50; ⏱9am-5pm). The oldest surviving lighthouse on mainland Australia, it was built in 1848 by more than 40 stonemasons without mortar or cement. The forested road leading to Cape Otway is terrific for koala sightings. Where are they? Look for cars parked on the side of the road and tourists peering up into the trees.

The Drive » The road levels out after leaving the Otways and enters narrow, flat, scrubby escarpment that falls away to sheer, 70m-high cliffs along the coast between Princetown and Peterborough – a distinct change of scene. The Twelve Apostles are after Princetown.

141

WHY THIS IS A CLASSIC TRIP
ANTHONY HAM, WRITER

Whenever I have visitors from overseas, the first place I take them is the Great Ocean Road. What makes it a classic is the winning combination of stunning natural beauty and world-famous attractions lined up along the roadside like a string of pearls – Bells Beach, koalas at Cape Otway, the Twelve Apostles, Loch Ard Gorge...and they're just the beginning.

Above: Loch Ard Gorge
Left: Surfing, Bells Beach
Right: Koala, Cape Otway

TRIP HIGHLIGHT

8 Twelve Apostles

The most enduring image for most visitors to the Great Ocean Road, the Twelve Apostles jut from the ocean in spectacular fashion. There they stand, as if abandoned to the waves by the retreating headland, all seven of them... Just for the record, there never were 12, and they were called the 'Sow and Piglets' until some bright spark in the 1960s thought they might attract tourists with a more venerable name. The two stacks on the eastern (Otway) side of the viewing platform are not technically Apostles – they're Gog and Magog. And the soft limestone cliffs are dynamic and changeable, suffering constant erosion from the tides: one 70m-high stack collapsed into the sea in July 2005 and the Island Archway lost its archway in June 2009. The best time to visit is sunset, partly to beat the tour buses and also to see little penguins returning ashore. For the best views, take a chopper tour with **12 Apostles Helicopters** (☏03-5598 8283; www.12apostleshelicopters. com.au; per person 15min flights $145).

The Drive » When you can finally tear yourself away, continue northwest along the Great Ocean Road and in no time at all you'll see the signpost to Loch Ard Gorge.

Classic Trip

9 Loch Ard Gorge

Loch Ard Gorge is a gorgeous U-shaped canyon of high cliffs, a sandy beach and deep, blue waters. It was here that the Shipwreck Coast's most famous and haunting tale unfolded: the iron-hulled clipper *Loch Ard* foundered off Mutton Bird Island at 4am on the final night of its voyage from England in 1878. Of her 37 crew and 19 passengers, only two survived. Eva Carmichael, a non-swimmer, clung to wreckage and was washed into a gorge where apprentice officer Tom Pearce rescued her. Despite rumours of a romance, they never saw each other again and Eva soon returned to Ireland. Several walks in the area take you down to the cave where the shipwreck survivors took shelter, and also to a cemetery and a rugged beach.

The Drive » It's around 6km along the B100 from Loch Ard Gorge to Port Campbell.

10 Port Campbell

Strung out around a tiny bay, this laid-back town is the ideal base for the Twelve Apostles and Loch Ard Gorge. It has a lovely, sandy, sheltered beach, one of the few safe places for swimming along this tempestuous coast.

PORT CAMPBELL TO WARRNAMBOOL

The Great Ocean Road continues west from Port Campbell, passing **London Bridge**; which has indeed fallen down... Now sometimes called London Arch, it was once linked to the mainland by a narrow natural bridge. In January 1990 the bridge collapsed, leaving two terrified tourists marooned on the world's newest island – they were eventually rescued by helicopter.

The **Bay of Islands** is 8km west of tiny **Peterborough**, where a short walk from the car park takes you to magnificent lookout points. The Great Ocean Road officially ends near here, where it meets the Princes Hwy (A1).

✕ ⊨ p147

The Drive » There's a feeling of crossing a clifftop plateau on the first stretch out of Port Campbell. After the Bay of Islands, the road turns inland through an agricultural landscape.

11 Warrnambool

Warrnambool means whales, at least between May and September, when the mammals frolic offshore during their migration. Southern right whales (named due to being the 'right' whales to hunt) are the most common to head to these temperate waters from Antarctica. Undoubtedly the best place to see them is at Warrnambool's **Logan's Beach whale-watching platform** – they use the waters here as a nursery. Call ahead to the visitor centre (✆03-5594620) to check if whales are about, or see www.visitwarrnambool.com.au for the latest sightings.

DETOUR: TOWER HILL RESERVE

Start 11 **Warrnambool**

A 16km drive from Warrnambool, en route to Port Fairy, is the stunning Tower Hill Reserve, the crater of a dormant volcano that last erupted some 35,000 years ago. It's a significant site for the Aboriginal Worn Gundidj people, who operate the reserve today and offer nature walks where you can learn about their culture. There are some wonderful wildlife encounters, including with emus, koalas, wallabies and kangaroos.

Take the time to visit top-notch **Flagstaff Hill Maritime Village** (☎03-5559 4600; www.flagstaffhill.com; 89 Merri St; adult/child/family $18/8.50/43.20; ⏱9am-5pm, last entry 4pm), with its shipwreck museum, heritage-listed lighthouses and garrison, and reproduction of a historical Victorian port town. It also has the nightly **Tales of the Shipwreck Coast**, an engaging 70-minute sound-and-laser show telling the *Loch Ard* wreck story.

✖ ⬛ p147

The Drive ›› The road – the Princes Hwy (A1), and no longer the Great Ocean Road – loops around to Port Fairy, just 29km from Warrnambool.

- - - - - - - - - - - - - - - - - -

TRIP HIGHLIGHT

⑫ Port Fairy

Settled in 1833 as a whaling and sealing station, Port Fairy retains its 19th-century charm, with a relaxed, salty feel, heritage bluestone and sandstone buildings, whitewashed cottages, colourful fishing boats and wide, tree-lined streets; in 2012 it was voted the world's most liveable community. To guide your steps through the town, pick up a copy of the popular *Maritime & Shipwreck Heritage Walk* from the visitor centre. There's a growing foodie scene here, too, including fine dining at **Gladioli** (☎03-5539 7523; www.gladiolirestaurant.com.au; 22 Sackville St; 2/3/5/8 courses

$70/90/110/130; ⏱12.30-3pm Fri & Sat, 6-10pm Wed-Sat; ✱🔊). Also don't miss **Basalt Wines** (☎0429 682 251; www.basaltwines.com; 1131 Princes Hwy, Killarney; dishes $9-24; ⏱10am-4pm, longer hours summer), a family-run biodynamic winery that offers tastings in its shed.

✖ ⬛ p147

The Drive ›› The road hugs the coast into Portland (75km) and then the traffic lessens as you leave the main highway and drive northwest along the C192 for 67km into Nelson.

- - - - - - - - - - - - - - - - - -

⑬ Nelson

Tiny Nelson is the last settlement before the South Australian border – just a general store, a pub and a handful of accommodation places. Its appeal lies in its proximity to the mouth of the **Glenelg River**, which flows through **Lower Glenelg National Park**. Leisurely 3½-hour trips run by **Nelson River**

Cruises (☎08-8738 4191, 0448 887 1225; www.glenelg rivercruises.com.au; cruises adult/child/family $32.50/10/75; ⏱Sep-Jun) head along the Glenelg and include the impressive **Princess Margaret Rose Cave** (☎08-8738 4171; www.princessmargaretrose cave.com; Princess Margaret Rose Caves Rd, Mumbannar, Lower Glenelg National Park; adult/child/family $22/15/48; ⏱tours depart 10am, 11am, noon, 1.30pm, 2.30pm, 3.30pm & 4.30pm, reduced hours winter), with its gleaming underground formations – along this coastline of towering formations, the ones at journey's end are surely the most surprising. If you prefer to explore under your own steam, contact **Nelson Boat Hire** (☎08-8738 4048; www.nelsonboathire.com.au; dinghy per 1/4hr $55/130, motorboat per hour $65, houseboat per 2 nights $450-490; ⏱Sep-Jul).

DETOUR: CAPE BRIDGEWATER

Start: ⑫ **Port Fairy**

Cape Bridgewater is an essential 21km detour off the Portland–Nelson Rd. The stunning 4km arc of **Bridgewater Bay** is perhaps one of Australia's finest stretches of white-sand surf beach. The road continues to **Cape Duquesne**, where walking tracks lead to a spectacular **blowhole** and the eerie **petrified forest** on the clifftop. A longer two-hour return walk takes you to a **seal colony** where you can see dozens of fur seals sunning themselves on the rocks; to get a little closer, take the exhilarating **Seals by Sea tour** (☎03-5526 7247; www.sealsbyseatours.com.au; Bridgewater Rd; 45min tours adult/child $40/25, cage dives $60/30; ⏱Sep-May).

Classic Trip

Eating & Sleeping

Torquay ①

✗ Ginger Monkey — Cafe $$

(☎03-5264 8957; www.gingermonkeycafe.com; 4 Baines Cres; meals from $17; ⊗8am-4pm; �☕✦) This rustic-chic cafe has the best vegetarian food in town, offering nasi goreng or mushroom ragout with poached egg for brekkie, and chunky homemade vegetarian 'sausage' rolls for lunch. If you're around Friday, head out to the car park for its famous paella cook-up ($15). It does fantastic coffee, too, using Proud Mary beans from Melbourne.

⊨ Torquay Foreshore Caravan Park — Campground $

(☎03-5261 2496, 1300 736 533; www.torquaycaravanpark.com.au; 35 Bell St; powered sites $55-100, cabins $95-400; ☕) Just behind the Back Beach is the largest campground on the Surf Coast. It has good facilities and premium-priced cabins with sea views. Wi-fi is limited.

Anglesea ③

✗ Captain Moonlite — Australian $$

(☎03-5263 2454; www.captainmoonlite.com.au; 100 Great Ocean Rd; breakfast $8-16, lunch & dinner from $26; ⊗8am-10pm Fri-Sun, to 3pm Mon, 5.30-10pm Thu) Sharing space with the life-saving club – and with unbeatable beach views – Moonlite is Anglesea's first restaurant to earn a *Good Food Guide* chef's hat. It mixes an unpretentious atmosphere with a quality menu it describes as 'coastal European'. Expect tasty breakfasts such as ocean trout on rye with a soft-boiled egg, meze-style plates, and mains such as slow-roasted lamb and fresh seafood.

Lorne ④

✗ Lorne Beach Pavilion — Australian $$

(☎03-5289 2882; www.lornebeachpavilion.com.au; 81 Mountjoy Pde; breakfast $8-24, mains $18-45; ⊗9am-5pm Mon-Thu, to 9pm Fri, 8am-9pm Sat & Sun) With its unbeatable foreshore location, life here is a beach, especially with a cold drink in hand. Cafe-style breakfasts and lunches hit the spot, while dinner is a more upmarket modern Australian menu of seafood and rib-eye steaks. Come at happy hour (3pm to 6pm) for $7 pints, or swing by at sunset for a bottle of prosecco.

✗ Movida Lorne — Spanish $$$

(☎03-5289 1042; www.movida.com.au; 176 Mountjoy Pde; tapas $4-8.50, raciones $15-70; ⊗noon-3pm & 5.30-10pm) One of Melbourne's hottest restaurants has gone for a sea change: setting up on the ground floor of the **Lorne Hotel** (☎03-5289 1409; www.lornehotel.com.au; 176 Mountjoy Pde; r $160-300; ❄☕), Movida has brought its authentic Spanish cuisine to the Great Ocean Road. The menu features a mix of classic dishes made with flair using regional produce.

⊨ Qdos — Ryokan $$$

(☎03-5289 1989; www.qdosarts.com; 35 Allenvale Rd; r incl breakfast $325-495; 2-night minimum at weekends; no chidren; ☕) The perfect choice for a romantic getaway or forest retreat, Qdos' luxury Zen tree houses are fitted with tatami mats, rice-paper screens and no TV.

Apollo Bay ⑥

✗ Apollo Bay Fishermen's Co-op — Seafood $

(☎03-5237 1067; www.facebook.com/apollobayfishcoop; Breakwater Rd; flake $7; ⊗11am-8pm) The best fish and chips in town is at the local fisherman's co-op, directly on the wharf. Most of its fish and crayfish is caught locally; check the Facebook page for the latest catch.

✕ Chris's Beacon
Point Restaurant   Greek $$$

(📞03-5237 6411; www.chriss.com.au; 280
Skenes Creek Rd; breakfast $13-21, mains from
$42-55; 🕐8.30-10.40am & 6pm-late daily, plus
noon-2pm Sat & Sun; 🛜) Feast on memorable
ocean views, deliciously fresh seafood and
Greek-influenced dishes at Chris's hilltop
fine-dining sanctuary among the treetops.
Reservations recommended. You can also
stay in its wonderful stilted villas (p147). It's
accessed via Skenes Creek.

🛏 Beacon Point
Ocean View Villas   Villa $$

(📞03-5237 6218; www.beaconpoint.com.
au; 270 Skenes Creek Rd, Skenes Creek; r incl
breakfast $170-370; ❄🛜) With a commanding
hill location among the trees, this wonderful
collection of comfortable one- and two-
bedroom villas is a luxurious yet affordable
bush retreat. Most villas have sensational coast
views, balcony and wood-fired heater. It's in
Skenes Creek, 6km east of Apollo Bay.

Port Campbell ⑩

✕ Forage on the Foreshore   Cafe $$

(📞03-5598 6202; www.forageontheforeshore.
com.au; 32 Cairns St; dishes $12-32; 🕐9am-
4pm; 🛜) In the old post office is this seafront
cottage cafe with wooden floorboards, art
on the walls, an open fireplace and a vintage
record player spinning vinyl. There's an all-day
breakfast menu, gourmet sandwiches, burgers,
duck-fat-fried chips, and items featuring fresh
abalone and regional produce.

🛏 Port Campbell Hostel   Hostel $

(📞03-5598 6305; www.portcampbellhostel.
com.au; 18 Tregea St; dm/d/tr/q from
$36/170/190/200; @🛜) This impressive,
modern, double-storey backpackers has a range
of clean mixed dorms and private rooms, along
with a huge shared kitchen and an even bigger
lounge area. It's a short stroll to the beach,
where the **Sow & Piglets Brewery**(📞0490
665810; 🕐4-10pm) has various ales and pizzas
in the evenings ($10).

Warrnambool ⑪

✕ Simon's Waterfront   Cafe $$

(📞03-5562 1234; www.simonswaterfront.
com.au; Level 1, 80 Pertobe Rd; mains $20-30;
🕐8.30am-3pm Sun-Tue, to 10pm Wed-Sat; 🛜)
Feeling more Bondi than Warrnambool, this
uber-trendy cafe has killer seafront views. It
does a breakfast pizza among the usual cooked-
egg options, while for lunch there's a pleasing
choice of *moules frites*, seafood chowder and
burgers. It's also a great place for a beer or
coffee from Melbourne roaster Seven Seeds.

🛏 Flagstaff Hill
Lighthouse Lodge   Guesthouse $$

(📞1800 556 111; www.flagstaffhill.com/stay-
lighthouse-lodge; Flagstaff Hill; d from $155;
❄🛜) Once the harbour master's residence,
this charming weatherboard cottage can be
rented in its entirety or as separate rooms. It
has a grassy area overlooking the Maritime
Village (p145) and coastline.

Port Fairy ⑫

✕ Coffin Sally   Pizza $

(📞03-5568 2618; www.coffinsally.com.au; 33
Sackville St; pizzas $13-20; 🕐4.30-11pm) This
historic building, once used by a coffin maker,
is now well regarded for traditional thin-crust
pizzas, cooked in an open kitchen and wolfed
down on street-side stools or in dimly lit dining
nooks out the back next to an open fire. Its bar
is one of Port Fairy's best spots for those into
craft beers and cocktails.

🛏 Drift House   Boutique Hotel $$$

(📞03-5568 3309, 0417 782 495; www.
drifthouse.com.au; 98 Gipps St; d from $395;
❄🛜) An intriguing mix of 19th-century
grandeur and 21st-century design, Drift House
is a must for architecture-lovers. Its grand
frontage is that of the original 1860 double
Victorian terrace, yet rooms feature ultraslick
open-plan designs and are decked out with
boutique fittings. It's won a bunch of awards and
is undoubtedly *the* spot to treat yourself in town.

Mornington Peninsula

This exploration of Mornington Peninsula, southeast of Melbourne, showcases one of the city's favourite summer playgrounds, from exceptional beaches along the shoreline to wonderful wineries in the interior.

TRIP HIGHLIGHTS

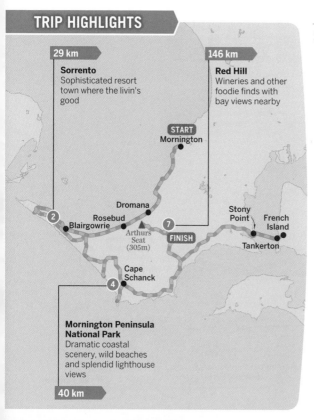

29 km

Sorrento
Sophisticated resort town where the livin's good

146 km

Red Hill
Wineries and other foodie finds with bay views nearby

START
Mornington

Dromana

Rosebud
Blairgowrie

2

Arthurs Seat (305m)

7

FINISH

Stony Point

French Island

Tankerton

Cape Schanck

4

Mornington Peninsula National Park
Dramatic coastal scenery, wild beaches and splendid lighthouse views

40 km

3–4 DAYS
146KM / 91 MILES

GREAT FOR...

BEST TIME TO GO
October to March; winter months can be cold and the towns empty.

ESSENTIAL PHOTO
The view from Cape Schanck Lighthouse.

✓ **BEST FOR OUTDOORS**
Take a sea-kayaking tour to spot dolphins and seals.

Mornington Peninsula View from Cape Schanck Lighthouse

11 Mornington Peninsula

To fully appreciate Melbourne's privileged bayside suburbs, take the long drive south to where the bay meets the ocean, passing the historic seaside towns of Mornington, Sorrento and Portsea en route. This fairly sedate coastline takes on a whole new personality in the wave-lashed Mornington Peninsula National Park, while Flinders is a tranquil haven on Western Port Bay. Last but not least, the Red Hill area is one of Victoria's most important and attractive wine regions.

① Mornington

Known for its photogenic bathing boxes and delightful swimming beaches, this suburb just beyond the reaches of Melbourne's urban sprawl is the gateway to the peninsula's holiday coastal strip. Originally part of the lands of the Boonwurrung people, it was founded as a European township in 1854. Echoes of those days remain. Grand old buildings around Main St include the 1892 **Grand Hotel**, the 1860 **Old Court House**

on the corner of Main St and the Esplanade, and the 1862 **Police Lock-Up** behind it. On the opposite corner is the 1863 **post office building**. For views over the harbour, take a walk along the 1850s **pier** and around the **Schnapper Point** foreshore boardwalk past the **Matthew Flinders monument** that commemorates his 1802 landing. **Mothers Beach** is the main swimming beach, while at **Fossil Beach** there are remains of a lime-burning kiln; fossils found here date back 25 million years!

And it's at **Mills Beach** where you can see the colourful and photogenic bathing boxes.

✕ p155

The Drive » From Mornington, the Esplanade heads south on the gorgeous scenic drive towards Sorrento, skirting the rocky Port Phillip Bay foreshore; if you're travelling with kids, be sure to stop for a gelato at Vulcano in Rye en route. Inland, the Nepean Hwy (B110) takes a less scenic route and again becomes the Mornington Peninsula Fwy.

TRIP HIGHLIGHT

❷ Sorrento

Historic Sorrento, the site of Victoria's first official European settlement in 1803, is the prettiest town on Mornington Peninsula. The town has loads going for it – beautiful limestone buildings, ocean and bay beaches, and a buzzing seaside summer atmosphere – so it should come as no surprise that it has become one of Victoria's most popular resort towns. Some of the

grandest old buildings, among them **Sorrento Hotel** (1871), **Continental Hotel** (1875) and **Koonya Hotel** (1878), were built to serve well-to-do 19th-century visitors from Melbourne. These days, its main street is lined with alluring boutiques, cafes and restaurants.

✕ 🛏 p155

The Drive » The short, 4km hop from Sorrento to Portsea follows the coast – look out for glimpses of the bay on the Portsea approach.

❸ Portsea

If you thought Sorrento was classy, wait until you see Portsea. The last village on the peninsula, it is where many of Melbourne's wealthiest families have built seaside mansions. You can walk the **Farnsworth Track** (1.5km, 30 minutes) out to scenic London Bridge, a natural rock formation, and spot middens of the Boonwurrung people who once called this area home.

162 kms to [A780]
12
Pearcedale
Baxter
[P82]
Tyabb
Watson Inlet
[C785]
Hastings
Bittern
Crib Point **French Island**
Stony Point
Somers Tankerton
6
Tortoise Head
Red Rock Point Cowes
Ventnor [C473]
Phillip Island
Black Hill [B420]
Summerland

§ LINK YOUR TRIP

10 Great Ocean Road

Take the car ferry from Sorrento to Queenscliff and then head to Torquay, the gateway to Victoria's most-famous coastal road.

12 Gippsland & Wilsons Prom

Phillip Island is easily reached from Mornington Peninsula; take the back road to Koo Wee Rup and down to the island (127km).

Diving and sea-kayaking are both possible through **Bayplay** (☏03-5984 0888; www.bayplay.com.au; 3755 Point Nepean Rd; dives $85-130; ☐788 from Frankston), while **Portsea Surf Beach** is where the sheer power of the ocean never fails to impress. Back in town, Portsea's pulse can be taken at the iconic **Portsea Hotel**, an enormous pub with a sea-facing beer garden.

 p155

The Drive ≫ Your next destination, Mornington Peninsula National Park, extends into the Portsea hinterland and there are numerous access points – Portsea Surf Beach, along the back road between Portsea and Rye, at Gunnamatta Beach and, perhaps most memorably, at Cape Schanck.

TRIP HIGHLIGHT

④ Mornington Peninsula National Park

Stretching from Portsea's sliver of coastline to Cape Schanck and inland to the Greens Bush area, this national park showcases the peninsula's most beautiful and rugged ocean beaches. Along here are the cliffs, bluffs and crashing surf beaches of Portsea, Sorrento, Blairgowrie, Rye, St Andrews, Gunnamatta and Cape Schanck; swimming and surfing are dangerous at these beaches, so swim only between the flags at Gunnamatta and Portsea

DETOUR: QUEENSCLIFF

Start: ② Sorrento

Historic Queenscliff, across the water from Sorrento on Bellarine Peninsula, is one of coastal Victoria's loveliest towns. It's a place of heritage streetscapes, the formidable **Fort Queenscliff** (☏03-5258 1488; www.fortqueenscliff.com.au; cnr Gellibrand & King Sts; 90min tours adult/child/family $15/7/35; ⊙11am, 1.45pm & 3pm daily school holidays, 11am Mon-Fri, 11am & 1.45pm Sat & Sun rest of year) and parkland sweeping down to the beach. From some areas, particularly from the lookout at the southern end of Hesse St (next to the bowling club), the views across Port Phillip Heads and Bass Strait are glorious. And getting here couldn't be easier – the **Queenscliff–Sorrento Ferry** (☏03-5257 4500; www.searoad.com.au; 1 Wharf St East, Queenscliff; one way foot passenger adult/child $13/9, car incl driver $67, bicycle free; ⊙hourly 6am-6pm) crosses the bay in 40 minutes throughout the day.

---

during the summer patrol season. Built in 1859, Cape Schanck Lighthouse is a photogenic working lighthouse; from the lighthouse, descend the steps of the boardwalk that leads to the craggy cape for outstanding views. Longer walks are also possible.

The Drive ≫ From Cape Schanck Lighthouse, return to the C777 and follow it for 11km east along the coast to Flinders. Watch for sweeping ocean views, especially in the middle section of the route.

---

⑤ Flinders

Poised between Mornington Peninsula's surf beaches and vineyard-dotted hinterland, this largely residential coastal village could be accused of hiding its light under a bushel. Miraculously free of the high-summer crowds that descend on many nearby villages, it's popular with visitors preferring an active rather than social experience. Surfers are attracted by ocean-side breaks such as Gunnery, Big Left and Cyril's, and golfers battle the high winds at the clifftop **Flinders Golf Club**. Snorkellers can seek out the distinctive weedy sea-dragon under the Flinders pier and beachcombers can explore the rockpools in the nearby Mushroom Reef Marine Sanctuary.

✖ p155

Arthurs Seat Eagle Skylift cable car

The Drive » Follow the C777 along the Western Port Bay coast northeast to Balnarring. After a further 7km, turn off southeast to Stony Point (7km from the turnoff). Leave your car and take the ferry from Stony Point to French Island's Tankerton Jetty.

------

⑥ French Island

Exposed, windswept and wonderfully isolated, French Island is two-thirds national park and retains a real sense of tranquility – you can only get here by passenger ferry, so it's virtually traffic-free. The main attractions are bushwalking and cycling, taking in wetlands, checking out one of Australia's largest koala colonies

153

THE GOLF TRAIL

Mornington Peninsula has some of Victoria's most picturesque and challenging golf courses, all with ocean views.

The Dunes (📞03-5985 1334; www.thedunes.com.au; 335 Browns Rd, Rye; 18 holes midweek/ weekend $69/89, 9 holes $38/48)

Flinders Golf Club (📞03-5989 0583; www.flindersgolfclub.com.au; Bass St; 18 holes midweek $23-46, weekend $27-66; ⏰hours vary; 🚃782 from Frankston Station)

Cape Schanck (📞03-5950 8100; www.racv.com.au/travel-leisure/racv-resorts/our-destinations/cape-schanck-resort/golf; Trent Jones Dr, via Boneo Rd, Cape Schanck; 9/18 holes midweek $39/63, weekend $50/75)

Moonah Links (📞03-5988 2047; www.moonahlinks.com.au; 55 Peter Thomson Dr, Fingal; 18 holes $55-95)

Portsea Golf Club (📞03-5981 6155; www.portseagolf.com.au; 46 London Bridge Rd; 9/18 holes weekdays $45/80, Sun $50/90; ⏰8am-5pm Mon, Fri & Sun, from 10.30am Tue & Wed; 🚃788 from Frankston)

and observing a huge variety of birds. All roads on the island are unsealed and some are quite sandy. From the jetty it's around 2km to the licensed **French Island General Store** (📞03-5980 1209; www.figsfrenchisland.com.au; 289 Tankerton Rd, Tankerton; mains $16; ⏰8.30am-5pm Mon-Fri, from 9am Sat & Sun; 📶), which also serves as post office, provider of tourist information and bike-hire centre.

The Drive » Take the ferry back to Stony Point, return the 17km to Shoreham, then cut inland to Red Hill.

- - - - - - - - - - - - - - - - - - -

`TRIP HIGHLIGHT`

❼ Red Hill

The undulating hills of the peninsula's interior around Red Hill and Main Ridge is a lovely treed re-

gion where you can spend a sublime afternoon visiting winery cellar doors. It can be difficult to choose (and pity the poor designated driver who'll be unable to drink), but we'd visit **Pt. Leo Estate** (📞03-5989 9011; www.ptleoestate.com.au; 3649 Frankston-Flinders Rd, Merricks; tastings $6, sculpture park adult/ concession/family $10/5/25; ⏰11am-5pm; 🅿🍴), **Montalto** (📞03-5989 8412; www.montalto.com.au; 33 Shoreham Rd, Red Hill South; mains $17-48; ⏰cafe 11am-5pm, restaurant noon-2.30pm Fri-Tue, 6.30-10pm Fri & Sat, extended hours summer; 🅿🍴), **Port Phillip Estate** (📞03-5989 4444; www.portphillipestate.com.au; 263 Red Hill Rd, Red Hill South; 2-/3-course meal $68/85; ⏰noon-3pm Wed-Sun & 6.30-8.30pm Fri & Sat; 🅿❄) and **Ten Minutes by Tractor** (📞03-5989 6080; www.

tenminutesbytractor.com.au; 1333 Mornington-Flinders Rd, Main Ridge). If you happen upon Red Hill on the first Saturday of the month (except in winter), the **Red Hill Market** (www.craft markets.com.au; 184 Arthurs Seat Rd, Red Hill Recreational Reserve; ⏰8am-2pm) is well worth the effort; families will enjoy exploring **Ashcombe Maze & Lavender Gardens** (📞03-5989 8387; www.ashcombemaze.com.au; 15 Shoreham Rd, Shoreham; adult/ child/family $18.50/10/52-66; ⏰9am-5pm). Whenever you're here, allow time to take the 16km round-trip detour to **Arthurs Seat**, which, at 305m, is the highest point on the Port Phillip Bay coast. Jump on the cable car to enjoy views over the bay and territory that you've just explored.

🍴 p155

Eating & Sleeping

Mornington ①

✗ D.O.C
Italian $$

(📞03-5977 0988; www.docgroup.net; 22 Main St; mains $18-25; ⏰9.30am-late; 🚍781 from Frankston) A beachside outpost of the much-loved Carlton cafe and pizzeria empire, this cafe and deli is the best place to eat in Mornington. *Molto autentico* Italian dishes including pizzas and pastas are served, as are spritzes, negronis, wine and Italian beer that go down a treat with generous plates of mozzarella and cured meats.

Sorrento ②

✗ Bistro Elba
Australian $$$

(📞03-5984 4995; www.bistroelba.com.au; 100-102 Ocean Beach Rd; mains $30-38; ⏰noon-9.30pm; 🛜; 🚍788 from Frankston) Its name references the sun-kissed Tuscan island, and Bistro Elba's menu reflects this Mediterranean inspiration. Stylishly casual, it's undoubtedly Sorrento's best eatery and is sure to offer something to suit most palates. There's a fixed-price lunch of a main with glass of wine ($29.50) and a popular happy hour when freshly shucked oysters are half price. Excellent wine list.

✗ The Baths
Modern Australian $$

(📞03-5984 1500; www.thebaths.com.au; 3278 Point Nepean Rd; mains $27-40; ⏰11.30am-3pm, 5.30-8pm Mon-Sat; ❄; 🚍788 from Frankston) The glassed-in waterfront deck of the former sea baths is a perfect spot for lunch or a romantic sunset dinner overlooking the jetty and the Queenscliff ferry. There are some good seafood choices among its menu of Modern Australian pub-style dishes, as well as local beers and wines.

🛏 Hotel Sorrento
Heritage Hotel $$

(📞03-5984 8000; www.hotelsorrento.com.au; 5-15 Hotham Rd, Sorrento; d weekdays/weekends from $150/195, apt weekdays/weekends from $250/295; 🅿❄🛜; 🚍788 from Frankston) Dating from 1871, the legendary Hotel Sorrento has well-equipped rooms in the main building and 'On the Hill' double and family apartments

in an adjoining modern block. The latter have airy living spaces, spacious bathrooms and private balconies with water views. The pub also has great views and is a good spot for a drink. Breakfast costs $25.

Portsea ③

🛏 Portsea Hotel
Historic Hotel $$$

(📞03-5984 2213; www.portseahotel.com.au; 3746 Point Nepean Rd; r $260-325; ❄🛜; 🚍788 from Frankston) Reopened in December 2018 after a renovation that cost $7 million, Portsea's much-loved 19th-century hotel offers accommodation in 34 rooms. The cheaper rooms share bathrooms and don't have air-con; the most expensive rooms have bay views.

Flinders ⑤

✗ Georgie Bass
Cafe $$

(📞03-5989 0031; www.georgiebass.com.au; 30 Cook St; mains $8-25; ⏰7am-2.30pm Mon-Fri, to 3pm Sat & Sun; ❄; 🚍782 from Frankston Station) A prototypical contemporary Australian cafe with good locally roasted coffee (in this case from Commonfolk in Mornington), Georgie Bass serves delicious global dishes made with local produce wherever possible. Staff give the same friendly welcome to locals and visitors, children and pooches. The outside deck chairs are popular in summer.

Red Hill ⑦

✗ Foxeys Hangout
Bistro $

(📞03-5989 2022; www.foxeys-hangout.com.au; 795 White Hill Rd, Red Hill; mains $12; ⏰11am-5pm Fri-Mon; 🅿) Known for its single-vineyard pinot noir, Foxeys has a casual cellar door overlooking a picturesque slope of vines. Start your visit with a tasting (three wines free, 10 wines $10) and then settle down to enjoy a simple Mediterranean-styled lunch. On weekends you can book to blend your own sparkling wine to take home ($55 for two people).

STRETCH YOUR LEGS
MELBOURNE

Start/Finish: Queen Victoria Market

- -

Distance: 5km

- -

Duration: Three hours

Melbourne is a vibrant, self-assured city known for its green spaces, food and coffee culture, grand gold-rush-era buildings and street-art-scattered laneways. This walk through the centre introduces you to the world's most liveable city. Make time to explore beyond, if you can.

Take this walk on Trip

Queen Victoria Market

For many Melburnians, the day begins bright and early at 140-year-old **Queen Victoria Market** (☎03-9320 5822; www.qvm.com.au; cnr Elizabeth & Victoria Sts, Melbourne; ⏰6am-2pm Tue & Thu, to 5pm Fri, to 3pm Sat, 9am-4pm Sun; P; 🚋58, 🚇Flagstaff), the largest open-air market in the southern hemisphere. Its 600-plus traders and laid-back atmosphere attract locals shopping for fresh produce.

The Walk >> On Elizabeth St, turn left up the hill on La Trobe St. At Swanston St, duck into Melbourne Central to see the iconic shot tower.

State Library of Victoria

The **State Library of Victoria** (☎03-8664 7000; www.slv.vic.gov.au; cnr Russell & La Trobe Sts, Melbourne; ⏰10am-9pm Mon-Thu, to 6pm Fri-Sun, galleries 10am-6pm Thu-Tue, to 9pm Wed; 👤; 🚋1, 3, 5, 6, 16, 30, 35, 64, 67, 72, 🚇Melbourne Central) has been the forefront of Melbourne's literary scene since 1854. There are more than two million books in its collection. Don't miss its storied, octagonal La Trobe Reading Room (1913).

The Walk >> Follow Swanston St south down the hill, passing Little Bourke St (Melbourne's Chinatown district), until you reach the Town Hall on your left, on the corner of Collins St.

Melbourne Town Hall

The **Melbourne Town Hall** (☎03-9658 9658; www.melbourne.vic.gov.au; 90-130 Swanston St, Melbourne; ⏰tours 11am & 1pm, Wed-Fri & Mon; 🚇Flinders St) (1870) is an important Melbourne landmark. Queen Elizabeth II took tea here in 1954, and the Beatles waved to thousands of screaming fans from the balcony in 1964. Take the free one-hour tour to sit in the Lord Mayor's chair or tinker on the same piano that Paul McCartney once touched.

The Walk >> Admire the art-deco facade of the Manchester Unity Building (1932) opposite, then walk southwest down Collins St. Before Elizabeth St, the Block Arcade is on your right.

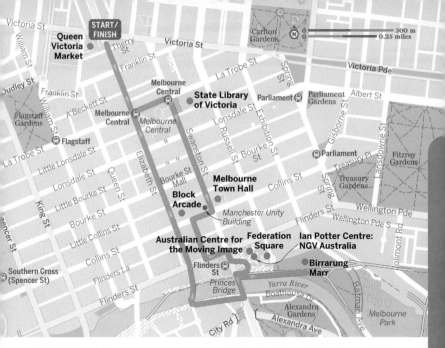

Block Arcade

The **Block Arcade** (📞03-9654 5244; www.
theblock.com.au; 282 Collins St & 96 Elizabeth
St, Melbourne; ⏰8am-6pm Mon-Thu, to 8pm
Fri, to 5pm Sat, 9am-5pm Sun; 🚇Flinders St)
was built in 1892 – doing 'the Block'
(walking around it) was a popular
pastime in 19th-century Melbourne –
and features etched-glass ceilings and
mosaic floors.

The Walk » Return to Collins St, cross the
road and take Centreway Arcade, which turns
into Centre Pl across Flinders Lane, then
head past the cafes and shops on Degraves
St. Turn left at Flinders St and cross over to
Federation Sq.

Federation Square

'Fed Square' (📞03-9655 1900;
www.fedsquare.com; cnr Flinders & Swanston
Sts, Melbourne; 🚻; 🚇Flinders St) is a
favourite Melbourne meeting place. Its
undulating and patterned forecourt
is paved with 460,000 hand-laid cob-
blestones from the Kimberley region,
with sight-lines to Melbourne's iconic

landmarks. Down in the glass-roofed
'Atrium' the **Ian Potter Centre: NGV
Australia** (📞03-8620 2222; www.ngv.vic.gov.
au; Federation Sq, Melbourne; ⏰10am-5pm;
🚇Flinders St) has an excellent permanent
exhibition of Aboriginal art, while
ACMI (ACMI; 📞03-8663 2200; www.acmi.net.
au; Federation Sq, Melbourne; ⏰10am-5pm,
cinemas until late; 🚻; 🚌1, 3, 5, 6, 16, 64, 67, 70,
72, 75, City Circle, 🚇Flinders St) pays homage
to Australian cinema and TV.

The Walk » Admire the river and Southbank
views from Princes Bridge (cross over for views
back to the CBD), then drop down to the riverbank
and walk east along Birrarung Mar.

Birrarung Marr

Riverside **Birrarung Marr** (Batman Ave,
Melbourne; 🚇Flinders St) features grassy
knolls, river promenades, a thoughtful
planting of Indigenous flora and sym-
bols, and great viewpoints of city and
river. In the language of the Wurund-
jeri people, the traditional owners of
the area, 'Birrarung Marr' means 'river
of mists'.

157

Gippsland & Wilsons Prom

This loop through Victoria's southeast takes you from wild coastal landscapes to a semi-abandoned mining town hidden deep in the forest.

12

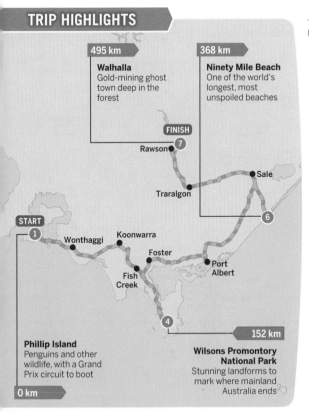

TRIP HIGHLIGHTS

495 km

Walhalla
Gold-mining ghost town deep in the forest

368 km

Ninety Mile Beach
One of the world's longest, most unspoiled beaches

FINISH

Rawson 7

Sale

Traralgon

6

START

1

Wonthaggi Koonwarra

Foster

Fish Creek

Port Albert

4

152 km

Phillip Island
Penguins and other wildlife, with a Grand Prix circuit to boot

Wilsons Promontory National Park
Stunning landforms to mark where mainland Australia ends

0 km

6–7 DAYS
495KM / 308 MILES

GREAT FOR...

BEST TIME TO GO

October to April, when the weather's warm.

 ESSENTIAL PHOTO

Ninety Mile Beach stretching out to eternity.

☑ **BEST FOR WILDLIFE**

Wilsons Prom for wallabies, roos, emus and wombats.

Ninety Mile Beach Endless sand and crashing surf

159

12 Gippsland & Wilsons Prom

Traversing one of Australia's most underrated corners, this journey southeast and east of Melbourne takes in the wildlife and wild landscapes of Phillip Island and Wilsons Prom, and engaging rural towns such as Inverloch, Koonwarra and Port Albert, before almost falling off the map in the ghost town of Walhalla on your way back to Melbourne.

TRIP HIGHLIGHT

❶ Phillip Island

It may cover barely 100 sq km, but Phillip Island sure crams a lot in. For most visitors, the island is synonymous with the nightly arrival of the penguins at the **Penguin Parade** (☎03-5951 2800; www.penguins. org.au; 1019 Ventnor Rd, Summerland Beach; general viewing adult/child/family $26.20/13/65.40; ⏱ parade times vary, access doors open 1hr before; 🅿 ♿), one of Australia's great

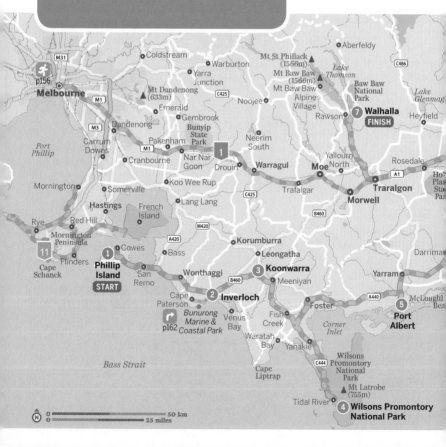

wildlife spectacles. It doesn't happen until sunset, so wildlife-lovers will want to fill in the afternoon with a visit to **Seal Rocks & the Nobbies** (☎03-5951 2800; Summerlands; ⏱10am-1hr before sunset), home to the country's largest colony of fur seals, and the **Koala Conservation Centre** (☎03-5951 2800; www.penguins.org.au; 1810 Phillip Island Rd, Cowes; adult/child/family $13/6.50/32.50; ⏱10am-5pm, extended hours in summer; ♿). The island's coast is the domain of swimmers and surfers, with world-class breaks at **Woolamai**, **Smiths Beach**, **Summerland Beach** and **Cat Bay**. And just to prove that there's something for everyone, Phillip Island has its **Motorcycle Grand Prix racing circuit** and attached **History of Motorsport Museum** (☎03-5952 9400; www.phillipislandcircuit.com.au; Back Beach Rd, Cowes; adult/child/family $17.50/8.50/42; ⏱9am-5pm).

 p165

The Drive >> Leave the island via the causeway at Newhaven, then cruise along the pancake-flat Bass Hwy (B460), through Wonthaggi, and on to Inverloch, just 50km from where your day's journey began.

---

② Inverloch

Inverloch is just far enough off main roads to feel like a secret – most visitors to Phillip Island are day-trippers who never make it this far, while those heading for Wilsons Promontory cross Gippsland further north. And at the heart of this secret locals like to keep to themselves are fabulous surf, calm inlet beaches, and outstanding diving and snorkelling; try **Offshore Surf School** (☎0407 374 743; www.offshoresurfschool.com.au; 8 Ramsey Blvd; 2hr lesson $70) if you feel inspired to learn how to catch a wave. Add in some good eating options and you, too, will soon want to keep the secret all to yourself.

p165

The Drive >> You could take the quiet and narrow back roads along the coast to Wilsons Prom, but it's more enjoyable to zip northeast from Inverloch along the B460 for 10km before taking the turnoff to Koonwarra, a further 11km through rolling dairy country away to the northeast.

---

③ Koonwarra

Blink and you could very easily miss Koonwarra, tucked away as it is in

LINK YOUR TRIP

1 Sydney to Melbourne

If you were doing this trip in reverse (ie from Melbourne), you'd miss nothing by driving from Walhalla to Paynesville and starting from there.

11 Mornington Peninsula

The road from Phillip Island to Red Hill (127km) connects you to the end point of the trip around the Mornington Peninsula.

DETOUR: BUNURONG MARINE & COASTAL PARK

Start: ② Inverloch

The inland route to Inverloch may be singularly lacking in drama, but the same can't be said for the 13km detour southwest to Cape Paterson. This stunning cliff-hugging drive looks out upon the **Bunurong Marine & Coastal Park**. This surprising little park offers some of Australia's best snorkelling and diving – contact **SEAL Diving Services** (✆03-5174 3434; www.facebook.com/sealdivingservices; dive per person incl equipment $99; ⊘10am-5pm Tue-Fri, 9am-noon Sat) to line up gear and guides. If you're going it alone and have the equipment to hand, **Eagles Nest**, **Shack Bay**, the **Caves** and **Twin Reefs** are great for snorkelling. **The Oaks** is the locals' favourite surf beach. The Caves took the archaeological world by storm in the early 1990s when dinosaur remains dating back 120 million years were discovered here; remarkably, you can see a dinosaur footprint at low tide.

rolling dairy country along the South Gippsland Hwy. But this is one tiny township worth seeking out, having built itself a reputation as something of a niche foodie destination. Much of the appeal centres on two places. The first is the Koonwarra Store (p165), with fresh produce and innovative menus in a gorgeous garden setting. Also worth lingering over is **Milly & Romeo's Artisan Bakery & Cooking School** (✆03-5664 2211; www.millyandromeos.com. au; 1 Koala Dr; courses adult/ child from $100/50; ⊘9am-4pm Thu-Sun, longer hours summer), Victoria's first organic-certified cooking

school, which offers short courses in making cakes, bread, traditional pastries, French classics and pasta, and runs cooking classes for kids. But wait, there's more: if you happen upon Koonwarra on the first Saturday morning of the month, the **farmers market** (✆0408 619 182; www.kfm. org.au; Memorial Park, Koala Dr; ⊘8.30am-12.30pm 1st Sat of month) will be on, with organic everything (fruit, vegetables, berries, coffee), plus hormone-free beef and chemical-free cheeses. There's even a nearby winery where you can rest your head for the night...

✗ p165

The Drive » From Koonwarra the C444 sweeps down through cafe-studded Meeniyan, artsy Fish Creek and Yanakie, bound for the Prom. The further you go the wilder the land becomes, and the dramatic forested outcrops of the Prom's headlands soon come into view. As you reach the park, slow down and watch for wildlife and, at regular intervals, fine little trails down to wonderful beaches.

TRIP HIGHLIGHT

④ Wilsons Promontory National Park

The southernmost tip of mainland Australia, Wilsons Promontory ('The Prom') is a wild and wonderful place. Its dense woodland shelters a rich portfolio of native Australian wildlife and its combination of stirring coastal scenery and secluded white-sand beaches has made it one of the most popular national parks in Australia. The **Lilly Pilly Gully Nature Walk**, **Mt Oberon Summit** and **Squeaky Beach Nature Walk** will give you a chance to stretch your legs and get a taste of the Prom's appeal. Even if you don't stray beyond Tidal River (where there's no fuel to be had), you'll catch a sense of the Prom's magic, with car-park access off the Tidal River road leading to gorgeous beaches and lookouts, and tame

Wilsons Promontory National Park The southernmost point of the Australian mainland

wildlife everywhere. Swimming is generally safe at the gorgeous beaches at **Norman Bay** (Tidal River); however, be aware of rips and undertows. Don't miss the beautiful **Squeaky Beach**, too – the ultrafine quartz sand here really does squeak beneath your feet!

The Drive » Retrace your route northwest back up the C444 for 45km, then turn northeast towards Foster (a further 14km). From Foster, it's 50km to Port Albert along the A440, with a signed turnoff 6km before the town. En route, there are fine Prom views away to the south.

5 Port Albert

Port Albert looks out over serene waters and has developed a reputation as a trendy stopover for boating, fishing and sampling the local seafood, which has been a mainstay of this place for more than 150 years. The town proudly pronounces itself Gippsland's first established port, and the many historic timber buildings in the main street dating from the busy 1850s bear a brass plaque detailing their age and previous use.

✗ ⮕ p165

The Drive » Return to the A440, pass through Yarram, then wind down the window and breathe in the salty sea air. Around 66km from Yarram, take the C496 turnoff southeast to Seaspray (27km).

TRIP HIGHLIGHT

6 Ninety Mile Beach

Quiet little Seaspray, a low-key, low-rise seaside village of prefab houses, feels stuck in a 1950s time warp, but the town itself plays second fiddle to what stretches out from its doorstep. To paraphrase the immortal words of Crocodile Dundee...

TOP PROM DAY HIKES

Lilly Pilly Gully Nature Walk An easy 5km (two-hour) walk through heathland and eucalypt forest, with lots of wildlife.

Mt Oberon Summit Starting from the Telegraph Saddle car park, this moderate-to-hard 7km-return walk is an ideal introduction to the Prom, with panoramic views from the summit.

Little Oberon Bay A moderate 19km (six-hour) walk over sand dunes covered in coastal tea trees, with beautiful views over Little Oberon Bay.

Squeaky Beach Nature Walk An easy 5km return stroll (two hours) from Tidal River through coastal tea trees and banksias to a sensational white-sand beach.

Prom Wildlife Walk In the north of the park, this short 2.3km (45-minute) loop trail yields good kangaroo, wallaby and emu sightings. It's located off the main road about 14km south of the park entrance.

Sealers Cove This popular 19km hike (six hours return) takes you through pristine forest and along boardwalks that lead to a gorgeous sandy cove. There's a campsite here if you want to spend the night.

that's not a beach, *this* is a beach. Isolated Ninety Mile Beach, a narrow strip of dune-backed sand punctuated by lagoons, stretches unbroken for more or less 90 miles (150km) from near McLoughlins Beach to the channel at Lakes Entrance. Stand on the sand and watch the beach unfurl to the northeast while waves curl and crash along its length, and you'll likely be rendered silent by the vast emptiness and sheer beauty of it all.

The Drive » With a last, longing look over your shoulder, steel yourself for the least interesting stretch of the journey, the 127km to Walhalla that goes something like this: take the C496 for 27km, then the A440 for 6km into Sale. From there it's 55 downright dull kilometres to Traralgon, before the final 42km through rich forest to Walhalla.

- - - - - - - - - - - - - - - - - -

TRIP HIGHLIGHT

⑦ Walhalla

Tiny, charming Walhalla lies hidden high in the green hills and forests of West Gippsland. It's a postcard-pretty collection of sepia-toned period cottages and other timber buildings (some original, most reconstructed). The setting, too, is gorgeous: the township's strung out along a deep, forested valley, with Stringers Creek running through its centre. In its gold-mining heyday in the 1860s, Walhalla had a population of 5000. That fell to just 10 people in 1998 (when mains electricity arrived in the town); today it's booming at around 20. Like all great ghost towns, the dead – buried in a stunningly sited cemetery – vastly outnumber the living. The best way to see the town is on foot: take the tramline walk (45 minutes), which begins from opposite the general store soon after you enter town. A tour of the **Long Tunnel Extended Gold Mine** (🖉03-5165 6259; www.walhallaboard. org.au; adult/child/family $20/15/50; ⊙tours 1.30pm daily, plus noon & 3pm Sat, Sun & holidays) offers insights into why Walhalla existed at all, while the **Walhalla Goldfields Railway** (🖉bookings 03-5165 6280; www.walhallarail. com.au; adult/child/family return $20/15/50; ⊙from Walhalla Station 11am, 1pm & 3pm, from Thomson Station 11.40am, 1.40pm & 3.40pm Wed, Sat, Sun & public holidays) is a fine adjunct to your visit, snaking along Stringers Creek Gorge, and passing lovely, forested country and crossing a number of trestle bridges en route.

🛏 p165

Eating & Sleeping

Phillip Island ❶

✖ Bani's Kitchen   Mediterranean $$

(📞03-5932 0710; www.baniskitchen.com.au; 69b Chapel St, Cowes; mains $12-32; 🕑noon-3pm & 5-9pm Wed-Fri, 10am-9pm Sat & Sun; ❄🛜) Chef Manpreet Singh Tung seems an unlikely candidate to be operating this eatery as his cooking pedigree includes stints with acclaimed chefs Guy Grossi and Pam Talimanidis. But here on Phillip Island he is, and tiny Bani's is a delight. Meat eaters should opt for the slow-cooked lamb or a souvlaki; vegetarians for the herb-laden vegan bowl. BYO (corkage $5).

🛏 Clifftop   Boutique Hotel $$$

(📞03-5952 1033; www.clifftop.com.au; 1 Marlin St, Smiths Beach; d $235-290; 🅿❄🛜) It's hard to imagine a better location for your island escape than this classy place perched above Smiths Beach. Of the eight luxurious suites, the top four have ocean views and private balconies, while the downstairs rooms open onto gardens – all have comfortable beds and an attractive 'boho-luxe' decor. The communal lounge has a wood fire and pool table.

Inverloch ❷

✖ Tomo's
Japanese Inverloch   Japanese $$

(📞03-5674 3444; www.tomos-japanese.com; 23 A'Beckett St; sushi from $2.50, mains $17-39; 🕑noon-2pm & 6pm-late Wed-Sun, daily Jan) Modern Japanese cuisine, perfectly prepared. Start with tender sushi or sashimi, and don't miss the gyoza (dumplings) or tempura tiger prawns. There's Sapporo on tap and a good range of Japanese whiskies and sake.

Koonwarra ❸

✖ Koonwarra Store   Cafe $$

(📞03-5664 2285; www.koonwarrastore.com.au; 2 Koonwarra-Inverloch Rd; mains $12.50-28; 🕑8.30am-4.30pm; 🛜) This renowned cafe in a renovated timber building serves simple food with flair. It prides itself on using organic, low-impact suppliers and products – try the Koonie burger with all-Gippsland ingredients or the delicious lamb curry. Soak up the ambience in the wooded interior, or relax at a garden table with local ice cream, regional wines and a cheese paddle.

Port Albert ❺

✖ Port Albert Wharf
Fish & Chips   Fish & Chips $

(📞03-5183 2002; 40 Wharf St; fish & chips from $10.40; 🕑11am-7.30pm Sun-Thu, to 8pm Fri & Sat) If there's one reason to visit Port Albert, it's to drop in for a bit of flake from this renowned fish and chippery on the jetty. Expect lightly battered, white, tender flesh, perfectly presented and as fresh as you'd expect from a town built on fishing.

🛏 Rodondo   B&B $$

(📞03-5183 2688, 0429 333 303; www.portalbertaccommodation.com.au; 74 Tarraville Rd; r $100-190; ❄🛜) The contemporary blends seamlessly with the historical in this renovated 1871 home. The rooms have a luxurious but welcoming feel, and the friendly hospitality adds to the satisfaction of staying here. There's also a cosy self-contained cabin in the former wash house. It's a good option for couples or groups of up to six. A big cooked breakfast costs $20.

Walhalla ❼

🛏 Walhalla Star Hotel   Historic Hotel $$

(📞03-5165 6262; www.starhotel.com.au; Main Rd; d incl breakfast from $179; ❄@) The rebuilt Star offers stylish boutique accommodation with king-size beds and simple but sophisticated designer decor, making good use of local materials such as corrugated-iron water tanks. Guests can dine at the upmarket house restaurant (mains $26 to $33). Alternatively, you can get good breakfasts, pies, coffee and cake at the attached **Greyhorse Cafe** (📞03-5165 6262; Walhalla Star Hotel, Main Rd; dishes from $4; 🕑9.30am-2.30pm). No children under 12.

Victoria's Goldfields

13

Gold was what made Victoria great, and this lovely meander through old gold-mining towns and rolling hill country is one of the state's more agreeable and lesser-known drives.

TRIP HIGHLIGHTS

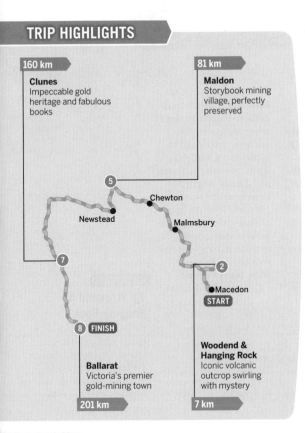

160 km

Clunes
Impeccable gold heritage and fabulous books

81 km

Maldon
Storybook mining village, perfectly preserved

Chewton

Newstead

Malmsbury

Macedon
START

FINISH

Ballarat
Victoria's premier gold-mining town

201 km

Woodend & Hanging Rock
Iconic volcanic outcrop swirling with mystery

7 km

4–5 DAYS
201KM / 125 MILES

GREAT FOR...

BEST TIME TO GO

Southern sections can be bitterly cold in winter. Autumn is wonderful around the Macedon Ranges.

ESSENTIAL PHOTO

Maldon's main street is lined with heritage buildings and small-town perfection.

BEST FOR HISTORY

Ballarat has monumental gold-rush architecture and a palpable sense of the past.

13 Victoria's Goldfields

The Macedon Ranges are the perfect place to begin, home to haunting Hanging Rock and some lovely little towns that capture the essence of rural Victoria. From then on, it's stately, historic gold-mining towns all the way to Ballarat, which wears the region's gold-mining heritage like a glittering badge of honour. En route, stop by pretty little Kyneton, arty Castlemaine, time-worn Maryborough and Victoria's premier book town, Clunes.

❶ Macedon

Less than an hour northwest of Melbourne, quiet, unassuming Macedon nonetheless seems a world away. It may lack the historical streetscapes of other towns along the route, but its green parklands serve as an agreeable prelude to the Macedon Ranges, a beautiful area of low mountains, native forest, excellent regional produce and wineries. Charming at any time of year, these hills can be enveloped in suggestive clouds in winter but are at their best when bathed in golden autumnal shades.

The scenic drive up **Mt Macedon**, a 1010m-high extinct volcano, passes grand mansions and gardens, taking you to picnic areas, walking trails, sweeping lookouts and a huge memorial cross near the summit car park. If you're keen to linger, there are some great wineries (www.macedonrangeswineries.com.au) in the area; **Wine Tours Victoria** (☎1800 946 386; www.winetours.com.au; per person incl transport & lunch $180) can arrange day tours.

The Drive » It's only 7km from Macedon north to Woodend, but forsake the Calder Fwy (M79) and take the quieter back road that runs parallel.

TRIP HIGHLIGHT

❷ Woodend & Hanging Rock

Pleasant little Woodend has a certain bucolic appeal – the wide streets, the free-standing clock tower, the smattering of heritage buildings with

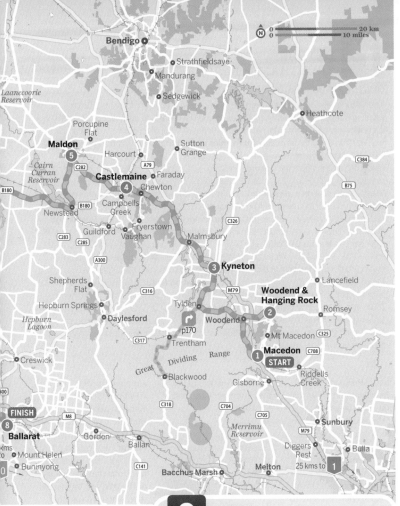

wide verandahs and wrought-ironwork. But it's the setting that truly beguiles, amid rolling hills and expansive woodlands latticed by vineyards. East of town lies **Hanging Rock**, an ancient and captivating place made famous by the unsettling Joan Lindsay novel (and the subsequent film)

LINK YOUR TRIP

1 Sydney to Melbourne

Join this epic route in reverse by driving south along the Calder Hwy to Melbourne and then taking the Princes Hwy east.

10 Great Ocean Road

From Macedon take the Calder Hwy south, then the Western Ring Rd to the Princes Hwy to join one of Australia's great road trips.

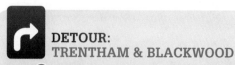

DETOUR:
TRENTHAM & BLACKWOOD

Start: ❷ Woodend

The historic township of **Trentham** (population 764) sits at the top of the Great Dividing Range midway between Woodend and Daylesford. At an elevation of 700m, it's noticeably cooler than the surrounding areas. A stroll of its quaint streetscape is well worthwhile, with the quality **Du Fermier restaurant** (☎03-5424 1634; www.dufermier. com.au; 42 High St; set menus per person $75; ⊙noon-2.30pm Fri-Mon) and long-time local-favourite watering hole the **Cosmo** (The Cosmo; ☎03-5424 1516; www.thecosmopolitanhotel. com.au; 28 High St; ⊙3.30-7.30pm Mon & Tue, noon-late Wed-Sun). Although it's growing in popularity, visit on a weekday and you're likely to have the place all to yourself. Trentham is a 20-minute drive from Woodend via the Woodend–Tylden Rd.

A mere 16km away to the south and surrounded by state forest, tiny **Blackwood** is a lesser-known, even-smaller version of Trentham, with the same charm. On the main strip is **Martin St Coffee** (☎03-5368 6525; www.martinstreetcoffee.com; 21 Martin St; mains $7-23; ⊙9am-2pm Mon, to 9pm Fri, to 3.30pm Sat & Sun; ❋🛜), a sleek, Melbourne-style cafe doing good java and contemporary dishes. Its back patio has lovely forest views. On the corner is the historic **Blackwood Hotel** (☎03-5368 6501; www. blackwoodpub.com; 1 Goldenpoint Rd; ⊙noon-10pm Sun-Thu, to 1am Fri & Sat), established in 1868, and there's also the quaint **Garden of St Erth** (☎03-5368 6514; www.diggers.com. au/our-gardens/st-erth; 189 Simmons Reef Rd, Blackwood; entry $10; ⊙9am-5pm), a nursery and stunning garden centred on an 1860 sandstone cottage, with a cafe serving produce grown on-site.

Picnic at Hanging Rock. The volcanic rock formations are the sacred site of the traditional owners, the Wurundjeri people. They also once served as a hideout for bushrangers, and many mysteries and legends surround them; an eerie energy is said to be felt by many who climb among the boulders. From the summit, a 20-minute climb, splendid views of Mt Macedon and beyond open up. Spreading out below the rock is its famous **racecourse** (☎03-5422 1866; https://country. racing.com/hanging-rock; South Rock Rd), which hosts two excellent picnic race meetings on New Year's Day and Australia Day, and kangaroos the rest of the time.

The Drive » From Woodend, head west 12km to Tylden, from where the road branches southwest to the Trentham–Blackwood detour or north to Kyneton. Whichever route you choose, it's a pretty drive through sweeping farmland and light eucalyptus woodlands.

❸ Kyneton

Kyneton's existence predates the gold rush by a year, and it's the first of the gold-mining towns you'll reach on this trip. It was the main coach stop between Melbourne and Bendigo, and the centre for the farmers who supplied the diggings with fresh produce. These days, Kyneton serves a similar purpose as a regional centre set amid prosperous farming country. It's filled with the kinds of attractions that are a staple of the gold-era towns, but it's a whole lot quieter, too often overlooked on the rush to the regional centres of Daylesford, Bendigo or Castlemaine. Piper St is a historic precinct lined with bluestone buildings that have been transformed into fine-dining restaurants, a gin distillery, pubs and antique shops. If you're keen to see what many of these buildings used to

Hanging Rock Ancient volcanic rock formations

look like on the inside, visit the **Kyneton Historical Museum** (☎03-5422 1228, 03-5422 0319; 67 Piper St; adult/child $5/3; ☺11am-4pm Fri-Sun), decked out in period furnishings. The town's **Botanic Gardens** (www.kynetonbotanicgardens friends.org; 4 Clowes St) occupy a lovely spot beside the Campaspe River.

 p174

The Drive » The well-worn trail from Melbourne to Castlemaine passes right by Kyneton, but if you take the quieter parallel roads that shadow the Calder Fwy, you'll get to see Malmsbury and lovely little Chewton on your way into Castlemaine.

---

④ Castlemaine

In the heart of the central Victorian goldfields, Castlemaine is one of the most happening places in Victoria, where a growing community of artists and tree-changers live amid some inspiring architecture and gardens. It all stems from the mid-19th century, when Castlemaine was *the* thriving marketplace for the goldfields. Even after the gold rush subsided, Castlemaine built a reputation for industry and innovation – this was the birthplace of the Castlemaine XXXX beer-brewing company (now based in Queensland). Historic buildings include the Roman-basilica facade of the old **Castlemaine Market** (1862) on Mostyn St; the **Theatre Royal** (1856) on Hargreaves St; the **post office** (1894); and the original **courthouse building** (1851) on Goldsmith Cres. For a good view over town, head to **Castlemaine Gaol** (36-48 Bowden St), now a contemporary art gallery. And to see why the buzz around Castlemaine never abates, enjoy a glass of wine or a feed at the reborn **Theatre Royal** (☎03-5472 1196; www. theatreroyalcastlemaine.com.au; 30 Hargreaves St), now also one of regional Victoria's best live-music venues.

 p174

The Drive » The C282 from Castlemaine to Maldon (16km) passes through the box-ironbark forests of Victoria's gold country. It's a lovely drive to a lovely place.

TRIP HIGHLIGHT

⑤ Maldon

Like a pop-up folk museum, the whole of tiny Maldon is a well-preserved relic of the gold-rush era, with many fine buildings constructed from local stone. The population is significantly lower than the 20,000 who used to work the local goldfields, but this is still a living, working town – packed with tourists on weekends but reverting to its sleepy self during the week. Evidence of those heady mining days can be seen around town – you can't miss the 24m-high **Beehive Chimney**, just east of Main St, while the

Old Post Office (95 High St), built in 1870, was the childhood home of writer Henry Handel Richardson. A short trip south along High St reveals the remains of the **North British Mine**, once one of the world's richest mines.

The Drive » On the way out of town, don't miss the 3km drive up to Mt Tarrengower for panoramic views from the poppet-head lookout. Once you're ready to leave, head due south towards Newstead, then west along the B180 through Joyces Creek and Carisbrook to Maryborough.

---

⑥ Maryborough

Maryborough is an essential part of central Victoria's 'Golden Triangle' experience, but it's sufficiently far west to miss out on the day-trippers that flock to Castlemaine and Maldon. Those who do make it this far are rewarded with some splendid Victorian-era buildings, but **Maryborough Railway Station** (☎03-5461 4683; 38 Victoria St; ☺10am-5pm) leaves them all for dead. Built in 1892, the inordinately large station, complete with clock tower, was described by Mark Twain as 'a train station with a town attached'. Today it houses a cafe and gift shop. Prospectors still find a nugget or two here. If you're interested in finding your own nuggets, **Coiltek Gold Centre** (☎03-5460 4700; www.the goldcentre.com.au; 6 Drive-in Ct;

VICTORIA'S GOLD RUSH

When gold was discovered in New South Wales in May 1851, a reward was offered to anyone who could find gold within 300km of Melbourne, amid fears that Victoria would be left behind. They needn't have worried. By June a significant discovery had been made at Clunes, 32km north of Ballarat, and prospectors flooded into central Victoria. Over the next few months, fresh gold finds were made almost weekly around Victoria. Then in June 1851 gold was found at Clunes, followed by other finds at Ballarat, Bendigo, Mt Alexander and many other places. By the end of 1851 hopeful miners were coming from England, Ireland, Europe, China and the failing goldfields of California.

The gold rush ushered in a fantastic era of growth and prosperity for Victoria. Within 12 years the population had increased from 77,000 to 540,000. Mining companies invested heavily in the region, the development of roads and railways accelerated, and huge shanty towns were replaced by Victoria's modern provincial cities, most notably Ballarat, Bendigo and Castlemaine, which reached the height of their splendour in the 1880s.

per person $140; ⊙9am-5pm) offers full-day prospecting courses with state-of-the-art metal detectors. It also sells and hires out prospecting gear.

✕ ⨝ p175

The Drive ❯❯ The C287 runs south and then southeast for 32km to Clunes. It's an attractive, quiet road with stands of forest interspersed with open farmland; watch for Mt Beckworth rising away to the southwest as you near Clunes.

TRIP HIGHLIGHT

➐ Clunes

Clunes may be small, but this is where it all began. In June 1851 a find here, roughly halfway between Maryborough and Ballarat, sparked the gold rush that transformed Victoria's fortunes. Today the small town is a quintessential gold-mining relic, with gorgeous 19th-century porticoed buildings whose

grandeur seems out of proportion to the town's current size. Clunes has another claim to fame. The town hosts the annual **Booktown Book Fair** (clunesbooktown.com.au) in early May and is home to no fewer than eight bookstores, with a focus on the secondhand trade.

The Drive ❯❯ There are two possible routes to Ballarat, although we prefer the quieter C287. All along its 24km, there's a growing sense of accumulating clamour as the flat yellow farmlands south of Clunes yield to the outskirts of Ballarat as you pass under the Western Hwy.

TRIP HIGHLIGHT

➑ Ballarat

Ballarat is one of the greatest gold-mining towns on earth, and the mineral continues to provide most of the town's major attractions, long after the end of the gold rush. That heritage partly survives in the

grand buildings scattered around the city centre. In particular, Lydiard St, one of Australia's finest streetscapes for Victorian-era architecture. Impressive buildings include **Her Majesty's Theatre**, **Craig's Royal Hotel**, the **George Hotel** and the **Art Gallery** (☎03-5320 5858; www.artgalleryofballarat.com.au; 40 Lydiard St N; ⊙10am-5pm, tour 2pm), which also houses a wonderful collection of early colonial paintings. But Ballarat's story is most stirringly told in two museums that hark back to the town's glory days in the fabulous recreated village at **Sovereign Hill** (☎03-5337 1199; www.sovereignhill.com.au; Bradshaw St; adult/child/family $57/25.60/144; ⊙10am-5pm, to 5.30pm during daylight saving) and the impressive **Eureka Centre** (102 Stawell St; adult/child/family $6/4/18; ⊙10am-5pm).

✕ ⨝ p175

Eating & Sleeping

Kyneton ③

✖ Source Dining
Australian $$$

(☎03-5422 2039; www.sourcedining.com.au; 72 Piper St; mains $38-45; ☺noon-2.30pm & 6-9pm Thu-Sat, noon-2.30pm Sun) One of central Victoria's best restaurants, this fine place has a menu that changes with the seasons and dish descriptions that read like a culinary short story about regional produce and carefully conceived taste combinations.

✖ Midnight Starling
French $$$

(☎03-5422 3884; www.midnightstarling. com.au; 80 Piper St; mains $38-45; ☺noon-3pm & 7-10pm Wed-Sat, to 3pm Sun) Refined cooking, expert wine matches and a laid-back ambience make Midnight Starling a destination restaurant for Melbourne's foodies, who dominate the reservation list for the set four-course Sunday lunch. À la carte and set menus are on offer at other times. The chef's culinary influences and inclinations are French, but dishes have a pleasing Mod Oz veneer. Worth the trip.

Castlemaine ④

✖ Bistro Lola
Italian $$

(☎03-5472 1196; www.bistrolola.com.au; Theatre Royal, 30 Hargraves St; mains $16-30; ☺5.30-10.30pm Tue-Fri, noon-10.30pm Sat, noon-3pm Sun) A contributing factor to the buzz about the reopened Theatre Royal (p172), Bistro Lola features a menu of classy Italian mains rarely seen in this neck of the woods. Expect the likes of anchovy-and-herb slow-roasted lamb or leek-and-pumpkin tortellini with brown butter, sage and hazelnuts. Chef Carly Lauder has spent time at Trentham's well-respected du Fermier (p170).

✖ Bridge Hotel
Gastropub $$

(☎03-4406 6730; www.thebridgehotel castlemaine.com; 21 Walker St; mains $23-29; ☺3-10pm Mon-Wed, to 11pm Thu, to 1am Fri, noon-1am Sat, noon-9pm Sun) While the Bridge earned respect as a live-music venue, its new owners have added quality food to the mix, bringing in chefs from the highly regarded Public Bar. The Sunday Brazilian barbecues are what the kitchen's most famous for, but it's all good: sourdough fish and chips, Wagyu burgers or tagliatelle marinara bianco.

🛏 Castlemaine Colonial Motel
Motel $$

(☎03-5472 4000; www.castlemainemotel. com.au; 252 Barker St; r $100-195; ❋ 🛜) Conveniently central and the best of Castlemaine's motels, the Colonial has a choice of high-ceilinged apartments in a beautifully converted school building (c 1852) or more retro but comfortable motel rooms, some with spa.

🛏 Newnorthern
Boutique Hotel $$

(☎03-5472 3787; www.newnorthern.com. au; 359 Barker St; incl breakfast r from $209, without en suite $179; ❋ 🛜) The old Northern Hotel (c 1870) has been beautifully restored and decorated by renowned furniture maker and artist Nicholas Dattner. The spacious, comfortable rooms feature artwork, antiques and designer furniture. Though not all rooms are en suite, each room is allocated its own private bathroom. There's a lovely lounge and bar downstairs, where breakfast is served, along with complimentary port.

Maldon ⑤

✖ Kangaroo Hotel
Pub

(☎03-5475 2214; www.thekangaroohotel.com. au; cnr High & Fountain Sts; ☺3-10.30pm Mon & Tue, noon-late Wed-Sun; 🛜) A pub since 1856, the Kangaroo is a Maldon institution. Come for a meal in the beer garden, a jug of beer on a street-side table, or the lively pool table and music at weekends. Instruments lie here awaiting passing musos who want to jam.

Maryborough ⑥

✕ Railway Cafe & Tracks Bar   Cafe $$

(☎03-5461 1362; www.railwaycafe.com.au; 29 Station St; mains $22-29; ☻10am-3pm Wed, Thur, Sat & Sunday & 6-10pm Thur-Sun; 🛜) Inside Maryborough's grand railway station (p172) is this lovely space with polished floorboards and period furnishings. It's now used as a cafe and bar, with seating on the platform or in a white-tableclothed dining room. A gallery exhibits contemporary works, and the space hosts regular events and live music.

🛏 Maryborough
Caravan Park   Caravan Park $

(☎03-5460 4848; www. maryboroughcaravanpark.com.au; 7-9 Holyrood St; unpowered sites $32-40, powered sites $34-45, cabins $95-220; ❄🛜🏊) Close to the town centre and nicely located beside Lake Victoria, this 3.6-hectare caravan park is well set up. It's popular with families, with playgrounds, a footy oval, and canoeing and fishing on the lake. Also has a camp kitchen for cooking.

Ballarat ⑧

✕ Yacht Club   Cafe $$

(☎03-5331 2208; www.theyachtclub.net.au; Wendouree Pde; mains $10-33; ☻7am-5pm Mon-Thu, to late Fri, to 6pm Sat, 8am-5pm Sun) Owned by the Ballarat Yacht Club (established 1877), this bright and breezy modern cafe has a prime location directly on the lake. Grab a table on the deck and choose from buttermilk pancakes with bacon, Moreton Bay bug tacos, a heap of health bowls, and a regional wine list.

✕ Mr Jones   Asian $$

(☎03-5331 5248; www.mrjonesdining.com.au; 42-44 Main Rd; small dishes $7-21, larger plates $24-45; ☻6-9.30pm Wed-Sat, plus noon-2pm Fri) Ballarat's most respected restaurant, Catfish, reincarnated as Mr Jones in late 2018. Looking for a new challenge, the proprietors turned their hand to casual fine dining with creative dishes shaped by what's local and seasonal. Offerings on the changing menu range from house-made chorizo and smoked duck breast to caramelised pork belly and wood-grilled spiced vegetables.

🛏 Sovereign
Hill Hotel   Hotel $$

(☎03-5337 1159; www.sovereignhill.com. au/sovereign-hill-hotel; 39-41 Magpie St; s/d/tr $158/176/185; ❄🛜) Those in town specifically for Sovereign Hill (173) can't go past this lodge for convenience, as it's just a short stroll from the entrance gate. The grassy site offers a range of options, all comfortable with mod cons, though perhaps slightly sterile.

🛏 Craig's
Royal Hotel   Historic Hotel $$$

(☎03-5331 1377; www.craigsroyal.com; 10 Lydiard St S; s/d incl breakfast from $200/260; ❄🛜) The best of Ballarat's Victorian-era pubs was so named after it hosted the Prince of Wales and the Duke of Edinburgh, as well as literary royalty: Mark Twain. It's a wonderful building full of old-fashioned opulence – including a grand staircase and an elegant 1930s lift – and the rooms have been beautifully refurbished with king beds, heritage furnishings and marble bathrooms.

Great Alpine Road

From Beechworth to Lakes Entrance, this spectacular traverse of Victoria's High Country and down to the coast is ideal for lovers of food and fine landscapes.

14

TRIP HIGHLIGHTS

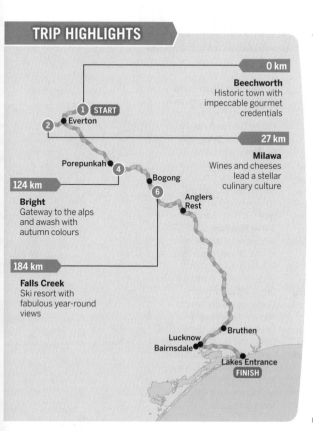

0 km

Beechworth
Historic town with impeccable gourmet credentials

1 START
Everton

2

Porepunkah **4**

124 km

Bright
Gateway to the alps and awash with autumn colours

Bogong

6

27 km

Milawa
Wines and cheeses lead a stellar culinary culture

Anglers Rest

184 km

Falls Creek
Ski resort with fabulous year-round views

Bruthen
Lucknow
Bairnsdale
Lakes Entrance
FINISH

7 DAYS
375KM / 233 MILES

GREAT FOR...

BEST TIME TO GO
November to April; the stunning autumnal colours around Bright often persist into May. Some mountain roads are closed from June to early November.

 ESSENTIAL PHOTO
Bright in autumn.

 BEST FOR FOODIES
Milawa Gourmet Region has wine, cheese, mustard and more.

Bright Spectacular autumn colours

14 Great Alpine Road

The High Country of Victoria's northeast is one of the state's favourite playgrounds, from the foodie excursions to Beechworth (one of Victoria's best-preserved historic relics), Milawa and Myrtleford, to the ski slopes of Falls Creek. And either side of a stirring up-and-over mountain drive, Bright and Lakes Entrance are ideal getaways for putting your feet up surrounded by superb natural beauty.

TRIP HIGHLIGHT

❶ Beechworth

There is a danger in beginning your journey in Beechworth: you may never want to leave. Few regional Victorian towns have such a diverse array of disparate but somehow complementary charms. The most obvious of these is the town's open-air museum of historic, honey-coloured granite buildings. Take a **walking tour** (included in Beechworth Heritage Pass; ✪10.15am & 1.15pm) that takes in such architectural luminaries as the **Beechworth Court-house** (✆03-5728 8067; www.burkemuseum.com.au; 94 Ford St; entry with Beechworth Heritage Pass; ✪9.30am-5pm),

where the trials of many key historical figures took place (including bush-ranger Ned Kelly and his mother), the **Telegraph Station** (✆03-5728 8067; www.burkemuseum.com.au; 92 Ford St; entry with Beechworth Heritage Pass; ✪10am-5pm), the **Town Hall** (103 Ford St) and the **Burke Museum** (✆03-5728 8067; www.burkemuseum. com.au; 28 Loch St; entry with Beechworth Heritage Pass; ✪10am-5pm) – Burke (of the ill-fated explorers Burke and Wills fame) was the police super-intendent at Beechworth from 1854 to 1858. But for foodies, such fine facades also serve as a backdrop to the wonderful gourmet temptations for which the town is famed.

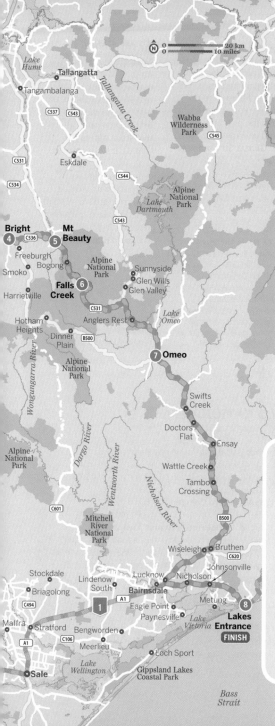

VICTORIA **14** GREAT ALPINE ROAD

✕ 🛏 p183

The Drive » It's a short hop from Beechworth to Milawa, passing through Everton and arid farmlands and stands of light eucalyptus woodlands – count on no more than 20 minutes.

- - - - - - - - - - - - - - - -

② Milawa

If Beechworth is where the end product most often appears on restaurant tables, the Milawa Gourmet Region is where so much of the produce comes from. In **Brown Brothers**
(☎03-5720 5500; www.brownbrothers.com.au; 239 Milawa-Bobinawarrah Rd, Milawa; ⊙ cellar door 9am-5pm, 1hr tour 11am & 2pm daily; 👪), Milawa has one of Victoria's best-known and most-respected wineries, going strong since 1899. As well as the

🔗 **LINK YOUR TRIP**

1 **Sydney to Melbourne**

Lakes Entrance is Stop 11 on this classic route, but you could just as easily begin here and do it in reverse.

15 **Along the Murray**

Beechworth lies 203km southwest of the starting point of Echuca – drive via Wangaratta, Benalla and Shepparton.

179

tasting room, there's the superb Epicurean Centre restaurant, a gorgeous garden, kids' play equipment and picnic and barbecue facilities. What Brown Brothers is to wine, the **Milawa Cheese Company** (☑03-5727 3589; www.milawacheese.com.au; 17 Factory Lane, Milawa; ☺9am-5pm, meals 11.30am-3pm) is to cheese. About 2km north of Milawa, it excels at soft farmhouse brie (from goat or cow) and pungent washed-rind cheeses. There's a bakery here and an excellent restaurant where the speciality is a variety of pizzas using Milawa cheese. And on no account miss **Milawa Mustard** (☑03-5727 3202; www.milawamustards.com.

au; 1597 Snow Rd, Milawa; ☺10am-4pm), offering up handmade seeded mustards, herbed vinegars and preserves along Milawa's main street. For road-tripping picnics, pick up ham and gourmet sausages at **Gamze Smokehouse** (☑03-5722 4253; www.gamze smokehouse.com.au; Shop 1/1594 Snow Rd, Milawa; mains $24-29, pizza $16-21; ☺8am-3pm Sun-Wed, to 9pm Thu-Sat; ℗).

The Drive » Return to Everton then drive southeast along the B500 until, barely half an hour after leaving Milawa, you reach Myrtleford. Depending on the season, mountains, possibly snow-capped, rise up ahead and red-orange leaves set fire to the landscape in autumn.

❸ Myrtleford

Near the foothills of Mt Buffalo, Myrtleford is noteworthy for two main reasons. First, this is the 'Gateway to the alps', the first town of note along the Great Alpine Rd (B500). It's also a town with a strong Italian influence, courtesy of migrants who worked in Myrtleford's now abandoned tobacco industry. Feast on Italian flavours at **Lupo's Kiln Cafe** (☑03-5752 2310; www.luposkilncafe. com.au; 134 Great Alpine Rd; mains $12-22; ☺8am-4pm Thu-Sun; ℗ ❉ ☑ ⓗ), or join a Rolling Gnocchi tour combining cycling, pasta making and vineyard visits with the

DETOUR:
MT BUFFALO NATIONAL PARK

Start: ❹ Bright

Beautiful Mt Buffalo is an easily accessible year-round destination – in winter it's a tiny ski resort with gentle runs most suitable for families and children, and in summer it's a great spot for bushwalking, mountain biking and rock climbing. This is a world of granite outcrops, lookouts, streams, waterfalls, wildflowers and wildlife. Hook up with **Bright Adventure Company** (☑03-5756 2486; www. brightadventurecompany.com.au; 9 Ireland St, Bright Outdoor Centre; adult/child from $110; ☺9am-5pm Mon-Fri, to 3pm Sat & Sun; ⓗ) or **Adventure Guides Australia** (☑0419 280 614; www.adventureguidesaustralia.com) for action-packed outings. A road leads to just below the summit of the Horn (1723m), the highest point on the massif. En route, the views from the car park of the defunct Mt Buffalo Chalet are simply splendid, and activities are a year-round prospect, from 14km of groomed cross-country ski trails and tobogganing to summer hang-gliding and rock climbing. If a short stroll to a lookout is the most you can muster, **Mt Buffalo Olives** (☑03-5756 2143; www. facebook.com/mtbuffaloolives; 307 Mt Buffalo Rd, Porepunkah; ☺11am-5pm Fri-Mon, daily school holidays), on the road up to Mt Buffalo from Porepunkah, might be more to your taste.

To get here from Bright, return 6km northwest up the B500 to Porepunkah, from where the signposted road climbs steeply up Mt Buffalo.

Myrtleford Cycle Centre
(📞 0407 967 309, 03-5752 1511; www.myrtlefordcycle.com; 59 Clyde St; per 24hr $35, tours from $140; 🕙 9.30am-5.30pm Tue-Sat, 10am-2pm Sun). American-style smoked meats and Victorian craft beers merge at the **Old Factory** (📞 03-5752 1435; www.facebook.com/TheOldFactoryMyrtleford; 15 Myrtle St; mains $15-18; 🕙 4-8pm Fri, noon-8pm Sat & Sun; 🅿), a welcoming destination with occasional live music on Saturday nights from 6pm.

The Drive » One of the loveliest sections of the entire drive, the 31km from Myrtleford to Bright meanders through green farmlands with steeply forested hillsides lining the roadside and the Victorian alps away to the north and east. Around Myrtleford look out for the telltale profile of former tobacco kilns.

- - - - - - - - - - - - - - - -

TRIP HIGHLIGHT

④ Bright

Ask many Victorians for their favourite country town, and the chances are that most of them will say Bright. The town itself has little in the way of architectural appeal, but its location (spread across the valleys that preview the alps), glorious autumn colours, fine foods and a range of activities all add up to a real rural gem. Skiers tired of the off-piste scene up at Falls Creek or Mt Hotham use it as a quieter, more sophisticated base in

winter. Thrill seekers love it for its adrenaline rush of activities, from paragliding (enthusiasts catch the thermals from nearby Mystic Mountain – try **Alpine Paragliding** (📞 0428 352 048; www.alpineparagliding.com; 🕙 Oct-Jun)) to mountain biking. After the active adventure of kayaking, subterranean river caving or abseiling with Bright Adventure Company (p180), enjoy a High Country craft beer at **Bright Brewery** (📞 03-5755 1301; www.brightbrewery.com.au; 121 Gavan St; 🕙 11am-10pm; 🚻).

✖ 🛏 p183

The Drive » From Bright to Mt Beauty (30km), the road becomes lonelier, green fields rise gently into the alpine foothills and there is the accumulating sense that very big mountains lie up ahead. As you draw near to Mt Beauty, the road becomes steeper with some lovely alpine views.

Beechworth Historic courthouse

- - - - - - - - - - - - - - - -

⑤ Mt Beauty

The mountain air just feels cleaner in Mt Beauty, a quiet prealpine village huddled at the foot of Victoria's highest mountain, Mt Bogong (1986m), on the Kiewa River. Mt Beauty and its twin villages of Tawonga and Tawonga South are the gateways to Falls Creek ski resort, but it's also a worthwhile stop in its own right, not least for the pleasing short walks in the vicinity: the 2km **Tree Fern Walk** and the longer **Peppermint Walk** both start from Mountain Creek Picnic and Camping Ground, on Mountain Creek Rd, off the Kiewa Valley Hwy (C531). Located about 1km south of Bogong Village (towards Falls Creek), the 1.5km return **Fainter Falls Walk**

181

takes you to a pretty cascade. Refuel after all this exercise at **Stockpot** (☎03-5754 4114; www.stock pot.net.au; 231 Kiewa Valley Hwy, Tawonga South; mains $23-38; ⏰5-8pm Wed-Sun; ❄ ✈ 🐾).

The Drive » From Mt Beauty the road really begins to climb, bucking and weaving along valley walls scarred by a devastating 2013 bushfire. In winter you'll need chains. For the rest of the year, count on pulling over often to take in the view. Before leaving Mt Beauty, check if the road past Falls Creek to Omeo is open (usually from early November to April). Mt Beauty to Falls Creek is 31km (around 40 minutes).

TRIP HIGHLIGHT

⑥ Falls Creek

Part of the appeal of Falls Creek resides in its deserved reputation as one of Australia's premier winter ski resorts. In that guise, Victoria's glitziest, most fashion-conscious resort combines a picturesque alpine setting with impressive skiing and infamous après-ski entertainment. The Summit chairlift also operates during the summer school holidays (per ride/day $15/25) and mountain biking is popular here in the green season. But for all this, we also love Falls for its location along one of the country's prettiest mountain traverses accessible by road.

The Drive » With most of the ski action and ski-station approaches concentrated west of Falls Creek, the slow descent down to Omeo (first along the C531 then south along the C543) is every bit as beautiful but a whole lot quieter. Note this road is usually only open from early November to April. Falls Creek to Omeo is 76km (around 85 minutes).

⑦ Omeo

High in the hills, and not really on the road to anywhere, historic Omeo is the main town on the eastern section of the Great Alpine Rd; the road from Falls Creek is usually only open from November to April so always check conditions before heading this way. There's not much to see here, although if you book ahead and are willing to stop in Anglers Rest, around 25km north of Omeo, you could relive the film *The Man from Snowy River* and go for a trail ride with **Packers High Country Horse Riding** (☎03-5159 7241; www.horse treks.com; 322 Callaghans Rd, Anglers Rest; 2hr/half-/full-day ride $120/170/280; ⏰Sep-late Jul). Otherwise, Omeo is a place to simply enjoy the view, safe in the knowledge that a pretty road awaits in whichever direction you're travelling.

🛏 p183

The Drive » The descent from Omeo down the B500 to the coast is a really lovely drive. The first 95km twist and turn gently, following narrow river valleys and running alongside rushing rapids for at least part of the way. From Bruthen to Lakes Entrance go via Sarsfield, Lucknow and Swan Reach for the fine ocean views on the final approach. Omeo to Lakes Entrance is 120km.

⑧ Lakes Entrance

Architecturally, Lakes Entrance is a graceless strip of motels, caravan parks, minigolf courses and souvenir shops lining the Esplanade. But you're not here for the architecture. Instead it's about the fine vantage points such as **Jemmy's Point Lookout** and **Kalimna Lookout**, where the drama of this watery prelude to the vast Tasman Sea becomes apparent. It's also about dining on some of Victoria's freshest seafood, all the while accompanied by a sea breeze. Or it's about cruising the lakes that sit just back from the marvellous Ninety Mile Beach – **Peels Cruises** (☎0409 946 292, 03-5155 1246; www.peelscruises.com. au; Post Office Jetty; 4hr Metung lunch cruises adult/child $59/16, 1¼hr cruises adult/child $33/16.50) is a respected operator of long standing. And behind it all, there's the satisfaction and sense of completion that comes from following mountain valleys down to the sea.

🍴 🛏 p43

Eating & Sleeping

Beechworth ❶

✖ Provenance   Modern Australian $$$

(☎03-5728 1786; www.theprovenance.com.au; 86 Ford St; 2-/3-course meals $73/95, degustation menu without/with matching wines $125/200; ⊙6.30-9pm Wed-Sun; 🖉) In an 1856 bank building, Provenance has elegant but contemporary fine dining. Under the guidance of local chef Michael Ryan, the innovative menu features modern Australian fare with Japanese influences, such as smoked wallaby tartare with *umeboshi*, egg yolk and miso sauce. If you can't decide, go for the degustation menu. Bookings are essential. There's also a vegetarian degustation menu.

🛏 Lake Sambell
Caravan Park   Caravan Park $

(☎03-5728 1421; www.caravanparkbeech worth.com.au; 20 Peach Dr; unpowered/powered sites from $32/38, cabins & units $98-180; ❄🖥) This shady park next to beautiful Lake Sambell has great facilities, including a camp kitchen, playground, mountain-bike hire (half-/full day $22/33) and canoe and kayak hire (from $45). The sunsets reflected in the lake are spectacular. The newer deluxe villas are particularly comfortable, and minigolf and a playground are good for holidaying families.

Bright ❹

✖ Dumu Balcony Cafe   Cafe $

(☎03-5755 1489; www.facebook.com/pg/dumu balconycafe; 4 Ireland St; snacks & light meals $7-14; ⊙9am-3pm; 🖥🖉🚼) Set up to train Indigenous youth from the Wadeye community in Australia's Northern Territory, Dumu – translating to 'Pacific black duck' in Bright's local Dhudhuroa language – is an excellent social enterprise cafe with a strong focus on healthy, sustainable ingredients and snacks. Relax on the breezy upstairs balcony and take in the infectious laughter usually coming from the kitchen.

✖ Reed & Co   Modern Australian $$

(☎03-5750 1304; www.reedandcodistillery.com; 15 Wills St; shared plates $8-20, set menu $57; ⊙3pm-late Sun, Mon & Fri, from noon Sat; 🖉) Combining a gin distillery with delicious wood-fired food, Reed & Co is an essential Victorian High Country destination. Native Australian bush botanicals are harnessed for Reed's excellent gin, best enjoyed as a tasting flight as you take in the culinary theatre of the tiny open kitchen. The menu includes many Australian ingredients including wallaby tartare and smoked Murray River cod.

During the day, the same stylish space is repurposed for excellent coffee at **Sixpence** (☎0423 262 386; www.sixpencecoffee.com.au; 15 Wills Street; ⊙8am-3pm Tue-Fri, 8am-2pm Sat).

🛏 Aalborg   Apartment $$$

(☎0401 357 329; www.aalborgbright.com.au; 6 Orchard Ct; r $220-240; P❄🖥) Clean-lined Scandinavian design with plenty of pine-and-white furnishings dominates this gorgeous place. Every fitting is perfectly chosen and abundant glass opens out onto sweeping bush views. There's a minimum two-night stay.

Omeo ❼

🛏 Snug as a Bug Motel   Motel $$

(☎0427 591 311, 03-5159 1311; www.motelomeo.com.au; 188 Day Ave; s/d from $120/130; ❄🖥) Living up to its name, this quaint choice along the main strip has a range of rooms in lovely country-style historic buildings, with decor to match. Options include family motel rooms, the main guesthouse and a cute self-contained cottage.

Along the Murray

From Echuca to Mildura, this journey shadows one of Australia's most soulful inland waterways, mirroring the Murray River's slow journey from the densely populated heartland of southeastern Australia to the outback fringe.

15

TRIP HIGHLIGHTS

460 km

Mildura
Buzzing riverside town with restaurants, vineyards and river activities

FINISH
6

397 km
5
Hattah-Kulkyne National Park
Rich birdlife and memorable Murray scenery

Hattah

Ouyen

Lake Boga

88 km

Kerang

Gunbower National Park
River red gums at every turn

Cohuna

3

0 km

Barmah

Echuca
The Murray's most evocative old port

1

START

---

5 DAYS
460KM / 286 MILES

GREAT FOR...

BEST TIME TO GO

Spring (September to November) and autumn (March to May) have the mildest weather, often combined with clear skies.

ESSENTIAL PHOTO

A riverboat setting out from Echuca's historic wharf.

BEST FOR OUTDOORS

Hattah-Kulkyne National Park has stirring Murray River woodland and great birdwatching.

---

15 Along the Murray

The Murray has one of Australia's most evocative inland shores. River red gums, that icon of the Aussie bush, line the riverbank, drawing cockatoos, corellas and cormorants, while some of Victoria's older and more appealing towns – Echuca, Swan Hill and Mildura – watch over the water, harking back in architecture and atmosphere to the days when the Murray was the lifeblood for the river's remote hinterland.

TRIP HIGHLIGHT

❶ Echuca

Echuca is one of the grand old dames of inland Australia. While the modern town sprawls away from the water's edge, historic buildings cluster around the old wharf that climbs several storeys above the water level. Unpaved Murray Esplanade runs along behind the wharf, an appealing movie-set of facades and horse-drawn carriages, and from where access

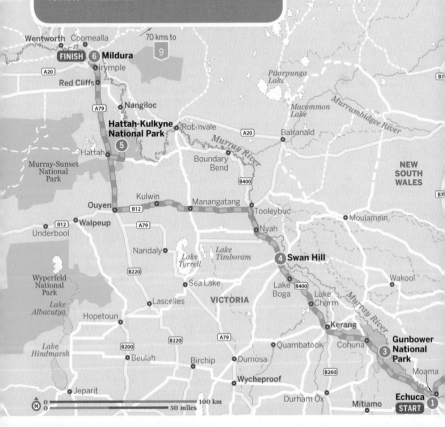

to the wharf is via the outstanding **Port of Echuca Discovery Centre** (☏03-5481 0500; www.portofechuca.org.au; 74 Murray Esplanade; adult/child/family $14/8/45; ⊗9am-5pm; 👪), a swish interpretation centre with museum-standard displays and boardwalks that lead you past old machinery and derelict riverboats, not to mention the best river views in town. This is also the place to arrange your excursion aboard one of Echuca's early-20th-century steam-powered riverboats: the **PS Pevensey** (☏03-5481 2832; www.echucapaddlesteamers.net.au; adult/child/family $26/12/70; 👪) is one of the most atmospheric, and cruises are offered on the gracious **PS Emmylou** (☏03-5482 5244; www.murrayriverpaddlesteamers.com.au; cruises adult/child/family $30/20/91, 2hr $40/29/125; 👪). A block back from the river, along Echuca's attractive High St, covered verandahs shelter stores selling local wines, charcuterie and cheeses, fine restaurants and a gin distillery.

✕ ⊨ p191

The Drive » From Echuca, cross the Murray River, continue north through Moama and out onto the Cobb Hwy, passing through the vast wheat fields of southern NSW. Around 14km north of Moama, take the turnoff (east) for Barmah (14km), reached via another bridge across the Murray. The park entry is about 6km north of the tiny town of Barmah (turn at the pub).

❷ Barmah National Park

Barmah is one of the prettiest corners of the Murray River floodplain and the largest remaining red gum forest in Australia. It's a place where the swampy understorey usually floods and the sight of these hardy gum trees half submerged in water is an instantly recognisable emblem of the Australian bush – the red hued trunks, the muted eucalyptus greens, the slow-moving muddy brown of the Murray's waters. The area is also an important breeding area for many species of fish and birds: it's one of few places in Victoria to see the Superb Parrot. On your way into the park, stop off at the Barmah pub for a park map and head for the Barmah Lakes camping area, which has picnic tables, barbecue areas and tracks (mostly accessible by 2WD) that lead alongside the gums.

Goolgowi
B64

ay

Jerilderie

Deniliquin   A39
B58
Finley

athoura   Tocumwal
❷ **Barmah**
National   Cobram
Park

Barmah
Nathalia
) kms   Numurkah
14   A39

🛈 LINK YOUR TRIP

9 Outback New South Wales

The New South Wales trip swings south to Mungo National Park before heading north to Broken Hill – either is a few hours' drive from Mildura.

14 Great Alpine Road

Echuca lies 203km northwest of Beechworth, the starting point of this mountains-to-the-sea route – drive via Shepparton, Benalla and Wangaratta.

KILKIE/SHUTTERSTOCK ©

The Drive ›› Return to Echuca (40km) via the Cobb Hwy, then take the Murray Valley Hwy (B400) that shadows the Murray northwest of Echuca – aside from the occasional glimpse, the long line of trees to the north is all you'll see of the river. At Gunbower, 40km from Echuca, turn right (north); the road loops through Gunbower National Park and rejoins the B400 at Cohuna.

- - - - - - - - - - - - - - -

TRIP HIGHLIGHT

③ Gunbower National Park

Gunbower Island, formed between the Murray River and Gunbower Creek, is one of the least-known highlights of the Murray

traverse. In 2010 Parks Victoria created the 88-sq-km Gunbower National Park (previously a state forest) to protect its beautiful river red gum forests from logging; the result is one of Victoria's most accessible expanses of riverine woodland. Despite this, you may be lucky and have it all to yourself. As well as the glorious red gums, the park is home to abundant animals and birdlife: you might see kangaroos, possums, goannas, turtles and snakes, and more than 200 species of birds have been recorded here. A network of 'river

TOP TIP:
KINGFISHER CRUISES

If you arrange it in advance and leave Echuca early enough, hook up with **Kingfisher Cruises** (☎03-5855 2855; www.kingfishercruises.com.au; Barmah Lakes Day Visitors Area; 2hr cruises adult/child/family $40/22/105; ⊘10.30am Mon, Wed, Thu, Sat & Sun; 👫) in Barmah for a fascinating two-hour cruise. The crew are a mine of information on local plants and birdlife.

Murray River Gunbower Creek Reserve

tracks' criss-cross the island and leads to more than a hundred numbered bush-camping spots by the riverbank on the Victorian side of the Murray. Some of the roads are dirt and a bit rough, but are passable to conventional vehicles when it's dry – after heavy rain it's 4WD-only. The main Gunbower–Cohuna road through the park is, however, sealed and accessible year-round in a 2WD.

The Drive >> From Cohuna, (20km from Gunbower National Park), the Murray Valley Hwy leaves the river behind for a time; minor roads more closely follow the river's path, but rarely get close enough to render the slower journey worthwhile. From Kerang (32km from Cohuna), the B400 bisects vast agricultural fields, and passes turnoffs to the southern hemisphere's largest ibis rookery and Lake Boga en route to Swan Hill (59km from Kerang).

- - - - - - - - - - - - - - - - -

④ Swan Hill

A classic Aussie provincial centre, Swan Hill possesses little obvious charm on first impressions – its long main street has the usual newsagent, porti-coed pub and purveyors of gelato, fish and chips and cheap Asian food. But drop down to the riverbank and you'll find the terrific **Pioneer Settlement** (☎03-5036 2410; www.pioneersettlement.com. au; Monash Dr, Horseshoe Bend; adult/child/family $30/22/82; ⊙9.30am-4.30pm; 🚹), an artful re-creation of a riverside port town from the paddle-steamer era. In the manner of such places, look for restored riverboats and old carriages, an old-time photographic parlour, an Aboriginal keeping place, a lolly shop and a school classroom. Every night at dusk the 45-minute **sound-and-light show** (www.pioneersettlement. com.au; adult/child/family

189

$22/15/59; (🚶) takes you on a dramatic journey through the settlement in an open-air transporter. **Swan Hill Regional Art Gallery,** (📞03-5036 2430; http://gallery.swanhill.vic.gov. au; Monash Dr, Horseshoe Bend; by donation; 🕙10am-5pm Tue-Fri, to 4pm Sat & Sun) just across the road, has a fine portfolio of local art. For advice on how to get the most out of Swan Hill's riverside walks, visit the **Swan Hill Region Information Centre** (📞03-5032 3033, 1800 625 373; www.visitswanhill.com. au; cnr McCrae & Curlewis Sts; 🕙9am-5pm; 📶).

✂ p191

The Drive ⟫ Some 46km northwest of Swan Hill, head due west along the Mallee Hwy, a long, lonely stretch of road where the land turns yellow and big horizons evoke the coming outback. After 100km on the Mallee Hwy, at Ouyen, turn north on the Calder Hwy, then follow the signs to the Hattah-Kulkyne National Park from the barely discernible hamlet of Hattah, 35km north of Ouyen.

- - - - - - - - - - - - - - - - - - - -

TRIP HIGHLIGHT

⑤ Hattah-Kulkyne National Park

Northwestern Victoria has numerous big-sky national parks, but Hattah-Kulkyne may be the best of them, and is certainly the most easily reached. The park is classic Murray country and the vegetation here ranges from dry, sandy mallee scrub to the fertile

riverside areas closer to the Murray, which are lined with red gum, black box, wattle and bottlebrush. The Hattah Lakes system fills when the Murray floods, which is great for waterbirds. The many hollow trees here are perfect for nesting, and more than 200 species of birds have been recorded in the area – watch in particular for the rare and really rather beautiful Regent's parrot or the even rarer Mallee fowl. Even if you're not here to bushwalk or drive off-road, there are two nature drives, the Hattah and the Kulkyne, that are accessible in a 2WD vehicle. **Hattah-Kulkyne National Park Visitor Centre** (📞13 19 63; www.parks.vic.gov.au) is a terrific place to begin exploring.

The Drive ⟫ Return to the Calder Hwy and it's 70 uncomplicated kilometres into Mildura. En route, the surrounding landscape turns greener by degrees, as the arid Mallee yields to the fertile floodplains which support vineyards and fruit orchards.

- - - - - - - - - - - - - - - - - - - -

TRIP HIGHLIGHT

⑥ Mildura

Sunny, sultry Mildura is something of an oasis amid some really dry country, a modern town with its roots firmly in the grand old pastoralist era. Its other calling cards include art-deco buildings and some of the best dining in provincial Victoria.

In town, paddle-steamer cruises depart from historic Mildura Wharf, while the **Old Mildura Station Homestead** (Cureton Ave; by donation; 🕙9am-6pm) evokes the days of prosperous river-borne trade. The hinterland, too, is worth exploring with abundant Murray River activities that include fishing, swimming, canoeing, waterskiing, houseboating, taking a paddle-steamer cruise or playing on riverside golf courses. Mildura also just happens to be one of Australia's most prolific wine-producing areas: pick up a copy of the *Mildura Wines* brochure from the **visitor information centre** (📞03-5018 8380, 1800 039 043; www.visitmildura.com.au; cnr Deakin Ave & Twelfth St; 🕙9am-5.30pm Mon-Fri, to 5pm Sat & Sun; 📶) or visit www. mildurawines.com.au. If you can't make it out to the wineries themselves, the in-town **Sunraysia Cellar Door** (📞03-5021 0794; www.sunraysiacellardoor. com.au; 125 Lime Ave; 🕙9am-5pm Mon-Thu, 9am-9pm Fri, 11am-5pm Sat & Sun) has tastings and sales for around 250 local wines from 22 different wineries, as well as local craft beers. For a taste of the region's excellent food scene, visit Saturday morning's **Sunraysia Farmers Market** (www.facebook.com/pg/ SunraysiaFarmersMarket; Hugh King Dr, Jaycee Park; 🕙8am-noon 1st & 3rd Sat of the month).

✂ 🍴 p191

Eating & Sleeping

Echuca ❶

✖ Shebani's — Mediterranean $$

(☎03-5480 7075; www.shebani.com.au; 535 High St; mains $14-24, platters $20-39; ⏰8am-4pm; ⚙) Eating here is like taking a culinary tour of the Mediterranean – Greek, Lebanese and North African dishes all get a run with subtle flavours. The decor effortlessly brings together Mediterranean tile work, Moroccan lamps and a fresh Aussie-cafe style. Great coffee and good-value platters complete the tasty offering. Try the Shebani platter with grilled halloumi cheese and goat sausage.

✖ The Mill — International $$$

(☎03-5480 1619; www.themillechuca.com; 2-8 Nish St; shared plates $12-28, mains $28-42; ⏰4pm-late; 🚼) A former flour mill (built in 1881) has been transformed into a gathering space for locals. Rustic style and industrial chic combine for a buzzing bar and a sun-filled lounge-restaurant. Modern Australian dishes and shared plates are substantial and varied, and craft beers from Echuca-based Bandicoot Brewing are on tap. Devour good cocktails and a fine wine list too.

🛏 Cock 'n Bull Boutique Hotel — Boutique Hotel $$

(☎03-5480 6988; www.cocknbullechuca.com; 17-21 Warren St; s/d from $159/189; P ❄ 🛜 🖥) These luxury apartments add a touch of class to Echuca's central motel-style options. The building's older section (once a bustling pub from the 1870s) looks out over the Campaspe River, while a newer, modern section is at the rear. All apartments differ in mood and design, and all are tasteful.

Swan Hill ❹

✖ Boo's Place Café & Provedore — Cafe $$

(☎03-5032 4127; www.facebook.com/boos placecafeandprovedore; 12 McCrae St; mains

$11-20; ⏰8am-5pm Mon-Fri, to 4pm Sat, to 3pm Sun; ⚙ 🚼) This fabulous spot has the town's best coffee. Cuisine follows a paddock-to-plate ethos, and there are local veggies and oranges for sale. For breakfast don't miss the eggs Benedict or the smoothie bowl, a mix of seasonal fruits with shredded coconut and honey. The diverse specials board is always worth consulting before ordering. We're still thinking about the breakfast tacos.

✖ Jilarty Gelato Bar — Ice Cream $

(☎03-5033 0042; 233 Campbell St; ⏰8am-5pm Mon-Sat, 10am-4pm Sun; 🚼) Gelati on a hot summer's day? Unbeatable. This little cafe specialises in Italian-style gelati with local fruit flavours, along with great coffee and Spanish churros (fried dough dusted in cinnamon and sugar).

Mildura ❻

✖ Stefano's Cafe — Cafe $$

(☎03-5021 3627; www.stefano.com.au; 27 Deakin Ave; meals $14-23; ⏰7am-3pm Mon-Fri, 8am-3pm Sat, 8am-noon Sun) Fresh bread, Calabrese eggs, pastries and, of course, good coffee – this casual daytime cafe and bakery keeps things fresh and simple. It's also a gourmet grocery store selling foodstuffs and wines. Great egg breakfasts set off the day and there's seating outdoors. Interesting local art – usually for sale – enlivens the walls of the cafe.

🛏 Mildura Grand — Historic Hotel $$

(☎1800 034 228, 03-5023 0511; www.mildura grand.com.au; Seventh St; r/ste from $140/220; ❄ 🛜 🖥) New linen has enlivened the standard rooms at the Grand, and staying at this landmark hotel – a historic Mildura location – gives you the feeling of being part of something special. Although cheaper rooms in the original wing are comfortable, go for one of the stylish suites with private spa. Downstairs is a variety of decent eating options.

Queensland

THE DISTANCES MAY BE BIG IN QUEENSLAND, BUT ITS ATTRACTIONS are suitably epic. The Great Barrier Reef is a constant presence along the state's spectacular coast. It guards dreamy archipelagos like the Whitsundays and is a natural wonder itself, teaming with Technicolor marine life and home to the largest collection of coral reefs on earth. Straddling the northern coast is another Unesco-prized wonder: the Daintree rainforest. Bursting with rare fauna, flora and Indigenous mythology, its powerful, primordial beauty seeps deep under the skin. To the west lie the remote roadhouses and ancient rock art of the state's unforgiving interior, a stark contrast to the urbane pleasures of the state's southeast. These contrasting corners create a diversity of experiences matched by nowhere else in Oz.

Great Barrier Reef Stony coral and soldierfish
PETE NIESEN/SHUTTERSTOCK ©

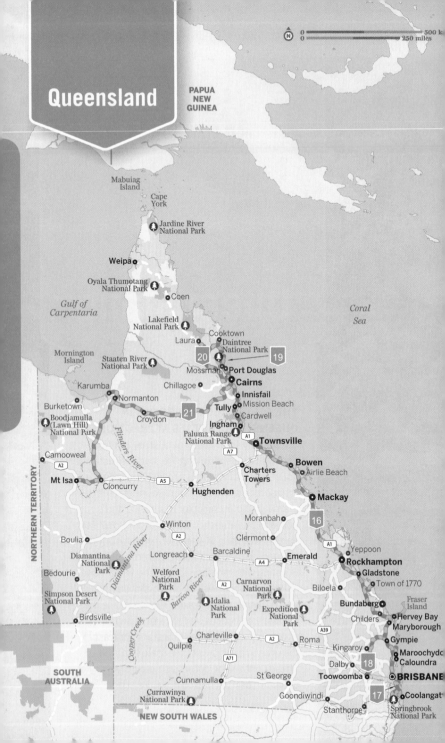

Queensland

PAPUA NEW GUINEA

Gulf of Carpentaria

Coral Sea

Mabuiag Island

Cape York

Jardine River National Park

Weipa

Oyala Thumotang National Park

Coen

Mornington Island

Lakefield National Park

Cooktown

Laura

Daintree National Park

20

19

Staaten River National Park

Mossman

Port Douglas

Cairns

Karumba

Chillagoe

Normanton

21

Innisfail

Tully

Mission Beach

Burketown

Croydon

Cardwell

Boodjamulla (Lawn Hill) National Park

Flinders River

Ingham

Paluma Range National Park

A1

Camooweal

A2

Townsville

A7

Mt Isa

Cloncurry

A5

Hughenden

Charters Towers

Bowen

Airlie Beach

Winton

A2

Mackay

Boulia

Moranbah

Clermont

16

Diamantina National Park

Diamantina River

Longreach

Barcaldine

A4

Emerald

A1

Yeppoon

Rockhampton

Bedourie

Welford National Park

Barcoo River

Carnarvon National Park

Biloela

Gladstone

Town of 1770

Simpson Desert National Park

Idalia National Park

Expedition National Park

Bundaberg

Fraser Island

Birdsville

Cooper Creek

Childers

Hervey Bay

Maryborough

A39

Charleville

A2

Roma

Gympie

Quilpie

Kingaroy

Maroochydore

Caloundra

A71

Dalby

18

SOUTH AUSTRALIA

Cunnamulla

St George

Toowoomba

◎**BRISBANE**

Currawinya National Park

Goondiwindi

17

Coolangatta

Stanthorpe

Springbrook National Park

NORTHERN TERRITORY

NEW SOUTH WALES

0   500 k
0   250 miles

Nerang–Murwillumbah road

 **DON'T
MISS**

Whitehaven Beach
Kick off your shoes
and walk along one
of Australia's most
beautiful beaches.

**Nerang–
Murwillumbah
Road**
Drive one of Australia's
best-kept secrets with
gorges, rainforests and
more.

Spirit House
Book a meal at this
otherworldly slice of
Thailand.

**Kuku-Yalanji
Dreamtime Walks**
Explore Indigenous
country with a local
Aboriginal guide at
Mossman Gorge.

Split Rock Gallery
Surround yourself with
rock art and profound
silence near Laura.

Classic Trip

Queensland Coastal Cruise

16

This sun-soaked sojourn sweeps through some of Australia's greatest coastal attractions, from Brisbane's big-city sophistication to the world's largest sand island and swathes of virgin rainforest.

TRIP HIGHLIGHTS

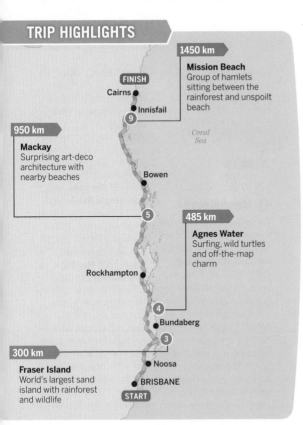

1450 km

Mission Beach
Group of hamlets sitting between the rainforest and unspoilt beach

FINISH
Cairns
Innisfail
9

Coral Sea

950 km

Mackay
Surprising art-deco architecture with nearby beaches

Bowen

5

485 km

Agnes Water
Surfing, wild turtles and off-the-map charm

Rockhampton

4

Bundaberg

3

300 km

Fraser Island
World's largest sand island with rainforest and wildlife

Noosa

BRISBANE

START

10–14 DAYS
1680KM / 1044 MILES

GREAT FOR...

BEST TIME TO GO

April to September – the further north you go, the wetter it gets, especially from mid-December.

ESSENTIAL PHOTO

Whitehaven Beach – one of the world's most photogenic stretches of silica.

BEST FOR OUTDOORS

Snorkelling the reef in all its technicolour glory.

Whitsunday Islands Whitehaven Beach

Classic Trip

16 | Queensland Coastal Cruise

Rolling over more than 1600km of prime coastal Queensland, this classic sun-soaked sojourn wraps together many of the state's most compelling attractions. Stretching the length of the Bruce Hwy, the drive takes in all the major centres between Brisbane and Cairns, shifting from subtropical to tropical climes, and offering endless opportunities to deviate and linger in rainforests, islands, and beaches along the way.

1 Brisbane

While Brisbane merely marks the beginning of this epic drive, it's a vibrant, artsy, fast-evolving city that merits as much attention as you can give it. If you're in town for a few days before hitting the highway, the **Gallery of Modern Art** (GOMA; ☎07-3840 7303; www. qagoma.qld.gov.au; Stanley Pl; ◷10am-5pm; ▮; ⚓South Bank Terminals 1 & 2, ◻South Brisbane), **Queensland Cultural Centre** (Melbourne St; ⚓South Bank Terminals 1 & 2, ◻South Brisbane) and **Museum of Brisbane** (☎07-3339 0800; www.museumof brisbane.com.au; Level 3, Brisbane City Hall, King George Sq; ◷10am-5pm, to 7pm Fri; ▮; ◻Central) are among its best sights. (p27)

The Drive » Take the A1 north of Brisbane, ignoring the siren call of Sunshine Coast resorts from Moroochydore to Noosa, and you'll be in Maryborough in around three hours.

✕ ▭ p223

2 Maryborough

The extraordinary coastline may be the ultimate lure, but it's well worth pulling into the grand old river port of Maryborough, one of Queensland's oldest towns. Heritage oozes from its broad, Victorian streets, its former eminence reflected in beautifully restored colonial-era buildings and gracious Queenslander homes. Stroll to the Mary River along historic Quay St, admiring lattice-wrapped buildings and the museums of **Portside** (☎07-4190 5722; www. ourfrasercoast.com.au/Port side; Wharf St; Portside pass $15); see how country commerce looked in the 1890s at **Brennan and Geraghty's Store** (☎07-4121 2250; www.nationaltrust. org.au; 64 Lennox St; adult/ family $5.50/13.50; ◷10am-3pm; ▮); or browse Thursday's **Heritage City Market** (cnr Adelaide & Ellena Sts; ◷8am-1.30pm Thu), enlivened by the firing of the 'Time Cannon' at 1pm. *Mary Poppins* fans may treat this visit as a pilgrimage – Maryborough is the birthplace of Pamela Lyndon (PL) Travers, creator of the famous

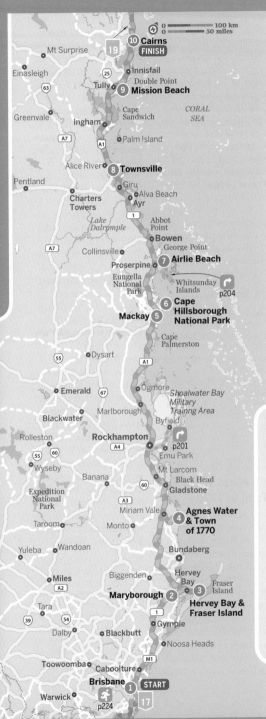

nanny. There's a life-sized **statue** (Richmond St) of Ms Poppins on the corner of Richmond and Wharf Sts; **Tea With Mary** (☎07-4190 5722; per person $20; ☺9.30am Thu & Fri) offers tours of the historic precinct with a Mary Poppins–bedecked guide; and the **Mary Poppins Festival** (☎07-4196 9630; www.marypoppins festival.com.au; 👪) unfolds over nine days in June/July.

The Drive ≫ Drive northeast from town on the A57 (Hervey Bay–Maryborough road). After around 30km you'll enter the outskirts of Hervey Bay, with the ocean dead ahead and kilometres of built-up beachfront to your right.

LINK YOUR TRIP

17 Southern Queensland Loop

Beginning in Brisbane too, it's best to attempt this trip before setting out on the long drive north.

19 Cairns & the Daintree

If you want to continue beyond Cairns, this 195km add-on gets you out onto the reef and deep into the rainforest.

Classic Trip

TRIP HIGHLIGHT

❸ Hervey Bay & Fraser Island

Hervey Bay is attractive simply for its broad beaches, holiday atmosphere and restaurants such as Coast (p206). But throw in the chance to see migrating humpback whales in its waters between July and October, and its convenient access to the Unesco-listed Fraser Island, and an enticement becomes a compulsion. **MV Tasman Venture** (☏1800 620 322; www.tasmanventure.com.au; Great Sandy Straits Marina, Buccaneer Dr, Urangan; whale-watching adult/child $115/60; ⏰8.30am & 1.30pm Jul-early-Nov; 🚶), **Freedom Whale Watch** (☏1300 879 960; www.freedomwhalewatch.com. au; Great Sandy Straits Marina, Urangan; adult/child $140/100; 🚶) and **Blue Dolphin Marine Tours** (☏07-4124 9600; www.bluedolphintours. com.au; berth B47, Great Sandy Straits Marina, Urangan; adult/child $160/130; 🚶) can all take you out to see the whales in season, while the **Hervey Bay Ocean Festival** (www.herveybay oceanfestival.com.au) celebrates their return each August.

Thirty minutes by barge offshore, Fraser Island is the largest sand island in the world, and the only known place where rainforest grows on sand. It's home to a profusion of birdlife and wildlife (most famously the dingo), while its waters teem with dugongs, dolphins, manta rays, sharks and migrating humpback whales. **Eliza Fraser Lodge** (☏0418 981 610; www.elizafraserlodge.com. au; 8 Eliza Av, Orchid Beach; per person $410), in the tiny northern settlement of Orchid Beach, is one of the most special places to stay on the island.

🍴 🛏 p206

The Drive 》 Head west of Hervey Bay on the Pialba–Burrum Heads road, then take the Toogoom Rd southwest to rejoin the Bruce Hwy. Pass through Childers heading north until, at Miriam Vale, you turn east off the Bruce Hwy. From here it's 56km to Agnes Water and a further 8km to the Town of 1770.

TRIP HIGHLIGHT

❹ Agnes Water & Town of 1770

Surrounded by national parks and the Pacific Ocean, the twin coastal towns of Agnes Water and Town of 1770 (which marks Captain Cook's first landing in the state) are among Queensland's loveliest. Tiny Agnes Water has the east coast's most northerly surf beach – you can learn in its long, gentle breaks with the highly acclaimed **Reef 2 Beach Surf School** (☏07-4974 9072; http://reef2beach surf.com.au; 1/1-10 Round Hill Rd, Agnes Water; ⏰shop 9am-5pm Mon-Sat, to 3pm Sun; 🚶), and make new friends at exemplary hostels such as **Backpackers @ 1770** (☏0408 533 851; www.backpackers1770.com. au; 20-22 Grahame Colyer Dr, main entry from Captain Cook Dr, Agnes Water; dm/d $27/70; ❄🛜). If you'd rather cast a line, **Hooked on 1770** (☏07-4974 9794, 0428 941 770; www.1770tours.com; half-/ full-day tours $175/250) and several other outfits take fishers out on the reef. Back on land, 8km south of Agnes Water you'll find **Deepwater National Park** (http://parks.des.qld.gov.au/ parks/deepwater), an unspoiled coastal landscape with long sandy beaches, walking trails, freshwater creeks and good fishing spots. Practically inaccessible except on foot, by boat, or in a 4WD, it's a major breeding ground for loggerhead turtles, which lay eggs on the beaches between November and February – the hatchlings emerge at night between January and April.

The Drive 》 Track back to Miriam Vale to rejoin the Bruce Hwy north. On the southern outskirts of Rockhampton you'll cross into the tropics by passing the Tropic of Capricorn, an obligatory photo stop marked by a huge spire. Mackay is 334km northwest of Rockhampton, with the best sea views along a 20km stretch north of Clairview.

DETOUR:
BYFIELD NATIONAL PARK

Start: ❹ **Agnes Water**

When people driving this stretch of coast see signs to Yeppoon, most start dreaming of Great Keppel Island, 13km offshore. While the island's charms are well known, we recommend taking the road north from Yeppoon, through Byfield to the beautiful **Byfield National Park**, a diverse playground of mammoth sand dunes, thick semitropical rainforest, wetlands and rocky pinnacles. It's superb Sunday driving terrain, with enough hiking paths and isolated beaches to warrant a longer stay.

To get here, take the Yeppoon Rd turnoff just north of Rockhampton. From Yeppoon, Byfield town is around 40km north.

`TRIP HIGHLIGHT`

❺ Mackay

Despite a good dining scene, broad tropical streets, art-deco buildings, tangled mangroves and a welcoming populace, Mackay doesn't quite make the tourist hit list, which is precisely why we like it. If you come over peckish, southeast Asian restaurants such as **Kevin's Place** (☎07-4953 5835; http://kevinsplace.com. au; 79 Victoria St; mains $25-30; ☺11.30am-2pm Mon-Fri & 6-11.30pm Mon-Sat) are a notch above, while the impressive art-deco architecture sprinkled around the centre owes much to a devastating 1918 cyclone – flattened timber buildings had to be replaced in sturdier form. Most of the facades are at their finest on the second storey – noteworthy examples include **Chaseley House**, the **Australian Hotel** and the **Ambassador Hotel**. Pick up a copy of *Art Deco in Mackay* from the **Mackay Visitor Centre** (☎07-4837 1228, 1300 130 001; www.mackayregion.com; 320 Nebo Rd; ☺9am-5pm Mon-Fri; 🛜) if you want to spot more. The redeveloped marina entices with al-fresco restaurants and cafes along its picturesque promenade, and there are plenty of beaches, the best of which are 16km north of town: **Bucasia** is the most undeveloped, and arguably the prettiest.

✕ 🛏 p206

The Drive » Cape Hillsborough National Park lies 50km north of Mackay, well signposted along the Yakapari–Seaforth road, off the Bruce Hwy.

---

❻ Cape Hillsborough National Park

Despite being so accessible, this small coastal **park** (http://parks.des. qld.gov.au/parks/cape-hillsborough) feels like it's at the end of the earth. Ruggedly beautiful, it takes in the rocky, 300m-high Cape Hillsborough and Andrews Point and Wedge Island, which are joined by a causeway at low tide. The park features rough cliffs, a broad beach, rocky headlands, sand dunes, mangroves, hoop pines and rainforest. Kangaroos, wallabies, sugar gliders and turtles are common, and the roos are likely to be seen on the beach in the evening and early morning. There are also the remains of Aboriginal middens and stone fish traps, accessible by good walking tracks. On the approach to the foreshore area you'll find an interesting boardwalk leading out through a tidal mangrove forest.

The Drive » Return via the Cape Hillsborough and Mount Ossa–Seaforth roads to the Bruce Hwy, which tracks relentlessly northwest. At Proserpine, take the Airlie Beach turnoff – Airlie is 34km away, with good Whitsunday views for much of the second half of the approach.

MATT MUNRO/LONELY PLANET ©

ALZADA STUDIOS/SHUTTERSTOCK © SCULPTOR DR RHYL HINWOOD

WHY IS THIS A CLASSIC TRIP
ANTHONY HAM, WRITER

What could be more suited to a classic road trip than a highway that stays within sight of the Great Barrier Reef, Australia's top natural attraction, for almost 2000km? It's a drive that connects two worlds – the subtropical south with the steamy tropics of the Far North. It's the elemental combinations of land and sea, and the world-famous and the little-known, that most defines this wonderful journey.

Above: Dingo, Fraser Island
Left: Mary Poppins statue, Maryborough
Right: Ambassador Hotel, Mackay

 JON ARNOLD IMAGES LTD/ALAMY STOCK PHOTO ©

QUEENSLAND **16** QUEENSLAND COASTAL CRUISE

❼ Airlie Beach

Airlie perhaps owes its prominence to the proximity of the splendid Whitsunday Islands, and to its place on the backpacker circuit, but once here you may appreciate its charming location, not to mention the chance to eat, drink and make merry in its many bars and restaurants. A sundowner at **Northerlies** (📞1800 682 277; www.northerlies.com.au; 116 Pringle Rd, Woodwark; 🕙10am-8.30pm Sun-Thu, to 9pm Fri & Sat), relaxed lunch at **Sushi Hi** (📞07-4948 0400; 390 Shute Harbour Rd; sushi $3.70-6.40, mains $10-12; 🕙11am-8pm), wander in **Conway National Park** (http://parks.des.qld.gov.au/parks/conway) or beachward plunge with **Airlie Beach Skydivers** (📞1300 759 348; www.airliebeach skydivers.com.au; 2/273 Shute Harbour Rd; 3048m/4267m jump $244/295; 🕙8am-5.30pm) are all good reasons to linger, depending on what floats your boat. And speaking of boats, this natural jumping-off point for the diadem of glorious islands just offshore is the harbour not only for myriad bareboating vessels, but for top-notch tour operators such as **Red Cat Adventures** (📞07-4946 4444; www.redcatadventures.com.au; tours from $179).

🍴 🛏 p206

Classic Trip

The Drive » Head southwest of Airlie along Shute Harbour Rd, then dead west along Gregory Cannon Valley Rd, then resume your northward journey on the Bruce Hwy. Pass through Bowen, and continue 202km to Townsville, via Ayr and the delta of the mighty Burdekin River, with rich sugar cane fields all around.

- - - - - - - - - - - - - - -

8 Townsville

Sprawling between a brooding red hill and a sparkling blue sea, Townsville is a tidy and relatively modern-feeling spot with a lot to offer: excellent museums, a huge aquarium, world-class diving, vibrant nightlife and an endless esplanade. It's a pedestrian-friendly city, and its grand, refurbished 19th-century buildings offer loads of landmarks. Townsville also has a lively, young populace, with thousands of students and armed forces members intermingling with old-school locals, fly-in-fly-out mine workers, and summer seekers lapping up the average 320 days of sunshine per year. The **Reef HQ Aquarium** (☎07-4750 0800; www.reefhq.com.au; Flinders St E; adult/child/family $28/14/70; ◷9.30am-5pm) has 130 coral and 120 fish species, while kids will love seeing, feeding and touching turtles at the turtle hospital. Also interesting, the **Australian Institute of Marine Science** (AIMS; ☎07-4753 4444; www.aims.gov.au; 1526 Cape Cleveland Rd, Cape Ferguson; ◷10am Fri Apr-Nov) runs free two-hour tours explaining its research in areas such as coral bleaching and management of the Great Barrier Reef. If

DETOUR:
DETOUR: WHITSUNDAY ISLANDS

Start: 7 Airlie Beach

Paradise may be an overused cliché, but here it might just be true. **Whitehaven Beach**, on **Whitsunday Island**, is a pristine 7km-long stretch of blinding sand that's central to most day trips (and longer excursions) leaving from Airlie. **Hamilton Island**, the group's main tourist hub, doesn't really do budget hospitality, but if you're okay with the price tag, **Qualia** (☎1300 780 959; www.qualia.com.au; 20 Whitsunday Blvd; villas from $1250; ❋@☎⊠) resort and **Bommie** (☎07-4946 9999; Hamilton Island Yacht Club, Front St; 4-course/tasting menus $125/150; ◷6pm-late Tue-Sat) restaurant are the best it can offer.

Formed when the Pacific swamped a volcanic mountain range on Queensland's prehistoric coast, there are numerous ways to see these fabled tropical jewels: take a scenic helicopter flight with **HeliReef** (☎07-4946 9102; www.helireef.com.au), a scenic-flight-and-snorkel excursion with **Air Whitsunday** (☎07-4946 9111; www.airwhitsunday.com.au; Terminal 1, Whitsunday Airport; tours from $295), or sail with **Illusions 2** (☎0455 142 021; www.illusions-whitsundays.com.au; day tours $165), a 12m catamaran offering excellent, inexpensive day trips. **Cruise Whitsundays** (☎07-4846 7000; www.cruisewhitsundays.com; Port of Airlie, 24 The Cove Rd; half-day cruise adult/child from $115/45) also offers trips to Hardy Reef and **Daydream** and Long Islands, or day-long catamaran cruises aboard the *Camira*. If you'd prefer to travel under your own power, **Ocean Rafting** (☎07-4946 6848; www.oceanrafting.com.au; Abell Point Marina, Shingley Dr; adult/child/family $159/102/476; ☖) does many different kayak tours.

you arrive in July or August, you may be lucky enough to catch the internationally renowned **Australian Festival of Chamber Music** (📞07-4771 4144; www.afcm.com.au; 🕐Jul/Aug).

 p207

The Drive ❯❯ For all but a small stretch between Mutarnee and the far side of Ingham, the road hugs the coastline on this 235km leg of the journey. You'll want to pull over often to take in the view, or divert your course to the beach.

Mission Beach A secluded piece of paradise

VEK AUSTRALIA/SHUTTERSTOCK ©

TRIP HIGHLIGHT

⑨ Mission Beach

Less than 30km east of the sugar-cane and banana plantations that line the Bruce Hwy, Mission Beach is hidden among stunning heritage-listed rainforest, which rolls down to meet a 14km-long stretch of secluded inlets and unpopulated beaches. Really a sequence of sequestered towns, 'Mission' comprises **Bingil Bay**, 4.8km north of **Mission Beach** proper; **Wongaling Beach**, 5km to the south; and **South Mission Beach**, 5.5k further south again. Rustic as these places are, they nonetheless harbour delightful cafes and restaurants such as Bingil Bay Cafe (p207) and **PepperVine** (📞07-4088 6538; https://peppervine.com.au/; shop 2, 4

David St; tapas from $12, mains $24-44; 🕐4.30pm-late Mon, Thu & Fri, 10am-late Sat & Sun). And remember – while Mission's waters look pure and appealing, you can't just fling yourself in any old where: stick to the swimming enclosures, lest you have a nasty encounter with a marine stinger…or saltwater crocodile. Walking tracks fan out through the surrounding rainforest, which harbours Australia's highest density of cassowaries.

 p207

The Drive ❯❯ The road north from Mission Beach rejoins the Bruce Hwy at El Arish, from where it's a straight shot north to Cairns (although you may be tempted by turnoffs to beach communities such as exquisite Etty Bay, with its wandering cassowaries, rocky headlands and rainforest). Once you pass Innisfail, it's 88km to Cairns.

⑩ Cairns

Last stop is Cairns, contender for the capital of Far North Queensland, and jumping-off point for further exploration of the Great Barrier Reef and the steamy enticements of Queensland's tropical north. But it would be unfair to treat this tropical 'metropolis' merely as a hub for access to greater pleasures – dining options such as **Ochre** (📞07-4051 0100; www.ochrerestaurant.com.au; Marlin Pde; mains $20-42; 🕐11.30am-3pm & 5.30-9.30pm), sights including the Cairns Aquarium (p228), and activities such as **Falla Reef Trips** (📞0400 195 264; www.fallareeftrips.com.au; D-Finger, Marlin Marina; adult/child/family from $145/90/420, intro dives $85) are only the tip of the iceberg that is this tourist-pleasing town.

 p233

Eating & Sleeping

Hervey Bay ③

✖ Coast   Australian $$

(☎07-4125 5454; https://coastherveybay.
com.au; 469 Charlton Esplanade, Torquay;
mains $23-32; ☺5.30pm-late Tue-Sun
& 11.30am-2.30pm Thu-Sun) The finest
restaurant in Hervey Bay, Coast brings a
contemporary big-city sensibility to its food,
designed to share and straddling cultural
divides in the effort to turn great produce into
great dishes. Smaller plates such as Hervey
Bay scallops with lemon, caper and parsley
butter are followed by larger ones such as hay-
smoked fish with black garlic, pickles, orange,
and pork scratchings.

✖ Tanto   Japanese $$

(348 Charlton Esplanade; mains $15-22;
☺11.30am-2pm & 5.30-8pm Tue, Wed & Fri-Sun)
Great ingredients and expert charcoal-grilling
are the winning formula employed by this
simple shopfront restaurant on the Esplanade
in Scarness. Three different proteins are offered
– perhaps sweet, soy-glazed chicken, Kingaroy
pork belly in honey and salt, or marinated
Hervey Bay cuttlefish with nori paste – then
each is cooked to order and served with rice
and pickles.

⊨ Scarness Beachfront
Tourist Park   Caravan Park $

(☎07-4128 1274; www.beachfronttouristparks.
com.au; Charlton Esplanade, Scarness;
powered/unpowered sites from $42/34; 🛜)
This is one of three caravan parks fronting
Hervey Bay's exquisitely long sandy beach.
It's equipped with a camp kitchen, BBQs and
picnic areas, and is just over the road from
shops and restaurants.

Mackay ⑤

✖ Paddock &
Brew Company   Barbecue $$

(☎0487 222 880; 94 Wood St; mains $16-22;
☺5pm-midnight Mon-Wed, from noon Thu & Fri,
from 7am Sat & Sun) This US-style smokehouse
and craft-beer bar serves up a variety of burgers
– including buttermilk-marinated fried chicken
and beer-battered fish – alongside pulled pork,
brisket, ribs, sausage and buffalo wings. Weekend
breakfasts include pancake stacks with maple
syrup and a New York–style bagel bursting with
bacon, hash brown, egg and house BBQ sauce.

⊨ Stoney
Creek Farmstay   Farmstay $$

(☎07-4954 1177; 180 Stoney Creek Rd, Eton,
off Peak Downs Hwy; dm/stables/cottages
$25/150/195; P) Head 32km south of Mackay
to stay in an endearingly ramshackle cottage, a
rustic livery stable or the charismatic Dead Horse
Hostel, and forget all about the mod cons: this
is dead-set bush livin'. Three-hour horse rides
cost $115 per person, lots of other activities are
available, and hostel accommodation is free if
you ride for two consecutive days.

Airlie Beach ⑦

✖ Airlie Beach Treehouse   Cafe $$

(☎07-4946 5550; www.facebook.com/
airliebeachtreehouse; 6a/263 Shute Harbour Rd;
mains $18-25; ☺8.30am-3.30pm Wed-Sun) This
laid-back restaurant by the lagoon has a name
for uncomplicated service and quality food in
a shady setting. Open for breakfast and lunch,
its menu pulls surprises such as pizza with BBQ
sauce, feta, onions and spicy crocodile sausage,
alongside more conventional choices such as
smoky American-style pork ribs with slaw.

🛏 Kipara
Resort $

(📞07-4946 6483; www.kipara.com.au; 2614 Shute Harbour Rd, Jubilee Pocket; r/cabins/villas from $85/130/150; ❀🛜🏊) Tucked away in the lush, green environs of Jubilee Pocket, east of Airlie, this budget resort can be reached by Whitsunday Transit buses, so you don't need a car. Well kept and great value, it offers double rooms, spacious cabins, and even-bigger villas, equipped to accommodate families. There's also a pool, BBQ area, camp kitchens and laundry.

🛏 Whitsundays
Tropical Eco Resort
Caravan Park $

(📞1800 069 388; http://whitsundaystropical ecoresort.com.au; 2955 Shute Harbour Rd; unpowered/powered sites $25/35, cabins from $115; 🅿❀@🏊🐾) Set in sprawling, shady grounds, this family-run and family-friendly caravan park offers great-value sites for tents and caravans, alongside self-contained studios and villas. It's in Flametree, 6km east of Airlie and next to Whitsunday Airport (a small facility that only takes charter flights).

Townsville ❽

🍴 Longboard Bar & Grill
Australian $$

(📞07-4724 1234; www.longboardbarandgrill. com; The Strand, opp Gregory St; mains $16-37; ⏰11am-3pm & 5.30pm-late Mon-Sat, 11am-3pm Sun) The coolest place in Townsville for a light meal and a light party overlooking the water is this surf-themed pub-restaurant, which does terrific nightly specials including tacos and buffalo wings. The regular steak, seafood and pasta menu is very reliable. Orders are taken at the bar, the vibe is right most nights and the staff is fast and efficient.

🍴 Wayne & Adele's
Garden of Eating
Australian $$

(📞07-4772 2984; 11 Allen St; mains from $18.50; ⏰6.30-10.30pm Mon, to 11pm Thu-Sat, noon-3pm Sun) There's irreverence at every turn in this husband-and-wife-run gourmet restaurant situated in an Aussie backyard (well courtyard, at least). Those who like a side serving of quirky with their grub shouldn't miss mains including duck ricotta gnocchi or kangaroo fillet with curried field mushrooms and bacon mash. And on no account bypass the cashew cheesecake if it's on the menu.

🛏 Rambutan
Hostel $

(📞07-4771 6915; www.rambutantownsville. com.au; 113-119 Flinders St; dm/d from $24/120) One of the coolest places to stay in Far North Queensland, central Rambutan has swish accommodation, from spick-and-span dorms to tastefully decorated rooms; groups might want to consider the villas. There's a terrific **rooftop bar** (📞07-4771 6915; www.rambutantownsville.com.au; 113-119 Flinders St; ⏰noon-late) that also serves food and a street-side cafe, which may mean some struggle to find a reason to leave the premises.

Mission Beach ❾

🍴 Bingil Bay Cafe
Cafe $$

(📞07-4068 7146; 29 Bingil Bay Rd; mains $19-32, pizzas $25; ⏰7am-10pm; 📶) Sunshine, rainbows, coffee and gourmet grub make up the experience at this lavender landmark with a great porch for watching the world drift by. Breakfast is a highlight, but it's open all day. The tiger prawn and Spanish mackerel linguini is excellent, but the sirloin is well priced and deservedly popular. Regular art displays and live music ensure a creative clientele.

🍴 Tusker's Tuckerbox
Australian $$

(📞0414 395 164; www.tuskers.com.au; 154 Kennedy Esplanade, South Mission Beach; mains lunch from $16, dinner $18-48; ⏰noon-9pm Fri-Sun) Something of a South Mission Beach institution as the week winds down, Tusker's does beef rump enchilada, goat casserole and a range of steaks and burgers, sometimes with everything on one epic platter. Lunch options are much lighter.

🛏 Licuala Lodge
B&B $$

(📞07-4068 8194; www.licualalodge.com.au; 11 Mission Circle; s/d/tr incl breakfast from $120/140/190; 🛜🏊) You'll need your own car at this peaceful B&B 1.5km from the beach and pretty much everything else. Guests alternate between the wonderful verandah, where a terrific breakfast can be taken overlooking landscaped gardens, and the swimming pool surrounded by a rock garden. Cassowaries pop by regularly to check out the scene. Sue and Mick are welcoming hosts.

Southern Queensland Loop

17

Endless surf, theme parks, and a burgeoning dining scene: Queensland's southern coast is a sun-drenched sweep of highs. Further inland, rainforests and glow-worms add a cooling splash of wonder.

START
● Brisbane

● Dunwich

2

 54 km

North Stradbroke Island
Lovely and quiet outpost rich in marine life

Oxenford ●

Main Beach

● Nerang

145 km

Burleigh Heads
The Gold Coast as it once was

4

● Springbrook National Park

374 km

Lamington National Park
Rainforests and forest silence all around

7
FINISH

**7 DAYS
374KM / 232 MILES**

GREAT FOR...

BEST TIME TO GO

Year-round, although April to October is best; avoid the November schoolie season.

ESSENTIAL PHOTO

Take a selfie with a rainbow lorikeet at Currumbin Wildlife Sanctuary.

BEST FOR FAMILIES

Movie World is the pick of the many kid-friendly theme parks in the area.

17

Southern Queensland Loop

The journey from Brisbane to Lamington National Park confirms that there is more to southern Queensland than the wham-bam thrills of the Gold Coast's famous theme parks. North and South Stradbroke Islands and Burleigh Heads serve as reminders of why this coast is so coveted, while Springbrook and Lamington National Parks soothe mind and soul with their lush, world-famous rainforests.

❶ Brisbane

Brisbane's selling points are many: polished cafes, bars and microbreweries; thriving music and art scenes; unique Queenslander architecture; and that near-perfect climate. But perhaps it's the Brisbane River itself that gives the city its edge. The river's organic convolutions carve the city into a patchwork of urban villages, each with a distinct style and topography: bohemian, low-lying West End; upwardly mobile, hilltop Paddington; boutique, peninsular New Farm. Flanking this massive waterway are some of the city's most celebrated assets, from South Bank cultural institutions to **Brisbane Riverwalk** (🚶; 🚌195, 196, 199, ⛴Sydney St) and the recently completed dining and leisure precinct Howard Street Wharves. The latter encapsulates the city's growing confidence as it transforms into a serious, sophisticated rival for Melbourne and Sydney. Even Melbourne's famous laneway culture is being adapted and celebrated, in Fish Lane which harbours top-tier places to wine, dine and Snapchat smashing street art murals. (p27)

The Drive >> From inner Brisbane, Old Cleveland Rd heads east through the city's eastern suburbs. Follow the signs all the way to Cleveland. From here, the

St Helena Island

Green Island

Moreton Bay

Peel Island

Cleveland

Dunwich

Victoria Point

Macleay Island

Point Talburpin

Russell Island

Southern Moreton Bay Islands National Park

M1

rmeau

Jacobs Well

Coral Sea

North Stradbroke Island

Point Lookout

North Stradbroke Island (Minjerribah)

South Stradbroke Island

Coomera Island

Coomera

Oxenford

p212

Helensvale

Labrador

Southport

Nerang

Surfers Paradise

Advancetown

Mudgeeraba

QUEENSLAND

Springbrook National Park

Springbrook

Natural Bridge

Chillingham

Murwillumbah

Burleigh Heads

Burleigh Heads & Currumbin

Currumbin

Coolangatta

Tweed Heads

NEW SOUTH WALES

Tumbulgum

Tweed River

Kingscliff

Bogangar

0 20 km
0 10 miles

N

vehicle ferry sets out for an easy 30-minute sail across to North Stradbroke Island.

 p223

TRIP HIGHLIGHT

❷ North Stradbroke Island

Unpretentious North Stradbroke Island (Minjerribah) is like Noosa and Byron Bay rolled into one. There's a string of glorious powdery white beaches, great surf and some quality places to stay. It's also a hot spot for spying dolphins, turtles, manta rays and, between June and November, humpback whales. **Naree Budjong Djara National Park** (www.nprsr.qld.gov.au/parks/naree-budjong-djara; Alfred Martin Way) is the island's heartland, home to the glittering Blue Lake. Keep an eye out for forest

🔗 LINK YOUR TRIP

16 Queensland Coastal Cruise

This route along the length of the Queensland coast to Cairns (1680km) also begins in Brisbane.

18 Brisbane's Hinterland

Another road trip that begins in Brisbane: this 471km trip loops north, west then south as far as Toowoomba.

birds, skittish lizards and swamp wallabies, and there's a wooden viewing platform at the lake, encircled by a forest of paperbarks, eucalyptuses and banksias. To learn about the island's rich Indigenous culture, take a tour with **Straddie Adventures** (⏲0433 171 477; www.straddieadventures.com. au; adult/child sea-kayaking trips from $75/40, sandboarding $35/30;), catch an exhibition at **Salt Water Murris Quandamooka Art Gallery** (⏲07-3415 2373; http://saltwatermurris. com.au; 3 Ballow Rd, Dunwich; ⏲10am-2pm Tue-Thu, from 9am Fri, 9am-noon Sat & Sun) or chat with Indigenous artist Delvene Cockatoo-Collins at her gallery-shop **Cockatoo-Collins Studio** (www.cockatoocollins. com; 7 Stradbroke Pl, Dunwich; ⏲9.30am-1.30pm Sat, by appointment at other times). There are only a few small settlements on the island, with a handful of accommodation and eating options – mostly near Point Lookout in the northeast.

🛏 p215

The Drive ≫ Take the ferry back to Cleveland, then wind your way inland, and as long as you're heading west, you'll hit the Pacific Mwy (M1). Head south, taking exit 66 for the Smith St Mwy (Rte 10), which loops up and around to Southport. At the T-junction, turn left onto Gold Coast Hwy (Rte 2), which leads to Surfers Paradise.

----

❸ Surfers Paradise

Some may mumble that paradise has been lost, but there's no denying that Surfers' buzzing streets, skyscraping apartments and glorious strip of sand attract a phenomenal number of visitors. This is the pounding heart of the Gold Coast, a booming, hedonistic sprawl of buffed bodies, blue skies and aqua-coloured waves. To get your bearings, check out **SkyPoint Observation Deck** (www.skypoint.com.au; Level 77, Q1 Bldg, Hamilton Ave; adult/child/family $25/15/65; ⏲7.30am-10pm Sun-Thu, to 11pm Fri & Sat), on the 77th floor of Q1 tower (322.5m), currently the second-tallest building in the southern hemisphere. The panoramic views of the nation's sixth-largest city take in coast and hinterland. Those seeking added thrill factor can book the SkyPoint Climb, the country's highest external building climb. Within easy driving are a string of blockbuster theme parks. Coomera claims **Dreamworld** (⏲1800 073 300, 07-5588 1111; www.dreamworld.com.au; Dreamworld Pkwy, Coomera; adult/child $95/85; ⏲10am-5pm), Australia's biggest theme park. Admission includes neighbouring

---

DETOUR:
SOUTH STRADBROKE ISLAND

Start: ❸ Surfers Paradise

North and South Stradbroke Islands used to be one single island, but a savage storm blew away the sand spit between the two in 1896. The result of being cast adrift is that this narrow, 21km-long sand island is largely undeveloped – the perfect antidote to the overdevelopment that blights so much of the southern Queensland coast. At the northern end, the narrow channel separating it from North Stradbroke Island is a top fishing spot; at the southern end, the Spit is only 200m away. There's the family-friendly **Couran Cove Island Resort** (⏲07-5597 9999; www.courancove.com.au; South Stradbroke Island; studios $179-230, eco-cabins $249; ❄🏊) here, plus three camping grounds, lots of wallabies and plenty of bush, sand and sea. And no cars! That being the case, to get there, you'll need to rent a boat, take a water taxi or join an excursion from Main Beach or Surfers Paradise.

WhiteWater World (☎07-5588 1111, 1800 073 300; www.dreamworld.com.au/whitewater-world; Dreamworld Pkwy, Coomera; adult/child $95/85; ⏰11am-4pm Mon-Fri, 10am-5pm Sat & Sun), with water activities and slides both tame and thrilling. Across in Oxenford lies **Warner Bros. Movie World** (☎07-5573 3999, 13 33 86; www.movieworld.com.au; Pacific Hwy, Oxenford; adult/child $95/89; ⏰9.30am-5pm), with shows and rides inspired by the silver screen.

🍴 p215

The Drive >> The high-rise jungle of Surfers Paradise slowly spaces out on the short hop south along the Gold Coast Hwy to Burleigh Heads, with leafy Currumbin barely separated from it a little further south.

- - - - - - - - - - - - - - - -

TRIP HIGHLIGHT

❹ Burleigh Heads & Currumbin

Surf, hipster and bohemian cultures entwine in Burleigh Heads, famed for its right-hand point break, gorgeous beach and chilled-out vibe. Food lovers soak up dreamy surf-and-skyline views from Rick Shores (p215), a beachside bistro-bar with an Asian-fusion menu. Vietnamese flavours and Aussie creativity conspire at easier-on-the-wallet **Jimmy Wah's** (☎07-5659 1180; www.jimmywahs.com.au; 1724 Gold Coast Hwy; dishes $12-38; ⏰noon-late), a few blocks from the waves. Both are indicative of the

city's rapidly evolving food scene. Homegrown creativity also shines at the bimonthly **Village Markets** (☎0487 711 850; www.thevillagemarkets.co; Burleigh Heads State School, 1750 Gold Coast Hwy, Burleigh Heads; ⏰8.30am-1pm 1st & 3rd Sun of month), a showcase for independent designers, makers and collectors, with fashion and lifestyle stalls, street food, live tunes and a strong local following. For a natural high, take a walk around the headland through **Burleigh Head National Park** (www.npsr.qld.gov.au/parks/burleigh-head; Goodwin Tce, Burleigh Heads; ⏰24hr), a 27-hectare rainforest reserve teeming with birdlife and fine views of the surf en route. Three kilometres further inland, **David Fleay Wildlife Park** (☎07-5576 2411; www.npsr.qld.gov.au/parks/david-fleay; cnr Loman Lane & West Burleigh Rd, West Burleigh; adult/child/family $23/10.50/58.75; ⏰9am-5pm) offers mangroves, rainforest and informative native wildlife shows.

Burleigh Heads Rick Shores

Even better is **Currumbin Wildlife Sanctuary** (☎07-5534 1266, 1300 886 511; www.cws.org.au; 28 Tomewin St, Currumbin; adult/child/family $50/40/150; ⏰8am-5pm), with Australia's biggest rainforest aviary, crocodile feeding and shows that include an Aboriginal dance display.

🍴 p215

The Drive >> The Gold Coast Hwy arcs around to the southeast to Coolangatta, a mere 8km skip from Currumbin.

- - - - - - - - - - - - - - - -

❺ Coolangatta

At the southern end of the Gold Coast, 'Cooly' is well known for its world-class surf beaches, including the legendary 'Superbank', one of the most consistent breaks in Queensland. Not surprisingly, the break plays host to the annual World Surf Leagues' Quiksilver and Roxy Pros. Film fans might recognise the place from the last scene in 90s cult hit *Muriel's Wedding*, in which it moonlights as the fictional Porpoise Spit. Follow the boardwalk north around Kirra Point to the suburb of Kirra, with a beautiful long stretch of beach and challenging surf. The most difficult break here is Point Danger, but Kirra Point often goes off and there are gentler breaks down at Greenmount Beach and Rainbow Bay. At **Gold Coast Surfing Centre** (📱0417 191 629; www.goldcoastsurfingcentre.com; group lessons $45), former professional surfer and Australian surfing team coach Dave Davidson promises to get you up and surfing in your first lesson. Alternatively, from around mid-June to the end of October, **Coolangatta Whale Watch** (📱0407 070 362; www.coolangattawhalewatch.com.au; 156 Wharf St, Ivory Marina; 3hr cruises adult/child $88/65; ⏰tours 8.30-11.30am Tue-Sun late May-early Nov) runs three-hour whale-watching cruises.

The Drive ⟩⟩ Leave the coast behind, following the signs to Murwillumbah and Nerang. Narrow country lanes gradually become a climb through vertiginous mountain landscapes and deeply scooped valleys. Just after Rosins Lookout (44km from Murwillumbah), turn right and follow the signs to Springbrook.

🍴 🛏 p215

---

⑥ Springbrook National Park

Springbrook National Park (📱13 74 68; www.nprsr.qld.gov.au/parks/springbrook)

is a steep remnant of the huge Tweed Shield volcano that centred on nearby Mt Warning in NSW more than 20 million years ago. It's a treasured secret for hikers, with excellent trails through cool-temperate, subtropical and eucalypt forests offering a mosaic of gorges, cliffs and waterfalls. The park is divided into four sections. The 1000m-plus-high Springbrook Plateau section houses the strung-out township of Springbrook along Springbrook Rd, and receives the most visitors: it's punctuated with waterfalls, trails and eye-popping lookouts. The scenic Natural Bridge section, off the Nerang–Murwillumbah road, has a 1km walking circuit leading to a huge rock arch spanning a water-formed cave – home to a luminous colony of glow-worms. Guided tours of the cave are available. The Mt Cougal section, accessed via Currumbin Creek Rd, has several waterfalls and swimming holes (watch out for submerged logs and slippery rocks); while the heavily forested Numinbah section to the north is the fourth section of the park.

The Drive ⟩⟩ Return to Rosins Lookout (18km), then follow the signs along twisting mountain roads towards Nerang. Just before Nerang, loop north then west through Canungra and down south to Lamington National Park.

TRIP HIGHLIGHT

⑦ Lamington National Park

Australia's largest remnant of subtropical rainforest cloaks the valleys and cliffs of the McPherson Range, reaching elevations of 1100m on the Lamington Plateau. Here, the World Heritage–listed **Lamington National Park** (www.nprsr.qld.gov.au/parks/lamington) offers over 160km of walking trails. The two most accessible sections are the **Binna Burra** and **Green Mountains** sections. The Green Mountains (O'Reilly's) section can be reached via the long, narrow, winding Lamington National Park Rd from Canungra (not advisable for campervans). Binna Burra can be accessed using the Beechmont or Binna Burra roads via Nerang (from the Gold Coast) or Canungra (from Brisbane), both suitable for campervans. Bushwalks within the park include everything from short jaunts to multiday epics. For experienced hikers, the **Gold Coast Hinterland Great Walk** is a three-day trip along a 54km path from the Green Mountains section to the Springbrook Plateau. Another favourite is the excellent **Tree Top Canopy Walk** along a series of rope-and-plank suspension bridges at Green Mountains.

Eating & Sleeping

North Stradbroke Island ❷

🛏 Sea Shanties · Cabin $$

(📞07-3409 7161; www.seashanties.com.au; 9a Cook St, Amity Point; cabins $155-200; 🛜🐾) Dotted with upcycled sculptures and tropical plants, this waterfront oasis offers seven gorgeous, self-contained cabins. Lime-washed timber floors and stylish furnishings deliver a chic, nautical look, and each comes with fridge, hotplates, microwave and coffee machine (BYO grinds). Facilities include a well-equipped outdoor kitchen and BBQ area, lounge, private jetty (complimentary snorkelling gear available) and laundry.

Surfers Paradise ❸

🍴 Surfers Sandbar · Australian $$

(📞07-5526 9994; www.sandbargc.com; 52 Esplanade; $14-29; 🕑6am-10pm Sun-Thu, to midnight Fri & Sat) This family-run hot spot is a little Riviera-meets-Canggu opposite the beach, with a menu of globally inflected dishes. There's a big breakfast menu, offering bountiful smoothie bowls alongside more hangover-friendly dishes, such as nasi goreng. For lunch and dinner, the menu shifts to classics (burgers, fish and chips, pasta) or you can opt for a healthy Hawaiian poke bowl.

Burleigh Heads & Currumbin ❹

🍴 Rick Shores · Fusion $$

(📞07-5630 6611; www.rickshores.com.au; 43 Goodwin Tce; mains $29-55; 🕑noon-midnight Tue-Sun) Feet-in-the-sand dining often plays it safe, but while this Modern Asian spot sends out absolute crowd-pleasing dishes, it's also pleasingly inventive. The space is all about the view, the sound of the nearby waves, the salty breeze and relaxed feel. Serves are huge and designed for sharing, but be sure to start with the sensational fried Moreton Bay bug roll all to yourself.

🍴 Elephant Rock Café · Cafe $$

(📞07-5598 2133; www.elephantrock.com.au; 776 Pacific Pde, Currumbin; mains $24-40; 🕑7am-3pm Mon-Thu, to 9pm Fri & Sat, to 4pm Sun) On the refreshingly underdeveloped Currumbin beachfront you'll find this breezy, two-tier cafe, which morphs from beachy by day into surprisingly chic at night. There are great ocean views and the Mooloolaba spanner-crab salad ($40) and antipasto 'longboards' are perfect for sharing.

Coolangatta ❺

🍴 Tasca · Italian $$

(📞0457 230 921; www.tascacoolangatta.com; 114 Griffith St; mains $23-29; 🕑3pm-late, closed Mon in winter) Tasca, Italian for pocket, sums up this tiny, intimate and sophisticated wine bar that not only pours from an impressive wine list but also does fantastic modern Italian dishes to match. Start off with an antipasto plate before some flash-fried squid and pappardelle with beef-cheek ragu. Excellent cocktails too.

🛏 The Pink Hotel · Boutique Hotel $$$

(📞0499 746 545; http://thepinkhotel coolangatta.com; 171 Griffith St; r from $295) Above **Eddie's Grub House** (📞07-5599 2177; www.eddiesgrubhouse.com; 171 Griffith St; 🕑noon-10.30pm Tue-Thu & Sun, to midnight Fri & Sat) bar, this candy-pink midcentury motel has been transformed into a good-time boutique hotel with coastal Californian vibes and a bit of rock 'n' roll. Rooms and suites are pimped up with murals designed by a local tattoo artist, neon signs, record players, and Smeg bar fridges.

Brisbane's Hinterland

18

Turquoise surf, volcanic peaks, hungry crocs and a Thai-inspired feast, and that's all before Noosa! From here, head inland for artisan market stalls, sleepy Aussie towns, and unexpected street art.

TRIP HIGHLIGHTS

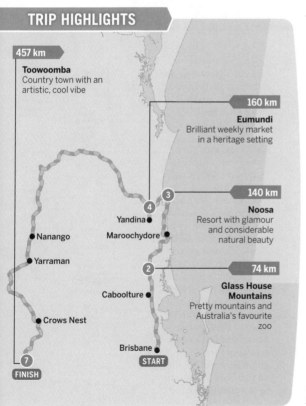

457 km

Toowoomba
Country town with an artistic, cool vibe

160 km

Eumundi
Brilliant weekly market in a heritage setting

140 km

Yandina

Noosa
Resort with glamour and considerable natural beauty

Maroochydore

Nanango

Yarraman

74 km

Glass House Mountains
Pretty mountains and Australia's favourite zoo

Caboolture

Crows Nest

Brisbane
START

FINISH

3–4 DAYS
457KM / 283 MILES

GREAT FOR...

BEST TIME TO GO

Year-round is fine, but fine weather is more likely May to October.

ESSENTIAL PHOTO

Sweeping view of ancient volcanic plugs from Glass House Mountains Lookout.

BEST FOR FAMILIES

Seeing the crocs in action at Australia Zoo.

Glass House Mountains Walking trails with spectacular views

217

18 Brisbane's Hinterland

While you could visit many of these places as day trips from Brisbane, you'd lose that dual sense of the open road and the escape from the big city. The Glass House Mountains seem otherworldly this close to Brisbane's crowds, and the lushness of Spirit House evokes sultry Bali. Throw in languid Noosa, free-spirited Eumundi and the nostalgia of Crows Nest and Toowoomba and you'll understand exactly what we mean.

❶ Brisbane

Once dismissed as sleepy and provincial, Brisbane is finally finding its groove, rapidly evolving into a vibrant, sophisticated city with an easy, laid-back vibe missing from its larger, more frazzled southern rivals. The city's riverside Gallery of Modern Art (p198) is a heavyweight on the Australian art scene, while venues like **The Triffid** (📞07-3171 3001; www. thetriffid.com.au; 7-9 Stratton St, Newstead; 🕐noon-late Wed-Sun; 🚌393) and newly minted Fortitude Valley Music Hall have helped rocket Brisbane's booming live-music scene. While new, on-trend wine bars, microbreweries and eateries seem to open every week, the city is also a great spot for families, with draws including **South Bank Parklands** (www. visitbrisbane.com.au; Grey St; 🕐dawn-dusk; 👣; 🚅South Bank 1 & 2, 3, 🚌South Brisbane, South Bank), a waterfront park with a free, lagoon-style swimming beach with skyline views. For your purposes, however, Brisbane is the launching pad for a journey out into some of the playgrounds and weekend escapes much loved by Brisbanites. Before you check out of your accommodation, it might be worth holding on to it for your day trip to Moreton Island. (p27)

The Drive » From the city, take the M3 motorway north, following signs for the Sunshine Coast. The motorway funnels out of the city, becoming the M1 (Bruce Hwy). Stay on it only as far as the Beerwah turn-off (exit 163); once the signs start pointing to Caboolture, start moving over towards the left-hand lane in readiness.

TRIP HIGHLIGHT

② Glass House Mountains

The ancient volcanic plugs of the Glass House Mountains rise abruptly from the subtropical plains 20km northwest of Caboolture. In Aboriginal Dreaming legend, these rocky peaks belong to a family of mountain spirits. To British explorer James Cook, their shapes recalled the industrial, conical glass-

LINK YOUR TRIP

16 **Queensland Coastal Cruise**

This trip runs the length of the Queensland coast, beginning in Brisbane and finishing in Cairns a mere 1680km later.

17 **Southern Queensland Loop**

This trip begins and ends in Brisbane, taking in the clamour of south coast Queensland and the tranquil rainforested hinterland.

making furnaces of his native Yorkshire. Over the years, their surreal shapes and magnetic presence have inspired many prolific Australian creatives, including poet Judith Wright, painter Fred Williams and Brisbane-born writer David Malouf. Exiting the Bruce Hwy, slower Steve Irwin Way leads to the **Glass House Mountains Visitor & Interpretive Centre** (☑07-5458 8848; www. visitsunshinecoast.com.au; cnr Bruce Pde & Reed St, Glass House Mountains; ☺9am-4pm; 📶), where you'll find a plethora of information

(including maps) on the Glass House Mountains and its network of walking trails. Options include the 2.8km Mt Ngungun (253m) summit walking track, a moderate-grade trail with spectacular close-up views of Mt Tibrogargan, Mt Coonowrin and Mt Beerwah. Steve Irwin Way also leads to **Australia Zoo** (☑07-5436 2000; www.australiazoo.com. au; 1638 Steve Irwin Way, Beerwah; adult/child $59/35; ☺9am-5pm; 📶), a fitting homage to its founder, the late, larger-then-life wildlife enthusiast Steve Irwin.

The Drive » Drive east, follow the signs to Caloundra and then turn north through a string of coastal resorts – Maroochydore, Mudjimba and Coolum Beach. Find out which part of Noosa you're headed to: Noosa Heads (around Laguna Bay and Hastings St), Noosaville (along the Noosa River) or Noosa Junction (the administrative centre).

 TRIP HIGHLIGHT

③ Noosa

One of the most famous beach towns in Australia, low-rise Noosa is a fashionable resort town with crystalline beaches and lush subtropical rainforests. While the designer

---

DETOUR: MORETON ISLAND

Start: ❶ Brisbane

Queensland's islands are world famous, each painted in rich primary colours, blessed with arresting landscapes and teeming with unique wildlife.

If you're not going any further north in Queensland (and perhaps even if you are), slip over to refreshing Moreton Island (Moorgumpin). Separated from the mainland by Moreton Bay (famous for its Moreton Bay bugs, which are beloved by those who value strange-looking-and-found-nowhere-else seafood), the island has a cache of sweeping sandy shores, bushland, birdlife, dunes and glorious lagoons. A remarkable 95% of the island is protected as part of the **Moreton Island National Park & Recreation Area** (www.nprsr.qld.gov.au/parks/moreton-island). Shell middens and bone scatters speak of the island's original inhabitants, the Ngugi people, a clan belonging to the Quandamooka group. Moreton Island is also home to Queensland's oldest operating lighthouse, built in 1857 and a great spot for whale watching, which generally takes place between June and October. Off the island's west coast are the rusty, hulking Tangalooma Wrecks, a popular spot for diving and snorkelling. Apart from a few rocky headlands, the island is all sand. In fact, Moreton Island is the third-largest sand island in the world, and its coastal sand hill Mt Tempest (280m) the highest in the southern hemisphere.

To go exploring both on land and sea, book a day trip with **Australian Sunset Safaris** (☑07-3287 1644, 1300 553 606; www.sunsetsafaris.com.au; tours from Brisbane from adult/child $199/164; 📶), which will have you sand tobogganing, snorkelling and kayaking in transparent kayaks.

boutiques and smart restaurants draw cash-splashing sophisticates, the gorgeous beaches and bush are free, leading to a healthy intermingling of urbanites, laid-back surfers and beach bods in flip flops. All manner of activities and tours are possible from Noosa, from kayaking and surf schools to 4WD adventures on Fraser Island – the **Noosa Visitor Information Centre** (☑07-5430 5000; www. visitnoosa.com.au; 61 Hastings St, Noosa Heads; ☺9am-5pm; 🛜) has a full list. One of the attractions is best explored under your own steam – **Noosa National Park** (www.noosanational park.com; Noosa Heads; 🚹) covers the headland, and has soothing walks, arresting coastal scenery and a string of bays with great swimming and surfing. The most scenic way to access the national park is to follow the boardwalk along the coast from town. **Laguna Lookout** (Viewland Dr, Noosa Junction) also has fabulous views – walk or drive up to it from Viewland Dr in Noosa Junction.

🍴 p223

The Drive » Head out of Noosa on Eumundi–Noosa Rd (Rte 12), following the signs to Eumundi and the Bruce Hwy. Just before the Bruce Hwy, at the roundabout, turn right into Caplick Way, which leads directly into the heart of Eumundi. The town is close enough to Noosa that many people visit as a day trip from there.

RIBEIROANTONIO/SHUTTERSTOCK ©

Eumundi Market stalls

TRIP HIGHLIGHT

④ Eumundi

Timber pubs, broad verandahs and tin-roof cottages line sweet Eumundi's main street, a scene that seems pulled straight out of a Russell Drysdale painting. Here, weathered faces and XXXX schooners mingle with artists, yoga teachers and tree-change urbanites. The highland township is best known for its eponymous **markets** (☑07-5442 7106; www. eumundimarkets.com.au; 80 Memorial Dr; ☺8am-1.30pm Wed, 7am-2pm Sat; 🚹), their 600-plus stalls attracting around 1.6 million visitors a year. It's a magical place, with roaming street performers, musicians, global street food, and artisans selling everything from hand-crafted

furniture and jewellery to homemade clothes, artisan food products and alternative healing. Check out **Berkelouw Books** (☑07-5442 8366; http://berkelouw.com.au/ stores/eumundi; 87 Memorial Dr, Eumundi; ☺9am-5pm, from 8am Wed & Sat, to 4pm Sun), a long-running bookstore selling new and second-hand titles and hosting literary events throughout the year, or book a microbrewery tour of the **Imperial Hotel** (☑07-5442 8811; www.imperialhotel eumundi.com.au; 1 Etheridge St; lunch $16-23, dinner mains $20-37; ☺10am-10pm, to midnight Fri & Sat), down the street.

The Drive » Return to the Bruce Hwy for 11km, then take the turnoff for (and follow the signs to) Yandina. At the first roundabout, take the Coulson Rd exit. After about 500m, the road ends at a T Junction with Ninderry Rd. Turn right and Spirit House is around 50m along on the right.

221

⑤ Yandina

One of the greatest culinary excursions anywhere in the state, **Spirit House** (☏07-5446 8994; www.spirithouse.com.au; 20 Nindery Rd, Yandina; mains $37-48, banquet per person $80-115; ☺noon-3pm, plus 6-9pm Wed-Sat; ☑) is as much an experience as a lauded restaurant. A path winds from the car park amid flowering greenery, past lily ponds and discreet Buddhist shrines. Almost immediately, it's as if the outside world has ceased to exist and you've been transported to a Southeast Asian Shangri-La, imbued with peace and understated sophistication. Set on two hectares of lush gardens, the complex includes a **cooking school** and the sleek **Hong Sa Bar**, the latter serving impeccable cocktails and beautiful sharing plates. The pièce de résistance, however, is the main, open-sided restaurant, which features tables arranged around a tranquil pool.

The Drive » Return to the Bruce Hwy, follow the signs north to Gympie, then turn left onto Wide Bay Hwy (Rte 49), looping up and over the Coast Range of green hills, travelling via Kilkivan, Nanango, Yarraman and Wutul to Crows Nest.

⑥ Crows Nest

Arrayed across a broad green valley on the gentle downslopes of the Great Dividing Range, sleepy Crows Nest (population 2160) surrounds a village green with porticoed pub, the odd antique shop, rustic **historical village** (☏07-4698 1776; www.crowsnestmuseum.org.au; cnr New England Hwy & Oxford St; adult/child $10/5; ☺10am-3pm Thu-Sun; ☑) and kooky local festival – Crows Nest hosts the **World Worm Races** (www.crowsnestfestival.com.au; ☺Oct) as part of the Crows Nest Festival every October. Hit the saddle with **Cowboy Up Trail Riding** (☏07-4698 4772; www.cowboyup.com.au; 160 Rocky Gully Rd, Emu Creek; 1/2/4hr ride $70/100/200), which offers rides on a working cattle farm or along an old stock route. If it's the first Sunday of the month, browse the stalls at the crafty **Crows Nest Village Markets** (☏0429 678 120; www.crowsnestvillagemarkets.com; Centenary Park; ☺7am-noon 1st Sun of the month).

The Drive » The sense of accumulating civilisation comes gently but unmistakably on the 50km run south to Toowoomba via Highfields on the New England Hwy (A3).

TRIP HIGHLIGHT

⑦ Toowoomba

Squatting on the edge of the Great Dividing Range, 700m above sea level, Toowoomba is a sprawling country hub with wide tree-lined streets, stately homes and brisk winters made for red wine and crackling fires. Attractions include Australia's largest traditional **Japanese Garden** (www.toowoombarc.qld.gov.au; West St; ☺6am-dusk; ☑), the **Cobb & Co Museum** (☏07-4659 4900; www.cobbandco.qm.qld.gov.au; 27 Lindsay St; adult/child $12.50/6.50; ☺9.30am-4pm; ☑), and a small regional **art gallery** (☏07-4688 6652; www.tr.qld.gov.au/facilities-recreation/theatres-galleries/galleries; 531 Ruthven St; ☺10am-4pm Tue-Sat, 1-4pm Sun). The biggest surprise, however, is Toowoomba's burgeoning cool factor, reflected in its growing number of hip cafes, bars and eateries, not to mention a slew of street art by nationally and globally recognised talent.

✕ ⊨ p223

Eating & Sleeping

Brisbane ❶

✕ Eat Street
Northshore Street Food **$**

(☎1300 328 787; www.eatstreetmarkets.com; 99 MacArthur Ave, Hamilton; admission adult/ child $3/free, meals from $10; ⊙4-10pm Fri & Sat, noon-8pm Sun; 🅿Bretts Wharf) **What was** once a container wharf is now Brisbane's hugely popular take on the night food market. Its maze of shipping-containers-turned-kitchens peddle anything from freshly shucked oysters to Japanese *okonomiyaki*, Hungarian *lángos* and Turkish *gözleme*. Add craft brews, festive lights, and live tunes and you have one of Brisbane's most atmospheric nights out. To get here, catch the CityCat ferry to Bretts Wharf.

🛏 Next Hotel **$$**

(☎07-3222 3222; www.snhotels.com/next/ brisbane; 72 Queen St; r from $189; ❄🖥🛗; 🅰Central) **Right above the Queen St Mall,** Next delivers stylish, affordable accommodation. Rooms are generic though svelte and contemporary, with high-tech touchscreen technology and decent beds. The outdoor lap pool flanks a buzzing bar, itself adjacent to a handy traveller lounge (complete with massage chairs and showers) for guests who check in early or want a place to relax before a late flight.

Noosa ❸

✕ Massimo's Gelato **$**

(☎07-5474 8033; 75 Hastings St, Noosa Heads; gelato from $5.50; ⊙9.30am-9.30pm, to 10pm Fri & Sat; 🍴) While the 'no tastings' policy seems a little mean-spirited, rest assured that Massimo's icy treats are creamy and natural in flavour. You'll find both milk-based and sorbet options, from cinnamon and macadamia to climate-appropriate options like mango and passion fruit.

✕ Noosa
Beach House Modern Australian **$$$**

(☎07-5449 4754; www.noosabeachhousepk. com.au; 16 Hastings St, Noosa Heads; dinner mains $38-48, 3-/6-course menu $80/115; ⊙6.30-10.30am & 5.30-9.30pm, plus noon-2.30pm Sat & Sun; 🍴) White walls, glass and timber set an uncluttered scene at this effortlessly chic restaurant, the stamping ground of celebrity chef Peter Kuravita. Seasonal ingredients and fresh local seafood underscore a contemporary menu whose deeply seductive Sri Lankan snapper curry with tamarind and *aloo chop* (potato croquette) nods to Kuravita's heritage. Herbivorous foodies can opt for a seven-course degustation ($100).

Toowoomba ❼

✕ The Bakers Duck Bakery **$**

(https://thebakersduck.com.au; 124 Campbell St; pastries from $4.50, lunch items $8-10; ⊙7am-1pm Wed-Sun; 🍴) A hip, pared-down, urbane cafe-bakery, the Bakers Duck is a local legend, famed for its artisanal sourdough bread and pastries. These include gorgeous almond croissants and a cult-status strawberry cheesecake pastry. The generous, flaky pies, sausage rolls and quiches make for a cheap, good-quality lunch, while the coffee is some of the best you'll slurp in the state.

🛏 Ecoridge Hideaway Chalet **$$**

(☎07-4630 9636; www.ecoridgehideaway.com. au; 712 Rockmount Rd, Preston; r from $145; 🅿🛜) Ecoridge is an excellent alternative to the often unremarkable accommodation in Toowoomba. Around 15km from the city on a back road to Gatton, its three self-contained cabins are simple yet smart, with heavenly mattresses, wood heater, full kitchen, BBQ, and breathtaking sunrise views across the Great Dividing Range. Rates are cheaper for stays of three nights or more and wi-fi is available at reception only.

STRETCH YOUR LEGS
BRISBANE

Brisbane is defined by its eponymous river and so much of what's great about the city is found along (or near) its banks, from thought-provoking art and cooling parklands, to hip laneway eats and dashing heritage buildings.

Take this walk on Trips

Gallery of Modern Art

The Gallery of Modern Art (p198) is Australia's largest centre of modern and contemporary art, with a focus on homegrown, Asian and Pacific works. Exhibits range from painting, sculpture and photography to video, installation and film.

The Walk » From the Gallery of Modern Art (GOMA), walking paths lead south past the neighbouring State Library of Queensland to the Queensland Art Gallery next door.

Queensland Art Gallery

If your cultural cravings haven't been completely satiated, duck into the **Queensland Art Gallery** (QAG; 📞07-3840 7303; www.qagoma.qld.gov.au; Melbourne St; ⏱10am-5pm; 🚻; 🚢South Bank Terminals 1 & 2, 🚉South Brisbane) to view works by Australian masters like Sir Sidney Nolan, William Dobell, Arthur Boyd and Charles Blackman. The collection also includes works by prominent Aboriginal painter Albert Namatjira and artists from the Hermannsburg School, the art movement that he inspired.

The Walk » Exit the Queensland Art Gallery and cross Grey St to access Fish Lane, which runs off Grey St (close to the Melbourne St intersection).

Fish Lane

Inspired by Melbourne's famous inner-city side streets, Fish Lane serves up street art and some top-notch eateries and bars. Hit converted shipping container **Hello Please** (http://helloplease.co; 10 Fish Lane, South Brisbane; dishes $13-22; ⏱noon-3pm & 5-9.30pm Tue-Thu, to 10pm Fri & Sat, to 8.30pm Sun; 🚉South Brisbane) for Vietnamese-inspired street food and cocktails.

The Walk » Cross Grey St and head northeast along Melbourne St back towards the river. Turn right into Stanley St just before Victoria Bridge and follow the path to South Bank Parklands.

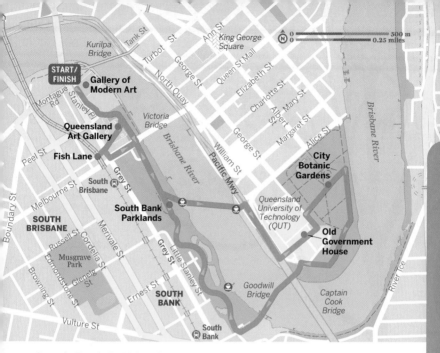

South Bank Parklands

South Bank Parklands (p218) is the perfect confluence of thoughtfully designed open spaces and a city that knows how to enjoy them. The 17.5-hectare space includes pockets of rainforest, performance spaces and a hand-carved Nepalese peace pagoda. The most popular attraction is **Streets Beach** ([07-3156 6366; ⊙6am-midnight; ⊞; ⊠South Bank Terminals 1 & 2, 3, ⊠South Bank), a free, lagoon-style artificial beach.

The Walk ›› Stroll south through the parklands and cross car-free Goodwill Bridge, stopping to soak up the commanding city and river view. Bridge crossed, follow the signs to the adjoining City Botanic Gardens.

City Botanic Gardens

Brisbane's **City Botanic Gardens** (www. brisbane.qld.gov.au; Alice St; ⊙24hr; ⊞; ⊠South Bank, ⊠Central) descend gently from the Queensland University of Technology campus to the river: a mass of lawns, tangled Moreton Bay figs, bunya pines and macadamia trees. Look out for the Flood Mark, which indicates the water levels of devastating past floods.

The Walk ›› Follow the walking paths west through the gardens to the adjoining Queensland University of Technology. The campus is home to Old Government House, your final stop.

Old Government House

Queensland's most important **heritage building** ([07-3138 8005; www.ogh.qut.edu. au; 2 George St; ⊙10am-4pm Sun-Fri, tours by appointment 10.30am Tue-Thu; ⊠QUT Gardens Point, ⊠Central) was designed by estimable government architect Charles Tiffin as an appropriately elegant residence for Sir George Bowen, Queensland's first governor. It houses the William Robinson Gallery, dedicated to the award-winning Australian artist and home to a robust collection of his works.

The Walk ›› To reach your car from the campus, catch a ferry from the QUT Gardens Point ferry stop, which will sail you straight back to South Bank Parklands.

Cairns & the Daintree

19

Capturing the essence of Queensland's tropical Far North, this road trip from Cairns to Cape Tribulation takes you from the reef to the rainforest and most places in between.

TRIP HIGHLIGHTS

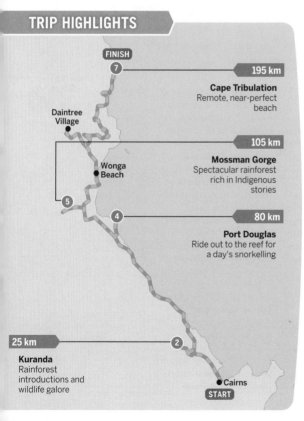

FINISH
7

195 km

Cape Tribulation
Remote, near-perfect beach

Daintree Village

105 km

Mossman Gorge
Spectacular rainforest rich in Indigenous stories

Wonga Beach

5

4

80 km

Port Douglas
Ride out to the reef for a day's snorkelling

25 km

Kuranda
Rainforest introductions and wildlife galore

2

Cairns
START

7 DAYS
195KM / 121 MILES

GREAT FOR...

BEST TIME TO GO

May to November; summer is wet and cyclones are an ever-present danger.

 ### ESSENTIAL PHOTO

Trinity Bay Lookout, Port Douglas

✓ BEST FOR CULTURE

Walk the rainforest with descendants of the original inhabitants at Mossman Gorge.

19 Cairns & the Daintree

Languid Cairns is a gateway to some of the best bits of tropical Far North Queensland: diving or snorkelling the Great Barrier Reef is de rigeur from Cairns and Port Douglas; fabulous rainforest and crocs lie along the river in Daintree National Park; the beaches from Palm Cove to Cape Trib have the unmistakeable whiff of paradise. Distances are relatively short, so there's ample time for detours, cultural activities and adventures. This region is the traditional home of numerous Aboriginal groups, including the Yirrganydji, Yidinji, Djabugay and Kuku Yalanji.

1 Cairns

Gateway to the Great Barrier Reef and Daintree Rainforest Unesco World Heritage sites, Cairns is an important regional centre, but it's more board shorts than briefcases. Sun- and fun-lovers flock to the spectacular, lifeguard-patrolled, artificial, sandy-edged lagoon pool at **Cairns Esplanade** (www.cairns.qld.gov.au/esplanade; ⏰ lagoon 6am-9pm Thu-Tue, noon-9pm Wed; 🚻) on the city's reclaimed foreshore. If you're heading for the reef, at **Reef Teach** (☎07-4031 7794; www.reefteach.com.au; 2nd fl, Mainstreet Arcade, 85 Lake St;

adult/child/family $23/14/60; ⏰ lectures 6.30-8.30pm Mon, Wed & Fri) marine experts explain how to identify specific species of fish and coral. Dozens of boats and dive operators will get you out on the reef for a day of snorkelling. On land, don't miss the **Cairns Botanic Gardens** (☎07-4032 6650; www.cairns.qld.gov.au/cbg; 64 Collins Ave; ⏰ grounds 7.30am-5.30pm, visitor centre 9am-4.30pm Mon-Fri, 10am-2.30pm Sat & Sun; 🚻), the **Cairns Aquarium** (☎07-4044 7300; www.cairnsaquarium.com.au; 5 Florence St; adult/child/family $42/28/126; ⏰9am-5.30pm; 🚻) and **Tjapukai Aboriginal Cultural Park**

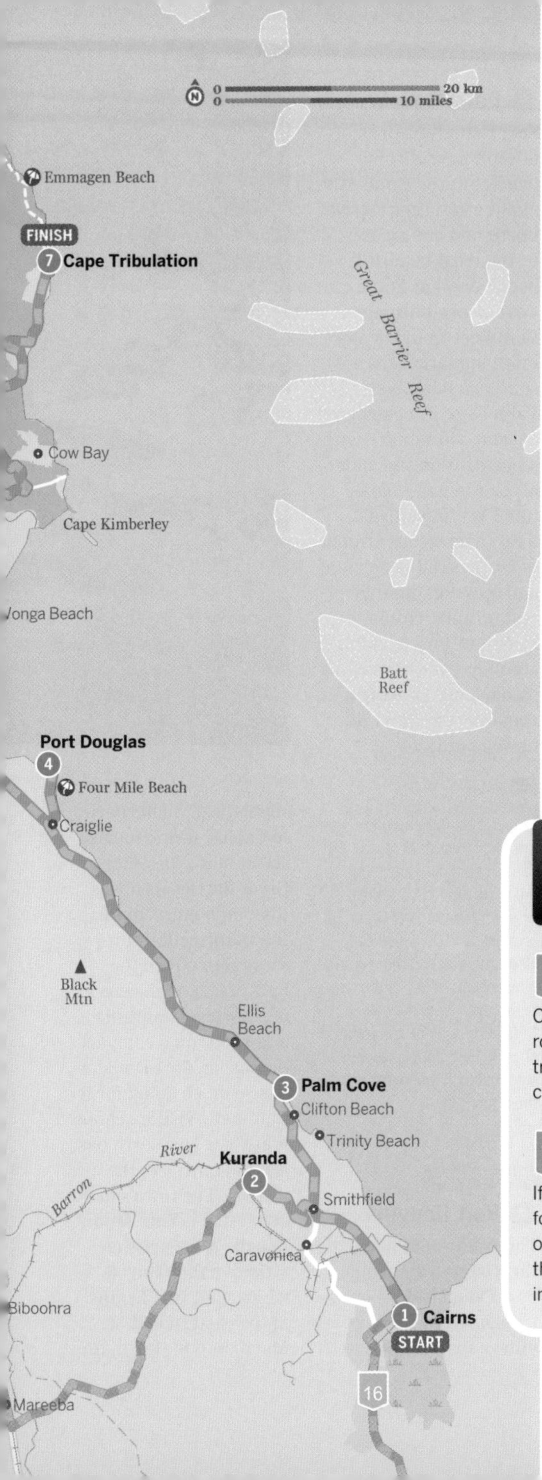

(☎07-4042 9999; www.tjapukai.com.au; Cairns Western Arterial Rd; adult/child/family $62/42/166; ⏲9am-4.30pm & 7-9.30pm; 👪), an award-winning cultural extravaganza telling the story of creation using giant holograms and actors.

✕ p233

The Drive » Drive for 13km north of Cairns, past the airport turnoff, and then take the left-branching road, following the signs another 14km up to Kuranda village.

TRIP HIGHLIGHT

2 Kuranda

Arty Kuranda is one of Cairns' most popular day trips. Even this close to Cairns, it's rainforest and art at every turn here. Most people head

LINK YOUR TRIP

16 Queensland Coastal Cruise

Cairns is where this classic route ends after having traversed the Queensland coast north from Brisbane.

20 Towards Cape York: Cairns to Cooktown

If this isn't far enough north for you, go a little further – our journey to Cooktown via the Cape York fringe begins in Cairns.

straight to the **Kuranda Markets** (📞07-4093 9440; www.kurandaoriginalrainforest market.com.au; 7-11 Therwine St; ⏰9.30am-3pm) for a browse but don't miss **Rainforestation** (📞07-4085 5008; www.rainforest. com.au; Kennedy Hwy; adult/ child/family $50/25/125; ⏰9am-4pm; 🚸), with a wildlife section, rainforest/river tours and interactive Aboriginal experience. Not surprisingly, wildlife is a recurring theme here, with **Kuranda Koala Gardens** (📞07-4093 9953; www.koala gardens.com; Heritage Markets, Rob Veivers Dr; adult/child $19/9.50; ⏰9am-4pm; 🚸), **Birdworld** (📞07-4093 9188; www.birdworldkuranda.com; Heritage Markets, Rob Veivers Dr; adult/child $18/9; ⏰9am-4pm; 🚸) and the **Australian Butterfly Sanctuary** (📞07-4093 7575; www. australianbutterflies.com; Heritage Markets, Rob Veivers Dr; adult/child/family $20/10/50; ⏰9.45am-4pm; 🚸) all in the vicinity. The **Kuranda Riverboat** (📞07-4093 0082; www. kurandariverboat.com.au; adult/child/family $20/10/50; ⏰hourly 10.45am-2.30pm; 🚸) will take you for a cruise on the Barron River, or walk or drive the 3km to see impressive Barron Falls.

🍴 p233

The Drive » It's 14km back down the road to the Cook Hwy. Turn left, then follow the signs to Palm Cove, located 15km further on.

③ Palm Cove

Surprisingly, Cairns doesn't have its own beach but the sands start about a 15-minute drive north and culminate in the most beautiful beach of all at Palm Cove. More intimate than Port Douglas and more upmarket than its southern neighbours, Palm Cove is a cloistered coastal community with a beautiful promenade along the paperbark-lined Williams Esplanade, a gorgeous stretch of white-sand beach and a procession of fancy restaurants. Palm Cove is a place for kayaking or standup paddleboarding by day and enjoying a romantic candlelit dinner by night.

🛏 p233

The Drive » Head back onto the Cook Hwy, drive north, and then sit back and enjoy the 44km ride to Port Douglas. Dramatic sections of coastline open up at various points along the way and the region's boast of this being where the rainforest meets the sea is frequently evident along this stretch. Port Douglas is well signposted, 5km northeast of the Cook Hwy.

TRIP HIGHLIGHT

④ Port Douglas

The traditional home of the Yirrganydji people, Port Douglas developed from a sleepy fishing village in the 1960s to a

sophisticated alternative to Cairns' hectic tourist scene. With the outer Great Barrier Reef less than an hour offshore, the Daintree Rainforest practically in the backyard, and dozens of resorts, restaurants and shops on a compact peninsula, Port Douglas has so much going for it that many visitors choose it as their Far North base, leaving Cairns at the airport. The town's main attraction is **Four Mile Beach** (🚸), a pristine strip of palm-fringed, white sand that begins at the eastern end of Macrossan St, the main

Daintree National Park Mossman Gorge

drag for shopping, wining and dining. Climb to **Trinity Bay Lookout** (Island Point Rd) for sensational views, then head to the **Crystalbrook Superyacht Marina** (☏07-4099 5775; https://crystalbrookmarina.com; 44 Wharf St) on Dickson Inlet to see what trips are heading out to the reef (there are many) or to book a sunset sail.

 p233

The Drive ❯❯ Return to the Cook Hwy, then follow it away to the northwest into Mossman, 14km after rejoining the highway.

TRIP HIGHLIGHT

❺ Mossman Gorge

Around 5km west of Mossman, in the southeast corner of Daintree National Park, **Mossman Gorge** (www.mossmangorge.com.au; ⊙8am-6pm; ♿) forms part of the traditional lands of the Kuku Yalanji people. Carved by the Mossman River, the gorge is a boulder-strewn valley where sparkling water washes over ancient rocks. From the fantastic **Mossman Gorge Centre** (☏07-4099 7000; www.mossmangorge.com.au; ⊙8am-6pm), which

houses an art gallery and a bush-tucker restaurant, walking tracks loop along the river to a refreshing swimming hole – take care, as the currents can be swift. A shuttle bus runs from the visitor centre into the heart of the gorge. Better still, book through the Mossman Gorge Centre for the unforgettable 1½-hour Indigenous-guided **Kuku-Yalanji Dreamtime Walks** (adult/child $75/37; ⊙10am, 11am, noon, 1pm & 3pm) – it's an intimate experience getting to know the forest, and you'll come away with a head full of anecdotes

231

and soulful stories that centre on the traditional Kuku Yalanji relationship to the land.

The Drive ›› Travelling north from Mossman, it's 26km through cane fields and farmland before the crossroads to either Daintree Village or the Daintree River Ferry. It's a lovely 10km winding drive through lush country to Daintree Village, with the final stretch offering a hint of the forests that lie up ahead.

- - - - - - - - - - - - - - - -

6 Daintree Village

Daintree is essentially a one street town with some heritage buildings, cafes and a pub, plus a pleasant sense of isolation. But most people are here for a cruise on the Daintree River – the best place in Far North Queensland to go in search of saltwater crocs. To that end there are numerous operators, some offering specialist birdwatching or photography trips. Try **Crocodile Express** (☏07-4098 6120; www.crocodileexpress.com; 1hr cruises adult/child/family

$28/14/65; ⊙ cruises 8.30am; ⚓), the original Daintree River cruise operator, or **Daintree River Wild Watch** (☏0447 734 933; www.daintreeriverwildwatch. com.au; 2hr cruises adult/ child $60/35; ⚓), which has informative sunrise birdwatching cruises.

The Drive ›› Return back down the (only) road and continue north along the highway to the Daintree River Ferry, the only way to cross the Daintree by vehicle. From the other side, it's 40 wonderful, rainforested kilometres to the beach at Cape Tribulation, where the paved road, and this journey, ends. Watch out for cassowaries en route.

- - - - - - - - - - - - - - - -

TRIP HIGHLIGHT

7 Cape Tribulation

Part of the Wet Tropics World Heritage Area, the spectacular region from the Daintree River north to Cape Tribulation features ancient rainforest, sandy beaches and rugged mountains. This isolated piece of paradise retains a frontier quality,

with road signs alerting drivers to cassowary crossings, croc warnings along the beaches and a tangible sense of having left civilisation back on the other side of Daintree River. The rainforest tumbles right down to magnificent **Myall** and **Cape Tribulation beaches**, which are separated by a knobby cape, and there are numerous ways to explore: **Ocean Safari** (☏07-4098 0006; www.oceansafari.com.au; Cape Tribulation Rd; adult/child/family $149/97/447; ⊙8am & noon) leads small groups on snorkelling cruises to the Great Barrier Reef, just half an hour offshore. On the way up to Cape Trib don't miss the **Daintree Discovery Centre** (☏07-4098 9171; www.discoverthedaintree.com; Tulip Oak Rd; adult/child/family $35/16/85; ⊙8.30am-5pm; ⚓) at Cow Bay, with its rainforest education and aerial walkway.

✕ 🛏 p233

BEWARE OF STINGERS!

Australia's formidable portfolio of deadly and otherwise dangerous creatures can seem endless. The risks in most cases are way overblown, but you should definitely be careful of venturing out into the ocean here. Jellyfish – including the potentially deadly box jellyfish and Irukandji – occur in Australia's tropical waters. It's unwise to swim north of Agnes Water (which lies well south of Cairns) between November and May unless there's a stinger net. 'Stinger suits' (full-body Lycra swimsuits) prevent stinging, as do wetsuits. Swimming and snorkelling are usually safe around Queensland's reef islands throughout the year; however, the rare (and tiny) Irukandji has been recorded on the outer reef and islands. Wash stings with vinegar to prevent further discharge of remaining stinging cells, followed by rapid transfer to a hospital. Don't attempt to remove the tentacles.

Eating & Sleeping

Cairns

✗ Fusion Art Bar & Tapas   Tapas $$

(☏07-4051 3888; www.fusionartbar.com.au; 12 Spence St; tapas $9-20, mains $19-35; ◷3-10pm Tue-Thu, 11am-11pm Fri & Sat; ✿) Everything in this crazy cool cafe is a piece of art and there's a real eclectic charm to everything from the furniture to the thoughtfully designed tapas menu of cured kangaroo tartare or pumpkin ravioli. Share plates feature vegan paella and pork ribs with mash and pineapple. Good wine list and coffee.

✗ Prawn Star   Seafood $$$

(☏0456 421 172; www.facebook.com/prawnstar cairns; E-Finger, Berth 31, Marlin Marina; seafood $25-90; ◷10am-9pm) Trawler restaurant Prawn Star is tropical dining perfection: clamber aboard and fill yourself with prawns, mud crabs, oysters and whatever else was caught that day, while taking in equally delicious harbour views. A second boat – Prawn Star Too – was added to the eat-fleet in mid-2017, but seating is still limited and much in-demand: get there early.

Kuranda ②

✗ Kuranda Hotel   Pub Food $$

(☏07-4093 7206; https://kurandahotel.com; 16 Arara St; mains $16-26; ◷10.30am-3.30pm; P ❀ ✿) Locally known as the 'bottom pub', the Kuranda Hotel has been remodelled into a gastropub with a focus on generous, good-value pub meals. The broad deck overlooking the railway station is usually busy at lunchtime, when hungry tourists tuck into local barramundi, kangaroo hotpot, enormous burgers and chicken parma.

Palm Cove ③

⌕ Sarayi   Boutique Hotel $$

(☏07-4059 5600; www.sarayi.com.au; 95 Williams Esplanade; d $120-140, apt $190-210; P ❀ ✿ ⌦) Beachfront hotel room

in Palm Cove from $120? White, bright and perfectly located among a grove of melaleucas across from the beach, Sarayi is a wonderful, affordable choice for couples, families and the growing number of visitors choosing to get married on its rooftop terrace.

Port Douglas ④

✗ Yachty   Modern Australian $$

(☏07-4099 4386; www.portdouglasyachtclub. com.au; 1 Spinnaker Close; mains $20-32; ◷noon-2.30pm & 5.30-8pm) One of the best-value nights out is the local yacht club, where well-crafted meals, from seafood pie to Thai green curry, are served nightly with sunset views over Dickson Inlet. The lunch menu is similar but cheaper.

Cape Tribulation ⑦

✗ Mason's Store & Cafe   Cafe $

(☏07-4098 0016; 3781 Cape Tribulation Rd; mains $9-18, tasting plates from $29; ◷10am-4pm) Everyone calls into Mason's for **tourist info** (☏07-4098 0070; Cape Tribulation Rd; ◷8am-5pm), the liquor store (open until 5.30pm), or to dine out on exotic meats. Pride of place on the menu at this laid-back al fresco cafe goes to the croc burger, but you can also try camel, emu and kangaroo in burgers or tasting plates. A short walk away is a crystal-clear, croc-free swimming hole ($1).

⌕ Cape Trib Beach House   Hostel, Resort $

(☏07-4098 0030; www.capetribbeach.com. au; 152 Rykers Rd; dm $31-41, cabins $160-275; ❀ @ ⌦) The Beach House is everything that's great about Cape Trib – a secluded patch of rainforest facing a pristine beach and a friendly vibe that welcomes backpackers, couples and families. Clean dorms and rustic almost-beachfront cabins make the most of the location. The open-deck licensed **restaurant** (☏07-4098 0030; www.capetribbeach.com.au; 152 Rykers Rd; mains $15-26; ◷7-9.30am, noon-2.30pm & 6-8pm; ✿) and bar is well regarded enough that locals often eat and drink here.

Towards Cape York: Cairns to Cooktown

This trip north to Laura and Cooktown offers a tantalising taste of Cape York and an open-sky road trip into remote Aussie territory.

20

TRIP HIGHLIGHTS

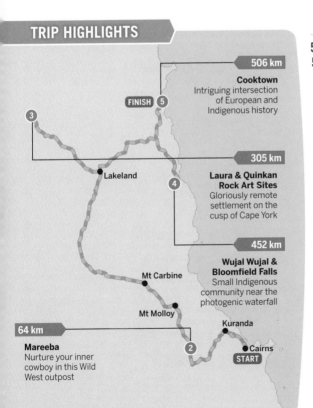

506 km

Cooktown
Intriguing intersection of European and Indigenous history

FINISH **5**

3

Lakeland

4

305 km

Laura & Quinkan Rock Art Sites
Gloriously remote settlement on the cusp of Cape York

452 km

Wujal Wujal & Bloomfield Falls
Small Indigenous community near the photogenic waterfall

Mt Carbine

Mt Molloy

Kuranda

64 km

Mareeba
Nurture your inner cowboy in this Wild West outpost

2

Cairns

5–7 DAYS
506KM / 314 MILES

GREAT FOR...

BEST TIME TO GO

The Dry (April to October), otherwise it's impossibly humid or raining.

ESSENTIAL PHOTO

Bloomfield Falls at Wujal Wujal.

BEST FOR CULTURE

Quinkan Rock Art Sites are one of Australia's premier Indigenous rock-art sites.

Towards Cape York: Cairns to Cooktown

From Cairns to Cooktown, this trip transports you to the very cusp of Cape York, almost as close as you can safely get in a 2WD vehicle. Cairns and Mareeba provide a gentle introduction, but from then on there are detours to remote settlements such as Laura and Wujal Wujal, fabulous Indigenous rock art, and the frontier charm of Cooktown.

❶ Cairns

Cairns, where so many journeys in Far North Queensland begin and end, is where you leave the coast behind. Enjoy its fine choice of restaurants, go for a swim at the lagoon pool along the Esplanade (p228), take a lazy 3km walk along the foreshore **boardwalk**, and brush up on Far North arts and culture at the **Cairns Art Gallery** (📞07-4046 4800; www.cairnsregional gallery.com.au; cnr Abbott & Shields Sts; ⏰9am-5pm Mon-Fri, 10am-5pm Sat,

Laura & Quinkan Rock Art Sites ❸

Split Rock Gallery

Quinkan Reserve

Normanby River

FINISH ❺ Cooktown

Helenvale

Laura River

Lakeland

Mt Lukin

Ayton

Wujal Wujal & Bloomfield Falls ❹

Great Barrier Reef

Coral Sea

Palmer River

Cape Tribulation

Thornton Peak

Woods Peak

Daintree River

Daintree

Sandy Creek

Daintree National Park

Wonga Beach

Tongue Reef

Batt Reef

Mt Carbine

Port Douglas

Hodgkinson River

Mt Molloy

19

Arlington Reef

Palm Cove

Elizabeth Creek

Mt Mulligan Station

Kuranda

Kingsborough

Cairns
START ❶

Yarrabah

Mareeba ❷

21

N
0   50 km
0   25 miles

10am-2pm Sun), **Tanks Arts Centre** (☎07-4032 6600; www.tanksartscentre.com; 46 Collins Ave; ⏰8.30am-4.30pm Mon-Fri) and the **Cairns Museum** (☎07-4051 5582; www.cairnsmuseum.org.au; cnr Lake & Shields St; adult/child $10/5; ⏰10am-4pm Mon-Sat). Browse the **Night Markets** (☎07-4051 7666; www.night markets.com.au; 71-75 Esplanade; ⏰shops 5-11pm, food court 10am-11pm) before finding a suitable bar in which to start enjoying Cairns' legendary nightlife.

The Drive » Take the Cook Hwy north for 13km, take the left turn up to Kuranda then follow the Kennedy Hwy southwest all the way into Mareeba for a total trip clock of 64km for the day. Watch for rolling, rainforested hills along the way, and the views back down to Cairns.

✖ p233

LINK YOUR TRIP

19 Cairns & the Daintree

Cairns is the starting point for many journeys through the Far North – this one heads north and offshore in search of rainforest and reef.

21 Outback Queensland

Return to Cairns for this route from tropical coast deep into the Gulf Country and the vast outback.

TRIP HIGHLIGHT

② Mareeba

Mareeba revels in an unashamed Wild West atmosphere, with local merchants selling leather saddles, handcrafted bush hats and oversized belt buckles in readiness for the annual **Mareeba Rodeo** (www.mareebarodeo. com.au; tickets $20-50; ⏰Jul). The land around Mareeba is largely farming country with one of the biggest crops being coffee. You can visit **Jaques Coffee Plantation** (☎07-4093 3284; www. jaquescoffee.com.au; 137 Leotta Rd; tours adult/child from $15/8; ⏰10am-4pm) or **Coffee Works** (☎07-4092 4101; https://coffeeworks. com.au; museum adult/child/family $19/10/50; ⏰cafe 9am-4pm, museum 9am-2pm) to see what all the fuss over beans is about. Or try the tropical sweet mango wine of **Golden Drop Mango** (☎07-4093 2750; www.goldendrop.com. au; 227 Bilwon Rd, Biboohra; ⏰8am-6.30pm) or spirits at **Mt Uncle Distillery** (☎07-4086 8008; www. mtuncle.com; 1819 Chewko Rd, Walkamin; ⏰10am-4pm). For local history don't miss the free **Mareeba Heritage Museum** (☎07-4092 5674; www.mareebaheritage centre.com.au; Centenary Park, 345 Byrnes St; ⏰9am-5pm; ♿).

✖ 🛏 p241

The Drive » Some 42km north of Mareeba, just after tiny Mt Molloy, the Mulligan Hwy arcs away to the northwest and then north, passing roadhouse and pub pit stops at Mt Carbine and Palmer River and crossing the Bryerstown Range. From the road junction at tiny Lakeland the Peninsula Developmental Rd heads northwest for another 60km to remote Laura. Total drive is an easy 250km with little traffic.

TRIP HIGHLIGHT

③ Laura & Quinkan Rock Art Sites

The road is sealed to Laura, where you enter Quinkan Country, so named for the Aboriginal spirits depicted at the rock-art sites scattered throughout this area. Unesco lists Quinkan Country in the world's top 10 rock-art regions. The **Split Rock Gallery** (Peninsula Developmental Rd; by donation; 🅿) is the only rock-art site open to the public without a guide. Entrance is by donation at the car park. The sandstone escarpments here are covered with paintings dating back 14,000 years. Depending on when you come, it can be quite a surreal experience to walk the path up the hillside in silence, solitude and isolation, before coming upon the various other-worldly 'galleries' in the rock faces. There's a real sense of the sacred at Split

Rock: it's both eerie and breathtaking. Visit the **Quinkan & Regional Cultural Centre** (☏07-4060 3457; www.quinkancc.com.au; Lot 2, Peninsula Developmental Rd; exhibition adult/child $6/3; ☺8.30am-3pm; P) in Laura, which can organise guided trips to more remote rock-art sites.

Laura, with a pub, store and roadhouse, marks the start of an epic journey into the Cape York Peninsula (p240).

The Peninsula Developmental Rd is progressively being sealed beyond here but for now you'll need a 4WD and a sense of adventure if you want to continue north.

🛏 p241

The Drive ≫ The Split Rock Gallery is only 12km south of Laura. It's around 140km from Laura to Cooktown. The Peninsula Developmental Rd back to Lakeland is flat and mostly straight, before joining the Mulligan Hwy. From here the landscape begins to twist

INDIGENOUS PEOPLES

This region is the traditional home of numerous Aboriginal groups, including the Yirrganydji, Yidinji, Djabugay, Kuku Yalanji, Guugu Yimithirr and Ang Gnarra.

Cooktown Guurrbi Willie Gordon

and undulate until you reach the turnoff for the Bloomfield Rd, about 25km before Cooktown.

TRIP HIGHLIGHT

④ Wujal Wujal & Bloomfield Falls

Take the 45km Bloomfield Rd from the iconic Lion's Den Hotel to the Aboriginal community of Wujal Wujal on the Bloomfield River. The scenic drive (sealed) winds through Rossville and Cedar Range National Park. Highlights include the **Black Cockatoo Gallery** (☏07-4060 8153; www.black cockatoogallery.com.au; 2622 Bloomfield Rd; ⊘9.30am-4.30pm Wed-Sun; P), walks on the beach at Ayton and the **Bana Yirriji Art Centre** (☏07-4060 8333; www.wujalwujalartcentre.com. au; Bloomfield Rd, Wujal Wujal; ⊘9am-4pm Mon-Thu, to 2pm Friday; P) in Wujal Wujal. Don't miss photogenic **Bloomfield Falls**; book ahead for a tour of the falls with the local Indigenous Walker family. Don't even think of swimming in the Bloomfield River – it's home to some very large crocs. Beyond here the road is 4WD-only to Cape Tribulation.

🛏 p241

The Drive ≫ Return back along Bloomfield Rd for the 70km drive to Cooktown. Stop in at the Lion's Den Hotel for a beer on the verandah and a swim in the croc-free creek.

BEYOND TO CAPE YORK

Rugged, remote Cape York Peninsula has one of the wildest tropical environments on the planet. The Great Dividing Range forms the spine of the Cape: tropical rainforests and palm-fringed beaches flank its eastern side; sweeping savannah woodlands, eucalyptus forests and coastal mangroves its west. This untamed landscape undergoes a spectacular transformation each year when the torrential rains of the monsoonal wet season set in: rough, dry earth turns to rich, red, mud; quenched, the tinder-dry bush awakens in vibrant greens, and trickling creek beds swell to raging rivers teeming with barramundi.

Generally impossible in the Wet, the overland pilgrimage to the Tip is a 4WD-trek into one of Australia's last great frontiers, and not for the uninitiated. Rough, corrugated roads and challenging croc-infested river crossings are par for the course on the Old Telegraph Track, though newer bypass roads make the journey doable for anyone with the right vehicle. For 4WD journeys beyond Laura, the end of the sealed road, you must carry spare tyres, tools, winching equipment, food and plenty of water, which is scarce along the main track. Roadhouses can be more than 100km apart and stock only basic supplies. Be sure to check **RACQ road reports** (☏13 19 40; www.racq.com.au) before you depart. Mobile phone service is limited to the Telstra network and is sketchy at best – take a sat phone. Do not attempt the journey alone.

Permits (☏13 74 68; https://parks.des.qld.gov.au; adult/family $6.55/26.20) are required to camp on Aboriginal land, which includes most land north of the Dulhunty River. The Injinoo Aboriginal Community, which runs the ferry across the mighty Jardine River, includes a camping permit in the ferry fee. Travelling across Aboriginal land elsewhere on the Cape may require an additional permit, which you can obtain by contacting the relevant community council. See the Cape York Sustainable Futures website (www.cysf.com.au) for details. Permits can take up to six weeks.

TRIP HIGHLIGHT

⑤ Cooktown

Cooktown, the most northerly town on Queensland's coast, is a spirited place at the southeastern edge of Cape York Peninsula. This is a small place with a big history: for thousands of years, Waymbuurr was a meeting ground for Indigenous communities, and it was here on 17 June 1770 that Lieutenant (later Captain) Cook beached the *Endeavour,* which had earlier struck a reef offshore from Cape Tribulation. Cook's crew spent 48 days here repairing the damage, making Cooktown Australia's first (albeit transient) non-Indigenous settlement. Do as Cook did and climb 162m-high **Grassy Hill Lookout** (P) for spectacular 360-degree views of the town, river and ocean. Cooktown still has some beautiful 19th-century buildings, among them the excellent **James Cook Museum** (☏07-4069 6004; www.nationaltrust.org.au/places/james-cook-museum; 50 Helen St; adult/child/family $15/5/35; ⊙9am-4pm May-Sep, 10am-1pm Tue-Sat Oct-Apr), with well-preserved relics from the *Endeavour.* For an Indigenous perspective on the land join Willie Gordon with **Cooktown Cultural Aboriginal Tours** (☏07-4069 6967; 113 Charlotte St; tours $120-160, self-drive $100-140; ⊙Mon-Fri) or **Maaramaka Walkabout Tours** (☏07-4060 9389; 2 McIvor Rd, Hopevale; 1-/2-hr tours from $50/110; ⊙tours 9am & 2pm).

✕ 🛏 p241

Eating & Sleeping

Mareeba

✖ Skybury Cafe · Cafe $

(☎07-4093 2190; www.skybury.com.au; 136 Ivicevic Rd; coffee from $3.50, mains $10-15; ◷9am-4pm Mon-Fri) The soaring view from the deck at Skybury is worth the trip but the single-origin fresh-roasted coffee and light lunches aren't bad either. Check out the exhibits on the coffee and papaya plantation while waiting for your espresso and scones with papaya jam.

🛏 Granite Gorge Caravan Park · Caravan Park $

(☎07-4093 2259; www.granitegorge.com.au; 332 Paglietta Rd, Chewko; unpowered/powered sites $16/18 per adult, cabin/safari tent from $95/65) At Granite Gorge Nature Park, this is a fabulous, family-friendly park with riverside camping, powered sites, cabins and safari tents, all with easy access to the wonderful park. It's around 12km from Mareeba.

Laura ❸

🛏 Peninsula Hotel & Campground · Hotel $

(☎07-4060 3393; https://thepeninsulahotel. com.au; Deighton Rd; camping per person $10, power $4, s/d $79/99; ◷10am-midnight; 🅿 ❄) The original Quinkan Hotel burnt down in 2002 and while the rebuilt pub doesn't have that classic outback rustic character it's clean, functional and a good bet for a room, a camp site or a pub meal.

Wujal Wujal & Bloomfield Falls ❹

🛏 Lion's Den Hotel · Hotel $

(☎07-4060 3911; 398 Shiptons Flat Rd, Helenvale; camping per person $12, powered sites $30, s/d dongas $60/80, pole tents $110; ❄ ❄) An iconic pub with a tangible history dating back to 1875 and a heap of memorabilia on the walls, Lion's Den is a must-stop. You'll find fuel, ice-cold beer, strong coffee, awesome pizzas, pub meals and often live music. Spend a night if you can, camping or in one of the pole-tent cabins. Don't miss a swim in the flowing croc-free creek.

Cooktown ❺

✖ Driftwood Cafe · Cafe $

(☎07-4069 5737; 160 Charlotte St; meals $7-19; ◷6am-4pm Tue-Sun; 🛜) Cooktown's coolest cafe looks out over Bicentennial Park and the harbour. It serves fine coffee and smoothies and excels in all-day breakfast and light lunches. Eat inside or on the small street-front deck.

✖ Balcony Restaurant · Modern Australian $$$

(☎07-4069 5400; 128 Charlotte St; mains $28-45; ◷7-10am & 5.30-10pm; ❄ 🛜) Sovereign Resort's formal Balcony Restaurant serves Mod Oz cuisine such as Atherton eye fillet and crispy skinned coral trout, as well as share plates such as seafood and bush-tucker platters. The less formal street-level Cafe Bar (10am to 10pm) has reasonably priced fish and chips, steak and burgers, as well as pool tables and a full bar.

🛏 Cooktown Motel · Motel $

(Pam's Place; ☎07-4069 5166; www.cooktown motel.com; cnr Charlotte & Boundary Sts; tw & d without bathroom $60, motel d $95, unit $110; ❄ @ 🛜 ❄) Also known as Pam's Place, Cooktown Motel is no longer YHA affiliated but is still one of the best budget places in town, with a big communal kitchen, free lockers and relaxing tropical garden. The motel side is clean and comfortable and there are self-contained units with full kitchen.

Outback Queensland

21

From the tropical coast of Far North Queensland to the deepest outback, this odyssey is all possible in a 2WD.

TRIP HIGHLIGHTS

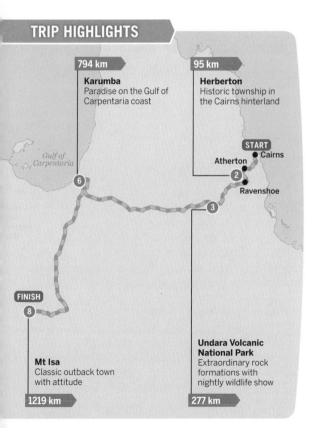

794 km

Karumba
Paradise on the Gulf of Carpentaria coast

95 km

Herberton
Historic township in the Cairns hinterland

Gulf of Carpentaria

START
● Cairns
Atherton
2
● Ravenshoe
3
6

FINISH
8

Mt Isa
Classic outback town with attitude

1219 km

Undara Volcanic National Park
Extraordinary rock formations with nightly wildlife show

277 km

7–10 DAYS
1219KM / 758 MILES

GREAT FOR...

BEST TIME TO GO

April to October – the rest of the year is very hot and/or very wet.

 ESSENTIAL PHOTO

Sunset from City Lookout, Mt Isa, for its mine lights and smokestacks.

 BEST FOR OUTDOORS

Karumba is the most accessible corner of the Gulf of Carpentaria.

Mt Isa View at sunset from City Lookout

21 Outback Queensland

The outback may seem like the preserve of hardened 4WD adventurers, but this 2WD traverse crosses stirring outback country and has all the ingredients for a fine adventure without leaving the tarmac. It all begins in the lush, tropical surroundings of Cairns and the Atherton Tablelands, with Undara Volcanic National Park offering drama before the parched outback of Croydon, Normanton, Cloncurry and Mt Isa, each getting remoter by degrees.

❶ Cairns

Cairns is an unlikely gateway to the outback, but therein lies its charm. Above all else, swim in the ocean (you won't see it again for a while), stock up on your favourite snacks for the long drive ahead (most shops from here on in will stock only the basics), and dive into the culinary scene (it's pub food and not much else until Mt Isa).

The Drive » Follow the coastal Bruce Hwy for 24km south to Gordonvale, then veer inland at the Gillies Hwy.

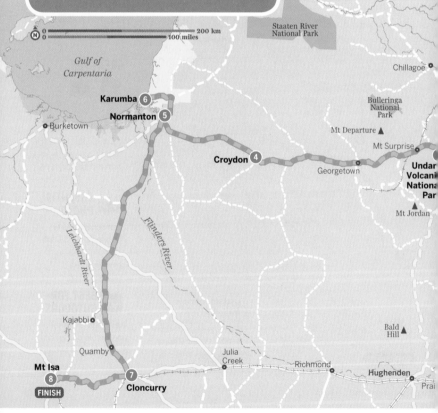

The road bucks and weaves southwest through rainforested hillsides and rocky outcrops to Yungaburra, close to the shores of Lake Tinaroo, 12km before reaching Atherton. It's then 18km southwest to Herberton.

 p233

TRIP HIGHLIGHT

❷ Herberton

A must-see on any comprehensive trip into the tableland is the fascinating, fun and unique **Historic Village Herberton** (☏07-4096 2002; www. herbertonhistoricvillage.com. au; 6 Broadway; adult/child/ family $29/13/72; ⊘9am-5pm, last entry 3.30pm; 🚌), which comprises over 50 heritage buildings, restored and relocated to the sweet, sleepy tableland town of Herberton. Exhibits range from the school to the sawmill, the bank to the bishop's house, the coach house to the camera shop and everything in between. It all feels like a rather cutesy museum, but that's the point and there's nothing quite like it anywhere else in Australia.

The Drive » It's 18km back to the Kennedy Hwy, a further 19km south to Ravenshoe, then 142km to Undara Volcanic National Park, with the views either side of the road getting drier with each passing kilometre. Undara is 15km south off the Gulf Developmental Rd, via a sealed road.

TRIP HIGHLIGHT

❸ Undara Volcanic National Park

About 190,000 years ago, the Undara shield volcano erupted, sending molten lava coursing through the surrounding landscape. While the surface of the lava cooled and hardened, hot lava continued to race through the centre of the flows, eventually leaving the world's longest continuous lava tubes from a single vent. There are over 160km of tubes here, but only a fraction can be visited as part of a guided tour. Most of these are operated by **Undara Experience** (☏1800 990 992, 07-4097 1900; www. undara.com.au; tours adult/ child/family from $58/29/174), which runs daily two-hour tours, including 'Wildlife at Sunset', where you'll see tiny microbats swarm out of a cave entrance and provide dinner for lightning-fast hanging tree snakes known as night tigers. Under your own steam, a worthwhile detour is the signposted drive to **Kalkani Crater**. The crater rim walk is an easy 2.5km circuit from the day-use car park.

🛏 p249

LINK YOUR TRIP

16 **Queensland Coastal Cruise**

Trip 16's traverse of the Queensland coast ends (or begins) in Cairns, which is also where your journey into the outback begins.

19 **Cairns & the Daintree**

Reef and rainforest are the highlights on this journey from Cairns to Cape Tribulation.

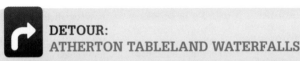

DETOUR:
ATHERTON TABLELAND WATERFALLS

Start: ❷ Herberton

Climbing back from the coast between Innisfail and Cairns is the fertile food bowl of the far north, the Atherton Tableland. Quaint country towns, eco-wilderness lodges and luxurious B&Bs dot greener-than-green hills between patchwork fields, pockets of rainforest, spectacular lakes and waterfalls, and Queensland's highest mountains, Bartle Frere (1622m) and Bellenden Ker (1593m).

From Herberton it's 39km to Millaa Millaa, which lies along the Palmerston Hwy; 1km east of Millaa Millaa, turn north on to Theresa Creek Rd. Surrounded by tree ferns and flowers, the Millaa Millaa Falls, 1.5km along, are easily the best for swimming and have a grassy picnic area. Almost ridiculously picturesque, the spectacular 12m falls are reputed to be the most photographed in Australia. Zillie Falls, 8km further on, are reached by a short walking trail that leads to a lookout peering down (with some vertigo) on the falls, while Ellinjaa Falls have a 200m walking trail down to a rocky swimming hole at the base of the falls.

The Drive ≫ Return to the Gulf Developmental Rd (Savannah Way) and then tick off the tiny settlements that loom like mirages from time to time in this empty land – such as Georgetown after 127km – before pulling into dusty Crodyon, a further 149km on.

- - - - - - - - - - - - - - - - - - - -

❹ Croydon

If you haven't already felt it on the road here, Croydon is where that sense of having fallen off the map and emerged into the outback really takes hold. It's a dusty kind of place that was once, incredibly, the biggest town in the Gulf of Carpentaria, thanks to a short but lucrative gold rush. Gold was discovered here in 1885, and in its heyday there were 30 pubs – just one, the Club Hotel, built in 1887, survives. Croydon's **visitor information centre** (☑07-4748 7152; www.croydon.qld.gov.au/ visitors; 51-59 Samwell St; ◷9am-4.30pm daily Apr-Sep,

Mon-Fri Oct-Mar) has details of the historic precinct and shows a short film (free) about the gold-rush days. At the timber **Croydon General Store** (☑07-4745 6163; 95 Sircom St; ◷6.30am-6pm daily Apr-Sep, Mon-Fri Oct-Mar) the sign declares this the 'oldest store in Australia, established 1894'.

📖 p249

The Drive ≫ The Savannah Way (which after Normanton continues, much of it unsealed, into the Northern Territory) takes you 148km through the red-and-yellow countryside into Normanton.

- - - - - - - - - - - - - - - - - - - -

❺ Normanton

The port for Croydon's gold rush, Normanton has a broad and rather long main street lined with colourful old buildings. These days it's a quiet place that occasionally springs into life: every Easter the **Barra Bash**

lures big crowds, as do the **Normanton Rodeo & Show** (mid-June) and the **Normanton Races** (September). In the historic Burns Philp building, Normanton's excellent **visitor information and heritage centre** (☑07-4745 8444; www.carpentaria.qld.gov. au; cnr Caroline & Landsborough Sts; ◷9am-4.30pm Mon-Fri, 10am-3pm Sat & Sun Apr-Sep, 9am-1pm Mon-Fri Oct-Mar) has historical displays and lots of regional information. Everyone takes a photo of **Krys the Crocodile** on Landsborough St. It's a supposedly life-size statue of an 8.64m saltie shot by croc hunter Krystina Pawloski on the Norman River in 1958 – the largest recorded croc in the world.

The Drive ≫ As the crow flies, Karumba, on the shores of the Gulf, is a short distance away across the Mutton Wetlands, but by road you'll need to travel around 74km to reach the town.

Herberton Heritage buildings

6 Karumba

When the sun sinks into the Gulf of Carpentaria in a fiery ball of burnt ochre, Karumba is transformed into a little piece of outback paradise. Karumba is the only town accessible by sealed road on the entire gulf coast, and it's a great place to kick back for a few days. The actual town is on the Norman River, while Karumba Point, about 6km away by road, is on a gulf beach. Karumba's **visitor information centre** (📞07-4747 7522; www.carpentaria.qld. gov.au; 149 Yappar St, Karumba Town; ⏰9am-4.30pm Mon-Fri, 10am-3pm Sat & Sun Apr-Sep, 9am-1pm Mon-Fri Oct-Mar; 🛜) has details of fishing charters and cruises; **Ferryman** (📞07-4745 9155; www.ferryman.net.au; Gilbert St, Karumba Town; sunset cruises adult/child $60/30, wildlife cruises $80/40) operates regular sunset cruises and fishing charters in the Dry, while **Croc & Crab Tours** (📞0417 011 411; www.crocandcrab.com.au; 40 Col Kitching Dr, Karumba Point; half-day tours adult/ child $120/60, cruises adult/ child $80/40) runs excellent half-day tours including crab-catching and croc-spotting on the Norman River.

✕ 🛏 p249

The Drive ≫ When you can bring yourself to leave the gulf behind, return to Normanton. From here the Burke Developmental Rd is a seriously quiet outback road, crossing the dry gulf hinterland. After 192km, pause for some company at the Burke & Wills Roadhouse, and then it's 181 lonely kilometres south to Cloncurry.

---

7 Cloncurry

Compared with where you're coming from, Cloncurry (population 2719) will seem like the height of civilisation. Known to its friends as 'the Curry', it's renowned as one of the hottest places in Australia and the birthplace of the Royal Flying Doctor Service (RFDS); today it's a busy pastoral centre. The outstanding **John Flynn Place** (📞07-4742 2778; www.johnflynnplace. com.au; cnr Daintree & King Sts; adult/child/family $11.50/7.50/30; ⏰9am-4pm Mon-Fri year-round, to 3pm Sat & Sun May-Sep) celebrates Dr John Flynn's work setting up the invaluable and groundbreaking RFDS, which gives hope, help and health services to people across the remote outback.

The Drive ≫ You're almost there and, having come so far, you'll barely notice the final 122km along the slightly (but only slightly) more heavily trafficked Barkly Hwy.

---

8 Mt Isa

You can't miss the smokestacks as you drive into Mt Isa, one of Queensland's longest-running mining towns and a travel and lifestyle hub for central Queensland. The sunset view from the **City Lookout** of the twinkling mine lights and silhouetted smokestacks is strangely pretty and *very* Mt Isa. Strange rock formations – padded with olive-green spinifex – line the perimeter of town, and deep-blue sunsets eclipse all unnatural light. Try to visit in mid-August for Australia's largest **rodeo** (📞07-4743 2706; www.isarodeo.com.au; ⏰2nd weekend in Aug). Don't miss the award-winning **Outback at Isa** (📞07-4749 1555; www.experiencemountisa.com. au; 19 Marian St; ⏰8.30am-5pm), which includes the **Hard Times Mine** (📞07-4749 1555; www. experiencemountisa.com.au; 19 Marian St; adult/child/family $79/35/199; ⏰tours daily), an authentic underground trip to give you the full Isa mining experience; the **Isa Experience & Outback Park** (📞07-4749 1555; www. experiencemountisa.com. au; 19 Marian St; adult/child/ family $20/10/50; ⏰8.30am-5pm), a hands-on museum providing a colourful and articulate overview of local history; and the fascinating **Riversleigh Fossil Centre** (📞07-4749 1555; www.experiencemountisa. com.au; 19 Marian St; adult/ child/family $15/6/33; ⏰8.30am-5pm).

✕ 🛏 p249

Eating & Sleeping

Undara Volcanic National Park ❸

🛏 Undara Experience Resort — Resort $$

(☎1800 990 992; www.undara.com.au; Undara Rd; powered/unpowered sites per adult $19/16, swag tent d $78, railway carriage d $180; 🕑mid-Mar–mid-Nov; ❄ 🐾) In rustic bushland just outside the national park, Undara Experience has a super range of accommodation, from a shady campground to nifty little swag tents on raised platforms and modern en-suite rooms. Pride of place goes to the restored railway carriages, charmingly fitted out, some with en suite. Lots of bushwalks and easy access to the lava tubes.

Croydon ❹

🛏 Croydon Caravan Park — Caravan Park $

(☎07-4745 6238; www.croydon.qld.gov.au/croydon-caravan-park; cnr Brown & Alldridge Sts; powered/unpowered sites $30/20, cabins d/f $100/120; ❄ 🐾) Croydon's little caravan park is right in the centre and has friendly management and the usual facilities, including a pool. The green lawns are lovely if you're coming in out of the bush, and there's a little shade if you get there early.

Karumba ❻

🍴 Sunset Tavern — Pub Food $$

(☎07-4745 9183; www.sunsettavern.com.au; Esplanade, Karumba Point; mains $15-35, pizza $20-30; 🕑noon-2pm & 5.30-8.30pm) This big open-sided place is the hub of Karumba Point at sunset; watch the sun sink into the gulf over a glass of wine and a seafood platter. The food is reasonably good, especially the locally caught barra (best grilled) but the view from the garden tables is better – arrive early to snag a seat at an outdoor table.

🛏 End of the Road Motel — Motel $$

(☎07-4745 9599; www.endoftheroadmotel.com.au; 26 Palmer St, Karumba Point; d $165-200, 2-bedroom apt $210; ❄ 🐾 🐾) Karumba's best all-round motel has a range of rooms from large studios to self-contained one- and two-bedroom apartments, and sunset views from the garden. The best rooms have gulf views, of course.

Mt Isa ❼

🍴 Rodeo Bar & Grill — Steak $$

(☎07-4749 8888; cnr Miles St & Rodeo Dr; mains $16-40; 🕑6.30-11.30am, noon-3pm & 6-9pm) Booth seating brings a touch of intimacy to this cavernous bar-restaurant with open kitchen inside the Isa Hotel. The menu offers something for everyone, from pizzas and tapas-style snacks to outback-size steaks. Breakfast is good, too.

🛏 Travellers Haven — Hostel $

(☎07-4743 0313; www.travellershaven.com.au; 75 Spence St; dm/s/d $30/60/75; ❄ @ 🐾 🐾) The rooms are fairly modest but this is the only genuine backpacker hostel in Isa – and most of outback Queensland – so it's a great meeting place. It has the essentials like a pool, a kitchen and free wi-fi. The owners offer informal tours.

🛏 Red Earth Hotel — Boutique Hotel $$$

(☎07-4749 8888, 1800 931 235; www.redearth-hotel.com.au; Rodeo Dr; r $166-249; ❄ @ 🐾) The boutique Red Earth is undoubtedly Mt Isa's top address (unless you want a pool), with period-style furniture, claw-foot bathtubs and uniformed staff. It's worth paying a little extra for a private balcony, spa and huge TV. There's a cocktail bar, and an excellent **restaurant** (☎07-4749 8888; http://redearthhotel.com.au/thai-restaurant/; 20 West St; mains $18; 🕑6-9pm Tue-Sat) in the lobby. Online discounts available.

The **Isa Hotel** (☎07-4749 8888, 1800 931 235; www.isahotel.com.au; 11 Miles St; s/d $129/139; ❄ 🐾) is part of the same hotel complex, with cheaper rooms.

South Australia

ESCAPE THE FRENZY OF AUSTRALIA'S EAST COAST WITH A FEW DAYS ROAD- tripping around gracious, relaxed South Australia. Australia's hottest and driest state, it beats the heat by celebrating life's finer things: fine landscapes, fine festivals, fine food, and (...OK, forget the other three) fine wine.

It's true – almost everywhere you go in SA you'll find cellar doors vying for your attention. Succumb to temptation in SA's famous wine regions: the Barossa Valley, Clare Valley, Coonawarra, McLaren Vale and the Adelaide Hills. But don't miss Kangaroo Island's wildlife and seafood; big-sky, wild-west landscapes on the Yorke and Eyre peninsulas; the photogenic Flinders Ranges; and the craggy coast and caves along the beach-strewn Limestone Coast. At the heart of it all, Adelaide is a buzzy, festival-prone capital of 1.34 million people.

Barossa Valley Vineyards at sunset

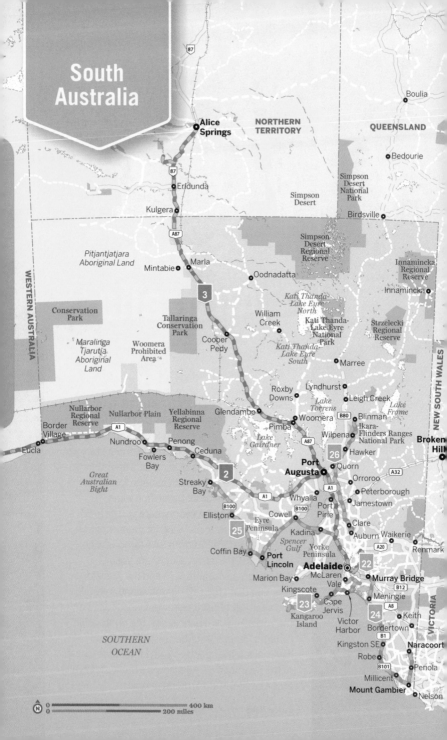

Oysters Coffin Bay

2 **Across the Nullarbor 5-7 Days**
Epic desert crossing with detours to the Great
Australian Bight. (See p45)

22 **Adelaide Hills & the Barossa Valley 3-4 Days**
Imagine yourself in southern Germany in this
distinguished wine region.

23 **McLaren Vale & Kangaroo Island 7 Days**
McLaren Vale wines go especially well with the
everywhere-you-look wildlife of Kangaroo Island.

24 **Limestone Coast & Coonawarra 5-7 Days**
The Murray meets the sea here, with wines,
gorgeous towns and even a Unesco site.

25 **Yorke & Eyre Peninsulas 5-7 Days**
Historic townships and a wild, serrated coastline
make these long promontories stand out.

26 **Clare Valley & the Flinders Ranges 7-10 Days**
World-class wines and historic towns precede red-
rocked outback.

 **DON'T
MISS**

Barossa Wineries

Go from one cellar door
to another through the
lovely country.

**Spirit of the
Coorong**

Get out on the water to
shepherd the Murray to
the ocean.

**Pure Coffin
Bay Oysters**

Dine on Australia's
best oysters on a tour
at Coffin Bay National
Park.

**Naracoorte Caves
National Park**

Do a David Attenborough
and search for giant
fossils.

Wilpena Pound

Hike in the extraordinary
Flinders Ranges region.

Adelaide Hills & the Barossa Valley

These two regions encapsulate all that is good about South Australia: gorgeous agrarian landscapes, bountiful produce, photogenic old stone villages and fine wine. OK, so it's mostly the fine wine...

TRIP HIGHLIGHTS

118km

Angaston
Charming, bustling town that still retains an agricultural vibe

Nuriootpa

FINISH 9

7

Eden Valley

130km

Tanunda
Classic Barossa town with classic Barossa wines

Mount Pleasant

START
Adelaide

Lobethal

Uraidla • Woodside

3

4

Stirling
Photogenic village that dazzles with colour in the autumn

28km

Hahndorf
Beautiful Germanic village high in the Adelaide Hills

40km

**3–4 DAYS
130KM / 80 MILES**

GREAT FOR...

BEST TIME TO GO
March to May, when the vine leaves are at their autumnal best.

ESSENTIAL PHOTO
Across the Barossa from atop Mengler's Hill Lookout.

BEST FOR WINE
Tanunda's big reds and the Adelaide Hills' cool-climate whites are truly word-class.

Barossa Valley View from Mengler's Hill Lookout

255

Classic Trip

Adelaide Hills & the Barossa Valley

22

When the Adelaide plains are desert-hot in summer, the Adelaide Hills (technically the Mt Lofty Ranges – the traditional lands of the Peramangk people) are always a few degrees cooler, with crisp air and labyrinthine valleys. Early colonists built stately summer houses around Stirling and Aldgate, and German settlers escaping religious persecution also arrived, infusing towns like Hahndorf and Lobethal with European values and architecture. Further north, the Barossa Valley's wineries are truly world-class.

① Adelaide

Adelaide these days has moved on from its pious, hokey 'City of Churches' tag with hip laneway bars and a reputation for world-class cultural fiestas. Whilst this trip offers plenty of opportunities for a drink, let's sidestep the booze for a moment and find a laid-back spot to chill out. Beachy **Glenelg** fits the bill perfectly. 'The Bay' – the site of SA's first colonial incursion into Kaurna country – is Adelaide at its most LA. Glenelg's lovely beach faces west, and as the sun sinks into the sea, the

fish-and-chip shops burgeon with surfies, backpackers and sun-damaged sexagenarians. The tram rumbles in from the city, past the Jetty Rd shopping strip to the al-fresco cafes around Moseley Sq. The **Glenelg Visitor Information Centre** (☏08-8294 5833; www.glenelgsa.com.au; Glenelg Town Hall, Moseley Sq, Glenelg; ◷10am-4pm) has the local low-down: pick up the *Kaurna yarta-ana* cultural map for some insights into Aboriginal heritage in the area.

✕ ⮕ p264

The Drive » From the city centre, the quickest route

into the Adelaide Hills is the Southeastern Fwy (M1) to Stirling. But take Greenhill Rd from the southern edge of the Adelaide Park Lands instead – a very straight then very wiggly 17km Hills mainline that deposits you in endearing little Uraidla.

---

2 Uraidla

Just a few short years ago, the town of Uraidla (and neighbouring **Summertown**, 1km closer to the city) were neglected, overlooked, bypassed and forgotten (we could think of plenty more grim adjectives, but you get the picture). Then, the old pub was tarted up and started brewing craft beer out the back of the cafe next door. A pizza joint opened up in the old church across the road, and a bistro started making 'Top 100 Restaurants' lists around the country. BOOM! Now there are few more pleasant places in the Hills to

LINK YOUR TRIP

3 Alice Springs to Adelaide

From the outback to South Australia's urbane capital (1500km), this trip is an exercise in contrasts.

25 Yorke & Eyre Peninsulas

Adelaide is the start of the 701km to Streaky Bay before crossing two vast peninsulas, joined by a ferry.

while away an afternoon. The **Uraidla Hotel** (☎08-8390 0500; www.uraidlahotel. com.au; 1198 Greenhill Rd, Uraidla; ⏰11am-late) is the epicentre of proceedings here: don't miss it.

The Drive » Got your smartphone/GPS? From Uraidla, the drive to Stirling is convoluted and poorly signed – but basically you want to backtrack a kilometre or so to Summertown, turn south onto Piccadilly Rd, left onto Old Mt Barker Rd, cross the freeway, take a right into Pomona Rd and you're there. It's a very scenic 8km drive.

TRIP HIGHLIGHT

③ Stirling

The photogenic little village of **Stirling** (population 2970) is famed for its bedazzling autumn colours, thanks to the deciduous trees the first white residents saw fit to seed – it's one of the most spectacular autumnal shows in the country. In late April, the resident doctor-and-lawyer types are positively brimming with civic pride. There are some great cafes here these days and the brilliant **Stirling Hotel** (☎08-8339 2345; www.stirling hotel.com.au; 52 Mt Barker Rd, Stirling; d from $230; 🅿🌀🤖) – but a more constructive use of your time might be a visit to **Mt Lofty Summit** (☎08-8370 1054; www.parks.

sa.gov.au; Mt Lofty Summit Rd, Crafers; ⏰24hr) which, at a surprising 727m, has show-stopping views across the Adelaide plains to the shimmering Gulf St Vincent. **Mt Lofty Summit Visitor Information Centre** has info on local attractions and walking tracks, including the steep Waterfall Gully Track (8km return, 2½ hours) and **Mt Lofty Botanic Garden** (☎08-8222 9311; www.botanicgardens.sa.gov.au; gates on Mawson Dr & Lampert Rd, Crafers; ⏰8.30am-4pm Mon-Fri, 10am-5pm Sat & Sun) Loop Trail (7km loop, two hours). There's a decent **cafe** here too. Afterwards, if you've yet to spy a koala on your travels, you can hug one at **Cleland Wildlife Park** (☎08-8339 2444; www.clelandwildlepark. sa.gov.au; 365 Mt Lofty Summit Rd, Crafers; adult/child/family $25.50/12/61; ⏰9.30am-5pm, last entry 4.30pm), just below the summit. Backtrack into Stirling and ferret out one of the best little wineries in the Adelaide Hills, **Deviation Road** (☎08-8339 2633; www.deviationroad.com; 207 Scott Creek Rd, Longwood; ⏰10am-5pm; 👶). There's nothing deviant about the wines here: sublime pinot noir, substantial shiraz, zingy pinot gris and a very decent bubbly. Put a couple of bottles in your bag for later on. Not far away, and really rather oddly, one-horse **Aldgate** (population 3350) has been home to both Bon Scott and Mel Gibson over the years. Go figure.

✕ 🛏 p264

The Drive » From Aldgate, forsake the fast-paced M1 and change down a gear: the quieter, prettier Mt Barker Rd through Bridgewater (is the waterwheel on the old Bridgewater Mill spinning today?) is a much nicer drive. It's about eight very wiggly kilometres from Aldgate up over Germantown Hill and down into Hahndorf, the oldest German settlement in Australia.

TRIP HIGHLIGHT

④ Hahndorf

Like the Rocks in Sydney, and Richmond near Hobart, Hahndorf is a 'ye olde worlde' colonial enclave that trades ruthlessly on its history: it's something of a kitsch parody of itself. That said, Hahndorf (population 2670) is undeniably pretty, with Teutonic sandstone architecture, European trees, and flowers overflowing from half wine barrels. And it is interesting: Australia's oldest surviving German settlement (1839), founded by 50 Lutheran families fleeing religious persecution in Prussia, Hahndorf was placed under martial law during WWI, and its name changed to 'Ambleside' (renamed Hahndorf in 1935). It's also slowly becoming less kitsch and more cool: there are a few interesting cafes and bars, and on a sunny day the main street is positively pumping. For an informed taste of what it's all about, try **Hahndorf Walking**

Tours (📞0477 288 011; www.facebook.com/hahndorfwalkingtours; adult/child $35/15; 🕐tours 2pm daily); or duck into one of the town's old stone pubs for a wurst, a Löwenbräu and some sauerkraut – we like the **Hahndorf Inn** (📞08-8388 7063; www.hahndorfinn.com.au; 35 Main St, Hahndorf; mains $23-46; 🕐10.30am-late; 🚩). Hahndorf's history assumes a more artistic shape at the **Hahndorf Academy** (📞08-8388 7250; www.hahndorfacademy.org.au; 68 Main St, Hahndorf; 🕐10am-5pm), but if your journey is all about good food and wine, you're in luck. Three of the Hills' best wineries are on the outskirts of town: **Nepenthe Wines** (📞08-8398 8899; www.nepenthe.com.au; 93 Jones Rd, Balhannah; 🕐10am-4pm), **Shaw & Smith** (📞08-8398 0500; www.shawandsmith.com; 136 Jones Rd, Balhannah; wine-flight tastings from $20; 🕐11am-5pm) and **The Lane** (📞08-8388 1250; www.thelane.com.au; 5 Ravenswood Lane, Hahndorf; 🕐10am-4pm) – the last of these three also has superb views over rolling vine-striped hillsides. On the opposite side of Hahndorf, you can pick your own strawberries between November and May from the famous, family-run **Beerenberg Strawberry Farm** (📞08-8388 7272; www.beerenberg.com.au; 2106 Mount Barker Rd; strawberry picking per adult/child $4/free, strawberries per kg $11; 🕐9am-5pm).

🍴 🛏 p264

The Drive » From Hahndorf, return northwest along Mt Barker

BAROSSA VALLEY WINES

With hot, dry summers and cool, moderate winters, the Barossa is one of the world's great wine regions – an absolute must for anyone with even the slightest interest in a good drop. It's a compact valley – just 25km long – yet it produces 21% of Australia's wine. The local towns have a distinctly German heritage, dating back to 1842. Fleeing religious persecution in Prussia and Silesia, settlers (bringing their vine cuttings with them) created a Lutheran heartland where German traditions persist today. The physical remnants of colonisation – Gothic church steeples and stone cottages – are everywhere. Cultural legacies of the early days include a dubious passion for oom-pah bands, and an appetite for wurst, pretzels and sauerkraut.

The Barossa is best known for shiraz, with riesling the dominant white. There are 80-plus vineyards here and around 60 cellar doors, ranging from boutique wine rooms to monstrous complexes. The long-established 'Barossa Barons' hold sway – big, ballsy and brassy – while spritely young boutique wineries are harder to sniff out. The pick of the bunch:

Rockford Wines (📞08-8563 2720; www.rockfordwines.com.au; 131 Krondorf Rd, Tanunda; 🕐11am-5pm) Boutique 1850s cellar door with small-range wines, including sparkling reds.

Henschke (📞08-8564 8223; www.henschke.com.au; 1428 Keyneton Rd, Keyneton; 🕐9am-4.30pm Mon-Fri, to noon Sat) Old-school Henschke (1860s) known for its iconic Hill of Grace red.

Peter Lehmann (📞08-8565 9555; www.peterlehmannwines.com; Para Rd, Tanunda; 🕐9.30am-5pm Mon-Fri, 10.30am-4.30pm Sat & Sun) The shiraz and riesling vintages here are probably the most consistent, affordable and widely distributed wines in the Barossa.

Seppeltsfield (📞08-8568 6200; www.seppeltsfield.com.au; 730 Seppeltsfield Rd, Maranaga; 🕐10.30am-5pm) Atmospheric, bluestone Seppletsfield estate started life in 1851 when Joe Seppelt established one of Australia's most esteemed wine brands.

Penfolds (📞08-8568 8408; www.penfolds.com; 30 Tanunda Rd, Nuriootpa; 🕐9am-5pm) A Barossa legend. Book ahead for the Make Your Own Blend tour ($65), or the Taste of Grange tour ($150).

Classic Trip

HENSCHKE
CELLARS

WHY THIS IS A CLASSIC TRIP
CHARLES RAWLINGS-WAY, WRITER

Any visitor to South Australia who's into wine will want to check out the Barossa Valley – the region is a true icon of SA. But it's a desperately dull drive up a series of freeways from Adelaide. Instead, take the superscenic (and only slightly longer) route through the old towns of the Adelaide Hills – a South Australian history lesson and a mighty pretty wine region in its own right.

Above: Hahndorf's German heritage
Left: Henschke Cellars, near Angaston
Right: Yalumba winery, Angaston

LKONYA/SHUTTERSTOCK ©

Rd, then turn north (right) along Ambleside Rd. Where it ends, take Onkaparinga Valley Rd (B34) to the right through Balhannah and Oakbank to Woodside – it's a picturesque 12km drive.

---

5 Woodside

Workaday Woodside (population 2610 – founded in the early 1850s) has a few enticements for galloping gourmands – it's here that the foodie character of your classic SA trip begins to show itself. In an old redbrick industrial complex behind the main street, **Woodside Cheese Wrights** (📞08-8389 7877; www.woodsidecheese.com.au; Heritage Park, 22 Henry St; tastings free, cheeses from $5; ⏰11am-4pm) is a passionate and unpretentious gem, producing classic, artisan and experimental cheeses (soft styles a specialty) from locally grazing sheep and cows. Our pick is the lemon myrtle chevre. Just next door, stock up on rocky road, scorched almonds and appallingly realistic chocolate cow pats at **Melba's Chocolate & Confectionery Factory** (📞08-8389 7868; www.melbaschocolates.com; Heritage Park, 22 Henry St; tastings free, chocolates from $2; ⏰9am-4.30pm), a long-running Hills institution. If you're in more of a wine frame of mind, check out **Bird in Hand** (📞08-8389 9488; www.birdinhand.com.au; cnr Bird in Hand & Pfeiffer Rds; ⏰10am-5pm Mon-Fri, 11am-5pm Sat & Sun) just north of town. Expect brilliant pinot

rosé), plus shiraz, merlot and blends, and an olive-oil press. Regular concerts happen in summer and there's the upmarket Galley restaurant for lunch.

The Drive ›› Continue northeast along the B34 for 3km, then take the Lobethal turnoff to the left. Bisect a few paddocks and you'll be in Lobethal in a quickfire 3km.

6 Lobethal

In the 'Valley of Praise', Lobethal (population 2530), was established by Lutheran Pastor Fritzsche and his followers in 1842. Like Hahndorf, Lobethal was renamed during WWI – 'Tweedale' was the unfortunate choice. It's still a pious town: church life plays a leading role in many locals' day-to-day lives, though some excellent wineries in the surrounding hills demand reverence of a different kind. Lobethal's main street has the usual complement of soporific pubs and hardware stores, but the town really hits its straps during December's **Lights of Lobethal festival** (www.lightsoflobethal. com.au; ⊙Dec) – a blaze of Christmas lights bringing in sightseers. Check out the town, then head to the streetside terrace at the **Lobethal Bierhaus**

(📞08-8389 5570; www. bierhaus.com.au; 3a Main St; ⊙noon-10pm Fri & Sat, noon-6pm Sun) for some serious craft-beer concoctions. The Red Truck Porter will put hairs on your chest, whether you want them or not. Up in the hills behind town, seek out **Pike & Joyce** (📞08-8389 8102; www.pikeandjoyce.com.au; 730 Mawson Rd, Lenswood; ⊙11am-4pm Mon-Fri, 11am-5pm Sat & Sun) winery for some sublime chardonnay and mesmerising views.

The Drive ›› From Lobethal, get your skates on and make the physical and psychological shift from the Adelaide Hills to the Barossa Valley. Angaston is 60km away via the B34 then the B10.

TRIP HIGHLIGHT

7 Angaston

An agricultural vibe persists in photo-worthy Angaston, named after George Fife Angas, a pioneering Barossa pastoralist. There are relatively few wineries on the town's doorstep: cows graze in paddocks at the end of the town's streets. Along the main drag are two pubs, some terrific eateries and a few B&Bs in old stone cottages (check for double glazing and ghosts – we had a sleepless night!). Don't miss the hearty Germanic offerings, local produce and questionable buskers at the weekly **Barossa Farmers Market** (📞0402 026 882; www.barossafarmers market.com; cnr Stockwell

& Nuriootpa Rds, Angaston; ⊙7.30-11.30am Sat); and the excellent **Barossa Valley Cheese Company** (📞08-8564 3636; www.barossa cheese.com.au; 67b Murray St, Angaston; ⊙10am-5pm Mon-Fri, to 4pm Sat, 11am-3pm Sun) on the main street (it's unlikely you'll leave without buying a wedge of the Washington Washed Rind).

To get the whole wine thing happening, about 10km southeast of Angaston in the Eden Valley, old-school Henschke (p259) is known for its iconic Hill of Grace red, but most of the wines here are classics. If you don't have the time/energy/petrol to visit Henschke, duck into **Taste Eden Valley** (📞08-8564 2435; www.tasteedenval-ley.com.au; 6 Washington St, Angaston; ⊙10am-5pm) in the middle of Angaston to sample the valley's best offerings. Also in Angaston, **Yalumba** (📞08-8561 3200; www.yalumba.com; 40 Eden Valley Rd, Angaston; ⊙10am-5pm) is one of the Barossa's (and Australia's) major players, making big bucks at the budget end of the wine spectrum. But there's nothing 'budget' about the gorgeous 1850s estate. The cellar door here offers tastes of the good stuff that doesn't end up in cardboard casks. Check out the old brick chimney – the Leaning Tower of Angaston?

✗ p265

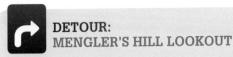

DETOUR:
MENGLER'S HILL LOOKOUT

Start: Angaston ⑦

From Angaston, rise above the boozy goings-on down on the valley floor with a detour up to **Mengler's Hill Lookout** (Menglers Hill Rd, Tanunda; ⏱24hr), from where hazy views extend across the vine stripes and the church spires (just ignore the naff sculptures in the foreground). Studded with huge eucalyptus trees, Menglers Hill Rd tracks through beautiful rural country between the two towns. To rejoin the main route, continue down the other side of the hill and head for Nuriootpa via Light Pass Rd, turning left onto Siegersdorf Rd, then right onto Murray St.

The Drive » Nuriootpa lies just 7km northwest of Angaston along the B10. You're now deep in the dark heart of the Barossa Valley.

⑧ Nuriootpa

Along an endless main street at the northern end of the valley, Nuriootpa is the Barossa's commercial centre. It's not as endearing as Tanunda or Angaston, but has a certain agrarian simplicity. There's a big new supermarket complex here too, and unlike many South Australian towns, the population in 'Nuri' is actually growing. Perhaps it has something to do with Lutheran spirit: a sign says, 'God has invested in you – are you showing any interest?' Don't miss a drive along **Seppeltsfield Rd** (☎1300 852 982; www.seppeltsfieldroad.com; Seppeltsfield Rd, Marananga; ⏱24hr), an incongruous avenue of huge palm trees meandering through the vineyards behind Nuri. Beyond Marananga the palm rows veer off the roadside and track up a hill to the **Seppelt Family Mausoleum** (☎08-8568 6217; www.seppeltsfieldroad.com; Lot 2 Seppeltsfield Rd, Marananga; ⏱24hr) – a Grecian tomb fronted by chunky Doric columns. If wine is why you're here, Seppeltsfield (p259) itself is one of Australia's most esteemed wineries, founded in 1851 when Joe Seppelt stuck some vines in the Barossa dirt and came up trumps. It's famous for its 100-year-old Para Tawny. Back closer to town, Penfolds (p259) is a Barossa institution and one of Australia's best-known wineries. Book ahead for the 'Make Your Own Blend' tour ($65), or the 'Taste of Grange' tour ($150), which allows you to slide some Grange Hermitage across your lips (if you want to buy a bottle, prices kick off at around $900).

✗ p265

The Drive » Take the B19 southwest from Nuriootpa and after 7km you'll find yourself in busy Tanunda.

TRIP HIGHLIGHT

⑨ Tanunda

At the centre of the valley both geographically and socially, Tanunda is the Barossa's main tourist town. Tanunda manages to morph the practicality of Nuriootpa with the charm of Angaston without a sniff of self-importance. The wineries are what you're here for and it's very much worth the wait. Tanunda is flush with historic buildings, including the cottages around **Goat Square** (cnr John & Maria Sts, Tanunda; ⏱24hr). Just south of town, watch honest-to-goodness coopers make and repair wine barrels at the **Keg Factory** (☎08-8563 3012; www.thekegfactory.com.au; 25 St Hallett Rd, Tanunda; ⏱8am-4pm Mon-Fri, 11am-4pm Sat). With this research complete, get down to the seriously pleasurable business of indulging in the region's wines.

✗ ⌂ p265

263

Eating & Sleeping

Adelaide ❶

✘ Central Market   Market $

(📞08-8203 7494; www.adelaidecentralmarket.
com.au; Gouger St, Adelaide; ⏰7am-5.30pm
Tue & Thu, 9am-5.30pm Wed, 7am-9pm Fri,
7am-3pm Sat) This place is an exercise in
sensory bombardment: a barrage of smells,
colours and cacophonous stallholders
selling fresh vegetables, breads, cheeses,
seafood and gourmet produce. Cafes, hectic
food courts, a supermarket and Adelaide's
Chinatown are here too. Just brilliant – don't
miss it!

✘ Peel
Street   Modern Australian, Asian $$

(📞08-8231 8887; www.peelst.com.au; 9
Peel St, Adelaide; mains $20-35; ⏰7.30am-
10.30pm Mon & Wed-Fri, 7.30am-4.30pm
Tues, 6-10.30pm Sat) Peel St itself – a long-
neglected service lane in Adelaide's West End
– is now Adelaide's after-dark epicentre, lined
with hip bars and eateries, the best of which is
this one. It's a supercool cafe/bistro/wine bar
that just keeps packing 'em in: glam urbanites
sit at window seats nibbling parmesan-
crumbed parsnips and turkey meatballs with
preserved lemon. Killer wine list.

🛏 Soho Hotel   Hotel $$

(📞08-8412 5600; www.thesohohotel.com.au;
264 Flinders St, Adelaide; d from $159;
P ❄ �📶 🏊) Attempting to conjure up the
vibe of London's Soho district, these plush
suites in Adelaide's East End (some with spas,
most with balconies) are complemented
with sumptuous linen, 24-hour room service,
Italian-marble bathrooms, a rooftop jet pool
and a fab restaurant. Rates take a tumble
midweek. Parking from $20. Look out for 'Raid
the Minibar' rates with online bookings.

Stirling ❸

✘ Fred Eatery   Cafe $$

(📞08-8339 1899; www.fredeatery.com.au; 220
Mt Barker Rd, Aldgate; mains $12-26; ⏰7.30am-
4pm Tue-Fri, 7.30am-3.15pm Sat & Sun, plus
6-9pm Fri; �) Build it, and they will come... For
decades Aldgate eked out a cafe lifestyle with
no quality cafe offerings. Then along came Fred,
a rather urbane fellow, decked out in green,
black and white, with a savvy cityside menu,
killer coffee and great staff. The house Bircher
muesli makes a solid start to the day, while the
bodacious Reuben sandwich is calorific heaven.

🛏 Mt Lofty House   Historic Hotel $$$

(📞08-8339 6777; www.mtloftyhouse.com.au;
74 Mt Lofty Summit Rd, Crafers; d/ste/
cottage from $299/399/499; P ❄ �📶 🏊)
Proprietorially poised above Mt Lofty Botanic
Garden (awesome views), this 1852 stone
baronial mansion has lavish heritage rooms
and garden suites, plus the upmarket Hardy's
restaurant (also with killer views; two/three
courses $79/95) and moody Arthur Waterhouse
lounge bar. There's been an absolute mint spent
on this place recently, and it's looking superb.
The perfect honeymooner/naughty weekender.

Hahndorf ❹

✘ Haus   Bistro $$

(📞08-8388 7555; www.haushahndorf.com.au;
38 Main St, Hahndorf; breakfast $7-23, lunch
& dinner mains $20-42; ⏰7.30am-11pm) Haus
brings some urban hip to the Hills. Rustic-style
pizzas are laden with local smallgoods, and
the wine list is gargantuan (lots of Hills drops).
Also on offer are baguettes, pasta, burgers,
steaks, salads and quiches. Prop yourself on the
street-side terrace if it's warm. Good coffee and
interesting craft beers, too. Nice one, Haus.

⌂ Hahndorf Resort
Caravan Park **$**

(📞1300 763 836, 08-8388 7921; www.hahndorf resort.com.au; 145a Mount Barker Rd, Hahndorf; powered sites from $40, cabins & villas from $140; P ❄ 🛜 ☺) It may feel a bit odd camping this close to Adelaide – not really in it, not really out of it – but if the sun is setting and you want to park your van, there are supertidy grassy terraced sites here. Wander into Hahndorf for a meal, or hit the impressive camp kitchen. Lots of cabin/villa configurations too, all totally immaculate.

Angaston

✕ Salters Kitchen
Modern Australian **$$**

(📞08-8561 0200; www.saltramwines.com.au/ restaurant; Saltram Wines, Murray St, Angaston; pizzas $27, mains $25-40; ⊙noon-2pm Mon-Fri, noon-3pm Sat & Sun) Part of the estimable Saltram Wines estate (150 years old!) on the outskirts of Angaston, glass-fronted Salters serves classy wood-oven pizzas and meaty mains (steaks, lamb rack, pork belly etc). Sit on the lovely vine-hung terrace and order the excellent lamb-shoulder and goat-cheese pizza with rosemary and olives.

✕ Vintners Bar & Grill
Modern Australian **$$$**

(📞08-8564 2488; www.vintners.com.au; cnr Stockwell & Nuriootpa Rds, Angaston; mains $36-42; ⊙noon-2.30pm daily, 6.30-9pm Mon-Sat) One of the Barossa's landmark restaurants, Vintners emphasises simple elegance in both food and atmosphere. The dining room has an o-pen fire, vineyard views and bolts of crisp white linen; menus concentrate on local produce (the Moroccan spiced kangaroo with chickpeas and beets is a flavour sensation). A superclassy stayer.

Nuriootpa ⑧

✕ Maggie Beer's Farm Shop & Eatery
Deli **$**

(📞eatery 08-8562 1902, shop 08-8562 4477; www.maggiebeer.com.au; 50 Pheasant Farm Rd, Nuriootpa; items $5-20, hampers from $25, mains $34-38; ⊙shop 10.30am-5pm, eatery noon-3pm Mon-Fri, 11am-3pm Sat & Sun)

Celebrity SA gourmet Maggie Beer has been hugely successful with her quality condiments, preserves and pâtés (and TV appearances!). The vibe here isn't as relaxed as it used to be, but stop by for some gourmet tastings, an ice cream, a picnic hamper or a cooking demo (2pm daily). There's a high-end restaurant here now too – the **Farm Eatery** (www.thefarmeatery.com).

Tanunda ⑨

✕ Red Door Espresso
Cafe **$$**

(📞08-8563 1181; www.reddoorespresso.com; 79 Murray St, Tanunda; mains $8-29; ⊙7.30am-5pm Wed-Sat, 9.30am-4pm Sun; 🛜 ♿) A decent cafe shouldn't be hard to create, but it's rare in the Barossa for good food, coffee, staff, music and atmosphere to come together this well. The avocado and basil-infused eggs Benedict is a winner, best consumed with an eye-opening coffee in the pot-planted courtyard. Live music over weekend brunch; wine, cheese and antipasto in the afternoons.

✕ Fino Seppeltsfield
Modern Australian **$$$**

(📞08-8562 8528; www.fino.net.au; 730 Seppeltsfield Rd, Seppeltsfield; 3/4/5 plates $48/65/75, incl wine $83/115/135; ⊙noon-3pm daily, 6-8.30pm Fri & Sat) From humble beginnings in a little stone cottage on the Fleurieu Peninsula, Fino has evolved into one of Australia's best restaurants, now ensconced in the gorgeous 1851 Seppeltsfield estate west of Tanunda. Food from the understated, deceptively simple menu highlights local ingredients, and is designed to be shared. Try the dry-aged sirloin with anchovies, chard and butter.

⌂ Discover Holiday Parks Barossa Valley
Caravan Park **$**

(📞08-8563 2784; www.discoveryholidayparks. com.au; Barossa Valley Way, Tanunda; unpowered/powered sites from $38/47, cabins with/without bathroom from $162/119, safari tents $180, villas from $266; ❄ 🛜 ☺) This spacious park just south of town is dotted with mature trees offering a little shade to ease your hangover. Facilities include a playground, barbecues, a laundry and bike hire for guests (per day $35). The flashy two- and three-bedroom villas sleep up to six. Our pick are the new, and rather glamorous, en-suite safari tents with trim little decks.

STRETCH YOUR LEGS
ADELAIDE

Start/Finish: Central Market

Distance: 5km

Duration: 3 hours

Gracious Adelaide is at once conservative and progressive – a curious confluence of values that maintains old-school social hierarchies and fuels the city's hyperactive festival and bar scenes. It's also an eminently walkable city, with a crop of essential highlights close to one another.

Take this walk on Trips

Central Market

Adelaide's sprawling undercover **Central Market** (📞08-8203 7494; www.adelaidecentralmarket.com.au; 44-60 Gouger St, Adelaide; 🕒7am-5.30pm Tue & Thu, 9am-5.30pm Wed, 7am-9pm Fri, 7am-3pm Sat) is a terrific place to begin, with 250-odd stalls arranged in tidy aisles. Good luck making it out without eating anything! Adelaide's Chinatown is right next door. **Adelaide's Top Food & Wine Tours** (📞08-8386 0888; www.topfoodandwinetours.com.au) offers guided breakfast tours.

The Walk » Walk east along Gouger St to the greenery of Tarndanyangga/Victoria Sq, then head north along King William St. Beyond the Rundle Mall shopping strip and the iconic Adelaide Festival Centre, take the footbridge over the River Torrens to Adelaide Oval.

Adelaide Oval

Hailed as the world's prettiest cricket ground, the **Adelaide Oval** (📞08-8205 4700; www.adelaideoval.com.au; King William Rd, North Adelaide; tours adult/child $25/15; 🕒tours 10am, 11am & 2pm daily, plus 1pm Sat & Sun) hosts cricket matches in summer, plus Australian football matches in winter. Guided 90-minute tours run on non-game days. Also here is the **Bradman Collection** (📞08-8211 1100; www.adelaideoval.com.au/bradman-collection; Adelaide Oval, War Memorial Dr, North Adelaide; 🕒9am-4pm nonplaying days), dedicated to Don Bradman, cricket's greatest batsman.

The Walk » Re-cross the river then follow the scenic south bank to Frome Rd; head uphill through a glorious avenue of plane trees. Turn left onto North Tce, and continue past the Adelaide Botanic Gardens to the barrel-like National Wine Centre.

National Wine Centre of Australia

Adelaide's curvaceous **National Wine Centre of Australia** (📞08-8313 3355; www.wineaustralia.com.au; cnr Botanic & Hackney Rds, Adelaide; 🕒9am-6pm) doubles as a research facility for the University of Adelaide, as well as a visitor centre and offers the free, self-guided

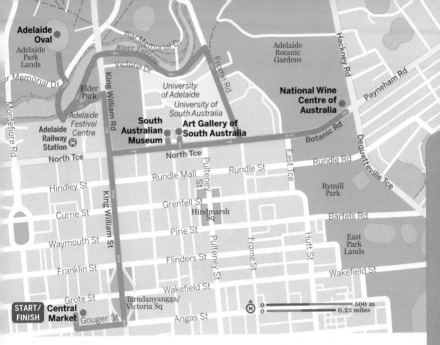

Wine Discovery Journey exhibition. Explore the Cellar Door and get stuck into some cleverly automated tastings (from $2.50). Free guided tours run at 11.30am daily.

The Walk >> Return back along North Tce (or take a detour through the Adelaide Botanic Gardens if you prefer). Just after Pulteney St on the left, you'll see the sandstone colonnade fronting the Art Gallery of South Australia on your right.

Art Gallery of South Australia

Spend a few hushed hours in the vaulted, parquetry-floored **Art Gallery of South Australia** (☎08-8207 7000; www.artgallery.sa.gov.au; North Tce, Adelaide; ☺10am-5pm), representing the big names in Australian art. Permanent exhibitions include Australian, Aboriginal and Torres Strait Islander, Asian, European and North American art (20 bronze Rodins!). There are free guided tours (11am and 2pm daily) and lunchtime talks (12.30pm every day except Tuesday).

The Walk >> Exit the gallery onto North Tce and turn west: the estimable South Australian Museum is right next door (you won't even have time to work up a sweat).

South Australian Museum

Dig into Australia's natural history at the **South Australian Museum** (☎08-8207 7500; www.samuseum.sa.gov.au; North Tce, Adelaide; ☺10am-5pm), with special exhibits on whales and Antarctic explorer Sir Douglas Mawson. Over two levels, the amazing Australian Aboriginal Cultures gallery is one of the largest collections of Aboriginal artefacts in the world. Elsewhere, the giant squid and the lion with the twitchy tail are definite highlights. Free one-hour tours depart at 11am. The cafe here is a handy spot for recaffeination.

The Walk >> Walk 200m west along North Tce, turn left onto King William St to Tarndanyangga/Victoria Sq, then right along Gouger St back to the Central Market. If the market has closed for the day, Gouger St has myriad bars and eateries.

McLaren Vale & Kangaroo Island

23

From the world-class cellar doors of the McLaren Vale Wine Region to the wildlife and natural wonders of Kangaroo Island, this route combines two great Aussie obsessions: wine and wilderness, best experienced in unison.

TRIP HIGHLIGHTS

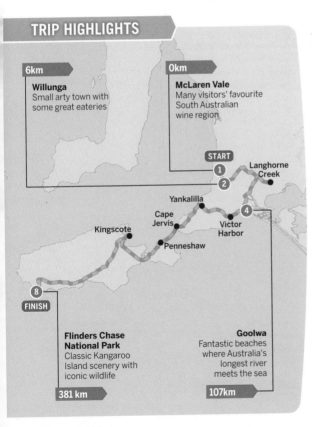

6km

Willunga
Small arty town with some great eateries

0km

McLaren Vale
Many visitors' favourite South Australian wine region

START

1
2

Langhorne Creek

Yankalilla

Cape Jervis

Kingscote

4

Victor Harbor

Penneshaw

8
FINISH

Flinders Chase National Park
Classic Kangaroo Island scenery with iconic wildlife

Goolwa
Fantastic beaches where Australia's longest river meets the sea

381 km

107km

7 DAYS
381KM / 237 MILES

GREAT FOR...

BEST TIME TO GO
Year-round.

 ESSENTIAL PHOTO

The wind-sculpted Remarkable Rocks on Kangaroo Island.

 BEST FOR FOODIES

Shuffling between cellar doors in the McLaren Vale Wine Region.

23

McLaren Vale & Kangaroo Island

Patterned with vineyards running down to the turquoise sea, the Fleurieu Peninsula is home to the world-renowned McLaren Vale Wine Region, best known for its bottles of blood-red shiraz. Further east, the Fleurieu's Encounter Coast is an engaging mix of surf beaches, low-key historic towns and whales cavorting offshore. Wildlife-rich Kangaroo Island is a vast, untouristed land mass 13km offshore – the perfect place to chill at your journey's end.

TRIP HIGHLIGHT

❶ McLaren Vale

Flanked by the wheat-coloured Willunga Scarp and striated with vines, McLaren Vale is just 40 minutes south of Adelaide. Servicing the famed McLaren Vale Wine Region, it's a businesslike, utilitarian town that's not much to look at – but it has some terrific eateries in the back-blocks and offers easy access to some truly excellent winery cellar doors. To make the most

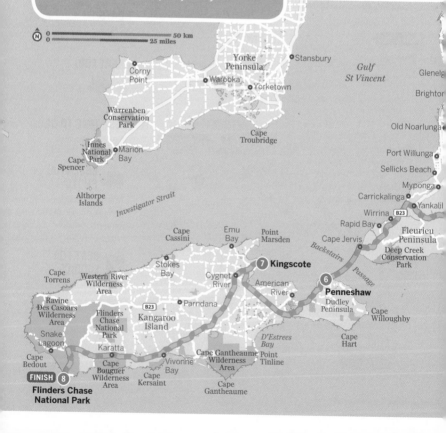

of your time here (and to neatly sidestep the possibility of losing your driver's licence), sign up for a tour and tick a few cellar doors off your list. Operators include **Cellar Door Tours** (📞0414 784 666; www.cellardoortours.com. au), **Chook's Little Winery Tours** (📞0414 922 200; www.chookslittlewinerytours. com.au; per person incl lunch $120-160) and **Adelaide's Top Food & Wine Tours** (📞08-8386 0888; www. topfoodandwinetours.com.au). Don't miss the amazing **d'Arenberg Cube** (📞08-8329 4888; www.

3
p266
22

Adelaide
Woodside

3
Mt Barker
M1

START
McLaren
Vale
B34
Callington

2 Willunga
Strathalbyn

3
Langhorne
Creek

Mt Compass

A13
Currency Creek

B37 **4 Goolwa**
Port Elliot
Victor
Harbor
Younghusband
Peninsula

SOUTHERN
OCEAN

darenberg.com.au/darenberg-cube-restaurant; d'Arenberg, 58 Osborn Rd, McLaren Vale; degustation menu from $190, wine pairings from $95, museum $10; ⊙ noon-3pm Thu-Sun, museum 10am-5pm) at d'Arenberg winery, a huge Rubik's Cube–like restaurant/cellar door/museum that's fast becoming a regional icon. To mix it all up without straying too close to sobriety, check out family-run **Goodieson Brewery** (📞0409 676 542; www.goodiesonbrewery.com. au; 194 Sand Rd, McLaren Vale; tastings $6; ⊙11am-5.30pm) and imbibe a few pale ales, or **McLaren Vale Distillery** (📞0429 912 398; www.themclarenvaledistillery. com.au; 725 Chapel Hill Rd, Blewitt Springs; ⊙12.30-4.30pm Sat & Sun) for a weekend whisky.

✕ p277

The Drive » The cute heritage town of Willunga is a quick-fire 6km drive south of McLaren Vale. You'll pass by well-tended vineyards along the way, owned by some big-name SA wine producers, including Leconfield and Penny's Hill.

- - - - - - - - - - - - - - - - -

TRIP HIGHLIGHT

2 Willunga

A one-horse town with three pubs and two craft-beer breweries (a winning combo!), arty Willunga took off in 1840 when large quantities of high-quality slate were discovered here, mined, then exported across Australia. Willunga slate was used for everything from flagstones to street gutter linings and billiard tables. Today, the town's early buildings along sloping High St are occupied by some excellent eateries, B&B accommodation and galleries. There's also the terrific **Willunga Farmers Market** (📞08-8556 4297; www.willungafarmersmarket. com; Willunga Town Sq, Willunga; ⊙8am-12.30pm Sat) here every Saturday morning, heavy on the organic, the bespoke and the locally sourced – don't miss it! For an insight into the town's slate-mining history (and

LINK YOUR TRIP

3 **Alice Springs to Adelaide**

Head for Australia's Red Centre – our journey may begin in Alice Springs, but there's no reason you can't drive it in reverse.

22 **Adelaide Hills & the Barossa Valley**

This trip into the not-so-lofty Mt Lofty Ranges and beyond to the famed Barossa Valley begins in Adelaide.

the Cornish miners who did all the dirty work), check out the **Willunga Slate Museum** (☑08-8556 2195; www.nationaltrust.org. au/sa/willunga-slate-museum; 61 High St, Willunga; adult/child $5/1; ⏰1-4pm Sun & 1st Tue of the month) at the top of the main street. You can also pick up the *Willunga Slate Trail & Museum* brochure and tour the town's top slate spots.

The Drive » The drive from Willunga to Langhorne Creek (59km) climbs over the Mt Lofty Ranges, a photogenic ridge along the spine of the Fleurieu

Peninsula. Alternating between densely forested slopes and rolling farm country, this same range becomes the Adelaide Hills further north, cradling the city like a giant croissant. Pass through country-town Meadows and Strathalbyn en route.

- - - - - - - - - - - - - - - - -

➌ Langhorne Creek

Around 16km east of Strathalbyn, Langhorne Creek (www.langhor- necreek.com) is a rather disparate congregation of buildings, but it's one of Australia's oldest wine- growing regions. There are 20-plus wineries here,

producing brilliant shiraz, cabernet sauvignon and chardonnay. **Bleasdale Winery** (☑08-8537 4000; www.bleasdale.com.au; 1640 Langhorne Creek Rd, Langhorne Creek; ⏰10am-5pm) was the district's first, and has a wide range, historic cel- lars and an old red-gum lever press (don't get your fingers stuck). Run by two savvy sisters, **Bremerton Wines** (☑08-8537 3093; www.bremerton.com.au; 14 Kent Town Rd, Langhorne Creek; ⏰10am-5pm) is an innova- tive operator in an old- school region, producing

MCLAREN VALE WINERIES

If the Barossa Valley is SA wine's old school, then McLaren Vale is the upstart teenager smoking cigarettes behind the shed and stealing nips from mum's sherry bottle. These luscious vineyards have a Tuscan haze in summer, rippling down to a calm coastline that's similarly Ligurian. This is shiraz country – solid, punchy and seriously good. There are 80-plus wineries here: pick up a winery map at the **McLaren Vale & Fleurieu Visitor Information Centre** (☑08-8323 9944; www. mclarenvale.info; 796 Main Rd, McLaren Vale; ⏰9am-5pm Mon-Fri, 10am-4pm Sat & Sun) and go exploring. Some tastings are free, some are pricey, but often redeemable if you buy a bottle. Five of the Vale's finest:

Alpha Box & Dice (☑08-8323 7750; www.alphaboxdice.com; 8 Olivers Rd, McLaren Vale; ⏰11am-5pm Mon-Fri, 10am-6pm Sat & Sun) This refreshing little gambler wins top billing for interesting blends, funky retro furnishings, quirky labels and laid-back staff.

Coriole (☑08-8323 8305; www.coriole.com; Chaffeys Rd, McLaren Vale; ⏰10am-5pm Mon-Fri, 11am-5pm Sat & Sun) Duck into the Farm Shop at this beautiful stone-cottage cellar door (1860) and assemble a regional tasting platter to share on the lawns, with Redstone shiraz or the flagship chenin blanc.

d'Arenberg (☑08-8329 4888; www.darenberg.com.au; 58 Osborn Rd, McLaren Vale; ⏰10am- 5pm) 'd'Arry's' relaxes atop a hillside with mighty fine views; the Dead Arm shiraz and the Broken Fishplate sauvignon blanc are our faves.

Wirra Wirra (☑08-8323 8414; www.wirrawirra.com; cnr McMurtrie & Strout Rds, McLaren Vale; ⏰10am-5pm Mon-Sat, 11am-5pm Sun) This barnlike, 1894 cellar door has a grassy picnic area, and there's a roaring fire inside in winter. Whites include a citrusy viognier and an aromatic riesling. Tasting fees apply.

SC Pannell (☑08-8323 8000; www.pannell.com.au; 60 Olivers Rd, McLaren Vale; ⏰11am- 5pm) With one of the best views in the business, SC Pannell produces excellent reds you can drink young. Kitchen open noon to 4pm Thursday to Sunday.

top chardonnay and shiraz. For a solid Langhorne Creek wine overview, try the **Winehouse** (☎08-8537 3441; www.thewinehouse.com.au; 1509 Langhorne Creek Rd, Langhorne Creek; ☺10am-5pm), a collective cellar door for five wineries. Allow yourself a good long afternoon to nose your way around.

The Drive ≫ Return the way you came 16km to Strathalbyn, but then jag south on the B37 for 28km to Currency Creek, another off-the-beaten-track SA wine region (www.currencycreekwineregion.com.au). It's a little hard to believe, but this tiny town was once slated as the future capital of South Australia! From Currency Creek it's a further 8km into Goolwa on the mighty Murray River.

TRIP HIGHLIGHT

❹ Goolwa

Goolwa is an historic river port on the Murray River, near where Australia's biggest river empties into the sea. It's hard to imagine now, but in 1875 there were 127 riverboats plying the river between here and NSW! Beyond the town's engaging main street is a fantastic beach with ranks of Southern Ocean breakers rolling in from the ocean. If you feel like braving the waves, book a lesson with **Ocean Living Surf School** (☎0487 921 232; www.olsurfschool.com.au; 2hr lessons $35). Down on the riverfront, a slew of cruise operators vie for your attention, taking

DIANA MAYFIELD/GETTY IMAGES ©

Willunga Farmers Market

you upriver and into the fertile Coorong National Park. Try **Canoe the Coorong** (☎0424 826 008; www.canoethecoorong.com; adult/child $135/85) for a water-level perspective, or **Spirit of the Coorong** (☎08-8555 2203; www.coorongcruises.com.au; Goolwa Wharf, Goolwa), who can take you down to the Murray River mouth. Back on dry land, **Fleurieu Distillery** (☎08-8555 3406; www.fleurieudistillery.com.au; 1 Cutting Rd, Goolwa Wharf, Goolwa; tastings from $15; ☺11.30am-5pm Wed-Sun) is another of SA's very few whisky distillers (gin is more the thing here). Nearby, the **Wharf Barrel Shed** (☎0418 858 710; www.wharfbarrelshed.com; Signal Point Complex, 1 Laurie Lane, Goolwa; ☺10am-6pm Mon-Thu, to late Fri-Sun) zeroes-in on quality Fleurieu wines (not a difficult task).

✗ p277

The Drive ≫ The drive from Goolwa to its kissing cousin, Victor Harbor, is just 17 coastal kilometres, with views of Encounter Bay away to the south for much of the trip. You'll pass through the affluent enclave of Port Elliot along the way: stop at the town's famous bakery if you're feeling peckish.

❺ Victor Harbor

The biggest town on the Encounter Coast is Victor Harbor (yes, that's the correct spelling: blame one of SA's poorly schooled early Surveyor Generals) – a raggedy, brawling holiday destination with three huge pubs. Just offshore is the boulder-strewn Granite Island, connected to the mainland by an 1875 causeway. A ride out there on the 1894 double-decker **Horse-Drawn Tram** (☎08-8551 0720; www.horsedrawntram.com.au; Esplanade, Victor Harbor; return adult/child/family $10/7/25, one

FLINDERS & BAUDIN IN THE NEW WORLD

As the 1700s drew to a close, British and French navigators were exploring the globe in search of fertile new terrain. Englishman Matthew Flinders made three voyages to the land he later named 'Australia' between 1791 and 1810, bumping into French explorer Nicholas Baudin off Victor Harbor in 1802 and amicably exchanging notes. Baudin surveyed much of the Kangaroo Island coastline, leaving KI's many French place names in his wake. After stepping ashore in 1803 at what is now Penneshaw's Hog Bay, Baudin left his mark: under a white concrete dome on the shoreline is a replica of KI's first piece of graffiti – a rock engraved with *'Expedition De Decouverte par le Commendant Baudin sur Le Geographe 1803'* ('Expedition of discovery by Commander Baudin on *Le Geographe* 1803'). The original rock can be seen safely preserved at the **Gateway Visitor Information Centre** (☎08-8553 1185; www.tourkangarooisland.com. au; 3 Howard Dr, Penneshaw; ⏱9am-5pm Mon-Fri, 10am-4pm Sat & Sun; 🛜) nearby. For more on Flinders, Baudin and Penneshaw's history, swing into the **Penneshaw Maritime & Folk Museum** (☎08-8553 1109; www.nationaltrustsa.org.au; 52 Howard Dr, Penneshaw; adult/child/family $3/2/7; ⏱3-5pm Wed-Sun Sep-May). Inside a 1922 stone school house, this sea-salty collection includes artefacts from local shipwrecks and early white settlement (check out those girthsome millstones!), plus endearingly geeky models of Flinders' *Investigator* and Baudin's *Le Geographe*.

way $7/5/19; ⏱hourly 10am-4pm) is the quintessential 'Victor' experience. Also at Granite Island, **Oceanic Victor** (☎08-8552 7137; www.oceanicvictor.com.au; via Granite Island, Victor Harbor; tours adult/child/family $120/95/400; ⏱9am-5pm Mon-Fri, 10am-5pm Sat & Sun) is a floating tuna farm where you can swim with the big fish or feed them from a platform. Dusk penguin-spotting tours on Granite Island are also available. Victor Harbor is also on the migratory path of southern right whales (May to October). The multilevel **South Australian Whale Centre** (☎08-8551 0750; www.sa whalecentre.com; 2 Railway Tce, Victor Harbor; adult/child/family $9/4.50/24; ⏱10.30am-5pm) has impressive displays

and can give you the lowdown on where to see them. For sightings info, call the **Whale Information Hotline** (1900 942 537).

🍴 🛏 p277

The Drive » From Victor Harbor, cruise across the southern end of the Fleurieu Peninsula through Inman Valley and Yankalilla, headed for Cape Jervis and the Kangaroo Island ferry terminal. It's 60km from Victor Harbor to the terminal, then a 13km chug across the (sometimes rough) Backstairs Passage to Penneshaw.

- - - - - - - - - - - - - - - - - -

⑥ Penneshaw

Looking across Backstairs Passage to the Fleurieu Peninsula, Penneshaw (population 300), on the north shore of the Dudley Peninsula, is the

ferry arrival point and Kangaroo Island's second-biggest town. The passing tourist trade, including thousands of wandering cruise-ship passengers in summer, lends a certain transience to the businesses here, but the pub and the backpacker joint remain authentically grounded. If you're in Penneshaw on the first Sunday of the month, don't miss the **Kangaroo Island Farmers Market** (☎08-8553 1237; www. facebook.com/pg/kangaroo islandfarmersmarket; Lloyd Collins Reserve, 99 Middle Tce, Penneshaw; ⏱9am-1pm 1st Sun of the month). Baked goods, chutneys, seafood, olive oil, honey, eggs, cheese, yoghurt, wine, buskers… it's all here, and all good (well, the buskers can be a bit hit-and-miss).

Victor Harbor Horse-drawn tram

The Drive » From Penneshaw heading west, the road climbs over a steep rise then returns to sea level for the 61km run to Kingscote. Along the way you'll pass lagoons, dunes, beaches and the turnoff to American River, named after a crew of American sealers who built a trading schooner here in 1803. Pennington Bay is also en route, KI's best surf beach.

❼ Kingscote

Another town once mooted as the future capital of South Australia, snoozy seaside Kingscote (kingscoat; population 1830) is the main settlement on KI, and the hub of island life. It's a photogenic town with swaying Norfolk Island pines, a couple of pubs and some decent eateries – but even in peak summer season it can be deathly (or pleasantly) quiet. There are some interesting foodie haunts around town, however, including **Island Beehive** (✆08-8553 0080; www.island-beehive.com.au; 59 Playford Hwy, Kingscote; tours adult/child/family $6/5/18; ⊙9am-5pm, tours every 30min 10.30am-3.30pm), where factory tours deliver the low-down on the island's hard-working Ligurian bees. By-products (beeproducts?) include delicious organic honey and honeycomb ice cream. On the booze front there's craft beer at **Kangaroo Island Brewery** (✆0409 264 817; www.kangarooisland brewery.com.au; 61 North Coast Rd, Kingscote; ⊙11am-

7pm Fri-Sun), small-batch gin made with native KI juniper berries at **Kangaroo Island Spirits** (KIS; ✆08-8553 9211; www.kispirits. com.au; 856 Playford Hwy, Cygnet River; bottles from $47; ⊙11am-5.30pm Wed-Mon, daily during school holidays) – pray the organic honey-and-walnut version hasn't sold out – and impressive pinot gris and island tasting platters at **Bay of Shoals Wines** (✆08-8553 0289; www.bayofshoalswines.com.au; 49 Cordes Rd, Kingscote; ⊙11am-5pm). Don't miss dinner at the historic **Ozone Hotel** (✆08-8553 2011; www.ozonehotelki.com. au; 67 Chapman Tce, Kingscote; d $195-245, 1-/2-/3-bedroom apt from $275/445/515; 🅿❄🛜🏊) on the waterfront, or perhaps a pizza at good-fun Amadio Wines (p277) on the main street.

✗ p277

The Drive » It's a straightforward 115km from Kingscote to the outer reaches of Flinders Chase National Park, but it's a drive to cherish as you cross the island from one end to the other. A visit to see the Australian fur seals at Seal Bay Conservation park is a worthwhile detour en route.

TRIP HIGHLIGHT

❽ Flinders Chase National Park

Occupying KI's southwestern corner, **Flinders Chase National Park** (✆08-8553 4470; www.parks. sa.gov.au; South Coast Rd, Flinders Chase National Park; 1/2

days $22/32; ⊙daylight hours) is one of SA's top national parks. Wildlife is rampant here: kangaroos, wallabies, bandicoots, echidnas and possums, plus koalas and platypuses introduced in the 1920s when it was feared they would become extinct elsewhere. Much of the park is mallee scrub, and there are also some beautiful, tall sugar-gum forests around wildlife-rich **Rocky River** near the park **visitor centre** (✆08-8553 4470, accommodation 08-8553 4410, camping 08-8553 4471; www. parks.sa.gov.au; 442 Cape du Couedic Rd, Flinders Chase; park entry 1/2 days $22/32; ⊙9am-5pm), and the **Ravine des Casoars** in the park's northern reaches. From Rocky River, a road runs south to the remote 1906 **Cape du Couedic Lighthouse** (✆08-8553 4470; www.parks.sa.gov.au; via Cape du Couedic Rd, Flinders Chase National Park; park entry 1/2 days $22/32; ⊙daylight hours) atop its wild namesake cape. A boardwalk weaves down to **Admirals Arch**, a huge archway eroded by heavy seas, passing a colony of New Zealand fur seals (sweet smelling they ain't...). A few kilometres east of Cape du Couedic, the much-photographed **Remarkable Rocks** are a cluster of hefty, weathergouged granite boulders atop a rocky dome that arcs 75m down to the sea. A remarkable spot to complete your journey.

Eating & Sleeping

McLaren Vale ❶

✗ Blessed Cheese — Cafe, Deli $

(☎08-8323 7958; www.facebook.com/blessed cheese; 150 Main Rd, McLaren Vale; mains $11-18; ⏰8am-4pm Mon-Fri, to 5pm Sat, 9am-4pm Sun) The staff at this blessed cafe crank out great coffee, croissants, wraps, salads, tarts, burgers, cheese platters, massive cakes and tasty sausage rolls. The menu changes every couple of days, always with an emphasis on local produce. Sniff the aromas emanating from the cheese counter – deliciously stinky! Love the lime citrus tarts and Spanish baked eggs.

✗ Pizzateca — Pizza $$

(☎0431 700 183; www.pizza-teca.com; 319 Chalk Hill Rd, McLaren Vale; pizzas $20-28, set menu $38-55; ⏰noon-4pm Mon, noon-9pm Fri & Sat, noon-5pm Sun; 👶) Crazy-busy-popular Pizzateca occupies a little back-blocks cottage, with a broad deck beneath a couple of huge old redgum trees. Generously sized pizzas wheel out from the wood-fired oven, as kids career across the lawns – it's an effervescent scene. Try the devilishly hot 'Diablo' (sugo, dried chilli, *fontina* cheese, salami and house-made chilli honey). More prosecco, anyone?

Goolwa ❹

✗ Motherduck — Cafe $$

(☎08-8555 1462; www.motherduckcafe.com. au; 1/13 Cadell St, Goolwa; mains $12-20; ⏰8am-4pm Tue-Sun; 👶) A buzzy highlight of the Goolwa shopping strip is this crafty little cafe, which always seems busier than anywhere else in Goolwa. Exposed stone walls, bravely strong coffee, pulled-pork eggs Benedict, Langhorne Creek wines, curries, pancakes, happy staff and Jack Johnson on the stereo – the perfect small-town cafe?

Victor Harbor ❺

✗ The Original Victor Fish Shop — Fish & Chips $

(TOVFS; ☎08-8552 1273; www.originalvictorfish shop.com.au; 20 Ocean St, Victor Harbor; mains $8-20; ⏰11am-8pm) Going strong since 1920, 'TOVFS' is an old-school chipper, deep-frying the usual submariners (flathead, garfish, butterfish, flake, calamari et al) and daring to diversify into burgers, yiros and steak sandwiches. You can sit in the little wood-panelled interior, but the footpath tables are a better bet. BYO booze.

🛏 Anchorage Hotel — Guesthouse $

(☎08-8552 5970; www.anchoragehotel.com; 21 Flinders Pde, Victor Harbor; s/d/apt from $85/100/265; P ❄ 📶) This grand old guesthouse exudes seaside charm. Immaculately maintained, great-value rooms open off long corridors. Most rooms face the beach, and some have a balcony (you'd pay through the nose for this in Sydney!). There are myriad room configurations; the cheapest ones are view-free and share bathrooms. The **cafe-bar** (☎08-8552 5970; www.anchoragehotel. com.au; 21 Flinders Pde, Victor Harbor; mains breakfast $10-19, lunch & dinner $24-35; ⏰8am-late) downstairs is a winner.

Kingscote ❼

✗ Amadio Wines — Italian $$

(☎08-8553 3235; www.amadiowines.com/ki-cellardoor; 1 Commercial St, Kingscote; pizzas $14-25; ⏰4pm-late) In a handsome corner shopfront with a lace-trimmed balcony, Amadio blasts reggae and retro Brit-pop into Kingscote's sleepy streets. It's a mainland-SA winery that also grows grapes on KI (try the sauvignon blanc and shiraz). Authentic Italian pizzas are baked in an imported Italian wood oven by an imported Italian chef. Share plates also available; head for the outdoor tables.

Limestone Coast & Coonawarra

24

Leave the crowds behind, meet Australia's mightiest river, then head for the Limestone Coast. A scenic sequence of natural phenomena, top-flight wineries and pretty southeastern coastal towns mark this road trip.

TRIP HIGHLIGHTS

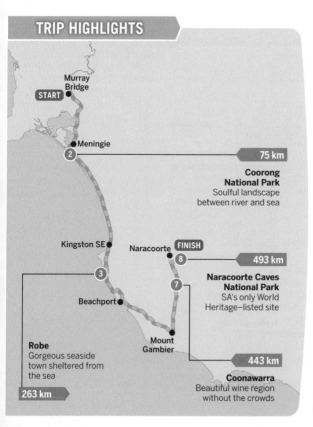

START Murray Bridge

2 Meningie — **75 km**

Coorong National Park
Soulful landscape between river and sea

Kingston SE — Naracoorte **FINISH**

8 — **493 km**

3

Naracoorte Caves National Park
SA's only World Heritage–listed site

Beachport ●

7

Robe
Gorgeous seaside town sheltered from the sea

263 km

Mount Gambier

443 km

Coonawarra
Beautiful wine region without the crowds

5–7 DAYS
493KM / 306 MILES

GREAT FOR...

BEST TIME TO GO

Year-round...but SA's southeast can be cold and miserable June to August.

ESSENTIAL PHOTO

Looking down on Mount Gambier's iridescent Blue Lake.

BEST FOR FOODIES

Hopping between cellar doors in the Coonawarra Wine Region.

Mount Gambier Blue Lake

24

Limestone Coast & Coonawarra

It wouldn't be a South Australian road trip without wine involved, but there's plenty to experience here other than dazzling bottles of cabernet sauvignon in the Coonawarra Wine Region. Where the Murray River empties into the sea, add the amazing Coorong to your list; plus historic seaside towns like Beachport and Robe; a luminous blue lake; and South Australia's only World Heritage–listed sight, the David Attenborough-endorsed Naracoorte Caves.

1 Murray Bridge

Your journey begins at Murray Bridge on the mighty Murray River – a rambling regional hub (population 14,560; the fifth-biggest town in SA) with charms more subtle than obvious. There's not a whole lot to keep you here, other than the impressive **Murray Bridge Regional Gallery** (☎08-8539 1420; www.murraybridge gallery.com.au; 27 Sixth St, Murray Bridge; ☺10am-4pm Tue-Sat, 11-4pm Sun). But head down to the muddy riverbanks and shift your mindset into the chilled-out, slow-roaming mode required for the rest of your road trip. One look at the terrifying **Bunyip**

(☎08-8539 1100; www.murray bridge.sa.gov.au/thebunyip; Sturt Reserve, Murray Bridge; ☺24hr; 🚹) might snap you out of it.

The Drive » Drive 24km southwest of Murray Bridge; at Tailem Bend, take the turnoff south towards Meningie. Roll your windows down and smell the sea-salty air as you approach Coorong National Park.

TRIP HIGHLIGHT

2 Coorong National Park

The amazing **Coorong National Park** (☎08-8575 1200; www.parks.sa.gov.au; via Princes Hwy; ☺24hr) is a fecund lagoon landscape curving along the coast for 145km southeast of Lake Alexandrina. A

complex series of soaks and salt pans, it's separated from the sea by the chunky dunes of the Younghusband Peninsula. More than 200 waterbird species live here. In the 1860s when white settlers arrived, the Coorong's bountiful resources supported a large Ngarrindjeri population. The Ngarrindjeri are still closely connected to the Coorong, and many still live here. Moving into the 20th century, *Storm Boy,* an endearing 1976 film about a young boy's friendship with a pelican, was filmed here (re-made in 2019). The Princes Hwy scuttles through the Coorong, but you can't see much from the road. Instead, take the 13km, unsealed **Coorong Scenic Drive**. Signed as Seven Mile Rd, it starts 10km southwest of Meningie

 LINK YOUR TRIP

22 Adelaide Hills & the Barossa Valley

Murray Bridge is only 76km from Adelaide, and even closer to the gorgeous Adelaide Hills.

23 McLaren Vale & Kangaroo Island

This journey skirts the western side of the Coorong; to get to McLaren Vale, head west then southwest from Murray Bridge.

off the Narrung Rd, and takes you right into the landscape, with its stinky lagoons, sea mists, fishing shanties, formation-flying pelicans, black swans and wild emus. The road rejoins the Princes Hwy 10km south of Meningie.

p285

The Drive » From Kingston SE, beyond the Coorong, leave the Princes Hwy and follow the signs towards Robe along the coast. A detour to Cape Jaffa and its endless Southern Ocean views is worthwhile, especially if you stop at Cape Jaffa Wines. Cape Jaffa itself (population 390) is a rather odd place, dominated by a huge artificial anchorage almost completely devoid of yachts.

TRIP HIGHLIGHT

3 Robe

Poll 100 South Australians for their favourite holiday town and 90 of them will say Robe (the other 10 probably haven't been there). It's a cherubic little fishing port that's become a holiday hotspot for Adelaidians and Melburnians alike. The sign saying 'Drain L Outlet' as you roll into town doesn't promise much, but along the main street you'll find quality eateries and boundless accommodation. There are some magic beaches, surf breaks and lakes around town, and myriad heritage-listed buildings dating from the late 1840s to the 1870s. Don't miss the **Obelisk** (off Obelisk Rd, Robe; ⏰24hr), an iconic clifftop pre-lighthouse from early colonial days (there were 30 shipwrecks here in 1835 alone!), and a visit to raffish **Robe Town Brewery** (☎0415 993 693; www.robetownbrewery.com; 97 Millicent Rd, Robe; ⏰10am-5pm Mon-Fri, noon-5pm Sat) to sample the local product. Built in 1859, the atmospheric stone Caledonian Inn (p285) is the place to be as the sun sets on another Robe beach day.

⏹ ⏹ p285

The Drive » Swing southeast from Robe along the coast to unpretentious Beachport (46km), a little town with a big jetty.

4 Beachport

'See and be seen: headlights 24 hours!' say signs around this stretch of the Limestone Coast. Is Beachport desperate to be noticed? A plaintive cry for attention? We like it the way it is: low-key and beachy, with aquamarine surf, the famous 772m-long jetty, staunch stone buildings and rows of Norfolk Island pines. Forget about being seen – your time here will be perfectly anonymous. Beachport's impressive-looking **pub** (☎08-8735 8003; www.facebook.com/beachporthotel; 17-21 Railway Tce, Beachport; mains $16-33; ⏰11am-late) is the most reliable place for a meal around this neck of the coast, or book yourself in for a meaty treat at **Mayura Station** (☎08-8733 4333; www.mayurastation.com/dining; Canunda Frontage Rd, off Lossie Rd, Millicent; 3-/4-courses $110/130; ⏰from 7pm Thu-Sat), home to Australia's best Wagyu beef. Not far away are the amazing **Tantanoola Caves** (☎08-8734 4153; www.parks.sa.gov.au; via Princes Hwy,

---

THE LONG WALK TO BALLARAT

Robe set up shop as a fishing port in 1846 – one of SA's earliest settlements. During the 1850s gold rush in Victoria, Robe came into its own when the Victorian government whacked a £10-per-head tax on Chinese gold miners arriving to work the goldfields. Thousands of Chinese miners dodged the tax by landing at Robe in SA, then walking the 400-odd kilometres to Bendigo and Ballarat in Victoria; 16,500 arrived between 1856 and 1858, 10,000 in 1857 alone! But the flood stalled as quickly as it started when the SA government instituted its own tax on the Chinese. The 'Chinamen's wells' along their route (including one in the Coorong) can still be seen today, as can a memorial to the Chinese arrivals on the Robe foreshore.

Robe Cape Dombey Obelisk

Tantanoola; adult/child/family $14/7/35.50; ⊘10am-3pm daily Sep-Apr, Sat-Mon only May-Aug), with stalactites and stalagmites aplenty, plus shell and bone remnants from eons ago when the beach was much closer than Beachport.

The Drive » From Beachport, head inland along the easy 85km highway stretch to Mount Gambier.

- - - - - - - - - - - - - - - -

⑤ Mount Gambier

Strung out along the flatlands below an extinct volcano, Mount Gambier (population 28,670; SA's second city) is the Limestone Coast's service hub. 'The Mount' can sometimes seem a little short on urban virtues, but it's not what's above the streets that makes Mount Gambier special – it's the deep Blue Lake and the caves that worm their way though the limestone

beneath the town. Amazing! For a taster, **Cave Gardens** (⌨1800 087 187; www.mountgambierpoint.com. au/attractions/cave-gardens; cnr Bay Rd & Watson Tce, Mount Gambier; ⊘24hr) is a 50m-deep sinkhole right in the middle of town; you can walk down into it. But Mount Gambier's big-ticket item is the luminous, 75m-deep **Blue Lake** (⌨1800 087 187; www. mountgambierpoint.com.au/ attractions/blue-lake; John Watson Dr, Mount Gambier; ⊘24hr), which turns an insane hue of blue during summer. Perplexed scientists think it has to do with calcite crystals suspended in the water, which form at a faster rate during the warmer months. Consequently, if you visit between April and November, the lake will look much like any other – a steely grey. **Aquifer Tours** (⌨08-8723

1199; www.aquifertours.com; cnr Bay Rd & John Watson Dr, Mount Gambier; adult/child/ family $11/5/31; ⊘tours hourly 9am-5pm Nov-Jan, to 2pm Feb-May & Sep-Oct, to noon Jun-Aug) can take you down to the lake's surface.

✖ ⊨ p285

The Drive » Penola is a 51km shot north of Mount Gambier along the Riddoch Hwy. Do not pass 'Go', do not collect $200.

- - - - - - - - - - - - - - - -

⑥ Penola

A rural town on the way up (what a rarity!), Penola (population 1600) is the kind of place where you walk down the main street and three people say 'Hello!' to you before you reach the pub. The town itself has some historic corners – **Petticoat Lane** (⌨08-8737 2152; www. nationaltrust.org.au/places/ petticoat-lane; Petticoat Lane, Penola; ⊘24hr) is one of

Penola's first streets, and although most of the original buildings have been razed, there are still a few old timber-slab houses, red-gum kerbs and gnarly trees to see. Otherwise, Penola is famous for two things: first, for its association with the Sisters of St Joseph of the Sacred Heart, cofounded in 1867 by Australia's first saint, Mary MacKillop, and secondly, for being smack bang in the middle of the **Coonawarra Wine Region** (killer cabernets). If you're here for the former, head straight to the **Mary MacKillop Interpretive Centre** (☑08-8737 2092; www.mackilloppenola.org.au; cnr Portland St & Petticoat Lane, Penola; adult/child $5/free; ☉10am-4pm). Otherwise, it's wine time!

✕ ᐟ p285

The Drive >> Tiny Coonawarra township is just 10km north of Penola via the Riddoch Hwy: in between the two (and just beyond Coonawarra), the wineries of the Coonawarra Wine Region include some of the most recognisable brands in the Australian wine biz.

- - - - - - - - - - - - - - - - -

TRIP HIGHLIGHT

⑦ Coonawarra Wine Region

When it comes to spicy cabernet sauvignon, it's just plain foolish to dispute the virtues of the Coonawarra Wine Region (www.coonawarra.org). The *terra rossa* (red earth) soils here also produce irresistible shiraz and chardonnay: wine devotees should dedicate a couple of days to ease from one cellar door to the next. Where to start? How about **Balnaves of Coonawarra** (☑08-8737 2946; www.balnaves. com.au; 15517 Riddoch Hwy, Coonawarra; ☉9am-4.30pm Mon-Fri, 11.30am-4.30pm Sat & Sun; 🐾), where the tasting notes ooze florid wine speak (dark seaweed, anyone?). But even if your nosing skills aren't that subtle, you'll enjoy the cab sav and chardonnay. Nearby, traditional **Zema Estate** (☑08-8736 3219; www.zema.com.au; 14944 Riddoch Hwy, Coonawarra; ☉9am-5pm Mon-Fri, 10am-4pm Sat & Sun) captures the Coonawarra's essence with fine shiraz and cab sav, while **Rymill Coonawarra** (☑08-8736 5001; www.rymill.com.au; 110 Clayfield Rd, Glenroy; ☉11am-5pm) mixes it up with some of the best sauvignon blanc you'll ever taste. Return to Coonawarra's roots at **Wynns Coonawarra Estate** (☑08-8736 2225; www. wynns.com.au; 77 Memorial Dr, Coonawarra; ☉10am-5pm), the oldest Coonawarra winery and internationally known for its top-shelf shiraz, fragrant riesling and golden chardonnay. **Bellwether Wines** (☑0417 080 945; www.bellwetherwines. com.au; 14183 Riddoch Hwy, Coonawarra; ☉11am-5pm Fri-Mon) takes a more rebellious tack, with its arty cellar door in a stone 1868 shearing shed (and 'glamping'!).

The Drive >> It's 50km north then northwest through vineyard country from Penola to Naracoorte, where the focus shifts from what's above the earth to what lies beneath. Access to the national park is 10km south of town.

- - - - - - - - - - - - - - - - -

TRIP HIGHLIGHT

⑧ Naracoorte Caves National Park

Naracoorte Caves National Park (☑08-8762 1210; www.naracoortecaves.sa. gov.au; 89 Wonambi Rd, Naracoorte; self-guided tours adult/ child/family from $10/6/27.50, guided tours from $22/13/61, Wonambi Fossil Centre $14/ 8.50/38.50; ☉9am-5pm) is the only World Heritage–listed site in SA. The discovery of an ancient fossilised marsupial in these limestone caves raised palaeontological eyebrows around the world, and featured in the David Attenborough 1979 BBC series *Life on Earth*. The 28 limestone caves here, including **Alexandra Cave**, curiously named **Stick-Tomato Cave** and **Victoria Fossil Cave**, have bizarre stalactite and stalagmite formations. The park visitor centre doubles as the impressive **Wonambi Fossil Centre** – a recreation of the rainforest (and its inhabitants) that covered this area 200,000 years ago.

Eating & Sleeping

Coorong National Park ②

🛏 Lake Albert Caravan Park
Caravan Park $

(☎08-8575 1411; www.lakealbertcaravanpark.
com.au; 25 Narrung Rd, Meningie; unpowered/
powered sites from $15/30, cabins with/without
bathroom $110/76, f villa from $155; P ❄ �🛜)
A breezy, strung-out park with a beaut aspect
overlooking pelican-prone Lake Albert (the best
camp sites are right on the lakefront). The four
deluxe two-bedroom family villas are the pick
of the bunch. It's a 1km lakeside walk to the
shops/pub.

Robe ③

🍴 Union Cafe
Cafe $

(☎08-8768 2627; www.facebook.com/union
cafe.sa; 4/17-19 Victoria St, Robe; mains $9-22;
⊙8am-2.30pm; 🛜 ♿) Perennially busy, this
curiously angled corner cafe with polished-glass
fragments in the floor has expanded into the
next-door shopfront. Unionise your hangover
with a big cooked breakfast, lashed with locally
made hot sauce. Good coffee, pancakes, curries,
salads and wraps. Billy Joel soundtrack + plenty
of outdoor seating = hard to beat!

🛏 Caledonian Inn
Hotel $$

(☎08-8768 2029; www.caledonianinnrobe.com.
au; 1 Victoria St, Robe; r without bathroom $70-
130, cottages $200-250; P ❄ 🛜) This historic
inn (1859) has a half-dozen bright and cosy
upstairs pub rooms: shared bathrooms and no
air-con, but great value. Out the back are a row
of lovely two-tier cottages and a three-bedroom
rental house called Splash. The pub grub is
classy too (mains $22 to $36, serving noon to
2pm and 6pm to 8pm). Air-con in cottages and
rental house only.

Mount Gambier ⑤

🍴 Metro Bakery & Cafe
Cafe $$

(☎08-8723 3179; www.metrobakeryandcafe.
com.au; 13 Commercial St E, Mount Gambier;
mains breakfast $6-20, lunch & dinner $10-22;

⊙8.30am-5pm Mon-Wed, to late Thu-Sat,
9am-3pm Sun) Ask a local where they go for
coffee: chances are they'll say, 'the Metro, you
fool!'. In the thick of things on the main drag, it's
an energetic cafe with natty black-and-white
decor, serving omelettes, salads, sandwiches,
pastries and meatier mains (try the chilli squid
with charred lemon). There's a wine bar here
too, brimming with Coonawarra cabernets.
Book for dinner.

🛏 BIG4 Blue Lake Holiday Park
Caravan Park $

(☎08-8725 9856; www.bluelakeholidaypark.com.
au; 100 Bay Rd, Mount Gambier; unpowered/
powered sites $35/39, cabins/units/villas
from $105/135/210; P ❄ 🛜 🐾) Adjacent to
the Blue Lake, a golf course and walking and
cycling tracks (but too far to walk into town),
this amiable park has some natty grey-and-
white cabins and well-weeded lawns. The spiffy
contemporary, self-contained villas sleep four.

Penola ⑥

🍴 Pipers of Penola
Fusion $$$

(☎08-8737 3999; www.pipersofpenola.com.au;
58 Riddoch St, Penola; mains $38-42; ⊙6-9pm
Tue-Sat) A classy, intimate dining room inside a
1908 Methodist church, with friendly staff and
seasonal fare. The menu fizzes with high-end
culinary lingo: *tobiko* (Japanese flying fish roe);
lardons (bacon cubes); *sabayon* (Italian custard
sauce) – serious gourmet indicators! Prices are
lofty, but so is quality. Superb wine list with lots
of locals (the beer list could be craftier). One of
SA's top restaurants.

🛏 Cameron's Cottage
Cottage $$

(☎0419 373 450; www.coonawarradiscovery.
com.au/camerons-cottage; 1 Davis Cres,
Penola; d/f $185/265; P ❄ 🛜) Surrounded
by rampant blooms, this original whitewashed
timber settler's cottage (1863) has seen some
history. Inside it's cottagey without being twee,
with cast-iron beds, a full kitchen, exposed
historical timbers and a cranking wood heater
for chilly nights. Set at a jaunty angle to the
street, a short walk from town. Sleeps four.

Yorke & Eyre Peninsulas

25

With old Cornish mining towns, broken limestone shores, wild surf beaches and world-famous oysters, it's hard to resist this untouristed traverse of SA's wild west-coast peninsulas.

TRIP HIGHLIGHTS

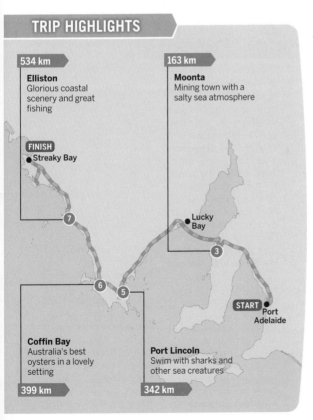

534 km

Elliston
Glorious coastal scenery and great fishing

FINISH
● Streaky Bay

7

6 5

Coffin Bay
Australia's best oysters in a lovely setting

399 km

163 km

Moonta
Mining town with a salty sea atmosphere

● Lucky Bay

3

START Port Adelaide

Port Lincoln
Swim with sharks and other sea creatures

342 km

5–7 DAYS
701KM / 436 MILES

GREAT FOR...

BEST TIME TO GO

Year-round, but many businesses reduce operations during chilly winter.

ESSENTIAL PHOTO

Sunset at Murphy's Haystacks.

BEST FOR FOODIES

Slurping down oysters in Coffin Bay or Ceduna.

Point Labatt Murphy's Haystacks

287

Yorke & Eyre Peninsulas

For history buffs, the northwestern end of boot-shaped 'Yorkes' has a trio of old towns called the Copper Triangle: Moonta (the mine), Wallaroo (the smelter) and Kadina (the service town). Innes National Park is remote but definitely worth the detour (mining ruins, surf beaches, ospreys and emus), before you cross to the vast, wheat-coloured wedge of Eyre Peninsula. The coastline between Port Lincoln and Streaky Bay is seafood-rich and unfailingly dramatic.

Yellabinna
Regional
Reserve

A1

B100   Wirrulla

Haslam

2

FINISH
Streaky 9   Poochera
Bay

Point Labatt   Port
& Baird Bay 8   Kenn

Talia

Great
Australian   **Elliston** 7
Bight

SOUTHERN
OCEAN

1 Port Adelaide

If you've been in Adelaide any length of time, you may be looking for a new corner of the city to explore, and considering that you're heading north from the city, Port Adelaide might just be that place. Mired in the economic doldrums for decades, Port Adelaide – 15km northwest of the city centre – is slowly gentrifying, morphing its old stone warehouses into art spaces and museums, and its brawl-house pubs into craft-beer emporia. Things are on the up! The helpful **Port Adelaide Visitor Information Centre** (☑08-8405 6560; www.cityof pae.sa.gov.au/tourism; 66 Commercial Rd; ☺9am-5pm;

🛜) stocks brochures on self-guided history, heritage-pub and dolphin-spotting walks and drives, plus the enticements of neighbouring **Semaphore**, a very bohemian beach 'burb. Fill in a day around the Port with a dolphin-spotting cruise, some kayaking through nearby mangroves and the 'Ship's Graveyard' and a visit to the excellent **South Australian Maritime Museum** (☑08-8207 6255; https:// maritime.history.sa.gov.au/; 126 Lipson St; adult/child/family $15/6/34.50; ☺10am-5pm daily, lighthouse 10am-2pm Sun-Fri), looking at the history of Port Adelaide through a maritime lens. Highlights include the iconic red-and-white **Port Adelaide Lighthouse** ($1

on its own, or included in museum admission), busty figureheads made everywhere from Londonderry to Quebec, shipwreck and explorer displays, and a computer register of early migrants. Along similar nautical lines, wander down to the end of Divett St for a look at the oldest clipper ship in the world (1864). The high-and-dry

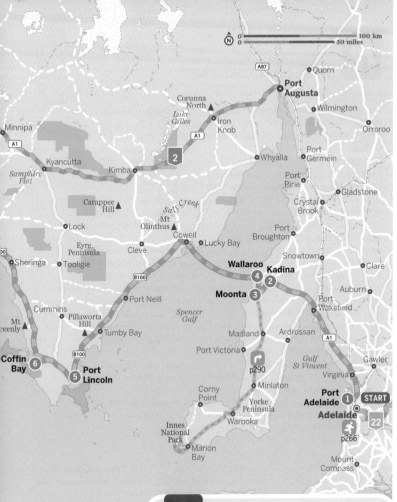

hulk of the **City of Adelaide** (📞08-8337 5645; www.cityofadelaide.org.au; Dock 1, off Todd St; tours adult/family $20/30; ⏱tours 10am, noon & 2pm) was transported here from Scotland in 2013. Take a tour to get the most of the boat.

The Drive ⟫ You've got a lot of tarmac ahead of you, so take the A1 (Port Wakefield Hwy)

LINK YOUR TRIP

2 Across the Nullarbor

This trip ends at Streaky Bay, but it's just 110km to Ceduna from here – an essential stop on the epic 2493km Nullarbor Crossing.

22 Adelaide Hills & the Barossa Valley

Before you head into SA's western frontier, indulge in some fine wine and food in the Adelaide Hills and Barossa Valley.

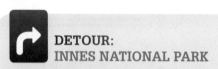

DETOUR:
INNES NATIONAL PARK

Start: ③ Moonta

The Yorke Peninsula has a shape that vaguely resembles Italy's famous boot (though it's a lot smaller, and doesn't have a stiletto heel). The peninsula's south coast is largely sheltered from the Southern Ocean's fury by Kangaroo Island, so there are some great **swimming** beaches along here. The surf finds its way through around Troubridge Point and Cape Spencer. The latter, at the extreme southwest of the peninsula, in the toe, is part of one of South Australia's least-visited national parks, **Innes National Park** (☑08-8854 3200; www.environment. sa.gov.au/parks; via Stenhouse Bay Rd, Stenhouse Bay; per vehicle $10; ⊘24hr). Here, sheer cliffs plunge into indigo waters and rocky offshore islands hide small coves and sandy beaches. **Marion Bay** (www.marionbay.com.au), just outside the park, and **Stenhouse Bay** and **Pondalowie Bay**, both within the park, are the main local settlements. Pondalowie Bay has a bobbing lobster-fishing fleet and a gnarly surf beach. The rusty ribs of the 711-tonne steel barque *Ethel,* which foundered in 1904, arc forlornly from the sands just south of Pondalowie Bay. Follow the sign past the Cape Spencer turnoff to the ghost-town ruins of **Inneston**, a gypsum-mining community abandoned in 1930. There's quirky self-contained accommodation here in old houses around the mine site, plus plenty of camping spots along the coastline, where ospreys, sea eagles and emus abound. There's a park office at the Stenhouse Bay entrance, but opening hours are unpredictable: it's best to pay entry and camping/accommodation fees online before you arrive.

To get to Inneston National Park, head 82km south from Moonta to Minlaton via Maitland. For refreshments, stop in at Maitland's **Barley Stacks Wines** (☑08-8834 1258; www.barleystackswines.com; 159 Lizard Park Dr, Maitland; ⊘10am-5pm), then Minlaton's **Watsacowie Brewing Company** (☑08-8822 7117; www.watsacowie.com.au; 9 Depot Rd, Minlaton; ⊘11am-6pm Thu-Sun; 🍴) for a quick craft beer. From Minlaton, it's a further 89km southwest to the park entrance at Stenhouse Bay.

northwest out of the city to get some miles under your belt. After Port Wakefield, at the head of Gulf St Vincent, the traffic thins as you peel off the A1 and continue northwest on the B85 (Copper Coast Hwy) for 51km to Kadina.

- - - - - - - - - - - - - - - -

② Kadina

The largest of the three towns that make up the Yorke Peninsula's 'Copper Triangle', Kadina (ka-*dee*-na – don't raise local eyebrows by rhyming it with anything more

anatomical) is a long way inland – without the benefit of a sea breeze, it really bakes under the summer sun. If you can stand the heat, it's worth exploring a little on foot to check out the town's impressive copper-era buildings (many of them are cavernous old pubs – there'll be plenty of opportunities for liquid refreshments). To aid your navigations, pick up the *Kadina Historical Walking Trail* map from

the **Copper Coast Visitor Information Centre** (☑08-8821 2333, 1800 654 991; www.yorkepeninsula. com.au; 50 Mines Rd, Kadina; ⊘9am-5pm Mon-Fri, 10am-4pm Sat & Sun) – the peninsula's main visitor centre, and an essential stop for planning ahead. Behind the centre is an amazing collection of old farming, mining and domestic bits and pieces at the **Farm Shed Museum** (☑08-8821 2333; www.farmshed.net.au; Copper

Coast Visitor Information Centre, 50 Mines Rd, Kadina; adult/child/family $10/5/23, railway $2; ⏱9am-5pm Mon-Fri, 10am-4pm Sat & Sun, railway 1st & 3rd Sun of the month) – well worth an hour or two of today spent thinking about yesterday. And who doesn't love a miniature railway? Toot-toot.

The Drive ⟩⟩ Moonta lies 17km southwest of Kadina – an easy, flat, unremarkable drive through a band of wheat country, as one town's outskirts fade momentarily before the next one's commence. This is about as close as any two towns get on this epic road trip – enjoy the sense of proximity while it lasts!

TRIP HIGHLIGHT
③ Moonta

In the late 19th century, the Moonta copper mine was the richest in Australia, and attracted fortune-seekers from around the globe, including many from Cornwall. The legacy of those boom years bequeathed Moonta its fine streetscapes and weathered crop of squat miners' cottages. The town, which calls itself 'Australia's Little Cornwall', maintains a faded glory and a couple of decent pubs and places to bite into a Cornish pastie; try the famous **Cornish Kitchen** (☎08-8825 3030; 10-12 Ellen St, Moonta; items $4-12; ⏱9am-3pm Mon-Fri, to 2pm Sat). **Moonta Visitor Information Centre**

(☎08-8825 1891; www.moonta tourism.org.au; Old Railway Station, Blanche Tce, Moonta; ⏱9am-5pm) has details on the **Moonta Heritage Site** 1.5km east of town. The site includes the excellent **Moonta Mines Museum** (☎08-8825 1891; www.moonta tourism.org.au; Verran Tce, adult/child $8/4; ⏱1-4pm, from 11am during school holidays), an impressive 1878 stone edifice that was once the Moonta Mines Model School and had 1100 students. The museum captures mining life – at work and at home – in intimately preserved detail. A little **tourist train** chugs out of the museum car park occasionally – ask at the visitor centre to see if it's running. Across the road from the museum, the 1846 **Old Sweet Shop** (☎08-8825 1891; www.moonta tourism.org.au; Verran Tce; ⏱10am-4pm) has also served as a post office, and it still sells sweets! The faithfully restored **Miner's Cottage** (☎08-8825 1891; www.moonta tourism.org.au; Verco St; adult/child $4/2; ⏱1.30-4pm Wed, Sat & Sun, daily during school holidays) is an 1870 mud-and-grass house and garden, typical of the compact living arrangements of the time (perhaps miners were used to cramped conditions). But for all that history, Moonta is a pretty sleepy place, where fishing seems to be the main preoccupation. Shallow Moonta Bay is

3km west of the town centre, with good fishing from the jetty and a netted swimming area.

 p295

The Drive ⟩⟩ It's a short, 18km hop up the road from Moonta to Wallaroo, through yet more wheat and barley fields (get used to it). Fine views of Wallaroo Bay enter the picture on the last few kilometres into town, along with Wallaroo's huge concrete grain silos down by the town jetty – a feature that defines the town both aesthetically and economically.

----

④ Wallaroo

Still a major grain port and fishing town, Wallaroo is on its way up: there's a huge new subdivision north of town, a new shopping complex, and the shiny **Copper Cove Marina** is full of expensive boats. The town is full of pubs, and the pubs are full of drinkers. The vehicle ferry to cross Spencer Gulf to Lucky Bay on the Eyre Peninsula leaves from here, too – a shortcut that shaves 350km and several hours off the drive around the top of the gulf via the relatively uninspiring industrial cities of Port Pirie, Port Augusta and Whyalla. Before you leave Wallaroo, don't miss the stoic 1865 post office, which now houses the **Heritage & Nautical Museum** (☎08-8823 3015; www.nationaltrust.org.au; cnr Jetty Rd & Emu St; adult/child

$6/3; ☉10am-4pm). There are several of these little National Trust museums around Yorke Peninsula: in Port Victoria, in Ardrossan, in Milaton, in Edithburgh... But this is the best of them, with tales of square-rigged English ships, the Tipara Reef Lighthouse and George the pickled giant squid. In the shadow of the silos, the **old town** area retains a romantic 'seen-better-days' vibe: wander around the compact alleys and raggedy cottages and soak up the atmosphere (the place to pen your next novel?). For more on local history, pick up the *Wallaroo Historical Walking Trail* (or driving trail) brochure from the Copper Coast Visitor Information Centre (p290). A cold beer and a waterside seafood dinner at the **Coopers Alehouse** (📞08-8823 2488; www.coopersalehouse. com.au; 11 Heritage Dr; mains $13-39; ☉noon-2.30pm & 6-8.30pm) on the marina is the perfect end to your Wallaroo day.

The Drive » SeaSA runs the vehicle ferry between Wallaroo (Yorke Peninsula) and Lucky Bay (Eyre Peninsula). The voyage takes two hours one way. Services have been sporadic since 2017, with Lucky Bay building works disrupting services: book in advance and/or call to ensure they're running. From Lucky Bay it's 162km down to Port Lincoln: check out the Tumby Bay Mural en route.

TRIP HIGHLIGHT

⑤ Port Lincoln

Prosperous Port Lincoln, the 'Tuna Capital of the World', overlooks broad Boston Bay on the southern end of Eyre Peninsula. It's a raffish fishing town a long way from anywhere, but the vibe here is progressive and energetic. This innate energy almost saw the town anointed the South Australian capital in the 1830s – a possibility eventually quashed by a lack of fresh water. These days it's salt water (and the tuna therein) that keeps the town ticking over – there are purportedly more millionaires per capita here than anywhere else in Australia! The grassy foreshore is a busy promenade, and there are some good pubs, eateries and aquatic activities here to keep you out of trouble. To get a feel for the place, tag along on a 90-minute **Port Lincoln Walk & Talk History Tour** (📞0474 222 020; www.facebook.com/ portlincolnwalkandtalktours; Tasman Tce; foreshore adult/ child $15/12, cemetery $25/20; ☉10am daily) along the foreshore with a fifth-generation local who knows the town backwards. Don't miss a visit to the Fresh Fish Place (p295) to sample the local product. For a look at the sea-battered coastline around Port Lincoln, visit sea-salty **Lincoln National Park** (📞08-8688 3111; www. parks.sa.gov.au; via Proper Bay

Rd; per vehicle $11; ☉24hr), 13km south of town. You'll find roaming emus, roos and brush-tailed bettongs, safe swimming coves, vast dunes and pounding surf beaches. On private land, **Whalers Way** (📞1300 788 378; www. visitportlincoln.net; Whalers Way Rd; 24hr pass per car incl 1 night camping $30, key deposit $10; ☉24hr) is a super-scenic 14km coastal drive featuring blowholes, cliffs and crevasses on a remote spit, starting 32km southwest of Port Lincoln (ever seen a 2642-million-year-old rock?) Contact the **Port Lincoln Visitor Information Centre** (📞08-8683 3544, 1300 788 378; www.visitportlincoln.net; 3 Adelaide Pl; ☉9am-5pm Mon-Fri, 10am-4pm Sat & Sun) for permits.

✕ 🛏 p295

The Drive » Next stop is the oyster farming capital of Coffin Bay, barely 50km across the southern tip of the Eyre Peninsula from Port Lincoln – you'll be there in less than an hour. The road continues beyond Coffin Bay town to Point Avoid, a wild and wind-blown vantage point for the Southern Ocean in all its cold fury.

TRIP HIGHLIGHT

⑥ Coffin Bay

Deathly sounding Coffin Bay (named by Matthew Flinders after his buddy Sir Isaac Coffin) is a snoozy fishing village that basks languidly in the warm sun...until a 4000-strong holiday horde arrives every

LOCAL KNOWLEDGE: CHAMPIONS OF PORT LINCOLN

A guaranteed friend-maker in Port Lincoln is to slip Dean Lukin's name into every conversation. Straight off the tuna boats, big Dean won the Super Heavyweight weightlifting gold medal at the 1984 Olympics in LA – what a champ! If you follow this up with a mention of freestylin' local swim-king Kyle Chalmers, who won the 100m gold at the Rio Olympics in 2016, you'll be invited home for dinner and introduced to the town's eligible bachelors/bachelorettes. Another Port Lincoln champ is the legendary racehorse Makybe Diva, who won three back-to-back Melbourne Cups between 2003 and 2005. Owned by a local tuna fisherman, Makybe Diva was actually born in the UK, but was trained here in Port Lincoln. There's a sculpture of her down on the town waterfront, looking appropriately noble.

January. The town is also the oyster capital of Australia – salty Coffin Bay oysters from the nearby beds are exported worldwide, but you shouldn't pay more than a dollar or two per oyster around town. Get a feel for the industry's inner workings on an oyster tour with **Oyster Farm Tours** (☏0488 139 032; www.oysterfarmtours.com.au; departing 113 Esplanade, Coffin Bay; per person from $40) or **Pure Coffin Bay Oysters** (☏0428 261 805; www.coffin bayoysters.com.au; 9 Martindale St, Coffin Bay; ☺9am-5pm Mon-Fri, 9.30am-12.30pm Sat & Sun), with plenty of tastings. Beyond the strung-out town centre there's some wild coastal scenery, most of which is part of **Coffin Bay National Park** (☏08-8688 3111; www.parks.sa.gov.au; via Coffin Bay Rd, Coffin Bay; per vehicle $10; ☺24hr), overrun with roos, emus and fat goannas. In a 2WD you can get to picturesque **Point Avoid** (coastal lookouts,

rocky cliffs, good surf and whales passing between May and October) and **Yangie Bay** (arid-looking rocky landscapes and walking trails). In a 4WD, check out some of the park's remote campsites.

✗ ⊨ p295

The Drive ⟫ The Flinders Hwy (A1) plays hide-and-seek with this fabulous, wild coast for 135km northwest of Coffin Bay to Elliston. Detour down dirt roads to see broken limestone cliffs and isolated beaches, famous for surfing (try Greenly Beach just south of Coulta, 40km north of Coffin Bay) and fishing (some of the salmon hooked around here are record-breakingly big).

- - - - - - - - - - - - - - - -

TRIP HIGHLIGHT

❼ Elliston

Tiny Elliston (population 380) is a fishing town on soporific Waterloo Bay, with a beautiful swimming beach (paddle out to the pontoon), free seaside barbecues and a fishing jetty (hope the whiting

are hungry). Bakery, country pub, caravan park... all the essentials. **Elliston Visitor Information Centre** (☏08-8687 9200; www.elliston.com.au; 6 Memorial Dr, Elliston; ☺9am-5pm Mon-Fri, 9.30am-1.30pm Sat & Sun) can direct you towards the **Great Ocean Tourist Drive** just north of town – a 10km detour to **Anxious Bay** via some anxiety-relieving ocean scenery (or inducing, if you get too close to the cliffs). En route you'll pass **Black fellows**, that has some of the west coast's best surf. Further north is **Venus Bay** (population 140) sustaining a gaggle of pelicans, a caravan park, the obligatory fishing jetty and sheltered beaches (and the not-so-sheltered **Mt Camel Beach**). **Locks Well** has good salmon fishing and a long, steep stairway called the **Staircase to Heaven** (283 steps? Count 'em) leading from the car park down to an awesome surf beach.

The Drive » Follow the A1 northwest as it arcs around the eastern reaches of the Great Australian Bight. Some 25km beyond Port Kenny, a series of narrow back roads heads off the main highway towards Baird Bay and Point Labatt. This is remote terrain – you'll be lucky if you pass anyone else on these roads.

- - - - - - - - - - - - - - - -

❽ Point Labatt & Baird Bay

This wild corner of the country may contain some of SA's smaller settlements, but attractions come thick and fast out here. At diminutive Baird Bay, 30km west of the Flinders Hwy, **Baird Bay Ocean Eco Experience** (☎08-8626 5017; www.baird bay.com; Baird Bay Rd, Baird Bay; 2-4hr tours adult/child $180/90, nonswimming $150/90; ☺Sep-May) runs boat trips where you can swim with sea lions and dolphins. The approach is very 'hands-off' and unintrusive, though research suggests that human interaction with sea mammals does potentially alter behavioural and breeding patterns. Accommodation is also available. If you'd rather stay high-and-dry, the road to Point Labatt, 43km south of Streaky Bay, takes you to one of the few permanent **sea-lion colonies** on the Australian mainland; ogle them from the clifftops (with binoculars). A few kilometres down the Point Labatt road are the globular **Murphy's Haystacks** (www.nullarbornet.com.au/themes/murphyshaystacks.

html; off Flinders Hwy, Point Labbatt; per person/family $2/5; ☺daylight hours), an improbable congregation of 'inselbergs' – colourful, weather-sculpted granite outcrops, which are an estimated 1500 million years old (not much chance of them eroding while you prep your camera – take your time).

The Drive » You could easily spend a pleasurable hour or two losing yourself on the back roads running north to Streaky Bay. It's difficult to get truly lost here – head far enough east and you'll hit the A1; turn west and you're in the Southern Ocean. Sticking to the A1, it's an easy 39km run from the Point Labatt turnoff to Streaky Bay.

- - - - - - - - - - - - - - - -

❾ Streaky Bay

Sheltered from the Southern Ocean by a sturdy headland, there's something almost reassuring about this endearing little seasider, which takes its name from the streaks of seaweed Matt Flinders spied in the bay as he sailed by in 1802. Visible at low tide, the seagrass attracts ocean critters and the bigger critters that eat them – which means first-class fishing. The little **Streaky Bay Museum** (☎08-8626 1443; www.nationaltrust.org.au/places/streaky-bay-museum; 42 Montgomery Tce, Streaky Bay; adult/child $6.50/1; ☺1.30-4pm Tue & Fri Jan-Dec, plus 9am-noon Sat Oct-Mar) occupies a 1901 schoolhouse. On-site you'll find a fully furnished pug-and-pine hut, birds eggs and shell

collections, an old iron lung (the 'Both Iron Lung' artificial respirator, built by Edward Thomas Both of Adelaide in 1837 – one for the medical nerds among us) and plenty of pioneering history. More recently (1990), a 5m-long, 1.5-tonne **White Pointer shark** was reeled in off Steaky Bay: check out the unnervingly large life-size replica in the little room out the back of the **Streaky Bay Roadhouse** (☎08-8626 1823; www.streaky bay.com.au/categories/fuel; 15 Alfred Tce, Streaky Bay; ☺7am-9pm). Beyond town, drive north beyond Streaky Bay's wheat fields to the rugged dune country around **Cape Bauer** (☎08-8626 1108; www.streakybay.com.au/explore/scenic-drives-trails; Cape Bauer Rd, Streaky Bay; ☺24hr) – a 38km dirt-road loop that makes a superscenic detour. Islands, beaches, reefs, blowholes, eroding limestone cliffs and the endless ocean grinding into shore. This is isolated, end-of-the-world terrain, and a chance to redress your urban overload. Look for ospreys, kangaroos and circling sea eagles. Back in town, sit on the broad deck of the affable **Streaky Bay Hotel** (☎08-8626 1008; www.streakybayhotel.com.au; 33 Alfred Tce; hotel s/d/ste $105/120/240, motel d $165; **P** **✳** **🛜**), sip something cold and celebratory, and ponder the many miles you've covered.

✗ 🛏 p295

Eating & Sleeping

Moonta ③

✖ Taste the Yorke
Cafe $

(📞08-8825 3121; www.facebook.com/tastethe
yorke; 52b George St, Moonta; mains $8-23;
🕗8am-5pm) Making a splash in Moonta, this
corner cafe occupies a heritage shopfront in
the old town, with couches under the low eaves
outside and retro timber tables within. Daily
specials are written on brown paper bags and
taped to the wall, or there's a regular menu of big
eggy breakfasts, soups, salads, muffins, waffles,
old-school milkshakes and supreme carrot cake.

🛏 Moonta Bay
Caravan Park
Caravan Park $

(📞08-8825 2406; www.moontabaycaravanpark.
com.au; 5 Tossell St, Moonta Bay; unpowered/
powered sites $37/40, cabins from $120;
P ✳ 🛜) Handy to the beach and jetty, this
caravan park has a decent crop of cabins on the
rise above the beach, with spas and little decks.
The grassy camping areas are almost on the
sand (wi-fi reception can be patchy down here,
but the sunsets are awesome!).

Port Lincoln ⑤

✖ Fresh Fish Place
Seafood $$

(📞08-8682 2166; www.portlincolnseafood.com.
au; 20 Proper Bay Rd, Port Lincoln; mains $17-29;
🕗8.30am-6pm Mon-Fri, to 2pm Sat) Check
the 'fish of the day' on the blackboard out the
front of this fabulous seafood shack. Inside
you can buy fresh local seafood straight off
the boats (King George whiting, tuna, kingfish,
flathead, squid etc), plus Coffin Bay oysters for
$17 a dozen and superb fish and chips. Not to
be missed! Seafood tasting tours and cooking
classes also available.

🛏 Port Lincoln YHA
Hostel $

(📞08-8682 3605; www.yha.com.au; 26
London St, Port Lincoln; dm $27-35, tw/d/q/f
from $75/85/130/185; P ✳ @ 🛜) Run by a
high-energy couple who have spent a fortune
renovating the place, this impressive 84-bed
hostel occupies a former squash court complex.
Thoughtful bonuses include chunky sprung

mattresses, reading lights, a cafe/bar and
power outlets in lockers. Outrageously clean,
and with 300 movies for a rainy day (including
Jaws). Staff can help with activities bookings too.

Coffin Bay ⑥

✖ 1802 Oyster Bar
Bistro $$

(📞08-8685 4626; www.1802oysterbar.com.au;
61 Esplanade, Coffin Bay; mains $24-42;
🕗noon-late Wed-Fri, 11am-late Sat & Sun)
This snappy-looking place on the way into
town, with its broad deck and rammed-earth
walls, looks out across the boat-filled harbour.
Order a Spencer Gulf prawn and mango curry,
a vegetarian risotto or some beer-battered
flathead to accompany your crafty Long Beach
Lager (on tap). Oysters (of course) come in 12
different incarnations, chilled or grilled.

🛏 Coffin Bay
Caravan Park
Caravan Park $

(📞08-8685 4170; www.coffinbaycaravanpark.
com.au; 91 Esplanade, Coffin Bay; unpowered/
powered sites from $24/33, cabins with/without
bathroom from $115/80, villas from $135;
P ✳ 🛜) Resident cockatoos, galahs and
parrots squawk around the she-oak shaded,
gently sloping sites here, and the cabins offer
reasonable bang for your buck (BYO linen).
Lovely two-bedroom family villas too. On the
downside, it's all a bit exposed, public and
visible from the main street, but if you're into
caravan parks, that's probably not an issue.

Streaky Bay ⑨

✖ Bay Funktion
Cafe $$

(📞0428 861 242; www.bayfunktion.com.au; cnr
Wells St & Bay Rd, Streaky Bay; mains $14-27;
🕗8am-5pm Mon-Fri, to 2pm Sat; 🛜) In a lovely
old brick-and-stone shopfront on the main
street, funky Bay Funktion is part cafe, part
florist, part wedding planner (hence the slightly
odd name). But as a cafe, it's great! Croissants,
pizzas, breakfast tacos, slabs of cake, juices,
sunny staff and killer coffee. Head for the plant-
filled courtyard out the back if all the tables are
full (likely).

Clare Valley & the Flinders Ranges

Rarely is there such a contrast between where a journey starts and ends – begin sipping world-class wines in the lush Clare Valley and finish up beneath the blood-red escarpments of the outback.

26

TRIP HIGHLIGHTS

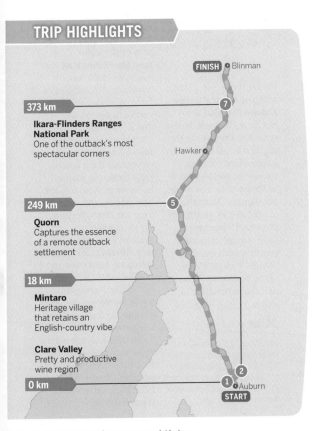

FINISH ● Blinman

373 km ⑦

Ikara-Flinders Ranges National Park
One of the outback's most spectacular corners

Hawker ○

249 km ⑤

Quorn
Captures the essence of a remote outback settlement

18 km

Mintaro
Heritage village that retains an English-country vibe

Clare Valley
Pretty and productive wine region

0 km

① ②
○ Auburn
START

7–10 DAYS
420KM / 260 MILES

GREAT FOR...

BEST TIME TO GO
September to November for a carpet of spring wildflowers.

 ESSENTIAL PHOTO
Flinders Ranges at sunrise or sunset.

 BEST FOR OUTDOORS
Mt Remarkable National Park lives up to its name...and don't miss Melrose!

Flinders Ranges An expanse of craggy gorges and ridgetops

26 Clare Valley & the Flinders Ranges

Clare Valley has plenty of competition, but it has always been one of South Australia's top wine regions. Vineyards carpet valleys that radiate out from lovely little townships like Mintaro and Sevenhill. Before reaching the outback, there's the aptly named Mt Remarkable, then it's arid landscapes and remote settlements all the way into the peerless Flinders Ranges.

TRIP HIGHLIGHT

❶ Clare Valley

At the centre of the fertile Mid North agricultural district, two hours north of Adelaide, the wine-bottle-slender Clare Valley produces world-class, sweet scented rieslings and mineral-rich reds. This is gorgeous countryside – Ngadjuri Indigenous homelands – with open skies, rounded hills, stands of large gums and wind rippling over wheat fields. Towns here date from the 1840s; many were built to service the Burra copper mines further north. Auburn marks the southern end of the valley; Clare itself marks the northern end, 25km north of Auburn. Sleepy **Auburn** (founded 1849) is a leave-the-back-door-open-and-the-keys-in-the-ignition kinda town, with a time-warp vibe that makes you feel like you're in an old black-and-white photograph. The streets are defined by beautifully preserved stone buildings; cottage gardens overflow with untidy blooms. Pick up a copy of the *Walk with History at Auburn* brochure in shops.

🍴 🛏 p303

The Drive » More an adjunct to Clare Valley than anything else, little Mintaro lies 18km northeast of Auburn, via Horrocks Hwy then a turnoff to the right 7km north of Auburn. Follow the signs.

TRIP HIGHLIGHT

❷ Mintaro

A little way off the main Clare Valley wine-touring route, heritage-listed Mintaro (min-*tair*-oh, founded 1849) is a lovely stone village that could have been lifted out of the Cotswolds and plonked into the Australian bush – a distinct shift from the Germanic echoes of the Barossa and the Adelaide Hills. There are very few architectural intrusions from the 1900s here; let the *Historic Mintaro* pamphlet (you'll find it at various places around the valley) guide your explorations. Don't miss **Martindale Hall** (📞08-8843 9088; www.martindalehall-mintaro.com.au; 1 Manoora Rd, Mintaro; adult/child $15/8; ⏱11am-4pm Mon-Sat, daily during school holidays), an astonishing 1880 manor 3km south of Mintaro town centre. Built for young pastoralist Edmund Bowman Jnr, who subsequently partied away the family fortune, the manor features original furnishings, a magnificent blackwood staircase, Mintaro-slate billiard table (Mintaro slate is used around the world for the production of same) and an opulent, museum-like smoking room. The hall starred as Appleyard College in the 1975 film *Picnic at Hanging Rock,* directed by Peter Weir. Afterwards reward the kids for their

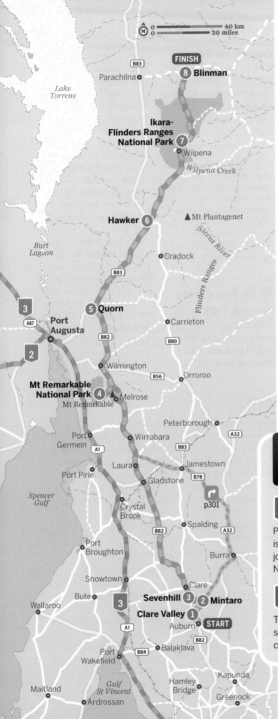

patience with an excursion to the tall hedges of **Mintaro Maze** (08-8843 9012; www.mintaromaze.com. au; cnr Jacka Rd & Wakefield St, Mintaro; adult/child $15/8; ⏱10am-4pm Sat & Sun, daily school holidays; 👪). If you're hungry/thirsty, Mintaro has a classic country pub, the endearingly named **Magpie & Stump** (☎08-8843 9185; www.facebook.com/ magpieandstumphotel; cnr Burra & Wakefield Sts, Mintaro; ⏱11am-late Tue-Sun); and the excellent **Reilly's** (☎08-8843 9013; www.reillyswines. com.au; cnr Hill St & Leasingham Rd, Mintaro; mains $22-31; ⏱10am-4pm), which started life as a cobbler's shop in 1856. These days it's a cellar door for Reilly's Wines and has a lovely restaurant, decorated with local art and serving creative, seasonal Mod Oz food (antipasto, rabbit terrine, platters) and the house wines.

LINK YOUR TRIP

2 Across the Nullarbor

Port Augusta, close to Quorn, is the crossroads for many journeys, including the epic Nullarbor crossing to Perth.

3 Alice Springs to Adelaide

This trip from the Alice heads south – the routes intersect close to Port Augusta.

The Drive » Head 15km northwest from Mintaro to Sevenhill, via the hilly Jolly Way. This route passes through Polish Hill River – a subregion of the broader Clare Valley wine region.

3 Sevenhill

Between Auburn and Clare along the main highway, a string of tiny towns unfolds: Leasing ham, Watervale, Pentwortham and Sevenhill – most of which you'll bypass if you divert to Mintaro. But the Mintaro road spits you out again at Sevenhill, the busiest of these towns, with a good bakery, a pub, the impressive **Clare Valley Brewing Co** (CVBC; ☑08-8843 4308; www.cvbc.beer; 22 Jeanneret Rd, Sevenhill; ⊙10am-5pm Mon-Sat, noon-5pm Sun) and some of the best wineries

in the Clare Valley; our favourite: Skillogalee. Sevenhill was founded in 1850 by wandering Jesuit priests, who pinched the name from Rome's famous seven hills (FYI: Aventine, Caelian, Capitoline, Esquiline, Palatine, Quirinal and Viminal).

The Drive » Continuing north from Sevenhill, you'll hit Clare itself after just 7km – the valley's main administrative, business and population hub. Truck on through – you're headed for Melrose, 132km away via Bungaree, Gladstone, Laura and Stone Hut on the Horrocks Hwy.

4 Mt Remarkable National Park

Bush-boffins-in-the-know rave about the steep, jagged **Mt Remarkable National Park** (☑08-8841

3400; www.parks.sa.gov.au; National Hwy 1, via Mambray Creek; per vehicle $10; ⊙24hr), which straddles a hidden cache of isolated gorges in the Southern Ranges. The park has three main access points: Alligator Gorge to the north, Mambray Creek in the west, and Melrose in the east. From the **Alligator Gorge** car park, take the short, steep walk (2km, two hours) down into the craggy gorge (no sign of any 'gators), the ring route (9km, four hours), or the walk to **Hidden Gorge** (18km, seven hours) or **Mambray Creek** (13km, seven hours). Or you can sweat up the track to the 960m-high summit of **Mt Remarkable** (12km, five hours); the trail starts behind Melrose Caravan Park. The oldest town in

CLARE VALLEY WINERIES

The Clare Valley's moderate microclimate noticeably affects the local wines, enabling whites to be laid down for long periods and still be brilliant. The valley produces some of the world's best riesling, plus grand semillon and some challengingly flinty shiraz. For an interactive map of the valley's many winery cellar doors, see www.clarevalley. com.au/wine/cellar-doors. The **Clare Valley Wine, Food & Tourism Centre** (☑08-8842 2131; www.clarevalley.com.au; cnr Horrocks Hwy & Spring Gully Rd, Clare; ⊙9am-5pm Sat-Thu, to 7pm Fri; 🐾) can also help with suggestions and maps, and features a local winery every Friday evening.

Skillogalee (☑08-8843 4311; www.skillogalee.com.au; 23 Trevarrick Rd, Sevenhill; ⊙7.30am-5pm) This small family outfit is known for its spicy shiraz.

Sevenhill Cellars (☑08-8843 4222; www.sevenhill.com.au; 111c College Rd, Sevenhill; ⊙10am-5pm) Established by Jesuits in 1851, this is the oldest winery in the Clare Valley.

Pikes (☑08-8843 4370; www.pikeswines.com.au; Polish Hill River Rd, Sevenhill; ⊙10am-4pm) The industrious Pike family set up shop in the Polish Hill River subregion of the Clare Valley in 1984.

Mr Mick (☑08-8842 2555; www.mrmick.com.au; 7 Dominic St, Clare; ⊙10am-5pm Sat-Thu, to 9pm Fri) Occupies a noble former distillery down a quiet Clare street.

Jeanneret Wines (☑08-8843 4308; www.jeanneretwines.com; 22 Jeanneret Rd, Sevenhill; ⊙10am-5pm Mon-Sat, noon-5pm Sun) Some of the loveliest rosé you're ever likely to taste.

DETOUR: BURRA

Start: Sevenhill

Bursting with historic sites, Burra, 47km northeast of Clare, was a copper-mining boom town between 1847 and 1877 with a Cornish community. Towns like Mintaro and Auburn serviced miners travelling between Burra and Port Wakefield, from where the copper was shipped. The miners had it tough here, excavating earth dugouts for themselves and their families to live in. **Burra Visitor Information Centre** (☑08-8892 2154; www.visitburra.com; 2 Market Sq, Burra; ☺9am-5pm Mon-Fri, 10am-4pm Sat & Sun) sells the self-guided **Burra Heritage Passport** (adult/child $30/free) providing access to nine sights and two museums, along an 11km driving route. Many of the old mining sites are in a state of thorough dereliction, but this only adds to the sense of historic intrigue. The museums are in slightly better nick, but still atmospheric and appropriately musty. For commentary along the way, go to www.daytrippa.com.au/burra.

Also of interest here (for music fans, at least) is the **Midnight Oil House** (☑08-8892 2154; www.visitburra.com/see-do/arts-cultural-hub/midnight-oil-house; cnr Barrier Hwy & West Tce, Burra; ☺daylight hours). A legendary Australian rock band, 'The Oils' sold millions of albums in the late 1980s – and more than a few of them had a photo of this derelict stone farmhouse on the front sleeve. *Diesel and Dust* was released in 1987 and went straight to number 1 on the Australia charts, thanks in no small part to this poignant image, questioning whether or not white Australia had any business at all trying to tame this wild country. It's 3km north of Burra town centre. Also worth a look is the **Burra Scrumpy Cumpany** (☑08-8892 3090; www.facebook.com/burrascrumpy; 1 John Barker St, Burra; ☺2-5pm Fri, noon-5pm Sat, 10am-3pm Sun) just south of town: sip your way into some trad farmhouse ciders.

To rejoin the main trip route, continue north on the Barrier Hwy 32m to Hallett, turn left onto the Wilkins Hwy and drive for 69km and rejoin the route just north of Stone Hut.

---

the Flinders (1853), **Melrose** itself sits snug in the elbow of Mt Remarkable. It has the perfect mix of well-preserved architecture, the cracking-good pub, quality accommodation and parks with *actual* grass (you won't see a whole lot of that where you're heading...). Melrose is also a **mountain biking** hub, with a section of the 900km Mawson Trail tracking through town, and a web of challenging single-track trails in the surrounding forests. See www.bikesa.asn.au/ridemapslist for more, or hire a bike from **Over the**

Edge (☑08-8666 2222; www.otesports.com.au; 4 Stuart St, Melrose; ☺9am-5pm Wed-Mon) and go exploring. Afterwards, don't miss some liquid refreshments and a meal at the excellent **North Star Hotel** (☑08-8666 2110; www.northstarhotel.com.au; 43 Nott St, Melrose; d/trucks from $110/160; 🅿 ❄ 🛜), presiding over the top end of Melrose's main street. As welcome as summer rain, this noble 1854 pub has been renovated in city-meets-woolshed style.

The Drive ≫ From Melrose, head north 52km along the Horrocks Hwy to Quorn, via

Wilmington. Along the way you'll cross Goyder's Line, an invisible east–west boundary established in 1865 between arable southern lands and dry country to the north, where less than 250mm of annual rainfall was deemed to be too little to support crops. Where would Goyder draw his line today?

TRIP HIGHLIGHT

⑤ Quorn

Is Quorn a film set after the crew has gone home? With more jeering crows than people, it's a cinematographic little outback town with a pub-lined main street. Wheat farming took off here in 1875, and the town prospered with the arrival of the Great Northern Railway from Port Augusta. Quorn (pronounced 'corn') remained an important railroad junction until trains into the Flinders were cut in 1970. Quorn's historic streetscapes have featured in iconic Australian films such as *Gallipoli* and *Sunday Too Far Away*. Pick up the *Quorn Historic Buildings Walk* brochure from the visitor info centre. Out of town, derelict ruins litter the Quorn–Hawker road, the most impressive of which is **Kanyaka** (off Quorn–Hawker Rd, Kanyaka; ⏱ daylight hours), a once-thriving sheep station founded in 1851. From the ruins (41km from Quorn), it's a 20-minute walk to a waterhole loomed over by the massive **Death Rock** (off Quorn–Hawker Rd, via Kanyaka; ⏱ daylight hours). Local Aboriginal people once placed their dying kinfolk here to see out their last hours (be respectful).

🛏 p303

The Drive ›› From Quorn, hit the highway and head northeast – it's a straight 66km dash to Hawker, the next town on the Flinders Ranges Way.

- - - - - - - - - - - - - - - -

⑥ Hawker

Hawker is the last outpost of civilisation before Ikara (Wilpena Pound), 59km to the north. Much like Quorn, Hawker has seen better days, most of which were when the old

Ghan train stopped here en route to Alice Springs. These days Hawker is a pancake-flat, pit-stop town with an ATM, a general store, a pub, the impressive Flinders Food Co (p303) cafe and the world's most helpful petrol station.

🍴 🛏 p303

The Drive ›› Exit Hawker on the east side of town: it's an easy 55km north to Wilpena on the Flinders Ranges Way.

- - - - - - - - - - - - - - - -

TRIP HIGHLIGHT

⑦ Ikara-Flinders Ranges National Park

One of SA's most treasured parks, **Ikara-Flinders Ranges National Park** (Ikara; 📞08-8648 0048; www.parks.sa.gov.au; via Wilpena Rd, Wilpena; per vehicle $10; ⏱24hr) is laced with craggy gorges, saw-toothed ranges, abandoned homesteads, Adnyamathanha Aboriginal sites, native wildlife and, after it rains, colourful wildflowers. The park's big-ticket drawcard is the 80-sq-km natural basin **Ikara (Wilpena Pound)** – a sunken elliptical valley ringed by gnarled ridges (don't let anyone tell you it's a meteorite crater!). The only vehicular access to the Pound is via the Wilpena Pound Resort's shuttle bus, which drops you about 1km from the old **Hills Homestead**, from where you can walk to **Wangarra Lookout** (another steep 500m).

Pick up the *Bushwalking in Flinders Ranges National Park* brochure from the visitors information centre if you're keen to explore further. To look down on it all, both **Wilpena Pound Resort** (📞08-8648 0004; www.wilpenapound.com.au; Wilpena Rd, Wilpena; unpowered/powered sites from $14/35, permanent/safari tents $90/320, motel d/f $193/223; 🅿❄🛜🏊) and **Rawnsley Park Station** (p303) offer scenic flights.

🍴 🛏 p303

The Drive ›› Truck north from Wilpena on the sealed road to Blinman. It's a wiggly, 59km drive, with some scenic lookouts along the way (keep an eye out for road washouts after heavy rains).

- - - - - - - - - - - - - - - -

⑧ Blinman

About an hour north of Wilpena, ubercute Blinman (population 30) owes its existence to the copper ore discovered here in 1859 and the smelter built in 1903. But the boom went bust and 1500 folks left town. Today Blinman's main claim to fame is as SA's highest town (610m above sea level). There are interesting tours of the **Heritage Blinman Mine** (📞08-8648 4782; www.heritageblinmanmine.com.au; Mine Rd, Blinman; tours adult/child/family $28/11/65; ⏱9am-4.30pm, reduced hours Nov-Mar), after which you can toast the end of your road trip at the old **North Blinman Hotel** (📞08-8648 4867; www.blinmanhotel.com; 1 Mine Rd, Blinman; mains $20-28; ⏱noon-2pm & 6-8pm).

Eating & Sleeping

Clare Valley ❶

✕ Umbria
Italian $$

(☎08-8812 1718; www.facebook.com/umbria restaurant; 308b Main North Rd, Clare; mains $19-29; ⊗noon-2pm & 6-10pm Tue-Sat) Umbria looks like a high-end Melbourne Italian restaurant, lifted from Lygon St and dropped onto Main North Rd. But the exposed stonework and moody lighting is a ruse – eating here won't break the bank. Expect rustic homemade pastas made with free-range Clare Valley eggs, and a few meaty mains – perhaps a fish, beef and lamb dish, depending on the season.

⛺ William Hunt's Retreat
B&B $$$

(☎0498 998 778; www.williamhuntsretreat. com.au; 32 Leasingham St, Mintaro; d/q from $225/395; P ❋) At the Auburn end of Mintaro's main street is this converted stone workshop, built by carpenter William Hunt in 1856. It's now a plush B&B comprising two self-contained units, sleeping two and four. Flowering garden beds, private outdoor clawfoot bath, red chesterfields, wood heaters, Mintaro slate tabletop in the courtyard – sound like a weekend away?

Quorn ❺

⛺ Quorn Caravan Park
Caravan Park $

(☎08-8648 6206; www.quorncaravanpark. com.au; 8 Silo Rd, Quorn; unpowered/powered sites $28/35, dm $40, van s/d $65/75, cabins $100-140, extra adult/child $20/15; P ❋) Fully keyed-in to climate change, this passionately run park on Pinkerton Creek is hell bent on reducing emissions and restoring native habitat. Features include spotless cabins, a backpacker cabin (sleeps six), a camp kitchen made from recycled timbers, shady sites, rainwater tanks everywhere and a few lazy roos lounging about under the red gums. Discounts for walkers and cyclists.

Hawker ❻

✕ Flinders Food Co
Cafe $

(☎08-8648 4380; www.facebook.com/flinders foodco; 66 Elder Tce, Hawker; mains $12-19; ⊗7.30am-4.30pm Tue-Sat, 7.30am-3pm Sun) At last! A decent cafe in Hawker! Taking over from an old country tearoom that was well past its use-by date, Flinders Food Co sasses things up with kangaroo burgers, grilled saltbush lamb backstrap, smoked-salmon bagels and wattle-seed hotcakes. Good coffee, smoothies and milkshakes too. Eyeball the turtles in the tanks on your way out.

⛺ Hawker Caravan Park
Caravan Park $

(☎08-8648 4006; www.hawkercaravanpark. com.au; 44 Chace View Tce, Hawker; unpowered & powered sites $30, en suite sites $45, cabins from $105; P ❋ 🛜 🏊) At the Wilpena end of town, this upbeat, fastidiously maintained acreage has generous gravelly sites (grass, out here?) and cabins sleeping up to six. And there's a pool! It runs an additional overflow site at 12 Carpenter Rd from April to October (no pool here...). Busy as a bee in winter.

Ikara-Flinders Ranges National Park ❼

⛺ Rawnsley Park Station
Resort, Caravan Park $$

(☎08-8648 0700; www.rawnsleypark.com.au; Wilpena Rd, via Hawker; unpowered/powered sites $27/38, hostel per adult/child $40/30, cabins/ units/villas/houses from $108/175/430/570; P ❋ 🛜 🏊) This rangy homestead 35km from Hawker on the southern fringes of Ikara-Flinders Ranges National Park offers everything from tent sites to luxe eco-villas, a 1950s self-contained house and a caravan park with cabins and dorms. Activities include mountain-bike hire (half-/full day $30/60), bushwalks, 4WD tours and scenic flights. The excellent **Woolshed Restaurant** (mains $34-42; ⊗noon-2pm Wed-Sun Mar-Nov, 6-8.30pm daily year-round) is also on-site.

Northern Territory

THE TOP END, THE RED CENTRE OR SIMPLY 'THE TERRITORY' – WHATEVER you call it, the Northern Territory has an elemental feel to it. It's here that so many Aussie landmarks of international repute reside, from Uluru, Kata Tjuta and Kings Canyon in the south to Katherine, Kakadu and Litchfield in the north, and even these barely scratch the surface.

As you'd expect from a predominantly outback region, the roads here can be empty, the distances are immense, and some northern trails may be impassable in the Big Wet (November to March). But the rewards are simply extraordinary, primary among them some of the best opportunities in Australia to experience this ancient land alongside its original inhabitants. Stock up on supplies and hit the road.

Kings Canyon Watarrka National Park

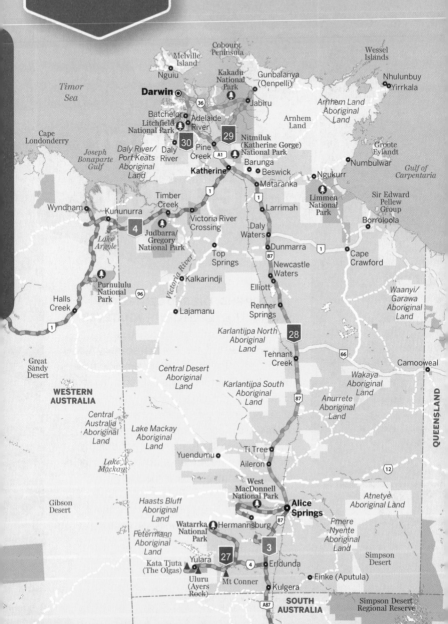

Northern Territory

Arafura Sea

INDONESIA

400 km
200 miles

Timor Sea

Cobourg Peninsula

Melville Island

Nguiu

Kakadu National Park

Gunbalanya (Oenpelli)

Wessel Islands

Nhulunbuy
Yirrkala

Darwin

Jabiru

Arnhem Land Aboriginal Land

36

Batchelor
Litchfield National Park

Adelaide River

Arnhem Land

Cape Londonderry

Joseph Bonaparte Gulf

30

Pine Creek

Daly River/ Port Keats Aboriginal Land

Daly River/

Daly River

29

Nitmiluk (Katherine Gorge) National Park

A1

Groote Eylandt

Numbulwar

Katherine

Barunga

Beswick

Gulf of Carpentaria

Wyndham

Kununurra

Timber Creek

Victoria River Crossing

1

Mataranka

Ngukurr

Sir Edward Pellew Group

4

Judbarra/ Gregory National Park

1

Larrimah

Limmen National Park

Borroloola

Lake Argyle

Daly Waters

Victoria River

Top Springs

87

Dunmarra

Newcastle Waters

1

Cape Crawford

Purnululu National Park

96

Kalkarindji

Elliott

Waanyi/ Garawa Aboriginal Land

Halls Creek

Lajamanu

Renner Springs

1

Great Sandy Desert

Karlantijpa North Aboriginal Land

28

Tennant Creek

66

Camooweal

WESTERN AUSTRALIA

Central Desert Aboriginal Land

Karlantijpa South Aboriginal Land

Wakaya Aboriginal Land

Central Australia Aboriginal Land

Lake Mackay

Anurrete Aboriginal Land

87

Lake Mackay

Yuendumu

Ti Tree

Aileron

12

Gibson Desert

Haasts Bluff Aboriginal Land

West MacDonnell National Park

Alice Springs

Atnetye Aboriginal Land

Watarrka National Park

Hermannsburg

87

Pmere Nyente Aboriginal Land

Petermann Aboriginal Land

Yulara

27

3

Simpson Desert

Kata Tjuta (The Olgas)

Uluru (Ayers Rock)

Mt Conner

4

Erldunda

Finke (Aputula)

Kulgera

SOUTH AUSTRALIA

Simpson Desert Regional Reserve

A87

QUEENSLAND

Devil's Marbles Desert rock formations

Alice Springs to Adelaide 7 Days
Journey south through the heart of the continent via Coober Pedy. (See p59)

Uluru & the Red Centre 10-14 Days
Uluru, the Olgas, Kings Canyon and the MacDonnell Ranges. Need we say more?

Alice Springs to Darwin 5-7 Days
Drive from desert to the tropics in one big road trip.

Darwin & Kakadu 5-7 Days
Set your sights on Kakadu, Australia's premier northern wilderness.

Darwin to Daly River 5 Days
Experience the Territory's other park, marvellous Litchfield.

DON'T MISS

Kings Canyon
Awe-inspiring sandstone canyon that is a highlight of any Red Centre trip. 27

Devil's Marbles
This weird-and-wonderful landform sits by the roadside south of Tennant Creek. 28

Henbury Meteorite Craters
Stirring outback country and stunning crater bypassed by the buses. 3

Arnhemlander Cultural & Heritage Tour
Experience northern Kakadu and Arnhem Land art with an Indigenous guide. 29

Tolmer Falls
Among the lesser-known waterfalls of Litchfield National Park. 30

Classic Trip

Uluru & the Red Centre

27

Welcome to Australia's Red Centre, home to the country's most magnificent and utterly unforgettable outback landmarks – Uluru, Kata Tjuta (the Olgas), Kings Canyon and the MacDonnell Ranges.

TRIP HIGHLIGHTS

406 km

Kings Canyon
Dramatic rocky gorges a long way from anywhere

960 km

Ormiston Gorge
Majestic chasm in the West MacDonnells

Tyler Pass Lookout

7

Ellery Creek Big Hole

Simpsons Gap

Glen Helen Gorge

FINISH

Hermannsburg

Alice Springs

3

Yulara

Erlundra

2

START

1

0 km

Uluru
World-famous icon of the outback

Kata Tjuta
The Rock's rival as a remote and beautiful landform

40 km

10–14 DAYS
1180 KM / 734 MILES

GREAT FOR...

BEST TIME TO GO
April to October has cooler temperatures; it's fiercely hot November to March.

 ESSENTIAL PHOTO
Sunset at Uluru.

 BEST FOR OUTDOORS
Walk through the Valley of the Winds for true outback magic.

Classic Trip

27 Uluru & the Red Centre

If you make one trip through the Australian outback, make it this one. Uluru is an extraordinary, soulful place utterly unlike anywhere else on the planet. Nearby, Kata Tjuta (the Olgas) and Kings Canyon leave spellbound all who visit, while the West MacDonnell Ranges capture the essence of the Red Centre – red earth, red rocks and ghostly gums in a spiritually charged landscape.

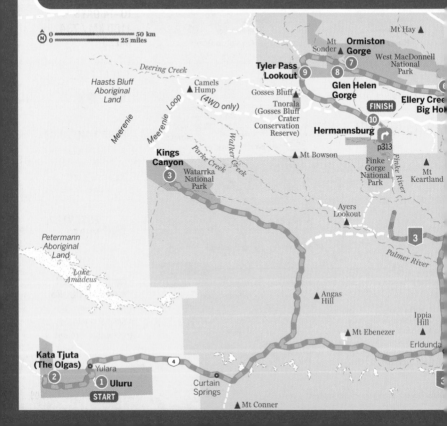

❶ Uluru (Ayers Rock)

Uluru: nothing can really prepare you for the immensity, grandeur, changing colour and stillness of 'the Rock'. The first sight of Uluru on the horizon invariably astounds even the most jaded traveller. Before arriving visit the **Uluru-Kata Tjuta Cultural Centre** (☏08-8956 1128; www.parksaustralia.gov.au/uluru; ⏰7am-6pm), 1km short of Uluru. Uluru itself is 3.6km long and rises a towering 348m from the surrounding sandy scrubland (867m above sea level). Closer inspection reveals a wondrous contoured surface concealing numerous sacred sites of particular significance to the Anangu. If your first sight of Uluru is during the afternoon, it appears as an ochre-brown colour, scored and pitted by dark shadows. As the sun sets, it illuminates the rock in burnished orange, then a series of deeper reds before it fades into charcoal. A performance in reverse, with marginally fewer spectators, is given at dawn. There's plenty to see and do: meandering walks, bike rides, guided tours, desert culture and simply contemplating the many changing colours and moods of the great monolith itself.

 🗐 p318

The Drive » The road from Uluru to Kata Tjuta (40km) is sealed, as is the 20km road between Uluru and Yulara (where all of the accommodation for both places is). There are no other roads out here: you can't get lost.

❷ Kata Tjuta (The Olgas)

No journey to Uluru is complete without a visit to Kata Tjuta, a striking group of domed rocks huddled together about 35km west of Uluru and part of **Uluru-Kata Tjuta National Park** (https://parksaustralia.gov.au/uluru; adult/child/family 3-day passes $25/12.50/65; ⏰sunrise-sunset). There are 36 boulders shoulder to shoulder forming deep valleys and steep-sided gorges. Many visitors find them even more captivating than their prominent neighbour. The tallest rock, **Mt Olga** (546m, 1066m above sea level), is approximately 200m higher than Uluru. Kata Tjuta means 'many heads' and is of great tjukurpa (Aboriginal law, religion and custom) significance, particularly for men, so stick to the tracks. The 7.4km **Valley of the Winds** loop (two to four hours) winds through the gorges

---

🔗 LINK YOUR TRIP

28 **Alice Springs to Darwin**

Alice Springs is Stop 4 on the Uluru & the Red Centre trip, and it's also where the Alice Springs to Darwin route (1493km) begins.

3 **Alice Springs to Adelaide**

From Alice Springs, the other choice is to head south to Adelaide (1500km).

Classic Trip

giving excellent views of the surreal domes. The short signposted track beneath towering rock walls into pretty **Walpa Gorge** (2.6km return, 45 minutes) is especially beautiful in the afternoon. Like Uluru, Kata Tjuta is at its glorious, blood-red best at sunset.

The Drive » From Kata Tjuta, return the 40km to Uluru, then 20km more to Yulara, before the long road really begins. The Lasseter Hwy runs east; watch for Mt Conner, the large mesa (table-top mountain) that looms 350m out of the desert away to the south. Some 137km from Yulara take the Kings Canyon turnoff, from where you've 169km to go.

TRIP HIGHLIGHT

❸ Kings Canyon

The yawning chasm of Kings Canyon in Watarrka National Park is one of the most spectacular sights in central Australia. This is one place where it pays to get out and walk, and you'll be rewarded with awesome views on the **Kings Canyon Rim Walk** (6km loop, four hours; you must begin before 9am on hot days), which many travellers rate as a highlight of their trip to the Centre. After a short but steep climb (the only 'difficult' part of the trail), the walk skirts the canyon's rim before descending down

wooden stairs to the **Garden of Eden**: a lush pocket of ferns and pre-historic cycads around a tranquil pool. The next section of the trail winds through a swarm of giant beehive domes: weathered sandstone outcrops, which to the Luritja represent the men of the Kuniya Dreaming. If that all sounds like too much hard work, take a scenic helicopter flight with **Professional Helicopter Services** (PHS; ☎08-8956 2003; www.phs.com.au; flights per person 8/15/30mins $95/150/285) or **Kings Creek Helicopters** (☎08-8956 7474; www.kingscreek station.com.au; flights per person $60-460).

🍴 🛏 p318

The Drive » With a 4WD, it's a short hop to Hermannsburg, but for the rest of us, you'll need to return 169km to the Lasseter Hwy, travel 108km east to the Stuart Hwy, then 200km north and then northeast into Alice Springs – a very long day but the scenery has its own rewards.

---

❹ Alice Springs

Alice Springs is many things to many people – rough-and-tumble frontier town, centre for Indigenous arts, set amid glorious outback scenery. They're all true, and yet sitting as it does in the approximate midpoint of this journey, its main appeal may lie in the chance to wash off the dust, sleep between clean

RED CENTRE WAY

The Red Centre Way is the 'back road' from Alice to the Rock. It incorporates an 'inner loop' comprising Namatjira and Larapinta Drs, plus the rugged Mereenie Loop Rd, the short cut to Kings Canyon. This dusty, heavily corrugated road is not to be taken lightly. There can be deep sandy patches and countless corrugations, depending on the time of year and how recently it's been graded. It's best travelled in a high-clearance vehicle, preferably a 4WD. Be aware that hire car companies won't permit their 2WDs to be driven on this road, and such vehicles will not be covered by insurance on this road.

To travel along this route, which passes through Aboriginal land, you need a permit ($5), which is valid for one day and includes a booklet with details about the local Aboriginal culture and a route map. The pass is issued on the spot (usually only on the day of travel) at the visitor information centre in Alice Springs, Glen Helen Resort, Kings Canyon Resort and Hermannsburg service station.

DETOUR:
FINKE GORGE NATIONAL PARK

Start: ⑩ Hermannsburg

With its primordial landscape, the 4WD-only Finke Gorge National Park, south of Hermannsburg, is one of central Australia's premier wilderness reserves. The top attraction is **Palm Valley**, famous for its red cabbage palms, which exist nowhere else in the world. These relics from prehistoric times give the valley the feel of a picture-book oasis. Tracks include the **Arankaia walk** (2km loop, one hour), which traverses the valley, returning via the sandstone plateau; the **Mpulungkinya track** (5km loop, two hours), heading down the gorge before joining the Arankaia walk; and the **Mpaara track** (5km loop, two hours), taking in the Finke River, Palm Bend and a rugged natural amphitheatre.

Access to the park follows the sandy bed of the Finke River and rocky tracks, and so a high-clearance 4WD is essential.

sheets and keep at bay the great emptiness for a night. To anchor your visit, take in the **Araluen Cultural Precinct** (📞08-8951 1122; www.dtc.nt.gov.au/arts-and-museums; cnr Larapinta Dr & Memorial Ave), Alice Springs' cultural hub.

✗ 🛏 p319

The Drive » Heading west, Simpsons Gap is signposted to the right (north), 22km from Alice.

- - - - - - - - - - - - - - - - - -

⑤ Simpsons Gap

One of the prettiest corners of the West MacDonnell Ranges, Simpsons Gap, 22km by road from Alice Springs and 8km off Larapinta Dr along a paved road, combines wonderful scenery with good wildlife-watching. Towering red-rock cliffs watch over a riverbed strewn with gums, with a few pools where the canyon narrows. Watch the rocks for black-footed rock wallabies.

The Drive » Return to the main road and continue to the fork in the road: turn right onto Namatjira Dr. Ellery Creek Big Hole is 51km after this turnoff (91km from Alice Springs).

- - - - - - - - - - - - - - - - - -

⑥ Ellery Creek Big Hole

Ellery Creek Big Hole, 91km from Alice Springs, has a large permanent waterhole and is a beautiful spot. It's also a popular place for a swim on a hot day (the water is usually freezing), but be very careful – a swimmer drowned here in December 2016. If you're really lucky, you might see a dingo coming down to drink.

The Drive » About 11km further, a rough gravel track leads to narrow, ochre-red Serpentine Gorge, with a lovely waterhole, a lookout and ancient cycads. The Ochre Pits line a dry creek bed 11km west of Serpentine and were a source of pigment for Aboriginal people. Ormiston Gorge is 25km beyond the Ochre Pits, signposted off the sealed road.

- - - - - - - - - - - - - - - - - -

TRIP HIGHLIGHT

⑦ Ormiston Gorge

Majestic Ormiston Gorge is the most impressive chasm in the West Mac-Donnells. There's a water-hole shaded with ghost gums, and the gorge curls around to the enclosed Ormiston Pound. It is a haven for wildlife and you can expect to see some critters among the spinifex slopes and mulga woodland. There are walking tracks, including to the **Ghost Gum Lookout** (20 minutes), which affords brilliant views down the gorge, and the excellent, circuitous **Pound Walk** (three hours, 7.5km). There's a visitor centre, a kiosk and an enduring sense of peace whenever the tourist buses move on.

The Drive » About 2km beyond Ormiston Gorge is the turnoff to Glen Helen Gorge.

Classic Trip

TOURISM NT/JASON VAN MIERT ©

MMARTIN/SHUTTERSTOCK ©

WHY THIS IS A CLASSIC TRIP
ANTHONY HAM, WRITER

By the end of this trip you'll have experienced the magic of the outback through its most enduring symbols: Uluru, Kata Tjuta, Kings Canyon, the West Macs and a town called Alice. It's a well-worn trail and one that it's hard not to love, especially if, like me, you find yourself enchanted by desert silences and yearn for its long empty roads.

Above: Kata Tjuta
Left: Kings Canyon
Right: Ormiston Gorge

⑧ Glen Helen Gorge

Glen Helen Gorge is where the Finke River cuts through the Mac-Donnells. One of few places in the West Macs that has more than just camp sites, Glen Helen Resort (p319) also has a restaurant. Wander down to the gorge, which doesn't quite match Ormiston, but is dramatic nonetheless. Only 1km past Glen Helen is a good **lookout** over **Mt Sonder** (1380m), one of the highest peaks in the entire range; sunrise and sunset here are particularly impressive.

🛏 p319

The Drive » If you continue northwest for 25km beyond Glen Helen you'll reach the turnoff (4WD only) to multihued, cathedral-like Redbank Gorge. Tyler Pass Lookout is well signposted before the road descends to the southwest.

⑨ Tyler Pass Lookout

There's something impossibly romantic (in a desert sense, at least) about finding a vantage point from which you can gaze out into eternity. Knowing that the desert stretches out beyond here for thousands of kilometres is enough to produce a delicious sense of vertigo. Tyler Pass Lookout provides a dramatic view of Tnorala

Classic Trip

KEITMA/SHUTTERSTOCK ©

(Grosse Bluff), the legacy of an earth-shattering comet impact, but it's the end-of-the-earth, end-of-the-road sense that you'll remember most, long after you've returned home.

The Drive » With the completion of the tarmac along the West MacDonnell Ranges road, it is now possible for 2WD vehicles to complete the loop back to Alice Springs via Hermannsburg.

- - - - - - - - - - - - - - - - -

⑩ Hermannsburg

The Aboriginal community of Hermannsburg (Ntaria), about 125km from Alice Springs, is famous as the one-time home of artist Albert Namatjira and as the site of the **Hermannsburg Mission** (📞08-8956 7402; www.hermannsburg.com.au; adult/child $12/free; ⏰9am-5pm), whose whitewashed walls are shaded by majestic river gums and date palms. This fascinating monument to the Territory's early Lutheran missionaries includes a school building, a church and various outbuildings. The 'Manse' houses an art gallery and a history of the life and times of Albert Namatjira, as well as works of 39 Hermannsburg artists. Just west of Hermannsburg is **Namatjira's House**.

Hermannsburg Mission house

Eating & Sleeping

Uluru (Ayers Rock) ➊

✗ Tali Wiru   Australian $$$

(🖉02-8296 8010; www.ayersrockresort.com.
au/tali-wiru; per person $360; 🕓Apr–mid-Oct)
One way to combine sophistication with the
ruggedness of the outback landscape is the
Tali Wiru outdoor dining experience. Organised
between April and mid-October, it involves
walking to a dune-top 'restaurant' to eat a
four-course meal and drink as the sun sets
over timeless Uluru. An Indigenous storyteller
entertains guests. Make your booking online or
at the **Tour & Information Centre** (🖉08-
8957 7324; Resort Shopping Centre; 🕓8am–
7pm) in Yulara.

✗ Outback
Pioneer Barbecue   Barbecue $$

(Outback Pioneer Hotel & Lodge; burgers $20,
meat $35, salad bar $20; 🕓6-9pm) For a
fun, casual night out, this lively tavern is the
popular choice for everyone from backpackers
to grey nomads. Choose between kangaroo
skewers, prawns, veggie burgers, steaks and
emu sausages, and grill them yourself at the
communal BBQs. The deal includes a salad bar.

⮘ Ayers Rock
Resort Campground   Campground $

(🖉08-8957 7001; www.ayersrockresort.com.
au/arrcamp; off Yulara Dr; powered/unpowered
sites $53/43, cabins $184; ✳ @ ⛵) A saviour
for the budget conscious, this sprawling camp
ground is set among native gardens. There are
good facilities including a kiosk, free BBQs, a
camp kitchen and a pool. During peak season
it's very busy and the inevitable predawn convoy
heading for Uluru can provide an unwanted
wake-up call.

⮘ Desert Gardens Hotel   Hotel $$$

(🖉1300 134 044; www.ayersrockresort.com.au;
Yulara Dr; r from $360; ✳ 🛜 ⛵) One of Yulara's
original hotels, four-and-a-half-star Desert
Gardens has supremely comfortable rooms
with a lovely Scandinavian minimalist look.
Some have partial or distant Uluru views (for
which you pay extra). Prices drop considerably
depending on the number of nights you stay.

Kings Canyon ➌

✗ Under the
Desert Moon   Australian $$$

(🖉08-8956 7442; www.kingscanyonresort.com.
au; off Luritja Rd, Kings Canyon Resort; per
person $159; 🕓6pm Mon, Wed, Fri & Sat
Apr-Oct) Dine out under the stars and around
a campfire in great comfort and with fine
food at the Kings Canyon Resort. There's a
five-course set menu and the whole experience
lasts from three to four hours. It's not quite as
atmospheric as the Yulara versions near Uluru,
but it's still a lovely night.

⮘ Kings
Creek Station   Campground $$

(🖉08-8956 7474; www.kingscreekstation.com.
au; Luritja Rd; powered/unpowered sites for
2 $50/40, safari cabins s/d incl breakfast
$125/202, luxury safari tents all inclusive $1100;
@ ⛵) Located 36km before the canyon,
this family-run station offers a bush-camping
experience among the desert oaks. Cosy safari-
style cabins (small canvas tents on solid floors)
share amenities and a kitchen-BBQ area, while
the luxury glamping experience is very cool
and the pick of the accommodation options out
this way.

Kings Canyon Resort

Resort $$$

(☏1800 837 168, 08-8956 7442; www.kings canyonresort.com.au; Luritja Rd; powered/unpowered sites $54/44, dm $47, d $310-500; ❄ @ ☒) Only 10km from the canyon, this well-designed resort has a wide range of accommodation, from a grassy camping area with its own pool and bar to deluxe rooms looking out on to native bushland. Eating and drinking options are as varied, with a bistro, the Thirsty Dingo bar and an outback BBQ for big steaks and live entertainment.

Alice Springs 4

🍴 Kungkas Cafe

Cafe $

(☏08-8952 3102; shop 17, Diarama Village, Larapinta Dr; snacks & light meals from $10; ⊙7.30am-3pm Mon-Fri) Now here's something a little different. The coffee at this Indigenous catering place is good but we love it for its snacks that put wild-harvested bush foods (eg bush tomatoes, lemon myrtle) front and centre. Take-home treats include saltbush or wattleseed dukkah, bush tomato chutney and quandong relish.

🍴 Montes

Australian $$

(☏08-8952 4336; www.montes.net.au; cnr Stott Tce & Todd St; mains $13-28; ⊙2pm-2am Wed-Sun; 🚹) Travelling circus meets outback homestead. Montes is family friendly with a play area for kids, and the food ranges from gourmet burgers, pizzas and tapas to curries and seafood. Sit in the leafy beer garden (with a range of beers) or intimate booth seating. Patio heaters keep patrons warm on cool desert nights.

🛏 Desert Rose Inn

Hostel $

(☏08-8952 1411; www.desertroseinn.com.au; 15 Railway Tce; r $55-95; 🛜) Centrally located, the Desert Rose is a great alternative to the backpacker hostels, with its spotless budget rooms, communal kitchen and lounge. Budget rooms are two share, with beds (no bunks) and a shower. No more walking down the corridor in your towel! There are other rooms with double beds, fridges and TVs, and motel rooms with full bathrooms.

Glen Helen Gorge 8

🛏 Glen Helen Resort

Hotel $

(☏1300 269 822, 08-8956 7489; www.glen helenlodge.com.au; Namatjira Dr; powered/unpowered sites $30/24, d without/with breakfast $195/240; ❄ 🛜 ☒) At the western edge of the West MacDonnell Ranges National Park is the popular Glen Helen Resort, which has an idyllic back verandah slammed up against the red ochre cliffs of the spectacular gorge. There's a busy restaurant-pub serving hearty meals such as steaks and parmas (mains $25 to $35) and live music some weekends.

🛏 Redbank Woodland Bush Camping Area

Campground $

(Redbank Gorge Rd; adult/child/family $5/2.50/12.50) With 13 sites, plus an additional three for buses, this bush camping area has plenty of space, but the shade can be pretty thin. Caravans tend to camp on the bluff closer to the gorge, which kinda spoils it for everyone else as it would make a fine lookout.

Alice Springs to Darwin

One of those great Aussie road trips that cuts through the heart of the continent, Alice Springs to Darwin connects the Red Centre with the Top End.

28

TRIP HIGHLIGHTS

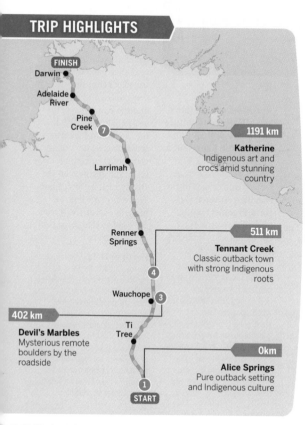

FINISH
Darwin

Adelaide River

Pine Creek — 7

Larrimah

1191 km

Katherine
Indigenous art and crocs amid stunning country

Renner Springs

4

511 km

Tennant Creek
Classic outback town with strong Indigenous roots

Wauchope — 3

402 km

Devil's Marbles
Mysterious remote boulders by the roadside

Ti Tree

0km

Alice Springs
Pure outback setting and Indigenous culture

1

START

5–7 DAYS
1493KM / 928 MILES

GREAT FOR...

BEST TIME TO GO

April to October – the Big Wet presents challenges the rest of the year in the north.

 ESSENTIAL PHOTO

Devil's Marbles (Karlu Karlu) at sunrise for their sacred stories and sheer beauty.

BEST FOR OUTDOORS

Take a boat through the Nitmiluk gorges near Katherine.

Devil's Marbles Granite boulders strewn along the Stuart Hwy

321

28 Alice Springs to Darwin

All the monotony and magnificence of the outback is on show on this long, lonely desert crossing. From Alice Springs north, the air is tinder dry and the colour cast shifts from red to yellow to green the further north you travel. By Katherine, you're in a different world, where the outback meets the tropics, and the latter very much takes hold by the time you pull into Darwin.

TRIP HIGHLIGHT

1 Alice Springs

There's no town quite like Alice, marooned in the heart of the outback. This ruggedly beautiful town is shaped by its mythical landscapes. The mesmerising MacDonnell Ranges stretch east and west from the town centre, and you don't have to venture far to find yourself among ochre-red gorges, pastel-hued hills and ghostly white gum trees. As much as the terrain, it's the Aboriginal character of Alice that sets it apart. Two excellent places to start your exploration of local Indigenous culture are the excursions run by **Emu Run Experience** (☏1800 687 220, 08-8953 7057; www.emurun.com.au; 72 Todd St) and a visit to the excellent Araluen Cultural Precinct (p313), as well as countless Indigenous art galleries.

🍴 🛏 p319

The Drive » You've a very long road ahead of you, so getting an early start helps. Watch for fine views of the MacDonnell Ranges as you leave town, then barrel on up the dry and dusty highway for 135km to tiny Aileron – don't blink or you might just miss it – with another 149km into Barrow Creek.

2 Barrow Creek

The outback does a fine line in wonderfully off-beat personalities forged in the isolation afforded by this vast and sparsely populated land. Sometimes it's a person, at others a building. But just as often it's the sum total of these and all manner of passing wanderers. One such place is the rustic **Barrow Creek Hotel** (☏08-8956 9753; Stuart Hwy; powered sites $26, s/d $70/90), one of the highway's truly eccentric outback pubs. In the tradition of shearers who'd write their name on a banknote and pin it to the wall to ensure they could afford a drink when next they passed through, travellers continue to leave notes and photos, and the result is a price-less collage of outback life. Food and fuel are available and next door is one of the original telegraph stations on the Overland Telegraph Line. There ain't a whole lot more here, but you'll soon get used to that sensation in these parts.

The Drive » It's 118km from Barrow Creek to the Devil's Marbles. At the kooky Wycliffe Well Roadhouse & Holiday Park, you can fill up with fuel and food, or stay and spot the UFOs that apparently fly over with astonishing regularity. At Wauchope (war-kup), 10km south of the Devil's Marbles, you'll pass the Wauchope Hotel, where you can stay if need be with a better-than-average restaurant.

TRIP HIGHLIGHT

❸ Devil's Marbles

The gigantic granite boulders arrayed in precarious piles beside the Stuart Hwy, 105km south of Tennant Creek, are known as the Devil's Marbles (Karlu Karlu in the local Warumungu language) and they're one of the more beautiful sights along this road. The Marbles are a sacred site to the traditional Aboriginal owners of the land, for whom the rocks are, according to one story, the eggs of the Rainbow Serpent. Such are the extremes of temperature out here that the boulders undergo a constant 24-hour cycle of expansion and contraction, hence the large cracks in many of them. There are five signposted

LINK YOUR TRIP

3 **Alice Springs to Adelaide**

Instead of heading north, head south. Works only if you've done this trip in reverse and began in Darwin.

29 **Darwin & Kakadu**

After a few days' rest in Darwin, start your next journey there and make for sublime Kakadu.

ALEX CIMBAL/SHUTTERSTOCK ©

walks around the Devil's Marbles, from the 20-minute 400m Karlu Karlu Walk, departing from the day-use area, to the 1½-hour, 4km Nurrku Walk, which takes you away from the crowds. If you've only time for one walk, make it the 30-minute, 800m Mayijangu Walk from the day-use area to the campground, with a 20-minute, 350m add-on up to Nyanjiki Look-out. Unless specifically permitted to do so by signposts pointing you in that direction, please respect local beliefs by not climbing on the rocks.

The Drive » Unless you've slept somewhere along the way, the final 105km into Tennant Creek, 511km north of Alice, can't come quick enough. And after so long on the road, arriving even in Tennant Creek feels like paradise.

- - - - - - - - - - - - - - - -

TRIP HIGHLIGHT

④ Tennant Creek

Tennant Creek is the only town of any size between Katherine, 680km to the north, and Alice Springs, 511km to the south, although it's all relative: just 2991 people lived here the last time the census-takers passed through. Fortunately there's more than just a good meal, petrol and clean sheets to keep you occupied. Tennant Creek is known as Jurnkurakurr

to the local Warumungu people (almost half of the town's population is of Aboriginal descent) and, when it reopens, the innovative **Nyinkka Nyunyu** (www.nyinkkanyunyu.com.au; Paterson St) museum and gallery highlights their dynamic art and culture; learn about bush tucker and Dreaming stories with your personal guide. Don't miss **Battery Hill Mining Centre** (☎08-8962 1281; www.barklytourism. com.au; Peko Rd; adult/child $30/16, combined ticket with museums $36/21; ⊙9am-5pm), and to really get a personal experience of the

area, take a **Kelly's Ranch** (☎08-8962 2045; www.kellys ranch.com.au; 5 Fazaldeen Rd; trail rides/lessons per person $150/50) two-hour horse trail ride with local Warumungu man Jerry Kelly.

✕ 🛏 p327

The Drive » Just 26km north of Tennant Creek you'll pass Three Ways, the junction of the Stuart and Barkly Hwys. Banka Banka, 100km north of Tennant Creek, has a mudbrick bar, while Renner Springs is generally accepted as the dividing line between the seasonally wet Top End and the dry Centre; there's a decent roadhouse. Newcastle Waters is a couple of kilometres off the road.

Alice Springs Surrounded by the MacDonnell Ranges

---

5 Newcastle Waters

Most small outback settlements lead a fairly precarious existence and the line between survival and abandonment can be pretty tenuous. Many make it, but **Newcastle Waters** (off Stuart Hwy) is an eerie example of those that don't. The surrounding station of the same name was (and remains) an important cattle station, but the town's role as a drovers' way station was doomed once road and rail transport took over as the primary means of transport in the 1960s. These days it's a veritable ghost town, with atmospheric, historic timber-and-corrugated-iron buildings, including the Junction Hotel, cobbled together from abandoned windmills in 1932.

The Drive ≫ From Newcastle Waters to Daly Waters, it's 132 dry and dusty kilometres. Just before Daly Waters, the sealed Carpentaria Hwy branches off to the east, bound for the Gulf of Carpentaria at Eadangula some 376km away. Daly Waters lies a few kilometres off the Stuart Hwy.

---

6 Daly Waters

Most outback towns of any reasonable size have some unusual claim to fame; Daly Waters, about 3km off the highway, is no exception. Daly Waters was an important staging post in the early days of aviation – Amy Johnson landed here on her epic flight from England to Australia in 1930. Just about everyone stops at the famous Daly Waters Pub (p327). Decorated with business cards, bras, banknotes and memorabilia from

DETOUR:
NITMILUK (KATHERINE GORGE) NATIONAL PARK

Start: ➐ **Katherine**

Spectacular **Nitmiluk (Katherine) Gorge** forms the backbone of the 2920-sq-km **Nitmiluk (Katherine Gorge) National Park** (Katherine Gorge National Park; ☎08-8972 1253, 08-8972 1886; www.nt.gov.au/leisure/parks-reserves), about 30km from Katherine. A series of 13 deep sandstone **gorges** have been carved out by the **Katherine River** on its journey from Arnhem Land to the Timor Sea. It is a hauntingly beautiful place – though it can get crowded in peak season – and a must-do from Katherine. In the Dry the tranquil river is perfect for a paddle, but in the Wet the deep still waters and dividing rapids are engulfed by an awesome torrent that churns through the gorge. Plan to spend at least a full day canoeing or cruising on the river and bushwalking. The traditional owners are the Jawoyn Aboriginal people, who jointly manage Nitmiluk with Parks & Wildlife. **Nitmiluk Tours** (☎1300 146 743, 08-8972 1253; www.nitmiluktours.com.au; Nitmiluk Visitor Centre) manages accommodation, cruises and activities within the park.

passing travellers, the pub claims to be the oldest in the Territory (its liquor licence has been valid since 1893).

🛏 p327

The Drive » Point the car north along the Stuart Hwy and 160km later you'll arrive in Mataranka. En route, watch for tiny Larrimah, where the quirky Pink Panther (Larrimah) Hotel serves camel or buffalo pies as well as Devonshire teas – go figure. By Mataranka, you're well and truly in the tropics.

TRIP HIGHLIGHT

➐ Katherine

Katherine is probably best known for the Nitmiluk (Katherine Gorge) National Park to the east, and the town makes an obvious base, with plenty of accommodation and good opportunities to immerse yourself in the

picturesque surroundings and local Indigenous culture. By day, spend your time exploring the burgeoning world of Aboriginal art at **Top Didj Cultural Experience & Art Gallery** (☎08-8971 2751; www.topdidj.com; cnr Gorge & Jaensch Rds; cultural experiences adult/child $75/47; �9.30am & 2.30pm May-Oct), and see Aboriginal artists at work at the stunning **Godinymayin Yijard Rivers Arts & Culture Centre** (☎08-8972 3751; www.gyracc.org.au; Stuart Hwy, Katherine East; �10am-5pm Tue-Fri, to 3pm Sat) and Aboriginal-owned **Mimi Aboriginal Art & Craft** (☎08-8971 0036; www.facebook.com/mimiaboriginalart; 6 Pearce St; �8.30am-4.30pm Mon-Fri). As the sun starts to set, head for bush yarns and great food at Marksie's Camp Tucker (p327).

✗ 🛏 p327

The Drive » There's not long to go now, at least by outback standards. On the final, steamy 314km into Darwin, name check the tiny settlements of Pine Creek and Adelaide River, before the clamour of wall-to-wall settlements on the Darwin approach will have you longing for the eternal outback horizon.

➑ Darwin

Australia's only tropical capital city, Darwin gazes out confidently across the Timor Sea. It's closer to Bali than Bondi and can certainly feel far removed from the rest of the country. Aboriginal art centres, markets, excellent museums and good food are all highlights here.

✗ 🛏 p327; p335

Eating & Sleeping

Tennant Creek ❹

✖ Tennant Creek
Memorial Club   Australian $$

(✆08-8962 2688; www.tennantcreekmemorial
club.com/dining; 48 Schmidt St; mains $16-32;
🕑noon-2pm & 6-9pm) In a town where eating
rarely rises above the mediocre, the Memorial
Club is a reliable if generally unexciting option,
and it's your best choice for lunch. It has
standard rural club fare, with barramundi,
burgers, steaks, pasta, chicken parma... It's
also a friendly place with a courtesy bus back to
your hotel.

🛏 Outback
Caravan Park   Campground $

(✆08-8962 2459; www.outbacktennantcreek.
com.au; 71 Peko Rd; powered/unpowered sites
$39/32, cabins $109-169; P ❄ 🛜 🐾) In a
town that often feels parched, it's nice to be
in the shade of this grassy caravan park about
1km east of the centre. There's a well-stocked
kiosk, a camp kitchen and fuel. You may even be
treated to some bush poetry and bush tucker,
courtesy of yarn spinner Jimmy Hooker, at
7.30pm ($10).

Daly Waters ❻

🛏 Daly Waters Pub   Caravan Park $

(✆08-8975 9927; www.dalywaterspub.com;
powered/unpowered sites $32/20, d $75-129,
cabins $135-175; ❄ 🐾) Beside the pub is a
dustbowl camping ground with a bit of shade;
book ahead or arrive early to secure a powered
site.

Katherine ❼

✖ Marksie's
Camp Tucker   Australian $$$

(✆0427 112 806; www.marksiescamptucker.com.
au; 363 Gorge Rd; adult/child $80/40, Stockman's
Camp $50/25; 🕑7pm Apr-Sep) They should
declare Geoff Mark (Marksie) a national treasure.

Head to his re-created stockman's camp, 7km
from town, for a night of fabulous food and fun
storytelling. He prepares a three-course set
menu that might include crocodile, wild-caught
barramundi, camel, buffalo and/or kangaroo, all
cooked over camp ovens and leavened with bush
spices. Bookings essential.

🛏 Knott's Crossing Resort   Motel $$

(✆08-8972 2511; www.knottscrossing.com.au;
cnr Cameron & Giles Sts; powered/unpowered sites
$48/30, r $130-180; ❄ @ 🛜 🐾 🐕) Probably
the pick of Katherine's in-town accommodation
options. There is variety to suit most budgets,
a good **restaurant** (mains $25-42; 🕑6-9pm)
and the whole place is very professionally run.
Everything is packed pretty tightly into the
tropical gardens at Knott's, but it's easy to find
your own little nook.

Darwin ❽

✖ Aboriginal Bush
Traders Cafe   Cafe, Australian $

(✆09-8942 4023; www.aboriginalbushtraders.
com; cnr Esplanade & Knuckey St; mains & light
meals $9-17.50; 🕑7.30am-3pm Mon-Fri) In
historic **Lyons Cottage** (✆0488 329 933;
cnr Esplanade & Knuckey St), this fine little
cafe has some really tasty dishes inspired by
Aboriginal bush tucker from the desert. In
addition to more conventional dishes such as
gourmet toasted rolls, try the damper with jam
(Kakadu plum or wild rosella), the kutjera (wild
tomato) and aniseed-myrtle feta damper, or the
saltbush dukkah, avocado and feta smash.

🛏 Darwin City Edge   Motel $$

(✆08-8981 1544; www.darwincityedge.com.
au; 38 Gardens Rd; d/ste from $89/99; P ❄
@ 🛜 🐾) There's a lot to like here: value-for-
money rooms, friendly and efficient service,
and a handy location. Contemporary motel
rooms and larger studios with kitchenettes are
on offer. It's right on the city fringe, convenient
to the Gardens Park golf course, the **Botanic
Gardens** (www.nt.gov.au/leisure; Geranium St;
🕑7am-7pm) and **Mindil Beach**.

Darwin & Kakadu

Kakadu is one of the world's greatest national parks – it's as simple as that – and this itinerary spends most of its time within park boundaries.

29

TRIP HIGHLIGHTS

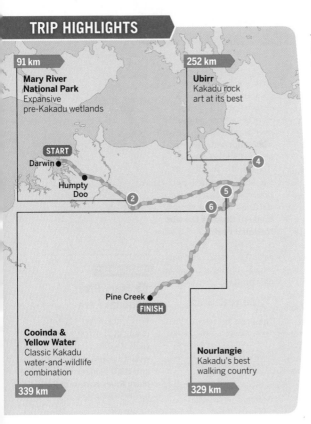

91 km

Mary River National Park
Expansive pre-Kakadu wetlands

252 km

Ubirr
Kakadu rock art at its best

START
Darwin ●

Humpty Doo

②

④

⑤

⑥

Pine Creek ●
FINISH

Cooinda & Yellow Water
Classic Kakadu water-and-wildlife combination

339 km

Nourlangie
Kakadu's best walking country

329 km

5–7 DAYS
459KM / 285 MILES

GREAT FOR...

BEST TIME TO GO

April to October; much of the park is impassable the rest of the year.

ESSENTIAL PHOTO

Sunset at Ubirr is a classic image of Australia.

BEST FOR FAMILIES

Crocs and kangaroos bring Kakadu to life.

Ubirr Sunset view across the Nadab floodplain

329

29 Darwin & Kakadu

For lovers of wilderness, it's hard to beat this circular loop through the best Kakadu National Park has to offer. Steamy Darwin and the watery world of Mary River National Park are mere preludes to this extraordinary park that's as rich in wildlife as it is in dramatic landforms, soulful and ancient rock art and a blissful sense of a wild and untamed landscape.

① Darwin

This trip is all about dramatic, wildlife-rich country, inhabited by its traditional owners for millennia so what better way to begin than by getting a taste for such things before even leaving Darwin. Begin at the superb **Museum & Art Gallery of the Northern Territory** (MAGNT; ☏08-8999 8264; www.magnt.net.au; 19 Conacher St, Fannie Bay; ☉10am-5pm), which has an exceptional collection of carvings from the Tiwi Islands, bark paintings from Arnhem Land and dot paintings from the desert. Right in the middle of Mitchell St, **Croco-saurus Cove** (☏08-8981 7522; www.crocosauruscove.

com; 58 Mitchell St; adult/child/family $35/23/110.20; ☉9am-6pm, last admission 5pm) is as close as you'll ever want to get to these amazing creatures, with six of the largest crocs in captivity in state-of-the-art aquariums and pools. And for a slice of nature, enjoy the wetlands of **Charles Darwin National Park** (☏08-8946 5126; www.nt.gov.au/leisure/parks-reserves; ☉8am-7pm), which sneak right inside city limits.

✕ ☰ p327; p335

The Drive » There's only one main road out of Darwin. Follow it for 35km, then take the left- (east-) branching Arnhem Hwy, ignoring the signs to Humpty Doo. From where the Arnhem Hwy begins, it's around 80km to the Mary River turnoff.

TRIP HIGHLIGHT

② Mary River National Park

The Mary River region is one of the Top End's richest collections of wetlands and wildlife, and it all centres on the **Mary River National Park** (☏08-8978 8986; www.nt.

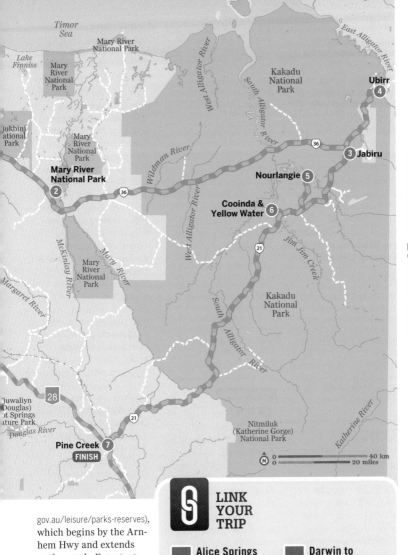

gov.au/leisure/parks-reserves), which begins by the Arnhem Hwy and extends to the north. For a taste of what the park is all about, **Bird Billabong**, just off the highway a few kilometres before **Mary River Crossing**, is a back-flow billabong, filled by creeks flowing off nearby Mt Bundy

LINK YOUR TRIP

28 Alice Springs to Darwin

This journey from the Red Centre to the high Tropics ends in Darwin, but it could just as easily turn around and begin here.

30 Darwin to Daly River

This trip through Litchfield National Park begins in Darwin; from Pine Creek, drive northwest to Adelaide Hills (112km) and join it there.

Hill during the Wet. It's 4km off the highway and accessible by 2WD year-round. The scenic **loop walk** (4.5km, two hours) passes through **tropical woodlands**, with a backdrop of Mt Bundy granite rocks. Back in the car, about another 2km along the same road, is the emerald-green **Mary River Billabong**, with a BBQ area. From here the 4WD-only Hardies Track leads deeper into the national park to **Corroboree Billabong** (25km) and **Couzens Lookout** (37km).

📖 p335

The Drive ›› Back on the Arnhem Hwy, you'll enter Kakadu National Park and all the joys that brings. For much of the way, the road passes hardy woodland growing from low red-sand hills and fine escarpments. You'll want to pause for photos where the road crosses South Alligator River.

- - - - - - - - - - - - - - - - - - - -

❸ Jabiru

You may be in the wilderness but Jabiru serves as a reminder that Kakadu is a fragile paradise. The town, with a population of 1081 people, exists because of the nearby Ranger uranium mine, but for your purposes, it's more noteworthy as a base for explorations out into the park – this is Kakadu's major service centre, with a bank, newsagent, medical centre, supermarket, bakery and service station. You can

even play a round of golf here! To get a sense of what all the fuss is about, we recommended taking a scenic (fixed-wing or helicopter) flight with **Kakadu Air** (📞1800 089 113, 08-8941 9611; www.kakaduair.com.au; 30min flights adult/child $150/120, 60min flights $250/200, 20/30min helicopter flights adult $245/345); note that flights are only available over Jim Jim Falls in the wet season – traditional owners request that the 'skies are rested' in the Dry.

📖 p335

The Drive ›› North of Jabiru, the paved road battles on bravely for 39km towards Arnhem Land before petering out at East Alligator River, where you'll find Ubirr and, on the river's far bank, Arnhem Land in all its 4WD-accessible glory.

- - - - - - - - - - - - - - - - - - - -

TRIP HIGHLIGHT

❹ Ubirr

It may get busy with busloads of visitors in the Dry, but they do little to disturb Ubirr's inherent majesty and grace. Layers of **rock-art paintings**, in various styles and from various centuries, command a mesmerising stillness. The main gallery is astonishingly rich with images of kangaroos, tortoises, fish and even a thylacine, many of them painted in X-ray, which became the dominant style about 8000 years ago. Pre-dating these are the paintings of mimi

spirits (cheeky, dynamic figures who, it's believed, were the first of the Creation Ancestors to paint on rock) and the Rainbow Serpent. The magnificent **Nardab Lookout** is a 250m scramble from the main gallery. Surveying the billiard-table-green floodplain and watching the sun set and the moon rise, like they're on an invisible set of scales, is glorious, to say the least. If you're tempted to venture beyond, Aboriginal-owned and -operated **Arnhemlander Cultural & Heritage Tour** (📞08-8979 2548; www.kakaducultural tours.com.au; adult/child $273/218; ☺May-Nov) can take you out into northern Kakadu and to meet local artists at **Injalak Arts** (📞08-8979 0190; www.injalak.com; ☺8am-5pm Mon-Fri, 9am-2pm Sat) in Gunbalanya (Oenpelli), while **Guluyambi Cultural Cruise** (📞1800 525 238; www.kakaduculturaltours.com; adult/child $79/52; ☺9am, 11am, 1pm & 3pm May-Nov) offers an Aboriginal-led river cruise from the upstream boat ramp on the East Alligator River near croc-heavy **Cahill's Crossing**.

The Drive ›› With a longing look over your shoulder at Arnhem Land, return back down the road to Jabiru. Pass right on through, travelling southwest along the Kakadu Hwy to a turnoff that says Nourlangie Rock. The unsealed road should be passable in a 2WD but check in Jabiru before setting out.

Kakadu National Park A ranger surveys the park

---

⑤ Nourlangie

This little corner of Kakadu is one of the most accessible places in the park for those who want to get out there on their own and under their own steam. The 12km **Barrk Walk** is often rated as the park's best walk and is an exemplary way to appreciate Kakadu's extraordinary diversity; it starts from Anbangbang Gallery at Nourlangie. A shorter, 2km, looped walking track takes you first to the **Anbangbang Shelter**, used for 20,000 years as a refuge and canvas. Next is the **Anbangbang Gallery**, featuring vivid Dreaming characters repainted in the 1960s.

Look for the Nabulwin-jbulwinj, a dangerous spirit who likes to eat females after banging them on the head with a yam. From here it's a short, steep walk to **Gun-warddehwarde Lookout**, with views of the Arn-hem Land escarpment.

Another option is **Nawurlandja Lookout Walk**, which begins 1km north of Nourlangie car park – the 600m, 30-minute walk takes you up to a fine vantage point overlooking the woodlands. Yet another possibility is the **Anbang-bang Billabong Walk**, a 2.5km loop around a picturesque, lily-filled billabong and through paperbark swamp. And don't miss **Nangoluwur Gallery**, an outstanding rock gallery that sees far

fewer visitors than Nour-langie simply because it's further to walk (3.5km return, 1½ hours, easy).

The Drive >> Return to the Kakadu Hwy, then continue southwest for around 10km to Cooinda. If you're coming directly from Jabiru, the turnoff to the Cooinda accommodation complex and Yellow Water wetlands is 47km down the Kakadu Hwy from the Arnhem Hwy intersection.

---

⑥ Cooinda & Yellow Water

Tiny Cooinda is the gateway to all that's good about the central Kakadu region. Before setting out on one of the tours that are the main reasons to come to these parts, stop by the **Warradjan Aboriginal Cultural**

KAKADU NATIONAL PARK

Kakadu is a whole lot more than a national park. It's also a vibrant, living acknowledgment of the elemental link between the Aboriginal custodians and the country they have nurtured, endured and respected for thousands of generations. Encompassing almost 20,000 sq km (about 200km north–south and 100km east–west), it holds in its boundaries a spectacular ecosystem and a mind-blowing concentration of ancient **rock art**. The landscape is an ever-changing tapestry – periodically scorched and flooded, apparently desolate or obviously abundant depending on the season. In just a few days you can cruise on billabongs bursting with **wildlife**, examine 25,000-year-old rock paintings with the help of an Indigenous guide, swim in pools at the foot of tumbling **waterfalls** and hike through ancient sandstone escarpment country.

Creeks cut across the rocky plateau formed by the circuitous Arnhem Land escarpment, a dramatic 30m- to 200m-high sandstone cliff line. They then flow across the lowlands to swamp Kakadu's vast northern flood plains. The coastal zone has long stretches of mangrove swamp, important for halting erosion and as a breeding ground for bird and marine life. More than 80% of Kakadu is savannah woodland. It has more than 1000 plant species, many still used by Aboriginal people for food and medicinal purposes.

Kakadu has more than 60 species of mammals, more than 280 bird species, 120 recorded species of reptile, 25 species of frog, 55 freshwater fish species and at least 10,000 different kinds of insect. Most visitors see only a fraction of these creatures (except the insects), since many of them are shy, nocturnal or scarce.

Centre (www.kakadutourism.com; Yellow Water Area; ⏱9am-5pm), around 1km from the resort. The centre depicts Creation stories and has a great permanent exhibition that includes clap sticks, sugar-bag holders and rock-art samples, and there's a mini theatre with a huge selection of films from which to choose. As soon as you can, get out on to the waters of the South Alligator River and Yellow Water Billabong with **Yellow Water Cruises** (☎1800 500 401; www.kakadutourism.com; per person $72-99) – a fabulous wildlife-watching experience. For something a little different, **Kakadu Animal Tracks** (☎0429 676 194; www.animaltracks.com.au; adult/child $220/55; ⏱1pm May-Sep) runs seven-hour tours with an Indigenous guide combining a wildlife safari and Aboriginal cultural tour. You'll see thousands of birds, get to hunt, gather, prepare and consume bush tucker, and crunch on some green ants.

🍴 🛏 p335

The Drive » Red Kakadu sand and scrubby woodland edge road verges along the Kakadu Hwy as it meanders southwest through the park. Traffic is light, although becomes less so as you near Pine Creek (158km from Cooinda) and the main Stuart Hwy.

- - - - - - - - - - - - - - - - - - - -

⑦ Pine Creek

Pine Creek, where the Kakadu and Stuart Hwys meet, is a small, dusty settlement and an anti-climax at the best of times, even though it was once the scene of a frantic gold rush. If nothing else, this is where you reconnect with the main road and start dreaming of where your next adventure may take you.

Eating & Sleeping

Darwin ❶

✖ Darwin Ski Club — Australian $$

(☏08-8981 6630; www.darwinskiclub.com.au; Conacher St, Fannie Bay; mains $22-32; ☉noon-10pm) This place just keeps getting better. Already Darwin's finest location for a **sunset beer** (☏08-8981 6630; www.darwinskiclub.com.au; Conacher St, Fannie Bay; ☉noon-late), it now does seriously good tucker too. The dishes are well prepared, and the menu is thoughtful and enticing. The red curry is particularly tasty. Highly recommended by locals.

⇍ Vibe Hotel — Hotel $$

(☏08-8982 9998; www.vibehotels.com; 7 Kitchener Dr; r $159-275; P ✳ @ 🛜 🏊) You're in for an upmarket stay at this professional set-up with friendly staff and a great location at the Darwin Waterfront Precinct. Room prices creep upward with more bed space and water views. The **Wave Lagoon** (☏08-8985 6588; www.waterfront.nt.gov.au; Wave Lagoon adult/child $7/5; ☉10am-6pm) is right next door if the shady swimming pool is too placid for you.

Mary River National Park ❷

⇍ Mary River Wilderness Retreat — Resort $$

(☏08-8978 8877; www.maryriverretreat.com.au; Mary River Crossing, Arnhem Hwy; powered/unpowered sites $45/30, dm $45, cabins & safari tents $153-240; ✳ 🛜 🏊) This bush retreat, with with 3km of Mary river frontage, has excellent poolside and bush cabins with decks surrounded by trees, as well as some fine safari tents. Pool cabins are the pick of the bunch with high ceilings, walk-in showers and more space to knock around in; both sleep up to three people. Camping on the grassy slopes here is delightful.

Jabiru ❸

⇍ Anbinik Kakadu Resort — Cabin $$

(☏08-8979 3144; www.anbinik.com.au; 27 Lakeside Dr; ensuite powered sites $38-42, bungalows $105-140, d Apr-Nov/Dec-Mar $150/110, cabins Apr-Nov/Dec-Mar $260/210, ste Apr-Nov/Dec-Mar $250/180; ✳ ☀ 🏊) This Aboriginal-owned park is one of Kakadu's best, with a range of tropical-design bungalows, cabins and suites in lush gardens. The doubles share a communal kitchen, bathroom and lounge and also come equipped with their own TV and fridge. The 'bush bungalows' are rustic and airy, while corrugated-iron-clad suites have a real hint of style. By far the best value in Jabiru.

Cooinda & Yellow Water ❻

✖ Barra Bar & Bistro — Bistro $$

(☏1800 500 401; www.kakadutourism.com; Cooinda; mains $24-38; ☉11am-3pm & 5-9pm) The open-air Barra Bar & Bistro within Cooinda Lodge has cafe-style cooking in a breezy open-sided dining room. It's not flash but servings are large and dishes include kangaroo fillet and crocodile, smoked and marinated. Or try the Kakadu platter, which takes in barra, croc, buffalo sausage and roo fillet, along with much-needed sweet potato wedges and salad.

⇍ Cooinda Lodge & Campground — Resort $$

(☏1800 500 401; www.kakadutourism.com; Cooinda; powered/unpowered sites $50/38, budget/lodge r from $175/200; ✳ 🛜 🏊) This sprawling place has a good variety of accommodation options and is Kakadu's most popular resort – even with 380 camp sites, facilities can get very stretched. The budget air-con units share camping ground facilities and are compact and comfy enough. The spacious lodge rooms are more comfortable, sleeping up to four people. The swimming pool is large and lovely.

Darwin to Daly River

While most travellers rush to Kakadu, discerning travellers head for the more accessible, big-ticket attractions of Litchfield before taking on its better-known cousin.

30

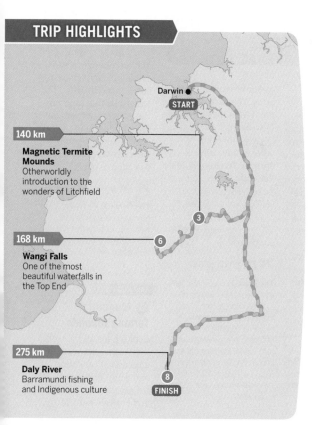

TRIP HIGHLIGHTS

Darwin
START

140 km

Magnetic Termite Mounds
Otherworldly introduction to the wonders of Litchfield

168 km

Wangi Falls
One of the most beautiful waterfalls in the Top End

275 km

Daly River
Barramundi fishing and Indigenous culture

FINISH

**5 DAYS
275KM / 171 MILES**

GREAT FOR...

BEST TIME TO GO
April to October (the dry season).

ESSENTIAL PHOTO

Magnetic termite mounds look for all the world like outback apparitions.

BEST FOR OUTDOORS

Enjoy croc-free swimming at beautiful Wangi Falls.

Litchfield National Park Magnetic Termite Mounds

30 | Darwin to Daly River

Litchfield may be in danger of being overrun by day-trippers from Darwin, but there's a reason for its popularity. The attractions here are different, although like Kakadu there are picturesque waterfalls and strange landforms in abundance, not to mention a palpable sense of passing through a remote, red-earthed tropical wilderness. Get there early to avoid the crowds, bring your swimmers and you'll never forget this classic Top End park.

① Darwin

Darwin, where so many journeys in the Top End begin, stands on the cusp of some pretty spectacular country, but it's also the last place before you set out where you can get a choice of meals, a glass of fine wine, and have all the attractions and comforts of a big city. Stock up and get ready to head south. To get your taste of croc legends, **Crocodylus Park** (☎08-8922 4500; www. crocodyluspark.com.au; 815 McMillans Rd, Berrimah; adult/child $40/20; ⊙9am-5pm) showcases hundreds of crocs and has a minizoo comprising lions, tigers and other big cats, spider monkeys, marmosets, cassowaries and large birds. The park is about 15km from the city centre. Downtown, Crocosaurus Cove (p330) is another option, while Berry Springs' **Territory Wildlife Park** (☎08-8988 7200; www. territorywildlifepark.com.au; 960 Cox Peninsula Rd; adult/child/family $32/16/54.50; ⊙9am-5pm) is an excellent alternative.

✕ 🛏 p327; p335

The Drive » Loop north, then east, then south, following the main highway past the turnoffs to Palmerston and Virginia, before resisting the temptations of Kakadu as you veer right on to the Stuart Hwy. Some 86km after leaving Darwin, take the right (east) turnoff to Litchfield National Park. Batchelor is 12km southwest.

② Batchelor & Litchfield National Park

Appealing little Batchelor is the gateway town to Litchfield, with plenty of accommodation and a handful of places to eat. **Litchfield** (☎08-8976 0282; www.nt.gov.au/leisure/ parks-reserves) is certainly one of the best places in the Top End for bush-walking, camping and especially swimming, with waterfalls plunging into gorgeous, *safe* swimming holes. What gives this 1500-sq-km national park its drama is that the park boundaries enclose much of the spectacular Tabletop Range, a wide sandstone plateau mostly surrounded by cliffs. The waterfalls that pour off the edge of this plateau are a highlight of the park, feeding crystal-clear cascades and croc-free plunge pools.

✕ 🛏 p343

The Drive » It's around 25km from Batchelor to the park entrance, and a further 17km to the magnetic termite mounds. It's a paved road all the way.

TRIP HIGHLIGHT

③ Magnetic Termite Mounds

Looking for all the world like a cross between an abandoned cemetery and a Top End Stonehenge, the otherworldly and entirely natural

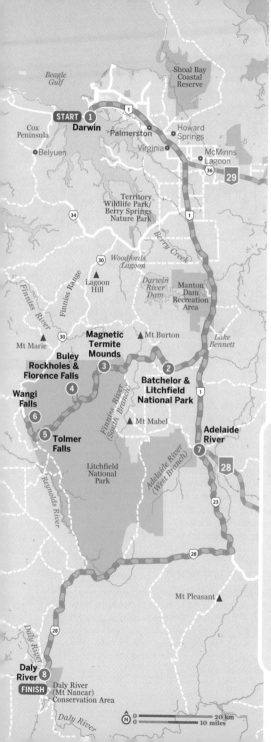

magnetic termite mounds are one of the Top End's more curious apparitions. They may resemble tombstones, but only the very tip of these magnetic termite mounds is used to bury the dead; at the bottom are the king and queen termites, with workers in between. They're perfectly aligned to regulate temperature, catching the morning sun, then allowing the residents to dodge the midday heat. Nearby are some giant, red-hued mounds made by the aptly named cathedral termites – they're impressive and tower impossibly high.

The Drive » The paved road continues on through the park. Another 6km beyond the termite mounds is the turnoff to Buley Rockholes (2km) and Florence Falls (5km).

LINK YOUR TRIP

 Alice Springs to Darwin

This trip shares the Stuart Hwy; if you're coming from the south, skip Darwin and join at Batchelor.

 Darwin & Kakadu

Both trips begin in Darwin. If you don't wish to backtrack, drive north from Pine Creek to Batchelor and begin this trip there.

TOURISM NT/DAN MOORE ©

④ Buley Rockhole & Florence Falls

At **Buley Rockhole**, the water cascades through a series of rock pools big enough to swim in. Anywhere else in this part of the world you'd be keeping a careful eye out for crocs, but here it's just crystalline-clear water funnelling through a forest of green, and it couldn't be more tempting. If you find the right spot (ideally before the crowds arrive), the waters crashing over the rocks have a massaging, pummelling effect, without being strong enough to dislodge you from your perch. From the Rockhole a walking track (1.7km, 45 minutes) follows Florence Creek all the way to **Florence Falls**, where a 15-minute, 135-step descent leads to a deep, beautiful pool surrounded by monsoon forest. Alternatively, you can see the

EXPLORING LITCHFIELD ON FOOT

If you've been beguiled by Litchfield and have the kind of schedule (and equipment) that allows for an extended walk through the bush, consider the **Tabletop Track** (39km) to really see all that Litchfield has to offer. This circuit of the park takes three to five days to complete, depending on how many side tracks you follow. You can access the track at Florence Falls, Wangi Falls and Walker Creek. You must carry a topographic map of the area, available from tourist and retail outlets in Batchelor. The track is closed late September to March.

Buley Rockhole Rock pools

falls from a lookout, 120m from the car park. Either way, it's a gorgeous spot.

The Drive » Return to the main route through the park and turn right. After about 18km, take the turnoff to Tolmer Falls.

- - - - - - - - - - - - - - - - - -

❺ Tolmer Falls

Spectacular **Tolmer Falls** are for looking at only, but goodness it's a lovely view! The trickle of water that approaches the falls from above is barely visible through the dense greenery and rocky landscape of the plateau until it emerges, settling ever-so briefly in a pool just above the rim,

before plunging down off the cliff. Down below, there's a hint of partially submerged caves, and the whole scene looks for all the world like the quintessential Top End waterfall, worthy of the Kimberley or Kakadu.

The Drive » Back on the main (and very much still paved) Litchfield road, it's 7km further on to the Wangi Falls turnoff. The falls are 1.6km beyond the turn.

- - - - - - - - - - - - - - - - - -

TRIP HIGHLIGHT

❻ Wangi Falls

Litchfield's big-ticket attraction is **Wangi Falls**, pronounced *wong*-guy.

The falls flow year-round, spilling either side of a huge orange-rock outcrop and filling an enormous swimming hole bordered by rainforest and palm trees. It's particularly spectacular in the wet season, when the waters thunder and are wonderfully deep at the base, but they can be dangerous as a result. The falls may be rather modest if you come near the end of the Dry. Then again, it's also at its most popular during the Dry (when there's a refreshment kiosk here; and free public wi-fi...who'd have thought?).

✗ ⨳ p343

SWIMMING LITCHFIELD

As a general rule, Litchfield's many plunge pools are croc-free during the dry season (but *always* take local advice before swimming), but off-limits in the Wet. Each of the following is accessible in a 2WD vehicle, and each offers a different experience.

Buley Rockhole A beautiful series of pools; they're also just a short walk from the car park and, as such, they're always very crowded.

Florence Falls The climb down means that it doesn't get quite as busy as Buley or Wangi, although you'll certainly have plenty of company. The pool is surrounded by cliffs on three sides, making for a dramatic swim.

Wangi Falls With a dramatic backdrop, this is the most easily accessible of all the swimming holes and draws tour buses as the day wears on.

Walker Creek A little-known gem with far fewer visitors than elsewhere. It's a bit like better-known Buley, but without the crowds.

Cascade Pools Another lesser-frequented series of pools surrounded by woodland.

The Drive » You've gone as far as you can on a paved road (a rough 4WD track runs 59km north to connect to roads back into Darwin or Mandorah), so there's nothing for it but to retrace your steps. It's 87km back to the Stuart Hwy, then a further 28km south to Adelaide River.

🏨 p343

The Drive » Leave the Stuart Hwy and head south of town along Rte 23 for 32km. A hard right (to the west) takes you on to narrow Rte 28, which skirts along the southern boundary of Litchfield National Park, before swinging south to Daly River, which you reach after 77km.

⑦ Adelaide River

With its broad tree-lined streets and riverside setting, Adelaide River could be any Australian country town were it not for the crocs in the river and the knowledge that this is one of the last settlements on the long, lonely road to Katherine and beyond. Other than the roadhouse and petrol station (obligatory in these parts), don't miss the **Adelaide River War Cemetery** (☎08-8976 7053; Memorial Tce), a poignant and important legacy with a sea of little brass plaques commemorating those killed in the 1942–43 air raids on northern Australia.

TRIP HIGHLIGHT

⑧ Daly River

One of the most remote settlements that you can reach in the Territory by paved road, tiny Daly River (population 127) sits on the river of the same name and is known for some of the best **barramundi fishing** in the state. The town itself has an appealing end-of-the-road charm but it's the river that's the real draw – even if you're not into fishing, it's a pretty place (no swimming!) and even a little exploring by boat will take you within sight of some choice spots.

There's a shop and fuel here and visitors are welcome without a fishing permit, but note that this is a dry community, so no alcohol. Other than fishing, the main attraction here is **Merrepen Arts** (☎08-8978 2533; www.merrepenarts.com.au; ☺8am-5pm Mon-Fri, closed Jan), a gallery displaying locally made arts and crafts including etchings, screen prints, acrylic paintings, carvings and weaving – the quality varies, but it lacks the 'scene' of other Territory arts complexes. The dry-season **Merrepen Arts Festival** (☎0458 287 204; sales@merrepenarts.com.au; adult/child $20/10) celebrates arts and music from communities around the district with displays, art auctions, workshops and dancing. The festival is held in Nauiyu, about 5km northwest of Daly River.

🏨 p343

Eating & Sleeping

Batchelor ❷

✖ Rum Jungle Tavern — Pub Food $$

(☎08-8976 0811; www.rumjungletavern.com.au; 5 Nurndina St; mains $18-35; ⏱noon-2.30pm & 6-8.30pm) The menu here promises the best and most varied meals in town, with burgers, wild-caught barramundi, pizzas, lamb racks and a range of schnitzels. The execution is a bit hit or miss, and the atmosphere falls flat many weeknights, but it gets busy on weekends.

⊨ Rum Jungle Bungalows — Bungalow $$

(☎08-8976 0555; www.rumjunglebungalows. com.au; 10 Meneling Rd; r $180; ❄️🛜🏊) With more personality than most Batchelor places and rooms with warm and eclectic decor, Rum Jungle is an excellent choice. It's set in soothing and beautiful gardens and is open year-round.

Wangi Falls ❻

⊨ Litchfield Safari Camp — Campground $

(☎08-8978 2185; www.litchfieldsafaricamp. com.au; Litchfield Park Rd; powered/unpowered sites $38/28, dm $35, d safari tents $150; 🏊) Shady grassed sites make this a good alternative to Litchfield's bush camping sites, especially if you want power and to stay inside the park. The safari tents are great value as they comfortably sleep up to four folks. There's also a ramshackle camp kitchen, a kiosk and a pint-sized pool.

✖ Wangi Falls Cafe — Cafe $

(☎08-8978 2077; www.wangifallscentre. au; mains from $9.50; ⏱10am-3pm May-Sep, 11am-2pm Oct-Apr; 🛜) This busy cafe at Wangi Falls is one of few places in the park for a light meal. There are hot rolls, OK burgers and other bites to eat as well as a small souvenir shop. Try the smoothies made from local mangoes or the iced coffee. Note that the kitchen closes at 2.30pm.

Adelaide River ❼

⊨ Mt Bundy Station — Campground $

(☎08-8976 7009; www.mtbundy.com.au; 315 Haynes Rd; powered/unpowered sites $34/24, s/d $70/100, cottage d from $165; ❄️🏊) If you're into horse riding, fishing and country-style hospitality, Mt Bundy Station is the perfect detour, 3km off the highway south of Adelaide River. The original station buildings have become spotless guest accommodation, plus there are simple safari tents. There are 4WD tours and plenty of animals on the property – pony rides are available for kids.

Daly River ❽

⊨ Woolianna on the Daly — Campground $

(☎08-8978-2478; www.woolianna.com.au; Woolianna Rd; powered/unpowered sites $38/28, units from $120) Lovely riverside camping and some of the best villa units anywhere in the Daly River region – this place is secluded, well run and generally excellent.

Western Australia

WESTERN AUSTRALIA HAS MORE ATTRACTIONS (AND IS BIGGER) THAN many countries – our road trips connect them like interlocking strands in a spider's web. The outback desert looms large here as you cross the Nullabor, traverse the southern Kimberley, and even as you travel the coast, with wind-blown dunescapes and the Pinnacles Desert just a sea-breeze from the shore. Further north, Ningaloo Reef, Monkey Mia, the Dampier Peninsula and the Bungle Bungles are simply magnificent.

Wines of the Margaret River Wine Region dominate the southwest, which, if you're anywhere near Albany from July to mid-October, is also one of the best places in Australia to see whales. Explore a little further to Cape Le Grand and Fitzgerald River national parks for some brilliant beaches.

Southwest Coast Whale watching
DAVID ASHLEY/SHUTTERSTOCK ©

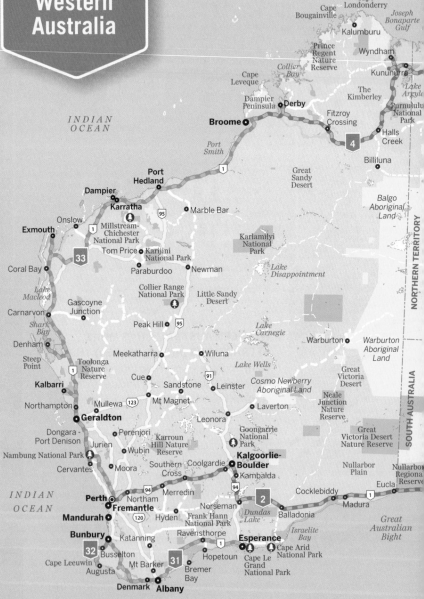

Monkey Mia Wild dolphins

 Kimberley Crossing 14 Days
4 Experience the outback and the Kimberleys without going off-road. (See p69)

31 **Western Australia's Southwest Coast 7 Days**
Travel one of the country's most underrated coastlines, with whales and forests.

32 **Margaret River Wine Region 3-4 Days**
Sophistication oozes from every pore of this Tuscan-style wine region.

33 **Coral Coast to Broome 10-14 Days**
One of the country's most rewarding journeys, from Perth to Broome.

 DON'T MISS

Valley of the Giants
Walk amid the treetops close to where the forest meets the sea. 31

Vasse Felix
Combine fine art, fine wines and fine foods as you tour the Margaret River area 32

Dolphin-feeding
Feed wild dolphins at Monkey Mia before snorkelling and taking an Indigenous tour. 33

Mimbi Caves
Be led underground by an Aboriginal guide where the Kimberley meets the desert. 4

347

Western Australia's Southwest Coast

31

A road trip down to and then along Western Australia's southwest coast is one of the continent's most rewarding drives, with wineries, gorgeous national parks and postcard-perfect beaches en route.

TRIP HIGHLIGHTS

0 km

Bunbury
Paddle with dolphins in the shallows

877 km

Esperance
Laid-back town surrounded by stunning country

① START

Ravensthorpe

⑦
FINISH

Manjimup

④   **⑥**

Valley of the Giants
Walk amid the treetops of an ancient forest

288 km

Albany
Watch whales from July to mid-October

404 km

---

7 DAYS
877KM / 545 MILES

GREAT FOR...

BEST TIME TO GO

December to February; July to September for whale watching.

ESSENTIAL PHOTO

In the tree tops of really tall trees at the Valley of the Giants.

BEST FOR FAMILIES

Wading alongside the dolphins at the Dolphin Discovery Centre, Bunbury.

Valley of the Giants Tree Top Walk

31 Western Australia's Southwest Coast

Most visitors to Western Australia's southwest make a beeline for Margaret River, but there's so much more to explore. Whale watching is one of the more memorable highlights of this wild and dramatic shore where beaches stretch to eternity and dolphins draw near in the shallows. Best of all, large swathes of the coast have been protected from development, leaving beaches and forests rich with nature and wildlife to explore.

TRIP HIGHLIGHT

❶ Bunbury

Once purely industrial Bunbury is now a seaside destination. The waterfront area has been redeveloped with modern accommodation and restaurants, and downtown has cafes and cocktail bars complemented by colourful street art and an entertainment centre. The real stars are the roughly 60 bottlenose dolphins that live in Bunbury's Koombana Bay; their numbers

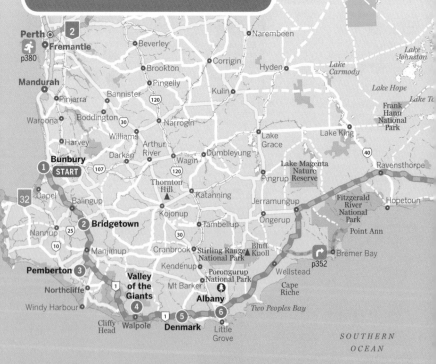

Perth
Fremantle
p380
Mandurah
Pinjarra
Waroona
Boddington
Harvey
Bunbury
START
Capel
Balingup
Nannup
Bridgetown
Manjimup
Pemberton
Northcliffe
Windy Harbour
Cliffy Head
Walpole
Valley of the Giants
Denmark
Albany
Little Grove
Beverley
Brookton
Pingelly
Bannister
Williams
Darkan
Arthur River
Wagin
Thornton Hill
Kojonup
Cranbrook
Kendenup
Mt Barker
Porongurup National Park
Narembeen
Corrigin
Hyden
Kulin
Dumbleyung
Lake Grace
Katanning
Tambellup
Stirling Range National Park
Bluff Knoll
Wellstead
Cape Riche
Two Peoples Bay
Lake Carmody
Lake Hope
Lake King
Frank Hann National Park
Lake Magenta Nature Reserve
Pingrup
Jerramungup
Ongerup
Fitzgerald River National Park
Point Ann
Bremer Bay
p352
Ravensthorpe
Hopetoun
Lake Johnston
Lake Te

SOUTHERN OCEAN

0   100 km
0   50 miles

swell to more than 250 in summer. The **Dolphin Discovery Centre** (☏08-9791 3088; www.dolphin discovery.com.au; Koombana Beach; adult/child $18/10; ⏲9am-2pm May-Sep, 8am-4pm Oct-Apr; P ♿) has a learning centre pitched for kids and adults alike, plus a beachside zone where dolphins regularly come into the shallows to interact with the tourists. A close encounter with this pod is more likely in the early mornings between November and April – you may find yourself giggling in

childish delight as the dolphins nuzzle up to your toes.

 p355

The Drive » From Bunbury, the main route south branches to the Bussell Hwy (for Margaret River), and the South Western Hwy (to the southern forests and south coast). Take the latter, passing through Donnybrook and Greenbushes in the 96km run into Bridgetown.

- - - - - - - - - - - - - - - - - - -

② Bridgetown

Lovely little Bridgetown is a quintessential rural Aussie town, surrounded by karri forests and rolling farmland with some lovely Blackwood River frontage that turns yellow, red and orange in autumn. It's garnering something of a reputation as a popular weekender destination and the town comes alive from Friday evening to Sunday lunch. Wander its historic main street for cafes, shops and an artists' collective. Note the occasional art deco building then retire

to the **Cidery** (☏08-9761 2204; www.thecidery.com.au; 43 Gifford Rd; mains $10-25; ⏲11am-4pm, to 8pm Fri) for a tasting session or live music.

The Drive » Thick forest crowds the roadside south of Bridgetown, particularly around the truffle-and-timber town of Manjimup (36km). Around 15km south of Manjimup, take the turnoff right (southwest) for the last 19km into Pemberton.

- - - - - - - - - - - - - - - - - - -

③ Pemberton

It's hard not to fall in love with misty little Pemberton, hidden deep in the karri forests that are such a feature of this corner of the country. To get out among the tall timbers, aim to spend a day or two driving the well-marked **Karri Forest Explorer tracks**, walking the trails and perhaps swimming in a local waterhole; check in at the **visitor centre** (☏08-9776 1133; www.pembertonvisitor. com.au; Brockman St; ⏲9am-4pm) in town for maps and advice. Wineries,

LINK YOUR TRIP

2 **Across the Nullarbor**

You could join this route either in Perth, or by driving 202km north from Esperance to Norseman.

32 **Margaret River Wine Region**

Bunbury is a feature of both itineraries and it would be mad not to loop through the Margaret River area and return to the southwest coast.

too, are a part of Pemberton's star appeal. If Margaret River is WA's Bordeaux, Pemberton is its Burgundy, producing excellent chardonnay and pinot noir, among other varietals. One option is to visit **Mountford** (☑08-9776 1345; www.mountfordwines.com.au; Bamess Rd; ☺10am-4pm), where the wines and ciders produced are all certified organic. Climb the **Gloucester Tree** (P) if you dare, and check out the crafts at the **Pemberton Fine Woodcraft Gallery** (☑08-9776 1741; www.pembertonfwg.com.au; Dickinson St; ☺9am-5pm) with its excellent garden cafe, **Holy Smoke** (https://pembertonfwg.com.au/cafe; 6 Dickinson Street; dishes $8-25; ☺9.30am-3.30pm; 🚗).

 p355

The Drive ≫ Return 19km northeast through the forests to the South Western Hwy, where you turn right. From here, the road angles southeast through more wonderfully dense forests. From the turnoff, it's 103km into the tiny seaside hamlet of Walpole; watch for big ocean views opening up on the final approach.

- - - - - - - - - - - - - - - -

TRIP HIGHLIGHT

❹ Valley of the Giants

The undoubted (and most accessible) highlight of this fabulously wild corner is the **Valley of the Giants** (☑08-9840 8263; www.valleyofthegiants.com.au; Valley of the Giants Rd; Tree Top Walk adult/child $21/10.50; ☺9am-5pm) and its irresistible Tree Top Walk. Here, a 600m-long ramp rises from the valley, allowing visitors access high into the canopy of the giant tingle trees. Good free walking tracks in the Walpole Wilderness Area through jarrah, tingle and karri forests include the long distance **Bibbulmun Track**, which passes through Walpole to Coalmine Beach. Scenic drives include the **Knoll Drive**, 3km east of Walpole.

The Drive ≫ At Walpole, the South Western Hwy (Rte 1) becomes the South Coast Hwy. It occasionally emerges from the forests soon after passing the turnoff to Peaceful Bay, with some wonderful ocean views away to the south as you near Denmark, 66km from Walpole.

- - - - - - - - - - - - - - - -

❺ Denmark

The first reasonably sized town you come to along Western Australia's south coast, Denmark is blessed with long sandy

---

DETOUR:
BREMER BAY & FITZGERALD RIVER NATIONAL PARK

Start: ❻ Albany

Far enough off the main road to remain a secret, sleepy **Bremer Bay** is fringed with brilliant white sand and translucent green waters. It's quiet and very beautiful. From July to November the bay is a cetacean maternity ward for southern right whales, while the town also serves as a gateway to **Fitzgerald River National Park**. Walkers will discover beautiful coastline, sand plains, rugged coastal hills (known as 'the Barrens') and deep, wide river valleys. In season, you'll almost certainly see whales and their calves from the shore at Point Ann, where there's a lookout and a heritage walk that follows a short stretch of the 1164km No 2 rabbit-proof fence, one of the longest fences on earth. Entry to the park from Bremer Bay is via Swamp and Murray Rds, and all roads are gravel and passable in 2WD vehicle except after rains – check locally before you set out.

To get here, drive 117km northwest of Albany along Rte 1 to Boxwood Hill. Bremer Bay lies 62km due east of Boxwood Hill.

Cape Le Grand National Park Hellfire Bay

beaches and sheltered inlets to the southwest of town and forests hard up against its back on the inland side. Detour to get some pictures of the beautiful Elephant Rocks and take a swim in the natural shallows at Greens Pool. Denmark has a reputation as something of a sustainable lifestyle and artsy town with a strong surfing community. It's the best place to base yourself in this area for accommodation, dining out and a spot of shopping.

The Drive ≫ It's just 50km from Denmark to Albany and you know the deal – forests to the left of you, ocean to the right, and it's all really rather beautiful.

TRIP HIGHLIGHT

❻ Albany

Albany is Western Australia's oldest town, a bustling commercial centre with a stately and genteel decaying colonial quarter and a waterfront in the midst of redevelopment. The story of the Anzacs is sensitively commemorated here among old forts. Southern right and humpback whales gather near the bays and coves of King George Sound from July to mid-October. You can sometimes spot them from the beach, but getting out on the water on a tour will increase your chances. Diving and

snorkelling is another Albany speciality, thanks to the 2001 scuttling of the warship HMAS *Perth* to create an artificial reef for divers; contact **Southcoast Diving Supplies** (☎08-9841 7176; www.divealbany.com.au; 84b Serpentine Rd; 4-day open water course $595; ⊙9am-5pm Mon-Fri, 8.30am-1pm Sat). For lovers of drama, head to The Gap in Torndirrup National Park for spectacular ocean views.

✕ 🛏 p355

The Drive ≫ The road and the coastline turns northeast, arcing up and over the Great Australian Bight. It's 292km to the Hopetoun turnoff, from where it's another 49km down to the coast.

TRIP HIGHLIGHT

❼ Esperance

Framed by turquoise waters and pristine white beaches, Esperance sits in solitary splendour on the Bay of Isles. It's such an appealing place that families still travel from Perth or Kalgoorlie just to plug into the easygoing vibe and great beach life. Picture-perfect beaches dot the even more remote national parks to the town's southeast, and the pristine environment of the 105 islands of the offshore Recherche Archipelago are home to fur seals, penguins and sea birds; a tour to

Woody Island is highly recommended; ask at the visitor centre in Esperance for details. Wreck-diving is also possible with **Esperance Diving & Fishing** (☎08-9071 5111; www.esperancedivingand fishing.com.au; 72 The Esplanade).

✕ 🛏 p355

The Drive ≫ Take the Condingup road that runs northeast, then follow the signs along sealed roads first to Gerbryn, then Cape Le Grand National Park.

----

❽ Cape Le Grand National Park

Starting 60km east of Esperance, Cape Le Grand National Park has spectacular coastal scenery, dazzling beaches and excellent walking tracks. There's good fishing, swimming and camping at Lucky Bay and Le Grand Beach, and day-use facilities at gorgeous Hellfire Bay. Make the effort to climb Frenchman Peak (a steep 3km return, allow two hours), as the views from the top and through the rocky 'eye', especially during the late afternoon, are superb. To explore further, your best bet is a 4WD tour along the sand and two-hour circuits of Great Ocean Dr with **Eco-Discovery Tours** (☎0407 737 261; www. esperancetours.com.au).

Eating & Sleeping

Bunbury ❶

✖ Happy Wife   Cafe $$

(📞08-9721 7706; www.thehappywife.com.au; 98 Stirling St; mains $11-24; ⏱6.30am-3.30pm Mon-Fri, 7.30am-2.30pm Sat) Grab a spot in the garden of this Cape Cod–style cottage a short drive from the town centre. Excellent homestyle baking and regular lunch specials make it worth seeking out.

Pemberton ❸

✖ Treehouse Tapas & Wine   Tapas $$

(www.treehousewinebar.com.au; 50b Brockman St; ⏱4-10pm Thu-Sat, 4-9pm Sun; 🚼 👶) A relaxed owner-run tapas restaurant serving up excellent small dishes, a decent wine list and good nonalcoholic drink choices including local sparkling apple juices.Try the lightly fried cauliflower, marinated octopus, marron (a freshwater crayfish), or the local avocado options (including avocado desserts). Furnishings include Formica chairs and soft armchair spaces. Board games and children's books are welcome distractions.

🛏 Pemberton Lodge Resort   Lodge $$

(📞08-9776 1113; www.forestlodgeresort.com. au; Vasse Hwy; r from $135) A well-managed lodge with accommodation in the main building, and self-contained cabins. The lounge opens onto outdoor decks to enjoy meals or a drink overlooking the lake. Board games and DVDs available. A short walk back into town (good if you want to have a drink), but take a torch (flashlight). It's dark here in the forest.

Albany ❻

✖ Emu Point Cafe   Cafe $

(📞08-9844 7207; http://emupointcafe.com.au; 1 Mermaid Ave; mains $8-23; ⏱7.30am-4pm

Mon-Fri, to 5pm Sat & Sun; ❄ 🚼 👶) This locally legendary breakfast joint does everything right: from Albany's best cup of coffee and cold-pressed juices to imaginative morning offerings, such as poached eggs with chimichurri and garlicky yogurt, freshly baked muffins and jalapeño corn fritters. Eat inside or on the breezy seafront terrace.

🛏 1849 Backpackers   Hostel $

(📞08-9842 1554; www.albanybackpackers accommodation.com.au; 45 Peels Pl; dm/s/d $33/77/99; ❄ @ 🛜) Big flags from many nations provide a colourful international welcome at this well-run hostel. A huge, modern kitchen; info on local attractions splashed across walls; sunny rooms; and a laid-back social ambience make this one of WA's best places to stay for budget travellers. Homemade pancakes for breakfast every morning.

Esperance ❼

✖ FishFace   Seafood $$$

(📞08-9071 1601; www.facebook.com/FishFace Esperance; 1 James St; mains $15-20; ⏱4.30-8.30pm Thu-Tue; ❄) Seafood is the star at FishFace. One half is a busy fish-and-chip takeaway, with punters lining up for superior battered snapper, whiting and cod. The other half is a restaurant with brisk, friendly service and lively conversation around the tables fuelled by seafood risotto, with the slurping of raw oysters and the crunch of crispy batter.

🛏 Esperance B&B by the Sea   B&B $$

(📞08-9071 5640; www.esperancebb.com; 34 Stewart St; r $130-190, f $360; 🅿 ❄ 🛜) This great-value beachhouse has a private guest wing and the views from the deck overlooking Blue Haven Beach are breathtaking, especially at sunset. It's just a stroll from the ocean and a five-minute drive from central Esperance.

Margaret River Wine Region

Wines and wilderness are a wonderful combination in Margaret River, one of Australia's celebrated wine regions, with a foothold on the extreme southwestern corner of the Australian continent.

32

TRIP HIGHLIGHTS

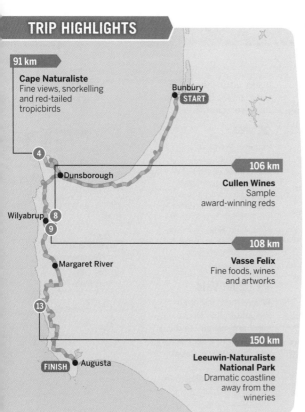

91 km

Cape Naturaliste
Fine views, snorkelling and red-tailed tropicbirds

Bunbury
START

●Dunsborough

Wilyabrup ●**8**
9

●Margaret River

13

FINISH ● Augusta

106 km

Cullen Wines
Sample award-winning reds

108 km

Vasse Felix
Fine foods, wines and artworks

150 km

Leeuwin-Naturaliste National Park
Dramatic coastline away from the wineries

**3–4 DAYS
195KM / 120 MILES**

GREAT FOR...

BEST TIME TO GO

Early summer to enjoy beaches, forests and lazy afternoons at world-class wineries and breweries.

 ESSENTIAL PHOTO

Your footprints on an empty beach in Leeuwin-Naturaliste National Park.

 BEST FOR FOOD

Cullen Wines biodynamic food and wine package and garden tour experience.

Leeuwin-Naturaliste National Park Cape Leeuwin Lighthouse

357

32 Margaret River Wine Region

The farmland, forests, rivers and coast of the lush, green southwestern corner of Western Australia contrast vividly with the stark, sunburnt terrain of much of the state. On land, world-class wineries and craft breweries beckon, while offshore, bottlenose dolphins and whales frolic, and devoted surfers search for their perfect break. And, unusually for WA, distances between the many attractions are short, making it a fantastic area to explore for a few days.

INDIAN OCEAN

Cape Naturaliste ④

Eagle Bay

Meelup

Dunsboro

Yallingup ⑤

Quindalup ②

Canal Rocks ⑥

Carbunup River

Wyadup

Bootleg Brewery ⑦

Wilyabrup ⑧ Cullen Wine

⑨ Vasse Felix

Gracetown

Cowaran

⑩

Margaret River ⑩

Waters Premiu Wine ⑪

Prevelly

Leeuwin Estate ⑫

Witchcli

⑩

Forest Grove

⑬

Leeuwin-Naturaliste National Park

Arumvale Siding

⑩

Karridale

Cape Hamelin

Augusta ⑭

FIN

Cape Leeuwi

SOUTHERN OCEAN

❶ Bunbury

With long beaches, street art, a great little museum and excellent food options, industrial Bunbury is worth a proper stop. For bottlenose dolphins swimming around your legs, head to Koombana Bay and the Dolphin Discovery Centre (p351). Then pick up a self-guided walking tour of Bunbury's street art from the excellent **Visitor Centre** (☑08-9792 7205; www. visitbunburygeographe.com.au; Carmody Pl; ⏰9am-5pm Mon-Sat, 10am-2pm Sun). There's also the **Mangrove Boardwalk**, which you enter off Koombana Dr and which meanders through a 2500-year-old ecosystem,

before hitting the beach either on the bayside or for the ocean surf.

🍴 p355

The Drive » Take the Bussell Hwy (for Margaret River) that follows the coast south of Bunbury. You'll barely have time to get out of third gear before finding yourself in the small town of Capel. Ignore the town, and head for the winery by taking Mallokup Rd near the centre of the town.

❷ Capel Vale

Where the Geographe Bay and Indian Ocean coast arcs around to the southwest in a near-perfect moon-curve, **Capel Vale** (☑08-9727 1986; www. capelvale.com.au; Mallokup Rd; ⏰cellar door 10am-4.30pm,

restaurant 11.30am-3pm Thu-Mon) **carpets the green coastal hinterland with vines that produce some of Western Australia's most respected wines; you'll find them in restaurants and bottleshops across the country. It offers free tastings from its cellar door and its well-regarded restaurant overlooks the vines. It has a wonderfully diverse portfolio, from cabernet sauvignon and merlot to riesling and sauv blanc.**

The Drive » Ease back onto the main highway at Capel, then cruise on into Busselton, just a few clicks up the road. For a scenic detour take Tuart Drive through the coastal forests.

3 **Busselton**

Unpretentious and uncomplicated, Busselton has a strong community spirit and loads of options for families. Surrounded by calm waters

LINK YOUR TRIP

31 Western Australia's Southwest Coast

Both trips begin in Bunbury, so joining them up couldn't be easier.

33 Coral Coast to Broome

It's a two-hour, 175km drive north from Bunbury to Perth where this wonderful Perth-to-Broome road trip begins.

and white-sand beaches, the outlandishly long (1.84km) **Busselton Jetty** (☑08-9754 0900; www.busseltonjetty.com.au; adult/child $4/free; ☺Oct-Apr 8.30am-6pm, May-Sep 9am-5pm; [🚻]) is its most famous attraction. A tourist train chugs out to the **Underwater Observatory** (adult/child incl train $34/20; ☺9am-4.25pm; [🚻]), where tours take place 8m below the surface; bookings are essential. There's a great spot to swim by the pier with protected sea baths and an adventure playground onshore. For adults, there's a couple of excellent **bars** (www.facebook.com/pg/Darleens; 43 Prince St; ☺noon-midnight Wed-Sat, to 8pm Sun) with beers on tap. Busselton makes a great stop before heading into the Margaret River region.

✕ 🛏 p364

The Drive ›› You're within sight of the shimmering blue of the Indian Ocean almost all the way from Busselton to Dunsborough and Cape Naturaliste, an easy, pretty drive where you may be tempted to park and go for a quick swim. Unless you do, you'll probably be at the cape in less than an hour.

- - - - - - - - - - - - - - - -

TRIP HIGHLIGHT

❹ Cape Naturaliste

Northwest of Dunsborough, a holiday village with excellent restaurants and plenty of great shopping to distract you, Cape Naturaliste Rd leads

out to the cape and some excellent local beaches at **Meelup**, **Eagle Bay** and **Bunker Bay**. The last of these has a daytime **cafe** (☑08-9756 8284; www.bunkersbeachcafe.com.au; Farm Break Lane; breakfast $14-25, lunch $18-38; ☺8.30-11am & noon-3pm Thu-Mon; [P] [🚻]) with views to die for, even if the service isn't. Whales and hammerhead sharks like to hang out on the edge of Bunker Bay during the winter season, where the continental shelf drops 75m. The cape itself is marked with the **Cape Naturaliste Lighthouse** (☑08-9780 5911; www.margaretriver.com/members/cape-naturaliste-lighthouse; adult/child $14/7; ☺9.30am-4pm; [P] [🚻]), built in 1903, which kids will love too if a playground and kangaroos bring them joy. Walk around to the ocean viewpoint with buffeting winds and you'll find it difficult to escape the feeling that you're standing on Australia's final headland, contemplating eternity. If time allows take the 3.5km boardwalk that runs south from the lighthouse to Sugarloaf Rock. From September to May you may see Australia's most southerly breeding colony of the really rather splendid red-tailed tropicbird (Phaethon rubricauda).

The Drive ›› Return to Dunsborough, then take the road that trickles down towards the coast at Yallingup, stopping for a meal or a tasting along the way.

- - - - - - - - - - - - - - - -

❺ Yallingup

You're permitted to let a 'wow' escape when the surf-battered coastline first comes into view around Yallingup – from here the ocean stretches all the way to Africa. Beautiful walking trails follow the coast between here and **Smiths Beach** with its excellent rock pools. Between Dunsborough and Yallingup, the 500,000-year-old **Ngilgi Cave** (☑08-9755 2152; www.margaretriver.com; Yallingup Caves Rd; adult/child $22.50/12; ☺9am-5pm; [P] [🚻]) has fabulous formations, which will change your perspective – especially if you are guided by the Aboriginal outfit **Koomal Dreaming** (☑0413 843 426; www.koomaldreaming.com.au; adult/child from $78/44). But magnificent as these attractions are, most people come to surf at Yallingup. It is possible to take a surf lesson with the **Yallingup Surf School** (☑08-9755 2755; www.yallingupsurfschool.com) in the morning, then while away the afternoon at **Caves House** (Hotel Yallingup; ☑08-9750 1888; www.caveshousehotelyallingup.com.au; 18 Yallingup Beach Rd; [📶] [🚻]) watching sport on the big screen, or a local live gig, in the extensive beer garden. Romantics may also love the fact that Yallingup means 'place of love' in Wardandi's Noongar tongue.

✕ 🛏 p364

The Drive >> From Yallingup head back up the hill and turn on to Caves Rd, which winds its way through native bush and almost immediately presents you with spots to stop, stretch your legs, grab a coffee or buy some local art.

- - - - - - - - - - - - - - - - - -

⑥ Canal Rocks

As you head south Leeuwin-Naturaliste National Park is on your right down to the ocean, with plenty of potential detours to sandy coves and rocky points facing west (great to watch the sun set). The natural formation at **Canal Rocks** (https://parks.dpaw.wa.gov.au/site/canal-rocks; Canal Rocks Rd; P) is a popular photo opportunity, from a bridge over the water.

The Drive >> From Canal Rocks it's around 4km east to Yallingup on Caves Rd, then 11km south to Bootleg Brewery, a 15-minute drive all up.'

- - - - - - - - - - - - - - - - - -

⑦ Bootleg Brewery

In a reminder of just how far the Margaret River region has evolved from its exclusively wine-producing roots, **Bootleg Brewery** (☎08-9755 6300; www.bootlegbrewery.com.au; Puzey Rd, off Yelverton Rd, Wilyabrup; ☉11am-5pm) is deliberately rustic and an interesting contrast to the excellent, well-heeled **Caves Road Collective** (☎08-9755 6500; https://cavesroadcollective.com.au; 3517 Caves Rd, Wilyabrup; tasting paddles from $20; ☉11am-5pm; P ♿). Good

food available and spots to soak up the sun with the occasional live band to watch.

The Drive >> Return the 2km to the main north–south road and turn left (south). Keep an eye out for Wilyabrup, a tiny hamlet that is easily missed. A few clicks south of the last house you'll find Cullen Wines.

- - - - - - - - - - - - - - - - - -

⑧ Cullen Wines

The area around Wilyabrup is where the Margaret River wine story began way back in the 1960s; one of the pioneers, **Cullen Wines** (☎08-9755 5656; www.cullenwines.com.au; 4323 Caves Rd, Cowaramup; mains $25-38; ☉10am-4pm Fri-Tue), is still very much around. Grapes were first planted here in 1966 and Cullen has an ongoing commitment to organic and biodynamic principles in both food and wine. Celebrating a relaxed ambience, Cullen's food is excellent, with many of the fruits and vegetables sourced from its own gardens. But it's the wines it's best known for.

The Drive >> Around 2km south of Cullen Wines, look for Vasse Felix on the left.

- - - - - - - - - - - - - - - - - -

⑨ Vasse Felix

Visiting wineries may be pleasurable for its own sake, but some of these fine establishments make sure you don't do it entirely on an empty stomach. One of the best examples of this holistic approach is **Vasse Felix** (☎08-9756 5050; www.vassefelix.com.au; cnr Caves Rd & Tom Cullity Dr, Cowaramup; mains $37-39; ☉10am-3pm, cellar door to 5pm; P ❄), one of the oldest Margaret River vineyards and a good all-round winery with a fabulous art collection: the grounds are peppered with sculptures and the gallery displays works from the Holmes à Court collection. In classic winery style, the big dining room evokes a very flash barn, while the sophisticated flavours are perfectly matched to the right Vasse Felix wines such as its Heytesbury cabernet blend and Heytesbury chardonnay.

MARGARET RIVER GOURMET ESCAPE

From Nigella Lawson and Rick Stein to *Australian MasterChef's* George Calombaris, the **Gourmet Escape** (www.gourmetescape.com.au; ☉late Nov) food and wine festival attracts the big names in cuisine. Look forward to three days of food workshops, tastings, vineyard events and demonstrations here and in the Swan Valley.

The Drive >> From Vasse Felix, head south and eventually you'll see the turnoff to Margaret River, affectionately known as Margs. It's inland and on the Busselton Hwy, a much busier road for traffic, including trucks.

🔟 Margaret River

Although tourists usually outnumber locals, Margaret River (the town) has a relaxed authentic country village vibe. The advantage of basing yourself here is that, once the wineries shut up shop, it's one of the few places with any after dark activities, from restaurants, bars and pubs to outdoor cinema and markets. Plus it's close to the incredible surf at **Margaret River** mouth and **Southside**, plus the swimming beaches at **Prevelly** and **Gracetown**. Margaret River spills over with tourists every weekend and gets very busy at Easter and Christmas. Beyond the town's limits, vineyards producing excellent chardonnays and Bordeaux-style reds segue into rural back roads punctuated with craft breweries, provedores, cheese shops, chocolate shops and art galleries.

🍴🛏 p365

The Drive >> Take the Bussel Hwy south of Margaret River, and around 5km south of town you'll see the sign for Watershed on your left.

1️⃣1️⃣ Watershed Premium Wines

After a long lie-in, a light breakfast and some morning fresh air down by the coast, plan to arrive at **Watershed Premium Wines** (☎08-9758 8633; www.watershedwines.com.au; cnr Bussell Hwy & Darch Rd; mains $34-42; ⏰10am-5pm) around lunchtime. We just love the combination of tasting some fine wines, choosing your favourite to take home and then sitting down to an equally fine meal – isn't that, after all, what this is all about? Watershed does that combination wonderfully well, with one of Western Australia's best vineyard restaurants and a portfolio that includes its highly respected Awakening cabernet sauvignon.

The Drive >> Continue south along the Bussel Hwy for 3km. At Witchcliffe, turn right (west), then take the first right straight to Leeuwin Estate.

TASTING TIMES & WINERY TOURS

Most of the wineries offer tastings between 10am and 5pm daily. At busy times (this includes every weekend), consider booking ahead for lunch before you set out.

1️⃣2️⃣ Leeuwin Estate

One of Margaret River's most celebrated icons, **Leeuwin Estate** (☎08-9759 0000; www.leeuwinestate.com.au; Stevens Rd; mains $32-45; ⏰10am-5pm, also 6-9pm Sat) revels in the finer things in life – the much-lauded Art Series chardonnay and cabernet merlot, the monthly concerts that occasionally feature the Perth Symphony Orchestra, and an impressive estate with tall trees and lawns gently rolling down to the bush. Different packages are available for behind-the-scenes insights, food and wine tastings. Book ahead.

The Drive >> Return to Caves Rd, pop into Mammoth Cave, then drive south through mesmerising karri forest. Another detour to Hamelin Bay for a swim or rock pool investigation is also recommended.

TRIP HIGHLIGHT

1️⃣3️⃣ Leeuwin-Naturaliste National Park

Stretching from Gracetown all the way south to Cape Leeuwin, **Leeuwin-Naturaliste National Park** (Caves Rd) is wildly beautiful, known for its forests, sand dunes and a startling variety of endemic wildflowers. The 155-sq-km park explodes with colour in the spring months. The demanding environment of buffeting

Yallingup Ngilgi Cave

winds and complicated soil system prevents any one species predominating, leaving instead a gorgeous array of fantastically evolved orchids, sundews, kangaroo paws and the like to flourish in their exclusive niches. Walking in the park in spring (September to November), it's possible to see orchids, banksias, clematis, cowslips, and many other species, including the improbably named prickly moses. When the sun's out, the flowers are in bloom and the deep blues of sea and sky provide a backdrop; you'll wonder if you've stumbled onto one of Australia's prettiest corners.

The Drive » Take any north–south road from anywhere along the eastern fringe of the national park and you'll end up in Augusta, right down at the region's southern end.

14 Augusta

At the mouth of the Blackwood River, and 5km north of end-of-the-earth-like Cape Leeuwin, Augusta can appear to be quite separate from the rest of this region. The vibe here is a little less epicurean, and more languid – epitomised by an afternoon river fishing without a care in the world. Take a couple of close-by excursions and you'll soon see what we mean. Begin with wild and windy **Cape Leeuwin Lighthouse** (☎08-9780 5911; www.margaretriver.com; tour adult/child $20/14; ⊙8.45am-4.30pm), where the Indian and Southern Oceans meet – it's the most southwesterly point in Australia. The lighthouse (1896), Western Australia's tallest, offers magnificent views of the coastline. Then, if it's

May to October, go whale watching with **Naturaliste Charters** (☎08-9750 5500; www.whales-australia.com.au; from $90; ⊙mid-May–Aug); from January to March the emphasis switches to beaches, limestone caves and wildlife, including dolphins and New Zealand fur seals. And then there's **Jewel Cave** (☎08-9780 5911; www.margaretriver.com; Caves Rd; adult/child $22.50/12; ⊙9.30am-3.30pm), 8km northwest of Augusta at the south end of Caves Rd. The most spectacular of the region's caves, Jewel Cave has an impressive 5.9m straw stalactite, so far the longest seen in a tourist cave. Fossil remains of a Tasmanian tiger (thylacine), believed to be 3500 years old, were discovered here. It's a mysterious, soulful place to end your journey.

✗ 🛏 p365

363

Eating & Sleeping

Busselton ❸

✗ Goose   Cafe $$

(📞08-9754 7700; www.thegoose.com.au; Geographe Bay Rd; breakfast $13-22, share plates & mains $11-35; ⊙7am-10pm; 🛜) Next to the jetty, stylish Goose is a cool and classy cafe, bar and bistro. The drinks list bubbles away with WA craft beer and wine, and a versatile menu kicks off with eggy breakfasts, before graduating to share plates using local ingredients including Vietnamese pulled-pork sliders, and larger dishes such as steamed mussels and seafood chowder.

✗ Coco's Thai   Thai $$

(📞08-9754 7222; 55 Queen St; mains $16-23; ⊙5pm-late; 🍴) A little place serving tasty Thai favourites and more adventurous dishes such as a delicious fish curry with apple. Loaded with fresh herbs, the prawn salad is also great. BYO. Often recommended for its friendly service.

⬛ Big 4 Beachlands
Holiday Park   Caravan Park $

(📞08-9752 2107; www.beachlands.com.au; 10 Earnshaw Rd, West Busselton; sites per 2 people $53, chalets $145-215; ❄️🛜🏊) This excellent family-friendly park offers a wide range of accommodation – grassy tent sites to deluxe villas – amid shady trees, palms and flax bushes. A playground, pool, bikes, standup paddleboards and pedal go-carts will keep kids happy.

Yallingup ❺

✗ Yallingup
Woodfired Bread   Bakery $

(189 Biddle Rd; bread from $4; ⊙7am-6pm Mon-Sat) Look out for excellent sourdough, rye bread and fruit loaves at local shops and the Margaret River Farmers Market (p365), or pick up some still-warm loaves at the bakery near Yallingup.

✗ Wills Domain   Bistro $$$

(📞08-9755 2327; www.willsdomain.com.au; cnr Brash & Abbey Farm Rds; mains $29-40, 7-course menu $110; ⊙tastings 10am-5pm, lunch noon-3pm) A restaurant and gallery with wonderful hilltop views over vines. An innovative seven-course tasting menu (with or without matching wines) is also available.

⬛ Yallingup Beach
Holiday Park   Caravan Park $

(📞08-9755 2164; www.yallingupbeach.com.au; Valley Rd; sites per 2 people $32-54, cabins $90-285; 🛜) You'll fall asleep to the sound of the surf here, with the beach just across the road. Prices vary with the seasons.

⬛ Yallingup Lodge & Spa   Retreat $$$

(📞08-9755 2411; https://yallinguplodge.com. au; 40 Hemsley Rd; glamping $170, r $200-550; @🛜🏊) On a secluded property between Dunsborough and Yallingup with the comforts of a lodge – a cosy lounge area around an open fire and a large deck overlooking trees, plus a swimming pool and day spa. Accommodation is mostly in the main residence, but the glamping option, a short walk away, includes an outdoor shower, and waking to birdsong with the sunrise.

Margaret River ❿

✗ Temper Temper   Sweets $

(📞08-9757 3763; www.tempertemper.com.au; 2 Rosa Brook Rd; chocolates $4-18; ⊙9am-5pm; 🚶) This elegant shrine to chocolate features a tasting area where you can try loads of free samples showcasing the difference between cacao from Cuba, Venezuela, Sumatra and Madagascar, and also enticingly rich slabs with thoroughly adult and addictive flavours like pink peppercorn or liquorice. If you're buying souvenirs for the folks back home, you could certainly do worse. Vegan options.

✕ Margaret River Farmers Market
Market $

(☑0438 905 985; www.
margaretriverfarmersmarket.com.au; Lot 272
Bussell Hwy, Margaret River Education Campus;
☺8am-noon Sat; ♿) The region's organic and
sustainable artisan producers come to town
every Saturday. It's a top spot for breakfast.
Check the website for your own foodie hit list.

✕ Morries Anytime
Cafe $$

(☑08-9758 8280; www.morries.com.au;
2/149 Bussell Hwy; tapas $11-14, mains $21-34;
☺noon-late) Settle into the intimate clubby
atmosphere of Morries for lunch, or come
back later for expert cocktails and Asian style
tapas for dinner. Local beers from Colonial
Brewing are on tap, and the service here is
impeccable.

✕ Miki's Open Kitchen
Japanese $$$

(☑08-9758 7673; www.facebook.com/mikisopen
kitchen; 131 Bussell Hwy; small plates $12-17, large
plates $31-36; ☺6pm-late Tue-Sat) Secure a spot
around the open kitchen and enjoy the irresistible
theatre of the Miki's team creating innovative
Japanese spins on the best of Western Australia's
seafood and produce. Combine a Margaret River
wine with the $60 multicourse tasting menu
for the most diverse experience, and settle in to
watch the laid-back Zen chefs work their tempura
magic. Bookings recommended.

⇋ Prevally Caravan Park
Caravan Park $

(☑08-9757 2374; http://prevellycaravanpark.
com.au; sites from $30; P) A well-run family-
friendly caravan park with shady tent sites
near the beach rather than town. There's a
well-stocked shop, plus the **Sea Garden** cafe
on-site is a great spot for some sundowners.

⇋ Forest Rise
Chalet $$$

(www.forestrise.com.au; Yelverton Rd; cabins
from $260; 🛜) Award-winning luxury self-
contained cabins are spread across a large
tree-filled property. So gorgeous and relaxing
you probably won't want to leave.

⇋ Burnside Organic Farm
Bungalow $$$

(☑08-9757 2139; www.burnsideorganicfarm.
com.au; 287 Burnside Rd; d from $300; ❄🛜)
Welcome to the perfect private retreat after a
day cruising the region's wine, beer and food
highlights. Bungalows made from rammed
earth and limestone have spacious decks and
designer kitchens, and the surrounding farm
hosts a menagerie of animals and organic
orchards. Guests can pick vegetables from the
garden. Minimum two-night stay.

Augusta ⑭

✕ Blue Ocean Fish & Chips
Fish & Chips $

(73 Blackwood Ave; ☺11.30am-2pm & 5-8pm;
P ♿) Oft-rated best fish 'n' chips ever eaten
(no overstatements here obviously), this very
basic blue-plastic-chairs and simple-wall-
menu fast-food joint has excellent locally
caught fish, perfectly crisp batter and optional
chicken salt on your chips. At night there are
not many other options in sleepy Augusta.

✕ Deckchair Gourmet
Cafe $

(☑08-9758 0700; Blackwood Ave; mains
$10-22; ☺8am-3pm Mon-Sat, to noon Sun;
🛜) Excellent coffee and good food. Try the
bacon-and-egg wrap for breakfast while
southern sunshine streams through the
windows.

⇋ Hamelin Bay Holiday Park
Caravan Park $

(☑08-9758 5540; www.hamelinbayholiday
park.com.au; Hamelin Bay West Rd; sites per 2
people $26-49, cabins & cottages $90-300) A
drive northwest of Augusta but with absolute
beachfront access. This secluded place has
shady campsites and a small general store.

Coral Coast to Broome

33

Australia's western shore and the Pilbara desertscape are simply magnificent – a road-tripper's playground that takes in the cerulean Indian Ocean, ancient pinnacles and gorges, Aboriginal culture and **offbeat** *mining towns.*

TRIP HIGHLIGHTS

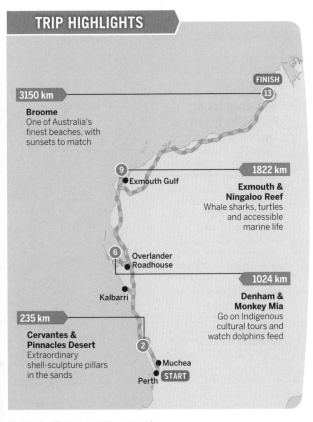

3150 km

FINISH **13**

Broome
One of Australia's finest beaches, with sunsets to match

9 ●Exmouth Gulf

1822 km

Exmouth & Ningaloo Reef
Whale sharks, turtles and accessible marine life

6 Overlander
● Roadhouse

1024 km

● Kalbarri

Denham & Monkey Mia
Go on Indigenous cultural tours and watch dolphins feed

235 km

Cervantes & Pinnacles Desert
Extraordinary shell-sculpture pillars in the sands

2

●Muchea
Perth **START**

**10–14 DAYS
3150KM/1957 MILES**

GREAT FOR...

BEST TIME TO GO

April to October. It's impossibly humid from November onwards; cyclones possible January to March.

 ESSENTIAL PHOTO

Underwater at Ningaloo Reef.

 BEST FOR OUTDOORS

Gorges at Karijini National Park.

Ningaloo Reef Turtles thrive in this marine park

33 Coral Coast to Broome

The road from Perth to Broome connects two different worlds, one urban and the other remote, tropical and on the cusp of the outback, with the vast Indian Ocean keeping you company much of the way. There are fabulous places to break up the journey, including many that highlight the intersection of desert and coast that is such a feature of this route, from the Pinnacles Desert to Ningaloo Reef.

1 Perth

By some estimates, Perth is one of the most isolated cities on earth, but that's nothing compared to where you're heading. With so many miles ahead of you, soak up the choice of big-city restaurants, the cool breeze of the south and the easy communications of the big smoke. You'll find all of these along the way, but not like here. (p26)

The Drive » Head northeast out of Perth as if heading for the Nullabor, but after 18km swing north, following the signs for Geraldton. At Muchea, take the left highway fork for the Brand Hwy. At 206km out of Perth, at the small settlement of Badgingarra, take the Cervantes turnoff for the final 49km.

TRIP HIGHLIGHT

2 Cervantes & Pinnacles Desert

The laid-back crayfishing town of Cervantes is a fine place to end your first day's journey. The major attraction here, and it's a big one, is the Pinnacles Desert, one of Australia's most photographed landforms. This singularly eye-catching stand of weird-and-wonderful natural sculptures, a vast, alien-like plain studded with thousands of limestone pillars, is 19km south of Cervantes in **Nambung National Park** (☎08-9652 7913; www.parks. dpaw.wa.gov.au/park/nambung; Pinnacles Dr, off Indian Ocean Dr; per vehicle $13; ☀ daylight

Map of route from Mandurah/Perth area north to Exmouth & Ningaloo Reef, showing: INDIAN OCEAN, Mackerel Islands, Exmouth & Ningaloo Reef **9**, Onslow, Learmonth, Exmouth, Exmouth Gulf, Coral Bay **8**, Gnaraloo, Minilya Roadhouse, Lake Macleod, Quobba, p373, Carnavon **7**, Shark Bay, Francois Peron National Park, Gascoyne Junction, Denham & Monkey Mia **6**, p372, Useless Loop, Overlander Roadhouse, Toolonga Nature Reserve, Kalbarri National Park **5**, Kalbarri **4**, Binnu, Northampton, Mullewa, Geraldton **3**, Dongara-Port Denison, Jurien Bay, Cervantes & Pinnacles Desert **2**, Lancelin, Two Rocks, Rottnest Island, INDIAN OCEAN, Mandurah, Kennedy Range, Kennedy Range

Port Smith

Coulomb Point
(Minarriny)

FINISH
Broome 13 4

Port Hedland 12

Burrup p374
Peninsula
Dampier Point
Samson
Karratha 10 11 **Roebourne**

South Hedland

Marble Bar

p375
Yandeyarra
Aboriginal
Land

Millstream-
Chichester
National
Park Wittenoom p376

Hillside Nullagine

Karlamilyi
National
Park

Tom Price
Karijini
National
Paraburdoo Park Newman

Lake
Disappointment

Jigalong
Aboriginal
Land

Mount James
Aboriginal
Land

Collier Range
National
Park

Little
Sandy
Desert

Peak Hill

95

Meekatharra Wiluna

Lake
Carnegie

Big Ball
Cue

91

Sandstone
Yalgoo 123 Mt Magnet Leinster

Point Salvation
Aboriginal Land

Laverton

Leonora
Lake Carey

Perenjori
Paynes
Find
Lake
Barlee

Karroun
Hill Nature
Reserve Menzies

Ora Banda

Kalgoorlie-
Boulder

Dalwallinu
Moora
Mukinbudin Coolgardie

Muchea
94 Merredin
Southern
Cross 2 Kambalda

94

Perth
START p380 Corrigin

Kulin Norseman

1 Lake
Kirk

Dundas
Nature
Reserve

hours, visitor centre 9.30am-4.30pm). **Rising eerily from the desert floor, the pillars are remnants of compacted seashells that once covered the plain and, over millennia, subsequently eroded. A loop road runs through the formations, but it's more fun to wander on foot. In Cervantes itself, walkways wend along the coastline and provide access to some lovely beaches, while Lobster Shack is a great pit stop for a bucket of prawns and cold beer.**

✕ p378

The Drive » Instead of returning to the Brand Hwy, head north out of Cervantes along the Indian Ocean Dr. Aside from having far less traffic, panoramic ocean views open up at regular intervals and you'll pull over often to take it all in. At 124km from Cervantes, the road rejoins the Brand Hwy, from where it's 94km into Geraldton.

LINK YOUR TRIP

2 Across the Nullarbor

Where one epic journey ends (crossing the Nullarbor begins or ends in Perth), another begins.

4 Kimberley Crossing

The drive to Kununurra (1045km) begins where this foray up the Coral Coast ends – joining up the two couldn't be easier.

③ Geraldton

Capital of the midwest and the largest town between Perth and Darwin, sun-drenched 'Gero' is surrounded by excellent beaches. Gero blends big-city sophistication with small-town friendliness, offering a strong arts culture and vibrant foodie scene. Among the best places to bed down is **Mantra Geraldton** (☑08-9956 1300; www.mantra.com.au; 221 Foreshore Dr; apt from $219; P ❄ 🛜 🏊), and you can treat your taste buds at **Beached Barrel** (www.facebook.com/BeachedBarrel; 26 Foreshore Dr; doughie $6-19; ⏱7.30am-3pm Tue-Sun), **Saltdish** (☑08-9964 6030; www.facebook.com/saltdishcafe; 35 Marine Tce; breakfast $8-25, lunch $22-30; ⏱7am-4pm Mon-Fri, plus 6-11pm Fri & Sat; ❄ 🛜) and **Piper Lane Cafe** (☑08-9921 5525; 166 Marine Tce; mains $18-28; ⏱7.30am-3pm Wed-Sat, to 1pm Sun; 🍴). Most activities are water-based:

Midwest Surf School

(☑0419 988 756; www.surf2skool.com; lessons/board hire from $60/20) runs surf lessons at Geraldton's back beach while **KiteWest** (☑0449 021 784; www.kitewest.com.au; Coronation Beach; lessons per hour from $70; ⏱9am-5pm) does all sorts of things on water and on land, among them kiteboarding courses, surfing lessons and paddle-boarding tuition, as well as fishing, scenic and wildflower day trips. Amid such adventurous pursuits, save time for the **Western Australian Museum – Geraldton** (☑08-9431 8393; www.museum.wa.gov.au; 2 Museum Pl; by donation; ⏱9.30am-3pm), one of the state's best museums, and for a day trip to the **Houtman Abrolhos Islands**.

🍴 🏪 p378

The Drive » At exactly 100km north of town, take the Kalbarri turnoff – it's 54km into Kalbarri, with a picturesque oceanside stretch.

④ Kalbarri

This laid-back beachside town makes an ideal base for visiting Kalbarri National Park if you want the adventure but wish to return to creature comforts at the end of the day. Companies such as **Kalbarri Wagoe Beach Quadbike Tours** (☑08-9936 6060; www.kalbarriquad.com; 4043 George Grey Dr; driver/passenger from $90/45) and **Kalbarri Quadbike Safaris** (☑08-9937 1011; www.kalbarriquadsafaris.com.au; off Ajana-Kalbarri Rd; driver/passenger from $80/40) take visitors out for exhilarating rides along the sand dunes, while **Kalbarri Abseil** (☑08-9937 1618; www.kalbarriabseil.com; adult/child $90/80) runs action-filled trips to the gorges of Kalbarri National Park. Kalbarri can also be used as a jumping-off point for the stupendous Houton Abrolhos Islands; take a day trip with **Kalbarri Scenic Flights** (☑08-9937 1130; www.kalbarriaircharter.

SHARK BAY

The World Heritage–listed area of Shark Bay, stretching from Kalbarri to Carnarvon, consists of more than 1500km of spectacular coastline, containing turquoise lagoons, barren finger-like peninsulas, hidden bays, white-sand beaches, towering limestone cliffs and numerous islands. It's the westernmost part of the Australian mainland, and one of WA's most biologically rich habitats, with an array of plant and animal life found nowhere else on earth. Lush beds of seagrass and sheltered bays nourish dugongs, sea turtles, humpback whales, dolphins, stingrays, sharks and other aquatic life. On land, Shark Bay's biodiversity has benefited from Project Eden, an ambitious ecosystem-regeneration programme that has sought to eradicate feral animals and reintroduce endemic species. Shark Bay is also home to the amazing stromatolites of Hamelin Pool. The Malgana, Nhanda and Inggarda peoples originally inhabited the area, and visitors can take Aboriginal cultural tours to learn about Country.

Nambung National Park Pinnacles Desert

com.au; Kalbarri Airport, off Ajana-Kalbarri Rd; 5-hour Abrolhos Islands flight $299).
Gecko Lodge (p378) is one of the standout accommodation options. Treat yourself to a meal at Finlay's Fresh Fish BBQ (p378) or **Restaurant Upstairs** (📞0408 001 084; www.facebook.com/Upstairs. Kalbarri; 2 Porter St; mains $33-42; ⏰11am-3pm & 5-10pm Thu-Mon; ❄️).

🍴 🛏️ p378

The Drive » Some 8km south of town, the scenic road passes by the entrance to the cliffside walks of Kalbarri National Park. Heading north, a road runs through scrubland towards the national park's main entrance.

5 Kalbarri National Park

With its magnificent river red gums and Tumblagooda sandstone, the rugged Kalbarri National Park contains almost 2000 sq km of wild bushland, stunning river gorges and savagely eroded coastal cliffs. There's abundant wildlife, including 200 species of birds, and spectacular wildflowers between July and November. A string of lookouts dots the impressive coast south of town and the easy **Bigurda Trail**

(8km one way) follows the clifftops between **Natural Bridge** and **Eagle Gorge**; from July to November you may spot migrating whales. The river gorges are east of Kalbarri, 11km down Ajana Kalbarri Rd to the turnoff, and then 20km unsealed to a T-intersection. Turn left for lookouts over the **Loop** and the superb **Nature's Window** (1km return). Turning right at the T leads to **Z-Bend**, with a breathtaking lookout (1.2km return), or you can continue steeply down to the gorge bottom (2.6km return).

371

The Drive » Take the 54km from Kalbarri back to the main highway, where you turn left (north). It's a 158km-long drive through scrubland and red dirt to the turnoff for Shark Bay. Pause at the Overlander Roadhouse for a breather, then turn left; from here it's 128km across some narrow spits of land into Denham.

TRIP HIGHLIGHT

⑥ Denham & Monkey Mia

Beautiful, laid-back Denham, Australia's westernmost town, is, with its turquoise sea and palm-fringed beach-front, a terrific base for trips to some fine surrounding national and marine parks. **Shark Bay Scenic Flights** (☎08-9948 1773; www.shark-bayaviation.com; 2 Denham Rd; flights from adult/child $120/60) offers a brilliant perspective on the area, while watching the wild dolphins turning up for a feed each morning in the shallow waters of Monkey Mia, 26km beyond Denham, is a highlight of most travellers' trips to the region. The pier makes a good vantage point; the first feed is around 7.45am although the dolphins arrive earlier. To see more wildlife, take the 2½-hour wildlife cruise with **Wildsights** (☎1800 241 481; www.monkeymia

wildsights.com.au; Monkey Mia; 2½hr cruise adult/child $99/50) from Monkey Mia. Back on land, learn 'how to let Country talk to you' on the excellent bushwalks run by **Wula Gurda Nyinda Aboriginal Cultural Tours** (☎0429 708 847, 0432 029 436; www.wulagura.com.au; 2hr sunset tour adult/child $70/35). Enjoy the wonderful hospitality at On The Deck @ Shark Bay (p378) and dine at Denham's Oceans Restaurant (p378) or Monkey Mia's **Bough-shed** (☎08-9948 1171; www.facebook.com/boughshed; Monkey Mia Resort, Monkey Mia Rd; lunch $15-24, dinner mains $26-42; ⊙7am-8pm).

✕ ⊨ p378

The Drive » Return to the main highway (128km) from Denham. At the Overlander Roadhouse, head north. It's 193km into Carnavon – watch for fine Shark Bay views and kangaroos en route.

⑦ Carnarvon

On Yinggarda country at the mouth of the Gascoyne River, fertile Carnarvon, with its fruit and vegetable plantations and thriving fishing industry, makes a pleasant stopover between Denham and Exmouth. It's a friendly place, though there's little to detain you here besides visiting the luxuriant plantations along North and South River Rds; grab the

---

DETOUR: FRANCOIS PERON NATIONAL PARK

Start: ⑥ Denham

A magnificent wilderness encompassing the peninsula north of Denham, Francois Peron National Park is all low scrub, salt lagoons and sandy dunes, home to the rare bilby, mallee fowl and woma python. Its rust-red cliffs, white-sand beaches and exquisite blue waters are wonderfully remote and a terrific place to spot all manner of marine life. At **Cape Peron**, local bottlenose dolphins have developed a unique way of fishing, while at **Skipjack Point Lookout** you can spot manta rays, eagle rays and dugongs. Since the park is largely off-limits unless you have a high-clearance 4WD, you'll most likely have to join a tour from Denham with **Shark Bay 4WD** (☎08-9948 1765; www.sharkbay4wd.com.au; 1 Ocean Park Rd; ⊙from $205), **Shark Bay Coastal Tours** (☎0407 890 409; www.sharkbaycoastaltours.com.au; Post Office, Knight Tce, Denham; half-/full day $150/195) or **Ocean Park Tours** (☎08-9948 1765; www.oceanpark.com.au; Ocean Park Rd).

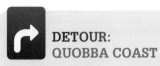

DETOUR:
QUOBBA COAST

Start: ❼ **Carnarvon**

The coast north of Carnarvon is wild, rugged and desolate, and a favourite haunt of surfers and fisherfolk. Those who make it this far are rewarded by huge swells, relentless winds, amazing marine life, breathtaking scenery and fire-in-the-sky sunsets. Some 24km north of Carnarvon, turn left off the North West Coastal Hwy and drive 49km to the impressive **Blowholes** (Beach Rd), where the sea roars upwards through porous rock. Take the unsealed, unpeopled road 75km north to **Gnaraloo Station** (📞08-9942 5927; www.gnaraloo.com; off Quobba-Gnaraloo Rd; camping per adult/child from $25/12.50, cabins $150-330; ❄🛜), where you can stay at the homestead. Don't miss the pristine white crescent of Gnaraloo Bay, 7km north. If you're a surfer, you can hit the legendary **Tombstones** wave while camping out at the nearby **3-Mile Camp** (📞08-9942 5927; www.gnaraloo.com; camping per adult/child $25/12.50, r $90; 🛜).

Gascoyne Food Trail (www.gascoynefood.com.au) brochure from the **visitor centre** (📞08-9941 1146; www.carnarvon.org.au; Civic Centre, 21 Robinson St; ⊙9am-5pm Mon-Fri, to noon Sat). The tree-lined Central Business District (CBD) exudes a tropical feel and the palm-fringed waterfront is a relaxing place to amble. Check whether the historic **One Mile Jetty** (Babbage Island Rd; adult/child $5/free) at the Heritage Precinct on Babbage Island (www.carnarvonheritage.com.au), once the city's port, is again open to visitors. If you're travelling with kids, it's worth swinging by the **Carnarvon Space & Technology Museum** (www.carnarvonmuseum.org.au; Mahony Ave; adult/child/family $10/6/25; ⊙10am-3pm Apr-Sep, to 2pm Oct-Mar; 🚼). Hankering for a memorable meal? **Sails Restaurant** (📞08-9941 1600; www.hospitalityin carnarvon.com.au; 6 West St; mains $24-45; ⊙6-9pm; ❄) serves Carnarvon's most imaginative fare.

The Drive » It's 140 flat and rather uneventful kilometres from Carnavon north to the Minilya Roadhouse. There, the North West Coastal Hwy (as it's called north of Carnavon) veers northeast. Instead, take the Minilya Exmouth Rd towards Exmouth and turn off towards Coral Bay after 85km. The last 13km is rather narrow.

- - - - - - - - - - - - - - - - -

❽ Coral Bay

This tiny seaside village is one of the easiest locations from which to access the exquisite Ningaloo Marine Park. Consisting of only one street and a sweeping white-sand beach, the town is very walkable. The southern access point for the **Ningaloo Marine Park**, Coral Bay is particularly good for swimming with manta rays year-round; trips are offered by **Ningaloo Marine Interactions** (📞08-9948 5190; www.mantaraycoralbay.com.au; Shopping Centre, Robinson St; whale watching $75, manta-ray interaction $170, wildlife spotting $210) and **Ningaloo Reef Dive & Snorkel** (📞08-9942 5824; www.ningalooreefdive.com; Shopping Centre, Robinson St; diving from $300), among others. You can also swim with whale sharks (April to July) and whales (June to November).

The Drive » Backtrack to the Minilya–Exmouth Rd and drive for 140km to reach Exmouth. Much of the way, you'll see otherworldly termite mounds dotting the scrubland, but the prettiest stretch of road is along the Exmouth Gulf, along the final approach to town.

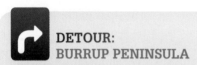

DETOUR:
BURRUP PENINSULA

Start: ⑩ Karratha

An absolute must if you're interested in Aboriginal culture is a half-day trip to the Burrup Peninsula. Take Dampier Hwy west past Karratha Airport towards the port town of Dampier, some 20km from Karratha, and then take Burrup Rd north after you've driven past the vast salt pans. Several kilometres north, turn right along Hearson Rd towards Hearson's Cove and look out for a sign on your right for **Deep Gorge**. The rocky hills here have the densest concentration of ancient rock art in the world, dating back some 30,000 years. As you wander around, you may spot engravings of fish, goannas (lizards), turtles, ospreys, kangaroos and even a Tasmanian tiger. It's particularly rewarding to come here on a half-day tour out of Karratha with **Ngurrangga Tours** (☑08-9182 1777; www.ngurrangga.com.au; 42 Roe St, Roeborne; half-day rock art tour adult/child $160/80; ⊘Feb-Nov).

TRIP HIGHLIGHT

⑨ Exmouth & Ningaloo Reef

Once a WWII submarine base, Exmouth is a laid-back seafront town where emus wander footpaths. With great dining options, it makes an excellent base for visiting the World Heritage–listed and exquisite Ningaloo Reef. **Ningaloo Marine Park** is home to a staggering array of marine life – sharks, manta rays, humpback whales, turtles, dugongs, dolphins and more than 500 species of fish. Australia's largest fringing reef is also easily accessible, in places only 100m offshore. Swim with whale sharks (April to July), spot wildlife, dive, snorkel (try the **Bay Snorkel Area**), kayak, surf and fish to your heart's content – the

visitor centre (☑08-9949 1176; www.visitningaloo.com. au; Ningaloo Centre, Murat Rd; ⊘9am-5pm Apr-Oct, 9am-5pm Mon-Fri, to 1pm Sat & Sun Oct-Mar; 🛜) has the full list of tours available, but our favourites include **Three Islands** (☑1800 138 501; www.whalesharkdive.com; 1 Kennedy St; whale shark swim adult/child $395/285; ⊘Mar-Oct) and **Kings Ningaloo Reef Tours** (☑08-9949 1764; www.kingsningalooreef tours.com.au; Exmouth Ningaloo Caravan & Holiday Resort, Murat Rd; adult/2-16yr whale-shark swim $399/280). Outside whale-shark season, marine tours focus on manta rays, while the **DPaW Turtle Interaction Tour** (JTC; www.ningaloo turtles.org.au/jurabi.html; Yardie Creek Rd) is the best and most ecologically safe way to encounter nesting turtles (November to March).

✕ 🛏 p379

The Drive » It's a long road south from Ningaloo Marine Park and you've a long day ahead of you, but we can't imagine it hasn't been worth it. Take the road 86km south of Exmouth, and turn left on the Burkett Rd, from where it's 79km to the main highway. After rejoining the highway, it's 383km to Karratha. Nanutarra Roadhouse is the only petrol stop en route.

---

⑩ Karratha

Those who arrive in Karratha just looking to stock up on essentials for the road ahead are pleasantly surprised. Those expecting a gritty mining hub instead find a laid-back, friendly town with an excellent dining and coffee scene (**Empire 6714** (☑0427 654 045; www. empire6714.com.au; Warambie Rd; mains $13-28; ⊘5.30am-3pm; ❄ 🅿) and **Lo's Cafe Fusion Bistro** (☑0438 186 688; www.facebook.com/los bistro; 20 Sharpe Ave, The Quarter; mains $18-24; ⊘7.30am-5pm; ❄ 🅿) are standout

Karijini National Park Hamersley Gorge

choices), an architecturally striking cultural centre – the **Red Earth Arts Precinct** (☑08-9186 8600; www.redeartharts precinct.com.au; 27 Welcome Rd; ⊙9am-5pm Mon, Wed & Fri, to 6pm Tue, to 7pm Thu, to 2pm Sat; 🛜) – and enough natural attractions in the surrounding area to make you linger for a day or two.

The Drive » It's a mere 39km along the North West Coastal Hwy from Karratha to Roebourne.

- - - - - - - - - - - - - - - - - -

🕕 Roebourne

The oldest (1866) Pilbara town still functioning, Roebourne is well worth a stop to check out the beautiful old buildings along the town's main street and to gaze out over the parched countryside from the lookout point up **Mt Welcome** (Fisher Dr). The town is also home to a thriving Aboriginal art scene, and the Aboriginal-run **Yinjaa-Barndi Gallery** (☑08-9182 1959; www.yinjaa-barni.com.au; Lot 3 Roe St; ⊙9am-2pm Mon-Fri or by appointment) is the highlight of any art-lover's visit.

DETOUR:
MILLSTREAM CHICHESTER NATIONAL PARK

Start: 🕕 Roebourne

The spinifex-covered plateaus, tranquil oases and eroded mesas of the Chichester Range make an excellent day trip.

The park is divided into two halves. The Chichester half is a scenic 90km drive southeast of Roebourne along an unsealed road that's fine for 2WDs much of the year, while the Millstream half is around 130km away from Karratha. Highlights include **Python Pool** (Chichester) and **Deep Reach Pool** (Millstream). Millstream has the lion's share of short hiking trails. Millstream Chichester is also reachable from Karratha.

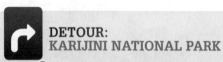

DETOUR:
KARIJINI NATIONAL PARK

Start: **⑫** **Port Hedland**

Only in the Outback can a 666km round trip be described as a detour, yet Karijini is too spectacular to miss if you've come this far. Comprising 15 breathtaking gorges, spectacular waterfalls and tranquil pools, it's a hiker's playground, with numerous treks to choose from. Whether you opt for an easy stroll along the rim of **Dales Gorge** (Dales Rd; 🚻) (4km return), allowing you to admire spectacular views, or test your mettle by wading through an icy stream while traversing the challenging trail through **Hancock Gorge** (Weano Rd) (800m return), it's an experience you won't forget. Camp under the stars at one of the two campsites or stay in style at the **Karijini Eco Retreat** (📞08-9425 5591; www.karijiniecoretreat.com.au; Weano Rd; camping per person $20, eco cabin $199, deluxe tent r $349; P ❄), complete with gourmet restaurant in high season.

The Drive » Take the North West Coastal Hwy east for 203km to Port Hedland. There'll be little to keep you company en route besides a few road trains and no petrol stations between the two.

- - - - - - - - - - - - - - - - - - -

⑫ Port Hedland

A high-visibility dystopia of railway yards, iron-ore stockpiles, salt mountains, furnaces and a massive deep-water port and striking street art confront visitors to Port Hedland. Yet under that red dust lurks a colourful 130-year history of mining booms and busts,

cyclones, pearling and WWII action. Several pleasant hours may be spent exploring Hedland's thriving art and real coffee scene (try **Hai's Coffee Van** (www.facebook.com/haicoffeevan/; 181 Wilson St; ⏱5-9am Mon-Fri, to 10.30am Sat) for the best caffeine hit), historic CBD and scenic foreshore. From the **visitor centre** (📞08-9173 1711; www.visitport hedland.com; 13 Wedge St; ⏱9am-5pm Mon-Fri, to 2pm Sat; 🛜), popular **BHP Billiton** (13 Wedge St; adult/child $45/30; ⏱noon-1pm Mon, Tue & Thu Apr-Oct; on demand Nov-

Mar) iron-ore plant tours depart, while the **Courthouse Gallery** (📞08-9173 1064; www.courthousegallery.com.au; 16 Edgar St; ⏱9am-4.30pm Mon-Fri, to 3pm Sat) is the town's leafy arts HQ, with stunning local contemporary and Aboriginal exhibitions. Hungry for more Aboriginal art? Head for the **Spinifex Hill Studios** (📞08-9172 1699; www.spinifexhillstudio.com.au; 18 Hedditch St, South Hedland; ⏱10am-4pm Tue-Fri, to 2pm Sun) in South Hedland. And if you're here between November and February, **flatback turtles** nest on nearby beaches.

 p379

The Drive » The Big Empty stretches from Port Hedland to Broome, as the Great Northern Hwy skirts the Great Sandy Desert. It's 609km of scrubland and dust and not much else. There are only two roadhouses – Pardoo (148km) and Sandfire (288km) – so keep the tank full. The coast, wild and unspoilt, is never far away.

STAIRCASE TO THE MOON

You might hear them talk in these parts of a strange attraction known as the Staircase to the Moon. No, it's not the WA version of Led Zeppelin's classic, but instead an appealing natural phenomenon whereby, when seen from an easterly facing beach, the full moon rising above the sea (and/or mudflats) resembles a staircase to the moon. Port Hedland, Broome and Dampier are three places where you might see it from March to October.

Broome Roebuck Bay

TRIP HIGHLIGHT

⑬ Broome

Sultry and remote, Broome clings to a narrow strip of red pindan on the Kimberley's far western edge, at the base of the pristine Dampier Peninsula. Surrounded by the aquamarine waters of the Indian Ocean and the creeks, mangroves and mudflats of Roebuck Bay, this Yawuru Country town is a good 2000km from the nearest capital city, and it will feel like paradise after the long drive to reach it. Magnificent Cable Beach, with its luxury resorts, hauls in the tourists during high (dry) season (April to October), with romantic notions of camels and surf. Each evening, the whole town pauses, drinks in mid-air, while the sun slips slowly seawards.

✕ ⨇ p379

377

ALYBABA/SHUTTERSTOCK ©

Eating & Sleeping

Cervantes ②

✕ Lobster Shack   Seafood $$

(☏08-9652 7010; www.lobstershack.com.au; 37 Catalonia St; mains $17-43; ☺shop 8am-5pm, cafe 11am-3pm, tours noon-3pm) Craving some cray? They don't come much fresher than at this lobster-factory-turned-lunch spot, where half a grilled lobster, chips and salad will set you back around $38. Fish burgers, prawn buckets, abalone, oysters, beer and wine complete the picture. Self-guided factory tours ($10) and takeaway also available; B-52s' 'Rock Lobster' sing-alongs mandatory.

Geraldton ③

✕ Burnt Barrel   Barbecue $$

(☏08-9920 5552; www.burntbarrel.com; 305 Nanson-Howatharra Rd, Nanson; mains $28-40; ☺11am-4pm Fri-Sun, plus 6-9.30pm Sat (prior booking only); P ❋) If you happen to be exploring Chapman Valley, north of Geraldton, you may be lured inside this self-proclaimed 'Outback brewBQ' by the wafting scents of pulled pork, smoked for hours on end, ribs, with the meat so tender it falls right off the bone, and the promise of ice-cold beers, brewed at the on-site microbrewery. Reservations essential.

🛏 Sunset Beach
Holiday Park   Caravan Park $

(☏1800 353 389; www.sunsetbeachpark.com.au; 4 Bosley St; camping per site $41, cabins $96-186; P ❋ 🛜) About 6km north of the CBD, Sunset Beach has roomy, shaded sites just a few steps from a lovely beach, and an ultramodern camp kitchen with a huge TV. Cabins range from basic with shared facilities to two-bedroom ocean chalets.

Kalbarri ④

✕ Finlay's Fresh
Fish BBQ   Seafood $$

(☏0438 708 429; www.facebook.com/finlays. bbq.palmresort; 24 Magee Cres; mains $15-45; ☺5.30-10pm Tue-Sun) Fresh local seafood (chilli mussels, salt and pepper squid, catch of the day) comes simply but beautifully prepared at this superquirky Kalbarri institution – a junkyard strewn with farming implements, buoys and shark sculptures. Wash it down with Finlay's own microbrews.

🛏 Gecko Lodge   B&B $$$

(☏08-9937 1900; www.geckolodgekalbarri.com. au; 9 Glass St; ste from $215; P ❋ 🛜) If you're looking to romance your sweetie in Kalbarri, there's no better place than this intimate, luxurious B&B. The suites come with spa baths, the penthouse has its own balcony and kitchen, owners Paul and Lindley are treasure troves of local knowledge, and there are freshly baked muffins every morning.

Denham & Monkey Mia ⑥

✕ Oceans Restaurant   Cafe $$

(Ocean Park Rd; mains $14-34; ☺9am-3pm) Overlooking aquamarine waters at **Ocean Park** (☏08-9948 1765; www.oceanpark. com.au; Shark Bay Rd; adult/child $25/18; ☺9am-5pm;), breakfast is served here until 11am, and you can partner craft beer and award-winning wines with the freshest seafood in Shark Bay (such as seared lemon pepper calamari and crispy-skinned barramundi). Romancing your other half? Look no further than the spectacular Ocean Park seafood platter ($60).

🛏 On The Deck
@ Shark Bay   B&B $$

(☏0409 481 957; www.onthedeckatsharkbay. com; 6 Oxenham Chase; r $169-186; ❋ 🛜) Denham's most characterful accommodation is this luxurious B&B on the outskirts of town, overlooking scrubland and visited daily by local wildlife. Whether you're staying in one of the two individually decorated, spacious rooms upstairs, or in the garden-facing downstairs room, you have access to the heated spa, outdoor dining area, continental breakfast and helpful advice from owners Phil and Kerrie.

Exmouth ❾

✖ The Social Society   Vegetarian $

(☎08-9949 2261; 2/5 Thew St; mains $11-21; ⏰7am-3pm Mon-Fri, to 2pm Sat & Sun; ❄🛜♿) If you don't believe that breakfast is an exciting meal, this cafe will blow your misconceptions out of the water. Everything is vegan or vegetarian and made from organically-sourced local ingredients – from poached eggs with green harissa and halloumi to banana pancake stacks. There's gourmet coffee and a shop stocking eco-conscious sunscreen and apparel designed by local artists.

🛏 Exmouth Cape
Holiday Park   Caravan Park $

(☎1800 871 570; www.parksandresorts.rac.com.au/park/exmouth; 3 Truscott Cres; unpowered/powered site $37/43, dm/d $33/110, cabins $120-250; 🅿❄🛜♿) This large park offers good facilities for campers, backpackers (its rooms are known as Blue Reef Backpackers) and families. Lots of cabin options, too, from simple (some kitchen facilities, no bathroom) to deluxe family-sized units. Bike hire available.

Port Hedland ⓬

✖ Hedland Harbour Cafe   Cafe $

(☎08-9173 2630; www.facebook.com/hedlandharbourcafe; 5 Wedge St; mains $10-20; ⏰4am-4pm Mon & Tue, 4.30am-8pm Wed-Sun; ❄) A favourite with early risers and dock workers, this friendly cafe serves up smashed avo with poached eggs, brekkie burritos, kebabs, grilled red emperor and chips, and other tasty fare. Good coffee and smoothies too.

🛏 Discovery Holiday
Caravan Park   Caravan Park $

(☎08-9173 1271; www.discoveryholidayparks.com.au; cnr Athol & Taylor Sts; camping per site $38, backpacker r $59-89, unit r $119-169; 🅿❄🛜♿) At the town's eastern end, this caravan park offers lots of cabin options, backpacker rooms (with shared kitchen and bathroom) and well-maintained amenities. There's a nice view over the mangroves.

Broome ⓭

✖ Good Cartel   Cafe $$

(☎0499 335 949; 3 Weld St; breakfast $7-25, burgers $12.50-20; ⏰5am-2pm; 🛜♿🐕) The hippest place in town to grab a great coffee, healthy juice and Mexican-themed brekkies. Locals queue for their fabled lunchtime burgers. Follow the line of cars behind the **Twin Cinema** (☎08-9192 3199; www.broomemovies.com.au; 3 Weld St; adult/child/family $17.50/12.50/55; ⏰10am-midnight or end of last movie; 🐕) in the business park. Doggies more than welcome as the cafe is active in rehabilitating strays. Find it on Facebook (search for Good Cartel Broome).

✖ Aarli   Tapas $$

(☎08-9192 5529; www.theaarli.com.au; 6 Hamersley St, enter via Frederick St; share plates $14-22, mains $20-38, breakfast $13-21; ⏰8am-late; ♿) Ask any Broome local where they love eating and most will say the Aarli, with its wonderful outdoor relaxed dining and the share plates that Broome does so well. Drop in for some quick tapas (Med–Asian fusion) or a main meal, or while away the afternoon working through the excellent wine list. Also open for breakfast (8am to noon).

🛏 Tarangau
Caravan Park   Caravan Park $

(☎08-9193 5084; www.tarangaucaravanpark.com; 16 Millington Rd, Cable Beach; unpowered/powered sites $40/50; ⏰ office 8.30am-5pm; 🅿🐕) A quieter alternative to the often noisy Cable Beach caravan parks, Tarangau has pleasant, grassy sites 1km from the beach.

🛏 Beaches of Broome   Hostel $

(☎1300 881 031; www.beachesofbroome.com.au; 4 Sanctuary Rd, Cable Beach; dm $32-45, motel d without/with bathroom $145/185; 🅿❄@🛜♿) More resort than hostel, its spotless, air-conditioned rooms are complemented by shady common areas, a poolside bar and a modern self-catering kitchen. Dorms come in a variety of sizes (and include female-only rooms) and the motel rooms are beautifully appointed. Both the continental breakfast and wi-fi are free. Scooter and bike hire available.

STRETCH YOUR LEGS
PERTH

Start/Finish: Art Gallery of Western Australia

Distance: 4.5km

Duration: 3 hours

Australia's sunny western capital, Perth spreads over sandy Wadjuk country between the Swan River and the Indian Ocean. A distinguished arts heritage and fine old buildings marry into fabulous places to eat and drink, and the water is never far away.

Take this walk on Trips

Art Gallery of Western Australia

Kick off at the **Art Gallery of Western Australia** (☎08-9492 6622; www.artgallery.wa.gov.au; Perth Cultural Centre; ◷10am-5pm Wed-Mon) at the Perth Cultural Centre, in Northbridge. Founded in 1895, this excellent gallery houses the state's preeminent art collection, including important post-WWII works by Australian luminaries such as Arthur Boyd, Albert Tucker, Grace Cossington Smith, Russell Drysdale, Arthur Streeton and Sidney Nolan. The gallery's Indigenous galleries are also very well regarded. Check the website for info on free tours running most days at 11am and 1pm.

The Walk » It couldn't be easier getting to your next stop: the Perth Institute of Contemporary Arts is in the same complex at the Perth Cultural Centre, just a few hundred metres northwest.

Perth Institute of Contemporary Arts

The **Perth Institute of Contemporary Arts** (PICA; ☎08-9228 6300; www.pica.org.au; Perth Cultural Centre; ◷10am-5pm Tue-Sun), known as PICA (pee-kah), may look traditional – it's housed in an 1896 red-brick former school – but inside it's one of Australia's principal platforms for contemporary art, including installations, performance, sculpture and video. PICA promotes new and experimental art, and it exhibits graduate works annually. From 10am Tuesday to Sunday, the PICA Bar is a top spot for a coffee or cocktail, and has occasional live music.

The Walk » Jag southeast and cruise along James St: the next stop is not far along on your left, on the corner of Beaufort St. Is it open yet?

New Museum for Western Australia

Perth's superb **museum** (☎08-6552 7800; www.museum.wa.gov.au; Perth Cultural Centre; ◷9.30am-5pm) underwent a *huge* renovation, and is due to reopen in 2020, rebranded as the New Museum for Western Australia, a cultural, scientific

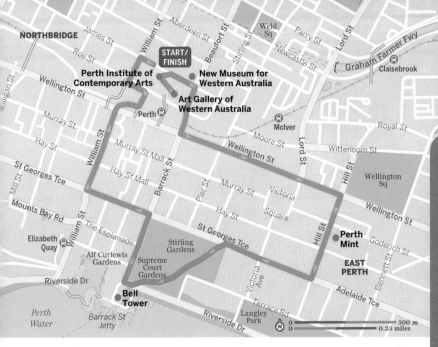

NORTHBRIDGE

James St

Roe St

Wellington St

Aberdeen St

William St

START/ FINISH

Beaufort St

Stirling St

Weld Sq

Parry St

Newcastle St

Lord St

Graham Farmer Fwy

Claisebrook

Perth Institute of Contemporary Arts

New Museum for Western Australia

Art Gallery of Western Australia

Murray St

Hay St

St Georges Tce

Mounts Bay Rd

The Esplanade

Mulligan St

Perth

William St

Murray St Mall

Hay St Mall

Barrack St

McIver

Moore St

Wellington St

Lord St

Pier St

Murray St

Hay St

St Georges Tce

Victoria

Square

Royal St

Wittenoom St

Wellington Sq

Hill St

Wellington St

Elizabeth Quay

William St

Alf Curlewis Gardens

Supreme Court Gardens

Riverside Dr

Bell Tower

Barrack St Jetty

Stirling Gardens

Perth Water

Victoria Ave

Langley Park

Terrace Rd

Riverside Dr

Perth Mint

Goderich St

Bennett St

EAST PERTH

Adelaide Tce

0 — 500 m
0 — 0.25 miles

and architectural tour de force. The most pressing question: will Megamouth, a curious-looking species of shark with a soft, rounded head, make a reappearance? Only about 50 of these benign creatures have ever been found; the museum's specimen beached itself in 1988 near Mandurah, south of Perth.

The Walk ›› If the New Museum is open, enjoy! If it's still under wraps, take Beaufort St southwest, turn left onto Wellington St, then right onto Hill St. The Perth Mint is on your left.

Perth Mint

Dating from 1899, the compelling **Perth Mint** (☑08-9421 7222; www.perthmint.com. au; 310 Hay St; adult/child $19/8; ⏱9am-5pm) displays a collection of coins, nuggets and gold bars. You can caress bullion worth over $700,000, mint your own coins and watch gold pours (on the half-hour, from 9.30am to 3.30pm). The Mint's Gold Exhibition features a massive, Guinness World Record holding 1 tonne gold coin, worth a staggering $60 million (...no, you can't touch it).

The Walk ›› From the Mint, take Hill St south and then the second right along St Georges Tce. Beyond Government House on your left, cross Stirling Gardens and trundle lawfully past the Supreme Court to the Bell Tower, south of Riverside Dr.

Bell Tower

The pointy glass spire known as **Bell Tower** (☑08-6210 0444; www.thebelltower. com.au; Barrack Sq; adult/child $18/9 incl bell-tower chiming experience; ⏱10am-4pm, ringing noon-1pm Mon, Thu & Sun) is fronted by copper sails and contains the royal bells of London's St Martin's-in-the-Fields church, the oldest of which dates to 1550. They were given to WA by the British government in 1988, and are the only set known to have left England. Clamber to the top for 360-degree views of Perth by the river – amazing!

The Walk ›› To return to where you started, walk up Barrack St, turn left on St Georges Tce, then right on William St. Cross the railway tracks then turn right onto James St. William St has cafes if you need to refuel.

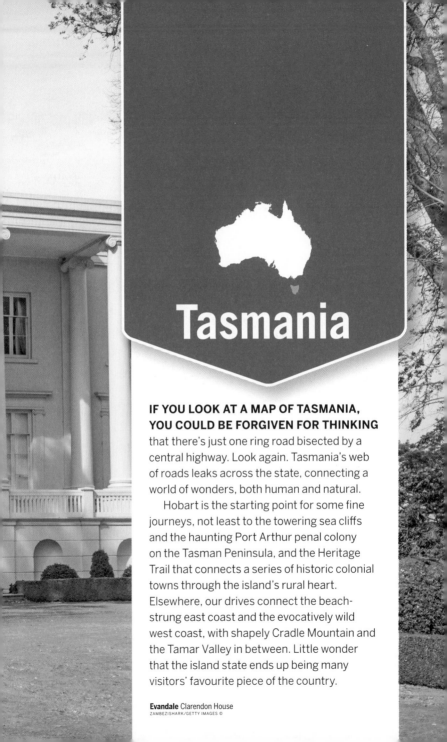

Tasmania

IF YOU LOOK AT A MAP OF TASMANIA, YOU COULD BE FORGIVEN FOR THINKING that there's just one ring road bisected by a central highway. Look again. Tasmania's web of roads leaks across the state, connecting a world of wonders, both human and natural.

Hobart is the starting point for some fine journeys, not least to the towering sea cliffs and the haunting Port Arthur penal colony on the Tasman Peninsula, and the Heritage Trail that connects a series of historic colonial towns through the island's rural heart. Elsewhere, our drives connect the beach-strung east coast and the evocatively wild west coast, with shapely Cradle Mountain and the Tamar Valley in between. Little wonder that the island state ends up being many visitors' favourite piece of the country.

Evandale Clarendon House
ZAMBEZISHARK/GETTY IMAGES ©

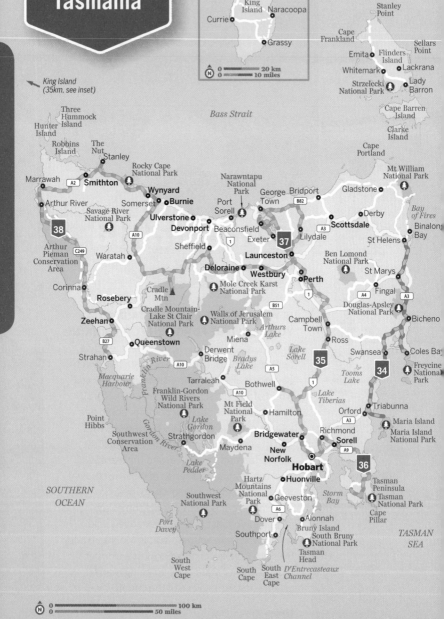

Tasmania

King Island

Yambacoona

King Island

Currie

Naracoopa

Grassy

0 20 km
0 10 miles

Stanley Point

Cape Frankland

Sellars Point

Emita Flinders Island

Whitemark Lackrana

Strzelecki National Park

Lady Barron

King Island (35km, see inset)

Three Hummock Island

Hunter Island

Robbins Island

The Nut

Stanley

Rocky Cape National Park

Cape Barren Island

Clarke Island

Cape Portland

Mt William National Park

Bass Strait

Marrawah

Smithton

Wynyard

Narawntapu National Park

Bridport

Gladstone

Arthur River

Somerset

Burnie

Port Sorell

George Town

B882

Derby

Bay of Fires

Savage River National Park

Ulverstone

Devonport

Beaconsfield

Exeter

A3 Scottsdale

Lilydale

St Helens

Binalon Bay

Sheffield

37

Deloraine

Launceston

Westbury

Perth

Ben Lomond National Park

St Marys

Fingal

A4

Douglas-Apsley National Park

A3

Bicheno

Arthur Pieman Conservation Area

C249

Waratah

38

Cradle Mtn

Mole Creek Karst National Park

B51

Rosebery

Cradle Mountain-Lake St Clair National Park

Walls of Jerusalem National Park

Arthurs Lake

Campbell Town

Corinna

Zeehan

Queenstown

Strahan

Macquarie Harbour

A10

Franklin River

Derwent Bridge

Bradys Lake

A5

Lake Sorell

Ross

Lake Echo

Tooms Lake

35

Swansea

34

Coles Bay

Freycinet National Park

Tarraleah

Bothwell

1

Franklin-Gordon Wild Rivers National Park

A10

Mt Field National Park

Hamilton

Lake Tiberias

Triabunna

Point Hibbs

Gordon River

Lake Gordon

Strathgordon

Maydena

Bridgewater

New Norfolk

Richmond

Sorell

A9

Orford

A3

Maria Island

Maria Island National Park

Southwest Conservation Area

Lake Pedder

Hobart

Huonville

36

Southern Ocean

Hartz Mountains National Park

Geeveston

A6

Storm Bay

Tasman Peninsula

Tasman National Park

Cape Pillar

Port Davey

Southwest National Park

Dover

Alonnah

Bruny Island

South Bruny National Park

Tasman Sea

Southport

South East Cape

Tasman Head

D'Entrecasteaux Channel

South West Cape

South Cape

0 100 km
0 50 miles

Tarkine Rainforest Pieman River

 East Coast Tasmania 3-5 Days
34 Wildlife and beautiful coastal scenery are the twin drawcards of this east-coast journey.

35 **Heritage Trail 3 Days**
This short drive stops regularly in some of Australia's best-preserved towns.

36 **Tasman Peninsula 3-4 Days**
The incredible sea cliffs of the southeast and poignant Port Arthur – the rest is just window dressing.

37 **Tamar Valley Gourmet Trail 4-5 Days**
Wines, berry farms and even penguins make this a fine escape from Launceston.

38 **Western Wilds 14 Days**
The rainforests of the far west make for a fine dirt-road adventure, with Cradle Mountain thrown in.

 DON'T MISS

Wineglass Bay
Walk up to the Wineglass Bay Lookout and marvel at nature's perfection. 34

Evandale
This heritage-listed town is a model of 19th-century Australia. 35

Port Arthur
Sombre Port Arthur penitentiary is Tasmania's premier historic site. 36

Pipers River
This respected wine region is far enough from the Tamar Valley for many travellers to miss it. 37

Corinna
A fabulous rainforest immersion experience, yet many Taswegians don't even know it exists. 38

Classic Trip

East Coast Tasmania

34

Tasmania's east coast is the colourful jewel in the island's crown, a beguiling marriage of calendar-perfect coastline, laid-back seaside towns and some of the best wildlife-watching anywhere in Australia.

TRIP HIGHLIGHTS

St Helens ● **START**

Chain of Lagoons

70 km ─────── 3

Bicheno
Dramatic landforms, penguins and walking on water

Swansea ● 4 ─────── **105 km**

Coles Bay
Enjoy views over idyllic Wineglass Bay

Orford ●
FINISH 7 ─────── **226 km**

Maria Island
No cars but wildlife at every turn

3–5 DAYS
226KM / 140 MILES

GREAT FOR...

BEST TIME TO GO

October to April; from February, the sea is at its warmest.

ESSENTIAL PHOTO

Wineglass Bay from its lookout or atop Mt Amos.

BEST FOR OUTDOORS

Maria Island's curious cliffs and peaks.

Wineglass Bay Sandy beaches and deep-blue seas

Classic Trip

34 East Coast Tasmania

This journey along the Tasman Hwy's coastal fringe takes in two of Tasmania's most striking natural attractions – perfectly curvaceous Wineglass Bay (arguably Tasmania's most famous image) and wildlife-rich Maria Island. A detour to the vibrant Bay of Fires, blowholes and gulches at Bicheno, and a happy handful of wineries as you approach Swansea all add up to Tasmania at its pretty best.

① St Helens

On the broad, protected sweep of Georges Bay, St Helens has always made the best of what it has. it was born as a whaling and sealing settlement in the 1830s, and soon learned to harvest the local black swan population for its downy underfeathers. Today, this town suitably named after a ship, is Tasmania's ocean-fishing capital, both for amateur anglers and the state's largest fishing fleet. Charter boats will take you out to where the big game fish play – try **Gone Fishing Charters** (☏03-6376 1553; www.breamfishing.com.au; per person for 1/2/3/4 people $200/125/100/85). For nonanglers, the beaches

of the Bay of Fires are near at hand, as are the world-class mountain-bike tracks at Derby.

The Drive » The Tasman Hwy leaves St Helens tight against the shores of Georges Bay before briefly turning inland. By the time you hit Scamander (22km from St Helens), however, your wheels will be almost back in the water. South of Scamander, join the A4 and climb over St Marys Pass to St Marys, 17km from Scamander.

② St Marys

Set back from, and 300m above, the coast, St Marys is an unhurried little village encircled by forests and farms. Visit for the small-town vibes and the craggy heights around town, which you can climb for

memorable views over the area. The top of **South Sister** (832m), towering over German Town Rd 6km north of town, is a 10-minute walk from the car park. To get to **St Patricks Head** (683m), turn down Irishtown Rd, just east of town. This steep, 1½-hour (one way) climb, with some cables and a ladder, is a real challenge, but at the top there's a stellar vista along the coast.

The Drive » The A4 searches for the sea for 17km as it turns back east, crossing Elephant Pass (and passing an unexpected pancake cafe). Rejoining the Tasman Hwy at Chain of Lagoons, it's a game of hide and seek with the sea for 27km into Bicheno – when you can see the coast, Bicheno is usually in the frame up ahead.

TRIP HIGHLIGHT

③ Bicheno

Despite having beaches and ocean colours worthy of framing, Bicheno (bish-uh-no) is very much a functioning fishing port – with a holiday habit. It's madly popular with holidaymakers, with brilliant ocean views and lovely beaches, but it retains an appealing lack of polish. Off the northern end of Redbill Beach, **Diamond Island** is a photogenic granite outcrop, connected to the mainland via a short, semi-submerged, sandy isthmus, which you can wade across at low tide. A foreshore walkway winds along the town's coast, ending beside a rare **blowhole** (off Esplanade). To get out on the water, try

LINK YOUR TRIP

36 Tasman Peninsula

From where this classic East Coast Tasmania trip ends, at Orford, it's just 55km southwest to Sorell to join the Tasman Peninsula drive.

38 Western Wilds

This drive is 620km from Strahan to Launceston, which is 160km along the Tasman Hwy from St Helens, the East Coast trip's starting point.

Classic Trip

Bicheno's Glass Bottom Boat ([☎]0407 812 217, 03-6375 1294; www.bichenoglass bottomboat.com; The Gulch, Esplanade; adult/child $25/10; [⏱]10am, noon & 2pm late Sep–early May), which will give you the sea's equivalent of an aerial view. Bicheno is one of the top spots in Tasmania to see penguins – take a dusk tour with **Bicheno Penguin Tours** ([☎]03-6375 1333; www.bichen openguintours.com.au; 70 Burgess St; adult/child $40/20; [⏱]booking office 9am-5pm).

 p395

The Drive 》 The coast is shy here – there's nary a sight of it for the first 12km before you turn onto the C302, which heads south onto Freycinet Peninsula. Look for the waters of Moulting Lagoon to your right – its surface will likely be covered in black swans. When the Hazards mountains bubble up into view ahead, you'll know that Coles Bay is near.

- - - - - - - - - - - - - - -

TRIP HIGHLIGHT

④ Coles Bay

Touching shoulders with Freycinet National Park, Coles Bay township has been a holiday town for generations and yet it remains remarkably low key – a couple of stores, a restaurant, a caravan park, a tavern – for a town that sits on the cusp of arguably Tasmania's most famous natural feature: Wineglass Bay.

Freycinet Adventures ([☎]03-6257 0500; www. freycinetadventures.com.au; 2 Freycinet Dr, Coles Bay; adult/child $105/95; [♿]) offers three-hour kayaking outings on the sheltered waters of Coles Bay, while **Wineglass Bay Cruises** ([☎]03-6257 0355; www.wineglassbaycruises. com; Esplanade, Coles Bay; adult/child $150/95; [⏱]10am Sep-May, 10am Tue, Thu & Sat Jun & Jul, 10am Tue & Thu Aug) runs sedate, four-hour cruises from Coles Bay to Wineglass Bay. The boat chugs around the southern end of the peninsula, passing Hazards

---

DETOUR: BAY OF FIRES

Start: ① St Helens

The Bay of Fires is a 29km-long sweep of powder-white sand and crystal-clear seas that's been called one of the most beautiful beaches in the world. To refer to the Bay of Fires as a single beach, though, is a mistake: it's actually a string of superb beaches, punctuated by lagoons and rocky headlands, all backed by coastal heath and bush.

Curling around a sheltered sandy inlet 11km north of St Helens, gorgeous Binalong Bay (reached along the sealed C850) is the only permanent settlement in the Bay of Fires and the start of the 10km drive to the Gardens area on the C848. This road rolls through the bush, but is stitched with side roads that dart down to various little beaches – Jeanerette Beach, Swimcart Beach, Cosy Corner – and the enticing camp sites behind them. From just past Sloop Reef it's ocean views all the way to the garden-free Gardens, where there are some phenomenally beautiful beaches and headlands – you could easily spend hours poking about here.

The bay's northern end is reached along the gravel C843, which leads to **Ansons Bay** and then **Mt William National Park** ([☎]03-6387 5510; www.parks.tas.gov.au; day pass per vehicle/person $24/12, camping from $13). Lighthouse-tipped **Eddystone Point**, just north of Ansons Bay, within Mt William National Park, marks the Bay of Fires' northern extremity. It's about an hour's drive from St Helens.

Beach and Schouten Island en route. You're likely to see dolphins, sea eagles, seals and perhaps even migrating whales in the right season (around May to November).

 p395

The Drive » Return 27km back up the road to the A3, then turn left. There are good long-range views of Freycinet as the road climbs past Devil's Corner Winery cellar door; from here the liquid in the view is mostly wine as the highway cuts through a cluster of vineyards around Cranbrook.

---

5 Swansea

Unhurried Swansea graces the western shore of sheltered Great Oyster Bay, with sweeping views across the water to the peaks of the Freycinet Peninsula. Founded in 1820 as Great Swanport, Swansea also delivers some interesting historic buildings and an engaging little **museum** (☎03-6256 5066; www.eastcoast heritage.org.au; 22 Franklin St; gold coin donation; ☉10am-4pm) that covers the plight of the Tasmanian tiger (including a tiger trap from the late 19th century) and features eggs from the now-extinct Tasmanian emu. South of town, the rather amazing **Spiky Bridge** (Tasman Hwy), built by convicts in the early 1840s using thousands of local field stones, is a compulsory stop. Nearby **Kelvedon**

DETOUR: FREYCINET NATIONAL PARK

Start: 4 Coles Bay

The sublime **Freycinet National Park** (☎03-6256 7000; www.parks.tas.gov.au; via Coles Bay; park day pass per vehicle/person $24/12) is the reason everyone is here: a wild domain of sugar-white beaches and gin-clear water. The park's big-ticket sight is the gorgeous goblet of **Wineglass Bay**, and the climb to the lookout above the beach (one to 1½ hours return) is deservedly one of Tasmania's most popular walks. If you want to hear the beach squeak beneath your feet, however, you're in for a longer walk. The steep descent from the lookout to the bay takes another 30 minutes, making the out-and-back trip from the car park 2½ to three hours. Alternatively, the 500m wheelchair-friendly boardwalk at **Cape Tourville** affords sweeping coastal panoramas and a less-strenuous glimpse into Wineglass Bay.

Beach and **Cressy Beach** have deep golden sand and rarely a footprint. The **Loon.tite.ter.mair.re.le.hoin.er walk** skirts the headland between Waterloo Beach and the Esplanade, passing a muttonbird (short-tailed shearwater) rookery. During breeding season (September to April) the adult birds return at dusk after feeding at sea.

 p395

The Drive » The Tasman Hwy's best views live here. Once you pass Spiky Bridge, 7km from Swansea, it's eye-popping coastline as the road skims past Kelvedon Beach (with Tasmania's most photogenic – albeit collapsing – old boat shed) and up and over Rocky Hills, before it retreats again from the coast; Triabunna is 50km from Swansea.

---

6 Triabunna

Triabunna sits on an inlet of Spring Bay and shelters a small cray- and scallop-fishing fleet. There's a shambling old waterside pub here, but not much else of interest to visitors...other than the fact that it's the jumping-off point for magical Maria Island. **East Coast Cruises** (☎03-6257 1300; www.eastcoastcruises. com.au; adult/child/family $225/90/545; ☉Oct-May, Fri-Sun only Oct & May) runs full-day eco-tours to the island, visiting its Painted Cliffs, Fossil Cliffs and the old convict settlement at Darlington before either heading to the Ile des Phoques seal colony or circumnavigating the island. Otherwise, take

KEVIN WELLS PHOTOGRAPHY/SHUTTERSTOCK ©

POSNOV/GETTY IMAGES© ©

WHY THIS IS A CLASSIC TRIP
ANDREW BAIN, WRITER

If Tasmania's east coast had the water temperature and weather to match, it'd bankrupt half the tropical paradises on earth. Wineglass Bay is a curvy natural supermodel, the Bay of Fires dazzles with colour, and Maria Island brings together World Heritage–listed convict history, extraordinary contrasting cliffs and a meeting with crowds of wombats...and, most likely, a Tasmanian devil or two.

Above: Bay of Fires National Park
Left: Wombat, Maria Island
Right: Blowhole, Bicheno

the **Encounter Maria Island** (☎03-6256 4772; www.encountermaria.com.au; Charles St, Triabunna; return incl national park entry adult/child $50/33, per bicycle/kayak $10/20; ⊙9am, 10.30am, noon, 2.45pm & 4.15pm Sep-Apr, 10.30am, noon & 2.45pm Wed & Fri-Mon May-Aug) ferry.

The Drive » The only driving you need do on this section is to Triabunna's wharf. The passenger ferry will 'drive' the rest of the way, across Mercury Passage to Maria Island.

`TRIP HIGHLIGHT`

❼ Maria Island

Captivating Maria Island (ma-rye-ah), with its jagged peaks and string-thin isthmus, is a carefree, car-free haven, laced with impressive scenery: curious cliffs, fern-draped forests, squeaky sand beaches and azure seas. Forester kangaroos, wombats, Cape Barren geese and wallabies stroll around the World Heritage–listed convict settlement at **Darlington** (☎03-6257 1420; www.parks.tas.gov.au; park day pass per person $12). An insurance population of Tasmanian devils has been released and is thriving – more than 100 devils at last count. The island's unsealed roads are the domain of walkers and cyclists (bring your own bike, or hire one from the ferry operator) and there's also lots to see below the water, with good

Classic Trip

snorkelling and diving in the clear, shallow marine reserve. It all adds up to one of our favourite places in Tasmania. Just note that the island doesn't have any shops: BYO food and gear.

🛏 p395

The Drive ›› It's a short hop of just 7km from Triabunna to Orford, where the Tasman Hwy bids adieu to the coast. As you roll towards town over Sheas Creek, there are great views of Maria Island rising like a castle from the water.

 Orford

Orford was once a port for the east-coast whaling fleet and the convict settlement on Maria Island. These days it's a holiday hamlet where Hobartians have their seaside 'shacks' and spend summer holidays on the sand. The Prosser River flows through **Paradise Gorge** as it heads towards the town, and is often mirror-calm with perfect reflections. On the north side of the river is a convict-built road that once ran all the way to Hobart; it's now a riverside walking track. Another coastal track (5km) leads from Raspins Beach, along Shelly Beach, around the Luther Point cliffs and onto photogenic **Spring Beach**, which has improbably clear water and, if the surf gods are smiling, decent waves. The track passes a convict-era quarry that coughed out sandstone for buildings in Hobart and Melbourne.

EAST COAST WINERIES

Along the Tasman Hwy, around Cranbrook and Swansea, you'll encounter a string of terrific wineries where the producers are making the most of sunny east-coast days and cool nights.

Freycinet Vineyard (📞03-6257 8574; www.freycinetvineyard.com.au; 15919 Tasman Hwy, Apslawn; ⏱10am-5pm) The Bull family has been growing grapes beneath the east-coast sun since 1980 – it was the first vineyard on the coast. The vibe at the cellar door is agricultural, not flashy – we like it! Super sauvignon blanc.

Devil's Corner (📞03-6257 8881; www.devilscorner.com.au; 1 Sherbourne Rd, Apslawn; ⏱10am-5pm) Wine with a widescreen view at this cutting-edge cellar door (Eyesore or delight? You decide.) overlooking Moulting Lagoon and the Hazards mountains on Freycinet Peninsula, complete with jaunty lookout tower.

Gala Estate Vineyard (📞03-6257 8641; www.galaestate.com.au; 14891 Tasman Hwy, Cranbrook; ⏱10am-4pm Sep-May) Enjoy a red in retroville in this funky pistachio-coloured cellar door – once a post office – right on the main road through Cranbrook.

Spring Vale Wines (📞03-6257 8208; www.springvalewines.com; 130 Spring Vale Rd, Cranbrook; ⏱11am-4pm) Down a long driveway in Cranbrook this winery is on land owned by the same family since 1875. The cellar door is housed in a convict-built 1842 stable. Don't miss the pinot gris.

Milton Vineyard (📞03-6257 8298; www.miltonvineyard.com.au; 14635 Tasman Hwy; ⏱10am-5pm) Worth a stop alone for the bizarre twin trees at the entrance – a eucalyptus and macrocarpa seemingly growing out of the same trunk. Tastings are in an elegant, white weatherboard pavilion presiding over the vines.

Eating & Sleeping

Bicheno ③

✗ Lobster Shack · Seafood $$

(☎03-6375 1588; www.lobstershacktasmania.
com.au; 40 Esplanade; fish & chips $12-20,
half-lobster from $65; ◷10am-7pm) Sit on the
outside deck of this waterside shack and you'll
think you're at the railings of a ship. The lobster
comes myriad ways – baked, grilled, inside
rolls – and there's a host of other briny bites,
including oysters and chowder. Head upstairs for
a wide Gulch view and a tankful of live lobsters.

⌂ Beach Path House · Rental House $$$

(☎03-6375 1400; www.beachpathhouse.com.au;
2 Gordon St; house $225-420; ❄) Painted cream
and navy, this midcentury beach shack has been
reborn as a contemporary holiday house, with
three bedrooms, an open fire and a little deck
from where you can peer out over Diamond
Island. A couple of old cray pots are strewn about
for good nautical measure. Sleeps up to eight.
Prices change dramatically with the seasons.

Coles Bay ④

✗ Freycinet Marine Farm · Seafood $$

(☎03-6257 0140; www.freycinetmarinefarm.
com; 1784 Coles Bay Rd, Coles Bay; plates $20-
30, 12 oysters $22-25; ◷9am-5pm Sep-May,
10am-4pm Jun-Aug) Superpopular Freycinet
Marine Farm grows huge, succulent oysters in
the waters around Coles Bay, while its farm-gate
cafe also dishes up fish and chips, mussels,
scallops and abalone. Sit on the deck, sip some
chardonnay and dig into your seafood picnic, as
fresh as the Freycinet air. **Tours** (☎0444 519
288; www.oysterbaytours.com; Freycinet Marine
Farm, 1784 Coles Bay Rd; $80; ◷10am & 1pm) of
the oyster farm run daily.

⌂ Friendly Beaches Camp Site · Campground $

(Friendly Beaches Rd, Freycinet National Park;
campsite for 2/family $13/16, extra adult/child
$5/2.50) National park campground with 17
sites, pit toilets and an abundance of wallabies,
strung through the coastal scrub behind the
wild Friendly Beaches.

Swansea ⑤

✗ Melshell Oyster Shack · Seafood $$

(☎0428 570 334, 03-6257 0269; www.melshell
oysters.com.au; 9 Yellow Sandbanks Rd, Dolphin
Sands; 12 oysters unshucked/shucked from
$15/20; ◷10am-4pm) On the Dolphin Sands
sand spit, about 16km from Swansea (and well
signposted from the highway north of town),
Melshell is a quirky caravan on a working oyster
farm. Grab your dozen and head for the seats
atop the dunes overlooking Melshell's leases in
the Swan River. It has glasses if you BYO wine.

⌂ Schouten House · B&B $$

(☎03-6257 8564; www.schoutenhouse.com.
au; 1 Waterloo Rd; d incl breakfast $160-200; ☎)
This brick-and-sandstone 1844 mansion was
built by convicts, and was the centre of 'Great
Swanport' before the action shifted a little
further north. Decorated in frill-free Georgian
style, its rooms now house 19th-century half-
tester beds and other antiques. The attentive
owners offer a large breakfast menu that
includes a vegan ratatouille, bacon butties and
great pancakes.

Maria Island ⑦

⌂ Darlington Camp Site · Campground $

(☎03-6257 1420; www.parks.tas.gov.au;
Darlington; unpowered sites s/d/f $7/13/16)
Grassy unpowered sites behind the dunes of
Darlington beach. The camp shelter has gas
barbecues and a fireplace, and there are toilets
and showers ($1). Expect more wallabies and
wombats (and likely a Tasmanian devil or two)
than humans as neighbours. National park fees
apply. Fees are payable at the island visitor
centre; no bookings.

Heritage Trail

This journey from south to north connects Tasmania's two largest cities and cuts a swathe through the rural landscape and historic towns of the island's heartland.

35

TRIP HIGHLIGHTS

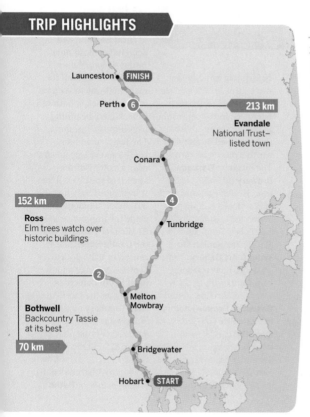

Launceston • **FINISH**

Perth • **6**

213 km

Evandale
National Trust–
listed town

Conara •

152 km

4

Ross
Elm trees watch over
historic buildings

• Tunbridge

2

• Melton
Mowbray

Bothwell
Backcountry Tassie
at its best

70 km

• Bridgewater

Hobart • **START**

3 DAYS
257KM / 160 MILES

GREAT FOR...

BEST TIME TO GO

Good all year, but
at its finest from
October to April.

 **ESSENTIAL
PHOTO**

Autumn's golden glow
along the elm trees on
Church St in Ross.

 **BEST FOR
HISTORY**

Ratho Farm in Bothwell
was Australia's first
golf course.

35 Heritage Trail

The Hobart-to-Launceston route may lack the epic mountain or coastal drama of many Tasmanian drives, but it more than compensates with its open-air galleries of colonial-era architecture. The town names, building facades and landscapes (depending on season and colours) resemble a jaunt through the rolling farmlands of southern England. The direct route is straight up the Midland Hwy, but meander a little and discover the best of historic Tasmania.

1 Hobart

Pinched between towering **kunanyi/Mt Wellington** (www.wellingtonpark.org.au; Pinnacle Rd, via Fern Tree) and the broad Derwent River estuary, Hobart is a city ruled by nature. From the restaurants and bars of North Hobart to the buzz and commerce of sandstone Salamanca Place, with historic Battery Point beyond, the city will rapidly absorb a few days of your visit. The city and docks area are easily navigable on foot, while the world-class **MONA** (Museum of Old & New Art; ☎03-6277 9900; www.mona.net.au; 655 Main Rd, Berriedale; adult/child $28/free, Tasmanian residents free;

⊙10am-6pm Jan, 10am-6pm Wed-Mon Feb-Apr & Dec, to 5pm Wed-Mon May-Nov) museum, burrowed into a peninsula in the northern suburbs (best reached by ferry), is worth a day on its own. The excellent **Cascade Brewery** (☎03-6212 7801; www.cascadebrewery.com.au; 140 Cascade Rd, South Hobart; brewery tour adult/child 16-18yr $30/15, Beer School adult/child $15/10), **Tasmanian Museum & Art Gallery** (TMAG; ☎03-6165 7000; www.tmag.tas.gov.au; Dunn Pl; ⊙10am-4pm, closed Mon Apr-Dec) and **Cascades Female Factory Historic Site** (☎03-6233 6656, 1800 139 478; www.femalefactory.org.au; 16 Degraves St, South Hobart; adult/child/family $8/5/20, Heritage Tour $18/12/45;

⊙9.30am-4pm, tours 10am, 11am, 1pm, 2pm & 3pm) also vie for your attention.

✕ 🍽 p403; p413

**The Drive ›› ** Head north out of Hobart on the Brooker Hwy, following signs for Launceston and passing MONA after about 10km. Cross the Bridgewater Bridge 21km north of Hobart, passing between crowds of swans, and stay on the Midland Hwy to Melton Mowbray, 35km north of the bridge. Turn left onto the A5 here, crossing a rolling rural landscape to Bothwell (21km).

TRIP HIGHLIGHT

2 Bothwell

The journey's first echoes of rural England and Scotland come at quiet Bothwell (population 485). Far enough off the main highway to keep visitors to a trickle, Bothwell is becalmed, beguiling, backcountry Tasmania. The town encircles a traditional village green near a slow-roaming stretch of the Clyde River. It has some lovely historic buildings: standouts include the impressive 1891 **St Michael's Church**, and the **Castle Hotel**, first licensed in 1829. Bothwell's Scottish heritage makes itself felt in numerous ways, from the excellent **Nant Distillery** (☎03-6111 6110; www.nant.com.au; 254 Nant Lane; tours with/without tastings $35/15, tastings $25; ⊙10am-4pm, closed Tue & Wed Jun-Aug) to Australia's oldest golf course at **Ratho**

Farm (📞03-6259 5553, 0497 644 916; www.rathofarm. com; 2122 Highland Lakes Rd, Bothwell; 9/18 holes $25/40, club/trolley hire $10/5; ⏰8am–dusk). If you've been drawn here by the golf, there's also the **Australasian Golf Museum** (📞03-6259 4033; www.ausgolfmuseum. com; Market Pl; adult/child/family $5/1/10; ⏰10am-4pm Sep-May, 11am-3pm Jun-Aug) beside the village green. In case you missed the wee hints, Bothwell's street signs have a winning tartan motif.

The Drive » Return to Melton Mowbray (21km) and turn left onto the Midland Hwy. The highway tracks northeast, climbing over Spring Hill – at 488m, the highest point along the highway – and cuts through wide-open farmland to Oatlands, set just off the road, 28km from Melton Mowbray.

LINK YOUR TRIP

36 Tasman Peninsula

A 125km foray southeast from Hobart towards Port Arthur and the amazing sea cliffs of this hook-shaped peninsula dangling off Tasmania's southeastern edge.

37 Tamar Valley Gourmet Trail

From Launceston, a 186km loop weaves through the wineries, berry farms and wildlife-rich corners of the Tamar Valley.

3 Oatlands

A small town built on a grand scale, Oatlands contains Australia's largest single collection of Georgian architecture. On the stately main street alone there are 87 historic buildings, and the whole place feels like a cross between a picture-perfect film set and a stately English country town. First conceived in 1821 as one of four military posts on the Hobart–George Town road, the town reflects the grand plans of its early settlers: in 1832 an optimistic town surveyor marked out 80km of streets, on the assumption Oatlands would become the Midlands' capital. In the 1830s, settlers began erecting solid buildings with the help of former convicts and soldiers who were skilled carpenters and stonemasons, but with the architecture in place, Oatlands settled back into quiet obscurity and thus it blissfully remains. Don't miss the impressive restored **Callington Mill** (03-6254 5000; www.callingtonmill.com.au; 1 Mill Lane; grounds 9am-5pm), though you can no longer go inside.

p403

**The Drive ›› ** Follow Oatlands' main street north to rejoin the Midland Hwy, which climbs immediately over heavenly sounding St Peters Pass. From here it's a rather flat, agrarian

28km dash north to the Ross turnoff. At about Tunbridge you cross the unseen beer line – once upon a time, only Cascade beer was drunk south of here, and only Boag's to the north.

TRIP HIGHLIGHT

4 Ross

Immaculate Ross is anything but a bridge too far, sitting just 1km off the Midland Hwy. Founded in 1812 to protect Hobart–Launceston travellers from bushrangers, the town quickly became an important coach-staging post at the centre of Tasmania's burgeoning wool industry; the **Tasmanian Wool Centre** (03-6381 5466; www.taswoolcentre.com.au; 48 Church St; 9.30am-5pm Mon-Fri, 10am-4.30pm Sat & Sun) offers some fascinating insights. The crossroads in the middle of town, known as the **Four Corners of Ross**, could lead your soul in one of four directions: temptation (the pub), salvation (the church), re-creation (the town hall) or damnation (the old jail). Other notable historic edifices include the 1836 **Ross Bridge** (Bridge St), the third-oldest bridge in Australia, and the **Ross Female Factory** (www.parks.tas.gov.au; cnr Bond & Portugal Sts; cottage 9am-5pm, grounds 24hr), once one of Tasmania's five female convict prisons. With a few good eateries

sheltering beneath beautiful elms – spectacular in autumn – Ross makes the perfect overnighter.

p403

**The Drive ›› ** There's barely time to get going once you're back on the main highway – Campbell Town is just 12km north of Ross and the main road trucks right through the centre of town.

---

5 Campbell Town

With more through-traffic than the other Midlands towns, Campbell Town wears its history a little more lightly. Even so, there's no mistaking its heritage: this was another former garrison and convict settlement and has a slew of mid-19th-century buildings on show. Along High St, rows of red bricks set into the footpath detail the crimes, sentences and arrival dates of convicts transported here for misdeeds as various as stealing potatoes, bigamy and murder. Today Campbell Town is ground zero for Tasmania's cattle- and sheep-farming industries (the 'Eliza and Ram' statue opposite Zeps celebrates Eliza Furlong, a local farmer who helped pioneer the introduction of Merino sheep into Australia in the 1830s). It is also a burgeoning book centre, with a pair of good secondhand bookstores along the

Evandale Penny Farthing Championships

main street. The annual **Campbell Town Show** (www.campbelltownshow.com.au; Campbell Town Showgrounds, cnr Church & Glenelg Sts; ☺early Jun), is the oldest country show in Australia (since 1839).

The Drive » Shun the highway sprint by turning off (right) onto the C416, 14km north of Campbell Town. This lightly trafficked road winds through undulating farmland, making a slower and more scenic approach into Evandale. A 7km section of this road is unsealed, but in good condition. Evandale is 60km from Campbell Town.

TRIP HIGHLIGHT

❻ Evandale

The most northerly of Tasmania's historic Midlands towns, Evandale is the prettiest of them all. Stroll along the main street and you'll feel like you've stepped into a period film set (precisely why the entire town is National Trust listed). A few hours spent hanging out in the galleries and cafes here is time well invested. The heritage atmosphere wheels to life each February

when Evandale hosts the **National Penny Farthing Championships** (www.evandalevillagefair.com; ☺Feb). There's also an agreeable Sunday morning market, the usual portfolio of historic churches, and, south of town via Nile Rd, the neoclassical estate **Clarendon** (☎03-6398 6220; www.nationaltrust.org.au/places/clarendon; 234 Clarendon Station Rd, Nile; adult/child $20/free; ☺10am-4pm Thu-Sun Sep-Mar, Thu, Sat & Sun Apr-Jun), which dates to 1838 and looks like it's

401

DETOUR:
BEN LOMOND

Start: ❻ **Evandale**

As you near Evandale, the drive continues north across the flat, rural Midlands, but it's mountains that begin to dominate the scene, with the Great Western Tiers smudging the western horizon and Ben Lomond rising more abruptly to the east. The tallest point on Ben Lomond is the second-highest mountain peak in Tasmania: Legges Tor (1572m).

From Evandale, quiet roads journey around 40km east to the base of the road-climb to Ben Lomond. Here the unsealed C432 (easily managed in a 2WD outside of winter) begins a spectacular 18km ascent towards the sky, climbing first through tall forest and then finally to the most dramatic bit of road in Tasmania: **Jacobs Ladder**. This 1.5km section of dirt road contorts its way up onto the Ben Lomond plateau through a series of hairpins so tight you half-expect the road to snap. Pull over at the top of the 'ladder' and walk the few steps to **Watchtower Lookout**, which peers down over the road, giving you full perspective on its tortuous design.

The C432 ends at the Ben Lomond ski village. About 1km before the village is a walking trail that leads to **Legges Tor**. Taking just one hour (return), it's by far the easiest of Tasmania's high peaks to scale.

stepped straight out of *Gone with the Wind*. Clarendon is also (somewhat incongruously) home to the **Australian Fly Fishing Museum** (🕿03-6398 6220; www.affm.net.au; 234 Clarendon Station Rd, Nile; $4; ⏱10am-4pm Thu-Sun).

The Drive » Beside Evandale's visitor centre, turn right onto the C412, signposted to White Hills. This road dips into the Relbia valley, where the high hedgerows give the land an English look but the vine-covered slopes give it a French flavour. By Josef Chromy Wines, turn right onto Glenwood Rd and follow this into Launceston.

- - - - - - - - - - - - - - - - - -

❼ **Launceston**

Launceston, Tasmania's second-largest city, is a compact, endearing place with a well-preserved

cache of colonial architecture and a progressive foodie culture. The centrepiece of the city is not urban at all – **Cataract Gorge** (www.launceston-cataractgorge.com.au; ⏱24hr) feels a million miles from town even though it's just steps away, with the ice-cold South Esk River pouring between narrow cliffs. Inside the gorge, at First Basin, there's a free outdoor **swimming pool** (open November to March), the world's longest single-span **chairlift** (9am to 5.30pm), huge European trees and sociable peacocks around the sassy **Gorge Restaurant** (🕿03-6331 3330; www.launceston-cataractgorge.com.au; Cataract Gorge; lunch mains $22-46, dinner $38-46; ⏱noon-2.30pm

& 6.30-9pm Tue-Sat, noon-2.30pm Sun). Beer boffins will be equally drawn to a tour of **Boag's Brewery** (🕿03-6332 6300; www.jamesboag.com.au; 39 William St; adult/child $33/15; ⏱tours 11am, 1pm & 3pm), home to the famous range of James Boag's brews. If you're feeling more cerebral, pay a visit to the **Queen Victoria Museum** (QVMAG; 🕿03-6323 3777; www.qvmag.tas.gov.au; 2 Invermay Rd, Inveresk; ⏱10am-4pm, planetarium shows 1pm & 3pm Tue-Fri, 2pm & 3pm Sat; 🖈) and **Queen Victoria Art Gallery** (QVMAG; 🕿03-6323 3777; www.qvmag.tas.gov.au; 2 Wellington St; ⏱10am-4pm Feb-Dec, to 5pm Jan), collectively known as QVMAG.

✖ 🛏 p403; p421

Eating & Sleeping

Hobart

✗ Retro Café
Cafe $$

(✆03-6223 073; 31 Salamanca Pl; mains $11-20; ⏰7.30am-5pm Mon-Fri, 8am-5pm Sat & Sun) So popular it hurts, funky Retro is ground zero for Saturday brunch among the market stalls (or any day, really). Masterful breakfasts, bagels, salads and burgers interweave with laughing staff, chilled-out jazz and the whirr and bang of the coffee machine. A classic Hobart cafe.

✗ Jackman & McRoss
Bakery $

(✆03-6223 3186; 57-59 Hampden Rd, Battery Point; items $4-14, breakfast $6-15; ⏰7am-5pm) Make sure you stop by this enduring Hobart favourite, even if it's just to gawk at the display cabinet full of delectable pies, tarts, baguettes and pastries. Breakfasts involve scrambled egg, bacon and avocado panini or potato, asparagus and brie frittatas, or perhaps just grab a duck, cranberry and walnut sausage roll.

🛏 Alabama Hotel
Hotel $

(✆0499 987 698; www.alabamahobart.com.au; L1, 72 Liverpool St; d/tw $100/110; 🛜) Sweet home Alabama! This old art-deco boozer – once a grim, sticky-carpet lush magnet – has settled into a new life as a boutique budget hotel. None of the 17 rooms has a bathroom, but the shared facilities are immaculate. Decor is funky and colourful with retro-deco flourishes, and there's an all-day bar with a sunny balcony overhanging busy Liverpool St.

Oatlands ❸

✗ Feisty Hen Pantry
Cafe $

(✆0411 232 776; www.feistyhenpantry.com.au; 94 High St; mains $6-20; ⏰9am-3.30pm Wed-Sun) This likeable little hen has a very small roost out the back of Oatlands Lodge. It feels like a farmhouse kitchen and serves up all-day breakfasts, Devonshire teas, toasted sandwiches, slabs of quiche and slices of carrot cake – using all-local, all-seasonal ingredients. Good coffee too. There are a couple of sunny tables out the front if the Midlands wind isn't howling.

Ross ❹

✗ Ross Village Bakery
Bakery $

(✆03-6381 5246; www.rossbakery.com.au; 15 Church St; pies $5-9; ⏰8.30am-4.30pm Wed-Mon; 🛜) Overdose on pies and astonishingly tall vanilla slices. The owners get up before dawn every day to set the 1860 wood oven blazing. Wood-fired pizzas on Saturday nights in summer, and fresh-baked sourdough loaves for that Midlands picnic.

Launceston ❼

✗ Bread & Butter
Cafe $

(✆03-6124 2299; http://breadandbutter tasmania.com.au; 89 Cimitiere St; items $5-11.50; ⏰7am-3pm Mon-Sat, from 8am Sun) Go to the source (or the butter, in this case) in this cavernous new cafe inside a former motorcycle warehouse turned butter factory. With its black walls, funky art and toasters on the tables, it's all inner-city hipster styling with good coffee and wonderful fresh-baked sweet treats.

🛏 Peppers Silo
Hotel $$$

(✆1300 987 600, 03-6700 0600; www.peppers.com.au/silo; 89-91 Lindsay St; d $240-305, ste $540-600; ❄🛜) Peppers is one of Launceston's newest and most ambitious hotel. Filling the city's former silos (together forming Launceston's highest building), it's now stuffed with character instead of grain. Room walls curve with the silos' shape, and you're free to take the hotel dog – Archie the black Labrador – for a walk. Silo-side rooms have views to Seaport and Cataract Gorge.

STRETCH YOUR LEGS
HOBART

Start/Finish: Tasmanian Museum & Art Gallery

Distance: 3.5km

Duration: 2 to 3 hours

Typically for Hobart, this city walk revolves around the water. There are some first-rate sights en route, including Salamanca Place, Battery Point and MONA (reached via ferry), but as much as anything it's the location that you'll remember.

Take this walk on Trips

Tasmanian Museum & Art Gallery

The Tasmanian Museum & Art Gallery (p398) features colonial relics and art, and excellent Aboriginal and Antarctic displays. There's a cool courtyard cafe, too.

The Walk ≫ Cross Davey St and wander along the edge of Constitution Dock, home to Hobart's floating seafood punts, to reach Mawson's Huts Replica Museum.

Mawson's Huts Replica Museum

The excellent **Mawson's Huts Replica Museum** (🖉03-6231 1518, 1300 551 422; www.mawsons-huts-replica.org.au; cnr Morrison & Argyle Sts; adult/child/family $15/5/35; ☺9am-6pm Oct-Apr, 10am-5pm May-Sep) is an exact model of one of the huts in which Sir Douglas Mawson's Australasian Antarctic Expedition team, which set sail from Hobart, hunkered down from 1911 to 1914.

The Walk ≫ Cross Argyle St and walk north along the dock edge. Just before reaching Hunter St, look for the Antarctic sculptures at the water's edge – the man among the seals, penguins and dogs is Louis Bernacchi, the first Australian to spend a winter in Antarctica.

Hunter Street

Bronze plaques along Hunter St mark the former Hunter Island's shores and the causeway that was built in 1820 to link it to the mainland.

The Walk ≫ Return along the docks; beside Brooke St Pier, turn off the wharf and cross Parliament House Gardens to Parliament House.

Parliament House

Presiding over an oak-studded park adjacent to Salamanca Pl, Tasmania's 1840-built sandstone **Parliament House** (🖉03-6212 2200; www.parliament.tas.gov.au/parliament/tours.htm; Parliament Sq; ☺tours 9.30am & 2.30pm Mon-Fri on nonsitting days) was originally a customs house. There's a tunnel under Murray St from

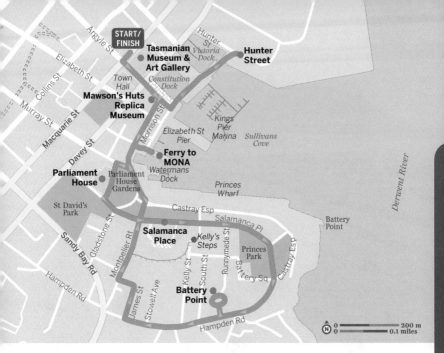

Parliament House to the **Customs House** (☎03-6234 6645; www.customshouse-hotel.com; 1 Murray St, Hobart; ⊙7am-11pm Sun-Thu, to 12.30am Fri & Sat) pub opposite: the official line is that no-one knows what it was used for...

The Walk » Walk out the front door and Salamanca Pl is a short stroll away across Parliament House Gardens.

Salamanca Place

Salamanca Pl's picturesque row of sandstone warehouses dates back to the whaling days of the 1830s, when this was the waterfront. These days, Salamanca hosts myriad restaurants, cafes, bars and shops, and the unmissable Saturday **Salamanca Market** (☎03-6238 2843; www.salamancamarket.com.au; Salamanca Pl; ⊙8am-3pm Sat).

The Walk » Continue along Salamanca Pl, past the converted grain silos, to the street's very end, where it fades into the pathways of Princes Park.

Battery Point

The old maritime village of Battery Point is a tight nest of lanes and 19th-century cottages. Wander through **Princes Park**, where the gun battery of Battery Point's name stood, and spin around picturesque **Arthur Circus**.

The Walk » Turn right onto Montpelier Retreat, heading back to the waterfront. The ferry for MONA leaves from the Brooke St Pier.

MONA

The Museum of Old & New Art (MONA (p398) is burrowed into a peninsula jutting into the Derwent River, 12km north of Hobart city centre. Arrayed across three underground levels, the $75-million museum created by philanthropist owner David Walsh mixes ancient antiquities with contemporary artworks – it's sexy, provocative, disturbing and deeply engaging.

The Walk » Upon your return by ferry, it's a short walk to Argyle St and the Tasmanian Museum & Art Gallery.

Tasman Peninsula

Australia's highest sea cliffs, one of its most legendary surf breaks and one of the country's more disquieting historic locations, all within easy striking distance of Hobart – need we say more?

36

TRIP HIGHLIGHTS

25 km

Richmond
Memorable colonial-era settlement within reach of Hobart

95 km

Eaglehawk Neck
The Tasman Peninsula's front-row vantage point

Hobart ● START

Dunalley ●

Taranna ●

Nubeena ● FINISH

115 km

Port Arthur
Former penal colony in stunning setting

3–4 DAYS
125KM / 77 MILES

GREAT FOR...

BEST TIME TO GO
Port Arthur is less crowded during winter (June to August), but there's generally better weather from October to April.

ESSENTIAL PHOTO
The Tessellated Pavement, a perfect marriage of geometry and geology.

BEST FOR OUTDOORS
Crescent Bay's impressive sand dunes.

36 Tasman Peninsula

The Tasman Peninsula's convoluted coastline corrals plenty of interesting sights into a small area. Port Arthur – a hauntingly beautiful former penal colony – is one of Tasmania's key tourist lures, but there's also the peninsula's legendary 300m-high sea cliffs (the tallest in the southern hemisphere) and other circus acts of coastal rock, all of which will dose you up on natural awe.

1 Hobart

Hobart's days as a provincial backwater in one of the furthest flung corners of earth are long gone. On a perpetual ascendancy since the astonishingly good art museum MONA (p398) opened in 2011, the city is now a place where the food and culture are as fulfilling as the natural scenes along the Derwent River and kunanyi/Mt Wellington (p398), the two features that shape Hobart. Salamanca Pl and North Hobart anchor

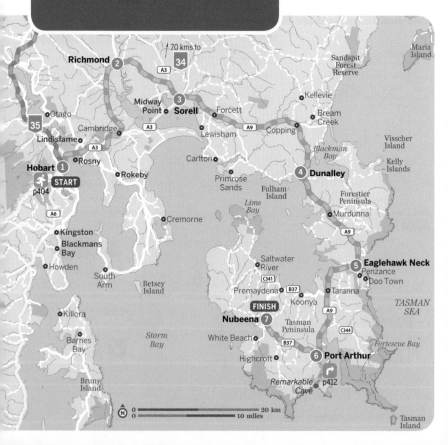

the eating scene, and you shouldn't miss a jaunt up 'the mountain', as kunanyi/Mt Wellington is simply known in Hobart, for the best views in the business (and snow in winter!).

 p403; p413

The Drive » From Hobart, cross the Derwent River on the Tasman Bridge and head east, following signs for the airport. As the highway crosses through the low Meehan Range, the Richmond turning is to the left. Turning left again in Cambridge, the road tracks through the Coal River Valley between lines of pinot noir and riesling vines. Richmond is 27km from Hobart.

- - - - - - - - - - - - - - - - - -

TRIP HIGHLIGHT

② Richmond

A historic town straddling the Coal River, Richmond is the quintessential piece of colonial

LINK YOUR TRIP

34 East Coast Tasmania

Tasmania's classic beach-hopping east-coast road trip (224km) ends at Orford, 55km northeast of Sorell.

35 Heritage Trail

The 257km drive through Tassie's historic heart begins in Hobart and tracks north to Launceston.

Tasmania and was once a strategic military post and convict station on the road to Port Arthur. Interesting old buildings abound: check out **St John the Evangelist Church** (☎03-6260 2189; www.hobart.catholic.org.au; St John's Circle, Richmond; ☺9.30am-4pm Tue, Thu & Fri), Australia's oldest Catholic church (1836); and **Richmond Bridge** (Wellington St, Richmond), the country's oldest road bridge (1823). Kick up a stink at the **Pooseum** (☎0413 802 206; http://pooseum.com.au; 22 Bridge St, Richmond; adult/child $16/8; ☺10am-5pm Wed-Sun; 🚻), which is both a scientific and a silly look at poo. More mature tastes should consider a visit to the nearby **Sullivans Cove Distillery** (☎03-6248 5399; www.sullivanscove.com; 1/10 Lamb Pl, Cambridge; tour/tasting $30/20; ☺10am-4pm) or settle in for lunch with a view at **Frogmore Creek** (☎03-6274 5844; www.frogmorecreek.com.au; 699 Richmond Rd, Cambridge; ☺10am-5pm, restaurant 11.30am-3pm). If you're in no hurry, consider a 36km round-trip detour to the **Bonorong Wildlife Sanctuary** (☎03-6268 1184; www.bonorong.com.au; 593 Briggs Rd, Brighton; adult/child/family $30/16/85; ☺9am-5pm) for a full complement of native critters.

 p413

The Drive » Cross the Coal River on Richmond Bridge and drive straight ahead. This road climbs through a low range of hills, descending through more vineyards at Penna. At the road's end, turn right onto the Tasman Hwy and enter Sorell, 15km after leaving Richmond.

- - - - - - - - - - - - - - - - - -

③ Sorell

It may initially be hard to fathom, but Sorell is one of Tasmania's oldest towns. Founded in 1808, it once supplied locally processed wheat and flour to the rest of the colony, but the town's historic aura has tarnished over time. These days it's very much a service town, but traces of its origins linger in the presence of a clutch of 19th-century buildings: pick up the *Sorell Heritage Walk* brochure from the visitor centre, or download it from www.sorell.tas.gov.au. If you're here in summer, detour out to the **Sorell Fruit Farm** (☎03-6265 3100; www.sorellfruitfarm.com; 174 Pawleena Rd; per container from $8; ☺10am-4pm Oct-Apr) and pick yourself a bevy of berries for the drive ahead.

The Drive » At Sorell's traffic lights – yes, there's just the one set in town – continue straight ahead onto the Arthur Hwy, weaving through beautiful green farmland. The area is still scarred by the bushfires of 2013, though the bush is slowly regenerating. About 30km southeast of Sorell, the road curls down to little Dunalley.

JEJIM/SHUTTERSTOCK ©

4 Dunalley

Strung along one edge of the 895m-long Denison Canal, a boating shortcut that effectively turns the Forestier and Tasman Peninsulas into an island, the small town of Dunalley wears a few historic stars and scars. Abel Tasman made his only landfall in Tasmania in 1642 just near the town, and the first contact between Europeans and Aboriginal people in Tasmania was here, while a horrific 2013 bushfire destroyed a third of Dunalley's homes. The town has well and truly bounced back from the fire, and though there's not a whole lot to see (other than the canal), it's worth stopping for lunch or liquid refreshment at the excellent Bangor Vineyard Shed (p413).

✖ p413

The Drive ›› Crossing the Denison Canal, the Arthur Hwy skims past Sunset Beach, looking west across the water to kunanyi/ Mt Wellington (and, yes, sunsets). It then climbs across the Forestier Peninsula, the precursor to the Tasman Peninsula. About 17km on, just before Eaglehawk Neck, take the turnoff to Pirates Bay Lookout – your utterly splendid first glimpse of the Tasman Peninsula's high cliffs.

TRIP HIGHLIGHT

5 Eaglehawk Neck

Eaglehawk Neck marks the start of the Tasman Peninsula and is less a town than a smattering of holiday homes amid an assortment of natural coastal oddities. The 100m-wide isthmus here (the 'Neck') once had a row of ornery dogs – the infamous Dogline – chained across it to prevent convicts escaping from Port Arthur. A statue of a dog in the middle of the isthmus commemorates the line. For a close-up look at

Port Arthur The Penitentiary

the spectacular coastline around the Neck, stop at the **Tessellated Pavement** (off Pirates Bay Dr) as you descend from the Pirates Bay Lookout, and then follow the signs south to the **Blowhole** (www.eaglehawkneck.org/attractions; off Blowhole Rd, Doo Town), **Tasman Arch** (a cavern-like natural bridge) and **Devil's Kitchen** (a rugged 60m-deep gulch). At the Blowhole, don't miss the excellent Doo-Lishus (p413) caravan for some of Tasmania's best fish and chips.

✖ p413

The Drive ≫ The road from Eaglehawk Neck hugs the shores of narrow Eaglehawk Bay before turning south through Taranna, once the terminus of an infamous railway from Port Arthur – convicts pushed the rail carts by hand – and then through beautifully wooded hills to Port Arthur, 20km away.

- - - - - - - - - - - - - -

TRIP HIGHLIGHT

6 Port Arthur

The juxtaposition between natural beauty and unsettling human history is nowhere so profound as it is at the **Port Arthur Historic Site** (☏03-6251 2310, 1800 659 101; www.portarthur.org.au; 6973 Arthur Hwy;

adult/child/family $39/17/99; ⊙tours & buildings 10am-5pm, grounds 9am-dusk). In 1830, Governor Arthur chose this beautiful spot to confine prisoners who had committed further crimes in the colony. Between 1830 and 1877, 12,500 convicts did brutal prison time here, and the fine buildings sustained thriving convict-labour industries, including timber milling, shipbuilding, coal mining, shoemaking and brick and nail production. Despite its redemption as a major tourist attraction, Port Arthur is a sombre place:

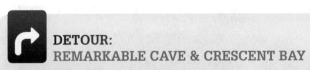

DETOUR:
REMARKABLE CAVE & CRESCENT BAY

Start: ❻ Port Arthur

Just 400m past the Port Arthur Historic Site, the C347 turns south off the Arthur Hwy. This road rolls along protected Carnarvon Bay, where, if you have kids in the back seat, a couple of tyre-swings over the beach may tempt you to linger and play. At the road's end, 7km from Port Arthur, a lookout platform beside the car park peers over the water to the jagged tip of Cape Raoul.

A 15-minute return walk from here leads down to **Remarkable Cave** (www. eaglehawkneck.org/gateway-to/remarkable-cave; Safety Cove Rd), tunnelled into the sea cliffs by the relentless wave action of the Southern Ocean. Its entrance is shaped a bit like Tasmania itself, but what you can't see from the platform is that the cave has two entrances – the unseen entrance forks away to the left as you peer through the tunnel towards the sea. Hardcore surfers often brave the cave, paddling out through the opening to surf the offshore reefs beyond.

The cave car park also marks the start of one of our favourite Tasmanian day walks, heading south along the coast and past Maingon Blowhole to **Crescent Bay** (9km, three to four hours return). This perfectly curved beach, with its views to Tasman Island and the Blade on Cape Pillar (the coup-de-grâce moment on the Three Capes Track), is backed by some of the highest and most beautiful sand dunes in Tasmania. Local kids (and big kids) often carry in boogie boards or similar on which to slide down the dunes.

there's a sadness here that's undeniable. Add to this the 1996 massacre in which 35 people were killed, and it's a place that will leave you deeply affected – both by its history and its beauty. What surprises many people is that Port Arthur is also a township with a smattering of good accommodation options and a couple of fine restaurants: On the Bay (p413) and the historic site's sleek new **1830** (📞1800 659 101, 03-6251 2310; www.portarthur. org.au; Port Arthur Historic Site, 6973 Arthur Hwy; mains $28-60; ☺5pm-late, from 6pm summer).

✕ p413

The Drive ≫ It's just 12km from Port Arthur to Nubeena and, except in the height of summer, it's a quiet road forsaken by day trippers rushing back to Hobart. From the Port Arthur Historic Site, the road climbs over one final peninsula hill before dipping through pear orchards into Nubeena.

- - - - - - - - - - - - - - - - - - -

❼ Nubeena

Nubeena, fanned along the shore of Parsons Bay, is the largest town on the Tasman Peninsula (population 481). It's unapologetically functional, but if all the other accommodation on the peninsula is booked out (trust us, it happens), you might be able to find a bed here.

There's also a couple of supermarkets, a tavern and a decent cafe, and Nubeena is surrounded by some of the peninsula's most beautiful and wild coastline. Nearby **White Beach** is everything the name on the tin suggests, while **Roaring Beach** gets wicked surf but isn't safe for swimming. Down a side road 3km south of Nubeena is the newly spruced-up hiking trail to **Cape Raoul** (14km, five hours return), with its side trails to **Tunnel Bay** and the humbling **Shipstern Bluff**, one of the world's great big-wave surf spots. Prepare to stand in awe of the Southern Ocean.

Eating & Sleeping

Hobart ❶

✖ Ginger Brown   Cafe $
([📞]03-6223 3531; 464 Macquarie St, South
Hobart; mains $10-20; ⊕7.30am-4pm
Mon-Fri, from 8.30am Sat & Sun; [🖼️][♿]) This
perennially popular and well-run cafe presents
a wide-ranging menu, including a house
crumpet with raspberry mascarpone and
lemon curd, a black quinoa salad and a poke
bowl. It's very kid- and cyclist-friendly, and the
coffee is the best in South Hobart. Last orders
3pm. Grab the window bench for fine views of
kunanyi/Mt Wellington.

▦ Henry Jones
Art Hotel   Boutique Hotel $$$
([📞]03-6210 7700; www.thehenryjones.com;
25 Hunter St; d $280-1200; [P][❄][@][📶])
Superswish HJs is feeling fresh after an
18-month refurb. Inside the restored
waterfront Henry Jones IXL jam factory,
with remnants of jam-making machinery and
huge timber beams, it oozes class but is far
from snooty. Around 400 artworks – almost
all of them for sale – enliven the walls, while
facilities and distractions (bar, restaurants,
cafe) are world class.

Richmond ❷

✖ Coal River Farm   Bistro $$
([📞]03-6248 4960, 1300 455 196; www.coalriver
farm.com.au; 634 Richmond Rd, Cambridge;
mains breakfast $14-22, lunch $18-29;
⊕9am-5pm; [♿]) A snappy piece of hillside
architecture, Coal River Farm is a family-
friendly spot to try some artisanal cheese and
chocolate or grab some breakfast or lunch in
the bistro – perhaps some roasted pork belly
with tomato-braised white beans. You can
also pick berries in season, feed the goats and
collect eggs from the chooks.

Dunalley ❹

✖ Bangor Vineyard Shed   Seafood $$
([📞]03-6253 5558; www.bangorshed.com.au;
20 Blackman Bay Rd; 12 oysters from $29, mains
$18-35; ⊕10am-5pm; [📶]) Turn left 1km beyond
the Denison Canal to discover this excellent
vineyard cafe, sitting atop an open rise on one of
Tasmania's oldest family farms – it's been in the
Dunbabin family for five generations. The cellar
door doubles as a restaurant with local oysters
(try the red wine vinegar, shallots and pepper
dressing) and more substantial mains (sautéed
abalone, calamari salad).

Eaglehawk Neck ❺

✖ Doo-Lishus   Fish & Chips $
([📞]0437 469 412; www.tasmanregion.com.au/
doo-lishus; Blowhole Rd, Doo Town; meals $8-19;
⊕9am-6pm, to 7pm in summer) Sometimes
rated as Tasmania's best fish and chips, this
unexpected caravan at the Blowhole car park
in Doo Town serves up the usual range of
battered swimming things, plus good ice cream,
fresh berry smoothies and interesting pies (eg
curried-scallop, venison and rabbit).

Port Arthur ❻

✖ On the Bay   Modern Australian $$
([📞]03-6250 2771; www.stewartsbaylodge.
com.au; Stewarts Bay Lodge, 6955 Arthur Hwy;
mains lunch $22-33, dinner $24-44; ⊕8-11am,
noon-3pm & 5.30-8.30pm) Oddly clad in orange-
stained timber like a giant packing crate, this
upmarket waterside restaurant showcases
produce – oysters, scallops, ocean trout cured
in native pepperberry or Hellfire vodka – that's
sourced as much as possible from the peninsula.
Definitely worth a detour if you're overnighting
anywhere nearby. Bookings recommended.

Tamar Valley Gourmet Trail

Funnelling north from Launceston to Bass Strait, the Tamar Valley is fringed with emerald hills and cool-climate wineries that add up to one of Australia's finest wine-touring areas.

37

TRIP HIGHLIGHTS

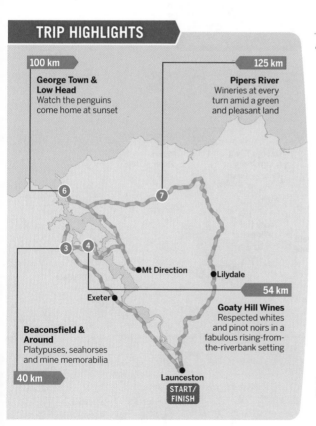

100 km

George Town & Low Head
Watch the penguins come home at sunset

125 km

Pipers River
Wineries at every turn amid a green and pleasant land

6

7

3 **4**

●Mt Direction

●Lilydale

Exeter ●

54 km

Goaty Hill Wines
Respected whites and pinot noirs in a fabulous rising-from-the-riverbank setting

Beaconsfield & Around
Platypuses, seahorses and mine memorabilia

40 km

Launceston
START/
FINISH

4-5 DAYS
186KM / 115 MILES

GREAT FOR...

BEST TIME TO GO

October to May brings the best weather; the vines look particularly good in autumn.

ESSENTIAL PHOTO

Low Head Lighthouse.

BEST FOR FOOD & WINE

The cluster of vineyards at Pipers River forms one of Australia's most underrated wine locales.

37

Tamar Valley Gourmet Trail

You could make this up-and-back journey in a single day, but that would be to miss the point (and many of the drinking opportunities). On this route, you'll meander along a riverbank, go off on a tangent to a winery or two and plan your day around the comings and goings of wildlife. The valley's western bank is the prettier of the two, but the eastern bank holds some of the bigger-name vineyards.

❶ Launceston

Laid-back Launceston is a fine starting point for a foodie's exploration of Tasmania's north, with Cataract Gorge (p402) providing a dramatic natural counterpoint within walking distance of the city centre.

✕ 🛏 p403; p421

The Drive » From Launceston take the West Tamar Hwy 13km northwest to Legana. At the bottom of the first dip past Legana, turn right onto the C733 (Rosevears Dr), which runs hard against the Tamar's grassy bank into Rosevears.

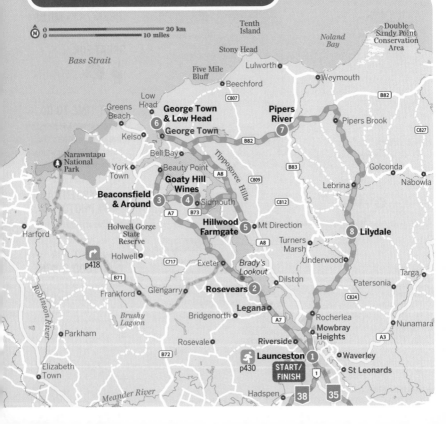

② Rosevears

It's can be deceptive to refer to vineyards in the area as being in the 'Tamar Valley' as many sit so far from the river, but this is not the case in Rosevears, where the vines almost tumble into the water. The road runs closer to kanamaluka/ Tamar River than anywhere else along the route, and you can pay a visit to **Tamar Ridge** (☎03-6330 0300; www.tamar ridge.com.au; 1a Waldhorn Dr, Rosevears; ◷10am-5pm;), a winery best known for its quaffable Pirie sparkling wine (named after the brothers who pioneered the Tamar's wine industry) and with a scenic terrace overlooking the river. Back in nearby

LINK YOUR TRIP

35 Heritage Trail

From Hobart to Launceston (257km) via the historic towns of Tasmania's Midlands.

38 Western Wilds

This 620km journey ends (but could just as easily begin) in Launceston, taking in the great forests, remote rivers, high mountains and beaten coastlines of Tasmania's wild west.

Legana, **Vélo Wines** (☎03-6330 1582; www.velowines. com.au; 755 West Tamar Hwy, Legana; ◷11am-4pm Wed-Fri, 10am-4pm Sat & Sun) was christened by its former Tour de France cyclist owner (*vélo* is French for bike) and has the oldest cabernet vines in Tasmania, planted in 1966. The on-site **Timbre Kitchen** (☎03-6330 3677; www.timbre kitchen.com; Vélo Wines, 755 West Tamar Hwy, Legana; small plates $10-20, large plates $32, banquets per person $40-65; ◷11am-4pm Wed, Thu & Sun, to late Fri & Sat;) restaurant is Vélo's main attraction.

The Drive >> Continue along Rosevears Dr for 4km, turning right onto the A7 and passing through Exeter to Beaconsfield, 23km from Rosevears. Branching away to the east, Batman Bridge crosses the Tamar, but simply make a note of it for now, as you've some essential business still to transact on the western shore first.

TRIP HIGHLIGHT

③ Beaconsfield & Around

The international spotlight briefly shone on Beaconsfield (population 1298) during a mine collapse in 2006, but these days the gold mine has closed and it's a quiet town in the heart of the Tamar's apple-growing country. Pause long enough to visit the **Beaconsfield Mine & Heritage Centre** (☎03-6383 1473; www.

beaconsfieldheritage.com. au; West St, Beaconsfield; adult/child/family $15/5/38; ◷9.30am-4.30pm), which has hands-on interactive exhibits, including a large display about the mine collapse and rescue. Six kilometres north of Beaconsfield, Beauty Point has two winning attractions. **Platypus House** (☎03-6383 4884; www.platypushouse.com.au; Inspection Head Wharf, 200 Flinders St; adult/child/family $25/11/60; ◷9.30am-4.30pm Nov-Apr, 10am-3.30pm May-Oct) is a chance to see the world's only two monotremes – the platypus and the echidna – while **Seahorse World** (☎03-6383 4111; www.seahorseworld.com. au; Inspection Head Wharf, 200 Flinders St; adult/child/family $22/9.50/55; ◷9.30am-4pm Dec-Apr, 10am-3pm May-Nov;) is a working seahorse farm with up to 90,000 seahorses, plus other bizarre sea creatures such as the spotted handfish and Tasmanian giant crab (the world's second-largest crab species).

If you plan on visiting Beaconsfield Mine & Heritage Centre, Platypus House and Seahorse World, the Tamar Triple Pass (adult/family $49/135) can be picked up at the **visitor centre** (☎03-6394 4454, 1800 637 989; www.wtc.tas.gov.au/ tourism/tamar-visitor-centre; 81 Main Rd, Exeter; ◷9am-4pm Apr-Sep, 8.30am-5pm Mon-Fri & 9am-5pm Sat & Sun Oct-Mar; 🛜) in Exeter.

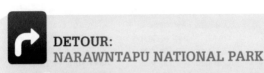

DETOUR:
NARAWNTAPU NATIONAL PARK

Start: ❷ Rosevears

Tasmania is one of Australia's most underrated wildlife-watching destinations, and that can be the only reason why **Narawntapu National Park** (📞03-6428 6277; www. parks.tas.gov.au; via Bakers Beach Rd; pass per day vehicle/person $24/12; ⏱ranger station 9am-4pm Dec-Apr, to 3pm May-Nov) is barely known beyond these shores. So prolific is the wildlife in this coastal reserve that it has been dubbed 'Tasmania's Serengeti'. It used to be called Asbestos Range National Park, but park management thought the name was deterring people from visiting. Go figure...

At dawn and dusk, the Springlawn area – once farmland – around the ranger station becomes a critter convention, filling with wallabies, Forester kangaroos and the star of the show: wombats. Lots of wombats. It's worth **camping** (📞03-6428 6277; www.parks.tas.gov.au; via Bakers Beach Rd; unpowered/powered sites from $13/16) the night, if you can, to make the most of the viewing opportunities.

To visit the park's main areas around Springlawn and long Bakers Beach, enter via the main entrance off the B71 near Port Sorell, where there's a ranger station. In Exeter, 17km before Beaconsfield, turn west on the B71, following it for 40km before swinging onto the C740, from where it's about 13km to the ranger station. Rangers run guided walks and activities from here in summer.

The Drive » From opposite Beaconsfield Mine & Heritage Centre, turn east on Grubb St (signed to Rowella). From here it's just 6km, crossing a couple of bush-smothered streams, to hilltop Goaty Hill Wines.

TRIP HIGHLIGHT

❹ Goaty Hill Wines

Arguably the most scenic of the Tamar Valley's vineyards, **Goaty Hill Wines** (📞1300 819 997; www.goatyhill.com; 530 Auburn Rd, Kayena; tastings per person $3; ⏱11am-5pm) sits on a rise looking over its own vines towards the mouth of kanamaluka/Tamar River. It's a real gem, with the little corrugated-iron cellar door offering tastings and platters (call ahead to book platters).

It's best known for its top-notch riesling, and pinots gris and noir. The tables on the grass, under the tall stringybark trees, are the place to be on a summer's afternoon. Bliss.

The Drive » Turn right out of Goaty Hill, then right again on the C724. Turning left on the B73 takes you over kanamaluka/Tamar River on the Batman Bridge before heading south along the East Tamar Hwy (A8). Look for Hillwood Jetty Rd on the right after almost 5km and follow the signs another 1km to Hillwood Farmgate.

❺ Hillwood Farmgate

Tamar Valley wines may steal all the plaudits, but the valley is also renowned for the fresh fruits that emerge from its numerous orchards.

Prime among these is **Hillwood Farmgate** (📞03-6394 8180; www.hillwood-farmgate.com.au; 105 Hillwood Rd, Hillwood; ⏱9am-5pm Nov-May), which is at its best in summer when the hillsides are almost universally under berry. Pick your own strawberries, raspberries, blackberries, blackcurrants, red currants and blueberries and then make a beeline to the cafe (items $8 to $15) for a berry smoothie, some choc-dipped raspberries or a coffee.

The Drive » Return to the A8, and follow it 22km north above the Tamar's eastern riverbank. Almost as far as you can go in Tasmania without falling into Bass Strait are George Town and Low Head – the two are barely divided.

Goaty Hill Wines The perfect pinot

TRIP HIGHLIGHT

⑥ George Town & Low Head

Strung along the northernmost banks of kanamaluka/Tamar River, George Town and Low Head sit shoulder-to-shoulder – you'll barely have time to take a breath as you leave one before you hit the other. Low Head is the prettier of the two settlements, but be sure to visit the **Bass & Flinders Centre** (☏03-6382 3792; www.bassandflinders.org. au; 8 Elizabeth St; adult/child/ family $10/4/24; ◔10am-4pm, closed Sat & Sun Jun-Oct) before you just hurry on through George Town – its replica of the *Norfolk*, the sloop in which Bass and Flinders circumnavigated Tasmania in 1798, is a highlight. Low Head looks out over the swirling (and treacherous) waters of the kanamaluka/Tamar River mouth, with the **Low Head Lighthouse** (☏03-6382 2826; Low Head Rd; ◔grounds 9am-5pm) standing guard. Built in 1888, it's a terrific spot to watch the torrent of the Tamar spilling into Bass Strait. **Low Head Penguin Tours** (☏0418 361 860; www. penguintourstasmania.com. au; 485 Low Head Rd; adult/ child $22/10; ◔sunset) leave nightly at dusk from a signposted spot beside Low Head Rd, just south of the lighthouse.

✕ 🛏 p421

The Drive ≫ From George Town, backtrack 5km on the A8 and turn east on the B82. This road crosses through the low Tippogoree Hills, where the bush is drier and more typically Australian than anything behind you on this trip...but there's an oasis ahead in the clutch of wineries at Pipers River, 23km after leaving George Town.

TRIP HIGHLIGHT

⑦ Pipers River

In the eastern Tamar Valley hinterland, the Pipers River Wine Region is a lovely adjunct to the Tamar's charms. **Pipers Brook** (☏03-6382 7555; www.kreglingerwine estates.com; 1216 Pipers Brook Rd, Pipers Brook; cafe mains $25-30; ◔10am-5pm Oct-May, 10.30am-4.30pm Thu-Mon Jun-Sep) is the region's most famous vineyard, and is accessed from Pipers Brook Rd, about 11km past the Pipers River general store. Around 3km south of the store, **Bay of Fires Wines** (☏03-6382 7622; www.bayof fireswines.com.au; 40 Baxters Rd, Pipers River; ◔11am-4pm Mon-Fri, from 10am Sat & Sun; 🛗) is the home of prestigious Arras sparkling and easy-drinking whites and pinots. There's a touch of Cape Cod about the cellar-door design, and the ample lawns and footballs to kick will distract the kids from their parents' wine antics.

The Drive ≫ From the entrance to Pipers Brook and Jansz Wine Room, head south on Pipers Brook Rd. At its end turn right onto the B81, which takes a roller-coasting ride into Lilydale, 24km from Pipers Brook. There are three more wineries en route – Brook Eden, Apogee and Clover Hill – if too much tasting isn't enough.

⑧ Lilydale

Quiet Lilydale is little more than a main street with a few stores and services, but 3km north of town are the pretty **Lilydale Falls**, seemingly propped up by a fallen log. Energetic types also propel themselves up **Mt Arthur** (1188m; five to seven hours return), which looms – high, cold and austere – above the town. You can swing through the trees with the greatest of ease at **Hollybank Treetops Adventure** (☏03-6395 1390; www.hollybankadventures. com.au; 66 Hollybank Rd, Underwood; ◔9am-5pm; 🛗), which has a ropes course and zip lines through the canopy of a particularly beautiful section of forest. It's south of town, as you drive towards Launceston.

The Drive ≫ The B81 tracks straight on through Lilydale, heading south. Farmland soon falls behind and bush closes in until you reach Launceston's outer suburbs. Follow the 'City Centre' signs, with the drive ending along the eastern bank of kanamaluka/Tamar River, 27km from Lilydale.

Eating & Sleeping

Launceston ❶

✖ Sweetbrew   Cafe $$

(☎03-6333 0443; www.facebook.com/sweet
brewespresso; 93a George St; breakfast $14-19;
⏰7am-3pm Mon-Fri, 8am-3pm Sat, 8am-2pm
Sun; 🛜✖) Sweet indeed is this cafe – the best
in the city centre – cooking up an interesting
breakfast and brunch menu, including miso wild
mushrooms, turmeric pancakes, and lentil and
mushroom burgers. We love the sneaky booth
rooms out the back and the warming throws on
the footpath tables.

✖ Stillwater   Modern Australian $$$

(☎03-6331 4153; www.stillwater.net.au; 2 Bridge
Rd; breakfast $9-26, mains $37-60; ⏰8.30am-
3pm Mon & Sun, to late Tue-Sat; ✖) The much-
awarded Stillwater, inside a historic flour mill
on the Tamar (parts of which date back to
1832), has long been at the top of Launceston's
dining tree. It serves laid-back breakfasts and
lunches...then puts on the Ritz for dinner. The
menu changes with the seasons and, like the
thoughtful wine list, zeros in on local produce.

▛ Two Four Two   Apartment $$$

(☎03-6331 9242; www.twofourtwo.com.au;
242 Charles St; studio/apt from $230/270;
🅿❄🛜) Launceston's best self-catering
accommodation, superstylish Two Four Two
is wrapped around one of the cafes on the hip
Charles St strip. Two double studios and an
apartment sleeping up to four feature fully
equipped kitchens with coffee machines,
spacious bathrooms (with bathrobes) and
comfortable beds sheathed in quality linen. All
have books, DVDs, Tasmanian wines and art...
and there are free bicycles!

▛ Mantra Charles Hotel   Hotel $$

(☎03-6337 4100, 1300 987 604; www.hotel
charles.com.au; 287 Charles St; d/apt from
$169/249; 🅿❄@🛜) Grab a curative sleep
at this former hospital, which has been given a
funky facelift and now rightfully claims the title

of Launceston's savviest business hotel. Room
types include king rooms, one-bedroom spa
apartments and studios with kitchenette. All are
spacious, stylish and utterly comfortable, with
bright splashes of colour.

The ground-floor bar-restaurant sees
plenty of corporate travellers bending an elbow,
though it's just steps from the Charles St cafe
strip.

George Town ❻

✖ Cove Bar &
Restaurant   Australian $$

(☎03-6382 9900; http://yorkcove.com.au/dine;
2 Ferry Blvd; mains $18-33; ⏰7-10am, noon-3pm
& 5-8pm Mon-Sat, 7-10am & noon-3pm Sun; 🛜)
The views over kanamaluka/Tamar River and
York Cove from this light-saturated restaurant
at York Cove hotel are wonderful, and Tasmanian
produce gets star billing in diverse creations
such as honey and aniseed pork belly. The coffee
is the best in George Town.

✖ Gunn Deck Cafe   Cafe $

(☎03-6382 3792; www.facebook.com/
gunndeck; 8 Elizabeth St; mains $7-15; ⏰10am-
4pm Mon-Fri) Hidden in an upstairs mezzanine
in the nautical Bass & Flinders Centre,
overlooking the *Norfolk* sloop replica, this cafe
is a pleasant surprise. Delicious cakes, a soup
of the day, sandwiches, comfort food such as
ploughman's platters and Devonshire teas, and
wine (to give you that rolling feeling of the sea...)
make it George Town's best lunch choice.

▛ York Cove   Hotel $$

(☎03-6382 9900; http://yorkcove.com.au;
2 Ferry Blvd; r $119-179, apt from $209; 🛜❄)
An unexpected bit of marina life in George Town,
this waterfront resort has three downstairs
suites and two upstairs apartments with views.
The rooms are huge; the apartments even
bigger. There's an outdoor swimming pool and
hot tub, plus a gym and restaurant looking over
the marina to the town centre.

Western Wilds

38

*From Strahan to Launceston via takayna/
Tarkine and Cradle Mountain, this is one of
Australia's premier rainforest and wilderness
drives, with historic towns, lonely beaches and
Australia's most recognisable mountain.*

TRIP HIGHLIGHTS

277 km

Stanley
Lovely coastal
settlement strewn with
historic buildings

458 km

Cradle Mountain
Beautiful landscapes,
extensive hiking trails
and abundant wildlife

④ Smithton

Wynyard

FINISH
Launceston

②

⑥

Zeehan

①
START

0 km

Strahan
Gateway to western
Tasmania's rainforest
wilderness

Corinna
Blissfully remote
settlement deep
in the forest

93 km

**14 DAYS
620KM / 385
MILES**

GREAT FOR...

BEST TIME TO GO

October to April; avoid
the depths of winter
(June to August).

**ESSENTIAL
PHOTO**

Cradle Mountain
rising from the waters
of Dove Lake.

**BEST FOR
OUTDOORS**

Cruise to wild Pieman
Heads along the
Pieman River from
Corinna.

---

radle Mountain Dove Lake

423

38 | Western Wilds

The west is literally wild in Tasmania, where the Southern Ocean thunders ashore, tall-timbered rainforest scratches at the sky around the takayna/Tarkine wilderness, and peerless Cradle Mountain stands sculpted by long-gone glaciers. To this, add the historic towns of Stanley and Sheffield, the striking beauty of Boat Harbour Beach and Marrawah's relentless surf, and it becomes clear that just about everything good about Tasmania lines up along this route.

TRIP HIGHLIGHT

1 Strahan

Nestled between Macquarie Harbour (a body of water six times the size of Sydney Harbour) and the rainforest, Strahan presents a mild moment within the wild of Tasmania's west coast. Take a day trip with **Gordon River Cruises** (☏03-6471 4300; www.gordonrivercruises. com.au; 24 Esplanade; cruise incl buffet lunch adult $135-265, child $65-265, family from $310), exploring Macquarie Harbour, the soulful rainforests and mirror-perfect reflections of the Gordon River, and the haunting penal colony of **Sarah Island**. Also

worth a day is the **West Coast Wilderness Railway** (☏03-6471 0100; www.wcwr. com.au; Queenstown Station, 1 Driffield St; standard carriage adult/child/family $110/55/245, wilderness carriage adult/ child $179/100; ☺ ticket office 8am-4.30pm), a restored heritage rail service that travels inland through rainforest to the hard-as-nails mining town of Queenstown and back. On one of your Strahan evenings, don't miss the fabulously entertaining theatre performance, **The Ship That Never Was** (☏03-6471 7700; www.roundearth.com.au; West Coast Visitor Information Centre, Esplanade; adult/child/ concession $25/2.50/12.50; ☺ performance 5.30pm Sep-May, movie 5.30pm Jun-Aug).

✕ ⤴ p429

The Drive » It's straight from town to thick bush as the B27 heads out of Strahan, soon skirting the Henry Dunes (Tasmania's largest dune field). At Zeehan, 43km north of Strahan, the C249 heads 50km (4km of it unsealed) to the Pieman River, where the Fatman vehicle barge waits to deliver you across the dark waters to Corinna.

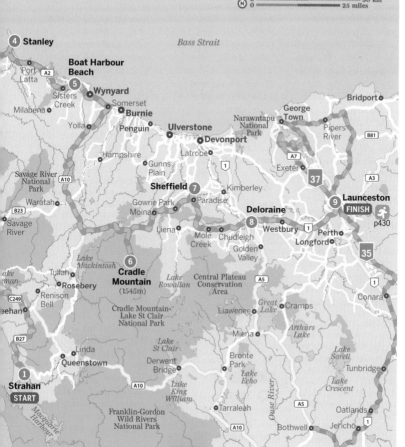

p430

TRIP HIGHLIGHT

2 Corinna

Corinna is the green
and gold of Australia
made literal – a former
gold-mining town inside
the deep rainforest of
the takayna/Tarkine
wilderness. As a hum-
ming mining settlement
in the late 1800s, it had

LINK YOUR TRIP

35 Heritage Trail

Drive through history
between Hobart and
Launceston (257km),
passing through some
of Tasmania's best-
preserved historic
towns.

37 Tamar Valley Gourmet Trail

This 186km loop
from Launceston is
gastronomic heaven
thanks to its wineries
and berry farms, with
some excellent wildlife-
watching en route.

two hotels, a post office, shops, a slaughter yard and a population of 2500. These days, it's a tranquil place with only one business – **Corinna Wilderness Experience** (☑03-6446 1170; www. corinna.com.au; Corinna Rd; unpowered sites $40, cottage d/f $230/290) – providing accommodation in camp sites and cabins, a restaurant, **boat cruises** (☑03-6446 1170; www.corinna.com. au/river-cruises; adult/child $95/55; ☺10am Dec-Apr, 10am Mon, Wed & Sat May-Nov) down the Pieman River to one of Australia's wildest beaches, kayak hire and several good walks. There are no TVs, no phone signal and no wi-fi; there's just living.

The Drive » The road north from Corinna, dubbed the Western Explorer (or sometimes the Road to Nowhere), journeys through an all-or-nothing landscape – the thick rainforest of takayna/Tarkine, or bald buttongrass ridges – to Arthur River. It's unsealed for 70km, but is easily passable in a 2WD. From Arthur River, the road rolls smoothly on to Marrawah, 117km from Corinna.

- - - - - - - - - - - - - - - -

③ Marrawah

Untamed and unspoilt, Marrawah is both wild and pure at once. The last stop west in Tasmania before you hit Argentina, 15,000km away over the wild seas, it has vast ocean beaches, abundant signs of Aboriginal Tasmania – especially in the

fascinating **Preminghana Indigenous Protected Area** (☑03-6234 0700, 1800 132 260; http://tacinc.com.au) just north of town – and mind-blowing sunsets, while a nearby scientific station has decreed that the world's cleanest air blows through here on the relentless Roaring Forties. It's also a place beloved by surfers for its challenging breaks. There's a general store and pub here, but very little else.

The Drive » From Marrawah's southern edge, the Bass Hwy begins its eastern journey, burrowing at first through the northern takayna/Tarkine and then across some of Australia's most fertile dairy and beef country – the bovine lifeblood of Smithton. Stanley lies 7km north of the Bass Hwy, and this last stretch, with the Nut looming ahead, is the prettiest section. Stanley is 67km from Marrawah.

- - - - - - - - - - - - - - - -

④ Stanley

At a glance, Stanley could easily just be a line of colourful buildings huddled along the base of the ancient volcano, the Nut, but there's an undeniable magnetism here. Fishing boats piled high with cray pots bob in the harbour, penguins amble ashore and the blast of the Roaring Forties ensures that the air is exhilaratingly clear. With a couple of top-drawer tourist attractions – **Highfield** (☑03-6458 1100; www.parks. tas.gov.au/highfield; 143 Green

Hills Rd; adult/child/family $12/6/30; ☺9.30am-4.30pm) homestead and **the Nut** (off Browns Rd) – and an array of good eateries, it's an understandably popular place to while away a day or two.

 p429

The Drive » Return to the Bass Hwy and turn left, driving east. You'll still sense the presence of takayna/ Tarkine in the fuzz of forest to the south, but mostly the highway continues across lush farming flats. Around 48km from Stanley, the road to Boat Harbour Beach, located 3km off the highway, squirms down to the coastline.

- - - - - - - - - - - - - - - -

⑤ Boat Harbour Beach

This may well be paradise. Picture-perfect Boat Harbour Beach's pristine white sand and sapphire-blue waters make you feel like you've taken a wrong turn of the Bass Hwy and ended up somewhere in the Caribbean. The usually calm seas are patrolled in summer and perfect for kids, and one of the north coast's best casual eateries – Sweet-Ness at the Sea – is located in the surf lifesaving club.

The Drive » Return to the Bass Hwy, following it 24km into Somerset, where the Murchison Hwy (A10) branches away south. It's a contorted drive through Hellyer Gorge before you turn east onto the C132, climbing over the Black Bluff Range for your first view of Cradle Mountain.

Stanley The Nut, the remains of an ancient volcano

Shortly afterwards, you descend into the orbit of Tasmania's most famous peak, 130km from Boat Harbour Beach.

- - - - - - - - - - - - - - - - - -

❻ Cradle Mountain

Cradle Mountain anchors the northern end of **Cradle Mountain-Lake St Clair National Park** (☎03-6492 1110; www.parks.tas.gov.au; vehicle/person per day $24/12), part of the World Heritage–listed Tasmanian Wilderness. The 1545m mountain is Tasmania's fifth-highest peak, and by far the most famous and recognisable in the

state, if not the country. The most easily achieved views of its bowed figure come from the shores of Dove Lake, while there are also glimpses from Cradle Valley, the settlement that presses up against the national park's northern border. Here you'll find the park **visitor centre** (☎03-6492 1110; www.parks.tas.gov.au; 4057 Cradle Mountain Rd; ☺8.30am-4.30pm; ☎), the **Devils@Cradle** (☎03-6492 1491; www.devilsatcradle.com; 3950 Cradle Mountain Rd; adult/child $20/12, family from $60, night feeding tours adult/child $30/15, family from $80; ☺10am-4pm

Apr-Sep, to 5pm Oct-Mar) wildlife sanctuary and a plethora of free-roaming wildlife – wombats, Bennett's wallabies and pademelons are almost guaranteed along the roadside clearings at dusk.

✕ 🍴 p429

The Drive ❱❱ It's a stunning 55km drive from Cradle Mountain to Sheffield, crossing a wide-open subalpine plain and then, at Moina, dipping steeply down to the Forth River. Having ground your way back out of the gorge, the road skirts the flanks of deeply furrowed Mt Roland, a peak as impressive in its own way as Cradle Mountain.

DAY WALKS IN CRADLE MOUNTAIN

With its namesake mountain dangling like a lure at the head of Dove Lake, it's easy to see why the Cradle Mountain region is Tasmania's prime hiking area. It's here that the famed Overland Track begins its 65km journey to Lake St Clair, but it's also rich in day-walk possibilities.

Dove Lake Circuit (6km, two hours) Lap the lake, setting out from Dove Lake car park, with near-and-far Cradle Mountain views.

Marions Lookout (three hours return) Climb past Lilla Lake and Wombat Pool to an eyeball-to-eyeball view of Cradle Mountain's summit.

Cradle Mountain Summit (13km, six to eight hours return) A tough but spectacular climb with incredible views in fine weather. Some scrambling acrobatics are required as you near the summit. Begin at either Dove Lake car park or Ronny Creek.

7 Sheffield

Sheffield would be a typical workaday provincial Tasmanian town, were it not for the remarkable profusion of murals that has adorned the town's facades since the 1980s. Based on an idea from Chemainus in Canada, the large murals depict scenes from the district's pioneer days, and Sheffield is now a veritable outdoor art gallery, with more than 80 fantastic large-scale murals – the number grows each year through the town's annual mural-painting festival. At the time of writing, an app with a tour of the murals was being developed – check at the **visitor centre** (☎03-6491 1179; www. sheffieldcradleinfo.com.au; 5 Pioneer Cres; ☺9am-5pm Mon-Fri, 10am-4pm Sat & Sun Nov-Apr, 9am-5pm Mon-Fri, 11am-3pm Sat & Sun May-Oct; ☎) for progress.

The Drive » Return to Paradise (literally; it's a town) and take the C137 over the Fossey Mountains, descending to Mole Creek, where you might pause to tour Marakoopa or King Solomons Caves. The road passes through Mole Creek township – beware the Tassie tiger on the pub roof! – and the honey town of Chudleigh, before crossing lush farmland to Deloraine, 55km from Sheffield.

8 Deloraine

At the base of the Great Western Tiers, the long wall of mountains that separates the northern coastal hinterland from the rugged central highlands, Deloraine commands wonderful views at almost every turn. Blessed with the photo gene, the town is bisected by the winding Meander River, with Georgian and Victorian buildings scattered around the main street, Emu Bay Rd. It's a crafty town – in the artistic sense – at the doorstep of **Liffey Falls**

(www.parks.tas.gov.au; C513), one of Tasmania's most beautiful waterfalls.

The Drive » Shun the Bass Hwy by heading out of Deloraine on the B54, which runs parallel to the highway but with none of its haste. The road passes through a string of towns – Westbury, Hayley, Carrick – that are like little pieces of rural England transposed onto Tasmania. The drive pops back onto the Bass Hwy just 8km from Launceston.

9 Launceston

Launceston may be Tasmania's second city, but its inhabitants argue that their architecture is more elegant, their parks more beautiful and their food scene more zesty than Hobart's. Art and design are indeed big here, and gorgeous Cataract Gorge (p402) remains the sort of natural adornment you rarely find so close to the heart of a city.

✕ 🛏 p403; p421

Eating & Sleeping

Strahan ❶

✕ Bushman's   Modern Australian $$$

(☎03-6471 7612; www.bushmanscafe.com.au; 1 Harold St; mains $17-39; ⊗11am-late Mon-Fri, from 5.30pm Sat; ✔) A focus on local produce, including Petuna salmon, Spring Bay scallops and Sassafras steak, is the defining feature of the menu at Strahan's best restaurant. Lunch is a laid-back affair featuring salads, pasta dishes and burgers. Dinner is a wider-ranging proposition, with dishes such as rib eye, braised duck leg and a variety of vegetarian options. Book ahead for dinner.

⎚ Strahan Holiday Retreat   Caravan Park $

(☎03-6471 7442; www.strahanretreat.com.au; 8-10 Innes St; unpowered/powered sites from $24/38, cabins & cottages from $120; ☏) Close to Strahan's West Beach, this sprawling village within a village – caravan park, cafe, bottle shop, tour desk and ATM – offers tent and caravan sites, self-contained cabins and multi-room cottages. There's not much grass and accommodation is cheek-by-jowl, but there's a stream with platypuses, a games room, camp kitchen, laundries and kayak/bicycle/toboggan/golf club hire ($45/35/10/10 per day).

⎚ Wheelhouse Apartments   Rental House $$$

(☎0429 356 117; www.wheelhouseapartments.com.au; 4 Frazer St; d $295-350; ✱) Talk about a room with a view! Perched above the town centre, this pair of swish townhouses has wrap-around walls of glass framing a jaw-dropping view over Macquarie Harbour. Each features a fully equipped kitchen with espresso machine, lounge with TV (though the view is better than any TV programming) and a spiral staircase leading to a bedroom with spa.

Stanley ❹

✕ Hursey Seafoods   Fish & Chips $

(☎03-6458 1103; www.hurseyseafoods.com.au; 2 Alexander Tce; takeaway fish & chips $12-21; ⊗restaurant noon-2.45pm & 5.45-7.45pm, takeaways 11.30am-7.30pm) Stanley is a fishing town, so it'd be a crime not to eat seafood here. Hursey's fleet of nine fishing boats supplies fish, crayfish and scallops to the clinical-looking restaurant upstairs – locals recommend ordering takeaway from the ground-floor shop instead.

⎚ Cable Station Accommodation   B&B $$

(☎03-6458 1312; www.cablestationstanley.com.au; 435 Green Hills Rd; d/tr $165/195; ☏❄) Keep cute company at this property built to carry Tasmania's first telephone link to the mainland. Little penguins come ashore within walking distance and the two beautifully furnished guest units (sleeping two or three) have some fabulous touches: claw-foot tubs with bath salts and robes; and homemade bread and jams at breakfast.

Cradle Mountain ❻

✕ Derwent Bridge Wilderness Hotel   Pub Food $$

(☎03-6289 1144; www.derwentbridgewildernesshotel.com.au; Lyell Hwy, Derwent Bridge; lunch mains $11-20, dinner mains $27-42) This large, barn-shaped hotel offers the best eating and the warmest welcome (thanks to possibly the largest fireplace in Tasmania) around Lake St Clair. There are pub staples such as Parmigiana and roast, plus curries from the Sri Lankan chef and, if you've really hiked up an appetite, the 350g King Billy steak with prawns and scallops ($67).

⎚ Discovery Holiday Parks Cradle Mountain   Campground $

(☎03-6492 1395; www.discoveryholidayparks.com.au; 3832 Cradle Mountain Rd; unpowered/powered sites for 2 $47/58, dm $39, cabin d $150-$290; ☏) Bush camping at its best, with options aplenty. Campsites are well spaced; single-sex dorms sleep four; basic cabins include kitchens and small bathrooms; and larger versions have gas fires and TVs with DVD player. Communal facilities include a laundry, squeaky-clean ablutions blocks and camp kitchens with stoves, BBQs and pizza ovens. Reception doubles as the valley's best-equipped store.

STRETCH YOUR LEGS

LAUNCESTON

Start/Finish: Queen Victoria Museum

Distance: 4.5km

Duration: 2 hours

Furnished with grand colonial architecture, soothing river frontage and a montage of parkland, Launceston is an intimate and compact city best explored on foot.

Take this walk on Trips

Queen Victoria Museum

Inside the restored and reinvented Inveresk railway yards, the Queen Victoria Museum (p402) has the usual assembly of dinosaurs and stuffed animals, but they sit alongside historic treasures such as bushranger Martin Cash's revolver, Lady Jane Franklin's tortoiseshell workbasket, and a section devoted to the Tasmanian tiger. Kids will love the interactive gadgetry of the Phenomena Factory.

The Walk » Cross through the car park, following the tram tracks to Invermay Rd; turn left and cross Victoria Bridge over the North Esk River. Take the second left (Cimitiere St) and the National Automobile Museum is around 200m along on your left. Cross the road into City Park.

City Park

Expansive **City Park** (☏03-6323 3000; www.launceston.tas.gov.au/parks-and-gardens/city-park; cnr Tamar & Cimitiere Sts; ☺daylight hours) has enormous oak and plane trees, an elegant fountain, a glass conservatory, a playground and a mini-train that scoots around the park for kids. Peer into your gene pool at the glass-walled **Japanese macaque enclosure**, a gift from Japanese sister city Ikeda.

The Walk » Your next stop lies along the western edge of City Park. Head out through the gates behind the macaque enclosure, and the centre is immediately to the left, 20m along Tamar St.

Design Tasmania

This impressive **design centre** (☏03-6331 5506; www.designtasmania.com.au; cnr Brisbane & Tamar Sts; adult/child $6/free; ☺9.30am-5.30pm Mon-Fri, 10am-4pm Sat & Sun Oct-Apr, 9.30am-4.30pm Mon-Fri & 11am-3pm Sat & Sun May-Sep) incorporates an old church hall that now houses a shop specialising in handmade Tasmanian crafts, as well as a new purpose-built wing where exhibitions of Tasmanian design (especially furniture) are staged.

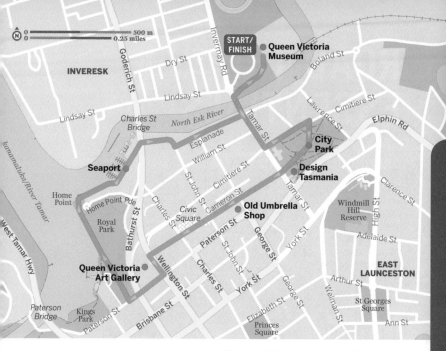

The Walk » Return to the park gates beside Design Tasmania and turn left along Cameron St. Past the squat Holy Trinity church, turn left again at George St. The Old Umbrella Shop is just a few steps along, on your right.

Old Umbrella Shop

Launcestonians once kept dry under the umbrellas made at the **Old Umbrella Shop** (☎03-6331 9248; www. nationaltrust.org.au/places/old-umbrella-shop; 60 George St; ⏰9am-5pm Mon-Fri, to noon Sat) by R Shott & Sons from 1921. A rare example of an intact early-20th-century store, complete with its original till and blackwood display cases, it exhibits old brollies along one side and sells new brollies, as well as a host of other Tassie products, along the other.

The Walk » Return to Cameron St and turn left. A couple of blocks along is Civic Sq, framed by the contrasts of the fairytale 1905 post-office clock tower, the Italianate-style town hall and the stark, raw concrete of the brutalist Henty House. Continue to the end of Cameron St; the Queen Victoria Art Gallery is directly across the road.

Queen Victoria Art Gallery

Colonial paintings, including works by John Glover, are the pride of the collection at this art gallery (p402) in a meticulously restored 19th-century building. Don't miss the ground-level First Tasmanians Gallery.

The Walk » Behind the gallery, cross Royal Park and turn left onto the riverbank boardwalk, following it to Home Point – Cataract Gorge and kanamaluka/Tamar River boat trips leave from here. The boardwalk continues around to Seaport.

Seaport

Built atop reclaimed land and a former dry dock, the Seaport marina is capped by a hotel and a string of restaurants. From Seaport you look across the North Esk River to Launceston's tallest building – grain silos, recently transformed into Peppers Silo Hotel.

The Walk » Cross the East Tamar Hwy at the pedestrian crossing beside Seaport and rise onto the levee path beside the Esplanade. Cross the bridge and return to where you started.

ROAD TRIP ESSENTIALS

Driving in Australia

With more than 350,000km of paved roads criss-crossing the country, Australia is an infinitely fascinating road movie come to life.

DRIVING LICENCE & DOCUMENTS

To drive in Australia you'll need to hold a current driving licence issued in English from your home country. If the licence isn't in English, you'll also need to carry an International Driving Permit, issued in your home country.

INSURANCE

➡ **Third-party insurance** With the exception of NSW and Queensland, third-party personal-injury insurance is included in the vehicle registration cost, ensuring that every registered vehicle carries at least minimum insurance (if registering your own car in NSW or Queensland you'll need to arrange this privately). We recommend extending that minimum to at least third-party property insurance – minor collisions can be amazingly expensive.

➡ **Rental vehicles** When it comes to hire cars, understand your liability in the event of an accident. Rather than risk paying out thousands of dollars, consider taking out comprehensive car insurance or paying an additional daily amount to the rental company for excess reduction (this reduces the excess payable in the event of an accident from between $2000 and $5000 to a few hundred dollars).

➡ **Exclusions** Be aware that if travelling on dirt roads you usually will not be covered by insurance unless you have a 4WD (read the fine print). Also, many companies' insurance won't cover the cost of damage to glass (including the windscreen) or tyres.

HIRING A CAR

Larger car-rental companies have drop-offs in major cities and towns. Most companies require drivers to be over the age of 21, though in some cases it's 18 and in others 25. Suggestions to assist in the process:

➡ Read the contract cover to cover.

➡ Bond: some companies may require a signed credit-card slip, others may actually charge your credit card; if this is the case, find out when you'll get a refund.

➡ Ask if unlimited kilometres are included and, if not, what the extra charge per kilometre is.

➡ Find out what excess you'll have to pay if you have a prang, and if it can be lowered by an extra charge per day (this option will usually be offered to you whether you ask or not). Check if your personal travel insurance covers you for vehicle accidents and excess.

➡ Check for exclusions (hitting a kangaroo, damage on unsealed roads etc) and whether you're covered on unavoidable unsealed roads (eg accessing camp sites). Some companies also exclude parts of the car from cover, such as the underbelly, tyres and windscreen.

Driving Fast Facts

➡ **Right or left?** Drive on the left

➡ **Legal driving age** 17 (18 in Victoria)

➡ **Top speed limit** 130km/h

Road Distances (km)

	Adelaide	Albany	Alice Springs	Birdsville	Brisbane	Broome	Cairns	Canberra	Cape York	Darwin	Kalgoorlie	Melbourne	Perth	Sydney	Townsville
Albany	2649														
Alice Springs	1512	3573													
Birdsville	1183	3244	1176												
Brisbane	1942	4178	1849	1573											
Broome	4043	2865	2571	3564	5065										
Cairns	3079	5601	2396	1919	1705	4111									
Canberra	1372	4021	2725	2038	1287	5296	2923								
Cape York	4444	6566	3361	2884	2601	5076	965	3888							
Darwin	3006	5067	1494	2273	3774	1844	2820	3948	3785						
Kalgoorlie	2168	885	3092	2763	3697	3052	5234	3540	6199	4896					
Melbourne	728	3377	2240	1911	1860	4811	3496	637	4461	3734	2896				
Perth	2624	411	3548	3219	4153	2454	6565	3996	7530	4298	598	3352			
Sydney	1597	4246	3109	2007	940	5208	2634	289	3599	3917	3765	862	3869		
Townsville	3237	5374	2055	1578	1295	3770	341	2582	1306	2479	4893	3155	5349	2293	
Uluru	1559	3620	441	1617	2290	3012	2837	2931	3802	1935	3139	2287	3595	2804	2496

	Bicheno	Cradle Mountain	Devonport	Hobart	Launceston
Cradle Mountain	383				
Devonport	283	100			
Hobart	186	296	334		
Launceston	178	205	105	209	
Queenstown	443	69	168	257	273

These are the shortest distances by road; other routes may be considerably longer.
For distances by coach, check the companies' leaflets.

➡ At pick-up inspect the vehicle for any damage. Make a note of anything on the contract before you sign.

➡ Ask about breakdown and accident procedures.

➡ If you can, return the vehicle during business hours and insist on an inspection in your presence.

The usual big international companies all operate in Australia (Avis, Budget, Europcar, Hertz, Thrifty). The following websites offer last-minute discounts and the opportunity to compare rates between the big operators:

➡ www.carhire.com.au

➡ www.drivenow.com.au

➡ www.webjet.com.au

Type of Vehicle

2WD Depending on where you want to travel, a regulation 2WD vehicle should suffice. They're cheaper to hire, buy and run than 4WDs and are more readily available. Most are fuel efficient, and easy to repair and sell. Downsides: no off-road capability and little room to sleep.

4WD Four-wheel drives are good for outback travel as they can access almost any track you get a hankering for. And there might even be space to sleep in the back. Downsides: poor fuel economy, awkward to park and more expensive to hire/buy.

Campervan Creature comforts at your fingertips: sink, fridge, cupboards, beds, kitchen and space to relax. Downsides: slow and often not fuel-efficient, not great on dirt roads and cumbersome for nipping around the city or parking.

Motorcycle The Australian climate is great for riding, and bikes are handy in city traffic. Downsides: Australia isn't particularly bike-friendly in terms of driver awareness, there's limited luggage capacity, and exposure to the elements.

Fuel

Fuel types Unleaded and diesel fuels are available from service stations sporting well-known international brand names. LPG (liquefied petroleum gas) is not always stocked at more remote roadhouses; if you're on gas it's safer to have dual-fuel capacity.

Costs Prices vary from place to place, but at the time of writing unleaded was hovering between $1.20 and $1.50 in the cities. Out in the country, prices soar – in outback NT, SA, WA and Queensland you can pay as much as $2.20 per litre.

Availability In cities and towns petrol stations proliferate, but distances between fill-ups can be long in the outback. That said, there are only a handful of tracks where you'll require a long-range fuel tank. On main roads there'll be a small town or roadhouse roughly every 150km to 200km. Many petrol stations, but not all, are open 24 hours.

ROADS & CONDITIONS

Australia's roads are generally in excellent condition, but never discount the possibility of potholes, especially in rural areas which receive heavy truck traffic.

Overtaking Lanes

If you've spent any time in Europe, you'll be underwhelmed by Australia's dearth of dual carriageway roads. Apart from the Hume Fwy connecting Sydney and Melbourne (the inland route, not the coast road), most motorways are restricted to a 100km (or less) radius around major cities. Although there are regular overtaking lanes on many roads and traffic flows

generally maintain a reasonable speed, there are times when you'll become frustrated as you wait to pass a slow caravan, truck or old man in a hat out for a Sunday drive. The only sensible response in such circumstances is patience.

Unsealed Roads

At last count, Australia was so vast that it had just over 450,000km of unsealed roads – that's significantly more than the distance from earth to the moon! While many of these are suitable for 2WD vehicles when conditions are dry, many more are not, and most become treacherous or impassable after even a little rain. Others peter out into the sand. The simple rule is this – never leave the paved road unless you know the road, have checked recent weather conditions and asked locals for their advice.

Toll Roads

Toll roads are restricted to freeways within major cities such as Melbourne and Sydney. If you're travelling in a rental vehicle, it should have the necessary electronic reader and any tolls will be charged when you return your vehicle. Either way, take note of any numbers to call at the tollpoints to make sure you don't get hit with a fine for late payment – you usually have between one and three days to make any payment

Road Trip Websites

Australian Bureau of Meteorology (www.bom.gov.au) Weather information.

Department of Planning, Transport & Infrastructure (www.transport. sa.gov.au) SA road conditions.

Green Vehicle Guide (www.greenvehicleguide.gov.au) Rates Australian vehicles based on greenhouse and air-pollution emissions.

Live Traffic NSW (www.livetraffic.com) NSW road conditions.

Main Roads Western Australia (www.mainroads.wa.gov.au) WA road conditions.

Motorcycle Council of NSW (www.mccofnsw.org.au) One of many such organisations around Australia.

QLD Traffic (https://qldtraffic.qld.gov.au) Queensland road conditions.

Road Report (www.roadreport.nt.gov.au) NT road conditions.

Traffic & Travel Information (www.transport.sa.gov.au) Queensland road conditions.

VicRoads (www.vicroads.vic.gov.au) Victoria's road body.

MAPS & APPS

Good-quality road and topographical maps are plentiful and readily available around Australia. State motoring organisations are a dependable source of road maps, including road atlases with comprehensive coverage of road networks.

Many modern vehicles are equipped with reliable GPS satnav (these can also be an extra with rental vehicles). Your phone can also be used with apps such as Google Maps but don't rely on this in remote areas where the signal may drop out.

ROAD RULES

Give way An important road rule is 'give way to the right' – if an intersection is unmarked (unusual) and at roundabouts, you must give way to vehicles entering the intersection from your right. Right-turning vehicles give way to left-turning vehicles.

Speed limits The general speed limit in built-up and residential areas is 50km/h. Near schools, the limit is usually 40km/h (25km/h in SA) in the morning and afternoon. On the highway it's usually 100km/h or 110km/h; in the NT it's either 110km/h or 130km/h. Police have speed radar guns and cameras and are fond of using them in strategic locations.

Seatbelts and car seats It's the law to wear seatbelts in the front and back seats; you're likely to get a fine if you don't. Small children must be belted into an approved safety seat.

Drink-driving Random breath-tests are common. If you're caught with a blood-alcohol level of more than 0.05% expect a fine and the loss of your licence. Police can randomly pull any driver over for a breathalyser or drug test.

Mobile phones Using a mobile phone while driving is illegal and subject to a fine in Australia (unless using hands-free technology with the phone mounted in a cradle).

SAFETY

Theft from vehicles can be an issue in large cities or tourist areas, but the risk is unlikely to be any higher than you'd encounter back home. Don't leave laptops, camera and the like in full view.

Animal Hazards

➡ Roadkill is a huge problem in Australia and many Australians avoid travelling once the sun drops because of the risks posed by nocturnal animals on the roads.

➡ Kangaroos are common on country roads, as are cows and sheep in the unfenced outback. Kangaroos are most active around dawn and dusk and often travel in groups: if you see one hopping across the road, slow right down, as its friends may be just behind it.

Driving Problem-Buster

What should I do if my car breaks down? Call the service number of your car-hire company and a local garage will be contacted.

What if I have an accident? Your first call should be to the insurance company and you should make sure that you have the contact details (at the very least) of the drivers of all other vehicles involved. Never admit fault unless instructed to do so by your insurance company. For minor accidents you'll need to fill out an accident statement when you return the vehicle. If problems crop up, go to the nearest police station.

What should I do if I get stopped by the police? The police will want to see your driving licence, passport (if you're from overseas) and proof of insurance or vehicle registration.

What if I can't find anywhere to stay? If you're travelling during summer and/or holiday periods, always book accommodation in advance as beds fill up fast. If you're stuck and it's getting late, motels and motor inns line the roadside in even small Australian towns, while in outback areas the nearest roadhouse (a one-stop shop for accommodation, food and fuel) is likely to be your only option.

Automobile Associations

Under the auspices of the **Australian Automobile Association** (02-6247 7311; www.aaa.asn.au) are automobile clubs in each state, handy when it comes to insurance, regulations, maps and roadside assistance. Club membership (around $100 to $150) can save you a lot of trouble if things go wrong mechanically. If you're a member of an auto club in your home country, check if reciprocal rights are offered in Australia. The major Australian auto clubs generally offer reciprocal rights in other states and territories.

AANT (Automobile Association of the Northern Territory; 13 11 11; www.aant. com.au).

NRMA (National Roads & Motorists' Association; 13 11 22; www.mynrma.com. au) for NSW and the ACT.

RAC (Royal Automobile Club of Western Australia; 13 17 03; www.rac.com.au).

RACQ (Royal Automobile Club of Queensland; 13 19 05; www.racq.com.au).

RACT (Royal Automobile Club of Tasmania; 13 27 22; www.ract.com.au).

RACV (Royal Automobile Club of Victoria; 13 72 28; www.racv.com.au).

➡ If you hit and kill an animal while driving, pull it off the road, preventing the next car from having a potential accident. If the animal is only injured and is small, or perhaps an orphaned joey (baby kangaroo), wrap it in a towel or blanket and call the relevant wildlife rescue line:

Department of Parks & Wildlife (Wildcare Helpline 08-9474 9055; www.dpaw. wa.gov.au) WA.

Department of Environment & Science (13 74 68; https://environment.des.qld. gov.au) Queensland.

Fauna Rescue of South Australia (08-8289 0896; www.faunarescue.org.au) SA.

NSW Wildlife Information, Rescue & Education Service (WIRES; 1300 094 737; www.wires.org.au) NSW.

Wildcare Inc NT (0408 885 341, 08-8988 6121; www.wildcarent.org.au) NT.

Parks & Wildlife Service (1300 827 727; www.parks.tas.gov.au) Tasmania.

Wildlife Victoria (03 8400 7300; www. wildlifevictoria.org.au) Victoria.

Behind the Wheel

Fatigue Be wary of driver fatigue; driving long distances (particularly in hot weather) can be utterly exhausting. Falling asleep at the wheel is not uncommon. On a long haul, stop and rest every two hours or so – do some exercise, change drivers or have a coffee.

Road trains Be careful overtaking road trains (trucks with two or three trailers stretching for as long as 50m); you'll need distance and plenty of speed. On single-lane roads get right off the road when one approaches.

Unsealed roads Unsealed road conditions vary wildly and cars perform differently when braking and turning on dirt. Don't exceed 80km/h on dirt roads; if you go faster you won't have time to respond to a sharp turn, stock on the road or an unmarked gate or cattle grid.

OUTBACK DRIVING

It's amazing how few Australians have explored the outback. To many, it's either a mythical place inhabited by tourists and Indigenous Australians, or something for the too-hard basket – too hot, too far to drive, too expensive to fly, too many sand dunes and flies... But for those that make the effort, a strange awakening occurs – a quiet comprehension of the primal terrain and profound size of Australia that you simply can't fathom while sitting on Bondi Beach.

All of the trips in this book stick to sealed roads and are suitable for 2WD vehicles, but you don't have to detour far to be on dirt roads.

About the Outback

The Australian outback is vast, blanketing the centre of the continent. While most Australians live on the coast, that thin green fringe of the continent is hardly typical of this enormous land mass. Inland is the desert soul of Australia.

Weather patterns vary from region to region – from sandy arid deserts to semi-arid scrublands to tropical savannah – but you can generally rely on hot sunny days, starry night skies and mile after mile of unbroken horizon.

Outback Driving & Safety Checklist

You need to be particularly organised and vigilant when travelling in the outback, especially on remote sandy tracks, due to the scorching temperatures, long distances between fuel stops and isolation. Here are a few tips:

Communication

➡ Report your route and schedule to the police, a friend or relative.

➡ Mobile phones are practically useless in the outback. A safety net is to hire a satellite phone, high-frequency (HF) radio transceiver equipped to pick up the Royal Flying Doctor Service bases, or emergency position-indicating radio beacon (EPIRB).

➡ In an emergency, stay with your vehicle; it's easier to spot than you are, and you won't be able to carry a heavy load of water very far. Don't sit inside your vehicle as it will become an oven in hot weather.

➡ If you do become stranded, set fire to a spare tyre (let the air out first). The pall of smoke will be visible for miles.

Dirt-Road Driving

➡ Inflate your tyres to the recommended levels for the terrain you're travelling on; on desert dirt, deflate your tyres to 25psi to avoid punctures.

➡ Reduce speed on unsealed roads, as traction is decreased and braking distances increase.

➡ Dirt roads are often corrugated: keeping an even speed is the best approach.

➡ Dust on outback roads can obscure your vision, so always stop and wait for it to settle.

➡ If your vehicle is struggling through deep sand, deflating your tyres a bit will help. If you do get stuck, don't attempt to get out by revving the engine; this just causes wheels to dig in deeper.

Road Hazards

➡ Outback highways are usually long, flat ribbons of tarmac stretching across the red desert flats. The temptation is to get it over with quickly, but try to keep a lid on your speed.

➡ Take a rest every few hours: driver fatigue is a real problem.

➡ Wandering cattle, sheep, emus, kangaroos, camels, etc make driving fast a dangerous prospect. Take care and avoid nocturnal driving, as this is often when native animals come out. Many car-hire companies prohibit night-time driving.

➡ Road trains are an ever-present menace on the main highways. Give them a wide berth, they're much bigger than you!

Road Trains

➡ On many outback highways, you'll see thundering road trains: huge trucks (a prime mover plus two or three trailers) up to 50m long. These things don't move over for anyone, and it's like a scene out of Mad Max having one bear down on you at 120km/h.

➡ When you see a road train approaching on a narrow bitumen road, slow down and pull over – if the truck has to put its wheels off the road to pass you, the resulting barrage of stones will almost certainly smash your windscreen. When trying to overtake one, allow plenty of room (about a kilometre) to do this.

➡ Road trains throw up a lot of dust on dirt roads, so if you see one coming it's best to just pull over and stop until it's gone past.

➡ While you're on outback roads, don't forget to give the standard bush wave to oncoming drivers – just lift your index finger off the steering wheel to acknowledge your fellow motorists.

Supplies & Equipment

➡ Always carry plenty of water: in warm weather allow 5L per person per day and an extra amount for the radiator, carried in several containers.

➡ Bring plenty of food in case of a breakdown.

Australia Playlist

- **Flame Trees** (Cold Chisel; 1984) Small town, big song.
- **Back In Black** (AC/DC; 1980) The greatest guitar riff ever?
- **Wide Open Road** (The Triffids; 1986) Road-tripping melancholia.
- **Beds Are Burning** (Midnight Oil; 1987) Aboriginal land rights anthem. Any Midnight Oil would be a fine thing to have.
- **Under The Milky Way** (The Church; 1988) Arty haircuts, pointy shoes, jangly guitars.
- **Nullarbor** (Kasey Chambers; 2010) Poignant understatement from Australia's first lady of alt-country.
- **Great Southern Land** (Icehouse;1982) Anthem nailing this Great Southern Land.
- **Solid Rock** (Goanna;1982) Didgeridoo opens this classic Indigenous rights classic tune.
- **Passenger** (Powderfinger, 1998) One of many great songs from this Brisbane band.
- **Down Under** (Men at Work; 1980) Everyone knows this Aussie classic.

Some great albums to have on hand:
- *Diesel & Dust* (Midnight Oil)
- *Circus Animals* (Cold Chisel)
- *Neon Ballroom* (Silverchair)
- *Kick* (INXS)
- *Woodface* (Crowded House)
- *Songs From the South: Paul Kelly's Greatest Hits* (Paul Kelly)
- *Get Born* (Jet)
- *Lonerism* (Tame Impala)

For Australian country, roots and folk rock music, check out Keith Urban, Lee Kernaghan, Kasey Chambers, Xavier Rudd and John Butler Trio.

- Carry a first-aid kit, a good set of maps, a torch and spare batteries, a compass, and a shovel for digging if you get bogged.

Weather & Road Conditions

- Check road conditions before travelling: roads that are passable in the Dry (March to October) can disappear beneath water during the Wet.
- Check weather forecasts daily.
- Keep an eye out for potholes, rough sections, roads changing surfaces without notice, soft and broken verges, and single-lane bridges.
- Take note of the water-level markers at creek crossings to gauge the water's depth before you proceed.
- Don't attempt to cross flooded bridges or causeways unless you're sure of the depth, and of any road damage hidden underwater.

Your Vehicle

- Have your vehicle serviced and checked before you leave.
- Load your vehicle evenly, with heavy items inside and light items on the roof rack.
- Check locations and opening times of service stations, and carry spare fuel and provisions; opportunities for fill-ups can be infrequent.
- Carry essential tools: a spare tyre (two if possible), a fan belt and a radiator hose, as well as a tyre-pressure gauge and an air pump.
- An off-road jack might come in handy, as will a snatchem strap or tow rope for quick extraction when you're stuck (useful if there's another vehicle to pull you out).
- A set of cheap, high-profile tyres (around $80 each) will give your car a little more ground clearance.

Australia Travel Guide

GETTING THERE & AWAY

Most travellers arrive on a long-haul flight, so pick your arrival city wisely. Sydney might be the obvious choice, but flights into smaller cities can make for a quicker trip through customs and a happier transition to your accommodation. Flights, cars and tours can be booked online at lonely planet.com/bookings.

AIR

Airlines & Airports

Most major international airlines fly to/from Australia's larger cities. The national carrier is **Qantas** (☑13 13 13; www.qantas.com.au), which has an outstanding safety record and code shares with British Airways.

Sydney and Melbourne are the busiest gateway cities, but Perth, Adelaide and Brisbane are all increasingly popular places to start your Australian adventure.

Adelaide Airport (ADL; ☑08-8308 9211; www.adelaideairport.com.au; 1 James Schofield Dr, Adelaide Airport)

Brisbane Airport (www.bne.com.au; Airport Dr)

Cairns Airport (☑07-4080 6703; www.cairnsairport.com; Airport Ave)

Darwin International Airport (☑08-8920 1811; www.darwinairport.com.au; Henry Wrigley Dr, Marrara)

Gold Coast Airport (www.goldcoastairport.com.au; Eastern Ave, Bilinga)

Melbourne Airport (MEL; ☑03-9297 1600; www.melbourneairport.com.au; Departure Rd, Tullamarine)

Perth Airport (☑08-9478 8888; www.perthairport.com.au; Airport Dr)

Sydney Airport (Kingsford Smith Airport; Mascot Airport; ☑02-9667 6111; www.sydneyairport.com.au; Airport Dr, Mascot)

DIRECTORY A–Z

ACCESSIBLE TRAVEL

Australians are increasingly mindful of people with different access needs, and more operators are realising the social and economic benefits of accommodating them.

➡ Legislation requires that new accommodation meets accessibility standards for mobility-impaired travellers, and discrimination by tourism operators is illegal.

➡ Many of Australia's key attractions, including many national parks, provide access for those with limited mobility. A number of sites also address the needs of visitors with visual or aural impairments.

➡ Contact attractions you plan to visit in advance to confirm facilities available.

➡ Tour operators with vehicles catering to mobility impaired travellers operate from most capital cities.

➡ Facilities for wheelchairs are improving in accommodation, but there are still many older establishments where upgrades haven't been implemented.

Download Lonely Planet's free Accessible Travel guides from http://lptravel.to/AccessibleTravel.

Air Travel

Qantas (☑13 13 13; www.qantas.com.au) entitles a person with high-support needs and the carer travelling with them to a discount on full economy fares. Guide dogs travel free on Qantas, **Jetstar** (www.jetstar.com/au/en/home), **Virgin Australia** (www.virginaustralia.com) and their affiliated carriers. All of Australia's major airports have dedicated parking spaces, wheelchair access to terminals, accessible toilets, and skychairs to convey passengers onto planes via air bridges.

Public Transport

All of Australia's suburban rail networks are wheelchair accessible, and guide dogs and hearing dogs are permitted on all public transport.

Resources

➡ Deaf Australia (www.deafaustralia.org.au)

➡ e-Bility (www.ebility.com)

➡ Vision Australia (www.visionaustralia.org)

ACCOMMODATION

Australia has accommodation for all budgets, but you still need to book ahead – especially through summer (December to February), over Easter and during school holidays, when prices are at their highest. Outside these times you'll find discounts and lower walk-in rates. Notable exceptions include central Australia, the Top End and Australia's ski resorts, where summer is the low season and prices drop substantially.

B&Bs

Australian bed-and-breakfast options include restored miners' cottages, converted barns, rambling old houses, upmarket country manors and beachside bungalows. Tariffs are typically in the midrange bracket, but can be higher. In areas that attract weekenders – historic towns, wine and forest regions – B&Bs are often booked out for weekend stays.

Some places advertised as B&Bs are actually self-contained cottages with breakfast provisions supplied. In the cheaper B&Bs there may be shared bathroom facilities. Some hosts cook dinner for guests (though notice is required).

Airbnb (www.airbnb.com.au) Global homestay accommodation provider with variable options.

Beautiful Accommodation (www.beautifulaccommodation.com) A select crop of luxury B&Bs and self-contained houses.

Hosted Accommodation Australia (www.australianbedandbreakfast.com.au) Local listings for B&Bs, farmstays, cottages and homesteads.

Holiday Apartments

Holiday apartments are particularly common in coastal areas, with reservations often handled by local real estate agents or online booking sites.

Costs For a two-bedroom flat, you're looking at anywhere between $150 and $250 per night, but you will pay much more in high season and for serviced apartments in major cities.

Facilities Self-contained holiday apartments range from simple, studio-like rooms with small kitchenettes, to two-bedroom apartments with full laundries and state-of-the-art entertainment systems: great value for multi-night stays. Sometimes they come in small, single-storey blocks, but in tourist hotspots such as the Gold Coast expect a sea of high-rises.

Hotels

Hotels in Australian cities or well-touristed places are generally of the business or luxury-chain variety (midrange to top end): comfortable, anonymous, mod-con-filled rooms in multistorey blocks. For these hotels we quote 'rack rates' (official advertised rates – usually upwards of $220 a night), though significant discounts can be offered when business is quiet.

Motels

Drive-up motels offer comfortable basic to midrange accommodation and are found all over Australia, often on the edges of urban centres. They rarely offer a cheaper rate for singles, so are better value for couples or groups of three. You'll mostly pay $120 to $180 for a simple room with a kettle, a fridge, a TV, air-con and a bathroom.

Pubs

Many Australian pubs were built during boom times, so they're often among the largest, most extravagant buildings in town. Some have been restored, but generally rooms remain small and weathered, with a long amble down the hall to the bathroom. They're usually central and cheap – singles/doubles with shared facilities cost from $60/100, more if you want a private bathroom. If you're a light sleeper, avoid booking a room above the bar and check whether a band will be cranking out the rock that night.

ELECTRICITY

Type I
230V/50Hz

INTERNET ACCESS

Wi-fi

Wi-fi is the norm in most (not all) Australian accommodation, but it is not always good.

Cafes, bars, malls, museums and town squares sometimes provide free wi-fi access, but again don't expect strong speeds.

There remains a surprising number of black spots without mobile phone or internet coverage in Australia. Most are in rural or outback areas. Let family and friends know when you are likely to be uncontactable.

Access

There are fewer internet cafes around these days than there were five years ago (thanks to the advent of smart devices and wi-fi), but you'll still find them in most sizeable towns. Most accommodation is phasing out internet terminals and kiosks in favour of wi-fi, although most hostels still have a public computer.

Most public libraries have internet access, but generally it's provided for research needs, not for travellers to check Facebook – so book ahead or find an internet cafe.

LGBTIQ+ TRAVELLERS

Australia is a popular destination for LGBTIQ+ travellers, with Sydney a big 'pink dollar' draw thanks largely to the city's annual, high-profile and spectacular Sydney Gay & Lesbian Mardi Gras. Australians are generally open-minded, but you may experience some suspicion or hostility in more conservative neighbourhoods or regions. Throughout Australia, especially the east coast, there are tour operators, travel agents and accommodation providers that cater specifically for the rainbow community.

The age of consent varies by state for homosexual relationships; same-sex marriages are now recognised in Australia after the question was put to a national vote in November 2017.

MONEY

Australia's currency is the Australian dollar, comprising 100 cents. There are 5c, 10c, 20c, 50c, $1 and $2 coins, and $5, $10, $20, $50 and $100 notes. Prices in shops are often marked in single cents then rounded to the nearest 5c when you come to pay.

ATMs & Eftpos

ATMs Australia's 'big four' banks – ANZ, Commonwealth, National Australia Bank and Westpac – have branches all over Australia, plus a slew of 24-hour cashpoints. You'll even find them in some outback roadhouses.

Eftpos Most petrol stations, supermarkets, restaurants, cafes and shops have Electronic Funds Transfer at Point of Sale (Eftpos) facilities.

Banking fees Withdrawing cash through ATMs or Eftpos may attract significant fees – check associated costs with your home bank and enquire about fee-free options.

Credit Cards

Credit cards are widely accepted for everything from a hostel bed or a restaurant meal to an adventure tour, and are essential for hiring a car. They can also be used to get cash advances over the counter at banks and from many ATMs, depending on the card, though you'll incur immediate interest. Diners Club and American Express (Amex) are not as widely accepted in Australia.

Debit Cards

A debit card allows you to draw money directly from your home bank account. Any card connected to the international banking network – Cirrus, Maestro, Plus and Eurocard – should work with your PIN, but again expect substantial fees. Companies such as Travelex offer debit cards with set withdrawal fees and a balance you can top up from your personal bank account while on the road.

Exchanging Money

Changing foreign currency (or travellers cheques) is rarely a problem at banks and licensed money-changers such as Travelex in major cities and airports.

PUBLIC HOLIDAYS

Timing of public holidays can vary from state to state: check locally for precise dates. Some holidays are only observed locally within a state.

New Year's Day 1 January

Australia Day 26 January

Easter (Good Friday to Easter Monday inclusive) late March/early April

Anzac Day 25 April

Queen's Birthday Second Monday in June (last Monday in September in Western Australia)

Christmas Day 25 December

Boxing Day 26 December

In addition, each state has its own public holidays from Canberra Day to the Hobart Show Day.

SAFE TRAVEL

Australia is a relatively safe and friendly place to travel, but natural disasters regularly wreak havoc. Bushfires, floods and cyclones can devastate local areas as weather events become more extreme and unpredictable.

➡ Check weather warnings and don't venture into affected areas without an emergency plan.

➡ Crime is low but don't let your guard *too* far down.

➡ Beware of online lettings scams in Australia. Follow best practice when transferring money overseas.

➡ Wild swimming can be dangerous here thanks to sharks, jellyfish and crocodiles – always seek reliable information.

➡ Watch for wandering wildlife on roads, especially at night. Kangaroos are very unpredictable.

TELEPHONE

Australia's main phone networks:

Optus (www.optus.com.au)

Telstra (www.telstra.com.au)

Vodafone (www.vodafone.com.au)

International Calls

From payphones Most payphones allow International Subscriber Dialling (ISD) calls, the cost and international dialling code of which will vary depending on which international phone-card provider you are using. International phone cards are readily available from internet cafes and convenience stores.

From landlines International calls from landlines are also relatively cheap and often subject to special deals; rates vary with providers.

Codes When calling overseas you will need to dial the international access code from Australia (0011 or 0018), the country code and then the area code (without the initial 0). If dialling Australia from overseas, the country code is 61 and you need to drop the 0 in state/territory area codes.

Long-Distance Calls & Area Codes

Long-distance calls (over 50km) are paid by time on the call, with peak and off-peak rates.

State/Territory	Area code
ACT	☑02
NSW	☑02
NT	☑08
QLD	☑07
SA	☑08
TAS	☑03
VIC	☑03
WA	☑08

➡ Area-code boundaries don't always coincide with state borders; for example some parts of NSW use the neighbouring states' codes.

➡ Numbers with the prefix 04 belong to mobile phones.

Mobile (Cell) Phones

Either set up global roaming, or pick up a local SIM card with a prepaid rechargeable account on arrival in Australia. Shop around, as deals vary depending on how much data or minutes you expect to use.

Toll-Free & Information Calls

➡ Many businesses have either a toll-free 1800 number, dialled from anywhere within Australia for free, or a 13 or 1300 number, charged at a local call rate. These numbers cannot be dialled from outside Australia (and often can't be dialled from mobile phones within Australia).

➡ To make a reverse-charge (collect) call from any public or private phone, dial ☑12 550.

➡ Numbers starting with 190 are usually re-corded information services, charged at any-thing from 35c to $5 or more per minute (even more from mobiles and payphones).

TIME

Zones Australia is divided into three time zones: Western Standard Time (GMT/UTC plus eight hours), covering Western Australia; Central Standard Time (plus 9½ hours), cover-ing South Australia and the Northern Territory; and Eastern Standard Time (plus 10 hours), covering Tasmania, Victoria, NSW, the Austral-ian Capital Territory and Queensland.

Daylight saving Clocks are put forward an hour in some states during the warmer months (October to early April), but Queensland, WA and the NT stay on standard time.

TOURIST INFORMATION

Tourist information is disseminated by vari-ous regional and local offices. Almost every major town in Australia has a tourist office. Some can be very helpful (often retiree volunteers), providing local information not readily available online. Some also sell books, souvenirs and snacks.

If booking accommodation or tours through a local tourist offices, be aware that they usually only promote businesses that are paying members of the local tourist association.

Brisbane (☑07-3006 6290; www.visitbrisbane. com.au; The Regent, 167 Queen St; ☉9am-5.30pm, to 7pm Fri, to 5pm Sat, 10am-5pm Sun; ☒Central)

Hobart (☑03-6238 4222; www.hobarttravel centre.com.au; 20 Davey St; ☉8.30am-5pm Mon-Fri, from 9am Sat & Sun)

Melbourne (https://whatson.melbourne.vic. gov.au; Bourke St Mall; ☉9am-5pm)

Perth (www.visitperth.com.au; Forrest Pl, Murray St Mall; ☉9.30am-4.30pm Mon-Thu & Sat, to 8pm Fri, 11am-3.30pm Sun)

Sydney (www.cityofsydney.nsw.gov.au; Alfred St, Circular Quay; ☉9am-8pm Mon-Sat, to 5pm Sun; ☒Circular Quay)

VISAS

All visitors to Australia need a visa except New Zealanders. There are several different visas available from short-stay visitor visas to working-holiday visas. If you want to stay in Australia for longer than your visa allows, you'll need to apply for a new visa via www. homeaffairs.gov.au. You can't apply for a new visa in Australia if your current visa has expired so start the process well before your current visa expires. If you require an Aus-tralian visa, eligibility depends on your na-tionality, your age, your skills and how long you are contemplating staying in Australia. For more information and to apply online visit www.homeaffairs.gov.au.

eVisitor (651)

➡ Many European passport holders are eligible for a free eVisitor visa, allowing stays in Australia for up to three months within a 12-month period.

➡ eVisitor visas must be applied for online (www.border.gov.au). They are electronically stored and linked to individual passport num-bers, so no stamp in your passport is required.

➡ It's advisable to apply at least 14 days prior to the proposed date of travel to Australia.

Electronic Travel Authority (ETA; 601)

➡ Passport holders from eight countries that aren't part of the eVisitor scheme – Brunei, Canada, Hong Kong, Japan, Malaysia, Singa-pore, South Korea and the USA – can apply for either a visitor or business ETA.

➡ ETAs are valid for 12 months, with stays of up to three months on each visit.

➡ You can apply for an ETA online (www. border.gov.au), which costs a nonrefundable service charge of $20.

Visitor (600)

➡ Short-term Visitor visas have largely been replaced by the eVisitor and ETA. However, if you're from a country not covered by either, or you want to stay longer than three months, you'll need to apply for a Visitor visa.

➡ Standard Visitor visas allow one entry for a stay of up to three, six or 12 months, and are valid for use within 12 months of issue.

➡ Apply online at www.homeaffairs.gov.au.

BEHIND THE SCENES

SEND US YOUR FEEDBACK

We love to hear from travellers – your comments help make our books better. We read every word, and we guarantee that your feedback goes straight to the authors. Visit **lonelyplanet.com/ contact** to submit your updates and suggestions.

Note: We may edit, reproduce and incorporate your comments in Lonely Planet products such as guidebooks, websites and digital products, so let us know if you don't want your comments reproduced or your name acknowledged. For a copy of our privacy policy visit lonelyplanet.com/privacy.

WRITER THANKS

PAUL HARDING

Far North Queensland is a wonderful part of Australia and I thank all the people who helped with advice, information or just a chat on this trip. Thanks to Dirk on Thursday Island, Vanessa on Horn Island and Col from AMPTO for the informative discussion about the reef in Cairns. Sincere thanks to Tasmin at Lonely Planet for gifting me these opportunities. And most of all, thanks to Hannah and Layla for always being there.

BRETT ATKINSON

Thanks to the experts at visitor information centres and national parks around Victoria and NSW, and cheers to Greg and Francie in Echuca and the Mildura crew. Nick Cave, Mark Seymour and Mick Thomas provided the essential Australian soundtrack for long drives in red dirt landscapes, while words by Peter FitzSimons and Ian Jones illuminated history along the way. Thanks to Tasmin Waby, for another opportunity to explore my Australian backyard, and to Carol.

ANDREW BAIN

For sharing the road, a big thanks to Anila Rao and my two junior partners in travel crime, Kiri and Cooper. A general thanks to all the tour operators and others who shared their ideas and thoughts with me. Special thanks to Sherene Somerville for a long list of suggestions, and Tracey Leitch for smoothing the way when needed.

CRISTIAN BONETTO

An especially big thank you to Tasmin Waby for the commission and to Drew Westbrook for the generous hospitality and insight. Many thanks also to those who shared their passion for Queensland's southeast with me, among them Peter Scudamore-Smith, Monique Krause, Brooke Billett, Lauren Grounsell, Glen Robert, Angelo Puglisi, Leeanne Gangemi-Puglisi, Dylan Rhymer, Peter McGlashan, Jason Hannay, Tama Barry, Grace Dewar, Tim Crabtree and Leanne Layfield. Thanks also to my ever-diligent fellow writers, Kate Morgan, Hugh McNaughtan and Paul Harding.

SAMANTHA FORGE

My thanks to Canberra locals Rachel, Sam, Emma, Harry and Lily for sharing all your insider tips. Thanks also to my travelling companions Karyn, Bill and Gemma for helping me cram as many meals into each day as possible. Lastly, thanks to everyone at Lonely Planet for their hard work on this title, and especially to Tasmin Waby for once again throwing me in the deep end with complete faith in my swimming abilities.

THIS BOOK

This 2nd edition of Lonely Planet's *Australia's Best Trips* guidebook was curated by Paul Harding, and researched and written by Brett Atkinson, Andrew Bain, Cristian Bonetto, Samantha Forge, Anthony Ham, Paul Harding, Trent Holden, Anita Isalska, Anna Kaminski, Tatyana Leonov, Virginia Maxwell, Hugh McNaughtan, Kate Morgan, Charles Rawlings-Way, Andy Symington, Tasmin Waby and Steve Waters. The previous edition was written and curated by Anthony Ham. This guidebook was produced by the following:

Destination Editor Tasmin Waby

Senior Product Editors Anne Mason, Kate Chapman

Regional Senior Cartographer Julie Sheridan

Product Editor Claire Rourke

Book Designer Gwen Cotter

Assisting Editors James Bainbridge, Sarah Bailey, Judith Bamber, Imogen Bannister, Michelle Coxall, Jacqueline Danam, Andrea Dobbin, Emma Gibbs, Carly Hall, Gabrielle Innes, Kellie Langdon, Lou McGregor, Kristin Odjik, Lorna Parkes, Fionnuala Twomey

Assisting Cartographers Julie Dodkins, Michael Garrett

Cover Researcher Meri Blazevski

Thanks to Fergal Condon, Laura Crawford, Victoria Harrison, David Hodges, Amy Lynch, Claire Naylor, Katie O'Connell, Fergus O'Shea, Susan Paterson, Anna Tyler, Brana Vladisavljevic

ANTHONY HAM

Huge thanks to Tasmin Waby for sending me to such soulful places, and for much wisdom. Imogen Bannister also brought great insight to the editing. Too many people to thank across the Territory and Queensland – thanks to everyone for welcoming me so warmly to the country. Special thanks to Kath Soa and Geoff Mark in Katherine, Liam and the Border Store team in Katherine, and many more. To Valentina, Carlota and Marina – *os quiero*. And to Jan – you have the biggest heart in Australia.

TRENT HOLDEN

First up a massive thanks to Tasmin Waby for giving me another opportunity to cover my home state for Lonely Planet – a wonderful gig! Also a big thanks to my fellow writers and the production staff who've worked hard to put this all together. Thank you to all the folk from the tourist information centres who've helped out along the way – in particular Glenn Harvey from Bendigo, Clare Hutchison from Castlemaine and Selma Kajan in Ballarat who assisted with useful tips. Finally, lots of love to all my family, and especially my fiancée Kate.

ANITA ISALSKA

A heartfelt thank you for the many warm welcomes I received in NSW. For local knowledge I'm grateful to Shane Carriage, Chris Scroggy, Noel Butler, Jane Atkin, Kate Sullivan, Sarah Shields and Ian Hutton. Thanks also to John Kowalewski for helping me hit the Gong, Noraidah and George Atkin for being Narooma's best unlisted highlight, and Michele and Peter Williams for their attentive wine-tasting. Big thanks to Normal Matt for write-up support and enduring my long-distance photos of white-sand beaches.

ANNA KAMINSKI

Huge thanks to Tasmin for entrusting me with a chunk of WA, fellow scribes Charles, Steve, Carolyn and Brett for the advice,
and to everyone who's helped me along the way. In particular: John and Debbie in Geraldton, Barbara in Esperance, Anna in Meekatharra, my adoptive Wongutha family (Linden, Trevor and Marcia), plus Monica, Billy and Becky in Kalgoorlie, 'Capes' in Denham, Amy in Port Hedland, Maria, Kate and Michael in Denmark, Lyn in Norseman, plus all the helpful visitor centre staff and Aboriginal artists who've shared their work with me.

TATYANA LEONOV

I want to thank the locals who were kind enough to share their personal stories with me, the staff at the various attractions I visited who took their time to show me around, and the tourism marketing officers who pointed me in the right direction in each of the towns I visited.

VIRGINIA MAXWELL

Victoria is my home turf, so I was able to interrogate innumerable friends and family members about their favourite places before setting off to research this edition. Thanks to them all. Peter and Max Handsaker accompanied me on day and overnight trips and were, as always, wonderful travelling companions. Dave McClymont and Janet Austin were particularly helpful in the Dandenongs. Thanks to Tasmin Waby for her expert briefing and project guidance, and to fellow Victoria authors Sofia, Brett and Trent for nominating their top eating and sleeping picks.

HUGH MCNAUGHTAN

My gratitude goes out to all who made this gig possible: Tasmin for the opportunity and guidance; Mum for the company in New South Wales; and most especially Tas (again) and my girls for allowing me to disappear again for many, many weeks.

KATE MORGAN

Thank you to Tasmin for sending me off on a road trip of one of Australia's most beautiful stretches of coastline. To all of the friendly locals and staff at visitor information centres, and to the people at NSW National Parks & Wildlife Service,
thanks for all of your help. Thanks to Caro Cooper, Leigh and Sarah for all of your excellent Gold Coast tips, and finally thanks to my partner Trent whom I was lucky to travel with on part of this trip.

CHARLES RAWLINGS-WAY

Boundless thanks to Tasmin for the gig, to Fleur for the inside running on Perth culture, and to all the helpful souls I met on the road in South Australia and in/around Perth who flew through my questions with the greatest of ease. Biggest thanks of all to Meg, who held the increasingly chaotic fort while I was busy scooting around in the sunshine ('Where's daddy?') – and made sure that Ione, Remy, Liv and Reuben were fed, watered, washed, schooled, tucked-in and read-to.

ANDY SYMINGTON

My research was greatly facilitated by many extremely helpful people along the way. I am particularly grateful to a range of friends for recommendations and for entertaining research company. Thanks also to my family for their support, to Kate Morgan for her suggestions and to Tasmin Waby at Lonely Planet.

STEVE WATERS

Big thanks to John and Jan for fireside hospitality, Lauren, James, Jane, Trish, Anika and the rest of MC for (more) gorge love, Marie for vino frenzies, Leonie and Mera for tea and bikkies, Ted for unruliness, Kaz for listening, Roz and Megan for caretaking, Vicky and Pippa for letting me trash their car, and Jennifer from the RACV for getting me out of Marla on Grand Final Day.

PUBLISHER THANKS

Climate map data adapted from Peel MC, Finlayson BL & McMahon TA (2007) 'Updated World Map of the Köppen-Geiger Climate Classification', *Hydrology and Earth System Sciences*, 11, 1633–44.

INDEX

ANDY SYMINGTON

Sydney

Andy has written or worked on more than a hundred books and other updates for Lonely Planet (especially in Europe and Latin America) and other publishing companies, and has published articles on numerous subjects for a variety of newspapers, magazines and websites. He part-owns and operates a rock bar, has written a novel and is currently working on several fiction and nonfiction writing projects. Andy, from Australia, moved to Northern Spain many years ago. When he's not off with a backpack in some far-flung corner of the world, he can probably be found watching the tragically poor local football side or tasting local wines after a long walk in the nearby mountains.

STEVE WATERS

Western Australia

Travel and adventure have always been my life; I couldn't imagine a world without them. I've been using Lonely Planet guidebooks for more than 30 years in places as diverse as Iran, Central Asia, the Himalaya, Canada, Patagonia, the Australian Outback, northeast Asia, Myanmar and the Sahara. Little wonder then that I finally got a gig with the company I was supporting! I've contributed to *Iran*, *Indonesia* and the past five editions of *Western Australia* and come any September you're likely to find me in a remote gorge somewhere in the Kimberley.

CONTRIBUTING WRITERS

Fleur Bainger, Rachael Hocking and Sofia Levin

VIRGINIA MAXWELL

Victoria

Although based in Australia, Virginia spends at least half of her year updating Lonely Planet destination coverage across the globe. The Mediterranean is her major area of interest – she has covered Spain, Italy, Turkey, Syria, Lebanon, Israel, Egypt, Morocco and Tunisia for Lonely Planet – but she also covers Finland, Bali, Armenia, the Netherlands, the US and Australia.

> Follow Virginia on Instagram and Twitter at: @maxwellvirginia

HUGH MCNAUGHTAN

New South Wales; Queensland

A former lecturer and restaurant critic, Hugh is a native Melbournite with deep family roots in New South Wales and Queensland. Jumping behind the wheel (and up the gangplank) to explore New England and the Queensland coast, islands and hinterland from Fraser Island to the Whitsundays was a dream assignment, made all the more memorable by the many kindnesses he encountered.

KATE MORGAN

New South Wales; Queensland

Having worked for Lonely Planet for more than a decade now, Kate has been fortunate enough to cover plenty of ground working as a travel writer for destinations such as Shanghai, Japan, India, Russia, Zimbabwe, the Philippines and Phuket. She has done stints living in London, Paris and Osaka but these days is based in one of her favourite regions in the world – Victoria, Australia. In between travelling the world and writing about it, Kate enjoys spending time at home working as a freelance editor.

CHARLES RAWLINGS-WAY

South Australia; Perth; Western Australia

Charles Rawlings-Way is a veteran travel, food and music writer who has penned 40-something titles for Lonely Planet – including guides to Singapore, Toronto, Sydney, Tonga, New Zealand, the South Pacific and every state in Australia, including his native terrain of Tasmania and current homeland of South Australia – plus too many articles to recall. After dabbling in the dark arts of architecture, cartography, project management and busking for some years, Charles hit the road for Lonely Planet in 2005 and hasn't stopped travelling since. He's also the author of a best-selling rock biography on Glasgow band Del Amitri, *These Are Such Perfect Days*.

> Follow Charles on Instagram and Twitter at: @crawlingsway, and on Facebook at www. facebook.com/chasrwmusic

TRENT HOLDEN

Victoria

Based in Geelong, just outside Melbourne, Trent has worked for Lonely Planet since 2005. He's covered 30-plus guidebooks across Asia, Africa and Australia. With a penchant for megacities, Trent's in his element when assigned to cover a nation's capital – the more chaotic the better – to unearth cool bars, art, street food and underground subculture. On the flipside he also writes guides to idyllic tropical islands across Asia, in between going on safari to national parks in Africa and the subcontinent. When not travelling, Trent works as a freelance editor, reviewer, and spends all his money catching live gigs.

Follow Trent on Twitter at: @hombreholden

ANITA ISALSKA

New South Wales

Anita Isalska is a travel journalist, editor and copywriter. After several merry years as a staff writer and editor – a few of them in Lonely Planet's London office – Anita now works freelance between San Francisco, the UK and any Baltic bolthole with good wi-fi. Anita specialises in Eastern and Central Europe, Southeast Asia, France and off-beat travel .

Read more about Anita at: www.anitaisalska.com

ANNA KAMINSKI

Western Australia

Originally from the Soviet Union, Anna grew up in Cambridge, UK. She graduated from the University of Warwick with a degree in Comparative American Studies, a background in the history, culture and literature of the Americas and the Caribbean, and an enduring love of Latin America. Anna has contributed to almost 30 Lonely Planet titles. When not on the road, Anna calls London home.

TATYANA LEONOV

New South Wales

Born and bred in Sydney, when she's not traversing the globe Tatyana enjoys exploring (and writing about) her home turf. She has written about her travel adventures for a diverse range of publications both in Australia and overseas, and edits a magazine for families who love to travel.

Read more about Tatyana at: www. tatyanaleonov.com